Java-Programmierung mit Borland JBuilder 4

Programmer's Choice

Bernhard Steppan

Java-Programmierung mit Borland JBuilder 4

 ADDISON-WESLEY

An imprint of Pearson Education

München • Boston • San Francisco • Harlow, England
Don Mills, Ontario • Sydney • Mexico City
Madrid • Amsterdam

Die Deutsche Bibliothek – CIP-Einheitsaufnahme

Ein Titeldatensatz für diese Publikation ist bei
Der Deutschen Bibliothek erhältlich.

5   4   3   2   1

05   04   03   02   01

ISBN 3-8273-1638-3

© 2001 by Addison-Wesley Verlag,
ein Imprint der Pearson Education Deutschland GmbH
Martin-Kollar-Straße 10–12, D-81829 München / Germany
Alle Rechte vorbehalten
Einbandgestaltung: Christine Rechl, München
Titelbild: Cotoneaster, Felsenmispel © Karl Blossfeldt Archiv –
Ann und Jürgen Wilde, Zülpich / VG Bild-Kunst Bonn, 2001.
Lektorat: Christina Gibbs, cgibbs@pearson.de
Korrektorat: Simone Burst, Großberghofen
Herstellung: TYPisch Müller, Arcevia, Italien, typmy@freefast.it
Satz: reemers publishing services gmbh, Krefeld, www.reemers.de
Druck und Verarbeitung: Bercker, Kevelaer
Printed in Germany

Inhalt

Vorwort

Dieses Buch beschreibt das meiner Meinung nach bisher flexibelste Werkzeug für die Entwicklung von Java-Anwendungen: den neuen JBuilder 4 von Borland. Von der Vorversion 3.5 hebt sich der neuer JBuilder durch viele Verbesserungen angenehm ab. Geblieben ist die Ausrichtung des Produkts sowohl für Java-Einsteiger als auch für professionelle Entwickler. Der Zielleserkreis dieses Buchs orientiert sich daran:

An wen richtet sich dieses Buch?

Das vorliegende Buch richtet sich sowohl an Java-Einsteiger als auch an fortgeschrittene Java-Entwickler, die mit dem JBuilder programmieren wollen oder bereits arbeiten. Damit sich Einsteigerthemen nicht mit den Ansprüchen fortgeschrittener Benutzer ständig vermischen, habe ich Inhalte unterschiedlichen Schwierigkeitsgrads getrennt.

Der Aufbau des Buchs

Vom JBuilder 4 gibt es derzeit drei Editionen für drei verschiedenen Zielgruppen: *Foundation*, *Professional* und *Enterprise*. Während die *Foundation Edition* eher für einfachere Java-Projekte gedacht und kostenlos erhältlich ist, richten sich die beiden anderen Editionen an Entwickler in Unternehmen, die komplexere Projekte realisieren müssen. Die Struktur des Buchs gliedert sich dieser Ausrichtung gemäß in folgende Teile:

▶ Der erste Teil besteht aus einer Einführung in die Programmiersprache Java und in die verschiedenen Softwarearchitekturen, die für Java-Anwendungen typisch sind (Kapitel 1 und 2). Er ist vor allem für Einsteiger in die Java-Programmierung interessant.

▶ Einen Überblick über die Entwicklungsumgebung der drei JBuilder-Editionen gibt Ihnen der zweite Teil. Er hilft, die richtige JBuilder-Edition für Ihre Ansprüche zu finden und Installationshürden zu umgehen. In diesem Teil unternehmen wir außerdem die ersten Schritte mit dem JBuilder und entwickeln einfache Beispielprogramme (Kapitel 3 bis 9). Dieser Teil richtet sich an Besitzer aller JBuilder-Editionen.

▶ Der dritte Teil widmet sich dem Beispielprojekt ArTouro, das für die nachfolgenden Kapitel den roten Faden bilden wird (Tutorial).

Das Kapitel 10 besteht dabei aus der fachlichen und technischen Beschreibung und ist für alle Anwender interessant und wichtig für das Verständnis der weiteren darauf aufbauenden Beispiele.

Um die so genannte Präsentationsschicht des Beispielprojekts ArTouro – und damit um die Programmierung grafischer Oberflächen dreht es sich im Kapitel 11. Die grafische Oberfläche des Beispielprojekts wird als Application, Applet, Servlet und als JavaServer Pages vorgestellt.

Das Kapitel 12 richtet sich vor allem an die Anwender der *Professional* und *Enterprise Edition* und beschäftigt sich mit der Datenbankzugriffsschicht. Wie lassen sich Daten dauerhaft sichern und wie können sie am schnellsten und bequemsten wieder gelesen werden? Die verschiedenen Spielarten des Zugriffs werden vorgestellt und am Beispielprogramm ArTouro demonstriert.

Im Kapitel 13 geht es um die Programmierung der Anwendungslogik und Fehlersuche. Diese Kapitel verbindet die grafische Oberfläche der Anwendung mit der Datenbankzugriffsschicht. An dem Beispielprojekt wird der Debugger des JBuilders erklärt. Dieser Teil ist für alle Anwender des JBuilders interessant.

Die Architektur des Beispielprojekts ArTouro wird im Kapitel 14 ein letztes Mal aufgerollt. Dieses Kapitel realisiert ein Programm als verteilte Anwendung mit den komplexeren Technologien CORBA und EJB. Es ist vorwiegend für die Zielgruppe der *Enterprise Edition* gedacht.

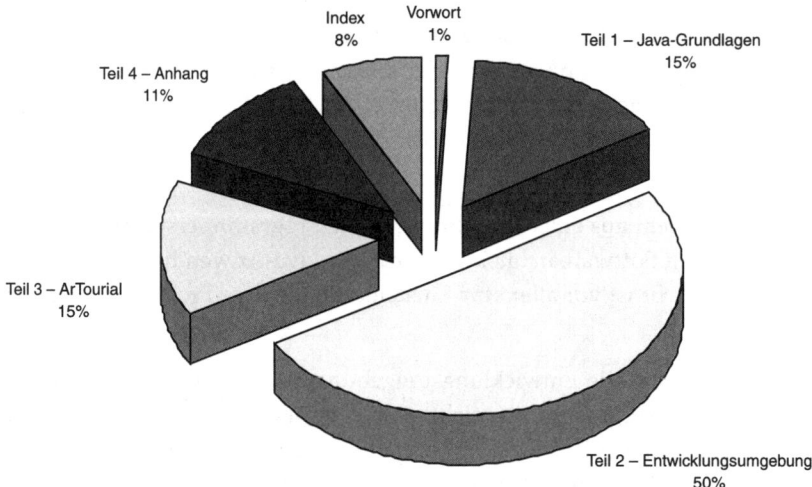

Gewichtung der Teile dieses Buchs

▷ Der vierte und letzte Teil des Buchs beschließt das Buch mit dem Anhang. In ihm sind Tipps und Tricks beschrieben, die Ihnen das Arbeiten mit dem JBuilder erleichtern. Er enthält zudem eine Einführung in die Unified Modeling Language (UML), das Inhaltsverzeichnis der Begleit-CD, Programmierkonventionen sowie ein Glossar (Anhang A bis Anhang E). Dieser Teil richtet sich wieder an alle JBuilder-Entwickler.

Beispielprogramme

Wie schon bei der vorangegangenen Übersicht erwähnt, möchte ich Ihnen das Entwickeln von Java-Programmen mit dem JBuilder durch ein singuläres Beispielprojekt namens ArTouro vermitteln. Der Grundgedanke dieser Anwendung ist der rote Faden, der sich durch weite Teile des Buchs zieht. Ich entwickle dieses Programm mit Ihnen Stück für Stück aus kleinen Beispielprogrammen, die sich schlussendlich immer wieder zu einem größeren Programm in unterschiedlichen Architekturen zusammensetzen lassen.

Als Tutorial dient eine touristische Datenbankanwendung, die alle Elemente der modernen Java-Programmierung demonstriert. Die Anwendung enthält auch einen gewissen Spaßfaktor und ist nicht nur trockenes Lehrmaterial.

Wenn Sie wollen, können Sie sich unter *http://www.artouro.de* einen ersten Eindruck von der Anwendung verschaffen. Unter dieser Adresse finden Sie die komplette Web-Anwendung als Prototypen. Er kann allerdings in Details vom Programm im Buch abweichen, da es ständig weiterentwickelt wird.

Die Klassenbibliotheken des Java Development Kit (JDK) beziehungsweise der Java 2 Enterprise Edition (J2EE) werde ich in diesem Buch nur streifen, da es kein Nachschlagewerk im Stile der Sun-Dokumentation sein soll. Stattdessen wende ich die Klassenbibliotheken bei der Programmierung des Beispielprojekts an und zeige Ihnen, wie Sie die Dokumentation von Sun innerhalb des JBuilders benutzen.

UML-Grafiken

Zur Verdeutlichung von statischen und dynamischen Teilen der Beispielprogramme setzte ich auf die Unified Modeling Language (UML). Sollten Sie mit dieser Notation nicht vertraut sein, ist das nicht tragisch. Sie werden schon nach kurzer Zeit merken, dass Ihnen die große Anzahl von Grafiken hilft, ohne viel Leseaufwand die Arbeitsweise und Architektur der Beispielprogramme zu verstehen. Als Hilfestellung zur UML-Notation finden Sie im Anhang B zudem eine kleine Einführung in die UML.

Konventionen

Aus Gründen der Einheitlichkeit habe ich mich entschlossen, Schrift- und Namenskonventionen für dieses Buch einzuführen, die sich stark an die Dokumentation des JBuilders anlehnen.

Schriftkonventionen

Um verschiedene Textteile deutlicher hervorzuheben, verwendet dieses Buch folgende Schriftkonventionen:

Textteil	Schriftkonvention
Programmquelltext (Listings)	`Schrift mit fester Zeichenbreite`
Optionale Parameter	`[ ]`
Menübefehle, deren Menüs und evtl. Untermenüs	MENÜ | BEFEHL | BEFEHL
Java-Bezeichner wie Variablen, Klassen etc.	*Kursivschrift*
Quelltext der nur auf der CD-ROM vorhanden ist	... (Ellipse)
Pfadangaben	`Schrift mit fester Zeichenbreite`
Querverweise auf andere Buchteile	→

Verwendete Schriftkonventionen

Plattformkonventionen

Der JBuilder ist für mehrere Plattformen verfügbar, deren Konventionen für Datei- und Verzeichnisnamen sich unterscheiden. Um die Redundanz im Buch zu verringern, verwende ich nur folgende allgemeine Bezeichnungen und bei den Pfadangaben die Unix-Schreibweise.

Bezeichnung	Konvention
Pfade	Pfade werden nach Unix-Konvention durch Vorwärtsstriche abgetrennt (/)
	Unter Windows verwendet man Rückwärtsstriche (\).
Home-Verzeichnis	Das Basisverzeichnis für Projekte variiert von Plattform zu Plattform:
	▶ **Unter Windows NT und 2000:**
	`C:\Winnt\Profiles\Anwendername`
	▶ **Unter Windows 9x**
	`C:\Windows`

Verwendete Plattformkonventionen

Bezeichnung	Konvention
Home-Verzeichnis	▷ Unter Solaris/Linux `/user/[Username]` oder `/home/[Username]` ▷ Unter MacOS X Hierzu lagen bei Drucklegung noch keine Informationen von Borland vor
Grundeinstellungen	Das Verzeichnis, im dem sich die JBuilder-Grundeinstellungen befinden, liegt als versteckter Ordner unter `.jbuilder4` im Home-Verzeichnis.
Projektverzeichnis	Home-Verzeichnis
Abbildungen	Alle Abbildungen des JBuilders, die in diesem Buch zu sehen sind, zeigen das Erscheinungsbild des KDE (CDE/Motif) unter Red Hat Linux. Eine Ausnahme bilden die Windows-Abbildungen, die notwendig waren, um ein unterschiedliches Erscheinungsbild des JBuilders zu dokumentieren.

Verwendete Plattformkonventionen

Beiliegende CD-ROM

Sie finden alle Beispielprogramme mit Projektdateien auf beiliegender CD-ROM. Das Inhaltsverzeichnis entnehmen Sie bitte dem → Anhang C. Der Verlag hat beim Brennen der CD darauf geachtet, dass sie unter allen Betriebssystemen lesbar ist. Außerdem befindet sich auf der CD-ROM noch folgende Testsoftware:

▷ JBuilder 4 Enterprise Edition

▷ JDataStore 4

▷ VisiBroker 4.1 für Java

▷ Borland Application Server 4.1

Folgende Vollversionen sind enthalten:

▷ JBuilder 4 Foundation Edition

▷ Together Whiteboard Edition

Das bedeutet für Sie als Leser, dass Sie sämtliche Software besitzen, die für die für Entwicklung und Ausführung der Beispielprogramme dieses Buchs erforderlich ist. Außerdem können Sie alle Modelle, die in diesem Buch abgebildet sind, mit der *Whiteboard Edition* von Together, die Sie ebenfalls auf der CD finden, betrachten.

Die neueste Version der Quelltexte des Beispielprojekts *ArTouro* finden Sie zusätzlich auf meiner Homepage *http://www.steppan.de*. Unter der Rubrik DOWNLOADS steht Ihnen ein aktuelles Archiv zur Verfügung. Damit sind also die Voraussetzungen seitens der Software abgedeckt, bleiben nur noch die Anforderungen an den Leser dieses Buchs zu klären.

Anforderungen an den Leser

Grundkenntnisse der objektorientierten Programmierung erleichtern Ihnen das Verständnis dieses Buchs auf jeden Fall. Ebenso wäre es hilfreich, wenn Sie Grundkenntnisse der HTML- und Java-Programmierung oder einer zu Java verwandten Programmiersprache wie C++ besitzen. Sollten Sie noch keine oder wenig Erfahrung in der Java-Programmierung besitzen, nehmen Sie sich bitte für die Kapitel 1 und 2 viel Zeit. Sie legen das Fundament für den Rest des Buchs.

Wenn Sie vorher nur prozedural programmiert haben sollten (Basic, C, COBOL etc.), wird Ihnen Ihr Wissen in der objektorientierten Programmierung mit Sicherheit nicht ausreichen. In diesem Fall sehen Sie bitte die Literaturquellen am Ende des ersten Kapitels nach weiterführenden Standardwerken zur objektorientierten Programmierung durch. Ich habe nur sehr wenige Literaturquellen angegeben und alle meiner Meinung nach empfehlenswerte Werke nach Themengebieten sortiert. Auch zu allen anderen Themen dieses Buchs finden Sie weiterführende, von mir empfohlene Literatur am Ende der jeweiligen Kapitel.

Glossar

Ich habe mich zu Beginn der Arbeit an diesem Buch entschieden, nur die wichtigsten Fachbegriffe dort zu erklären, wo sie eingeführt werden und alle anderen in ein Glossar auszulagern. Das hat zwei Gründe:

▷ Fortgeschrittene Entwickler sollen im Lesefluss nicht durch Erklärungen gebremst werden

▷ Stark verflochtene Themen erzwingen, dass nicht alles an Ort und Stelle erklärt wird

Damit dieses Verfahren nicht für Einsteiger von Nachteil ist, denen viele Fachbegriffe nicht vertraut sind, findet diese Lesergruppe alle Basisbegriffe im Glossar im → Anhang E. Dieses sehr umfangreiche Kapitel sollte in der mit Fachbegriffen durchsetzten CORBA-, EJB-, Internet-, Java-, Netzwerk-, und OO-Welt jedem eine gute Orientierung bieten.

Danksagung

Mein besonderer Dank gilt vor allem meiner Frau Christiane für die viele Geduld während der letzten Monate sowie meiner Lektorin Frau Christina Gibbs für die vielfältige, unkomplizierte Unterstützung und das Vertrauen in meine Arbeit.

Herzlichen Dank auch an die Firma Borland und ihre Mitarbeiter Ralf Dossmann, Jürgen Fesslmeier, Matthias Eißing sowie Thomas Walijew, ohne deren Hilfe dieses Buch nicht zustande gekommen wäre. Gleiches gilt für Jürgen Hohnhold von Tiscon Infosystems, der mir das UML-Modellierungswerkzeug Together für dieses Projekt spontan zur Verfügung gestellt hat.

Mit dem CASE-Tool Together sind alle UML-Grafiken entstanden, die in diesem Buch abgebildet sind. Ohne das völlig reibungslose Roundtrip-Engineering zwischen JBuilder 4 und Together 4.1 wäre es wohl kaum möglich gewesen, die große Anzahl von Grafiken aus den Beispielprogrammen in so kurzer Zeit zu produzieren.

Danken möchte ich auch ausdrücklich unserer Espressomaschine, die mich bei den unzähligen Nachtsitzungen niemals im Stich gelassen hat.

Anregungen und Kritik

Niemand ist perfekt und kein noch so sorgfältig geschriebenes Buch fehlerfrei. Deshalb bin ich für jede Anregung und konstruktive Kritik sehr dankbar. Besonders willkommen sind mir Hinweise, welche Teile im Buch ausführlicher behandelt sein könnten oder Ihnen schon zu tiefgehend sind. Richten Sie bitte alle Schreiben entweder an den Verlag oder direkt an mich:

E-Mail: *bernhard@steppan.de*

Internet: *http://www.steppan.de*

Teil I: Java-Grundlagen

In diesem Abschnitt erfahren Sie in konzentrierter Form alles Wesentliche über die Geschichte der Programmiersprache Java, über die verschiedenen Java-Editionen, über die objektorientierte Programmierung und die verschiedenen technologischen Architekturen, mit deren Hilfe Sie Java-Programme entwickeln können.

Hier alle Kapitel dieses ersten Teils nochmals im Überblick:

▷ Kapitel 1: Programmiersprache Java

▷ Kapitel 2: Java-Softwarearchitekturen

1   Programmiersprache Java

1.1   Geschichte

Java ist eine junge objektorientierte Programmiersprache, deren Ursprung auf das Jahr 1991 zurückgeht. Damals begann eine Gruppe von Ingenieuren der Firma Sun Microsystems damit, Software für Elektronikgeräte zu entwickeln. Die Anforderung war, kleine, schnelle und portable Programme zu entwickeln. Um dies zu erfüllen, konzipierten die Sun-Entwickler eine eigene Sprache namens Oak, die sie später Java nannten.

Die Karriere von Java war nicht von Anfang an mit dem Internet verknüpft. Erst nach mehreren Rückschlägen bei der Vermarktung der Java-Technologie entdeckte die Firma Sun das Potential der Sprache für das inzwischen sehr populäre Internet. Sie entwickelten einen Browser, der kleine Java-Programme aus dem Internet laden und ausführen konnte (WebRunner). Als sich Netscape Ende 1995 entschied, in seinen damals marktbeherrschenden Browser ebenfalls eine solche Funktionalität einzubauen, begann der Aufstieg von Java.

1.1.1   Java auf dem Client

1996 wurde die Firma JavaSoft gegründet und im gleichen Jahr gab Sun das erste Paket von Entwicklungswerkzeugen und Klassenbibliotheken frei: das Java Development Kit 1.0, kurz JDK 1.0 genannt.

Danach ging es rasant weiter. Die Java-Erfinder stellten bald darauf die erste Standardbibliothek zum Zugriff auf SQL-Datenbanken vor (JDBC) und verabschiedeten die Komponentenarchitektur JavaBeans. Nach den unzureichenden Entwicklungswerkzeugen des JDK kamen endlich Werkzeuge der ersten Generation wie Visual Café und Visual J++ auf den Markt.

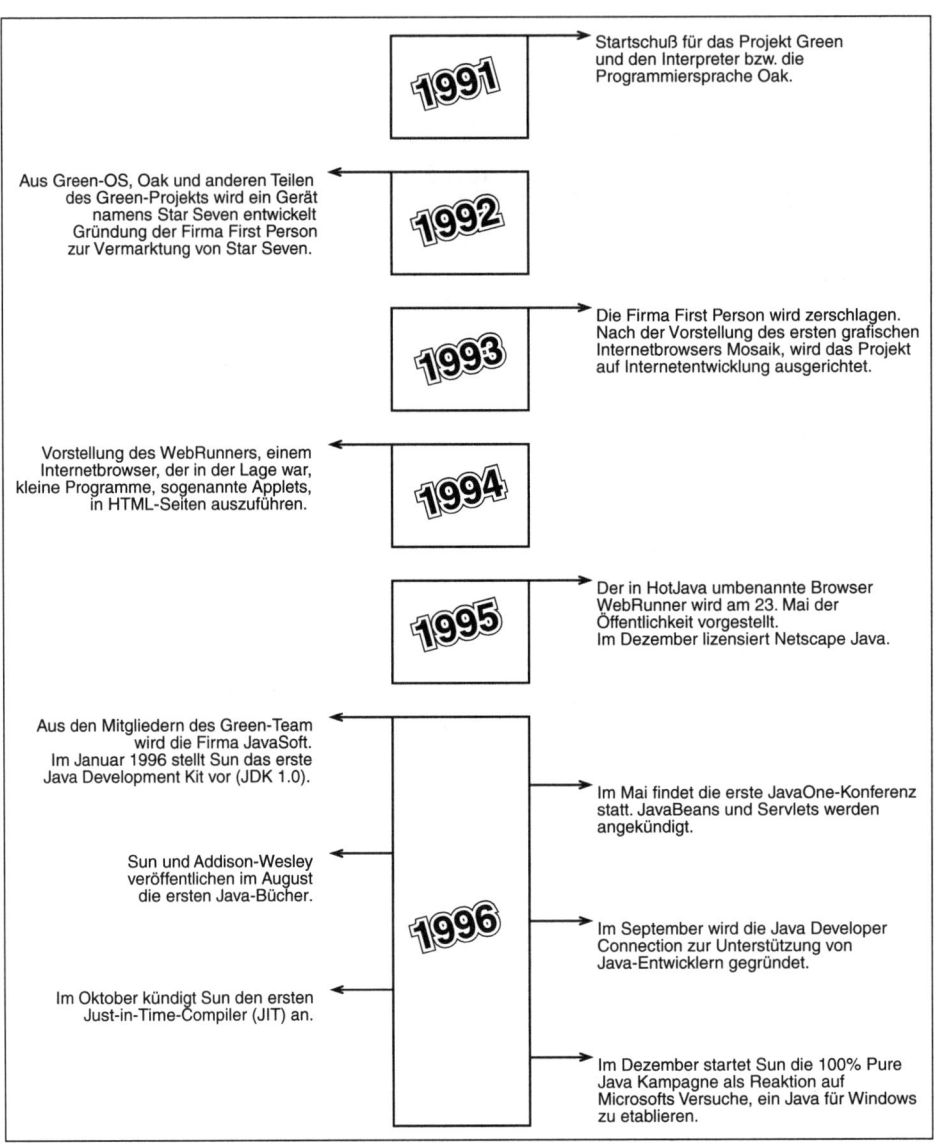

Abbildung 1.1: Geschichte von Java von den Anfängen bis 1996

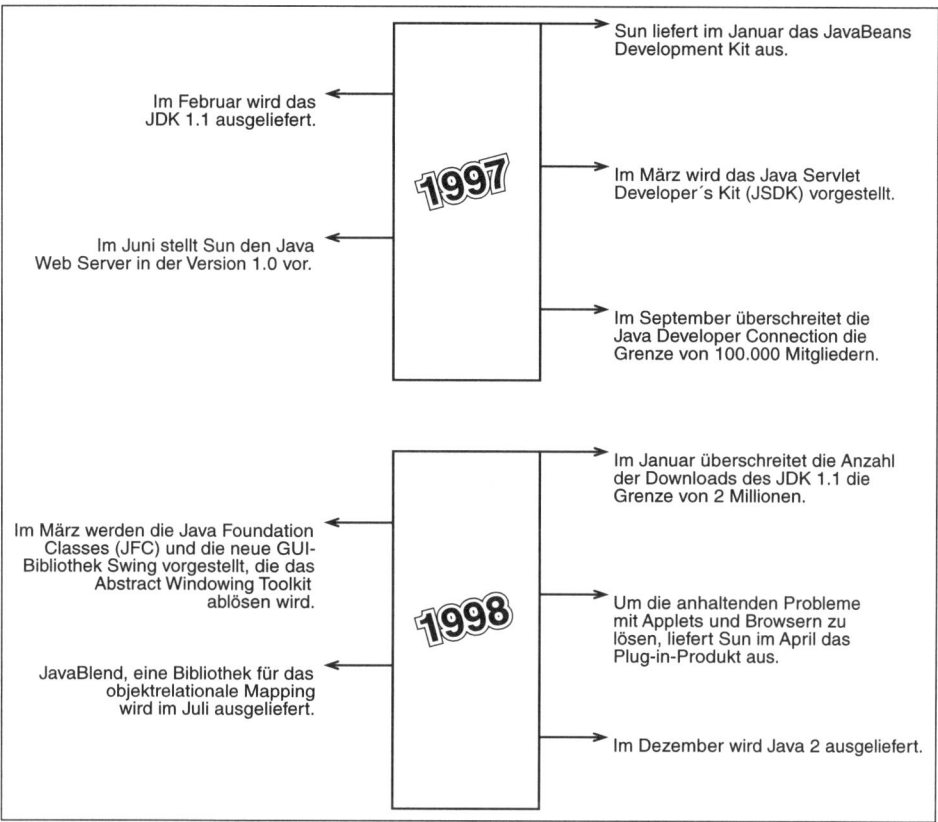

Abbildung 1.2: Die Entwicklungen der Jahre 1997 und 1998

1.1.2 Vom Client zum Server

Das JDK 1.1 war eine Zäsur. Ein neues Event-Modell und eine neue Oberflächenbibliothek sorgten für Innovationen und viel Unmut, denn bestehende Programme mussten auf die Neuerungen umgestellt werden, wollte man wieder mit dem aktuellen JDK kompatibel sein. Modernere Entwicklungsumgebungen der zweiten Generation milderten die Umstellungsprobleme und gaben der Sprache Java weiteren Auftrieb.

1.1.3 Java auf dem Server

Eine weitere ähnlich drastische Zäsur wie bei der Umstellung auf das JDK 1.1 blieb den Entwicklern mit der Einführung des JDK 1.2 zwar erspart. Aber die Neuerungen sind nicht unerheblich. Sun hat mit der Einführung verschiedener neuer Akronyme selbst in Insider-Kreisen für viel Verwirrung gesorgt. Schon der Grund für den Begriff Java 2 für das JDK 1.2 ist vielen Entwicklern nicht plausibel, aber wer kann schon genau erklären, was J2SE, J2EE, J2ME, JSDK und JRE bedeuten und welche APIs hier verborgen sind?

Meines Wissens gibt es keine vernünftige offizielle Erklärung für die Umbenennung des JDKs in Java 2. Entsprechend schlecht ist auch die Akzeptanz des Namens: In vielen Büchern, Artikeln und in der Dokumentation von Entwicklungswerkzeugen wird weiterhin auf JDK 1.2 Bezug genommen.

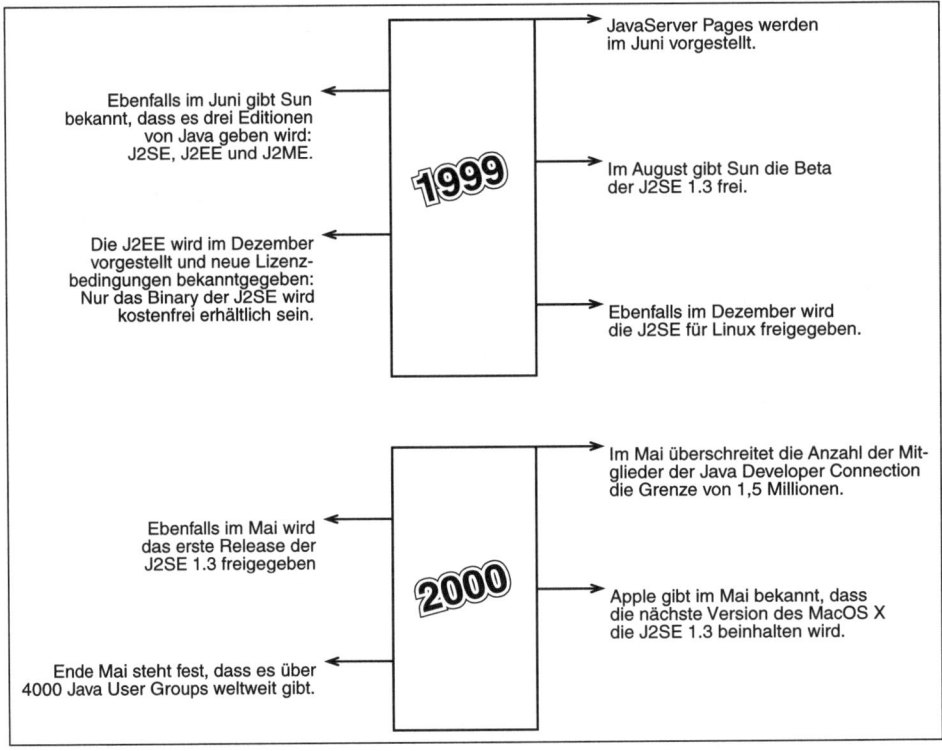

Abbildung 1.3: Die Entwicklungen der Jahre 1999 und 2000

1.2 Basiskonzepte

Im Folgenden erfahren Sie, welche Basiskonzepte die Entwickler der Firma Sun in Java umgesetzt haben.

1.2.1 Frei von Altlasten

Java ist im Gegensatz zu C++ und wie Smalltalk eine rein objektorientierte Sprache. C++ ist eine Weiterentwicklung von C. Sie ist zum Vorgänger vollständig kompatibel.

Wer will, kann also auch mit C++ prozedurale Programme entwickeln. Das ist in Java wie auch in Smalltalk unmöglich. Java hat keinen kompatiblen Vorgänger und ist frei von Altlasten.

Reifegrad	Sehr jung	Jugendlich	Erwachsen	Reif	Angejährt	Veraltet
Sprachen	XML	Java	COBOL, C++	Smalltalk, C	Fortran, ADA	PL/1, APL
Zeit für den nächsten Innovationszyklus	1 Jahr	2 Jahre	10 Jahre	5 Jahre	5 Jahre	Lebensende

Tabelle 1.1: Lebensdauer und Reifegrad von Programmiersprachen (Quelle: GartnerGroup)

1.2.2 Verwandt zu C++

Obwohl der genannte, grundlegende Unterschied zu C++ besteht, ist die Syntax der beiden Sprachen sehr verwandt (→ Abbildung 1.4). Der Erfolg von Java steht hiermit in engem Zusammenhang, weil viele C++-Entwickler in der Lage sind, Java relativ schnell zu erlernen. Der Teufel steckt aber im Detail, und es gibt wichtige und tiefgreifende Unterschiede zwischen beiden Sprachen. Zum Beispiel existieren in Java Packages und Interfaces, aber es fehlen explizite Pointer, Makros, Templates und Präprozessoranweisungen. Außerdem haben die Entwickler die umstrittene Mehrfachvererbung in Java nicht realisiert.

1.2.3 Objektorientiert

Java ist aus C++ entstanden, aber – wie gerade erwähnt – im Gegensatz zu C++ und Object COBOL eine rein objektorientierte Sprache. Damit steht sie unter den reinen OO-Sprachen im Stammbaum den Programmiersprachen Smalltalk und Eiffel sehr nahe (→ Abbildung 1.4).

Die im nächsten Abschnitt (→ 1.3 Grundlagen der objektorientierten Programmierung) vorgestellten Konzepte der Vererbung, Kapselung und Polymorphie sind elegant verwirklicht und heben sich von weniger objektorientierten Sprachen wie Visual Basic angenehm ab.

1.2.4 Komponentenorientiert

Komponentenorientierte Softwareentwicklung ist in mancherlei Hinsicht (Wiederverwendung) eine Steigerung der Objektorientierung. Wenn Komponenten sorgfältig entwickelt wurden, können sie sehr leicht und mit wenig Seiteneffekten wiederverwendet werden. In Java unterscheidet man zwischen verschiedenen Komponententypen, den einfachen so genannten Java-Beans und den komplexeren Enterprise JavaBeans (EJBs), die ich Ihnen beide im weiteren Verlauf des Buchs vorstellen werde.

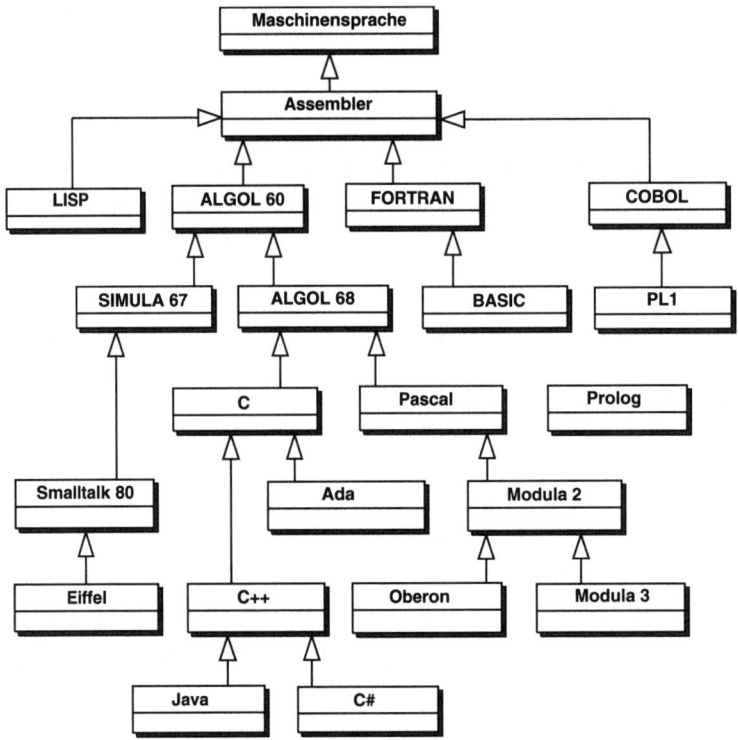

Abbildung 1.4: Stammbaum der wichtigsten Programmiersprachen

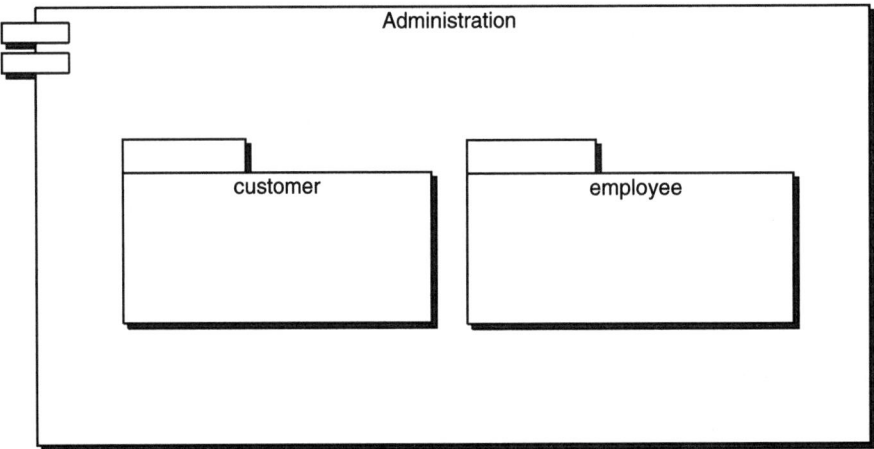

Abbildung 1.5: UML-Komponentendiagramm einer EJB-Anwendung

1.2.5 Netzwerkorientiert

Java ist die Internet-Sprache schlechthin. In keiner anderen Programmiersprache ist es so leicht, netzwerkfähige Programme zu entwickeln, die sowohl auf einem weit entfernten Client als auch auf einem Großrechner laufen. Java-Programme lassen sich über Internet-Browser ausführen und gelangen – wenn man bestimmte Grundregeln beachtet – im Vergleich zu der herkömmlichen Softwareverteilung relativ problemlos über das Internet an den Endkunden.

1.2.6 Sicherheitsorientiert

Viele Entwickler nerven sie, die eingebauten Sicherheitsvorkehrungen in Java. Da Java-Programme, wie gerade beschrieben, auf sehr vielen Computersystemen ausgeführt und über das Internet geladen werden können, haben sich die Entwickler von Sun eine Reihe von Sicherheitsmechanismen ausgedacht, die verhindern sollen, dass diese Java-Programme auf fremden Computern Schaden anrichten, und sei es nur, dass sie vertrauliche Informationen lesen.

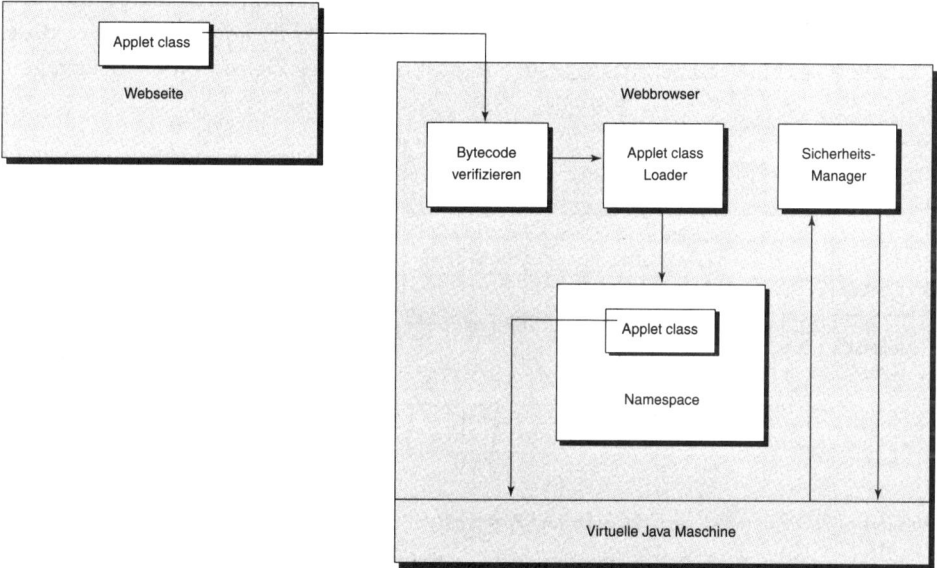

Abbildung 1.6: Sandbox-Prinzip

Betroffen davon ist eine besondere Art von Java-Programmen, die so genannten Applets. Dies sind kleine Java-Programme, die in eine Webseite eingebettet werden können (→ Applets, Seite 72 ff.). Bevor ein solches Applet aktiv wird, muss ein so genannter Bytecode-Verifizierer eine Unbedenklichkeitsprüfung durchführen (→ Abbildung 1.6).

Applets ist es in der Regel verboten, Dateioperationen auf dem lokalen Computer durchzuführen oder auf diesem Computer Programme zu starten. Ausnahmen von dieser Regel bilden signierte Applets (→ Applets, Seite 72 ff.).

1.2.7 Interpretiert und compiliert

Ein Java-Programm durchläuft verschiedene Phasen, bevor es ein Anwender benutzen kann. Zuerst wird der Quelltext codiert und danach in einer Datei mit der Namenserweiterung `java` gespeichert. Diese Datei übersetzt der Java-Compiler in ein Zwischenformat, den so genannten *Bytecode*. Er bekam seinen Namen, weil jede seiner Code-Anweisungen genau ein Byte lang ist.

Bytecode

Der Bytecode ist die Binärform eines Java-Programms für einen abstrakten, nicht wirklich vorhandenen Computer. Weil ein Computer dieser Bauweise nicht existiert (beziehungsweise zu der Zeit, als man ihn erfand, nicht existierte), spricht man auch davon, dass das Java-Programm von einer *virtuellen Maschine* (VM) ausgeführt wird. Um das Programm auf einem konkreten Computer mit einer Hardwarearchitektur, die zum Beispiel auf Intel- oder Motorola-CPUs basiert, ausführen zu können, muss es diese virtuelle Maschine erst Schritt für Schritt in die Sprache des Zielcomputers übertragen.

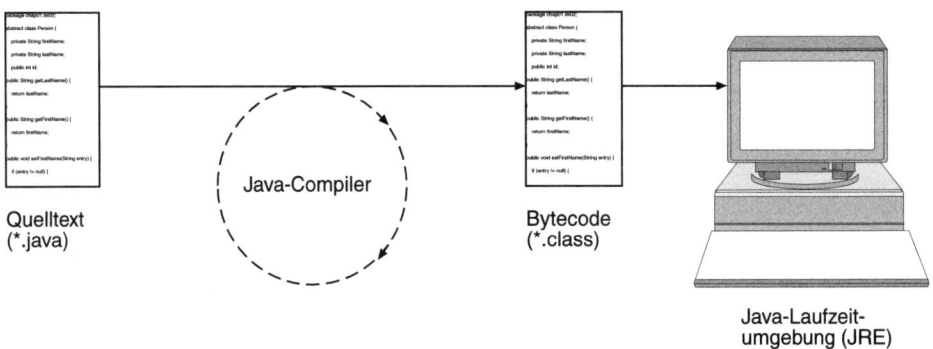

Quelltext
(*.java)

Java-Compiler

Bytecode
(*.class)

Java-Laufzeit-
umgebung (JRE)

Abbildung 1.7: Der Entwicklungszyklus eines Java-Programms

Virtuelle Maschine

Der Begriff virtuelle Maschine klingt sehr mächtig, aber hinter diesem Begriff verbirgt sich vereinfacht dargestellt ein Programm, das unter Windows beispielsweise Java.exe heißt. Weil dieses Programm nicht den gesamten Bytecode auf einmal einliest (wie ein

Compiler den gesamten Quelltext), sondern es schrittweise in die Sprache des Zielcomputers überträgt, spricht man auch davon, dass Java-Programme, die im Bytecode
vorliegen, interpretiert werden.

Wie startet man eine Java-Anwendung? – Dazu gibt man der virtuellen Maschine im
einfachsten Fall die Class-Datei an, die ausgeführt werden soll. Auf der Kommando-
zeile beziehungsweise Konsole kann dies mit java Sample.class geschehen. Der virtuellen Maschine lassen sich aber noch viel mehr Parameter übergeben, wie ein Blick auf
die Konsole zeigt:

```
[steppan@silux bin]$ ./java
Usage: java [-options] class [args...] (to execute a class)
   or  java -jar [-options] jarfile [args...] (to execute a jar file)
where options include:
    -cp -classpath <directories and zip/jar files separated by :>
            set search path for application classes and resources
    -D<name>=<value> set a system property
    -verbose[:class|gc|jni] enable verbose output
    -version   print product version
    -showversion  print product version and continue
    -? -help  print this help message
    -X        print help on non-standard options
```

Listing 1.1: Ausgabe der virtuellen Maschine unter Linux

Wie Sie anhand von → Listing 1.1 erkennen, kann man die virtuelle Maschine mit einer
ganzen Reihe von Parametern starten, die man sich wahrscheinlich nicht ohne weiteres
sofort merken wird. Um den Startprozess eines Programms für den Anwender zu vereinfachen, ist es daher sinnvoll, ein kleines Startprogramm zu schreiben.

Unter Windows ist dazu ein Batch-Programm geeignet, unter Unix-Systemen ein
Shellskript. Für solche Skriptprogramme lässt sich eine Referenz auf der Arbeitsoberfläche erzeugen und mit einem Symbol verknüpfen. Auf diese Weise hat der Anwender nicht mehr den Eindruck, mit einer Anwendung zu arbeiten, die nicht
ausschließlich für sein Betriebssystem entwickelt wurde. Der JBuilder wird zum Beispiel unter Linux von einer solchen Referenz gestartet, die letztendlich ein Shellskript
ausführt.

Verteilung der Anwendung

Für verschiedene Computertypen und Betriebssysteme gibt es unterschiedliche virtuelle Maschinen. In manchen Systemen wie dem MacOS X gehören diese inzwischen
zum festen Bestandteil des Betriebssystems. Außerdem sind in den populären Internetbrowsern von Netscape und Microsoft virtuelle Maschinen eingebaut, welche die
schon erwähnten Applets ausführen können (→ Applets, Seite 72 ff.).

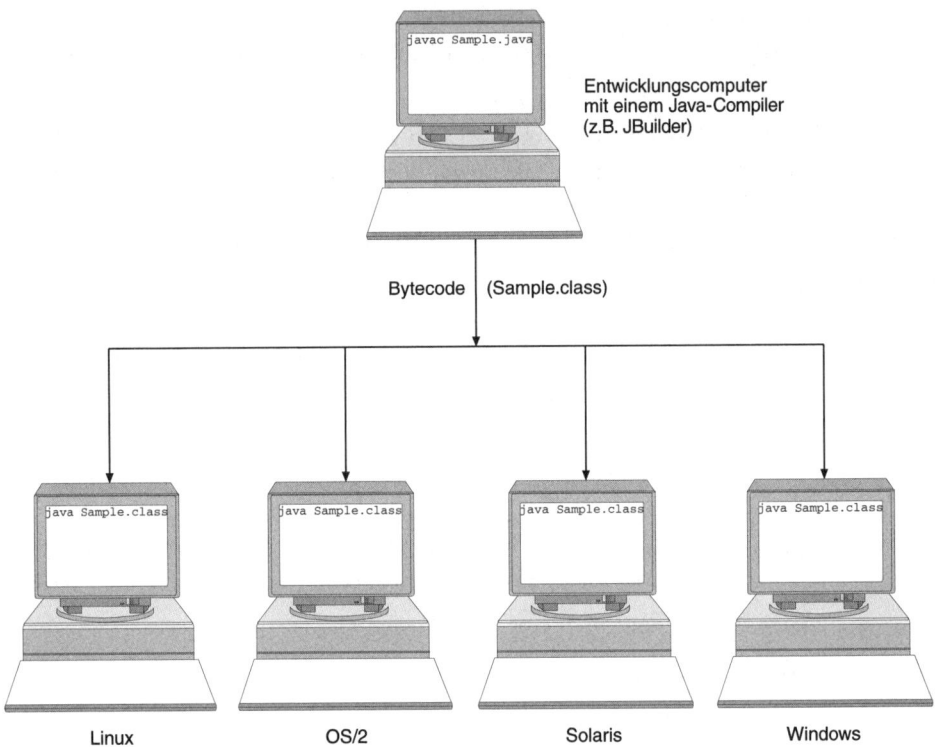

Abbildung 1.8: Verteilung und Ausführung eines Java-Programms auf verschiedene Systeme

Java-Programme können von speziellen Compilern auch direkt in nativen Maschinencode und nicht in Bytecode übersetzt werden. Unsere Beispielanwendung »Sample« würde von einem solchen Compiler unter Windows als Sample.exe gespeichert.

Dieses Verfahren soll den Vorteil besitzen, dass die Programme wesentlich schneller ablaufen. Der gravierende Nachteil ist, dass die Binärform dieser Programme dadurch ihre Plattform-unabhängigkeit einbüßt. Das heißt, Sample.exe lässt sich zum Beispiel nicht unter Linux ausführen. Um ein natives Linux-Programm zu erzeugen, benötigt man einen entsprechenden Linux-Compiler. Erst mit diesem könnte man Sample.class in ein entsprechendes Linux-Programm verwandeln.

1.2.8 Plattformunabhängig

Es wird häufig pauschal behauptet, Java-Programme seien plattformunabhängig. Genau genommen verhält es sich aber so: Bei der Beachtung gewisser Grundregeln und unter bestimmten Voraussetzungen können Java-Anwendungen auf sehr vielen Plattformen ausgeführt werden (→ Abbildung 1.8).

Java Runtime Environment

Grund dafür ist die zugrunde liegende Architektur. Alle Java-Anwendungen (bis auf die gerade erwähnten Ausnahmen) basieren auf der schon erwähnten virtuellen Maschine. Genau genommen ist es nicht nur die virtuelle Maschine, von der die Portabilität abhängt, sondern die komplette für eine bestimmte Plattform verfügbare Laufzeitumgebung (JRE: Java Runtime Environment), in der Java-Anwendungen betrieben werden.

Damit liegt auch auf der Hand, dass Java-Anwendungen nicht mehr von einem konkreten Computer oder einem bestimmten Betriebssystem direkt abhängig sind. Aber sie sind von der Laufzeitumgebung abhängig. Und sollte keine Laufzeitumgebung für die jeweilige Plattform (Computer + Betriebssystem) verfügbar sein, läuft dort auch Ihr Java-Programm nicht.

Java Native Interface

Java-Anwendungen können so programmiert werden, dass sie die native Schnittstelle eines Betriebssystems verwenden (→ Java Native Interface, Seite 68). Das hat den Vorteil, dass man bestimmte Eigenschaften eines Betriebssystem besser ausnutzen kann, aber den Nachteil der Plattformabhängigkeit dieses Programmteils.

Fazit: Java-Anwendungen sind prinzipiell plattformunabhängig ausgelegt, können aber nur dann auf bestimmten Betriebssystemen ausgeführt werden, wenn sie

▷ eine entsprechende Laufzeitumgebung bekommen und nicht

▷ plattformspezifisch programmiert wurden.

1.2.9 Speichermanagement

Einer der ärgerlichsten Fehler in C- und C++-Programmen sind Speicherlöcher. Sie entstehen, wenn der Programmierer vergessen hat, allokierten Speicher wieder freizugeben. Die Java-Erfinder haben der Sprache aufgrund dieser bekannten Fehler wie der verwandten Programmiersprache Smalltalk einen eingebauten so genannten *Garbage Collector* (wörtlich übersetzt: Müllbehälter) spendiert.

Dieses automatische Speichermanagement sorgt dafür, dass ein Programm periodisch von nicht mehr benötigten Speicherblöcken gesäubert wird. Man muss der Vollständigkeit halber dazu sagen, dass das Speichermanagement der Java-Laufzeitumgebung schon mehrmals in das Kreuzfeuer der Kritik geraten ist. Unter Windows war die virtuelle Maschine dafür bekannt, selbst sehr viele Speicherlöcher zu verursachen. Die neueren Laufzeitumgebungen sollen diesbezüglich stark verbessert worden sein.

1.2.10 Fehlerbehandlung

Ein weiterer anfänglicher Fehler der Programmiersprache C++ ist in Java umgangen worden: Java verfügte von Anfang an über ein Konzept, wie Laufzeitfehler strukturiert abgefangen werden sollten. Diese Fehlerbehandlung ist erweiterbar. Näheres dazu erfahren Sie unter → Exception Handling auf Seite 69.

1.2.11 Klassenpfad

Wie schon unter → 1.2.7 erwähnt, wird ein Java-Programm in einer Laufzeitumgebung ausgeführt, deren wichtigster Bestandteil die virtuelle Maschine ist. Nun kommt es ausgesprochen selten vor, dass ein Programm nur über eine Klasse verfügt und man es über `java Sample.class` direkt startet. In der Regel bestehen Java-Programme aus einer Vielzahl von Klassen, die über die gesamte Festplatte verteilt sein können. Woher weiß die virtuelle Maschine, wo sich diese befinden?

Wenn die Dateien nicht direkt dort gespeichert sind, wo die virtuelle Maschine installiert ist, ist es notwendig, ihr den so genannten *CLASSPATH* zu den Klassen mitzuteilen, die sie ausführen soll. Den *CLASSPATH* zu setzen, kann auf verschiedene Arten geschehen, und es gibt deshalb sowohl bei Einsteigern als auch erfahrenen Entwicklern immer wieder Verwirrung darüber:

▶ Das Betriebssystem wird mit einer Java-Laufzeitumgebung ausgeliefert, die die Pfade schon gesetzt hat (Beispiel: AIX)

▶ Die Laufzeitumgebung verankert den *CLASSPATH* bei ihrer Installation fest im Betriebssystem (Beispiel: Java 2 in der Windows-Registry)

▶ Die Umgebungsvariable *CLASSPATH* muss manuell auf dem Computer gesetzt werden (Beispiel: Linux)

▶ Die Entwicklungsumgebung setzt den *CLASSPATH* selbst (Beispiel: JBuilder)

▶ Beim Start der virtuellen Maschine übergibt man den *CLASSPATH* als Parameter (→ Listing 1.2)

1.2.12 Archive

Wie gerade erwähnt, verwenden größere Java-Anwendungen eine Vielzahl von Klassen, die in Class-Dateien gespeichert sind. In den Anfängen der Sprache Java hat man sie auch über Netzwerke unkomprimiert geladen, was sehr lange dauerte. Mit zunehmender Bedeutung der Sprache Java als Internet- und Netzwerkprogrammiersprache war das nicht mehr tragbar. Deshalb lassen sich Class-Dateien heute komprimieren und als Archive speichern.

Diese Archive tragen in der Regel die Endung `jar` (oder auch `zip`), sind weitestgehend kompatibel zum weit verbreiteten Zip-Format und lassen sich mit einem Sun-Werkzeug des gleichen Namens oder erheblich komfortabler mit dem JBuilder (→ Kapitel 6, Abschnitt 6.3 Archiv-Builder) erzeugen.

Damit diese Archive von der Laufzeitumgebung gefunden werden, gibt man sie analog den Class-Dateien bei Programmstart als Parameter mit dem *CLASSPATH* an (→ Listing 1.2).

```
JAVA -Xms64m -Xmx1024m \
-classpath ../lib/graphics.zip:\
../lib/admin.jar:\
../lib/lib.jar:\
../help/help.jar:\
```
Listing 1.2: Start von ArTouro-Admin unter Linux

1.2.13 Erweiterbarkeit

Im Gegensatz zu den Anfängen der Programmiersprache C++, aber vergleichbar zu Smalltalk, sind Klassenbibliotheken integraler Bestandteil der Sprache Java. Das hat dazu geführt, dass heute eine Vielzahl von Produkten erhältlich ist, die auf diesen Klassenbibliotheken aufbauen und diese kontinuierlich erweitert haben.

Besonders vom Komponentenmodell *JavaBeans* gibt es heute ein große Anzahl kommerzieller Produkte für die Programmierung grafischer Oberflächen. Auch im JBuilder sind solche Erweiterungen in Form von Klassenbibliotheken vorhanden. Von dem relativ neuen Komponentenmodell *Enterprise JavaBeans* erwarten Experten einen Boom kommerzieller Komponenten für Geschäftsabläufe und -objekte.

1.2.14 Ereignissteuerung

Die Kommunikation in modernen Programmen funktioniert größtenteils über das Versenden von Nachrichten. In der ersten Version von Java hat man diese Ereignisse immer im Zusammenhang mit grafischen Oberflächen gesehen, aber ab Java 1.1 ist das Ereignismodell nicht allein auf visuelle Elemente beschränkt.

Das Ereignismodell und die damit zusammenhängende Klassenhierarchie stelle ich Ihnen im Abschnitt → Event-Handling auf Seite 76 ausführlich vor.

1.3 Grundlagen der objektorientierten Programmierung

Die Objektorientierung ist eines der Basiskonzepte von Java. Sie erlaubt es, Programme in einer leicht verständlichen Art zu schreiben sowie einfacher und weniger fehleranfällig zu entwickeln. Objektorientierte Programmierung ist kein Garant für sauber geschriebene Programme und für gutes Design, aber es schafft die Voraussetzungen in weit höherem Maß, als es die prozedurale Programmierung bietet.

Alan Kay, einer der Erfinder von Smalltalk und der objektorientierten Programmierung hat die Eigenschaften einer objektorientierten Sprache folgendermaßen definiert:

▶ Alles ist ein Objekt

▶ Objekte kommunizieren durch Nachrichtenaustausch

▶ Objekte haben ihren eigenen Speicher

▶ Jedes Objekt ist eine Instanz einer Klasse

▶ Die Klasse modelliert das gemeinsame Verhalten ihrer Objekte (durch Objekte in-einer Programmliste [Methoden])

▶ Ein Programm wird ausgeführt, indem dem ersten Objekt die Kontrolle übergeben und der Rest als dessen Nachricht gehandelt wird

Im Folgenden fasse ich die Konzepte der Objektorientierung nur zusammen. Im nachfolgenden Abschnitt 1.4 erfahren Sie dann Genaueres über die objektorientierten Programme bei der Vorstellung der eigentlichen Sprachelemente von Java.

1.3.1 Klassen und Objekte

Klassen sind das Grundprinzip der objektorientierten Programmierung. Dennoch gibt es über sie erstaunlich viel Missverständnisse. Das liegt vielleicht daran, dass der Begriff der Klasse vielen OO-Programmieranfängern anfangs zu abstrakt ist.

Sie können den Begriff der Klasse einfach als neuen Datentyp auffassen, aber verständlicher ist eine Klasse ein

▶ *Bauplan* für Objekte (Schablone) oder ein

▶ *Oberbegriff* für verschiedene Objekte (Klassifizierung)

1.3.2 Objekte und Instanzen

Objekte (oder auch Instanzen genannt) sind für ein Java-Programm das, was Zellen für einen Organismus sind: Aus diesen Elementarteilchen setzt sich eine Anwendung zusammen. Objekte verfügen über einen Bauplan (Klasse), der ihre Erbinformationen in Form von Merkmalen (Attribute) und Fähigkeiten (Methoden) festlegt.

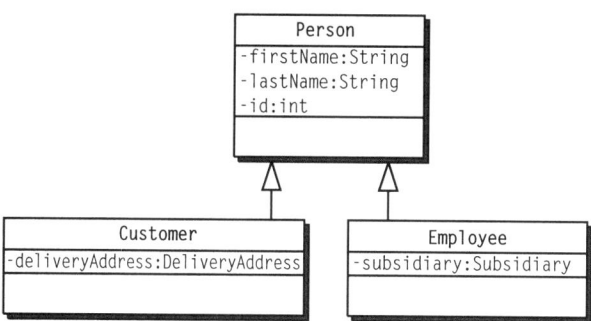

Abbildung 1.9: Eine Gruppe von drei Klassen

1.3.3 Methoden

Methoden (auch Botschaften oder Operationen genannt) bestimmen die Fähigkeit der Klasse zu kommunizieren und Aufgaben zu erledigen. Dabei werden Attribute ausgetauscht und verändert. Wichtig: Methoden sind in Java immer an eine Klasse gebunden und können nicht – wie zum Beispiel in C++ – unabhängig von einer Klasse definiert werden.

1.3.4 Attribute

Attribute bestimmen neben den Methoden das Verhalten von Klassen. Sie speichern ihren Zustand und bilden die Ausgangsbasis der Methoden. Ich habe sie in den vergangenen Beispielen schon stillschweigend eingeführt, es handelt sich bei der Klasse *Person* um den Vor- und Nachnamen (→ Abbildung 1.9).

1.3.5 Vererbung und Generalisierung

Nach der Einführung von Klassen, Objekten, Methoden und Attributen wird es Zeit, diese neuen Begriffe in den Zusammenhang mit den Begriffen *Vererbung* und *Generalisierung* zu stellen.

Vererbung

Vererbung gestattet es, Code zwischen Klassen und damit auch zwischen Objekten wieder zu verwenden. Das bedeutet, dass in unserem Beispiel (→ Abbildung 1.9) mit den drei Klassen *Person* und den abgeleiteten Klassen *Customer* und *Employee* beide abgeleiteten Klassen Attribute und Methoden der Basisklasse erben. Der Code, der für die Klasse *Person* programmiert wurde, wird wiederverwendet und steht in den Basisklassen zur Verfügung.

Was passiert, wenn man zwei Klassen kreuzen möchte? Angenommen Sie haben eine Klasse *Customer* sowie eine Klasse *Employee*, und einer der Angestellten bestellt etwas in Ihrer Firma. Damit wird der Angestellte zum Kunden. Sie wollen aber Redundanzen in Ihrer Datenbank vermeiden und ihn nicht nochmals speichern. Also könnte man versuchen, diesen neuen Typ durch Mehrfachvererbung (multiple Vererbung) zu erzeugen – was allerdings keine gute Idee wäre.

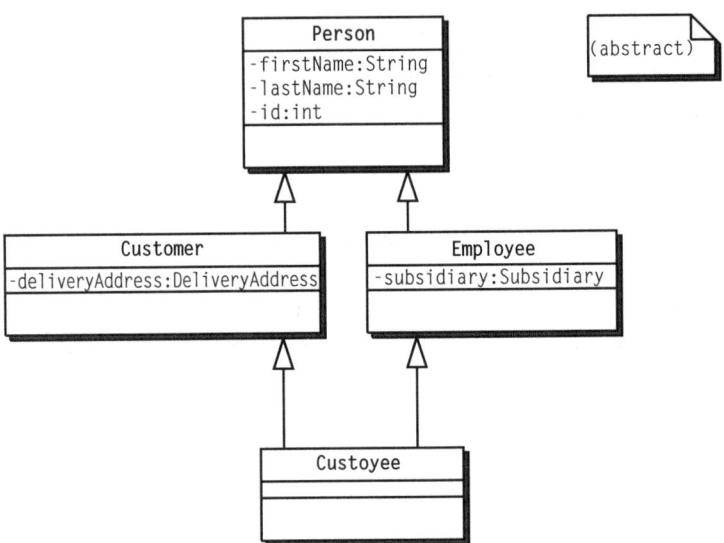

Abbildung 1.10: Funktioniert in Java nicht: Mehrfachvererbung

Das in → Abbildung 1.10 gezeigte Beispiel funktioniert in Java nicht. Der Grund dafür ist, dass die Java-Erfinder bewusst auf Mehrfachvererbung verzichtet haben. Sie wollten technische Schwierigkeiten (Namenskonflikte), die aus der multiplen Vererbung entstehen können, bewusst umgehen. Dennoch gibt es eine Form von Mehrfachvererbung, die über einen speziellen Klassentyp, den *Interfaces* realisiert werden kann (→ 1.4.3 Höhere Datentypen).

Generalisierung

Hin und wieder wird in der Fachliteratur der Begriff *Generalisierung* verwendet. Damit ist nur eine andere Lesart der Vererbungsbeziehung gemeint. Sie können das in → Abbildung 1.10 gezeigte Beispiel beispielsweise auch aus der Sicht der Klasse *Customer* interpretieren: *Customer* ist eine spezielle Form der Klasse *Person*. Anders ausgedrückt: *Person* ist eine Generalisierung (Verallgemeinerung oder allgemeine Form) der Klasse *Customer*.

1.3.6 Polymorphismus

Der Begriff Polymorphismus (auch Polymorphie genannt) kommt aus dem Griechischen und bedeutet so viel wie Vielgestaltigkeit, Verschiedengestaltigkeit. Dieser Fachbegriff beschreibt bei der Vererbung das so genannte Überladen von Methoden (→ 1.4 Sprachelemente).

1.3.7 Kapselung

Eines der wichtigsten Merkmale objektorientierter Sprachen ist der Schutz von Klassen und Attributen vor unerlaubtem Zugriff. Jedes Objekt kapselt Methoden und Daten in einer Weise, die es nur über definierte Schnittstellen erlaubt, darauf zuzugreifen. Durch eine strenge Kapselung, Vermeidung globaler Methoden und Variablen soll die Robustheit des Programms erhöht werden.

1.3.8 Assoziationen

Der Begriff der *Assoziation* kommt aus dem Lateinischen und bedeutet Verknüpfung oder Vereinigung. In der objektorientierten Programmierung versteht man hauptsächlich »normale« Assoziationen und deren Verfeinerungen in Form von *Aggregationen* (Zusammenlagerung) sowie *Kompositionen* (Zusammensetzung). In der Umgangssprache belegen wir die Begriffe vielleicht ziemlich identisch, die objektorientierte Programmierung differenziert aber sehr genau:

Assoziation

Die Klasse *Person* hat genau einen Namen (→ Abbildung 1.11), und dieser Name steht nicht in einer Vererbungsbeziehung zu der Person. Diese Beziehung modelliert man mit der schwächsten Beziehung, die man in der Objektorientierung kennt, der *Assoziation*.

Aggregation

Ich verändere nun das Beispiel aus → Abbildung 1.11 und füge eine Adresse hinzu. Die Person soll aber beliebig viele Adressen bekommen können: eine Privatadresse, eine Firmenadresse, eine Lieferadresse etc. Wie ist das Problem zu lösen? – Durch eine *Aggregation*, wie sie in → Abbildung 1.12 dargestellt ist.

Eine Aggregation stellt eine Besteht-aus-Beziehung dar. Eine Person besteht – für ein Computerprogramm – aus einer oder mehreren Adressen. In unserem Beispiel ist jede Adresse eindeutig. Damit gilt: Jede Adresse gehört genau einer Person – kein gutes Beispiel für Mietwohnungen!

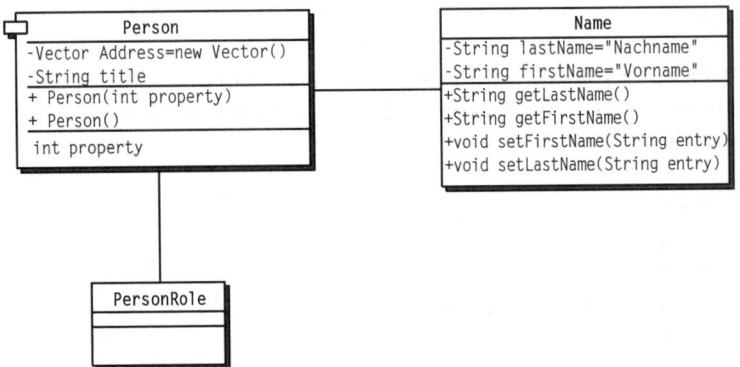

Abbildung 1.11: Eine einfache Assoziation

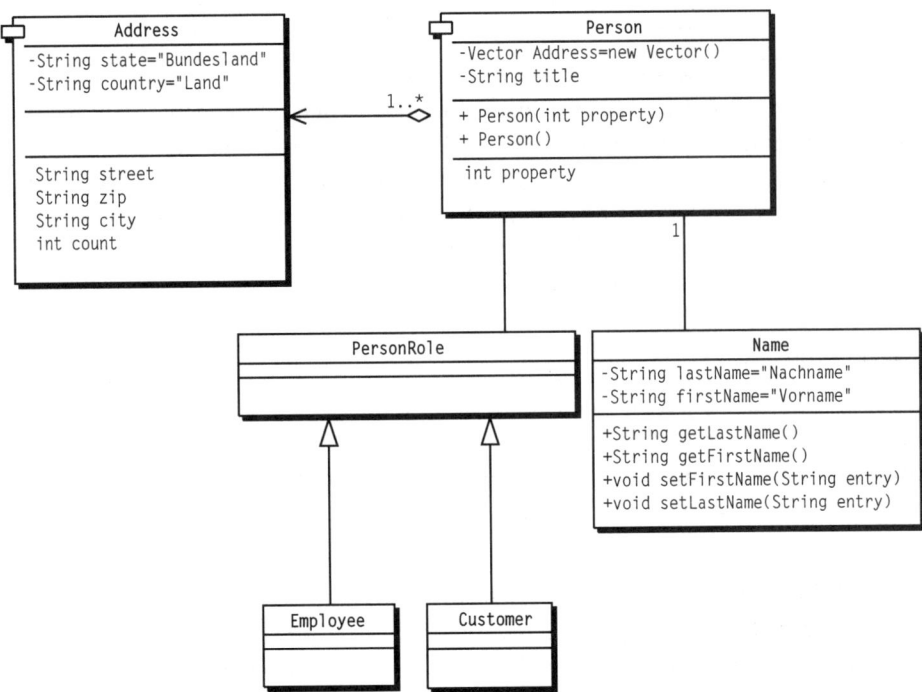

Abbildung 1.12: Aggregation zwischen der Adresse und Person

Komposition

Die stärkste Form der *Assoziation* stellt die *Komposition* dar. Sie wird genau dann angewendet, wenn wie bei der Aggregation eine Besteht-aus-Beziehung vorliegt, sie aber im Gegensatz zur Aggregation nur als 1:1-Beziehung ausgeprägt ist.

Beispiel: Ein Kunde besteht für ein zu entwickelndes System unter anderem aus einer Auftragsmenge und wird nur dann erzeugt, wenn mit diesem Vorgang auch ein Auftrag verbunden ist. Eine weitere Systemanforderung ist, dass der Kunde keinesfalls gelöscht werden darf, bevor seine Aufträge endgültig erledigt worden sind.

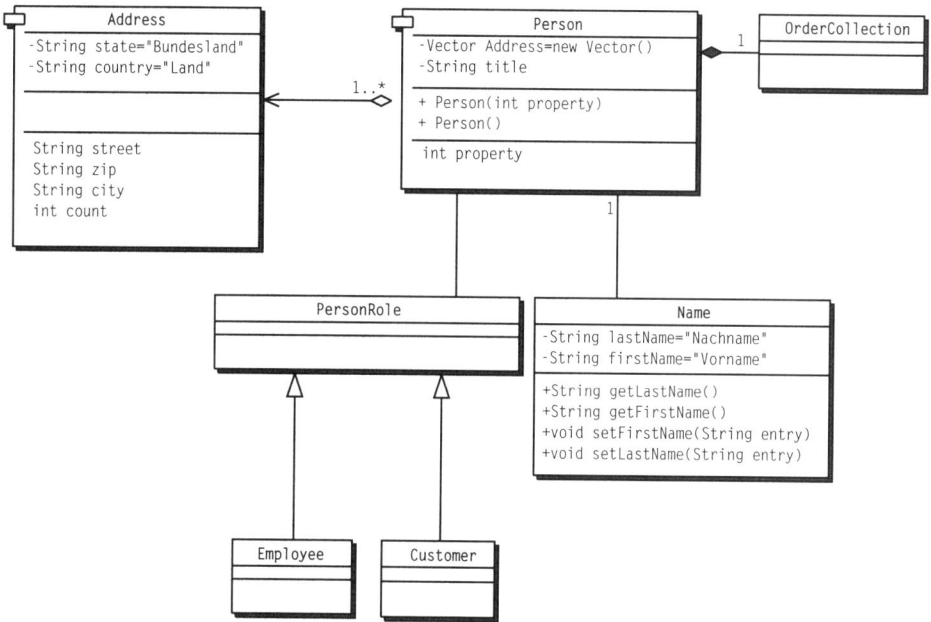

Abbildung 1.13: Die Person und ihre Aufträge als Komposition

Wenn der Kunde aber gelöscht wird, soll das System auch seine erledigten Aufträge löschen, damit keine Karteileichen im System verbleiben. Falls die Aufträge noch offenen Status besitzen, darf das nicht geschehen, und es soll eine Warnung ausgegeben werden.

In → Abbildung 1.13 sehen Sie einen Teilaspekt dieser Anforderung. Die Klasse *OrderCollection* hängt als Komposition an der Klasse *Person*.

1.4 Sprachelemente

Nach den Grundlagen der objektorientierten Programmierung können wir uns nun mit den Sprachfeinheiten beschäftigen. Ich werde Ihnen in diesem Abschnitt die wesentlichen Elemente der Sprache Java vorstellen.

1.4.1   Dokumentation eines Java-Programms

Kommentarzeichen dienen dazu, Teile des Quelltextes zu dokumentieren oder für den Compiler auszublenden. Da Java von Haus aus keinen Präprozessor besitzt, kann man nicht mit bedingten Compileranweisungen, wie das in C häufig geschieht, kommentieren (*#if 0 .. #endif*). Das ist aber kein großer Nachteil, denn es gibt in Java sogar drei verschiedene Arten, Kommentare einzufügen:

▶ Zeilenbezogene Kommentare

▶ Abschnittbezogene Kommentare

▶ Dokumentationskommentare

Zeilenbezogene Kommentare

Dieser Kommentartyp wird durch doppelte Schrägstriche eingeleitet, die den Rest der Zeile als Kommentar markieren. Sie beziehen sich also jeweils nur auf eine einzelne Zeile (→ Listing 1.3).

```
// Anlegen eines neuen Kunden
Customer customer = new Customer("Baskerville"); // Nur mit Nachnamen
```
Listing 1.3: Zeilenbezogene Kommentare

Abschnittbezogene Kommentare

Im Gegensatz dazu lassen sich mit abschnittbezogenen Kommentarzeichen weite Teile für den Compiler ausblenden und als Kommentar markieren. Sie werden wie in C mit einem Schrägstrich, der von einem Asterisk gefolgt ist, begonnen und enden in der umgekehrten Reihenfolge (→ Listing 1.4).

```
/* Dieser Kommentar
   erstreckt
   sich ueber
   mehrere Zeilen */
```
Listing 1.4: Ein abschnittbezogener Kommentar

Der abschnittbezogene Kommentar kann aber auch dazu verwendet werden, mitten im Quelltext Kommentare einzufügen.

```
Customer customer = new Customer
/* Vorname + Nachname: */ ("William", "Baskerville");
```
Listing 1.5: Ein weiterer abschnittbezogener Kommentar

Dokumentationskommentare

Dieser interessante Kommentartyp hat keine Entsprechung in anderen Programmiersprachen. Er dient dazu, aus Kommentaren, die im Quelltext eingefügt werden,
HTML-Dokumente zu erzeugen. Auch diese Kommentare können sich über mehrere
Zeilen erstrecken, enden wie die abschnittbezogene Kommentare, beginnen aber mit
einem zusätzlichen Asterisk (→ Listing 1.6).

```
/**
 * Projekt:  ArTouro Admin
 * Beschreibung: ArTouro Admin ist die Pflegeanwendung von ArTouro Web
 * @Copyright (c) 2000, 2001
 * @author Bernhard Steppan
 * @version 1.0
 */
```

Listing 1.6: Ein Dokumentationskommentar aus ArTouro Admin

1.4.2 Einfache Datentypen

Java besitzt acht verschiedene Standarddatentypen, die auch primitive Datentypen
genannt werden. Sie besitzen den in → Tabelle 1.2 angegebenen Wertebereich.

Typ	Länge [byte]	Wertebereich	Standardwert
boolean	1	true, false	false
char	2	Alle Unicode-Zeichen	\u0000
byte	1	$-2^7 .. 2^7-1$	0
short	2	$-2^{15} .. 2^{15}-1$	0
int	4	$-2^{31} .. 2^{31}-1$	0
long	8	$-2^{63} .. 2^{63}-1$	0
float	4	$\pm 3.40282347 * 10^{38}$	0.0
double	8	$\pm 1.79769313486231570 * 10^{308}$	0.0

Tabelle 1.2: Der Wertebereich der einfachen Java-Datentypen

Im Gegensatz zu anderen Sprachen wie C++ besitzen die genannten Java-Datentypen
immer einen definierten Wert und eine feste Länge. Dieses Konzept war allein schon
deshalb notwendig, weil damit Fehlerquellen und Portierungshindernisse, wie sie in
C/C++ an der Tagesordnung sind, vermieden werden sollten. In diesen Sprachen
schwankt zum Beispiel die Größe mancher Datentypen in Abhängigkeit von der Spei-
cheradressierung des Betriebssystems.

Während Java-Klassen in der Regel großgeschrieben werden, *müssen* die einfachen
Datentypen kleingeschrieben werden. Weiterhin ist wichtig, dass diese Typen nicht als
Modifizierer für andere Typen dienen können. So etwas wie *long int* ist also nicht

erlaubt, der Modifizierer *unsigned* existiert schon gar nicht. Damit ist auch die unter Windows-Programmierern weit verbreitete ungarische Notation, die dazu diente, sich in dem Chaos der Abkürzungen zurechtzufinden, überflüssig.

Wahrheitswert

Im Kontrast zu C/C++ ist in Java schon ein Datentyp für Wahrheitswerte vordefiniert. Er kann die Werte `true` oder `false` annehmen. Es ist nicht gestattet, ganzzahlige Typen mit den Werten 0 und 1 als Ersatz für Wahrheitswerte zu verwenden.

char

Ebenfalls aus Portabilitätsgründen ist der Zeichentyp `char` mit einem Wertebereich von 2 Byte ausgestattet worden und basiert auf dem Unicode-Zeichensatz (ISO).

```
public Customer(char lastName) {
// Initialisierungen ...
}
// Anlegen eines neuen Kunden
Customer customer = new Customer('Baskerville'); // Nur mit Nachnamen
```

Listing 1.7: Erneute Variation des Kundenbeispiels mit den char-Typen

Wie in → Listing 1.7 zu sehen ist, werden *char*-Typen im Gegensatz zu *String*-Typen mit einfachen Hochkommata initialisiert.

byte

Analog dem Zeichentyp besitzt auch der Typ *byte* auf allen Plattformen die gleiche Länge. Er ist vorzeichenbehaftet und besitzt den in → Tabelle 1.2 genannten Wertebereich.

```
public class Customer extends Person {
    private byte balanceAccount;
    public byte getBalanceAccount() {
     return balanceAccount;
    }
}
// ...
// Anlegen eines neuen Kunden
Customer customer = new Customer();
// ... einige Ganzzahl-Operationen, danach Abfrage ...
byte account = getBalanceAccount(); // Kontostand ermitteln
```

Listing 1.8: Kundenbeispiel mit einem byte-Typ

short

Auch für den Typ *short* gilt: Er hat auf allen Plattformen die gleiche Länge, ist vorzeichenbehaftet und besitzt den doppelten Wertebereich des Typs *byte*.

```
public class Customer extends Person {
   private short balanceAccount;
   public short getBalanceAccount() {
    return balanceAccount;
    }
}
// ...
// Anlegen eines neuen Kunden
Customer customer = new Customer();
// ... und einige Ganzzahl-Operationen, danach Abfrage ...
short account = getBalanceAccount(); // nur ganzzahlige Werte
```

Listing 1.9: Variation des Kundenbeispiels mit einem byte-Typ

int

Der Typ *int* verdoppelt nochmals den Wertebereich des Vorgängers und besitzt ansonsten dessen genannte Eigenschaften.

long

Dieser Typ beschließt die ganzzahligen einfachen Datentypen. Er erhöht nochmals den Wertebereich auf das Doppelte des Vorgängers.

float

Der Typ *float* ist der Standardtyp für Gleitkommaoperationen unter Java mit einfacher Genauigkeit.

```
public class Customer extends Person {
   private float balanceAccount;
   public float getBalanceAccount() {
    return balanceAccount;
    }
}
// ...
// Anlegen eines neuen Kunden
Customer customer = new Customer();
// ... und einige Ganzzahl-Operationen, danach Abfrage ...
float account = getBalanceAccount(); // nur ganzzahlige Werte
```

Listing 1.10: Diesmal auf die Nachkommastelle genau: der Kontostand

double

Der Typ *double* beschließt diesen Abschnitt über einfache Datentypen. Er sollte dann für Gleitkommaoperationen unter Java verwendet werden, wenn mit erhöhter Genauigkeit gerechnet werden muss.

1.4.3   Höhere Datentypen

Im Abschnitt Grundlagen objektorientierte Programmierung (→ Abschnitt 1.3.1) habe ich den Begriff der Klasse eingeführt. Nun wenden wir uns der genauen Implementierung dieses höheren Datentyps und den verschiedenen Spielarten der Klasse in Java zu.

Von der Klasse gibt es in Java drei Ausprägungen:

▶   Konkrete Klasse

▶   Abstrakte Klasse

▶   Interface

Konkrete Klasse

Wie der Name schon andeutet, ist die konkrete Klasse ein höherer Datentyp, von dem man konkrete Exemplare (Synonym für Objekt oder Instanz) erzeugen und Unterklassen ableiten kann.

Beispiel: Sie schreiben eine Datenbankanwendung, die Informationen von verschiedenen Personen verwalten soll. Die Personen können mehrere Rollen einnehmen, wie zum Beispiel Kunde oder Angestellter (→ Abbildung 1.14).

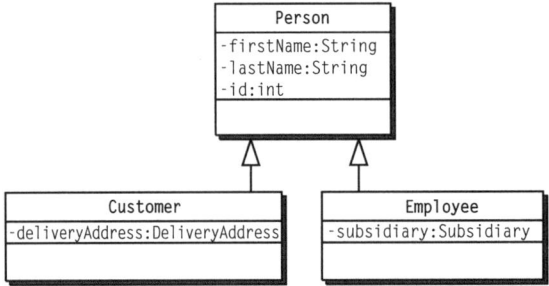

Abbildung 1.14: Person und ihre abgeleiteten Klassen Kunde und Angestellter

Wie zu sehen ist, erbt der Kunde (*Customer*) von der Basisklasse den Vornamen (*firstName*), den Nachnamen (*lastName*) und seine Kennung (*id*). Der Angestellte erbt ebenfalls diese beiden Namen und seine Kennung. In diesem sehr einfachen Beispiel unterscheiden sich Kunde und Angestellter lediglich durch die Lieferadresse, die beim Angestellten nicht notwendig wäre, und die Angabe der Firmenniederlassung, die wiederum beim Kunden überflüssig wäre.

Instanzen einer konkreten Klasse

Beispiel: Wenn sich bei unserer gerade vorgestellten Datenbankanwendung zwei neue Kunden anmelden, erzeugt das Programm zwei neue Objekte der Klasse *Customer*. Man sagt auch, diese zwei Instanzen sind vom Typ *Customer*.

Beide neue Instanzen bekommen den kompletten Satz an Erbinformationen, das heißt sowohl die Eigenschaft, eine Lieferadresse zu besitzen, als auch die Eigenschaften der Basisklasse *Person*. Somit besitzen sie also auch einen Vor- und einen Nachnamen sowie die *id*, die zum Beispiel als Kundennummer verwendet werden könnte.

Im Programm sähe das Erzeugen der Objekte (man spricht auch vom Instanziieren) zum Beispiel so aus:

```
// Neue Person erzeugen:
Person person = new Person();
// Neuen Kunden erzeugen:
Customer customer = new Customer();
// Neuen Angestellten erzeugen:
Employee employee = new Employee();
```

Listing 1.11: *Anlegen einer neuen Person, eines Kunden und eines Angestellten*

Abstrakte Klassen

Die Klasse *Person* unseres Beispiels hat eine besondere Eigenschaft. Sie dient lediglich als Auffangbecken der *gemeinsamen* Eigenschaften und Attribute der abgeleiteten Klassen *Customer* und *Employee*. Können Sie sich vorstellen, ob in unserem Datenbanksystem eine Person gespeichert ist? Wohl kaum – aber sehr wohl Kunden und Angestellte, also Objekte des Typs *Person*. Wenn man ausschließen möchte, dass von einer Klasse ein Objekt instanziiert wird, markiert man sie als *abstrakt* (→ Abbildung 1.15).

Das dazugehörige Codefragment sieht so aus:

```
// Abstrakte Klasse Person:
abstract class Person {
// Vorname, Nachname und Kennung:
    private String firstName;
    private String lastName;
    public int id;
// Konkrete Klasse Kunde von Person abgeleitet:
class Customer extends Person {
// Lieferadresse:
    private DeliveryAddress deliveryAddress;
}
// Konkrete Klasse Angestellter von Person abgeleitet:
```

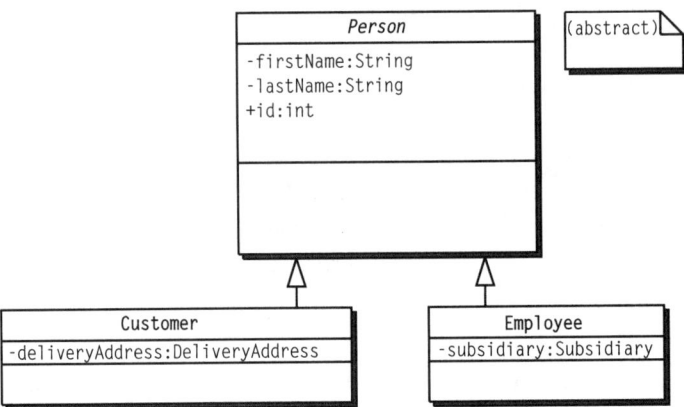

Abbildung 1.15: Die Klasse Person als abstrakte Klasse

```
class Employee extends Person {
// Niederlassung:
    private Subsidiary subsidiary;
}
```

Listing 1.12: Die Klassen Person, Kunde und Angestellter

Interfaces

Wie schon bei den Grundlagen objektorientierte Programmierung (→ Abschnitt 1.3) erwähnt, ist die Schnittstelle (Interface) eine spezielle Form der Klasse, mit der Mehrfachvererbung realisiert werden kann.

Ein Interface ist eine Sammlung von abstrakten Methoden und Konstanten. Es enthält keine Konstruktoren und daher gibt es auch keine Instanzen davon. Von einem Interface wird stets eine Ableitung benötigt, die *alle* Methoden des Interfaces implementieren muss.

Es gib drei wichtige Gründe Interfaces einzusetzen:

▶ Kapselung von Komponenten

▶ Realisierung von Mehrfachvererbung

▶ Zusammenfassung identischer Methoden

Ableiten von Klassen

Wenn man eine Klasse vererben (ableiten) möchte, erweitert man sie um bestimmte Eigenschaften. Das Schlüsselwort für die Vererbung heißt entsprechend *extends*. In den gerade eingeführten Interfaces gibt es eigentlich nichts zu erben, da sie nur eine Summe von Schnittstellen anbieten, die zu implementieren sind. Entsprechend heißt dort das Schlüsselwort *implements*.

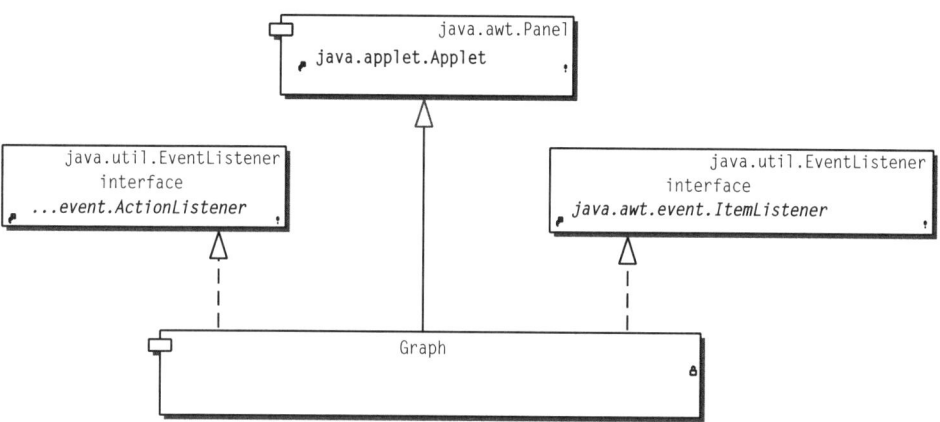

Abbildung 1.16: Mehrfachvererbung à la Java – ein Beispiel aus dem JDK

Arrays

Arrays sind Felder, in denen Zahlen- oder Objektmengen gespeichert werden. Anders als in manchen anderen Programmiersprachen sind Arrays auch in Java Objekte. Das bedeutet, dass Arrays erst zur Laufzeit aus einer entsprechenden Klasse erzeugt werden.

```
double x[]; // Eindimensionales Double-Array
String y[]; // Eindimensionales String-Array
int z[][]; // Zweidimensionales Integer-Array
```
Listing 1.13: Einige Beispiele für die Deklaration von Feldern

Arrays können eine oder mehrere Dimensionen besitzen, und wie Sie aus dem → Listing 1.13 erkennen, muss die Anzahl der Elemente nicht zum Zeitpunkt der Deklaration feststehen. Wenn ein Array instanziiert wird, besitzt es jedoch eine feste Länge; Arrays sind infolgedessen halbdynamisch (→ Listing 1.14).

```
x = new double[2]; // Eindimensionales Double-Array
y = String[3];     // Eindimensionales String-Array
z = int z[4][5];   // Zweidimensionales Integer-Array mit festen Grenzen
```
Listing 1.14: Erzeugung der Arrays aus dem vorherigen Beispiel

Deklaration und Erzeugung von Arrays können Sie natürlich auch zusammenfassen:

```
double x[] = new double[2]; // Eindimensionales Double-Array
string y[] = string[3];     // Eindimensionales String-Array
int z[][] = int z[4][5];    // Zweidimensionales Integer-Array
```
Listing 1.15: Deklaration und Erzeugung der Arrays aus dem vorherigen Beispiel

Ebenso können Sie auch gleich die Wertemenge als Aufzählung übergeben:

```
String[3] = {"William", "von", "Baskerville"};
```
Listing 1.16: Erzeugung durch Übergabe der Wertemenge

Der Index eines Arrays muss ein ganzzahliger Wert vom Typ *int, short, byte* oder *char* sein. Die Anzahl der Elemente können über die Instanzvariable *length* ermittelt werden, die jedes Objekt eines Array-Typs besitzt.

Zum Schluss des Abschnitts über Arrays sei noch erwähnt, dass Java für dynamische Wertemengen Klassen wie *Vector* oder *Hashtable* bereitstellt. Auch für mehrdimensionale dynamische Arrays gibt es mittlerweile Bibliotheken. Es ist also nicht unbedingt erforderlich, nur Arrays mit festen Grenzen zu verwenden oder Code aus anderen Programmiersprachen einzubinden (APL, FORTRAN etc.).

1.4.4   Methoden

Im → Abschnitt 1.3.3 habe ich Methoden als die Fähigkeit eines objektorientierten Programms beschrieben, zu kommunizieren und Aufgaben zu erledigen. Methoden sind das objektorientierte Äquivalent von Funktionen einer prozeduralen Programmiersprache. Wenn man will, könnte man in Java (wie in vielen anderen OO-Sprachen auch) zwischen vier verschiedenen Arten von Methodentypen unterscheiden:

▶ Getter- und Setter-Methoden

▶ Konstruktoren und Destruktoren

▶ »Klassische« Operationen

▶ Botschaften

Getter- und Setter-Methoden

Beispiel: Die Klasse *Person* besitzt die Fähigkeit, bei Bedarf einen beliebigen Vor- und Nachnamen anzunehmen und diese Informationen anderen zur Verfügung stellen zu können (→ Abbildung 1.17). Damit benötigt die Klasse insgesamt vier Methoden:

▶ Eine Get-Methode für den Nachnamen (*getLastName*)

▶ Eine Get-Methode für den Vornamen (*getFirstName*)

▶ Eine Set-Methode für den Nachnamen (*setLastName*)

▶ Eine Set-Methode für den Vornamen (*setFirstName*)

Die beiden ersten Methoden liefern Objekte des Typs *string* zurück. Im Englischen bezeichnet man sie als »Accessors« oder »Accessor Methods« (Zugriffsmethoden oder Getter). Die beiden anderen Methoden verändern die Attribute *lastName* sowie

firstName. Man nennt sie deshalb manchmal auch »Mutators« oder »Mutator Opera-
tions« (Mutatoren oder Setter).

Das entsprechende Codefragment sieht folgendermaßen aus:

```
abstract class Person {
    private String firstName;
    private String lastName;
    public int id;

public String getLastName() {
    return lastName;
}

public String getFirstName() {
    return firstName;
}

public void setFirstName(String entry) {
    if (entry != null) {
      firstName = entry;
      }
   }

public void setLastName(String entry) {
    if (entry != null) {
      lastName = entry;
      }
    }
  }
```

Listing 1.17: Die Klassen Person, Kunde und Angestellter

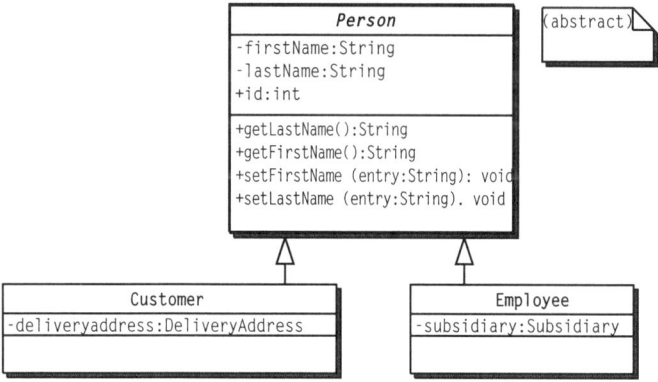

Abbildung 1.17: Die Klasse Person und ihre Methoden

Konstruktoren

Neben den Getter- und Setter-Methoden gibt es spezielle Methoden zum Erzeugen von Klassen, die so genannten Konstruktoren (Erbauer). Sie dienen dazu, eine Instanz zu erzeugen und sogleich mit definierten Werten zu belegen. In unserem Beispiel könnte dies zum Beispiel so erfolgen:

```
// Konstruktor mit Vor- und Nachnamen:
public Customer(String firstName, String lastName) {
// Initialisierungen ...
}
// Neuen Kunden erzeugen
Customer customer = new Customer("William", "Baskerville");
```

Listing 1.18: Konstruktor und neue Instanz mit Vor- und Nachnamen

Im Beispiel (→ Listing 1.18) wird die Klasse beim Erzeugen gleich mit sinnvollen Werten belegt. Man kann sich leicht vorstellen, dass man eine Klasse mit einer Vielzahl von Konstruktoren ausstatten kann, die den unterschiedlichsten Einsatzbereichen genügen (→ Polymorphismus, Seite 43).

Wird kein Konstruktor bei der Klassendefinition angegeben, erzeugt der Compiler beim Übersetzen der Klasse automatisch einen Default-Konstruktor.

Destruktoren

Destruktoren (Zerstörer) im Sinne von C++ gibt es in Java nicht. Sie werden wegen des eingebauten Speichermanagements nicht benötigt. Es gibt aber sehr wohl eine Methode, die unter dem Namen *finalize* in der Stammklasse aller Java-Klassen, *Object*, definiert ist.

```
protected void finalize {
...
}
```

Listing 1.19: Die Methode finalize

Groteskerweise ist der Aufruf dieses Destruktors in Java nicht garantiert, weshalb es gefährlich ist, in diese Methode die in C++-Destruktoren üblichen Aufräumarbeiten beim Zerstören eines Objekts zu integrieren. Fazit: Destruktoren sollten in Java mit Vorsicht genossen werden. Kritische Abläufe sind an anderer Stelle besser aufgehoben.

Überladen von Methoden

Dazu können wir wieder das Beispiel mit der Klasse *Person* aufgreifen.

Stellen Sie sich vor, dass man sich auf einer Webseite registrieren lässt. Verschiedene Formulare sind sehr tolerant gegenüber fehlenden Eingaben, bestehen aber darauf, dass die Daten eingetragen werden, die für einen Briefwechsel erforderlich sind. Dazu gehören in der Regel der Vor- und Nachname, aber eben nicht die (sehr private) Telefonnummer, die aber gerne für unangenehme Käuferbefragungen genutzt wird.

Das → Listing 1.20 zeigt, wie ein entsprechendes Programm in Java aussehen könnte. Dazu sind zwei verschiedene Konstruktoren notwendig, mit denen unterschiedliche Objekte erzeugt werden können. Die Java-Laufzeitumgebung unterscheidet während der Programmausführung, welcher der beiden Konstruktoren verwendet wird.

Wenn also eine Methode gleichen Namens innerhalb einer Klasse definiert wird, spricht man davon, dass man sie überlädt.

```
// Konstruktor mit Vor- und Nachnamen:
public Customer(String firstName, String lastName, String telephonNo) {
// Initialisierungen ...
}
public Customer(String firstName, String lastName) {
// Initialisierungen ...
}
// Neuen Kunden erzeugen mit Vor- und Nachnamen erzeugen
Customer customer = new Customer("William", "Baskerville", 1327);
// Neuen Kunden erzeugen nur mit Vor- und Nachnamen erzeugen
Customer customer = new Customer("William" "Baskerville");
```

Listing 1.20: Überladen eines Konstruktors

Überschreiben von Methoden

Ein wichtiger Aspekt bei der biologischen Vererbung sind Mutationen. Erbinformationen müssen analog dazu auch in einer Programmiersprache wie Java nicht einfach so übernommen werden. Wenn man in einer abgeleiteten Klasse das Verhalten einer Methode ändern möchte, kann man sie einfach überschreiben (überlagern). Das geschieht durch eine Neudefinition der Methode. Dabei muss die Signatur exakt der der Basismethode entsprechen.

Methoden können nur dann nicht überschrieben werden, wenn eine der drei Bedingungen erfüllt ist:

▶ Methoden, die mit *private* deklariert wurden

▶ Methoden, die mit *final* deklariert wurden

▶ Methoden, die mit *static* deklariert wurden

Klassische Operationen

Operationen wie das Ausrechnen von Zinsen unseres Kunden im gerade erwähnten Beispiel gehören zur dritten Art von Methoden, die Sie in einem Java-Programm antreffen können. Wie die spezialisierten Getter- und Setter-Methoden können sie Rückgabewerte besitzen oder nicht.

Botschaften

Diese speziellen Methoden dienen dazu, Ereignisse an andere Objekte zu übermitteln oder auf Ereignisse zu reagieren. Ein solches Ereignis könnte zum Beispiel das Programmende sein, das durch den Menübefehl DATEI | BEENDEN ausgelöst wird. Wenn Sie in Ihrem Programm auf dieses Ereignis individuell reagieren wollen, überschreiben Sie die entsprechende Methode.

```
public void cmdFileExit(ActionEvent e) {
    System.exit(0);
}
```

Listing 1.21: Methode für das »geregelte« Programmende

1.4.5   Operatoren

Operatoren verknüpfen in Java, wie in anderen (objektorientierten) Programmiersprachen auch, Variablen, Attribute und Objekte zu Anweisungen (→ Seite 61). Folgende Operatoren sind verfügbar:

▶ Arithmetische Operatoren

▶ Vergleichende Operatoren

▶ Logische Operatoren

▶ Bitweise Operatoren

▶ Zuweisungsoperatoren

▶ Fragezeichenoperatoren

▶ New-Operator

Arithmetische Operatoren

Die klassischen mathematischen Operatoren Addition, Subtraktion, Division und Multiplikation sind auch in Java verfügbar. Daneben gibt es auch die Operatoren, die man von C/C++ her kennt.

Operator	Bezeichnung	Beispiel	Erläuterung
+	Positives Vorzeichen	+i	Synonym für 5
-	Negatives Vorzeichen	-i	Vorzeichenumkehr von i
+	Summe	i + i	Führt Addition durch
-	Differenz	i - i	Führt Subtraktion durch
*	Produkt	i * i	Führt Multiplikation durch

Tabelle 1.3: Arithmetische Operatoren

Operator	Bezeichnung	Beispiel	Erläuterung
/	Quotient	i / i	Führt die Division durch
%	Divisionsrest (Modulo)	i % i	Ermittelt den Divisionsrest
++	Präinkrement	j = ++i	i = i + 1; j bleibt unverändert
++	Postinkrement	j = i++	j = i + 1; i = i + 1
--	Prädekrement	j = --i	s.o.
--	Postdekrement	j = i--	s.o.

Tabelle 1.3: Arithmetische Operatoren (Fortsetzung)

Vergleichende Operatoren

Vergleichende oder relationale Operatoren dienen dazu, wie ihr Name andeutet, Ausdrücke miteinander zu vergleichen. Auch hier wieder eine Übersicht der verfügbaren Operatoren:

Operator	Bezeichnung	Beispiel	Erläuterung
==	Gleich	i == j	Vergleich auf Gleichheitsvergleich
!=	Ungleich	-i	Vergleich auf Ungleichheit
<	Kleiner	i + i	Vergleich auf kleiner
<=	Kleiner gleich	i - i	Vergleich auf kleiner oder gleich
>	Grösser	i * i	Vergleich auf kleiner
>=	Grösser gleich	i / i	Vergleich auf kleiner oder gleich

Tabelle 1.4: Vergleichende Operatoren

Logische Operatoren

Diese Operatoren lassen sich verwenden, um Wahrheitswerte miteinander zu vergleichen. Folgende Operatoren sind in Java verfügbar:

Operator	Bezeichnung	Beispiel	Erläuterung
!	Nicht	!i	Negation
&&	Und	i && i	Und-Verknüpfung
||	Oder	i || i	Oder-Verknüpfung

Tabelle 1.5: Vergleichende Operatoren

Bitweise Operatoren

Bitweise Operatoren dienen dazu, Manipulationen auf Bitebene durchzuführen. Folgende Operatoren stellt Java zur Verfügung.

Operator	Bezeichnung	Beispiel	Erläuterung
~	Einerkomplement	~i	Bitweise Negation
|	Bitweises Oder	i | i	Bitweises Oder
&	Bitweises Und	i & i	Bitweises Und
^	Exklusives Oder	i ^ i	Bitweises exklusives Oder
>>	Rechtsschieben mit Vorzeichen	i >> 2	Rechtsverschiebung
>>>	Rechtsschieben ohne Vorzeichen	i >>> 2	Rechtsverschiebung ohne Vorzeichenwechsel
<<	Linksschieben mit Vorzeichen	i << 2	Linksverschiebung

Tabelle 1.6: Vergleichende Operatoren

Zuweisungsoperatoren

Zuweisungsoperatoren dienen dem Namen gemäss dazu, Werte zuzuweisen. Java besitzt im Wesentlichen die von C++ bekannten Operatoren, die ich im Folgenden aufliste.

Operator	Bezeichnung	Beispiel	Erläuterung
=	Zuweisung	i = l	i erhält den Wert l
+=	Additionszuweisung	i += l	i = i + l
-=	Subtraktionszuweisung	i -= l	i = i − l
*=	Produktzuweisung	i *= l	i = i * l
/=	Divisionszuweisung	i /= l	i = i / l
%=	Modulozuweisung	i %= l	i = i % l
&=	Und-Zuweisung	i &= l	i = i & l
|=	Oder-Zuweisung	i |= l	i = i | l
^=	Exklusiv-Oder-Zuweisung	i ^= l	i = i ^ l
<<=	Linksschiebezuweisung	i <<= l	i = i << l
>>=	Rechtsschiebezuweisung	i >>= l	i = i >> l
>>>=	Rechtsschiebezuweisung mit Nullexpansion	i >>>= l	i = i >>> l

Tabelle 1.7: Zuweisungsoperatoren

Fragezeichenoperator

Der berüchtigte Fragezeichenoperator ist auch in Java vorhanden und der einzige dreistellige Operator. Ein Beispiel dazu:

```
i ? j : k // Kurzform
if (a) i else k; // Langform
```

Listing 1.22: Kurz- und Langform eines Ausdrucks

New-Operator

Zum Erzeugen von Objekten dient ein Operator, den man auch unter den Schlüsselbegriffen suchen könnte. Er führt aber eine Operation aus, die dazu dient, eine Instanz zu erzeugen und rangiert deswegen als Operator.

```
customer = new Customer("Baskerville");
double x[] = new double[2];
```

Listing 1.23: Zwei Beispiele für den Aufruf eines Konstruktors

1.4.6 Anweisungen

Je nachdem, wie man die Sprache Java strukturiert, kann man folgende Anweisungen unterscheiden:

- Elementare Anweisungen

- Verzweigungen

- Schleifen

Elementare Anweisungen

Block

Der Block ist eine Anzahl von zusammengehörenden Anweisungen. Sie werden nacheinander ausgeführt. Blöcke können lokale Variablen besitzen, die außerhalb des Blocks ihre Gültigkeit verlieren.

Variablendeklaration

Die Variablendeklaration erfolgt in Java immer nach dem Schema *Typname Variablenname*.

Beispiel:

```
String firstName;
String lastName;
int id;
```

Listing 1.24: Drei Beispiele für eine Variablendeklaration

Verzweigungen

Verzweigungen dienen dazu, den Programmfluss zu steuern. Sie gehören daher wie die Schleifen zu den Kontrollstrukturen des Programms. Wie in C++-Programmen gibt es die if- und die switch-Anweisung.

```
if (i > 80) {
... // Anweisung 1
}
else {
... // Anweisung 2
}
```
Listing 1.25: If-then-else-Konstrukt

```
switch (i) {
    case 0: Anweisung 1
    case 1: Anweisung 2
    case 2: Anweisung 3
    case 3: Anweisung 4
}
```
Listing 1.26: Switch-Konstrukt

Schleifen

Es gibt drei Schleifentypen in Java:

▶ While-Schleife

▶ Do-Schleife

▶ For-Schleife

While-Schleife

Die Schleife arbeitet nach folgendem Prinzip:

```
while (Ausdruck)
    Anweisung;
```
Listing 1.27: While-Schleife

Dieser Schleifentyp ist abweisend, falls der Testausdruck nicht *true* sein sollte. Demzufolge sollte eine While-Schleife dann verwendet werden, wenn es wichtig ist, dass die Schleife nicht durchlaufen wird, sobald der Testausdruck *false* ist.

Do-Schleife

Die Do-Schleife wird folgendermaßen verwendet:

```
do
    Anweisung;
while (Ausdruck);
```
Listing 1.28: Do-Schleife

Dieser Schleifentyp prüft nicht vor dem ersten Durchlauf, ob der Wert des Ausdrucks *true* oder *false* ist. Er sollte deswegen nur dann verwendet werden, wenn sichergestellt ist, dass auch dann die Schleife durchlaufen werden soll, wenn der Ausdruck *false* ist.

For-Schleife

Die For-Schleife gilt als die schnellste Schleifenart. In ihrem Kopf werden sämtliche Ablaufbedingungen festgelegt. Die Syntax der Schleife sieht allgemein wie folgt aus:

```
For (Initialisierung, Bedingung, Reinitialisierung) {
... // Anweisungen
}
```

Listing 1.29: For-Schleife

Wichtig ist, dass analog zu C++ alle Schleifen mit *break* unterbrochen und mit *continue* wieder fortgesetzt werden können.

1.4.7 Pakete

Um größere Softwaresysteme überschaubar zu halten, gibt es verschiedene Verfahren. Angefangen hatte alles bei Unterprogrammen und setzte sich mit Modulen, Klassen, Komponenten und Packages fort. Diese Packages (Pakete) sind Gültigkeitsbereiche (Namensräume) für Klassen, die in diesen definiert wurden. Auch öffentlich deklarierte Klassen sind so lange für andere Module unbekannt, bis sie über eine Importanweisung übernommen wurden.

Ein Beispiel dazu: Stellen Sie sich eine Bilddatenbank vor, in der Vektor- und Rasterbilder gespeichert werden. In einer Vektorgrafik sind alle Informationen als mathematische Anweisungen gespeichert, während in einer Rastergrafik nur Bildpunkte als Array abgelegt werden. Die Vektorgrafiken dienen als Vorlage der Rastergrafiken. Beide Dateitypen sollen logisch sinnvoll in der Datenbank organisiert werden.

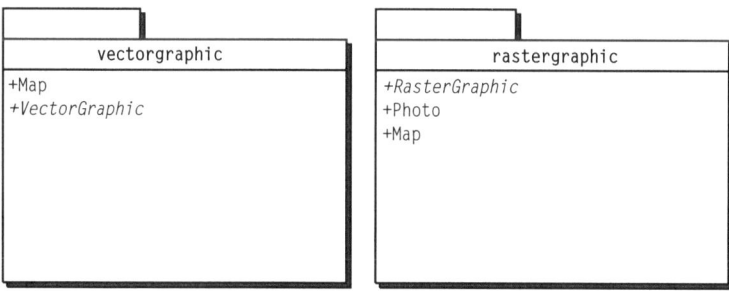

Abbildung 1.18: Die Klasse »Map« hat zwei Bedeutungen

Wie Sie an → Abbildung 1.18 erkennen können, ist die Klasse *Map* zweimal vorhanden. Im linken Package *vectorgraphic* hat sie die Bedeutung einer vektorisierten Landkarte, im rechten Package *rastergraphic* hingegen den einer gerasterten Karte. Den Java-Compiler stört die doppelte Definition nicht, denn jede Klasse besitzt ihr eigenes Paket, ihren eigenen Namensraum, der ihre Sichtbarkeit für andere Klassen einschränkt.

1.4.8   Sichtbarkeit

Java verfügt über drei Schlüsselwörter, die die Sichtbarkeit von Klassen einschränken:

Schlüsselwort	Sichtbarkeit
public	Klasse, Methoden und Variablen, die öffentlich deklariert sind, sind daher von allen anderen sichtbar
protected	Methoden und Variablen, die öffentlich geschützt deklariert sind, sind in aktuellen und in abgeleiteten Klassen sichtbar
private	Methoden und Variablen dieses Typs sind nur in der aktuellen Klasse sichtbar
default	Default-Bereich

Tabelle 1.8: Schlüsselwörter für die Sichtbarkeit

Ist eine Klasse nicht mit einem dieser Schlüsselwörter gekennzeichnet, gilt die Sichtbarkeit *default*. Folgende Abbildung zeigt nochmals grafisch die Sichtbarkeitsregeln, die aufgrund der Schlüsselwörter für Java-Programme gelten.

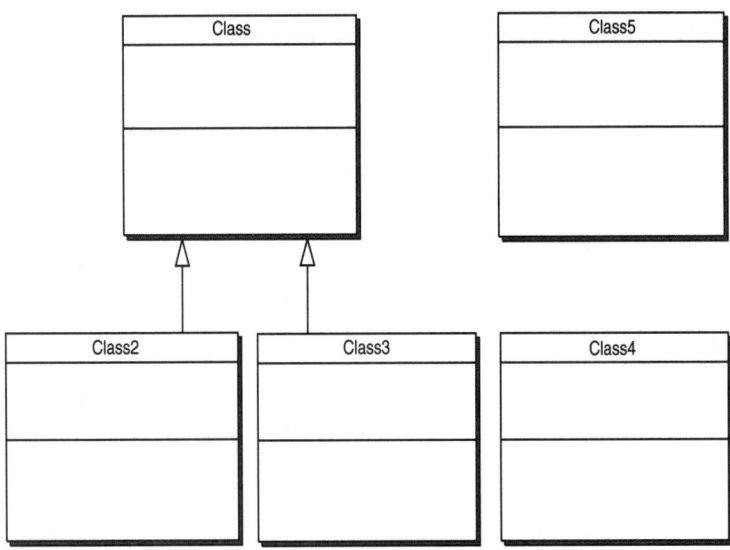

Abbildung 1.19: Sichtbarkeit von Java-Klassen

1.5 Java-Editionen

Die Java-Klassenbibliotheken erweitern den Sprachumfang und sind in Paketen organisiert. Durch die Neustrukturierung von Sun unterscheidet man jetzt drei Editionen:

- Java 2 Micro Edition (J2ME)

- Java 2 Standard Edition (J2SE)

- Java 2 Enterprise Edition (J2EE)

Trotz der vielen, von Sun neu eingeführten Akronyme wie J2SE, J2EE, J2ME darf man sich nicht vom Wesentlichen ablenken lassen. Wichtig ist, dass Sun ab dem Zeitpunkt der Einführung des JDK 1.2 das früher einheitliche Java Development Kit in eine *Standard* und *Enterprise Edition* mit unterschiedlichen Zielgruppen und Lizenzmodellen unterteilt hat.

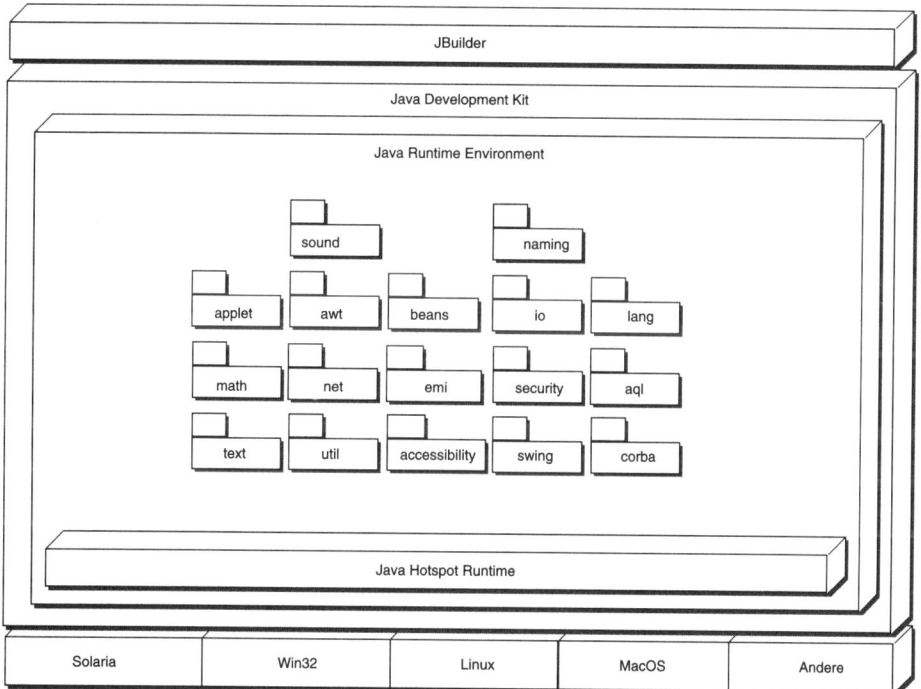

Abbildung 1.20: Java 2 Standard Edition

Ich will hier nicht auf die *Java Micro Edition* eingehen, sondern mich gleich den beiden anderen Editionen zuwenden, die die Entwicklung mit dem JBuilder bestimmen.

1.5.1   Java 2 Standard Edition

Die Standard-Edition enthält hierbei in etwa die Funktionalität der früheren JDKs.
Werfen Sie bitte einen Blick auf die → Abbildung 1.20. Hier sehen Sie deutlich die Trennung in ein Java Runtime Environment (JRE) und in ein Software Development Kit
(SDK), mit anderen Worten: in eine Ausführungs- und in eine Entwicklungsumgebung.

Die JRE ist dabei eine Teilmenge des JDK. Sie wird als Plattform benötigt, um Java-
Programme wie den JBuilder, Together oder Ihre eigenen Java-Anwendungen auf einer
Zielplattform auszuführen. Das bedeutet, dass Sie auch für den JBuilder die Laufzeit-
umgebung wechseln und zum Beispiel unter Linux statt der mitgelieferten JRE 1.3 von
IBM die von Sun verwenden können.

Wie Sie der → Abbildung 1.20 entnehmen können, deckt die Java 2 Standard Edition
unter anderem folgende Bereiche ab:

▷ JavaBeans

▷ Abstract Windowing Toolkit

▷ Swing

▷ Applets

▷ Applications

▷ Servlets

▷ Reflection

▷ Sound

▷ Java Database Connectivity

▷ Java Native Interface

▷ Remote Methode Invocation

Im Folgenden werden ich Ihnen einen Überblick über die Bereiche JavaBeans, Abstract
Windowing Toolkit, Applets, Applications, Servlets, Java Database Connectivity, Java
Native Interface und Remote Methode Invocation geben.

JavaBeans

JavaBeans sind der erste »kleine« Komponentenstandard, den Sun in Java eingeführt
hat. Mit Enterprise JavaBeans hat er ein großes Pendant bekommen. Diese Software-
komponenten sind abgeschlossene Einheiten mit standardisierten Schnittstellen und
möglichst wenig Abhängigkeiten. Sie werden als visuelle und nichtvisuelle Bausteine
verwendet.

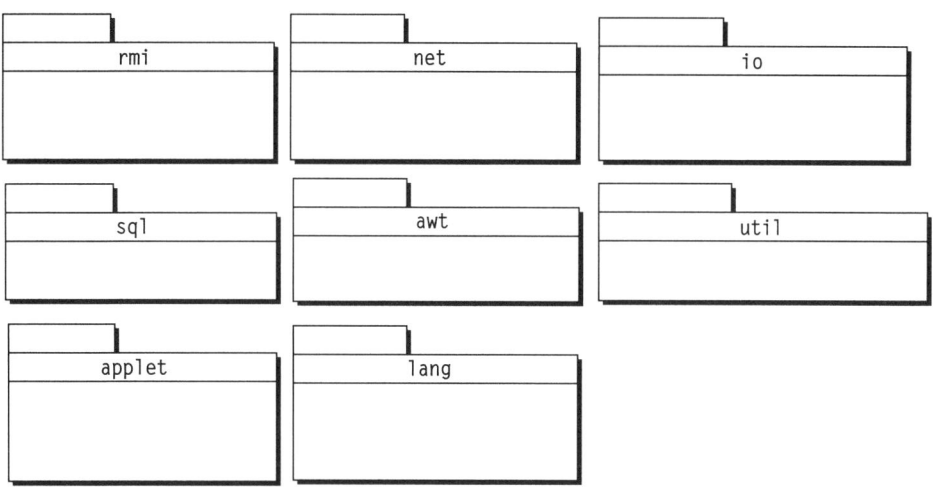

Abbildung 1.21: Die wichtigsten Packages der Java Standard Edition

In Suns JavaBeans-Spezifikation heisst es: »Eine JavaBean ist eine wiederverwendbare Softwarekomponente, die in einem Entwicklungswerkzeug visuell verändert werden kann.«

Eine JavaBean zeichnet sich durch folgende Besonderheiten aus:

▶ Analysierbarkeit durch externe Werkzeuge

▶ Parametrisierungsfunktionen

▶ Fähigkeit zur Ereignissteuerung

▶ Attribute (Properties) für die Parametrisierung

▶ Fähigkeit zur Persistenz

```
public class SimpleBean extends JPanel implements Serializable
{
  BorderLayout aBorderLayout = new BorderLayout();
  private String strSample = "Sample";
  public SimpleBean() // Konstruktor
  {
    try
    {
      jbInit();
    }
    catch(Exception aBeanException)
    {
      aBeanException.printStackTrace();
    }
  }
}
```

Java Native Interface

Das Java Native Interface (JNI) ist eine Programmierschnittstelle, über die Sie Bibliotheken, die in anderen Programmiersprachen geschrieben wurden, von Java aus nutzen können. Besonders in der Anfangszeit von Java, in der Programme noch nicht so performant waren, schien es reizvoll, Teile, die von der Ausführungszeit kritisch waren, in C oder C++ umzusetzen.

Heute ist es eher unter dem Aspekt des Investitionsschutzes interessant, Bibliotheken über das JNI anzudocken. Es ist zu beachten, dass das Java-Programm damit seine Portabilität verliert und Sicherheitsprobleme auftreten können. Aus dem letzten Grund ist die Verwendung des JNI in unsignierten Applets untersagt.

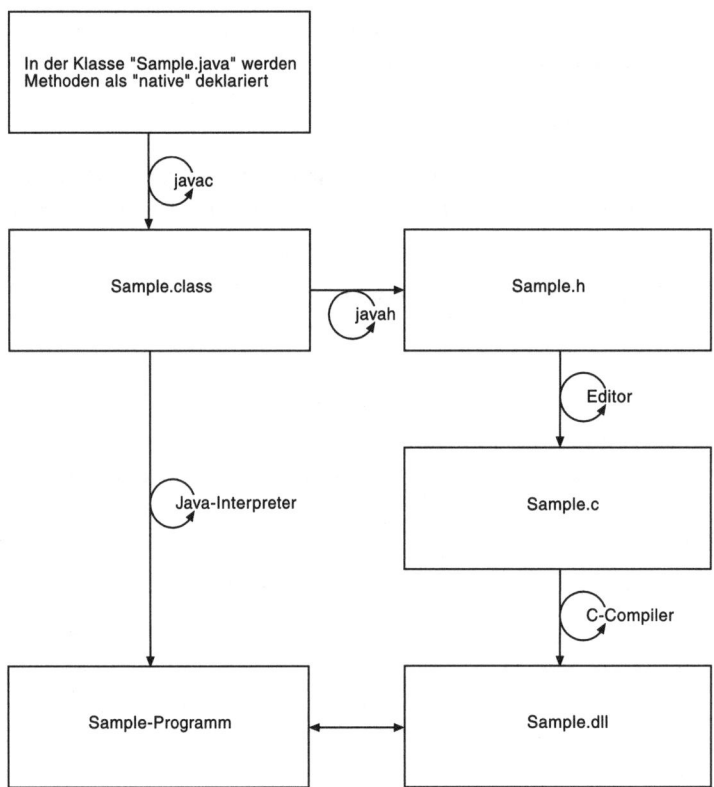

Abbildung I.22: Abbildung einer nativ entwickelten Dll über das Java Native Interface

Abstract Windowing Toolkit

Java-Oberflächen gestaltet man entweder mit dem Abstract Windowing Toolkit (AWT) oder mit der modernen Bibliothek Swing. Im Gegensatz zu diesen Java-Oberflächen stehen HTML-Oberflächen, die mit JSPs oder Servlets generiert werden.

Das AWT ist Java-Urgestein und jeder, der die Anfänge von Java mitverfolgt hat, erinnert sich an die vielen Applets, deren Oberfläche mit dieser Bibliothek programmiert wurden. Das AWT ist aber heute nur mehr zweite Wahl. Das liegt daran, dass es immer noch eine Vielzahl von Fehlern besitzt und einen ganz anderen Ansatz als die Schwesterbibliothek Swing verfolgt: das AWT stellt die Oberfläche mit Betriebssystemmitteln dar. Daher sind AWT-Oberflächen nativ entwickelten Programmoberflächen täuschend ähnlich.

Daher rühren aber auch eine Vielzahl von Problemen: Überlappungen, Schwierigkeiten mit der Eingabe von Sonderzeichen etc. Das AWT setzt man heute vorwiegend für Applet-Oberflächen ein, da es historisch bedingt von vielen Browsern sehr gut unterstützt wird.

Swing

Seit Java 2 gibt eine weitere GUI-Bibiothek in Java. Sie finden diese Bibliothek im Paket *javax.swing*. Swing ist weitestgehend nach dem Architekturmodell Model-View-Controller konzipiert worden. Repräsentation der Daten und die Daten selbst werden hierbei durch einen Controller getrennt.

Swing zeichnet die Oberflächenelemente neu, bietet daher kein natives Look & Feel auf allen Plattformen. Dadurch, dass die Bibliothek alle Oberflächenelemente neu zeichnet, ist der Bildschirmaufbau relativ träge. Man kann trotzdem sagen, dass sich Swing als Java-Oberflächenbibliothek heute durchgesetzt hat.

Exception Handling

Exception Handling (Ausnahmebehandlung) ist ein in Java verankertes Prinzip, auf Programmfehler zu reagieren. Im Gegensatz zu Rückgabewerten, wie sie in C-Programmen Verwendung finden, zwingt das Exception Handling den Entwickler mit einem Verfahren auf Ausnahmezustände im Programm zu reagieren.

Rückgabewerte werden hingegen oftmals nicht ausgewertet, also einfach vergessen oder ungefiltert an den Anwender weitergereicht, der sich dann mit unverständlichen Codes befassen muss (MacOS: »Programm wurde wegen Fehler 1 beendet«).

Laufzeitfehler einer Anwendung können in zwei Kategorien unterteilt werden:

- Fachliche Fehler
- Technische Fehler

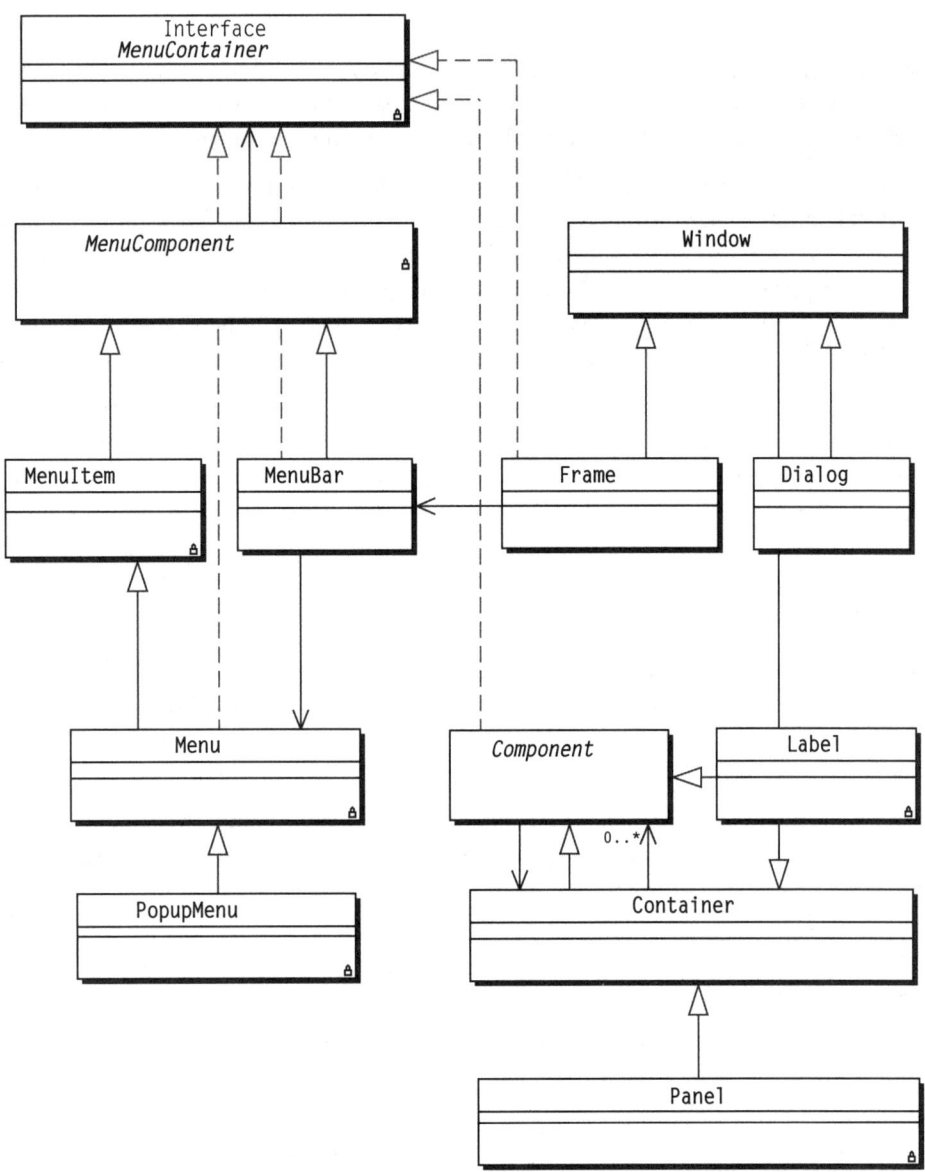

Abbildung 1.23: Die wichtigsten Klassen der GUI-Bibliothek AWT

Fachliche Fehler treten zum Beispiel dann auf, wenn der Anwender falsche Werte eingibt. Entsprechende Oberflächenelemente (JavaBeans) sind in der Lage, darauf mit fachlich richtigen Hinweisen zu reagieren.

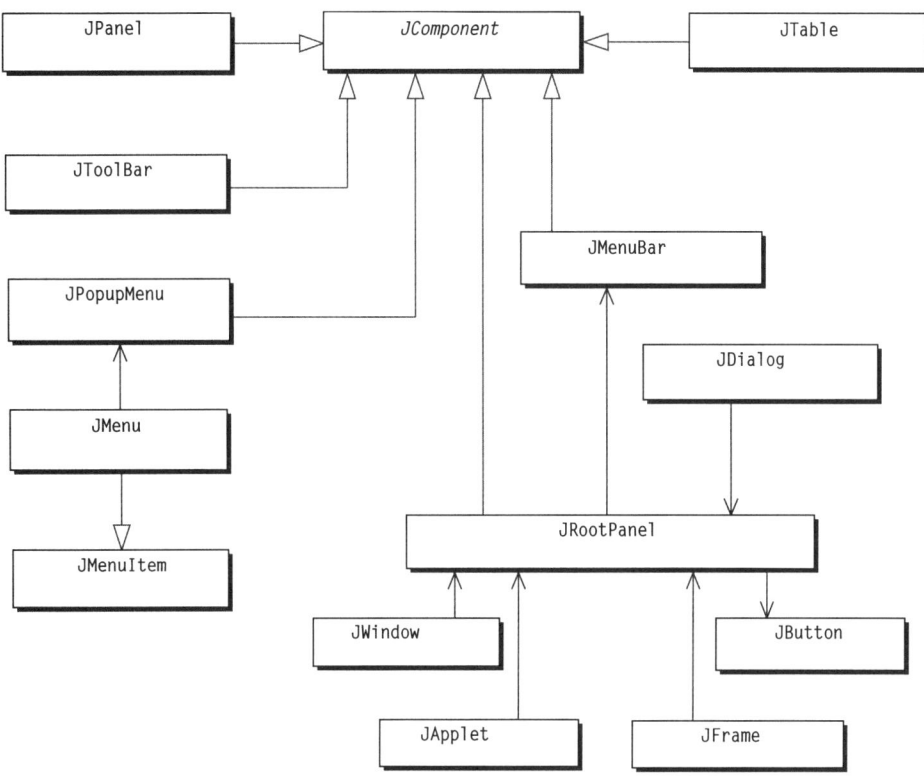

Abbildung 1.24: Die wichtigsten Klassen der GUI-Bibliothek Swing

Ein Beispiel dafür könnte die Eingabe einer Zahl in einem Namensfeld sein oder die falsche Eingabe eines Passworts. Fachliche Fehler können über Validierungen und Authentifizierungsprüfungen abgefangen werden.

Technische Fehler sind zum Beispiel dann gegeben, wenn zuwenig Speicherplatz zur Verfügung steht, eine Klasse nicht gefunden wurde, jemand eine Division durch Null durchführen wollte oder ein Schreib-/Lesefehler aufgetreten ist.

Das Schema einer Fehlerbehandlung läuft wie in C++ immer in dieser Art ab:

```
try {
// einige Anweisungen, die Fehler auslösen können
}
catch (Exception exception) {
// Fehlerbehandlung
finally {
// unerlässliche Anweisungen wie das Schliessen einer Datei
}
```

Listing 1.30: Grober Ablauf einer Fehlerbehandlung in einem Java-Programm

Beachtenswert an dem → Listing 1.30 ist der Finally-Block, der auf alle Fälle abgearbeitet wird, auch wenn der vorhergehende Try-Block erfolglos war.

Applets

Applets sind kleine Java-Programme, die zu Entwicklungszwecken in einem Applet Viewer ablaufen, danach in Webseiten (→ Abbildung 1.26) eingebaut und von einem Browser ausgeführt werden. Damit das reibungslos geschieht, ist es notwendig, einen Browser zu besitzen, der eine virtuelle Maschine unterstützt, auf deren Basis das Applet entwickelt wurde. Das hört sich vielleicht kompliziert an, ist es einerseits nicht und andererseits eben doch. Warum?

Einführung

Zu Beginn des Java-Booms hatten Applets als Verschönerung von Webseiten Hochkonjunktur. Erst später erkannte man das Potential, daraus auch richtige Clients zu entwickeln. Solche komplexen Clients in Webseiten einzubetten, ist aus vier Gründen nicht einfach:

▶ Browserinkompatiblitäten

▶ Sicherheitseinstellungen

▶ Ladezeiten für alle benötigten Klassen

▶ Firewall-Einstellungen

Zu den *Browserinkompatibilitäten:* Noch nicht einmal heute ist die Java-Unterstützung beim aktuellen Navigator 4.7 optimal gelöst. Ganz zu schweigen vom wohl besten und inzwischen marktdominierenden Browser, dem Internet Explorer von Microsoft.

Microsoft hat in der Vergangenheit nichts unversucht gelassen, die Plattformunabhängigkeit von Java zu unterlaufen, weil das Unternehmen darin eine Gefährdung der Monopolstellung von Windows sah. So sehr man das vielleicht aus geschäftspolitischen Gründen nicht verübeln kann, so sehr ist das für den Programmierer von Applets kontraproduktiv.

Sicherheitseinstellungen: Die gängigen Browser lassen dem Anwender die Freiheit, Java aus Sicherheitsgründen auszuschalten. Der Wunsch der Anwender ihren Browser Java-frei zu halten, ist nicht unbegründet: In der Vergangenheit entdeckten Experten mehr als einmal gravierende Sicherheitslücken in den Browsern (→ Abbildung 1.25), die es böswilligen Applets erlaubt hätten, Unfug auf dem Rechner des Endanwenders zu treiben. Das heisst für den Entwickler von Applets, dass er sich nicht einmal darauf verlassen kann, dass der Endanwender sein Programm ausführen will.

Sicherheitsloch in Netscapes Browsern

MÜNCHEN (CW) – Durch Fehler in der Java-Implementierung der Netscape-Browser kann ein bösartiges Java-Applet alle Daten auf einem Rechner oder sogar in einem an diesen angeschlossenen Netz für Dritte zugänglich machen, c~~~~~~~ ~~~~ der Anwender es merkt ~~~~~ ~~~~~~~ ~~~~~ alle Versi~~~~~~~~~~~~~~~~~~~~~~ des ~~~~~~~~~~~~~~~~~~~~~~~ Prol~~~~~~~~~~~~~~~~~~~~~~~ feh!~~~~~~~~~~~~~~~~~~~~~~ der~~~~~~~~~~~~~~~~~~~~~~ se~~~~~~~~~~~~~~~~~~~~~~~~

Microsoft stellt neue Java Virtual Machine ins Netz

Bietet Fix für jüngsten Java-Bug in Windows

26. Oktober 1999 (dmw)

Microsoft (Börse Frankfurt: MSF) hat eine neue Java Virtual Machine (JVM) ins Netz gestellt, die immun gegen den jüngst vom Marburger Studenten Karsten ~~~ aufgedeckten Java-Bug im Internet Explorer 4 / 5 machen soll. Die neue JVM ist für Windows ~~8 und NT vorgesehen und steht unter microsoft.com/security/bulletins/ms99-045.asp Download bereit.

~~~ehr gefundene Fehler erlaubt es ~~~, mit den Daten auf dem Rechner eines ~~~ zu tun, was sie wollen. Der Bug besteht ~~~ "unsicheres Java-Programm" als ~~~iert werden kann, so daß sich dieses ~~~ dem Rechner des Anwenders ~~~er Fehler liegt im Bytecode Verifier ~~~eser ermöglicht das Erstellen einer ~~~nz, die die ~~~ feindlich ~~~~

Sicherheitsloch in Apples Java-Runtime

Eine Sicherheitslücke in Apples Implementation der Java-Runtime für das Mac OS (MRJ) lässt sich dazu nutzen, um beliebige Dateien auf dem Rechner eines Surfers auszuspähen. Die Ursache des Übels liegt in einem Fehler bei der Behandlung der CODEBASE- und ARCHIVE-Attribute von Java-Applets. Ein Angreifer muss noch nicht einmal den Namen der Festplatte kennen, um wichtige Einstellungen lesen und an einen beliebigen Server übertragen zu können.

Betroffen sind alle Browser, die die MRJ von Apple nutzen, also Internet Explorer 4.5 und 5, iCab und die Netscape-Communicator-Versionen 4.76 (nur mit MRJ-Plugin) und 6. **Entdeckt[1]** hat das Problem der Japaner Hiromitsu Takagi bei der MRJ-Version 2.2.3. Erste Tests in der c't-Redaktion zeigen jedoch, dass auch ältere Versionen davon betroffen sind. Nach eigenen Angaben hat Takagi Apple Japan bereits Ende Oktober von diesem Problem unterrichtet, bisher jedoch noch keine Antwort erhalten.

Um der Sicherheitslücke aus dem Weg zu gehen, ~~~ der MRJ oder der Umstieg auf ~~~ dessen Ta~~~ ~~~

Abbildung 1.25: Immer wieder decken Experten Sicherheitslöcher in Browsern auf

Zu den *Ladezeiten*: Je nachdem, welche Oberflächenbibliothek Sie für Ihr Applet verwenden, müssen Sie unter Umständen eine große Anzahl von Klassen auf den entfernten Rechner transportieren, weil diese im Browser nicht verfügbar sind. Ab einer bestimmten Komplexität der grafischen Oberfläche eines Applets ist es deshalb anzuraten, einerseits spezielle Ladestrategien zu entwickeln und andererseits die Oberflächenbibliothek zu verwenden, die von den Browsern am besten unterstützt wird (→ Abstract Windowing Toolkit, Seite 69, → Swing, Seite 69).

Zu der *Firewalls*: Wie Sie in → Abbildung 1.27 sehen, liegt eine Firewall zwischen dem Webserver, der das Applet zur Verfügung stellt und dem Computer des Endanwenders. Das reine Laden des Applets wird über das Protokol HTTP (Hypertext Transport Protocol) abgewickelt.

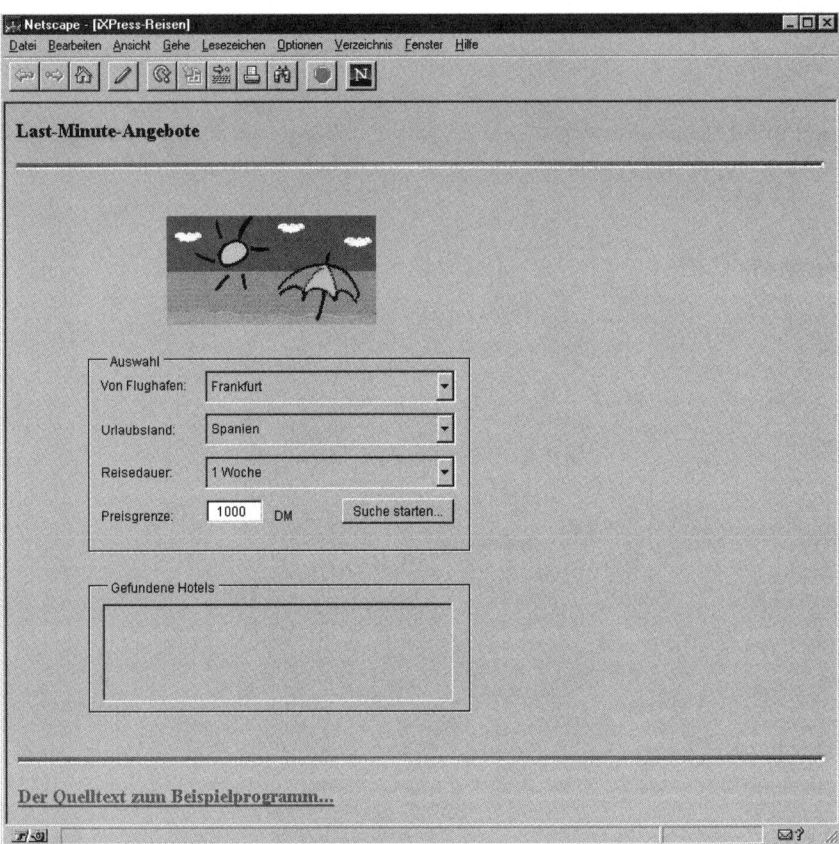

Abbildung 1.26: Ein in eine Webseite eingebautes Applet

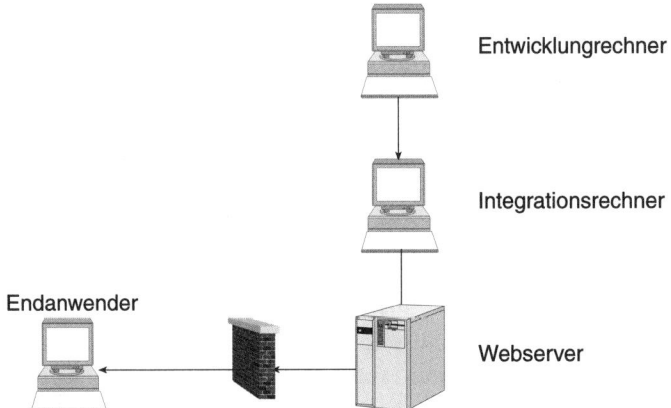

Abbildung 1.27: Verteilung eines Applets

Das Applet kommuniziert aber keineswegs von Haus aus mit HTTP, sondern entweder mit IIOP (Internet Inter Orb Protocol) oder über JRMP (Java Remote Method Protocol).

Damit diese Protokolle die Firewall passieren, müssen Sie erst getunnelt werden. Diese zusätzliche Verpackungsarbeit kostet Ausführungszeit, erhöht das Datenvolumen und kostet daher wieder Transportzeit.

Applet-Merkmale

Ein Applet unterscheidet sich minimal von einer Java-Applikation. Die wichtigsten Unterschiede und Charakteristika eines Applets:

- Ableitung von der Klasse Applet
- normalerweise keine Main-Methode
- Interpretation durch die VM eines Internet-Browsers
- Sicherheitsbeschränkungen
- Grafikorientierung

So viel an dieser Stelle zum Thema Applets. Im Kapitel 6 dieses Buchs gehe ich bei den JBuilder-Experten auf die Programmierung von Applets noch ausführlich ein.

Applications

Applikationen sind das Pendant zu den kleinen Applets, die im Internetbrowser ausgeführt werden. Während Applets grundsätzlich nur auf der Clientseite anzutreffen sind, können Applications auch Server sein.

Applications werden entweder über die virtuelle Maschine ausgeführt oder in ein natives Format verwandelt und besitzen im Gegensatz zu Applets immer eine Main-Methode.

```
package de.steppan.app.artouro.admin.ui.view;
import javax.swing.UIManager;
import java.awt.*;
public class Admin {
  boolean packFrame = false;

  /**Die Anwendung konstruieren*/
  public Admin() {
    AdminFrame frame = new AdminFrame();
  if (packFrame) {
      frame.pack();
  }
  else {
    frame.validate();
  }
```

```
// Einige Anweisungen ...
  /**Main-Methode*/
  public static void main(String[] args) {
    try {
UIManager.setLookAndFeel(UIManager.getSystemLookAndFeelClassName());
    }
    catch(Exception e) {
      e.printStackTrace();
    }
    new Admin();
  }
}
```

Listing 1.31: Ausschnitt aus der Java-Application ArTouro Admin

Event-Handling

Die Programmierung grafischer Oberflächen ist immer ereignisgesteuert, ob Sie nun Windows direkt programmieren oder dies über ein virtuelles Betriebssystem, wie es die Java-Plattform ist, unternehmen.

Es gibt bei der Ereignissteuerung drei Beteiligte:

▶ Auslöser

▶ Nachricht

▶ Empfänger

```
public void cmdHelpAbout (ActionEvent e) {
    HelpAboutDlg aboutDlg = new HelpAboutDlg(this); // create
    Dimension dlgSize = aboutDlg.getPreferredSize();
    Dimension frmSize = getSize();
    Point loc = getLocation();
    // center on screen:
    aboutDlg.setLocation((frmSize.width - dlgSize.width) / 2 + loc.x,
    (frmSize.height - dlgSize.height) / 2 + loc.y);
    aboutDlg.setModal(true); // make modal
    aboutDlg.show(); // show dialog
}
```

Listing 1.32: Handler für den Menübefehl Hilfe | About von ArTouro

Wie eingangs erwähnt, hat sich das Event-Handling beim Sprung von Java 1.0 auf Java 1.1 grundlegend geändert. Im Gegensatz zum JDK 1.0 werden die Ereignistypen nicht mehr durch die einzelne Klasse Event repräsentiert, sondern durch einen Klassenbaum. Eine Klasse ist in → Listing 1.32 zu sehen. Dort ist ein Ablauf dargestellt, wie die entsprechende Methode einen Dialog startet.

Servlets

Servlets sind die serverseitigen Verwandten von Applets, Webkomponenten, die von einem Container verwaltet werden, der dynamischen Inhalt erzeugt. Sie werden als kleine plattformunabhängige Java-Klassen kompiliert, die dynamisch in einen Webserver geladen und von diesem ausgeführt werden. Sie kommunizieren mit dem Webserver über das Hypertext Transport Protocol (HTTP) und erweitern dessen Funktionsumfang. Konkurrenztechnologien zu Servlets sind

- CGI-Skripte
- Perl-Skripte
- PHP-Skripte
- ASP
- JavaServer Pages

CGI-Skripte

CGI steht für Common Gateway Interface und ist eine Standardschnittstelle für Erweiterungen des Webservers. CGI-Skripte sind als Standarderweiterung eines Webservers gegenüber proprietären Erweiterungen ein ziemlicher Fortschritt, bewahren sie doch den Entwickler davor, produktspezifischen Code schreiben zu müssen.

Perl-Skripte

Perl-Skripte können ebenso wie CGI-Skripte dazu dienen, externe Programme aufzurufen und statische HTML-Seiten mit dynamischen Daten zu versorgen. Perl besitzt im Unix-Umfeld große Verbreitung.

PHP-Skripte

PHP ist eine weitere konkurrierende Technologie, die in den letzten Jahren besonders im Linux-Umfeld Auftrieb bekommen hat.

ASP

Active Server Pages ist eine Microsoft-Variante des CGI-Modells. Sie stellte das Vorbild für die JavaServer Pages dar.

JavaServer Pages

JavaServer Pages gehören zur J2EE und sind im Gegensatz zu Servlets designbetont. Durch sie ist es besser als mit Servlets möglich, das Design einer Seite vom Inhalt zu trennen.

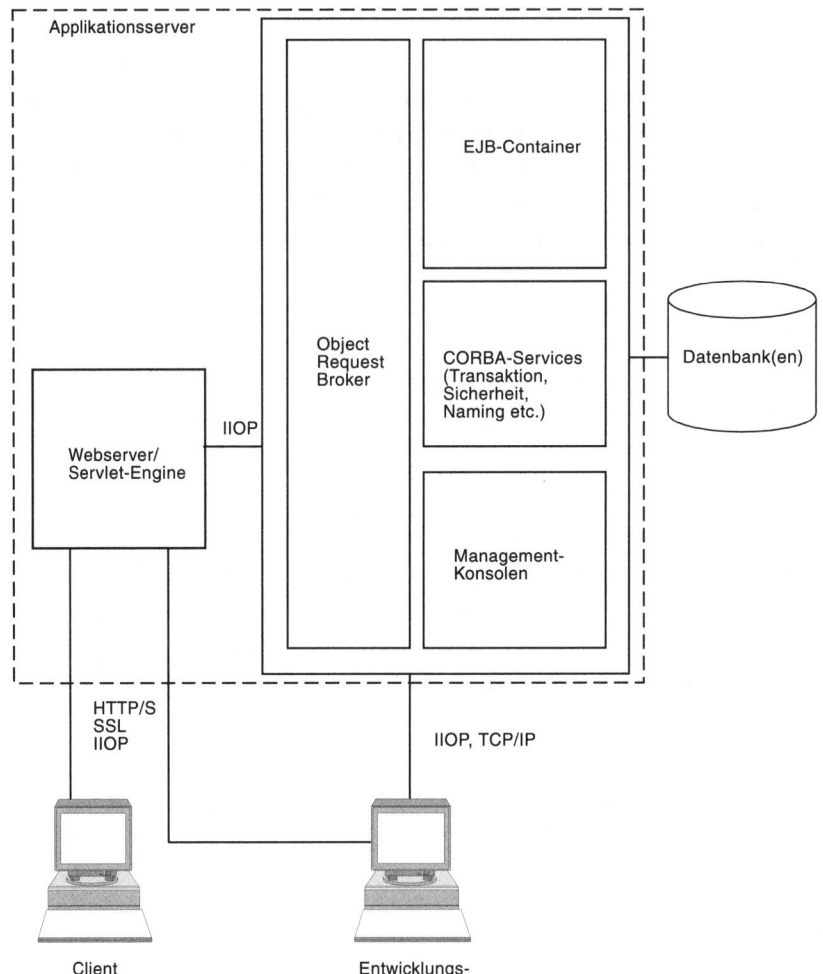

Abbildung 1.28: Szenario mit Webserver

Servlets sind reine Java-Klassen, in denen HTML-Code eingebaut wird. Ist der HTML-Code erst einmal im Java-Quelltext eingebettet, ist es nur schwer, ihn zu verändern. Aus diesem Grund ist die Servlet-Technologie nur für Seiten zu empfehlen, die *nicht* ständigen Veränderungen unterliegen. Wenn Sie also mit Designern zusammenarbeiten, die mit HTML-Werkzeugen wie GoLive oder Dreamweaver arbeiten, sind Servlets absolut ungeeignet.

Java Database Connectivity (JDBC)

Über die Java Database Connectivity (JDBC) greift fast jedes Java-Programm direkt oder indirekt auf relationale Datenbanken zu, die eine SQL-Schnittstelle besitzen. Das JDBC stellt sich dem Programmierer als Package *java.sql* dar. Es besitzt folgende Struktur:

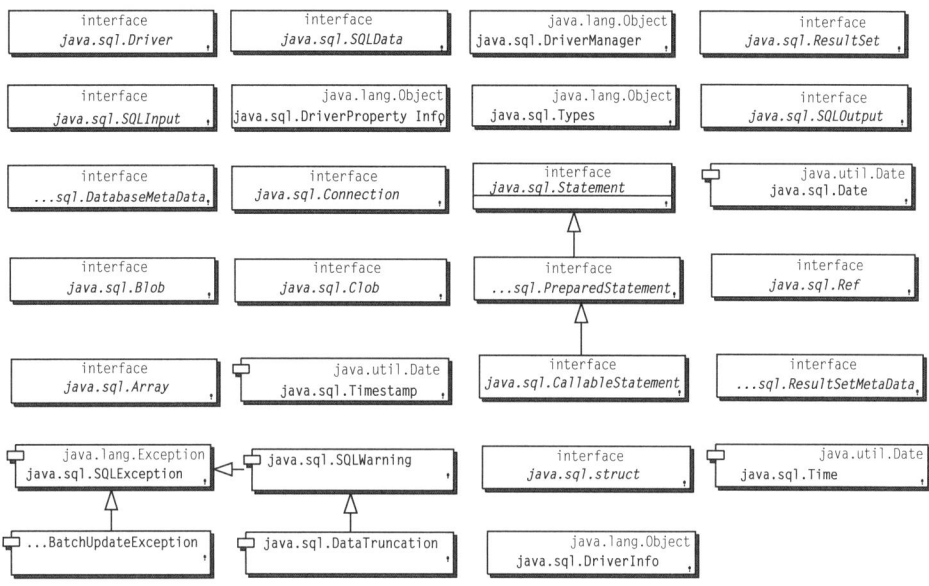

Abbildung 1.29: Die Klassen des SQL-Packages

Die Innovation des JDBC ist, dass es den Entwickler von der Programmierung für eine spezielle Datenbank wie DB2, Oracel, Ingres oder Sybase befreit. Sie können gegen ein abstraktes Interface programmieren und brauchen sich um Spezifika der einzelnen relationalen Datenbanken nicht zu kümmern.

Für die konkrete Anbindung an die Datenbank sorgt ein JDBC-Treiber, der meistens von der Firma entwickelt wird, die die Datenbank herstellt. Es gibt vier Arten von JDBC-Treibern:

- ▶ Typ 1: JDBC-ODBC-Bridge
- ▶ Typ 2: Native-API-Treiber
- ▶ Typ 3: Net-Treiber
- ▶ Typ 4: Dünne Treiber

Typ 1: JDBC-ODBC-Bridge

Dies ist die langsamste Treiberart. Sie sollte nur dann verwendet werden, wenn relationale Datenbanken verwendet werden müssen, die über keine SQL-Schnittstelle verfügen. Die Datenbank 4th Dimension ist ein Beispiel hierfür.

Typ 2: Native-API-Treiber

Diese Treiberart setzt die JDBC-Aufrufe in native API-Aufrufe der Datenbank um. Daher können Sie direkt mit der Datenbank kommunizieren.

Typ 3: Net-Treiber

Wie der Name schon andeutet, setzt diese Treiberart JDBC-Aufrufe in datenbankneutrale Netzwerkaufrufe um. Damit ist eine Zwischenschicht zwischen Treiber und Datenbank erforderlich, die die endgültige Umwandlung vornimmt.

Typ 4: Dünner Treiber

Diese Treiberart wird meistens von den DB-Herstellern selbst geliefert und setzt direkt auf der DB-API auf.

Es ist sehr ratsam, sich bei der DB-Programmierung eingehend mit diesen Typen auseinanderzusetzen, denn mit den Treibern steht und fällt die Qualität der DB-Verbindung. Entsprechend teuer sind manche Treiber (zum Beispiel Merant-Treiber). Zwei Kriterien sind wichtig:

1. Fehleranfälligkeit der Verbindungen
2. Performance

Welche Treiber sollte man verwenden? – Aus den genannten Gründen sind die Treibertypen 3 und 4 vorzuziehen.

Remote Method Invocation

Remote Method Invocation (RMI) ist eine Architektur zum Zugriff auf Methoden entfernter Objekte (Remote Methods). Mit ihr können sehr preiswert verteilte Java-Anwendungen geschrieben werden. Das liegt daran, dass im Gegensatz zu konkurrierenden Architekturen wie CORBA kein zusätzliches Produkt notwendig ist.

Die RMI-Architektur legt vier Zugriffsschichten fest:

- Applikationsschicht
- Remote-Schicht
- Proxy-Schicht
- Transportschicht

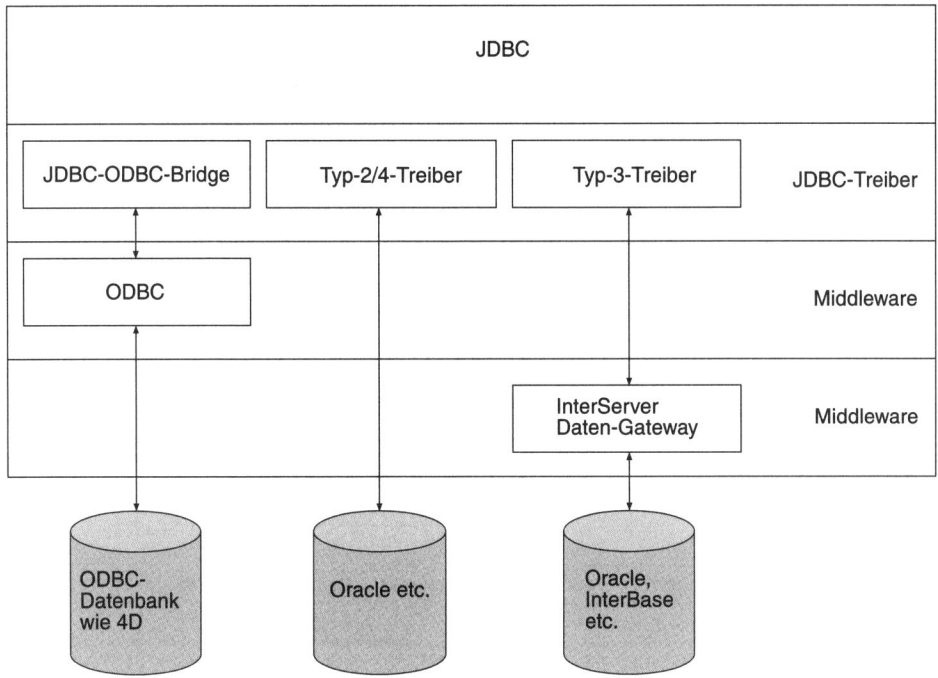

Abbildung 1.30: Die verschiedenen JDBC-Treiber im Überblick

Applikationsschicht

Diese Schicht repräsentiert Client- sowie Serveranwendungen und enthält den auszu-
führenden Code.

Remote-Schicht

Die Remote-Schicht könnte man auch als Vermittlungsschicht zwischen der Proxy-
Schicht und der zugrunde liegenden Transportschicht bezeichnen.

Proxy-Schicht

Ein Proxy ist ein Stellvertreter und somit bildet die Proxy-Schicht den lokalen Stellvertreter von entfernten Objekten. Das geschieht über so genannte Stubs (Rümpfe) und
Skeletons (Skelette), die mit einem speziellen Compiler erzeugt werden.

Transportschicht

Die Schicht bedarf wohl keiner großen Erklärungen mehr: Sie sorgt für den eigentlichen Transport und bildet das Pendant zu einer Socket-Kommunikation.

1.5.2   Java 2 Enterprise Edition

Die *Enterprise Edition* enthält im Gegensatz zur Java 2 Standard Edition sehr wichtige Neuerungen für Unternehmen. Dazu gehören Architekturen für verteilte Anwendungen wie die Komponentenarchitektur *Enterprise JavaBeans* oder die *Common Object Request Broker Architecture* (CORBA). Diese Neuerungen sind sicher nicht für alle Entwickler und Unternehmen interessant, sondern nur für die, die komplexere Architekturen realisieren möchten. Deshalb ist die Trennung der Editionen nach Zielgruppen an sich sinnvoll. Analog zu der Trennung der Java-Edition verhält es sich auch mit der Trennung der JBuilder-Editionen.

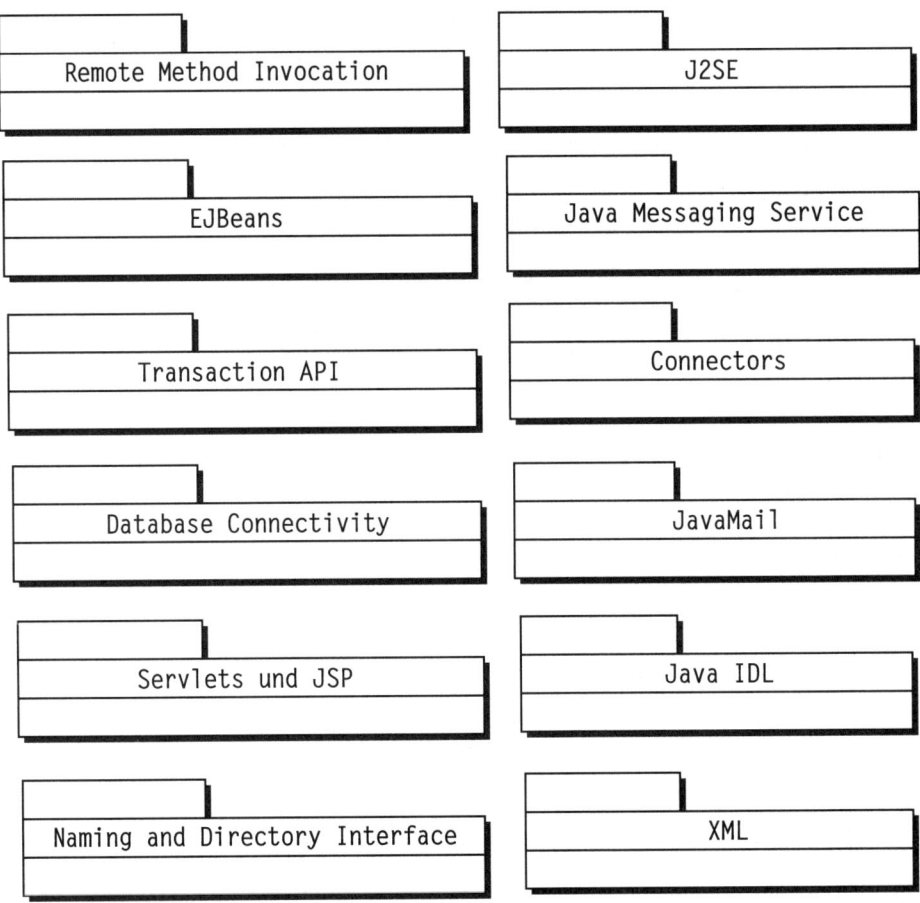

Abbildung 1.31: Java 2 Enterprise Edition

JavaServer Pages

JavaServer Seiten (oder JavaServer Pages, kurz JSP genannt, ist eine junge Technologie. JavaServer Pages erweitern wie Servlets die Fähigkeiten eines Webservers. Sie basieren auf der Servlet-API und dienen hauptsächlich der Erzeugung von XML- und HTML-Clients. Im Gegensatz zu Servlets erlauben es JSPs, designorientierte HTML-Dokumente mit einer Skriptsprache zu mischen. Damit ergibt sich eine strikte Aufgabentrennung:

▷ HTML-Design/-programmierung für das GUI-Design

▷ Java-Programmierung für die Ablauflogik

Wenn der Designer mit einer Seite und dem Ablauflaufplan der Site fertig ist, beginnt die eigentliche Arbeit des Programmierers. Er verbindet die markierten Teile eines Webseite zum Beispiel mit einer JavaBean, die die Geschäftslogik enthält.

Die Verbindungslogik kann mit vier verschiedenen Anweisungen erfolgen:

▷ JSP-Direktiven

▷ JSP-Scriptlets

▷ JSP-Kommentare

▷ JSP-Aktionen

Die Direktiven dienen zum Beispiel dazu, im Fehlerfall entsprechend auf eine andere Seite zu verzweigen. Ein Beispiel ist die Direktive *errorPage*:

```
<% ErrorPage: %>
<%@ page errorPage = "/info/errorpage.html" %>
```

Listing 1.33: Direktive für die Anzeige einer Fehlermeldung

Scriptlets werden bevorzugt dazu eingesetzt, HTML-Ausgaben zu erzeugen. Sie werden wie die Direktiven in gespitzte Klammern mit Prozentzeichen eingebettet, durch die sie der HTML-Editor ignoriert.

Die dritte Anweisungsart sind Kommentare, die wie in Java üblich ausgeführt werden können, während die letzte Anweisungsart Aktionen sind, die zum Beispiel angeben, welche JavaBean als Pendant verwendet werden soll.

Damit will ich den Ausflug in die Welt der JavaServer Pages vorerst beenden. Beim Entwurf der Weboberfläche des Beispielprojekts *ArTouro* werde ich näher auf JSPs eingehen.

CORBA

Das Akronym CORBA steht für *Common Object Request Broker Architecture*. Das ist eine Middleware-Architektur, die ein wirklich einmaliges Projekt in der Geschichte der Softwareentwicklung darstellt. Das Projekt ist das Ergebnis eines Konsortiums namens Object Management Group (OMG). Hinter diesem Begriff verbirgt sich ein Zusammenschluss von über 700 Firmen. Platt ausgedrückt könnte man sagen, dass nicht weniger als die Gesamtheit der Softwareentwicklungsfirmen der Welt, denen die Unabhängigkeit von Microsoft wichtig ist, CORBA unterstützen.

Einige Eckdaten zu CORBA:

▶ CORBA ist nahezu unabhängig von der Programmiersprache

▶ CORBA ist nicht proprietär, sondern ein Industriestandard

▶ CORBA ist kein Produkt, sondern eine Anleitung zum Bauen von Produkten

Was heißt das konkret für den Java-Entwickler?

▶ *Java* enthält eine CORBA-Unterstützung

▶ Sie können auf CORBA-Server objektorientiert zugreifen, die in anderen Sprachen oder in *Java* geschrieben sind (im Gegensatz zu JNI)

▶ Sie machen sich nicht von einer Firma abhängig

▶ Sie benötigen ein Produkt, das eine CORBA-Infrastruktur bereitstellt

Die CORBA-Infrastruktur besteht stark vereinfacht aus vier Grundelementen:

▶ Object Request Broker (Objektbus)

▶ Common Object Services (CORBA-Dienste)

▶ Common Facilities (CORBA-Server)

▶ Application Objects (CORBA-Clients)

Der Object Request Broker ist der Objektbus, manchmal auch als CORBA-Backbone (Rückgrat) bezeichnet. Über ihn können Objekte transparent Anfragen an andere Objekte senden. Für die Objekte (Clients), die die Anfragen (Request) stellen, ist es egal, wo sich das Objekt befindet, das antwortet (Server). Es könnte sich auf dem gleichen Computer befinden oder Lichtjahre entfernt in einer anderen Galaxie.

CORBA definiert eine Reihe von Diensten (»Common Object Services«), die unerlässlich für verteilte Anwendungen sind:

▶ Life Cycle

▶ Persistence

▶ Naming

▶ Event

▶ Concurrency Control

▶ Transaction

▶ Relationship

▶ Externalization

▶ Query

▶ Licensing

▶ Properties

▶ Time

▶ Security

▶ Trader

▶ Collection

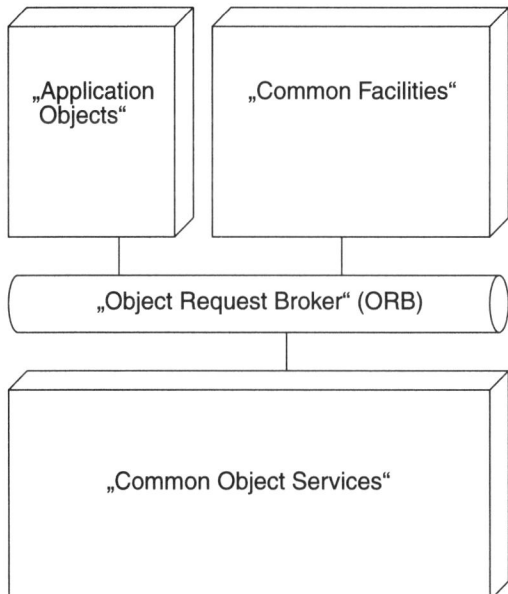

Abbildung 1.32: Die CORBA-Infrastruktur

Die Dienste im Einzelnen:

Life Cycle

Der *Life-Cycle-Dienst* erlaubt es, Komponenten auf dem CORBA-Bus zu erzeugen, zu kopieren, zu verschieben und zu löschen.

Persistence

Dieser Dienst bietet eine einheitliche Schnittstelle zu Objekt- und relationalen Datenbanken sowie Dateien.

Naming

Das ist der Dienst der Dienste. Durch den Namensdienst wird es überhaupt erst für Komponenten möglich, andere Komponenten anhand ihres Namens zu finden.

Event

Dieser Dienst verteilt Ereignisse an Komponenten, die ihr Interesse daran mitgeteilt haben.

Concurrency Control

Im Zusammenhang mit Transaktionen sind Sperrmechanismen notwendig, die dieser Dienst zur Verfügung stellt.

Transaction

Der Transaction-Dienst sorgt für die Koordination eines Transaktionsprotokolls, des so genannten »Two-Phase Commit« zwischen Komponenten.

Relationship

Wenn Sie Assoziationen zwischen Komponenten benötigen, wenden Sie sich an diesen Dienst. Er ist in der Lage, dynamisch Verknüpfungen herzustellen oder zu lösen.

Externalization

Wenn Sie über Streams (Zeichenströme) Daten in eine Komponente im- oder exportieren möchten, ist dieser Dienst geeignet.

Query

Datenbanken, gleich ob relational oder objektorientiert, werden über Queries abgefragt. Dieser Dienst stellt eine Erweiterung auf Basis von SQL und der OQL zur Verfügung.

Licencing

Bitter, aber wahr: Es kommt der Tag, an dem man für Komponenten nach verschiedenen Lizenzmodellen auch bezahlen muss. Dieser Dienst unterstützt verschiedene Abrechnungsmodelle (pro Sitzung, pro Instanz etc.).

Properties

Klassen und Komponenten legen ihre Eigenschaften häufig in Properties-Dateien ab. Dieser Dienst bietet eine einheitliche Schnittstelle zu diesen Dateien.

Time

Mehrere Server, verteilte Umgebungen, ungenaue Taktgeber, man kann sich vorstellen, was passiert: Die Computeruhrzeit ist überall verschieden. Dieser Missstand in verteilten Umgebungen lässt sich durch Funkuhren beheben oder durch die Synchronisation mittels des Time-Dienstes.

Security

Einer der wichtigsten (und selten implementierten) Dienste. Er stellt eine komplette Sicherheitsinfrastruktur bereit und verwaltet die Ausweise (Credentials) der Objekte.

Trader

Einer der exotischsten Dienste. Er gestattet es Objekten, ihre Dienste für bestimmte Aufgaben anzubieten. Mir ist keine Anwendung in der Praxis bekannt.

Collection

Dieser Dienst erlaubt es CORBA-Schnittstellen, Collections zu erzeugen und zu verändern.

Nun kann man trefflich über Sinn oder Unsinn einiger Dienste wie dem Trader- oder Properties-Service streiten. Wichtig ist, dass Sie für alles ein Produkt benötigen. Mit anderen Worten: Wenn Sie Security in Ihrer Anwendung verwenden wollen, haben sich aber ein CORBA-Produkt gekauft, dass diesen nicht beinhaltet, ist das Ihr Pech.

Die Enterprise-Edition des JBuilders 4 beinhaltet eine der besten verfügbaren CORBA-Implementierungen, den VisiBroker. Sie werden im → Kapitel 14 »Verteilung der Anwendung« dieses Buchs einen kurzen Einblick in die Programmierung, Leistungsfähigkeit und Flexibilität von CORBA-Anwendungen bekommen.

Enterprise JavaBeans

Enterprise JavaBeans (EJBs) ist momentan die am weitesten entwickelte Architektur zur Kapselung von Unternehmensdaten und -Geschäftslogik in standardisierten Komponenten. Diese Standardkomponenten können in einer beliebigen Laufzeitumgebung ausgeführt werden. Diese Laufzeitumgebung ist ein EJB-Server, der Teil eines Applikationsservers ist.

Beispiele für solche Applikationsserver sind der Borland Application Server, IBM WebSphere, BEA Weblogic oder der SilverStream Application Server. Wie Sie an der enormen Spanne erkennen können, erfreut sich die EJB-Architektur einer breiten Unterstützung von vielen namhaften Herstellern.

Das Komponentenmodell EJB ist wie folgt aufgebaut. Es gibt zwei Typen von Beans:

▶ Entity Beans

▶ Session Beans

Die Entity Beans sind primär Datenträger und kapseln die Geschäftsdaten, wobei auch hier zwei Typen unterschieden werden:

▶ Entity Beans mit Container Managed Persistence (CMP)

▶ Entity Beans mit Bean Managed Persistence (BMP)

Ein Beispiel für eine Entity Bean könnte zum Beispiel eine Person aus einer Personaldatenbank sein. Entity Beans können aber auch in einfachen Dateien oder Objektdatenbanken gespeichert werden. Der Speicherort ist für den Anwender der Beans transparent.

Session Beans sind die Repräsentanten der Geschäftlogik. Sie bieten einen Dienst an und können nicht gespeichert werden. Man unterscheidet zwei Arten:

▶ Stateless Session Beans

▶ Stateful Session Beans

Stateless Session Beans sind sehr kurzlebige, zustandslose Services, die von einem Methodenaufruf zum nächsten keine Daten speichern. Sie besitzen alle die gleiche Identität, es gibt keine Möglichkeit, sie zu unterscheiden.

Stateful Session Beans hingegen besitzen einen Zustand und speichern ihre Daten zwischen mehreren Methodenaufrufen. Sie sind aber nicht persistent. Nach dem Abschalten des Servers geht ihr Zustand verloren, wenn er nicht explizit persistent gemacht wurde.

EJBs besitzen zwei Schnittstellen, mit denen man auf sie zugreifen kann:

▶ Remote Interface

▶ Home Interface

Da Remote Interface dient dazu, auf die eigentliche Komponentenschnittstelle zuzugreifen, zum Beispiel den Namen einer Person zu ermitteln, während das Home Interface dazu gebraucht wird, um den Lebenszyklus einer Bean zu beeinflussen.

Die Enterprise JavaBean-Architektur ist ein buchfüllendes Thema, das ich hier nicht weiter vertiefen möchte. In → Kapitel 6 und 14 erfahren Sie mehr über EJB-Programmierung.

1.6 Literatur & Links

Die in diesem Kapitel angerissenen Themen können keinen Ersatz für das Studium eines kompletten Fachbuchs über die Java-Grundlagen sein. Bei Bedarf empfehle ich Ihnen deshalb zur Vertiefung folgende Literatur und Internetquellen:

Artikel

Alber, Thomas: Servlet Session-Tracking, Internet World 11/1999

Glahn, Kay: Servlets auf Touren gebracht, Java Magazin 5/2000

Plachy, Jürgen / Schmidt, Jürgen: Dynamischer Service, c't 2/2000

Röwekamp, Lars / Roßbach, Peter: Quattro Stagioni, iX 7/2000

Röwekamp, Lars / Roßbach, Peter: Tonno e Cipola, iX 8/2000

Röwekamp, Lars / Roßbach, Peter: Frutti di Mare, iX 9/2000

Röwekamp, Lars: JavaServer Pages für Unternehmenslösungen, Java Spektrum 1/2000

Schärtel, Markus: Servlet-Programmierung, Internet World 6/1999

Steppan, Bernhard: Café olé, DOS international 7/1996

Steppan, Bernhard: Kaffee mit Klasse, mc 8/1996

Tengicki, Andreas: Duo für Dynamik, Java Magazin 5/2000

Ulbricht, Frank: Das Model-View-Controller-Konzept in Swing, Java Magazin 2/2000

Bücher

Denninger, Stefan / Peters, Ingo: Enterprise JavaBeans, München: Addison-Wesley 2000

Eckel, Bruce: Thinking in Java, New Jersey: Prentice Hall 1998

Hunter, Jason: Java Servlet Programming, O'Reilly & Associates 1998

Krüger, Guido: Go To Java 2, München: Addison-Wesley 1999

Roßbach, Peter / Schreiber, Hendrik: Java Server und Servlets, München: Addison-Wesley 1999

Links

Cetus-Links (Artikelsammlung zu allen Entwicklerthemen): *http://www.cetus-links.de*

Geschichte der Programmiersprachen: *http://irb.cs.tu-berlin.de/~zuse/history*

EJB: *http://www.mgm-edv.de/ejbsig/ejbsig.html*

HTML: *http://webdeveloper.com/html*

J2EE: *http://java.sun.com/j2ee/blueprints*

Java-Historie: *http://java.sun.com/features/2000/06/time-line.html*

Java allgemein: *http://java.sun.com/features*

Pure Java *http://java.sun.com/100percent*

Sun Microsystems: *http://java.sun.com*

Zeitschrift JavaWorld: *http://javaworld.com*

Zeitschrift Java Magazin: *http://entwickler.com/jm*

Zeitschrift Java Spektrum: *http://www.sigs.de/html/java_tm_spektrum.html*

2 Java-Softwarearchitekturen

Dieses Kapitel richtet sich vorwiegend an Softwarearchitekten: an Entwickler, die entscheiden müssen, in welchen Architekturen Java-Softwaresysteme umgesetzt werden sollen. Wer solche Entscheidungen treffen muss, setzt sich zwangsläufig mit komplexen Software-Architekturen auseinander, denn Java räumt dem Softwarearchitekten so viele Freiheiten ein wie kaum eine andere Programmiersprache.

Wie Sie in den Java-Grundlagen (→ Kapitel 1) gesehen haben, können sich Java-Programme auf verschiedenste Art und Weise mit Softwarebausteinen verbinden, die in anderen Sprachen geschrieben wurden und auf anderen Rechnersystemen ausgeführt werden (JNI, CORBA, RMI, EJB). Die technologischen Rahmenbedingungen sind also von Java erfüllt. Was noch benötigt wird, um diesen technologischen Rahmen umzusetzen, ist Folgendes:

- Klare Vorstellung des Konstruktionsablaufs (Vorgehensmodelle)
- Architekturmodelle
- Konstruktionskriterien

Nach solchen Konstruktionskriterien entwickelte Software sollte dazu führen, Softwaresysteme bewusster zu bauen, planmäßiger fertig zu stellen und damit kostengünstiger zu konstruieren.

2.1 Einführung

2.1.1 Konstruktionskriterien

Aufgrund der Freiheiten, die die Programmiersprache Java zulässt, besteht zwangsläufig die Gefahr, aus Unkenntnis der Konstruktionskriterien und -möglichkeiten Software zu entwickeln, die aufwändig zu warten und schwer wiederzuverwenden ist. Ziel sollte aber sein, durch eine angemessene Planungsphase Konstruktionsfehler zu vermeiden. Hierbei helfen einige wenige Konstruktionskriterien:

- Balance zwischen Architekturanspruch und Lebensdauer
- Stabilität

▶ Wartungsaufwand

▶ Testaufwand

▶ Änderungsaufwand

▶ Grad der Portabilität

▶ Skalierungsmöglichkeiten

▶ Grad der Wiederverwendung

▶ Ergonomie

Balance zwischen Architekturanspruch und Lebensdauer

Für mich sind das einzige Kriterium für eine dem Einsatzzweck *angemessene* Architektur die Kosten über die gesamte Lebensdauer. Hier hat man alles einzubeziehen:

▶ Analyse

▶ Design

▶ Implementierung

▶ Test

▶ Qualitätssicherung

▶ Einführung

▶ Wartung

▶ Änderungen

▶ Migration

▶ Schulung etc.

Gerade verdeckte Kosten wie Schulung und Wartungsfreundlichkeit tauchen in manchen Kostenaufstellungen nicht auf, sollten aber nicht unterschlagen werden.

Der konstruktive Aufwand einer Software muss in einem gesunden Verhältnis zur geplanten oder geschätzten Lebensdauer stehen. Ist schon von Beginn an nur eine Zwischenlösung geplant, ist vielleicht zu überlegen, die Software nach den Methoden des Rapid Application Development (RAD) zu entwickeln. Bei langlebigen Produkten amortisiert sich möglicherweise der Aufwand der Konstruktion einer aufwändigen Architektur hingegen schon sehr bald.

Vielleicht lässt sich die Anwendung aber keiner der beiden genannten Typen zuordnen, weil die Oberfläche sehr schnelllebig ist, die darunter liegenden Schichten aber hochgradig stabil. Ein Beispiel für ein solches Szenario könnte eine Webanwendung sein, bei der das Design der HTML-Oberfläche sich im Tageszyklus ändert, die darunter liegende Geschäftslogik aber kaum Änderungen unterworfen ist. Dann wäre eine saubere Schichtentrennung mit unterschiedlichen Entwicklungsverfahren die Methode der Wahl.

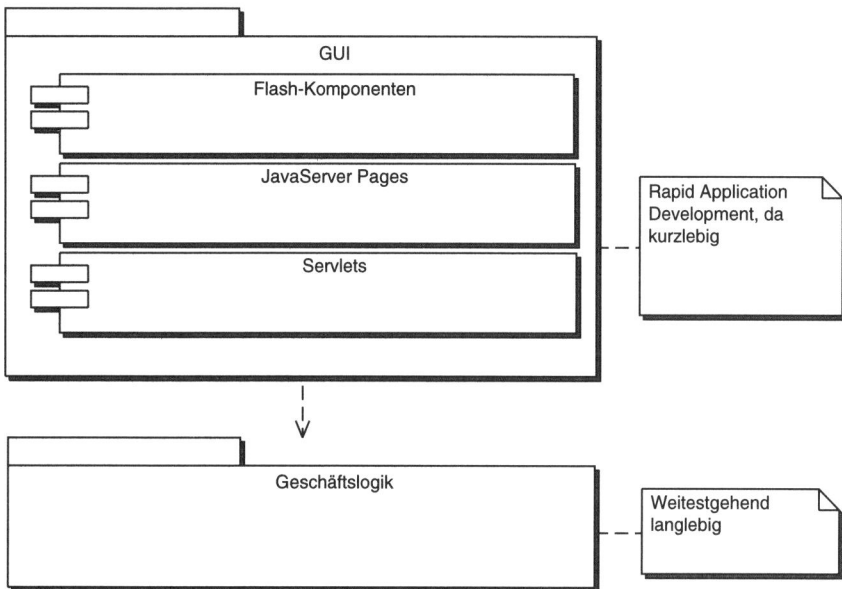

Abbildung 2.1: Differenzierung zwischen langlebiger Geschäftslogik und schnelllebiger GUI

Stabilität

Ein Programm muss auch dann stabil laufen, wenn der Anwender etwas Falsches eingibt. Es darf nicht sein, dass eine geschäftskritische Software wie zum Beispiel eine Anwendung für Geldautomaten immer dann ausfällt, wenn die Datenbank überlastet ist.

Stabilität ist ein enorm wichtiger Teil der Softwarekonstruktion. Sie ist die Statik der Softwarearchitektur und steht stark mit der Fehlerbehandlung in Zusammenhang. Andere Aspekte sind, ob die Art des Aufbaus erlaubt, auf Hardwarefehler »fehlertolerant« zu reagieren und ob die Art des Aufbaus erlaubt, die Software von außen zu warten.

Wartungsaufwand

Stellen Sie sich vor, dass eine Komponente, die den Zugriff auf die Datenbank vornimmt, von außen gewartet werden kann. Der Betrieb kann die Komponente fragen:

▶ Wie viele Benutzer bedienst Du momentan und wie viele waren es heute insgesamt?

▶ Wie viel Speicher belegst Du momentan?

▶ Welche Exceptions gab es bisher?

In verteilten Systemen und für Webanwendungen wird es immer wichtiger, genau zu überwachen, wann das Programm nicht mehr korrekt funktioniert hat. Die Anzahl der Anwender ist bei Webanwendungen häufig nicht vorhersehbar, so dass das Programm in der Praxis mehr gestresst wird, als es die Entwickler vorhergesehen haben. Daher ist es für die Entwickler notwendig zu wissen, was sie unternehmen können, um Systemausfälle zu beheben.

Testaufwand

In dem Maß, in dem man die Bestandteile eines Softwaresystems in kleine überschaubare und möglichst autarke Einheiten trennt, verringert sich der Aufwand, das System zu testen. Als kleinste Einheit in der Java-Programmierung ist die Methode anzusehen, aus der sich Klassen zusammensetzen. Davon gehören eine oder mehrere zu einem Modul, mehrere Module bilden Komponenten und Packages. Ein oder mehrere Packages bilden eine Schicht.

Änderungsaufwand

Software unterliegt einem ständigen Wandel. Das hat viele Gründe, zum Beispiel, weil sich neue Oberflächenelemente etabliert haben, aber auch fachliche Gründe, weil die Endanwender neue Funktionen benötigen. Egal aus welchen Gründen Software geändert werden muss, es sollte ohne drastische Eingriffe in die Architektur geschehen.

Grad der Portabilität

Der Grad der Portabilität ist ein wichtiges Maß für eine saubere Architektur. Dass Java als Programmiersprache sich so etablieren konnte, ist dem hohen Grad an Portabilität von Java-Programmen zuzuschreiben. Aber auch mit Java lassen sich Anwendungen so entwickeln, dass sie schlecht zu portieren sind.

Ich werde im Rahmen dieses Buchs keine Grenzen für die Portabilität von Java-Programmen aufzeigen, empfehle Ihnen aber diesbezüglich, Suns »Java-Cookbook« zu studieren. Sie finden die Quellenangabe am Ende des Kapitels.

Skalierungsmöglichkeiten

Wenn ein Softwaresystem zum momentanen Zeitpunkt mit 50 konkurrierenden Benutzern schnell genug arbeitet, muss das für 2000 konkurrierende Benutzer nicht ebenso aussehen. Gibt es Möglichkeiten, das Softwaresystem dann so auf verschiedene Maschinen zu verteilen, dass die neue Last wieder ausgeglichen werden kann? Wäre das der Fall, ist das Softwaresystem skalierbar, das heißt es lässt sich an gestiegenen Anforderungen anpassen.

Grad der Wiederverwendung

Diese Fragen an einen Teil der Anwendung zu richten und beantwortet zu bekommen, ist keineswegs selbstverständlich. Dabei ist es nicht nur wichtig, während der Entwicklung zu wissen, wie sich das System verhält, sondern auch während des laufenden Betriebs. Der Test während der Entwicklung kann gefährliche Stresssituationen nicht simulieren, der reale Betrieb wird sie mit Sicherheit mühelos erzeugen.

Genau auf diese Frage gibt Ihnen dieses Kapitel eine Antwort. Dieser Architekturüberblick wird Sie in die Lage versetzen, die richtige Architekturentscheidung für Ihre Anwendung zu treffen. Sie werden sehen, dass das keineswegs bedeutet, dass Sie alle Teile Ihrer Anwendung notgedrungen mit Java entwickeln müssen.

Ergonomie

Software mit ergonomisch entworfenen Oberflächen zieht weniger Schulungsaufwand nach sich als Software mit komplizierten Oberflächen. Ergonomisch konstruierte Software erreicht man durch die Einhaltung von Ergonomieprinzipien, die Ben Shneiderman aufgestellt hat:

1. Konsistenz der Oberfläche

2. Abkürzungen für erfahrene Benutzer (Shortcuts)

3. Visuelle und akustische Rückmeldungen aufgrund von Benutzeraktionen

4. Abgeschlossene Operationen

5. Einfache Fehlerbehandlung (keine kryptischen Abkürzungen für Fehler)

6. Einfache Rücksetzungsmöglichkeiten (Widerrufen von Aktionen)

7. Benutzergeführte Eingaben

8. Geringe Belastung des Kurzzeitgedächtnisses

Ich will dieses buchfüllende Thema »Softwareergonomie« hier nicht weiter vertiefen, sondern gleich zu den Architektursichten überleiten, die für die Arbeit mit dem JBuilder bedeutsam sind.

2.1.2 Architekturmodelle

Eine fertig implementierte Software stellt sich bei genauerer Untersuchung als ein System dar, das man von verschiedenen Seiten beleuchten kann. Es hat eine »wahre Architektur«, das heißt einen Aufbau, wie er sich dem Prozessor des Computers und der virtuellen Maschine der Java-Laufzeitumgebung darstellt. Diese wahre Architektur ist aber ungeeignet, dem Softwarearchitekten als Grundlage seiner Arbeit zu dienen: zu vielfältig sind die Aspekte, die alle in der Architektur einer Software zusammenfließen.

Genauso wie der Architekt von Häusern Modelle benötigt und verschiedene Sichten auf ein Haus (Grundriss, Aufriss etc.), so benötigt auch der Softwarearchitekt Modelle, Abstraktionen, die die Wirklichkeit auf ein fassbares Maß reduzieren und für bestimmte Situationen angemessen verwendet werden können.

Architekturmodelle lassen sich von den verschiedensten Gesichtspunkten ausgehend sortieren, zum Beispiel wie in der Baukunst in zwei Kategorien:

▶ Makroarchitektur (Außenarchitektur)

▶ Mikroarchitektur (Innenarchitektur)

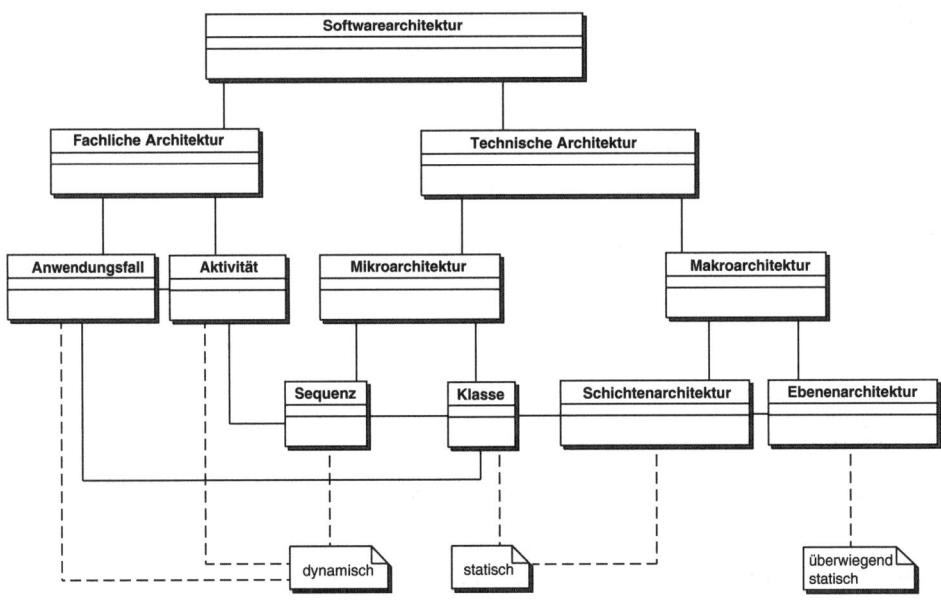

Abbildung 2.2: Zusammenhang zwischen den verschiedenen Architekturmodellen

Die Makroarchitektur bildet dabei technologische Grundsatzentscheidungen ab, zum Beispiel, ob CORBA-Server die Mittlerschicht bilden sollen oder ob Servlets oder Applets Verwendung finden. Die Mikroarchitektur beschreibt, welche Entwurfsmuster angewendet werden, und legt zum Beispiel die Vererbungsbeziehungen der Klassen fest.

Die Differenzierung in Makro- und Mikroarchitekturen ist eher aus technischer Sicht für den Systementwurf geeignet. Man könnte die Architektur einer Java-Anwendung aber auch auf folgende Sichten begrenzen:

▷ Fachliche Architektur

▷ Technische Architektur

Ich glaube, es ist einleuchtend, dass die fachliche Architektur besonders die Anwendersicht widerspiegelt. Ein System, das zum Beispiel in Einkauf, Verkauf, Lagerhaltung etc. getrennt werden kann, muss aber nicht naturgemäß auch aus verschiedenen autarken Programmen gleichen Namens bestehen.

Technologisch ist diese Architektur im Umgang mit einem Entwicklungswerkzeug wie dem JBuilder eher sekundär, da der JBuilder sinnvollerweise erst in einer technischen Phase des Entwurfs zum Einsatz kommt. Von der technischen Warte aus ließen sich auch folgende Modelle unterscheiden:

▷ Statische Sicht

▷ Dynamische Sicht

Die statischen Modelle repräsentieren den ruhenden Teil der Software, er ist noch sehr gut mit Immobilien vergleichbar. Für den dynamischen Teil sucht man vergebens eine Entsprechung im Bauwesen. Das Laufzeitverhalten von Software ist ein kritischer Teil bei der Modellierung und bestimmt daher zu einem aus meiner Sicht überwiegenden Teil die Schwierigkeiten eines Systementwurfs.

Aber zurück zu den Makro- und Mikroarchitekturen. Während sich die Makroarchitekten vorwiegend mit der Außenarchitektur eines Programms beschäftigen, arbeiten die Mikroarchitekten ähnlich wie Raumdesigner an der Ausgestaltung der vorher festgelegten Makroarchitektur. Für den letzten Teil gibt es ausgezeichnete Bücher über so genannte Entwurfsmuster, und ich will mich daher in diesem Kapitel nur mit den Makroarchitekturen beschäftigen, mit denen Java-Anwendungen gebaut werden können.

Die Makroarchitektur eines Java-Programms lässt sich sehr gut über folgende Architekturmodelle abbilden:

▷ Schichtenarchitektur

▷ Verteilungsarchitektur

Schichtenarchitektur

Die statische Sicht wird von der Systemarchitektur geprägt. Sie beleuchtet, wie ein System logisch gegliedert ist. Von diesem Schichtenmodell ausgehend lässt sich das statische Design der Anwendung entwickeln. Das Schichtenmodell ebnet außerdem den Weg für die Verteilungssicht, denn nur eine in autarken Schichten gegliederte Anwendung lässt sich auch flexibel auf Hardware verteilen.

Ebenenarchitektur

Diese Architektursicht ist vor allem wichtig für den Betrieb der Anwendung und kann neben der statischen Sicht auch die schon besprochene dynamische Sicht auf eine Anwendung widerspiegeln. Wenn Sie zum Beispiel eine Webanwendung konstruieren, müssen Sie Aspekte der Lastverteilung berücksichtigen und mit den Fachleuten für den Betrieb der Computer und Systemsoftware diskutieren. Sie können von manchen Komponenten mehrere Instanzen starten, müssen dann aber dafür sorgen, dass die Last auch richtig verteilt wird.

Die saubere Planung der Ebenenarchitektur ist von extremer Kritikalität bei Anwendungen, die von sehr vielen Anwendern *gleichzeitig* verwendet werden. Die Ebenenarchitektur stellt also dar, auf welcher Hardware die Komponenten ausgeführt werden sollen. In der UML setzt man die so genannten Deployment-Diagramme ein, um diese Sicht darzustellen. Im Englischen spricht man bei dieser Architekturdarstellung von *Tier Architecture*.

Auch wenn man alle Architekturmodelle kennt und sie anwenden kann, stellt sich die Frage nach dem Zusammenhang, nach einem Vorgehen im Rahmen des Entwurfs. Damit kommt wir automatisch zu den Prozessmodellen.

2.1.3 Vorgehensmodelle

Für die Abwicklung eines komplizierten Projekts mit vielen Beteiligten wie dem Bau eines Hauses ist es sinnvoll, im Voraus Einigkeit über ein bestimmtes Vorgehen zu erzielen, um das Chaos in Grenzen zu halten. Ein Vorgehen bei dem Bau eines Hauses könnte als Vorlage dienen:

▶ Befragung der Baudamen und -herren nach ihren Wünschen

▶ Anfertigung von Plänen

▶ Aushebung des Fundaments

▶ Rohbau

▶ Etc.

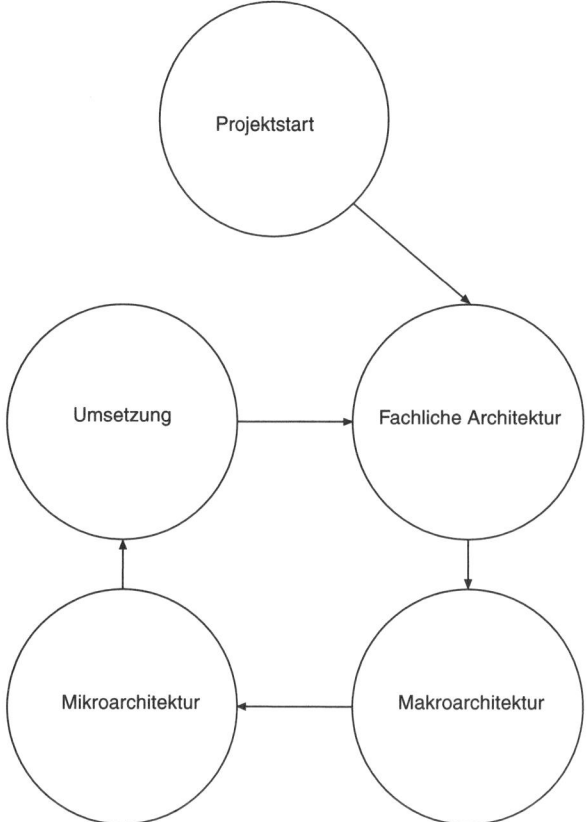

Abbildung 2.3: Ablauf der Verwendung der Architekturmodelle bei der Softwareentwicklung

Vereinfacht gesagt, ist ein ähnliches Vorgehen auch für die Konstruktion von Software sinnvoll – und zwar immer dann, wenn folgende Kriterien zutreffen:

▶ Große Softwaresysteme

▶ Lange Lebensdauer

▶ Große, inhomogene Zielgruppe

▶ Mangelhafte Kenntnis vieler Entwickler über Architekturen

▶ Mangelhafte Kenntnis vieler Entwickler über das Vorgehen

Nun ist es aber so, dass bei der Softwarekonstruktion das Laufzeitverhalten eines Programms eine große Rolle spielt, technologische Risiken die Ausführung fast immer begleiten und sich der Wunsch der Anwender nach großer Flexibilität im Entwicklungsprozess von Individualsoftware durchgesetzt hat.

Verfolgen wir den Prozess anhand der Modelle kurz weiter und beginnen mit der fachlichen Architektur der Anwendung.

2.2 Fachliche Architektur

Die fachliche Architektur ist der erste Schritt, ein System den Anwenderwünschen entsprechend zu gestalten. In der Fachliteratur ist in diesem Zusammenhang von Geschäftsprozessanalyse die Rede. Die UML bietet hierfür zwei Diagrammarten, die die Befragung der Endanwender nach ihren Wünschen begleiten können:

▶ Use Case Diagram (Anwendungsfalldiagramm)

▶ Activity Diagram (Aktivitätsdiagramm)

Mit der fachlichen Architektur werde ich mich besonders im Teil 3 bei der Analyse des Beispielprojekts *ArTouro* befassen. Es wird dann um die fachliche Sicht auf das später mit dem JBuilder technisch umzusetzende Softwaresystem *ArTouro* gehen.

2.3 Schichtenarchitekturen

Die Festlegung der logischen Schichten ist der nächste Schritt in der Abfolge eines Entwurfs. Im Fokus der Schichtenarchitektur stehen die Schichten, die sich nach ihren Funktionen unterscheiden lassen. Die Motivation für die Einführung dieser Architektursicht war

▶ gleiche Funktionen nach Schichten zu gruppieren

▶ Abhängigkeiten zu umgehen

▶ Komponentenbildung

▶ System nach ihren Schichten zu klassifizieren

▶ einheitliche Sprache unter den Architekten

Ein Softwaresystem nach Aufgaben in Schichten zu gruppieren, ist der Beginn, eine saubere Architektur zu entwerfen. Sie werden sofort mit Abhängigkeiten einzelner Teile konfrontiert und kommen früher oder später auf den Komponentengedanken. Danach sind Sie in der Lage, ein System zu klassifizieren und sich mit den Entwicklern darüber auszutauschen, ohne Missverständnisse zu provozieren.

Eine Java-Anwendung kann aus sehr vielen Schichten bestehen, die im nächsten Schritt des Entwicklungsprozesses auf geeignete Hardwareebenen verteilt werden können. Damit kommen wir zur Ebenenarchitektur:

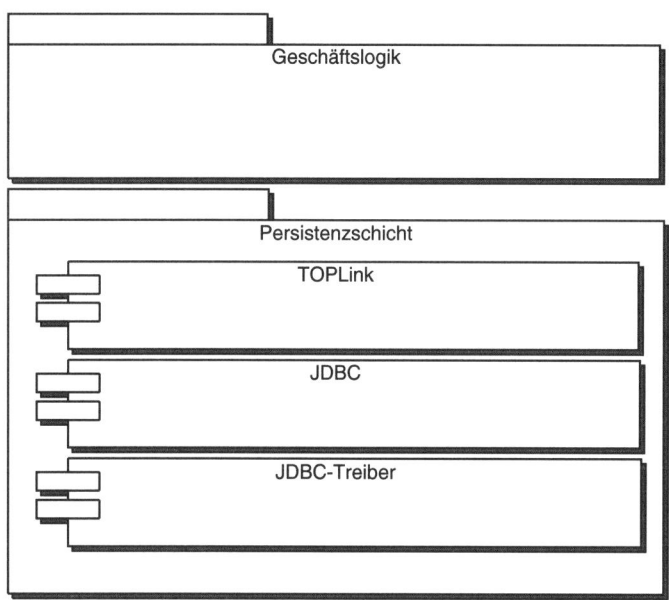

Abbildung 2.4: Schichtenarchitektur eines Teilaspekts einer Java-Anwendung

2.4   Ebenenarchitekturen

2.4.1 Einstufige Anwendungen

Eine Anwendung, die alle Geschäftslogik und einen Client-Anteil in einem Software-system vereint, nennt man einstufig (1-Tier). Ein Beispiel wäre ein Texteditor, der auf einem Arbeitsplatzcomputer ausgeführt wird. Er besteht rein logisch aus mehreren Schichten, wie der GUI, einer Dialogsteuerung, verschiedenen Algorithmen, die dafür sorgen, dass der Text richtig formatiert wird, und natürlich einer Persistenzschicht, die dafür zuständig ist, den Text in Dateiform auf die Festplatte zu schreiben und verschiedene Dateiformate zu filtern.

Die logischen Schichten autark aufzubauen (zum Beispiel mit CORBA) und auf verschiedene Hardware zu verteilen, ist bei Texteditoren absolut branchenunüblich. Text-verarbeitungen wie Word werden als einstufige Anwendung ausgeliefert, wenngleich es inzwischen auch Editoren als mehrstufige Webanwendungen gibt.

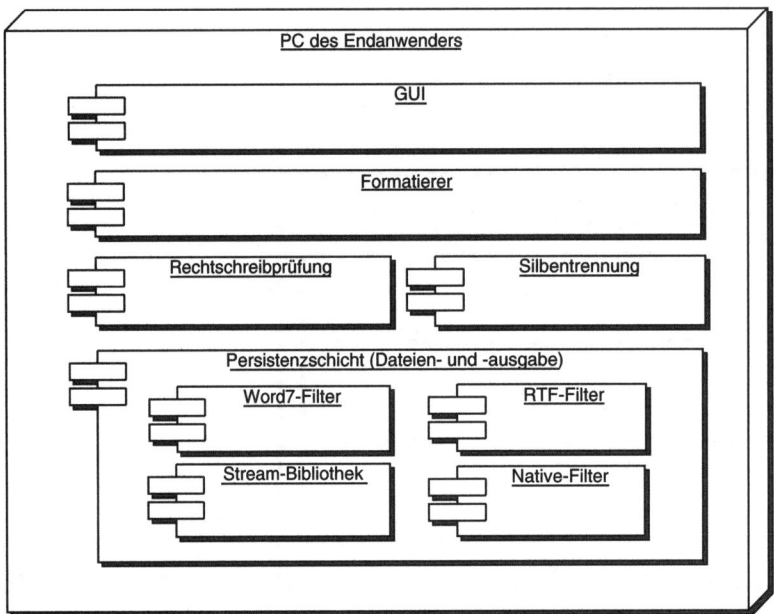

Abbildung 2.5: Ein Grobentwurf einer Textverarbeitung als einstufige Anwendung

2.4.2 Zweistufige Anwendungen

Kommt eine Datenbank mit ins Spiel, sind geeignetere Architekturen gefragt, um die verschiedenen Schichten spezialisierten Computern (Servern) zuzuordnen. Vor einiger Zeit dominierten zweistufige Architekturen (2-Tier) diese Art von Anwendungen.

Was sind die Gründe für zweistufige Anwendungen? Warum realisiert man eine Datenbankanwendung nicht einstufig? Die Fragen sind berechtigt, denn es würde sicher funktionieren, eine Datenbankanwendung einstufig auszulegen. Aber die Datenbank müsste auf jedem Computer des Endanwenders installiert werden, und das würde sehr hohe Kosten verursachen.

Die Gründe:

▶ Für jeden Computer würde eine Datenbanklizenz benötigt

▶ Die Softwareverteilung wäre teuer

▶ Die Synchronisierung der Daten wäre problematisch

Zweistufige Anwendung lösen diese Probleme. Sie haben gegenüber anderen Architekturformen folgende Vorteile:

▶ Kurze Entwicklungszeit

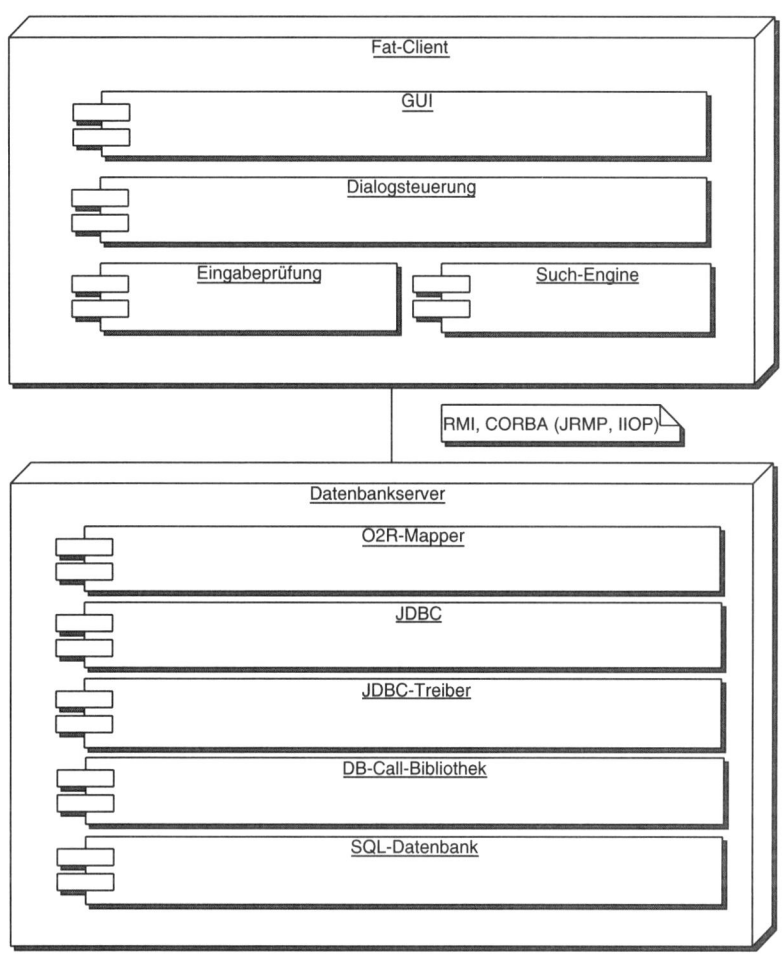

Abbildung 2.6: Eine zweistufige Anwendung

▷ Geringer Overhead

▷ Gemeinsame Nutzung des Serverteils (zum Beispiel der Datenbank)

Dennoch sind zweistufige Anwendungen alles andere als ideal. Sie haben gravierende Nachteile:

▷ Java-spezifische Probleme (Firewall)

▷ Installation auf dem Client

▷ Hohe Entwicklungskosten bei komplexen Anwendungen

▷ Hohe Wartungskosten

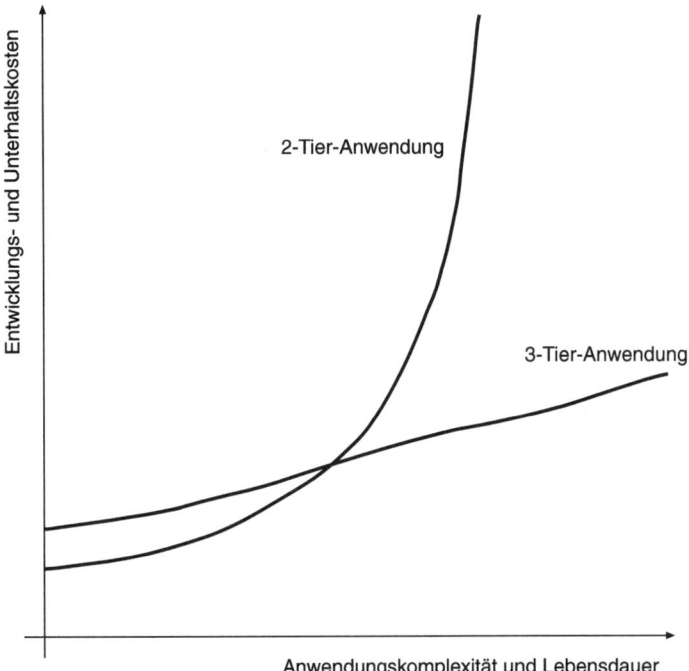

Abbildung 2.7: 2-Tier und 3-Tier-Anwendungen im Vergleich (Quelle: GartnerGroup)

Wie Sie der → Abbildung 2.6 entnehmen können, besteht eine solche Anwendung aus einem so genannten fetten Client (Fat Client) und zum Beispiel einem Datenbankserver. In der Abbildung ist der Client sogar relativ schlank, da die Persistenzschicht auf den Server verlagert wurde. Befindet sie sich ebenfalls auf dem Client, wird dieser noch schwergewichtiger.

Der Client bekam das Attribut »Fat«, weil er die gesamte Geschäftslogik in sich trägt und entsprechend schwergewichtig ist. Wenn eine solche Anwendung auf Clientseite mit Hilfe eines Applets realisiert wird, kommt es zu enormen Ladezeiten über die dünnen Leitungen des Internets oder Extranets. Wird er als Java-Application realisiert, muss die Application beim Anwender installiert werden.

Wegen dieser Verteilungsprobleme geht man heute mehr und mehr dazu über, drei- und mehrstufige Anwendungen mit sehr dünnen Clients (Ultra Thin Client) zu konzipieren.

2.5 Mehrstufige Anwendungen

Drei- und mehrstufige Anwendungen (3-Tier, n-Tier) sind heute die bevorzugten, aber auch kompliziertesten Java-Architekturen für langlebige Anwendungen. Der JBuilder unterstützt den Entwurf solcher Anwendungen mit verschiedenen Experten in hervorragender Weise. Er nimmt Ihnen aber nicht ab, die Entscheidung für die richtige Technologie zu treffen:

- Client
  - als Applet oder
  - als Servlet
  - und / oder als JavaServer Page oder
  - als Application
- Middle-Tier
  - als Application und / oder
  - als RMI-Server oder als CORBA-Server und / oder
  - als EJB-Server
- Persistenzschicht
  - als Objekt-Relationale-Mapper
  - JDBC-Schicht
  - SQLJ-Schicht

Diese drei Varianten zeigen nur die Auswahlmöglichkeiten innerhalb einer reinen Java-Anwendung. Kommen Java-fremde Technologien wie ActiveX oder Flash mit ins Spiel, wird die Auswahl noch schwieriger. Bilden wir uns daher erst einmal einen Überblick über die vorhandenen technologischen Java-Architekturen.

In → Abbildung 2.8 ist in einem Verteilungsdiagramm eine mehrstufige Anwendung als Ausgangsbasis für unsere weiteren Überlegungen skizziert. Verfolgen wir die Anwendung von oben und beginnen mit der grafischen Oberfläche, der Architektur des Clients.

2.5.1 Client-Architektur

Hier stehen folgende Java-Technologien zur Auswahl:

- Applet
- Application

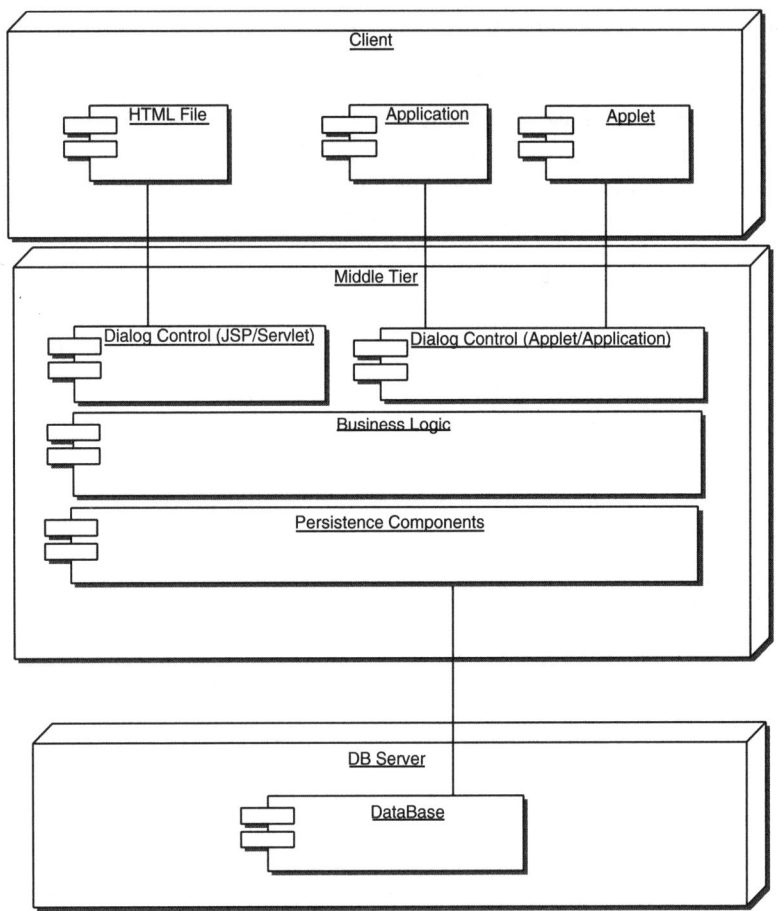

Abbildung 2.8: Eine mehrstufige Anwendung

▶ Servlet (HTML)

▶ JavaServer Pages (HTML)

Nach welchen Kriterien soll man welche der genannten Java-Technologien einsetzen? Hier hilft nachfolgende Entscheidungsmatrix:

Wie Sie aus → Abbildung 2.9 ersehen können, hängt die Client-Architektur von zwei Größen ab:

▶ GUI-Komplexität

▶ Zielgruppe

Die Client-Architektur lässt sich also durch eine einfache Fallunterscheidung festlegen.

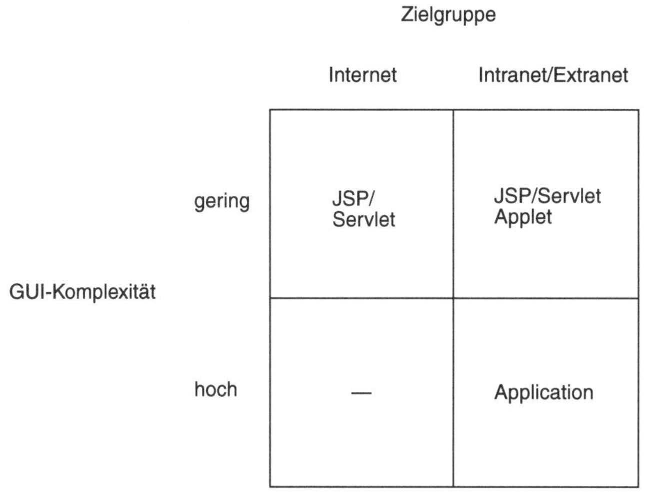

Zielgruppe

Internet   Intranet/Extranet

	Internet	Intranet/Extranet
gering	JSP/ Servlet	JSP/Servlet Applet
hoch	—	Application

GUI-Komplexität

Abbildung 2.9: Entscheidungsmatrix für die Client-Architektur

Fall 1: Webanwendung mit einfacher GUI

Sie möchten eine Anwendung für das Internet entwickeln, und Ihre Dialoge sind nicht allzu komplex aufgebaut. Dann würde ich Ihnen unbedingt empfehlen, JavaServer Pages oder Servlets einzusetzen. Sind die Dialoge designbetont und arbeiten Sie mit einer Grafikagentur zusammen, kommen ohnehin *nur* JavaServer Pages in Frage, da nur sie eine Trennung zwischen Gestaltung und Logik unterstützen.

Fall 2: Webanwendung mit komplexer GUI

Ihr Programm soll zum Beispiel eine sehr rechenintensive Tabellenkalkulation sein, die Grafiken dynamisch erzeugen kann und über verschiedene Tabellen als Oberflächenelemente verfügt. Sie wollen zudem diese Anwendung über das Internet zur Verfügung stellen.

Ich möchte Ihnen gleich die Illusion nehmen, diese Anwendung mit Applets oder Applications für das Internet verteilen zu können. Nicht dass es nicht technisch realisierbar wäre, aber Sie werden in der Praxis auf zu viele Probleme stoßen, die dafür gesorgt haben, dass nur mehr wenige Anwendungen auf Basis eines Applet-Clients im Internet existieren. Solche Anwendungen sollte man ganz einfach für das Internet nicht anbieten, es gibt meiner Erfahrung nach einfach keine Lösung, die auf Dauer auch bezahlbar wäre.

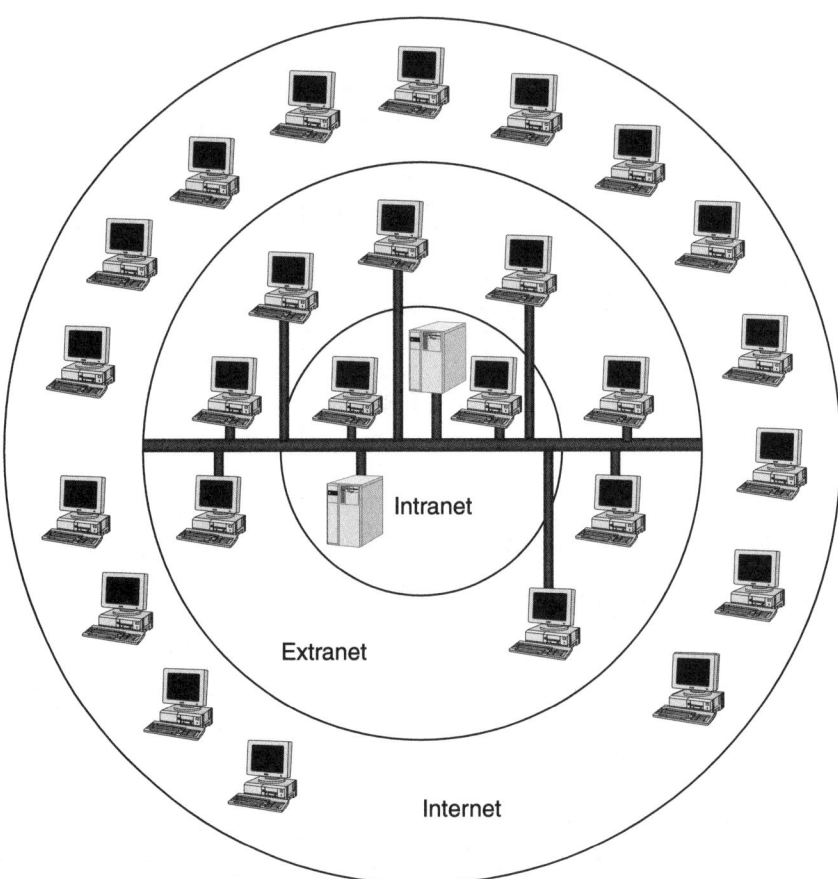

Abbildung 2.10: Inter-, Intra- und Extranet-Zielgruppe beeinflussen die Client-Architektur

Fall 3: Intra-/Extranet-Anwendung mit einfacher GUI

In diesem Fall kann man darüber streiten, ob man einer HTML-Oberfläche oder einem Applet den Vorzug geben möchte. Ich würde Ihnen die stresslosere Entwicklung einer HTML-Oberfläche empfehlen. Sie haben dadurch keine Probleme mit einer eventuellen Firewall zwischen Intra- und Extranet, gehen Browser-Inkompatibilitäten und Sicherheitsproblemen aus dem Weg.

Sehen Sie sich bitte die → Abbildung 2.11 an. Sie ist ein Beispiel für eine solche Architektur. Die Lösung hat folgende Vorteile:

▶ Keine Probleme mit Firewalls (HTTP)

▶ Standard-Clients (Navigator, Internet Explorer etc.)

▶ Servlet- und JSP-Erweiterungen für viele Webserver verfügbar

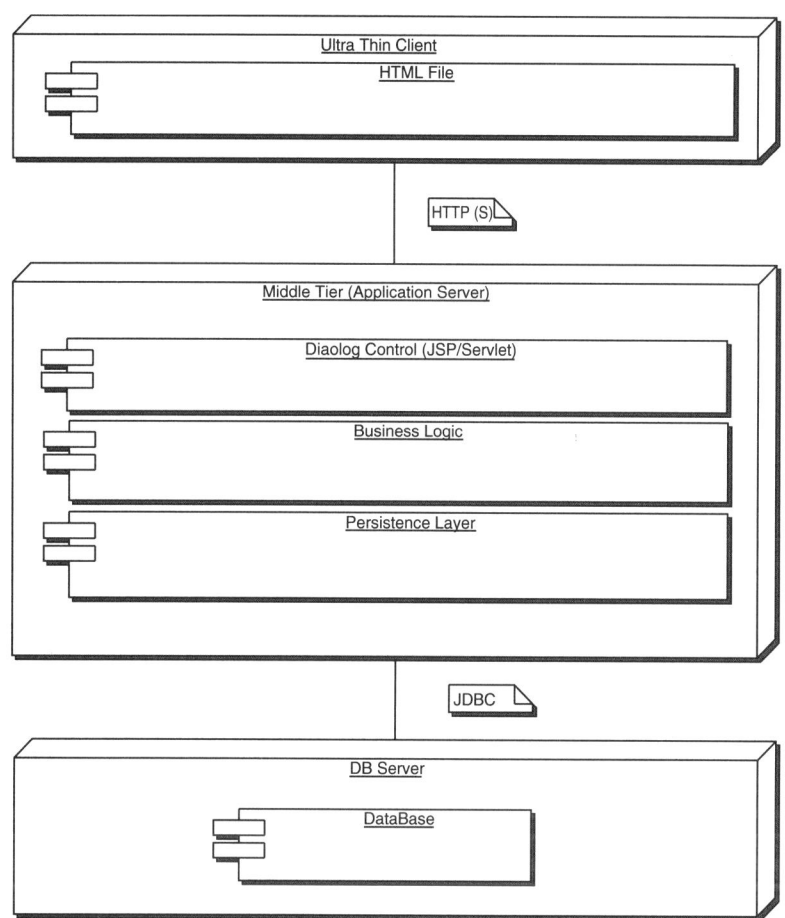

Abbildung 2.11: Webanwendung mit einfacher GUI

Dass keine Probleme mit der Firewall auftreten, die zwischen dem dünnen Client und der Middle-Tier sitzt, liegt daran, dass die Firewall-Produkte das HTTP-Protokoll ohne Schwierigkeiten passieren lassen (eine Tunnelung ist überflüssig). Standard-Clients können verwendet werden, auch dann, wenn der Anwender aus Sicherheitsgründen die Java-Unterstützung deaktiviert hat. Der letzte Vorteil ist der, dass Servererweiterungen für fast alle gängigen Webserver (Apache etc.) heute verfügbar sind.

Aber diese Architektur hat auch Nachteile:

▶ Eingeschränkte GUI

▶ Eingeschränkte Transaktionsfähigkeit

▶ Eingeschränktes Debugging

Dass eine HTML-GUI nicht die gleichen Fähigkeiten wie zum Beispiel eine Windows-Oberfläche hat, ist sicher bekannt. Sie müssen in der Regel zum Beispiel auch dann eine ganze HTML-Seite oder einen Frame ausgeben, wenn sich nur ein kleines Element der Seite verändert hat. Das ist mit unangenehmem Bildschirm-Refresh verbunden, der zudem Wartezeit kosten.

Weboberflächen haben auch noch den gravierenden Nachteil, dass nicht alle GUI-Elemente zur Verfügung stehen, die es heute für klassische GUIs gibt, und dass die HTML-Kodierung einen Bruch in der objektorientierten Entwicklung darstellt. Zudem gibt es bis heute Schwierigkeiten, solche Oberflächen sauber zu debuggen.

Fall 4: Intra-/Extranet-Anwendung mit komplexer GUI

Hier ist der Fall klar: Sie sollten sich auf jeden Fall für eine Application-Architektur auf Client-Seite entscheiden. Damit gehen Sie Browser-Inkompatibilitäten aus dem Weg, kommen in den Vorzug einer durchgängig objektorientierten GUI-Entwicklung mit vollen Debugging-Möglichkeiten und können auf einen Webserver verzichten. Ein weiterer wichtiger Vorteil ist die Transaktionsorientierung des CORBA-Protokolls IIOP, das man zur Kommunikation einsetzen kann.

Die Vorteile dieser Architektur kurz zusammengefasst:

▶ Java-GUI

▶ Volle Debugging-Möglichkeiten

▶ Abgestuftes Sicherheitskonzept

▶ Keine Browser-Inkompatibilitäten

▶ Kein Webserver notwendig

▶ IIOP ist transaktionsorientiert (stateful)

Diesen Vorteilen stehen einige gravierende Nachteile gegenüber:

▶ Verteilung der Clientapplications

▶ Java-Laufzeitumgebung notwendig (JRE)

▶ Update-Verfahren

▶ Firewall-Probleme

Im Gegensatz zu Applets, die automatisch über das Internet geladen werden, müssen Applications erst einmal manuell an ihre Endkunden gelangen. Dieser Vorgang beansprucht bei größeren Anwendungen natürlich auch über das Internet etwas Zeit. Zusätzlich müssen eine JRE installiert und ein Update-Verfahren etabliert werden. Bei diesem Verfahren muss der Client in regelmäßigen Abständen über die Netzverbindung selbst kontrollieren, ob er noch auf dem neuesten Stand ist.

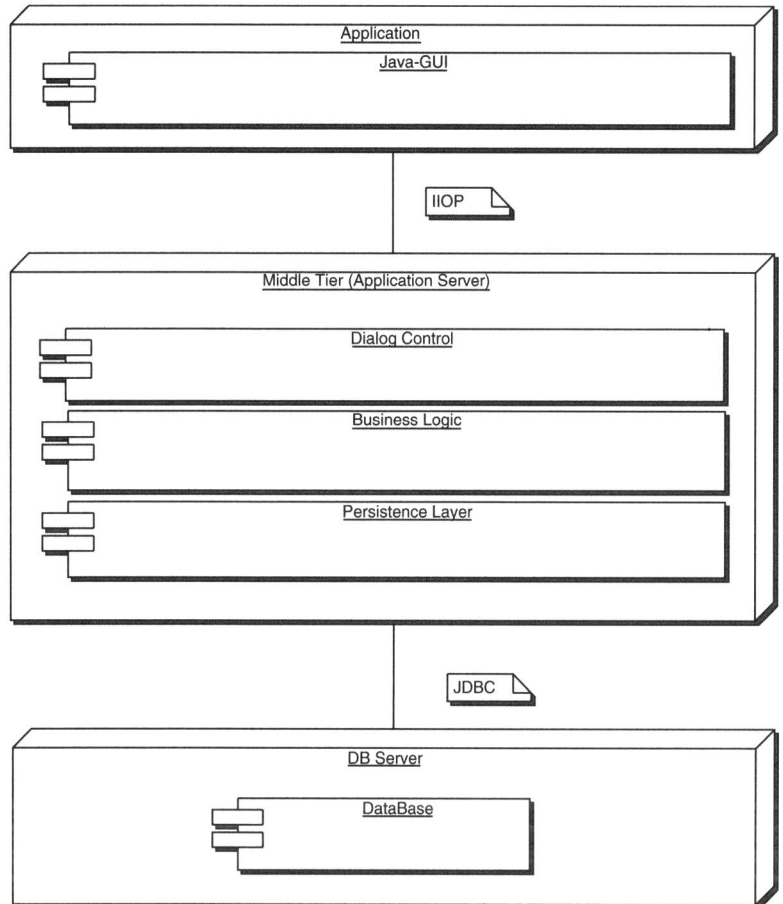

Abbildung 2.12: Intra-/Extranetanwendung mit komplexer GUI

Der letzte gravierende Nachteil ist, dass IIOP ein zwar transaktionsorientiertes Protokoll ist, aber von Firewalls verschmäht wird. Dieser Nachteil lässt sich mit Tunnelung des Protokolls ausgleichen, was aber Performance kostet.

2.6 Middle-Tier-Architektur

Der Zwischenbau zwischen der grafischen Oberfläche und der Datenbank wird Middle-Tier genannt und ist den Web- und Applikationsservern vorbehalten. Zur Zeit hat sich eine neue Softwaregattung dieser Schicht angenommen, die so genannten Application-Server oder kurz AppServer genannt. Auch Borland liefert beispielsweise mit der Enterprise-Edition des JBuilder 4 einen AppServer, den Borland AppServer 4.1.1 (BAS), aus.

Ein AppServer bietet die Laufzeitumgebung für Web-Serveranwendungen (Servlets), JavaBeans, CORBA-Serveranwendungen und EJB-Serveranwendungen. Damit sind auch schon die vier wichtigsten architektonischen Eckpfeiler der Middle Tier genannt:

▶ Servlets / JSPs

▶ JavaBeans

▶ CORBA

▶ EJB

Servlets / JSP ergeben sich aus der Entscheidung, für die ich Ihnen im vorhergehenden Abschnitt Kriterien genannt habe. JavaBeans bilden die Dialogsteuerung von JavaServer Pages. CORBA und EJB sind Alternativen. Hier eine Entscheidung zwischen CORBA und EJB zu treffen, fällt aus der heutigen Sicht schwer.

Vorteile von CORBA

▶ Sprachneutral

▶ Relativ performant

▶ Ausgereifte Architektur

▶ Viele namhafte Implementierungen

Wie schon im Kapitel 1 erwähnt, ist CORBA eine faszinierende Middleware-Technologie mit einer unerreichten Industrieakzeptanz. Es gibt eine Fülle von Services, die fast alle Einsatzbereiche abdecken, und viele namhafte Implementierungen. Mit dem JBuilder 4 wird der Borland VisiBroker 4.1.1 für Java ausgeliefert, weltweit anerkannt eine der besten Umsetzungen des CORBA-Standards.

Nachteile von CORBA

▶ Sehr kompliziert

▶ Schwerfällige, langatmige Normierung

▶ Einige Services unzureichend implementiert

▶ Inkompatibilitäten zwischen ORB-Implementierungen

▶ Schwache Unterstützung in der Modellierung

Bei der von Sun propagierten EJB-Architektur sieht es nicht viel besser aus.

Vorteile von EJB

▶ Umfassende Konzeption

▶ CORBA-kompatibel

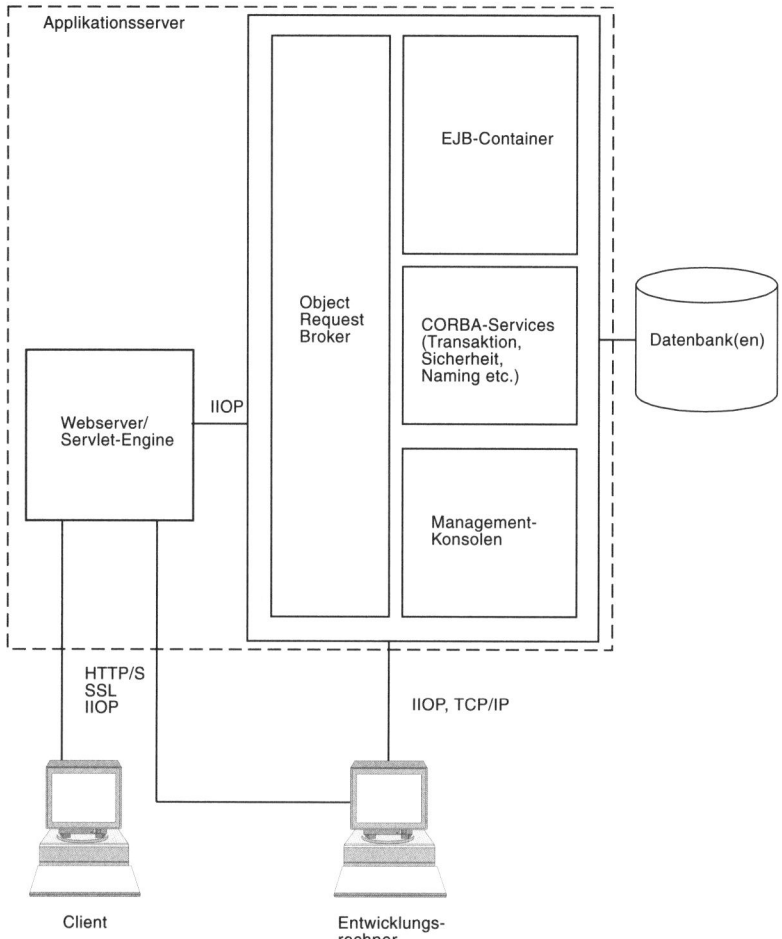

Abbildung 2.13: Die Laufzeitumgebung der Middle Tier

▷ Gute Prozessunterstützung

▷ Viele namhafte Implementierungen

▷ Gute Unterstützung von Modellierungswerkzeugen

Nachteile von EJB

▷ Kompliziert

▷ Sehr jung

▷ Instabile Produkte

Alles in allem ist das Rennen zwischen EJB und CORBA nicht entschieden und das muss es auch nicht. Servlets/JSP, CORBA und EJB können kombiniert werden, ja es drängt sich geradezu auf, die Stärken der einzelnen Architekturen gezielt einzusetzen:

▶ Servlets/JSP: Erzeugung der Präsentationsschicht

▶ JavaBeans: Dialogsteuerung

▶ CORBA: Kapselung von Legacy-Systemen

▶ EJB: Kapselung der Geschäftslogik und -daten

Damit wären wir auch am Fundament des Gebäudes angelangt, bei der Persistenzebene.

2.7 Architektur der Persistenzebene

Hier stellt sich die Frage der Datenbank:

▶ Relationale Datenbank

▶ Objektdatenbank

Dies ist schlichtweg die bestimmende Frage, denn mit der Auswahl einer relationalen Datenbank geht auch die Frage nach einer objektorientierten Kapselung einher. Das Relationenmodell passt nicht gut in die objektorientierte Welt, weswegen es verschieden abstrakte Kapseln um die SQL-Schnittstelle der RDBMS gibt:

▶ JDBC

▶ Objektrelationale Mapper

Vorteile von JDBC

▶ Dynamisches SQL

▶ Kein Präprozessor notwendig

Nachteile von JDBC

▶ Low-Level-Schnittstelle

▶ Kein Daten-Caching

▶ Typprüfung zur Laufzeit

Objektrelationale Mapper (O2R-Mapper) wie TOPLink bieten einen ähnlichen Komfort wie Objektdatenbanken, besitzen aber proprietäre Schnittstellen und sind meistens ziemlich teuer.

Nachteile von O2R-Mappern

▷ Proprietär

▷ Teuer

▷ Bruch in der Prozesskette

▷ Mappingwerkzeuge bedingen Einarbeitungsaufwand

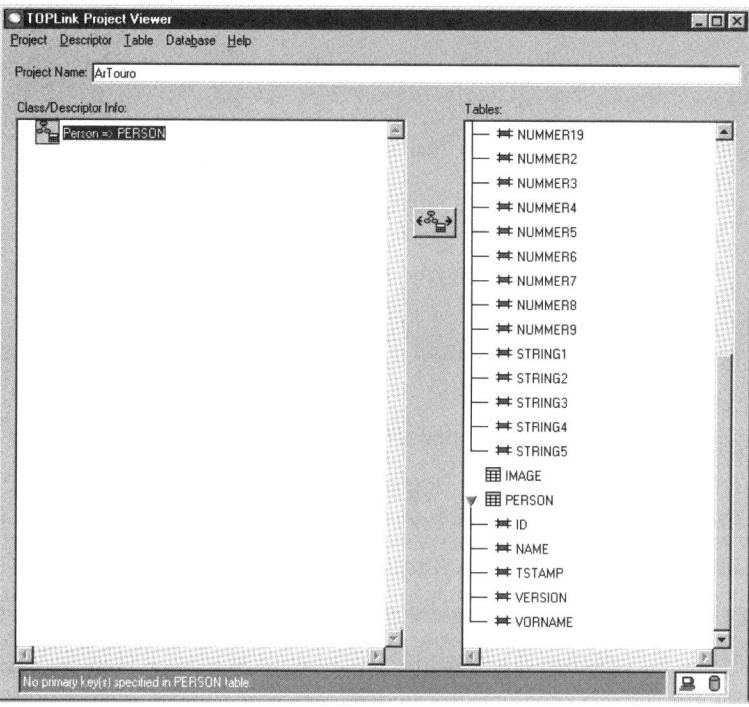

Abbildung 2.14: Der TOPLink-Builder ist das Mapping-Werkzeug für die TOPLink-Bibliothek

Der Bruch in der Prozesskette wird dadurch verursacht, dass neben den Werkzeugen für ER-Modellierung und Objektmodellierung nun auch noch ein Mapping-Werkzeug auftaucht, das nicht so ohne weiteres in den Prozess passt. Diese Mapping-Werkzeuge bedingen auch einen gewissen Einarbeitungsaufwand.

Vorteile von O2R-Mappern

▷ Durchgängig objektorientierte Entwicklung

▷ Datenbank-Caching

▷ Transaktionsmanagement

2.8 Literatur & Links

Dieses Kapitel hat auf knapp 30 Seiten sicher nicht alle Fragen nach einer angemesse-
nen Softwarearchitektur für Java-Anwendungen und einem sinnvollen Vorgehen beim
Softwareentwurf beantworten können. Dieses Thema erschöpfend zu behandeln,
würde auch den Rahmen dieses Buchs sprengen und deshalb verweise ich lieber auf
folgende, weiterführende Literatur und Internetquellen:

2.8.1 Artikel

Rumbaugh; James: Eine Betrachtung der Architektur Model-View-Controller, Objekt
Spektrum 3/1994

Ulbricht, Frank: Das Model-View-Controller-Konzept in Swing, Java Magazin 2/2000

2.8.2 Bücher

Alexander, et al.: A Pattern Language – Towns, Buildings, Construction; New York:
Oxford University Press 1977

Bass, L. / Clements, P, / Kazman, R.: Software Architecture in Practice, Reading: Addison-Wesley 1998

Coad, Peter / Mayfield, Mark: Design mit Java, München: Prentice Hall 1999

D'Souza, Francis / Desmond/Wills, Alan Cameron: Objects, Components and Frame-
works with UML, Reading: Addison-Wesley 1999

Gamma, Erich et al.: Entwurfsmuster, Bonn: Addison-Wesley 1996

Meyer, Bertrand: Objektorientierte Softwareentwicklung, München: Hanser Verlag 1990

Orfali, Robert et al.: Instant CORBA, Bonn: Addison-Wesley 1998

Rumbaugh et al.: Objektorientiertes Modellieren und Entwerfen, München: Hanser
Verlag 1993

Shneiderman, Ben: Designing a User Interface, Reading: Addison-Wesley 1992

2.8.3 Links

Cetus-Links (Artikelsammlung zu allen Entwicklerthemen): *http://www.cetus-links.de*

Entwurfsmuster: *http://javaworld.com/javaworld/jw-02-1998/jw-02-techniques_p.html*

Entwurfsmuster: *http://javaworld.com/javaworld/jw-07-1998/jw-07-techniques_p.html*

Entwurfsmuster: *http://www.june19th.com/ili/papers/wora.html*

Java-Cookbook: *http://java.sun.com/docs/books/tutorial/books/continued/cdinfo.html*

Java-Cookbook: *http://java.sun.com/100percent*

Teil II: Entwicklungsumgebung

Der JBuilder ist mittlerweile durch drei verschiedene Editionen und den Leistungsumfang des gesamten Java-Spektrums ein ziemlich komplexes Entwicklungspaket geworden. Selbst professionelle Entwickler, die tagtäglich mit nur einer Edition arbeiten, dürften den Überblick über die verschiedenen Editionen aufgrund ihres enormen Funktionsumfangs verloren haben.

Um Ihnen den Überblick zu erleichtern und Ihnen einen ersten Eindruck von der Vielfalt dieses Entwicklungswerkzeugs zu geben, widmet sich dieser Teil der Entstehung des JBuilders und den verschiedenen Editionen und zeigt deren Unterschiede auf, geht kurz auf die Installation ein und wendet sich dann den verschiedenen Bestandteilen der Entwicklungsumgebung zu. Der Teil II schließt mit einem Kapitel ab, das zeigt, wie Sie den JBuilder in einem Entwicklungsteam sinnvollerweise verwenden sollten.

Hier alle Kapitel dieses zweiten Teils nochmals im Überblick:

- Kapitel 3: JBuilder-Editionen
- Kapitel 4: Einrichtung des JBuilders
- Kapitel 5: Integrierte Entwicklungsumgebung
- Kapitel 6: JBuilder-Experten
- Kapitel 7: JBuilder-Werkzeuge
- Kapitel 8: Projektverwaltung
- Kapitel 9: Softwareentwicklung im Team

3 JBuilder-Editionen

3.1 Historie

Wie schon im Vorwort erwähnt, liefert Borland momentan mehrere JBuilder-Editionen für verschiedene Zielgruppen aus. Diese Editionen unterscheiden sich sowohl im Preis als auch in der Oberfläche, der Anzahl der mitgelieferten Produkte, im Funktionsumfang sowie in der Installation teilweise ganz erheblich.

Bei der Konzeption dieses Buchs habe ich versucht, diese drei Produkte in einem Buch sozusagen unter einen Hut zu bringen. Um die Entscheidung für eines der drei Produkte zu erleichtern, finden Sie auf den folgenden Seiten einen Überblick über alle heute erhältlichen Editionen.

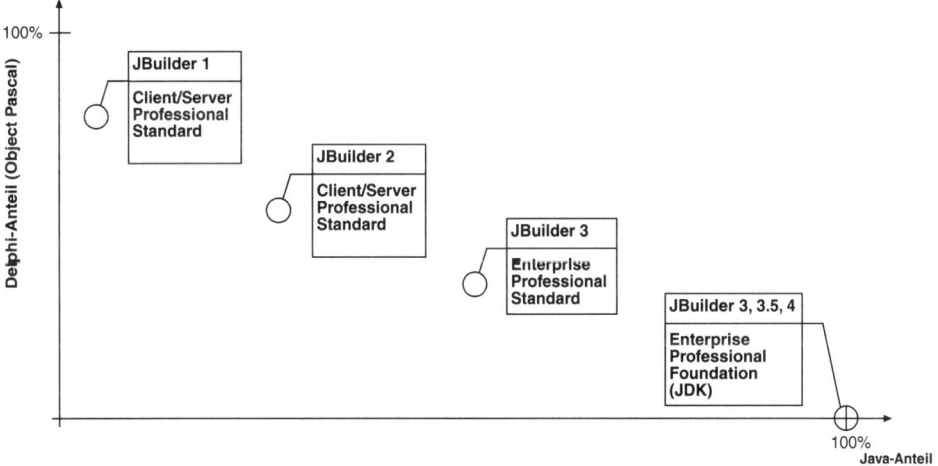

Abbildung 3.1: Entwicklung des JBuilders von einer Windows- zu einer reinen Java-Version

Zuerst möchte ich aber Ihre Aufmerksamkeit auf den grundsätzlichen Aufbau des JBuilders lenken. Im → Kapitel 1 habe ich erläutert, dass man für Java-Anwendungen eine so genannte Laufzeitumgebung benötigt. Das kann ein Browser für Applets sein, bei Anwendungen wie dem JBuilder ist es das Java Runtime Environment (JRE).

Ziel: Portable Entwicklungsumgebung

Beim JBuilder-Projekt verfolgte Borland von Anfang an das Ziel, eine völlig portable Entwicklungsumgebung zu programmieren. Die ersten Versionen des JDK waren aber für dieses ehrgeizige Ziel noch nicht reif genug. Aus diesem Grund wurde der JBuilder erst im Laufe seiner Entwicklung schrittweise von einer reinen Windows-Version auf eine reine Java-Version umgestellt (→ Abbildung 3.1).

Die Version 1 war bis auf wenige Teile in Object Pascal geschrieben, der Compiler aber beispielsweise schon in Java implementiert. Damals gab es wie heute ebenfalls drei Editionen, die allerdings noch Standard, Professional und Client/Server hießen. In der Client/Server-Edition befand sich schon der VisiBroker als CORBA-Implementierung im Lieferumfang.

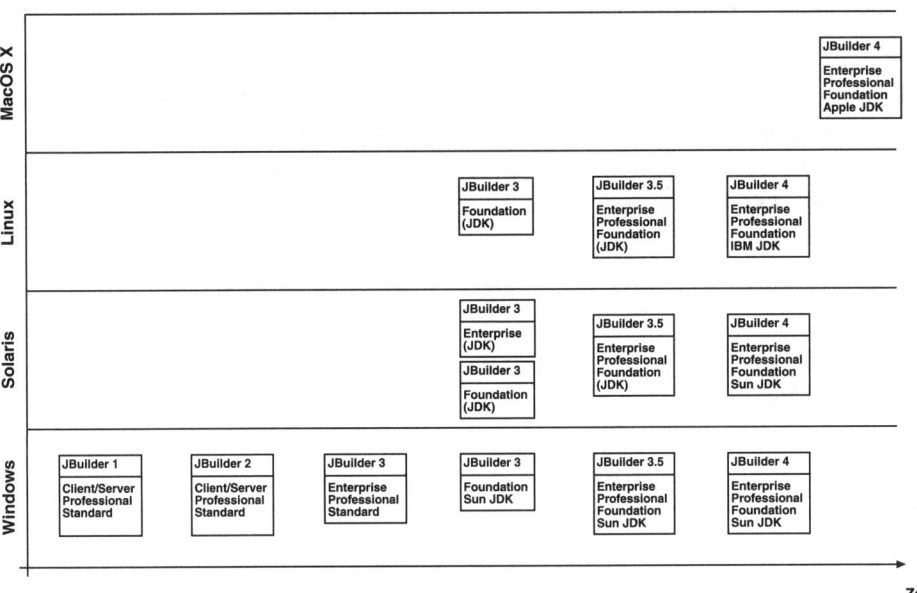

Abbildung 3.2: Entwicklung der Editionen für verschiedene Betriebssysteme

Mit der Version 2 nahmen die Java-Anteile deutlich zu. Aber erst mit der Version 3 des JBuilders konnten die Entwickler den Übergang von einer reinen Windows-Version auf eine portable reine Java-Version vollziehen. Die damals ausgelieferte Enterprise-Version bestand noch aus etwa 20 Prozent nativem Windows-Code (Object Pascal), während die Foundation Edition der Version 3 schon ein reines Java-Programm war.

Mit der Version 3.5 hat sich diese Entwicklung dann stabilisiert. Aber bestimmte Lücken im Konzept eines reinen Java-Programms konnten noch nicht geschlossen werden. So hatte beispielsweise der Dialog zum Öffnen von Dateien (File Chooser), der aus Swing übernommen wurde, die Einschränkung, nicht mehrere Dateien gleichzeitig importieren zu können. Mit der nun vorliegenden Version 4 hat Borland diese Mängel beseitigt und die Entwicklungsmöglichkeiten von Webanwendungen und die EJB-Integration vorangetrieben.

JDK als Basis

Durch Umstellung in eine reine Java-Version war es auch zwingend, für alle Plattformen ein passendes, stabiles JDK als Basis anzubieten. Dieses JDK muss für alle Plattformen auf dem gleichen Versionsstand vorliegen. Da Borland dieses JDK nicht selbst entwickelt, mussten die Entwickler auf Implementierungen anderer Hersteller zurückgreifen. Unter Windows sowie Solaris kommt das Sun-JDK zum Einsatz, während unter Linux das IBM-JDK verwendet wird.

Die drei verschiedenen Editionen für unterschiedliche Betriebssysteme und Zielgruppen werfen Fragen auf:

▷ Welche Edition soll ich verwenden?

▷ Reicht die kostenlose Foundation oder müssen es Professional oder Enterprise sein?

▷ Welche Bestandteile befinden sich in den einzelnen Editionen etc.?

Gerade die Frage nach Professional oder Enterprise ist nicht immer leicht zu beantworten, weshalb ich aus der Borland-Dokumentation verschiedene Tabellen zusammengestellt habe, die Ihnen als Entscheidungsgrundlage und Übersicht dienen sollen. Beginnen wir mit den Zielgruppen.

3.2 Einordnung nach Zielgruppen

3.2.1 JBuilder Foundation Edition

JBuilder Foundation ist die kostenlose Basisversion des JBuilders. Mit ihr können Sie 100-prozentige Java-Anwendungen (100% Pure Java) entwickeln. Das bedeutet, dass der Code, der vom JBuilder erzeugt wird, auch von jeder anderen Entwicklungsumgebung, die diesen Anforderungen entspricht, übersetzt werden kann. Das bedeutet außerdem, dass die Anwendungen unter allen Plattformen lauffähig sind, die auf der gleichen JRE basieren.

Auch wenn in der Dokumentation des JBuilders steht, die *Foundation Edition* unterstütze verteilte und Datenbankanwendungen *nicht*, so können solche Anwendungen dennoch mit dieser Edition übersetzt werden. Dazu sind einige Voraussetzungen und Einschränkungen zu beachten.

Voraussetzung ist natürlich, dass die dazu notwendigen Bibliotheken vorliegen. Einschränkungen sind, dass ein Test der Anwendungen nur mit Hindernissen durchgeführt werden kann und Experten zum Erzeugen solcher Programme nicht vorliegen. Von einem komfortablen Entwickeln und Testen von Datenbank- und verteilten Anwendungen kann also nicht die Rede sein.

Kein JDK-Switching

Eine weitere wichtige Einschränkung der *Foundation Edition* ist das Fehlen des JDK-Switchings. Damit ist es unmöglich, wechselseitig mit mehreren JDKs zu entwickeln. Gerade für die Entwicklung von Applets, die von vielen Browsern akzeptiert werden, ist das besonders hinderlich.

Die *JBuilder Foundation Edition* richtet sich an den Java-Einsteiger, der kleinere Anwendungen für einen einzelnen Computer (1-Tier-Anwendungen) entwickeln möchte. Obwohl man mit einigen Verrenkungen auch Datenbankanwendungen entwickeln kann, sind die Einschränkungen der *Foundation Edition* für verteilte und Datenbankanwendungen aber nicht akzeptabel. Für die professionelle Entwicklung solcher Anwendungen sind die größeren kostenpflichtigen Editionen gedacht und die in diese Pakete investierten Kosten amortisieren sich allemal.

3.2.2 JBuilder Professional Edition

Der Fokus dieser Edition liegt in der Entwicklung von Datenbank- und Servlet-Anwendungen, die ohne Enterprise JavaBeans (EJB) oder die Common Object Request Broker Architecture (CORBA) auskommen. Oder positiv formuliert: Wenn Sie vorhaben, Datenbankanwendungen für einen einzelnen Computer oder verteilte Datenbankanwendungen auf Basis der Remote Method Invocation (RMI) zu schreiben und mit einigen Einschränkungen bei der Entwicklung von JavaServer Pages (JSP) leben können, ist die *Professional Edition* das Werkzeug der Wahl für Sie.

Zum Pure-Java-Ansatz: Dieses Werkzeug erfüllt ihn natürlich ebenfalls, aber beachten Sie, dass Anwendungen auf Basis der mitgelieferten JBuilder Component Library (JBCL) nur dann von anderen Entwicklungsumgebungen übersetzt werden können, wenn diese dort ebenfalls eingebunden wird.

Die Professional Edition hat einige Einschränkungen in der Teamarbeit, die für Aufregung im Betatest des Produkts gesorgt haben. So fehlt die Fähigkeit, Konflikte zwischen Workspace und Repository aufzulösen, und außerdem ist die integrierte Unterstützung für SCM-Werkzeuge (zum Beispiel CVS) nicht vorhanden.

Ich halte das für nicht so schlimm, da der JBuilder im Gegensatz zu IBMs VisualAge ein dateibasierendes Werkzeug ist, mit dem man jedes SCM-Werkzeug auf Dateiebene integrieren kann. Eine nahtlose Anbindung, wie sie die Enterprise Edition liefert, ist allerdings komfortabler, weniger fehleranfällig und daher zeitsparender. Bei geschickter Integration erübrigt es sich, mit einem externen SCM-Programm zu arbeiten.

Damit gilt auch hier im übertragenen Sinn das für die Foundation Edition Gesagte: Sofern Sie im Besitz von Bibliotheken zum Beispiel einer CORBA-Implementierung oder eines Applikationsservers sind, lassen sich auch CORBA-Anwendungen und EJB-Anwendungen mit der *Professional Edition* entwickeln. Ganz so komfortabel wie mit der *Enterprise Version* wird Ihnen dies aber nicht gelingen.

3.2.3 JBuilder Enterprise Edition

Auch diese Edition genügt selbstverständlich den Pure-Java-Anforderungen. Sie unterstützt die gesamte Bandbreite der Java-Welt und gerade für die Entwicklung von EJB-, CORBA- und JSP-Anwendungen ist die *Enterprise Edition* ideal.

Die *Enterprise Edition* wird mit einer Fülle von Produkten ausgeliefert. Zum einen sind hier die Datenbank-Managementsysteme JDataStore und InterBase zu nennen, auf der anderen Seite der Borland Application Server. Er integriert Webserver, EJB-Server und den Object Request Broker zu einer Einheit. Des Weiteren finden sich Vollversionen des C++-Builder 4, Delphi 4 und diverse Programme auf der Companion-Tools-CD.

Ich kann mir vorstellen, dass Unternehmen die Wahl zwischen Professional- und Enterprise-Version aus Kostengründen sehr schwer fällt, schließlich unterscheiden sich beide um mehrere tausend Mark. Als Entscheidungshilfe folgt deshalb auf den nächsten Seiten eine tabellarische Übersicht der verschiedenen Editionen nach Funktionen geordnet.

3.3 Einordnung nach Lieferumfang

Wie nachfolgende Tabelle zeigt, gibt es zwischen den Editionen beträchtliche Unterschiede im Lieferumfang.

3.3.1 Lieferumfang

Bestandteil	Foundation	Professional	Enterprise
JBuilder Foundation (Basis aller Editionen, deutsch)	+	+	+
JBuilder Foundation (Basis aller Editionen, englisch)	+	+	+
Dokumentation Einführung (gedruckt)	–	+	+
Dokumentation Einführung (elektronisch)	+	+	+
Dokumentation Java-Einführung (gedruckt)	–	–	–

Tabelle 3.1: Der Lieferumfang in Abhängigkeit der JBuilder Edition

Bestandteil	Foundation	Professional	Enterprise
Dokumentation Java-Einführung (elektronisch)	+	+	+
Dokumentation Anwendungserstellung (gedruckt)	–	–	–
Dokumentation Anwendungserstellung (elektronisch)	+	+	+
Dokumentation Lernprogramme (gedruckt)	–	–	–
Dokumentation Lernprogramme (elektronisch)	+	+	+
Dokumentation Datenbankanwendungen (gedruckt)	–	–	+
Dokumentation Datenbankanwendungen (elektronisch)	+	+	+
Dokumentation JDataStore (gedruckt)	–	–	+
Dokumentation JDataStore (elektronisch)	+	+	+
Dokumentation Webanwendungen (gedruckt)	–	–	+
Dokumentation Webanwendungen (elektronisch)	+	+	+
Dokumentation EJB (gedruckt)	–	–	+
Dokumentation EJB (elektronisch)	+	+	+
JDBC-Treiber	–	+	+
Dokumentation InterBase (gedruckt)	–	–	+
Dokumentation InterBase (gedruckt)	–	–	+
Datenbank JDataStore	–	+	+
Dokumentation JDataStore (gedruckt, deutsch)	–	–	+
Dokumentation JDataStore (elektronisch, deutsch)	–	+	+
Datenbank InterBase 5.6	–	+	+
Java Development Kit 1.3 (Linux: IBM, sonst Sun)	+	+	+
Borland Application Server (BAS, EJB-Laufzeitumgebung)	–	–	+
Dokumentation BAS (gedruckt, englisch)	–	–	+
Dokumentation BAS (elektronisch, englisch)	–	–	+
VisiBroker for Java 4.1 (CORBA-Implementierung)	–	–	+
Dokumentation VisiBroker (gedruckt, englisch)	–	–	+
Dokumentation VisiBroker (elektronisch, englisch)	–	+	+
C++ Builder 5 (für Windows 9x/NT)	–	+	+
Delphi 5 (für Windows 9x/NT)	–	+	+

Tabelle 3.1: Der Lieferumfang in Abhängigkeit der JBuilder Edition (Fortsetzung)

3.4 Einordnung nach Funktionen

Der JBuilder lässt sich logisch in verschiedene Funktionen einteilen, die bei den verschiedenen Editionen unterschiedlich gut ausgeprägt sind.

3.4.1 Integrierte Entwicklungsumgebung

Funktion	Foundation	Professional	Enterprise
Compiler	+	+	+
Debugger	+	+	+
Texteditor	+	+	+
HTML4-, XML-, JavaDoc-Betrachter	+	+	+
HTML-, XML- und CSS2-Struktur-Betrachter	–	+	+
Hilfesystem	+	+	+
Einstellbare Codegenerierung	+	+	+
Menu-Designer	+	+	+
JavaBeans-Designer	+	+	+
Konfigurierbare Symbolleiste	+	+	+
Laufzeitkonfiguration von Projekt-Binaries	–	+	+
Assistent für die Package-Migration	–	+	+
JDK-Switching	–	+	+

Tabelle 3.2: Bestandteile der integrierten Entwicklungsumgebung

3.4.2 Texteditor

Im Bereich des Texteditors gibt es zwischen den Editionen praktisch keine Unterschiede.

Funktion	Foundation	Professional	Enterprise
Codekomplettierung	+	+	+
Syntaxhervorhebung für Java, C/C++ und HTML-Code	I	I	I
Syntaxhervorhebung für XML, WML, IDL, JSP, XSL und CSS	–	+	+
Codeparameter-Tooltips	+	+	+
CUA-Tastaturbelegung	+	+	+
Emacs-Tastaturbelegung	+	+	+
Visual-Studio-Tastaturbelegung	+	+	+
Brief-Tastaturbelegung	+	+	+
Benutzerdefinierte Tastaturbelegung	–	+	+

Tabelle 3.3: Funktion des Texteditors

3.4.3 Debugging

Der JBuilder besitzt einen integrierten Debugger, dessen Leistungsumfang vom einfachen integrierten Debugging bis zum Remote Debugging reicht.

Funktion	Foundation	Professional	Enterprise
Jedes JDK mit JPDA (jedes JDK ≥ 1.3)	+	+	+
Tooltip-Expression Insight	–	+	+
Remote- und Multiplattform-Debugging	–	–	+
Erkennen von Deadlocks	–	–	+
Natives Debugging von JSPs	–	–	+

Tabelle 3.4: Debugging-Funktionen der JBuilder Editionen

3.4.4 Experten

Die im JBuilder eingebauten Experten sind ein- oder mehrstufige Dialoge, die Sie bei der Entwicklung einer Anwendung oder eines Teils davon unterstützen.

Bezeichnung des Experten	Foundation	Professional	Enterprise
Anwendungs-Experte	+	+	+
Applet-Experte	+	+	+
Archiv-Builder	–	+	+
BeanInsight (Dialogfeld BeanInsight – Details)	–	+	+
Datenmodul-Experte	–	+	+
Dialog-Experte	–	+	+
EJB-Entity-Bean-Modeler	–	–	+
Enterprise-JavaBean-Experte	–	–	+
Experte für Beispiel-IDL	–	–	+
Experte für CORBA Client-Interface	–	–	+
Experte für CORBA Server-Interface	–	–	+
Experte für die Implementierung eines Interfaces	–	+	+
Experte für Datenmodul-Anwendung	–	+	+
Experte für die Verwendung eines Datenmoduls	–	+	+
Experte für die Verwendung eines EJB-Test-Clients	–	–	+
Experte für EJB-Gruppen aus Deskriptoren	–	–	+
Experte für EJB-Interfaces	–	–	+
Experte für EJB-Test-Client	–	–	+

Tabelle 3.5: Übersicht über sämtliche 35 JBuilder-Experten

Bezeichnung des Experten	Foundation	Professional	Enterprise
Experte für HTML-CORBA-Client	–	–	+
Experte für JavaServer-Seiten	–	+	+
Experte für leere EJB-Gruppe	–	–	+
Experte für neue Bibliothek	+[1]	+[2]	+
Experte für neues JDK	–	+	+
Experte zum Erstellen einer CORBA-Server-Anwendung	–	–	+
Experte zum Erstellen eines CORBA Client-Interface-Objekts aus einer IDL-Datei	–	–	+
Experte zum Überschreiben von Methoden	–	+	+
Frame-Experte	–	+	+
Interface-Experte	–	+	+
JavaBean-Experte	–	+	+
Klassen-Experte	+	+	+
Panel-Experte	–	+	+
Projekt-Experte	+	+	+
Ressourcen-Experte	–	+	+
Servlet-Experte	–	+	+
Tool zur Package-Migration	–	+	+

Tabelle 3.5: Übersicht über sämtliche 35 JBuilder-Experten (Fortsetzung)

3.5   Einordnung nach Entwicklungsarten

Wie eingangs erwähnt, unterstützt der JBuilder das gesamte Spektrum der Java-Entwicklung. Genauer gesagt, die *Enterprise Edition* deckt dies vollständig ab, bei den anderen Editionen bleiben mehr oder weniger große Lücken.

3.5.1 Entwicklung von Datenbankanwendungen

Funktion	Foundation	Professional	Enterprise
dbSwing JavaBeans	–	+	+
DataExpress-Komponenten	–	+	+
Quelltexte zu DataExpress	–	+	+

Tabelle 3.6: Übersicht über die JBuilder-Funktionen zur DB-Entwicklung

---

1.   In der *Foundation Edition* mit starken Einschränkungen
2.   In der *Professional Edition* mit leichten Einschränkungen

Funktion	Foundation	Professional	Enterprise
JDBC-Datenquellen	–	+	+
Connection Pooling	–	+	+
Visuelles Entwerfen von 2-Tier-Anwendungen	–	+	+
SQL-Builder	–	+	+
JDBC-Explorer	–	+	+
Visueller Entwurf von Datenbanken	–	+	+
Support für SQL 92	–	+	+
JDBC-Monitor	–	+	+
InterBase-Server	–	+	+
SQL-Kommandozeilenwerkzeug JSQL	–	+	+
XML-Servlet zur Erzeugung von XML-Suchergebnissen aus SQL-Anfragen	–	+	+
JDataStore 4-Entwicklerlizenz	–	+	+
JDBC-2.0-Treiber (Type 4)	–	+	+
JDataStore-Explorer	–	+	+
Unterstützung von JTA und verteilten Transaktionen sowie Two-Phase-Commit	–	+	+

Tabelle 3.6: Übersicht über die JBuilder-Funktionen zur DB-Entwicklung (Fortsetzung)

3.5.2 Java-GUI-Entwicklung

Funktion	Foundation	Professional	Enterprise
Anzahl JavaBeans	> 200	> 250	> 300
Quelltext	–	+	+
Beans-Designer	–	+	+
Beans-Insight-Express	–	+	+

Tabelle 3.7: Übersicht über die JBuilder-Funktionen zur Entwicklung von Java-GUIsÜbersicht über die JBuilder-Funktionen zur Entwicklung von Java-GUIs

3.5.3 Webentwicklung

Unterstützung der Servlet API Version 2.2 und JSP 1.1	–	+	+
Unterstützung der JSP API 1.1	–	+	+
Servlet-Plug-ins auswählbar	–	+	+
Tomcat 3.1 (Servlet-Plug-in)	–	+	+

Tabelle 3.8: Übersicht über die JBuilder-Funktionen zur Webentwicklung

	Foundation	Professional	Enterprise
Ausführung von Servlets im integrierten Webserver	–	+	+
Debugging von Servlets im integrierten Webserver	–	+	+
Remote-Debugging von Servlets	–	–	+
Ausführung von JSPs innerhalb des JBuilders	–	–	+
Debugging von JSPs innerhalb des JBuilders	–	–	+
InternetBeans-Express	–	+	+
InternetBeans-Express-Komponenten	–	+	+
Verbindung von Webseiten mit EJBs	–	–	+

Tabelle 3.8: Übersicht über die JBuilder-Funktionen zur Webentwicklung (Fortsetzung)

3.5.4 Entwicklung im Team

Funktion	Foundation	Professional	Enterprise
Integrierter Revisionsbrowser	+	+	+
Differenzbildung zwischen Quelltextversionen	–	+	+
Nahtlose CVS-Integration	–	–	+
SCM-Werkzeuge über OpenTools-API integrierbar	–	–	+
Konfliktbehandlung für die Integration unterschiedlicher Quelltextversionen	–	–	+

Tabelle 3.9: Übersicht über die JBuilder-Funktionen zur Entwicklung im Team

3.5.5 Entwicklung verteilter Anwendungen

Funktion	Foundation	Professional	Enterprise
EJB-Unterstützung (Version 1.1)	–	–	+
EJB-Modeler	–	–	+
Diverse EJB-Experten	–	–	+
CORBA-Unterstützung (Version 2.3)	–	–	+
RMI-über-IIOP- und Java-to-IDL-Mapping	–	–	+
VisiBroker 4.1.1 (CORBA-Implementierung)	–	–	+
Integrierter Java Webserver (Servlets, JSPs)	–	–	+
Unterstützung verteilter Transaktionen	–	–	+
Borland Application Server 4.1.1	–	–	+
Unterstützung für BEA WebLogic	–	–	+
RMI-Unterstützung	–	+	+
Synchronisierung von RMI-Interface und -Implementierung	–	–	+

Tabelle 3.10: Übersicht über die Funktionen zur Entwicklung von verteilten Anwendungen

Funktion	Foundation	Professional	Enterprise
Automatische Erzeugung von Stubs und Skeletons	–	–	+
RMI-Kapselung	–	–	+

Tabelle 3.10: Übersicht über die Funktionen zur Entwicklung von verteilten Anwendungen (Fortsetzung)

Nachdem Sie nun einen guten Überblick über die JBuilder-Editionen bekommen haben müssten, können wir uns im Kapitel 4 den Systemvoraussetzungen, der Installation und Einrichtung des JBuilders zuwenden.

4 Einrichtung des JBuilders

Nachdem Ihnen nun die Bestandteile der einzelnen Editionen durch Kapitel 3 vertraut sind, können wir mit der Einrichtung des JBuilder-Produktpakets für Ihren Computer beginnen. Ich will hierbei in drei Schritten vorgehen:

▷ Systemvoraussetzungen prüfen

▷ Installation vornehmen

▷ Konfiguration durchführen

4.1 Voraussetzungen

4.1.1 Allgemein

Hardware

Für alle Plattformen und alle Produktkomponenten (auch den Application Server, Bestandteil der *Enterprise Edition*) benötigen Sie einen Computer mit folgender Hardwareausstattung:

▷ mindestens 128 MByte Arbeitsspeicher

▷ 115[1] MByte, 150[2] MByte und 250[3] MByte freier Festplattenkapazität

▷ CD-Laufwerk

▷ eine SVGA-Karte und

▷ eine Maus oder ein mausähnliches Zeigegerät wie ein Trackball

Um Ihnen einen Anhaltspunkt für eine sinnvolle Computerausstattung zu geben: Ich verwende unter Linux einen Athlon-PC mit 700 MHz Taktfrequenz und 256 MByte Hauptspeicher. Die Arbeitsgeschwindigkeit ist damit zufrieden stellend.

---

1. Foundation Edition
2. Professional Edition
3. Enterprise Edition

Benutzerrechte & Verzeichnisse

Denken Sie bitte daran, sich *vor der Installation* Schreibrechte für die gewünschten Verzeichnisse der jeweiligen Produkte beim Administrator Ihres Computers geben zu lassen, wenn Sie vorhaben, in global zugängliche Verzeichnisse zu installieren. Das trifft sowohl für Windows als auch für Unix zu. Sofern Sie die *Enterprise Edition* besitzen, ist es am besten, wenn Sie *zwei* Verzeichnisse *vor* dem Start der Installation anlegen, sie dürfen *keinesfalls* Leerzeichen enthalten:

▶ JBuilder-Verzeichnis

▶ AppServer-Verzeichnis

Beispiele:

JBuilder unter Unix, global zugänglich: `usr/local/jbuilder4`

JBuilder unter Unix, anwenderspezifisch: `home/<usr>/jbuilder4`

JBuilder unter Windows NT 4.0: `c:\programme\jbuilder4`

AppServer unter Unix: `usr/local/bas41`

AppServer unter Unix: `opt/borland/bas41`

AppServer unter Windows NT 4.0: `c:\programme\bas41`

Die Beispiele zeigen auch, dass Sie wissen müssen, ob Sie exklusiv mit dem JBuilder auf Ihrem Computer arbeiten oder ihn mit anderen Anwendern Ihres Computers teilen möchten oder müssen. Wenn Sie zum Beispiel mehrere Accounts auf einer Maschine besitzen, kann es sinnvoll sein, den JBuilder unter `usr/local` zu installieren. Ebenso kann es sinnvoll sein, sich für Vorversionen wie dem JBuilder 3 einen anderen Account auf einer Maschine einzurichten, um etwaige Unverträglichkeiten der Versionen auszuschließen.

Unter Windows NT/2000 ist das Konzept von anwenderspezifischen Verzeichnissen etwas anders als unter Unix-Maschinen. Windows trennt globale und benutzerspezifische Einstellungen über Profile, die sich im Windows-Ordner befinden. Diese Einstellungen finden unter anderem im Startmenü von Windows ihren Niederschlag. Bei der plattformübergreifenden JBuilder-Installation kann jedoch nicht festgelegt werden, ob die JBuilder-Gruppe in einem globalen oder benutzerspezifischen Teil des Startmenüs angelegt wird. Daher muss nach der Installation überlegt werden, ob man die Startgruppe manuell in anderes Profil kopiert. Dazu sind Administratorrechte notwendig.

Nachdem diese allgemeinen Voraussetzungen geklärt sind, können wir uns den Systemvoraussetzungen des JBuilders zuwenden.

4.1.2 JBuilder

Für den JBuilder Foundation, Professional und Enterprise sowie das Produkt JData-Store gelten folgende Systemvoraussetzungen:

Linux

JBuilder 4 läuft unter Linux auf Pentium-kompatiblen PCs mit folgender Mindestausstattung:

▶ Pentium-II-kompatibel

▶ 233 MHz Taktfrequenz

Eine der folgenden Distributionen wird vorausgesetzt:

▶ Red Hat Linux ab 6.2

▶ Mandrake 6.x

▶ Caldera Systems OpenLinux 2.3

▶ OpenLinux 2.3

▶ SuSE Linux ab 6.3

▶ TurboLinux 6.0

Außerdem müssen noch folgende Voraussetzungen vorliegen:

▶ X11R6 3.3x von XFree86

▶ GNU C Runtime Library (glibc) Version ab 2.1

▶ Linux Kernel Version ab 2.2.5

Sie sollten in der Regel schon durch die genannten Distributionen erfüllt sein.

Windows

Die Hardware-Voraussetzungen sind identisch mit denen von Linux:

▶ Pentium-II-kompatibel

▶ 233 MHz Taktfrequenz

Folgende Betriebssysteme der Windows-Familie können verwendet werden:

▶ Windows 98

▶ Windows NT ab Service Pack 3

▶ Windows 2000

Solaris

JBuilder 4 unterstützt leider keine x86-Portierungen von Solaris, sondern nur Solaris ab 2.7 auf einer ULTRASparc 2 oder besseren Sparc-Hardware (oder kompatiblen Sparc-Clones). Ferner müssen Sie ein komplettes JDK 1.3 installiert haben und den Suchpfad auf das Bin-Verzeichnis setzen.

4.1.3 Application Server

Für den mit der *Enterprise Edition* ausgelieferten Application Server 4.1.1 (auch kurz AppServer genannt) sind ferner noch folgende Voraussetzungen *vor* der Installation zu erfüllen, die sich von den später aufgeführten Installationsvoraussetzungen der JBuilder Enterprise im Detail unterscheiden:

▶ Komplettes JDK 1.2.2, Build 006 (Windows und Unix) oder JDK 1.3 (nur Windows)

▶ Lizenzschlüssel

▶ Windows NT 4.0 ab SP 3 oder

▶ Windows 2000 oder

▶ Solaris ab 2.6 (besser 2.7)

▶ (Linux)

JDK

Als JDK wird von Borland der Build 006 des Sun-JDK 1.2.2 empfohlen, und ich kann mich hier nur anschließen und vor früheren Versionen ausdrücklich warnen. Zudem ist selbst der Patch 005 »unsupported«. Das JDK 1.3 ist zwar unter »Win32« angegeben. Ich kann es aber zur Zeit für den Gebrauch einer Serveranwendung wie des AppServers nicht empfehlen. Beachten Sie ferner, dass eine Einrichtung des JDK mit Suchpfad auf das Bin-Verzeichnis zwingend ist und dass es nicht ausreicht, nur die JRE zu installieren.

Lizenzschlüssel

Der Lizenzschlüssel für den AppServer 4.1.1 des JBuilder befindet sich nicht im Lieferumfang, er muss separat von Borland angefordert werden. Dazu müssen Sie sich in der Borland Community online registrieren lassen und dort den Lizenzschlüssel Ihres Produktpakets angeben (zur Zeit unter folgender Adresse: *http://www.borland.com/jbuilder/iaskeys*).

Nach einer Befragung über Ihre persönlichen Daten und Ihr Entwicklungsumfeld gelangen Sie zu einem Registrierungsformular (→ Abbildung 4.1), in das Sie die auf der CD-Hülle vermerkte Seriennummer und den Autorisierungsschlüssel eingeben. Ist dies erfolgt, wird der Schlüssel für die momentan unterstützten Betriebssysteme Linux, Solaris und Windows angezeigt.

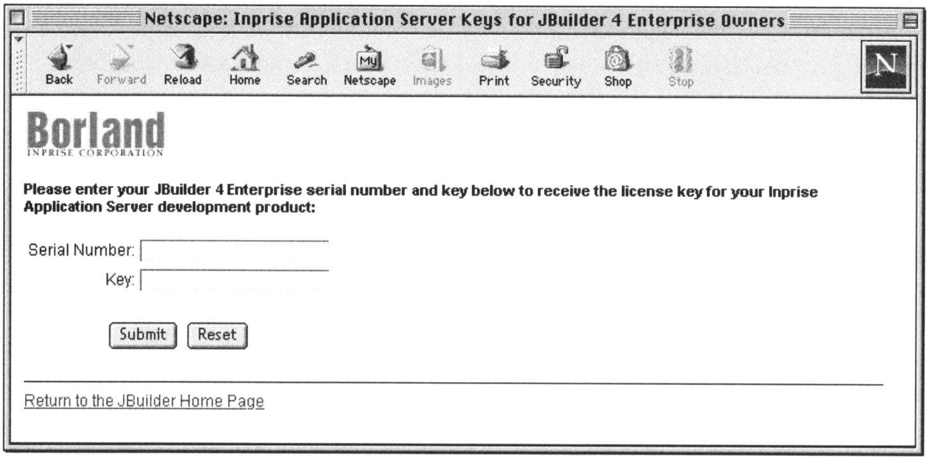

Abbildung 4.1: Die Lizenzschlüssel für den Application Server gibt es nur online

Tipp: Falls es Probleme bei der Durchführung der Registrierung mit dem Internet Explorer geben sollte, versuchen Sie es mit dem Netscape Navigator oder Communicator. Ich habe festgestellt, dass die Registrierung über ein Java-Skript gestartet wird, das vermutlich nicht jeder Browser ausführen kann. Sollte die Registrierung dennoch scheitern oder sollte der Schlüssel ungültig sein, müssen Sie sich an die Borland-Niederlassung in Langen wenden.

Betriebssysteme

Es ist Ihnen sicher aufgefallen, dass die Angabe des Linux-Betriebssystems in Klammern steht. Aus meiner Sicht ist die Freigabe des AppServers für Linux zu früh erfolgt, und ich kann momentan (Oktober 2000) nur abraten, ihn unter diesem System für Produktivzwecke zu installieren, obwohl er sich auf der Enterprise-CD befindet. Die beiden anderen Betriebssysteme werden auch in der Dokumentation erwähnt, während für Linux keine Angaben über die Distribution zu finden waren.

4.2 Installation

JBuilder 4 verfügt mit Ausnahme des Borland Application Servers 4.1.1 für alle JBuilder-Komponenten neuerdings über ein einheitliches Installationsprogramm (→ Abbildung 4.2). Borland hat dieses grafische Setup auf Basis von InstallAnywhere entwickelt.

4.2.1 Allgemein

Basis JDK 1.3 und JDK 1.2.2

Ich hatte im → Kapitel 3 kurz erwähnt, dass der JBuilder und einige seiner Zusatzpro-
gramme wie der JDataStore auf der Java-Laufzeitumgebung basieren. Daher ist es
sinnvoll, dass sich im Lieferumfang des JBuilders 4 für Linux und Windows eine Version des JDK 1.3 befindet, die primär für den JBuilder vorgesehen ist. Dieses brand-
neue JDKs enthält auch die Java Portable Debugging API (JPDA), die zur Fehlersuche
benötigt wird.

Besitzer der *Enterprise Edition* für Unix sollten beachten, dass der mitgelieferte Application Server 4.1.1 und seine Komponenten nicht mit dem für den JBuilder vorgesehenen
JDK 1.3, sondern mit dem JDK 1.2.2 betrieben werden müssen. Dazu zählt auch der
neue VisiBroker 4.1.1. Beide Produkte sind außerdem lizenzrechtlich keine Serverversi-
onen, sondern dienen dazu, verteilte Anwendungen lokal auf dem eigenen Entwick-
lungsrechner zu entwickeln.

Installationsarten

Das Installationsprogramm (→ Abbildung 4.2) bietet je nach Edition maximal vier
Installationsoptionen, um allen unterschiedlichen Benutzergruppen, Einsatzbereichen
und Editionen gerecht zu werden: vollständige, normale, minimale und individuelle
Installation.

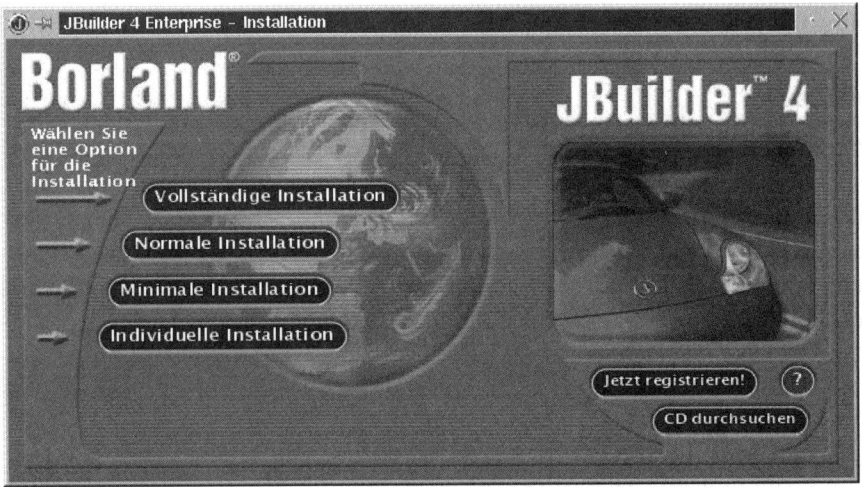

Abbildung 4.2: Für alle Betriebssysteme einheitlich: das neue Installationsprogramm

Vollständige Installation

Hier werden je nach Edition folgende Komponenten installiert:

▷ JBuilder 4 Foundation[1, 2, 3]

▷ JBuilder Professional[2]

▷ JBuilder 4 Enterprise[3]

▷ Dokumentation zu JBuilder 4[1, 2, 3]

▷ Zusätzliche Beispielprogramme zu JBuilder 4[1, 2, 3]

▷ Borland Application Server 4.1.1[3]

Abbildung 4.3: Dialog zur Durchführung einer vollständigen Installation

Bei dieser Installationsart wird ein Dialog (→ Abbildung 4.3) angezeigt, bei dem jedoch keine Auswahl zwischen den verschiedenen Optionen zugelassen wird.

---

1. Foundation Edition
2. Professional Edition
3. Enterprise Edition

Standardinstallation

Hier werden je nach Edition folgende Komponenten installiert:

- ▷ JBuilder 4 Foundation[1, 2, 3]

- ▷ JBuilder 4 Professional[2]

- ▷ JBuilder 4 Enterprise[3]

- ▷ Dokumentation zu JBuilder 4[1, 2, 3]

- ▷ Borland Application Server 4.1.1[3]

Abbildung 4.4: Dialog zur Durchführung einer »normalen« Installation

Auch die »normale« Installation lässt keine Änderungen an den Optionen zu. Die Kontrollkästchen dienen nur dazu, dem Anwender zu zeigen, was auf die Festplatte kopiert wird, bevor die Installation startet.

---

1. Foundation Edition
2. Professional Edition
3. Professional Edition

Minimale Installation

Hier werden je nach Edition folgende Komponenten installiert:

▶ JBuilder 4 Foundation[1, 2, 3]

▶ JBuilder 4 Professional[2]

▶ JBuilder 4 Enterprise[3]

▶ BorlandApplication Server 4.1.1[3]

Abbildung 4.5: Dialog zur Durchführung einer minimalen Installation

Auch hier gibt es keine nachträgliche Möglichkeit, die angezeigten Komponenten zu deaktivieren.

Individuelle Installation

Dies ist meine bevorzugte Installationsvariante, da es die einzige Installationsart ist, bei der man die Produktkomponenten, die im Installationsdialog (→ Abbildung 4.6) angeboten werden, auch einzeln aktivieren kann. Aus diesem Grund empfehle ich Ihnen, diese Installationsart zu wählen, wenn Sie die Installation noch vor dem Kopiervorgang beeinflussen möchten. Standardmäßig sind bei dieser Variante je nach Edition folgende Optionen voreingestellt:

---

1. Foundation Edition
2. Professional Edition
3. Enterprise Edition

▷ JBuilder 4 Foundation[1, 2, 3]

▷ JBuilder 4 Professional[2]

▷ JBuilder 4 Enterprise[3]

▷ Dokumentation zu JBuilder 4[1, 2, 3]

▷ Zusätzliche Beispielprogramme zu JBuilder 4[1, 2, 3]

▷ Borland Application Server 4.1.1[3]

Abbildung 4.6: Die empfehlenswerteste Installationsart: individuelle Installation

4.2.2 Installationsstart

Die eigentliche JBuilder-Entwicklungsumgebung ist trotz der Teilung in verschiedene Editionen ein mehrstufiges Verfahren. Deshalb beschreibe ich im Folgenden die Installation jeder Produktkomponente, wie Sie sie durch die individuelle Installation beeinflussen können, separat. Für den Fall, dass Sie eine Komponente auslassen wollen, überspringen Sie bitte den jeweiligen Abschnitt.

Legen Sie zunächst die CD in das Laufwerk und mounten Sie es gegebenenfalls (Unix-Systeme je nach Einrichtung). Klicken Sie danach auf das Symbol des Installationsprogramms des Betriebssystems, mit dem Sie gerade arbeiten:

1. Foundation Edition
2. Professional Edition
3. Enterprise Edition

Linux: `install_linux`

Solaris: `install_solaris`

Windows: `install_windows.exe`

Unter Windows sehen Sie sofort einen Statusbildschirm (→ Abbildung 4.7), unter Unix-Systemen können Sie die Installation nur am Flackern der Laufwerksleuchte des Computers erkennen, ein Zeichen dafür, dass Dateien in das Temp-Verzeichnis der Festplatte kopiert werden.

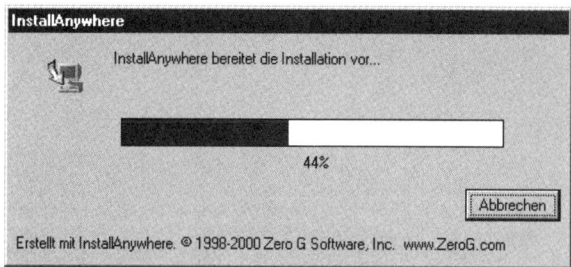

Abbildung 4.7: Wird nur unter Windows angezeigt: Fortschritt der Installationsvorbereitung

Nach diesem Dialog startet je nach Auswahl zunächst die Installation der Foundation Edition (→ Abbildung 4.8)

4.2.3 JBuilder Foundation

Schritt 1: Landessprache auswählen

Wählen Sie Ihre bevorzugte Sprache in der Drop-Down-Listbox und klicken Sie auf OK (→ Abbildung 4.8).

Schritt 2: Installation fortsetzen oder abbrechen

Ein Dialog mit einführenden Informationen zur Installation wird angezeigt. Mit WEITER setzen Sie die Installation fort, mit ABBRECHEN beenden Sie den Vorgang.

Schritt 3: Lizenzvereinbarung zustimmen

Im Anschluss daran wird die Lizenzvereinbarung angezeigt, die Sie wirklich lesen sollten, bevor Sie ihr zustimmen. Erst danach kann der Installationsvorgang mit WEITER fortgesetzt werden.

Abbildung 4.8: JBuilder Foundation: Auswahl der gewünschten Sprache für die Installation

Schritt 4: Installationsordner wählen

Bei diesem Schritt müssen Sie das Verzeichnis auswählen, in das JBuilder 4 installiert werden soll. Die entsprechende Prozedur unterscheidet sich marginal zwischen Unix und Windows.

Unix

Sie sehen in → Abbildung 4.9 die Unix-Variante des Dialogs. Wie schon einführend erwähnt, müssen Sie sich unter einem Unix-System nun entscheiden, ob Sie im Home- oder in einem globalen Verzeichnis installieren wollen. Danach setzen Sie die Installation mit INSTALLIEREN fort.

Windows

Die in → Abbildung 4.10 gezeigte Windows-Variante des Dialogs unterscheidet sich kaum von der vorher abgebildeten Unix-Variante. Sie können hier nur den Pfad setzen; wo die Programmgruppe angelegt wird, ist nicht beeinflussbar. Nach diesen Einstellungen setzen Sie die Installation mit WEITER fort.

4.2.4 JBuilder Professional

Die Installation verläuft exakt so, wie gerade unter dem Abschnitt → 4.2.3 geschildert. Als Vorauswahl des Installationsverzeichnisses wird allerdings der Ordner angegeben, in dem Sie die Foundation Edition installiert haben. Die *Foundation Edition* ist übrigens Voraussetzung für die Installation der *Professional Edition*.

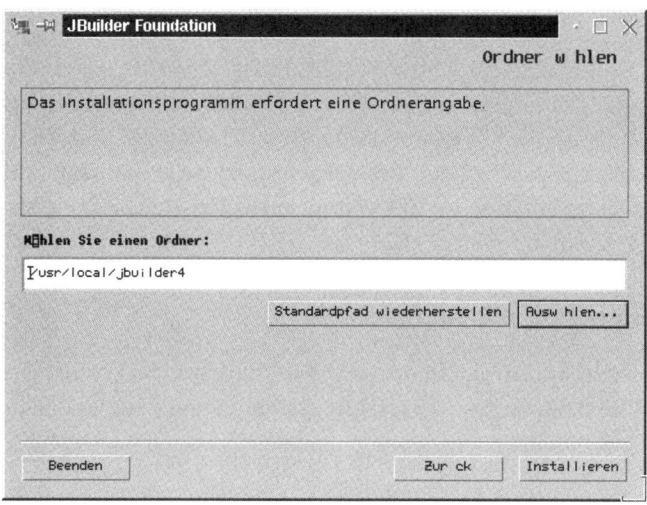

Abbildung 4.9: Auswahl des Installationsverzeichnisses unter Linux

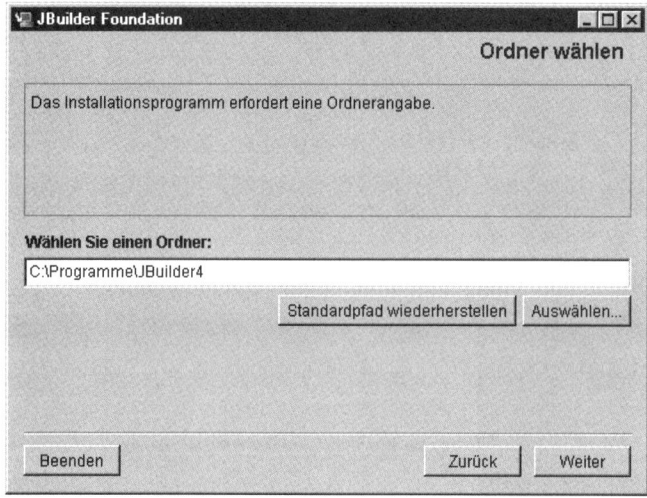

Abbildung 4.10: Ordnerauswahl unter Windows

4.2.5 JBuilder Enterprise

Hier gilt ebenfalls das für die *Professional Edition* Gesagte. Das Installationsverzeichnis wird von der *Foundation Edition* übernommen, die ebenfalls Installationsvoraussetzung der *Enterprise Edition* ist.

4.2.6 JBuilder-Dokumentation

Auch hier ist das Vorgehen analog der Installation des JBuilders. Der Hinweis in der HTML-Dokumentation zur Installation, es gäbe noch eine PDF-Dokumentation auf der CD, stimmt nur für die amerikanische Version der Produkt-CD, die der deutschen *Professional* und *Enterprise Edition* als CD beiliegt. Die dort vorhandene Dokumentation ist in Englisch. Zusätzliche Dokumentation im PDF-Format erhalten Sie auf der Webseite von Borland und auf der Companion-Tools-CD.

4.2.7 Zusätzliche Beispielprogramme zu JBuilder 4

Auch diese Installation vollzieht sich exakt so wie die des JBuilders. Sofern Sie die *Enterprise Edition* besitzen, finden Sie weitere Beispielprogramme unter dem Installationsverzeichnis des AppServers.

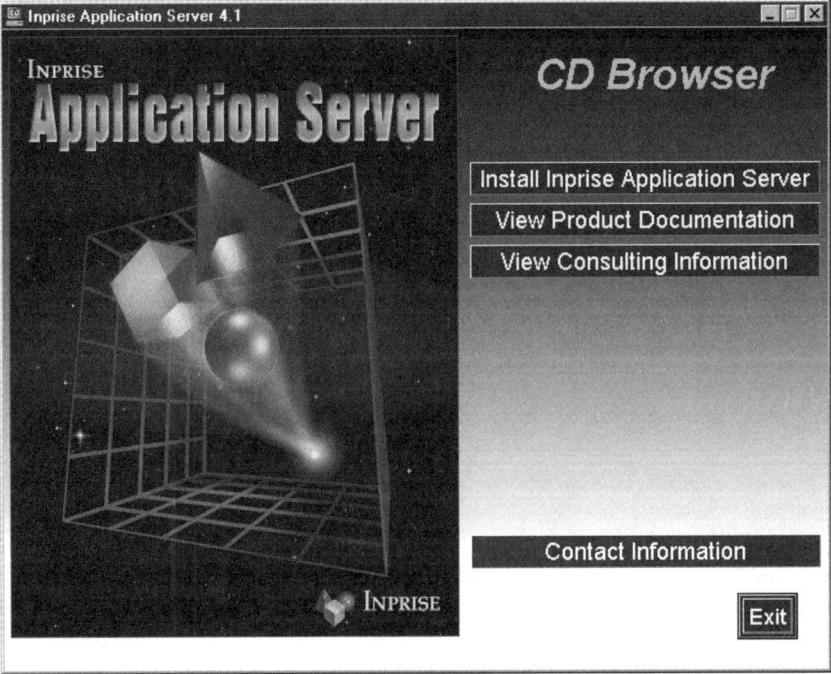

Abbildung 4.11: Nur unter Windows können Sie zu Beginn diverse Optionen wählen

4.2.8 Borland Application Server 4.1.1

Der Borland Application Server[1] ist Bestandteil der *Enterprise Edition* und für die Entwicklung von Enterprise JavaBeans (EJB) und CORBA-Anwendungen erforderlich. Die Installation ist unter Windows und Unix leicht unterschiedlich, da sie offensichtlich nicht aus einer Quelle stammt.

Schritt 1: Lizenzvereinbarung zustimmen

Gleich zu Beginn wird die Lizenzvereinbarung angezeigt, der Sie zustimmen müssen. Erst danach kann der Installationsvorgang mit NEXT fortgesetzt werden.

Schritt 2: Installationsordner wählen

Bei diesem Schritt wählen Sie das Verzeichnis aus, in das der AppServer installiert werden soll. Die entsprechende Prozedur unterscheidet sich wie bei der Installation des Builders marginal zwischen Unix und Windows.

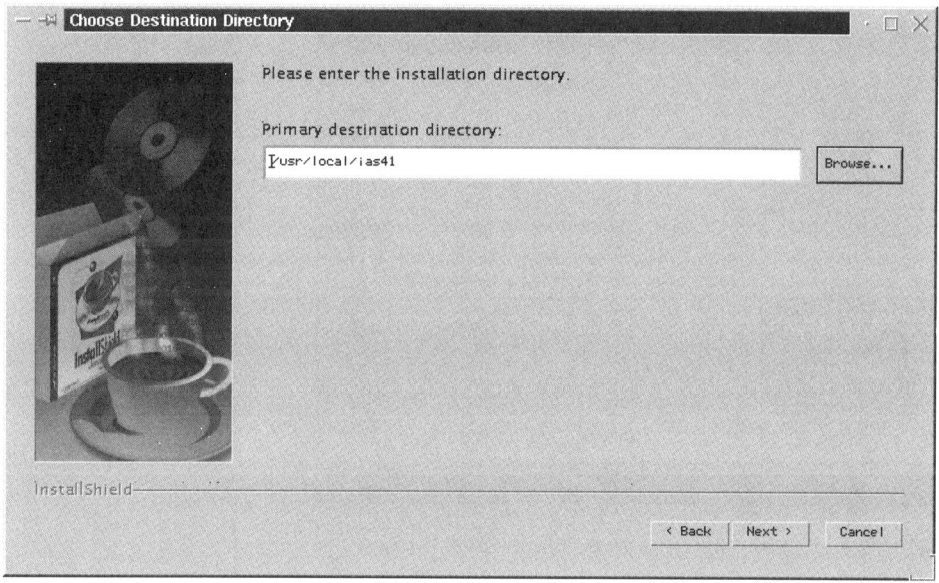

Abbildung 4.12: Setzen des Installationsverzeichnisses unter Linux

---

1. Während der Buchproduktion wurde Borland wieder in Inprise umbenannt und auch der Inprise Application Server in Borland Application Server

Unix

Sie sehen in → Abbildung 4.12 die Unix-Variante des Dialogs zur Auswahl des Installationsverzeichnisses. Wie schon eingangs erwähnt, müssen Sie sich unter einem Unix-
System entscheiden, ob Sie im Home- oder in einem globalen Verzeichnis installieren
wollen. Sie können dabei den Pfad direkt in ein Eingabefeld eintragen und müssen
nicht unbedingt einen weiteren Dialog über BROWSE öffnen. Beachten Sie aber, dass Sie
keine Leerzeichen im Installationsverzeichnis oder Pfad eingeben dürfen. Nach der
Verzeichniswahl setzen Sie die Installation mit NEXT fort.

Windows

Unter Windows ist das Setup noch mit dem InstallShield für Windows geschrieben
worden, weswegen das Erscheinungsbild und die Benutzerführung leicht von der
Unix-Variante abweichen. Hier wird Ihnen der Pfad C:\Borland\AppServer angeboten,
und dieser kann nur über einen Auswahldialog geändert werden, den Sie über BROWSE
aufrufen. Es dürfen auch hier keine Leerzeichen im Installationsverzeichnis oder Pfad
vorhanden sein.

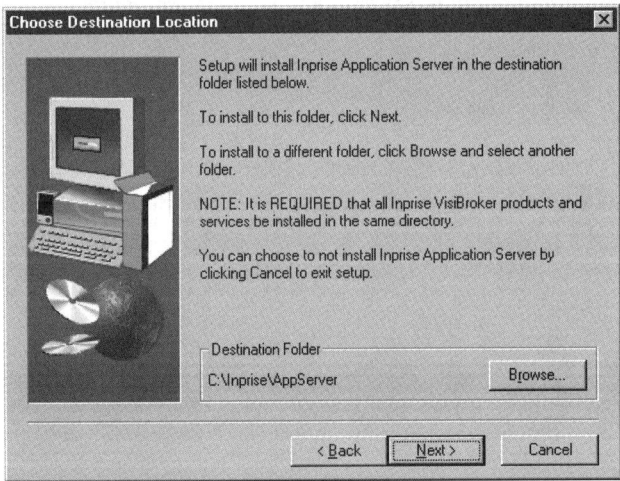

Abbildung 4.13: Setzen des Installationsverzeichnisses unter Windows

Schritt 3: VisiBroker konfigurieren

Integraler Bestandteil des AppServer 4.1.1 ist die CORBA-Implementierung VisiBroker
4.1.1. Sie wird mit diesem Installationsschritt konfiguriert, wobei nur die Beschriftungen der Dialoge unter Unix und Windows geringfügig abweichen. Sie müssen lediglich den Port für den OS-Agent übernehmen oder ändern und den Pfad für das

Administrationsverzeichnis übernehmen. Der Port für den OS-Agent kann übrigens nachträglich wieder in der AppServer-Konsole geändert werden (FILE | PREFERENCES).

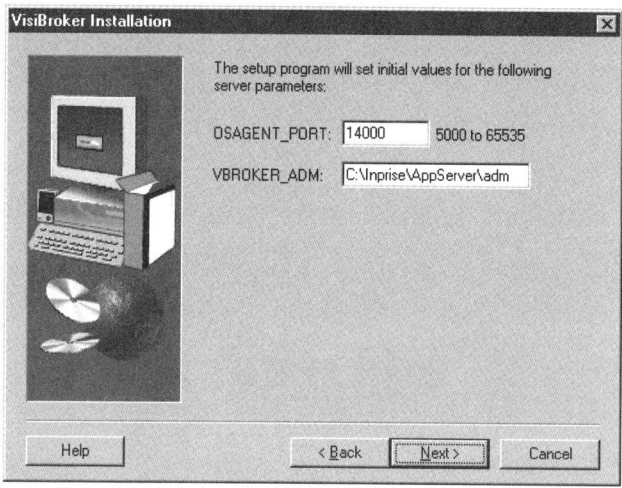

Abbildung 4.14: Auswahl von Port und Admin-Verzeichnis

Schritt 4: Servernamen festlegen und Installation auslösen

Nach der Wahl des Servernamens (→ Abbildung 4.15) wird die Installation durch einen Klick auf die Schaltfläche INSTALL unter Unix ausgelöst beziehungsweise unter Windows mit NEXT fortgeführt. Die weiteren zwei Schritte betreffen nur Windows-Installationen.

Schritt 5: Programmgruppe auswählen

Sie können hier die Bezeichnung der Programmgruppe für den AppServer auswählen.

Schritt 6: Installation auslösen

Mit diesem letzten Windows-Dialog START COPYING FILES lösen Sie die Installation aus.

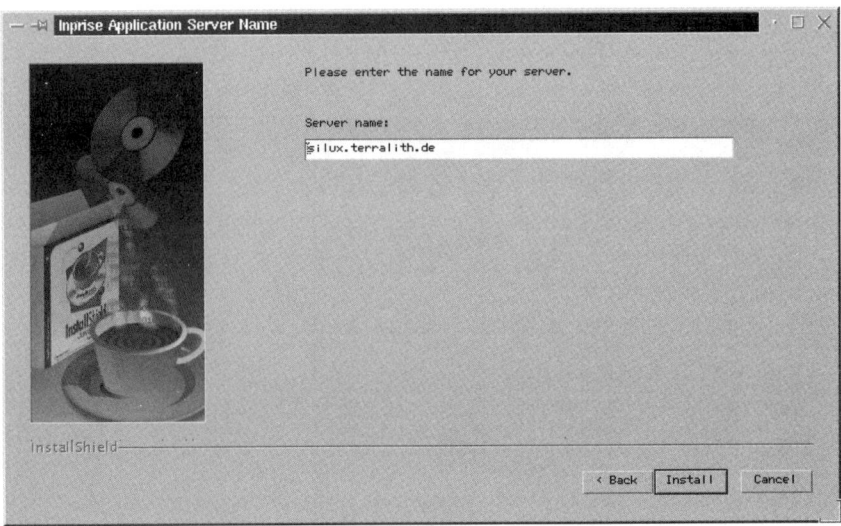

Abbildung 4.15: Festlegen des Servernamens unter Linux

4.2.9 Installationsabschluss

Nach der Installation des JBuilder-Produktpakets erscheinen vier Symbole unter Unix-Systemen auf dem Desktop (→ Abbildung 4.16).

Abbildung 4.16: Symbole für den Start des JBuilders und seiner Werkzeuge

Unter Windows-Betriebssystemen wurde hingegen eine Programmgruppe für den JBuilder und für den AppServer im Startmenü angelegt (→ Abbildung 4.17).

Abbildung 4.17: Die Programmgruppe des JBuilders unter Windows

4.3   Probleme bei der Installation

Das in → Abbildung 4.2 gezeigte Startprogramm ist nur eine Art Batchprogramm oder Shellskript mit grafischer Oberfläche für die einzelnen Installationsprogramme der Komponenten. Falls dieses grafische Setup scheitern sollte, können Sie jede Komponente auch separat über die grafische Oberfläche Ihres Betriebssystems oder besser über eine Konsole (MS-DOS-Eingabeaufforderung, Terminalfenster) installieren. Gerade durch den Start in einer Konsole erkennen Sie viel leichter, was nun effektiv fehlgeschlagen ist. Zum Start der einzelnen Installationsprogramme ist allerdings die Reihenfolge bei der Installation der JBuilder-Komponenten wichtig:

Linux

1. `linux_sol/fnd_linux_install.bin` (Teil 1 JBuilder Enterprise, Foundation)

2. `linux_sol/ent_install.bin` (Teil 2 JBuilder Enterprise Edition)

3. `linux_sol/doc_install.bin` (Dokumentation, optional)

4. `linux_sol/smp_install.bin` (Beispiele, optional)

5. `ias/install/ias/redhat6_1/setup` (Application Server)

Solaris

1. `linux_sol/fnd_solaris_install.bin` (Teil 1 JBuilder Enterprise, Foundation)

2. `linux_sol/ent_install.bin` (Teil 2 JBuilder Enterprise Edition)

3. `linux_sol/doc_install.bin` (Dokumentation, optional)

4. `linux_sol/smp_install.bin` (Beispiele, optional)

5. `ias/install/ias/sun5_5_sparc/setup` (Application Server)

Windows

1. `windows\fnd_install.exe` (Teil 1 JBuilder Enterprise, Foundation)

2. `windows\ent_install.exe` (Teil 2 JBuilder Enterprise Edition)

3. `windows\doc_install.exe` (Dokumentation, optional)

4. `windows\smp_install.exe` (Beispiele, optional)

5. `ias\install\ias\Windows_NT_x86\setup.exe` (Application Server)

4.4 Konfiguration

4.4.1 Lizenzschlüssel eingeben

JBuilder

Damit Sie den JBuilder verwenden können, ist die Eingabe der Seriennummer und des Autorisierungsschlüssels nach dem ersten Start erforderlich. Dazu dient der Lizenzmanager, der erscheint, wenn Sie versuchen, den JBuilder ohne die Eingabe der Lizenzdaten zu starten (→ Abbildung 4.18).

Fügen Sie Ihren Namen und Ihre Firma in die entsprechenden Felder des Lizenzmanagers ein und klicken Sie danach auf die Schaltfläche HINZUFÜGEN. Im Dialog LIZENZ EINGEBEN können Sie nun die Seriennummer und den Schlüssel eintragen, der auf der CD-Verpackung des JBuilder 4 aufgedruckt ist. Nach der Eingabe dieser Daten sollte der JBuilder starten.

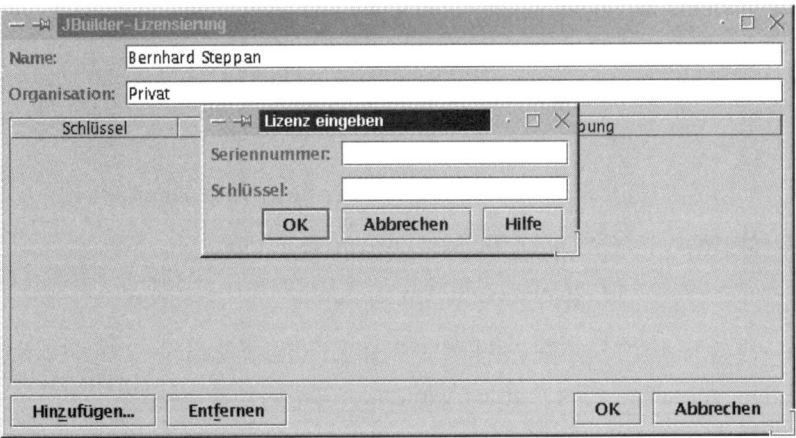

Abbildung 4.18: Eingabe von Seriennummer und Autorisierungsschlüssel

JDataStore

Sofern Sie über eine Professional- oder Enterprise-Lizenz verfügen und mit der lokalen Datenbank JDataStore arbeiten wollen, müssen Sie hierfür ebenfalls noch einen Lizenzeintrag vornehmen. Die Kenndaten finden Sie allerdings nicht wie beim JBuilder auf der Produktverpackung oder beim AppServer im Internet, sondern verwirrenderweise im Setup-Unterverzeichnis der Installations-CD. Dort befinden sich drei Dateien, die alle mit dem Namen *Setup* beginnen. In ihnen gibt es einen Abschnitt *JDataStore 4 ausführen*, der Seriennummer und Schlüssel enthält.

4.4.2 Pfad zum Solaris-JDK eintragen

Wie unter den Systemvoraussetzungen eingangs erwähnt, wird bei der Solaris-Version des JBuilders 4 kein JDK mitgeliefert. Aus diesem Grund ist auch dem Installationsprogramm dessen Speicherort unbekannt und muss dem JBuilder vor dem Start mitgeteilt werden. Dazu wechseln Sie in das Bin-Verzeichnis des JBuilders und tragen in der Datei jdk.config Folgendes ein:

```
javapath <jdk1.3>/bin/java
addpath <jdk1.3>/lib/tools.jar
```

Listing 4.1: Pfade für das Solaris-JDK setzen

Die Angaben in gespitzten Klammern müssen hierbei dem absoluten Installationspfad entsprechen.

4.4.3 JDBC-Treiber

Schritt 1: JBuilder starten

Klicken Sie auf das Desktop-Symbol des JBuilders oder starten Sie als Windows-Anwender den JBuilder über das Startmenü.

Schritt 2: JDBC-Treiber installieren

Installieren Sie den gewünschten JDBC-Treiber (IBM, Merant, Oracle, Sybase etc.) anhand der Herstellerinformationen.

Schritt 3: Enterprise-Setup aufrufen

Rufen Sie danach durch TOOLS | ENTERPRISE-SETUP das Enterprise-Setup auf (→ Abbildung 4.19). Klicken Sie auf das Register DATENBANK-TREIBER, um zur Seite mit der Auswahl des JDBC-Treibers zu gelangen.

Schritt 4: Bibliotheksdatei zusammenstellen

Klicken Sie nun auf HINZUFÜGEN und danach auf NEU. Daraufhin wird der Bibliotheksexperte aufgerufen (→ Abbildung 4.20), der aus den Treiberklassen des Herstellers eine neue Bibliotheksdatei zusammenstellt (*.jar).

Schritt 5: Bibliotheksnamen vergeben

Geben Sie der neuen Bibliothek einen Namen, wählen Sie einen Speicherort für die Archivdatei und schließen Sie den Dialog mit OK.

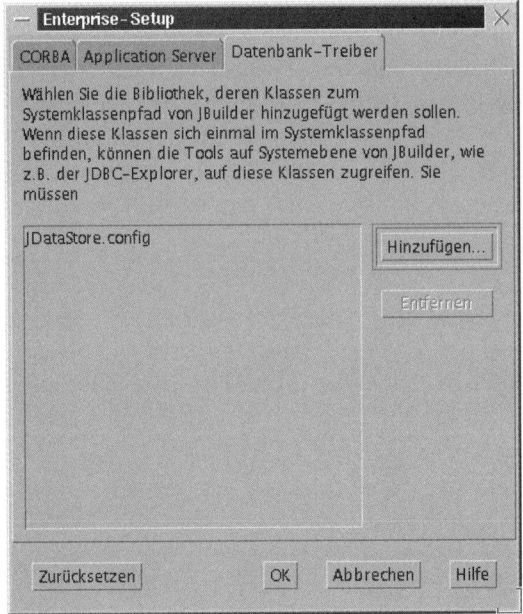

Abbildung 4.19: Über das Enterprise-Setup wird der JDBC-Treiber konfiguriert

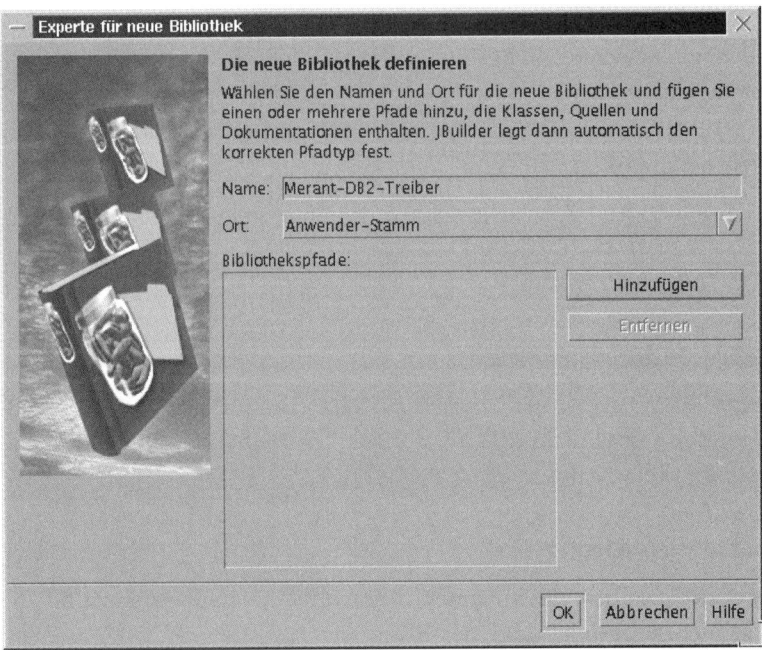

Abbildung 4.20: Der Bibliotheksexperte stellt eine neue Bibliothek zusammen

Schritt 6: Bibliothek hinzufügen

Klicken Sie nun im Enterprise-Setup auf die Schaltfläche HINZUFÜGEN und wählen Sie die gerade erstellte Archivdatei aus. Die Bibliothek sollte sich nach dem Schließen des Auswahldialogs jetzt in der Bibliotheksliste des Enterprise-Setups befinden.

Schritt 6: Config-Datei auswählen

Wählen Sie nun die Config-Datei aus, die sich in der Liste befindet, und schließen Sie das Enterprise-Setup.

Schritt 7: JBuilder neu starten

Beenden und starten Sie nun den JBuilder erneut, damit die Änderungen wirksam werden und sich der neue Treiber im Klassenpfad des JBuilders befindet.

4.4.4 CORBA

Die Einrichtung des JBuilder für CORBA betrifft nur die *Enterprise Edition*.

Schritt 1: JBuilder starten

Klicken Sie auf das Desktop-Symbol des JBuilders oder starten Sie als Windows-Anwender den JBuilder über das Startmenü.

Schritt 2: Enterprise-Setup aufrufen

Rufen Sie danach durch TOOLS | ENTERPRISE-SETUP das Enterprise-Setup auf (→ Abbildung 4.21). In der Gruppe KONFIGURATION WÄHLEN sollte noch keine Konfiguration gesetzt sein.

Schritt 3: CORBA-Konfiguration festlegen

Sie wählen danach einen ORB Ihrer Wahl aus. Für den Fall des mitgelieferten VisiBroker brauchen Sie lediglich auf VISIBROKER zu klicken, um ihn zu aktivieren. Sollten Sie einen anderen als die unterstützten ORBs besitzen, können Sie auch einen neuen ORB konfigurieren.

4.4.5 Application Server

Der Application Server wird dem JBuilder ebenfalls über das Enterprise-Setup bekannt gemacht. Hier ist es möglich, sowohl den gerade installierten Borland Application Server als auch BEAs WebLogic einzurichten. Die Unterstützung des WebLogic AppServers ist eine der Neuerungen des JBuilders 4.

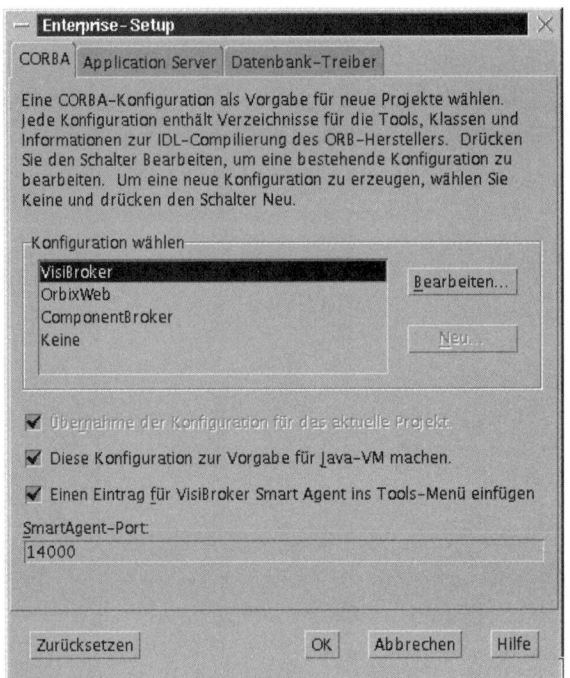

Abbildung 4.21: Das Enterprise-Setup für CORBA

Schritt 1: JBuilder starten

Klicken Sie auf das Desktop-Symbol des JBuilders oder starten Sie als Windows-Anwender den JBuilder über das Startmenü.

Schritt 2: Enterprise-Setup aufrufen

Rufen Sie danach durch TOOLS | ENTERPRISE-SETUP das Enterprise-Setup auf (→ Abbildung 4.21).

Schritt 3: Pfad eingeben

Klicken Sie auf das Register APPLICATION SERVER und danach auf IAS 4.1. Setzen Sie den Pfad zum Application Server und schalten Sie gegebenenfalls die Integration über das Kontrollfeld INTEGRATION AKTIVIEREN ein.

4.4.6 Concurrent Version System

Das Concurrent Version System ist Freeware und wird nur von der *Enterprise Edition* des JBuilders direkt unterstützt. Es ist Bestandteil des Lieferumfangs der *Enterprise Edition*. Sie müssen es aber separat installieren.

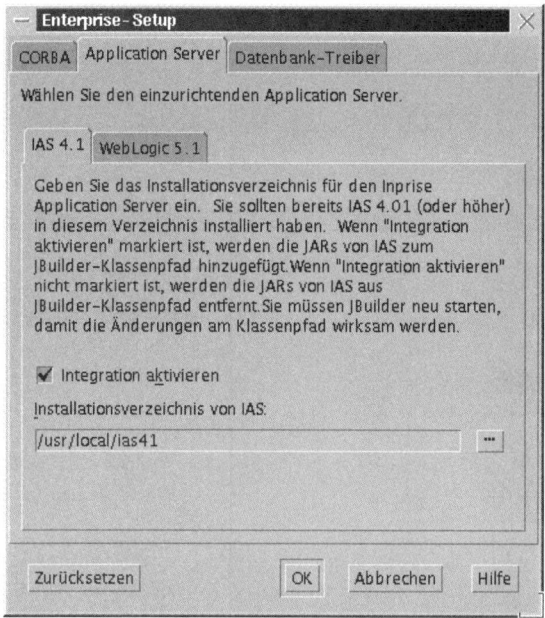

Abbildung 4.22: Konfiguration des AppServers

Falls dies nicht schon erfolgt ist, können Sie es von der Companion-Tools-CD im Unterverzeichnis `cvs` installieren. Hier liegen Pakete für Linux, Solaris und Windows NT bereit (→ Abbildung 4.23).

Im Folgenden schildere ich Ihnen die Installation für Red Hat Linux, für die anderen Systeme verläuft diese im Prinzip analog. Es ist im Grunde nur die Frage, wie die verschiedenen komprimierten Datenformate auf die entsprechenden Computer gelangen.

Schritt 1: Planen Sie die Installation

Folgende Fragen sind vor der Installation zu klären:

▶ Arbeit Sie im Team oder allein?

▶ Wollen Sie auf einem Server installieren oder auf einer lokalen Maschine?

Wenn Sie Ihre Arbeitsergebnisse mit mehreren anderen Entwicklern im Team teilen müssen, kommt nur eine Serverinstallation in Frage. Arbeiten Sie allein, sichern aber Ihre Daten im Netz, ist es ebenfalls vorteilhaft, CVS auf einem Server zu installieren. Arbeiten Sie allein, sichern Ihre Dateien hingegen nicht auf einem Netzwerk, können Sie CVS auch lokal auf der Maschine installieren, auf der auch der JBuilder läuft.

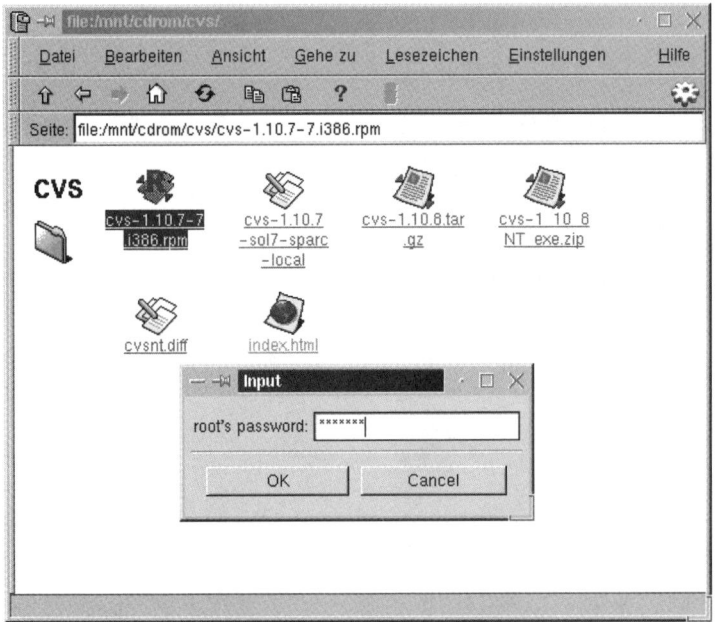

Abbildung 4.23: Vom Unterverzeichnis CVS aus wird die Installation gestartet

Schritt 2: Package-Manager aufrufen

Nach dieser Grundsatzentscheidung legen Sie die Companion-Tools-CD in den Zielcomputer ein und klicken Sie im Unterverzeichnis cvs auf das Paket cvs-1.10.7-
7i386.rpm. Sofern Sie als normaler Anwender eingeloggt sind, werden Sie nach dem
Root-Passwort gefragt. Ist dieses korrekt eingegeben, startet der Package-Manager von
Linux (→ Abbildung 4.24).

Schritt 2: Optionen setzen

Sofern Sie schon eine ältere Version des CVS installiert haben, wird das Kontrollfeld
UPGRADE vorbelegt sein. Sie können sich neben dieser Option entschließen, Dateien
und Packages zu ersetzen, Abhängigkeiten prüfen zu lassen oder nur einen Test durchzuführen, der nichts installieren wird.

Sofern Sie eine neuere Version installieren oder noch nicht installiert haben, können Sie
die Optionen REPLACE FILES, REPLACE PACKAGES aktivieren. Auf jeden Fall sollte noch
die Option CHECK DEPENDENCIES eingeschaltet werden.

Nach der Installation zeigt der Package-Manager die installierten Dateien und ihren
Ort an (→ Abbildung 4.25). Jetzt muss das CVS-Repository eingerichtet werden.

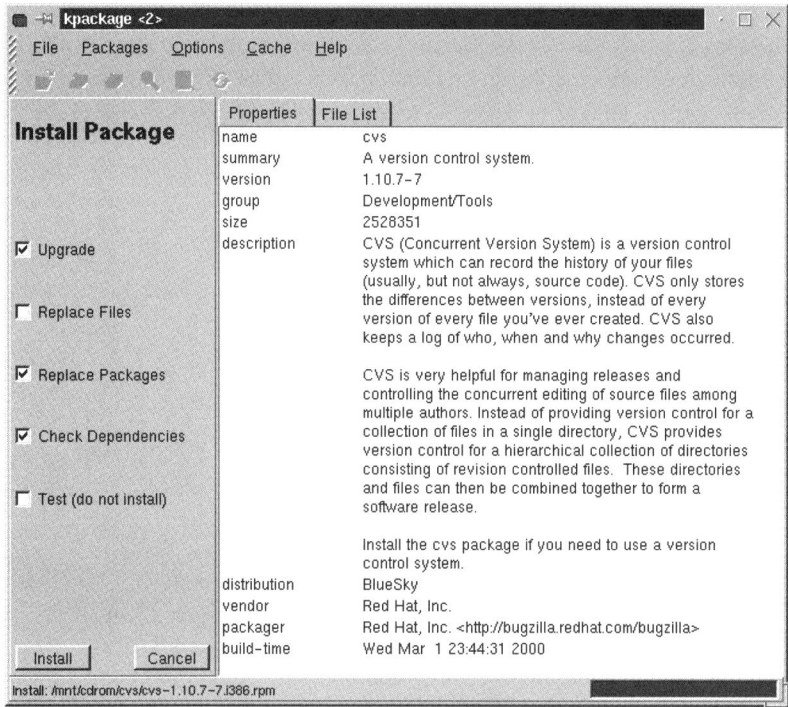

Abbildung 4.24: Der Package-Manager erlaubt eine problemlose Installation von CVS

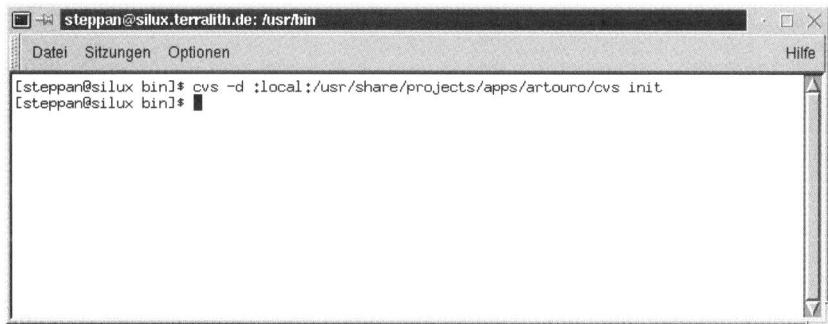

Abbildung 4.25: Einrichten eines Repositories

Schritt 3: CVS-Repository einrichten

Um in CVS Dateien speichern zu können, benötigen Sie ein Repository. Ein Repository verhält sich so ähnlich wie eine Datenbank. Einige Versionskontrollwerkzeuge verwenden sogar eine Unternehmensdatenbank wie Informix, um ihre Daten zu speichern.

Um das Repository anzulegen, geben Sie im CVS-Verzeichnis `cvs -d:local:<Zielver-zeichnis>` an. Lassen Sie sich vorher die Rechte von Ihrem Administrator geben, in dem Zielverzeichnis neue Dateien anlegen zu können. Nach diesem Schritt können Sie den JBuilder 4 so einrichten, dass er vollständig teamfähig wird.

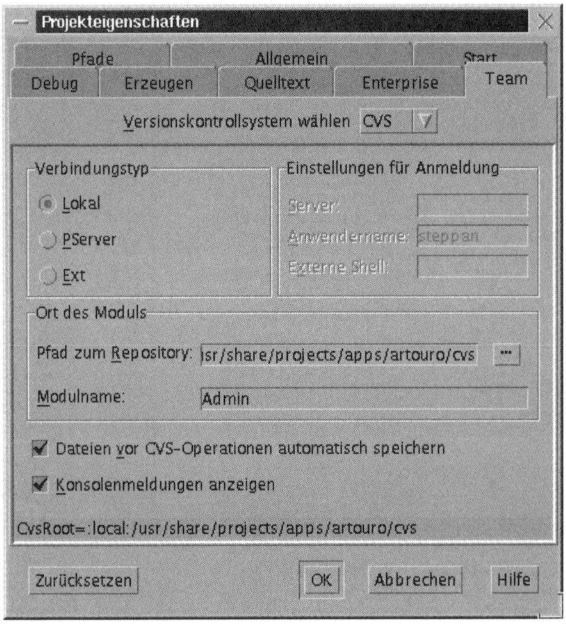

Projekteigenschaften

Pfade   Allgemein   Start
Debug   Erzeugen   Quelltext   Enterprise   Team

Versionskontrollsystem wählen CVS

Verbindungstyp
- Lokal
- PServer
- Ext

Einstellungen für Anmeldung
Server:
Anwendername: steppan
Externe Shell:

Ort des Moduls
Pfad zum Repository: usr/share/projects/apps/artouro/cvs
Modulname: Admin

☑ Dateien vor CVS-Operationen automatisch speichern
☑ Konsolenmeldungen anzeigen

CvsRoot=:local:/usr/share/projects/apps/artouro/cvs

Zurücksetzen   OK   Abbrechen   Hilfe

Abbildung 4.26: Projekteigenschaften setzen

Schritt 4: JBuilder einrichten

Über PROJEKT | VORGABEEIGENSCHAFTEN legen Sie die Einstellungen für folgende Projekte fest. Klicken Sie auf das Register TEAM und wählen Sie Folgendes aus:

▶ Versionskontrollsystem: CVS

▶ Verbindungstyp (je nach Installation des CVS)

▶ Pfad zum Repository

▶ Modulname

Danach können Sie diese generischen Vorgabeeigenschaften als Basis für ein konkretes Projekt verwenden. Sofern Sie sich für eine gemeinsame Datenbasis für alle Ihre Projekte entscheiden, brauchen Sie für nachfolgende Projekt nichts zu ändern.

Danach ist die Einrichtung des JBuilders beendet, und wir können uns im nächsten Kapitel einen Überblick über die integrierte Entwicklungsumgebung verschaffen.

5   Integrierte Entwicklungsumgebung

Dieses Kapitel beschreibt die *integrierte Entwicklungsumgebung* des JBuilders 4, im Folgenden kurz *IDE* (Integrated Development Environment) genannt. Die integrierte Entwicklungsumgebung bekam ihren Namen, weil sie verschiedene Entwicklungswerkzeuge und Funktionen zu einer einheitlichen Umgebung zusammenfasst. Diese Integration ist von unterschiedlicher Art: Während beispielsweise Projektverwaltung, Editor, Compiler und Debugger nahtlos eingebettet sind, werden für einige andere Funktionen externe Programme aufgerufen (→ Abbildung 5.1).

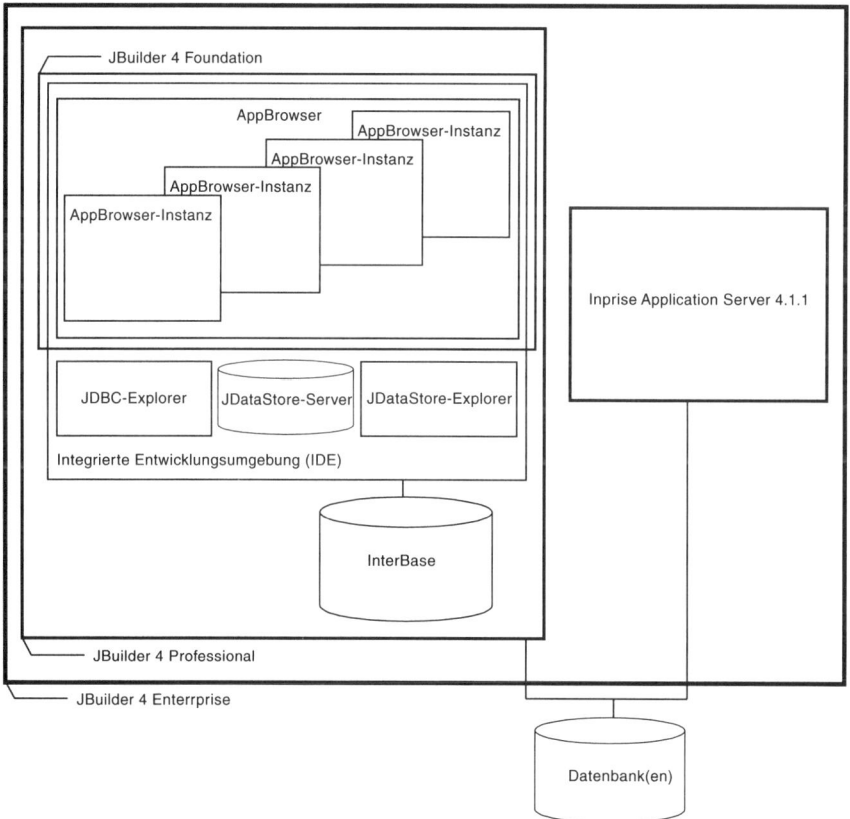

Abbildung 5.1: Überblick über die JBuilder-IDE und die externen Werkzeuge

Die IDE stellt sich dem Anwender als ein oder mehrere Fenster mit mehreren Arbeitsmodi und -ansichten dar (→ Abbildung 5.2). Diese Fenster nennen sich *AppBrowser*. In ihm beziehungsweise in ihnen lassen sich die meisten Funktionen des JBuilders über eine gemeinsame, einheitliche Oberfläche ausführen.

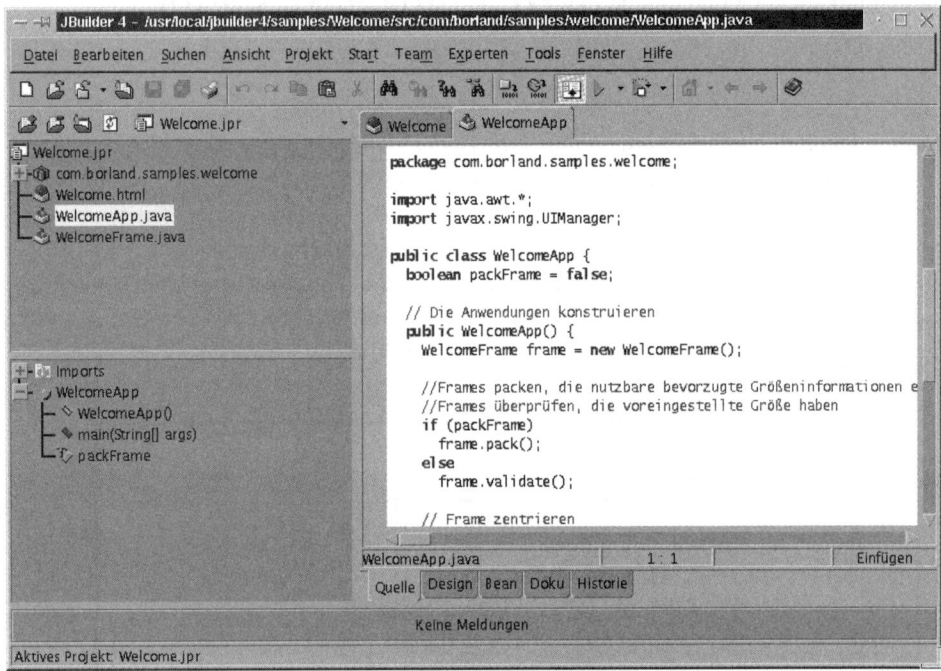

Abbildung 5.2: Der AppBrowser nach dem ersten Start mit dem Projekt »Welcome«

Normalerweise werden Sie mit nur einem AppBrowser-Fenster (einer AppBrowser-Instanz) arbeiten, aber bei Bedarf können Sie auch mehrere Instanzen des AppBrowsers starten, um zum Beispiel verschiedene Projekte parallel einzusehen oder zu bearbeiten (→ Fenster | Neuer Browser, Seite 212).

5.1 Übersicht

Der AppBrowser besitzt zwei verschiedene Arbeitsmodi, den *Editor-* und den *Debugger-Modus*. Beiden Modi sind folgende Oberflächenelemente gemeinsam:

Oberflächenelemente	Beschreibung
Menüleiste	In der Menüleiste befinden sich die Mehrzahl der Menüs des JBuilders. Hier finden Sie die meisten der JBuilder-Befehle.
Kontextmenüs	Neben der Menüleiste existieren noch viele Kontextmenüs. Sie sind verborgen und werden über einen Rechtsklick auf ein Objekt aktiviert.
Hauptsymbolleiste	Die Hauptsymbolleiste bietet einen Schnellzugriff auf eine Untermenge der Befehle, die Sie in den Menüs der Menüleiste finden.
Projektfenster	Dieses Fenster besteht aus der Projektsymbolleiste und dem Projektstrukturbaum. Über die Projektleiste schalten Sie zwischen den Projekten um und fügen Dateien ein bzw. entfernen sie wieder. Die Baumansicht zeigt die Struktur des Projekts.
Strukturfenster (Datei und GUI)	Die Struktur einer Datei oder einer GUI entnehmen Sie diesem Fenster.
Inhaltsfenster	Das Inhaltsfenster zeigt den Inhalt einer Datei an.
Meldungsfenster	Meldungen des JBuilders werden in diesem Fenster angezeigt.
Statusleisten	Die verschiedenen Statusleisten informieren über die verschiedenen Stati eines Projekts oder Ablaufs.

Tabelle 5.1: Bestandteile des AppBrowsers

Neben vielen verborgenen Kontextmenüs ist die Menüleiste der Schlüssel zu den meisten Funktionen des JBuilders. Die wichtigsten Befehle befinden sich für den Schnellzugriff auch in der Haupt- und Projektsymbolleiste (→ 5.4 Hauptsymbolleiste, Seite 216; → 5.5.1 Projektsymbolleiste, Seite 220).

Im linken Teilbereich des AppBrowsers sind die verschiedenen Strukturfenster (für Projekt- und Dateistrukturen) versammelt, während den rechten Teil das Inhaltsfenster (geöffnete Dateien und deren verschiedene Ansichten) dominiert. Der untere Teil des AppBrowsers ist dem Meldungsfenster und den Statusleisten sowie – in dem Debugger-Modus – dem Debugger (Programmtest) vorbehalten.

Die angezeigten Informationen des Inhaltsfensters sind kontextabhängig, das heißt, es wechselt je nach gewähltem Kontext sein Erscheinungsbild. Es verfügt über eine Reihe von Registern oberhalb und unterhalb des Fensterrahmens. Sie können damit zwischen unterschiedlichen Dateien, Ansichten und Bearbeitungsmodi wechseln.

5.1.1 Editormodus

Der Editormodus dient dazu, Programme visuell zu entwerfen. Dieser Modus besitzt – je nach Datei, die sich im Editor befindet – maximal sieben verschiedene Hauptansichten:

Ansicht	Beschreibung
Quelltext	Den Quelltext der geöffneten Datei zeigt diese Ansicht an (HTML, Java, JSP etc.).
Design	Sofern Ihre Datei Designelemente enthält, lassen sie sich mit Hilfe der Designansicht visualisieren.
Bean	Die Bean-Ansicht dient zum Designen von JavaBeans und Enterprise JavaBeans. Diese Ansicht ist in der Foundation Edition schreibgeschützt.
Doku	Sofern eine API-Dokumentation der geladenen Klasse vorliegt, wird sie in diesem Fenster angezeigt.
Historie	Diese Ansicht zeigt die Historie der Datei an. Die Funktionen hängen hierbei von der JBuilder-Edition ab.
Ansicht	Diese Ansicht stellt HTML- oder Bilddateien dar.
Webansicht	Die Webansicht zeigt das Aussehen einer Webdatei wie zum Beispiel einer JSP, eines Servlets etc. an. Diese Funktion ist nur in der *Professional* und *Enterprise Edition* verfügbar.

Tabelle 5.2: Die verschiedenen Ansichten des AppBrowsers

Zwischen diesen verschiedenen Ansichten schalten Sie mit Hilfe der Ansichtsregister
(→ Abbildung 5.3) um.

Quelle

In der Quelltextansicht (Register QUELLE) lassen sich ASCII-Dateien wie HTML-, Java-
und JavaServer-Pages-Quelltexte textuell bearbeiten. Hier ist die Arbeitsfläche zwischen den Strukturfenstern (links) und dem Editorfenster (rechts) zweigeteilt
(→ Abbildung 5.3).

Design

Die Designansicht dient dazu, Programmoberflächen (Servlet- und Java-Oberflächen)
visuell zu entwerfen oder zu betrachten. In dieser Ansicht ist die Arbeitsfläche zwischen den Strukturfenstern (links) und dem UI-Designer (rechts) wieder zweigeteilt
(→ Abbildung 5.4).

Der UI-Designer besteht wiederum aus drei Bestandteilen, deren Bedeutung Sie
→ Tabelle 5.3 entnehmen können.

Dateiregister

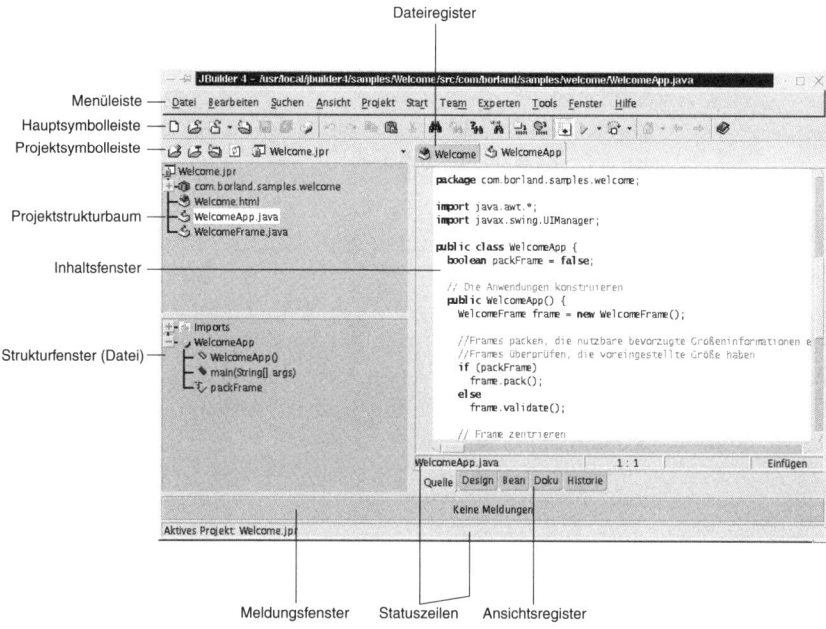

Abbildung 5.3: Die Quelltextansicht im Editormodus des AppBrowsers

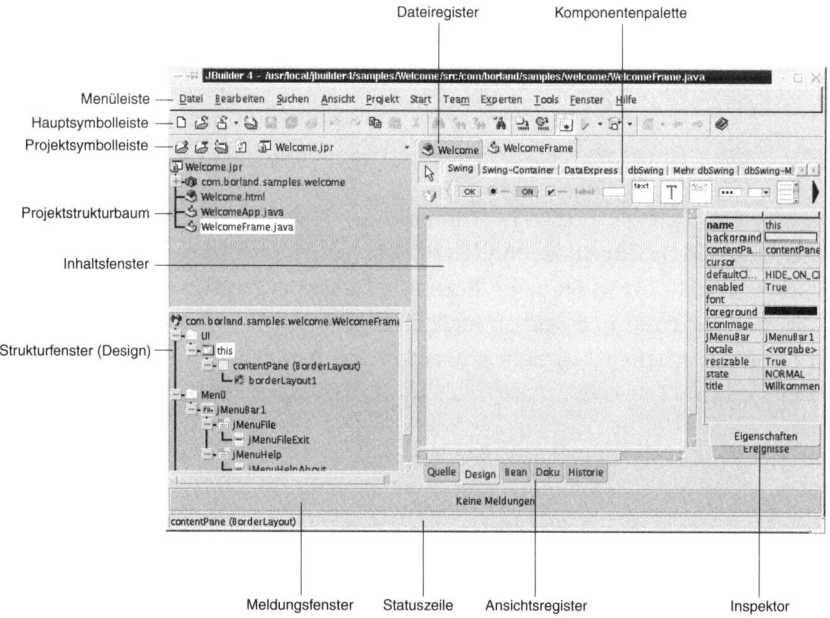

Abbildung 5.4: Die Ansicht im Editormodus des AppBrowsers

Oberflächenelemente	Beschreibung
Inhaltsfenster	Das Inhaltsfenster zeigt die Benutzerschnittstelle einer Datei mit GUI-Anteilen an.
Komponentenpalette	Die Komponentenpalette enthält GUI-Komponenten für die Gestaltung von Java- und HTML-Oberflächen.
Inspektor	Mit dem Inspektor prüfen Sie die Eigenschaften der GUI-Komponenten und bearbeiten sie.

Tabelle 5.3: Bestandteile des UI-Designers

Durch einen Mausklick auf das Register BEAN im Inhaltsfenster gelangen Sie zur Bean-Ansicht. Das Fenster enthält mehrere Registerseiten, über die Sie allgemeine und spezielle Eigenschaften, Ereignisse, BeanInfos und Eigenschaftseditoren hinzufügen und bearbeiten.

Bean | Allgemein

Die Registerseite ALLGEMEIN zeigt in der Gruppe BEAN-DATEN generelle Informationen zum Bean an. Über das darunter liegende Optionsfeld SERIALISIERUNG UNTERSTÜTZEN geben Sie an, ob der JBuilder dem Bean Quelltext zur Unterstützung der Serialisierung hinzufügen soll.

Sofern es sich bei dem Bean um ein Enterprise JavaBean handelt, stehen die Register ALLGEMEIN, EIGENSCHAFTEN und METHODEN zur Verfügung, über die Sie das EJBean visuell bearbeiten können. Enterprise JavaBeans lassen sich nur in der *Enterprise Edition* bearbeiten.

Bean | Eigenschaften

Auf der Registerseite EIGENSCHAFTEN (→ Abbildung 5.6) präsentiert der JBuilder sämtliche Eigenschaften sowie Zugriffsmethoden (Getter- und Setter-Methoden) des Beans. Auf dieser Registerseite fügen Sie neue Eigenschaften und Zugriffsmethoden hinzu, bearbeiten diese oder entfernen vorhandene Eigenschaften beziehungsweise Methoden. Wenn Sie Eigenschaften bearbeiten, werden die Änderungen in den Quelltext Ihres Beans eingefügt.

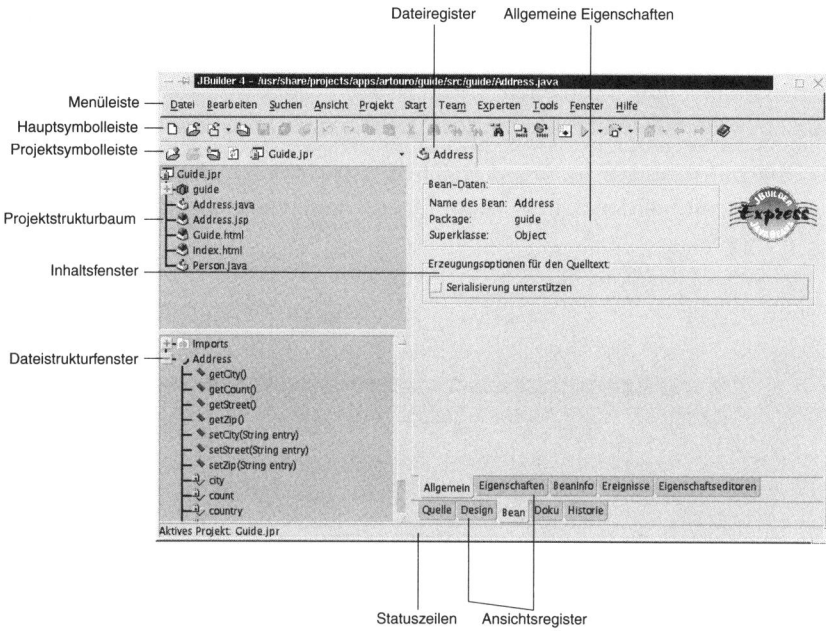

Dateiregister   Allgemeine Eigenschaften

Menüleiste
Hauptsymbolleiste
Projektsymbolleiste
Projektstrukturbaum
Inhaltsfenster
Dateistrukturfenster
Statuszeilen   Ansichtsregister

Abbildung 5.5: Die Ansicht Bean | Allgemein des AppBrowsers

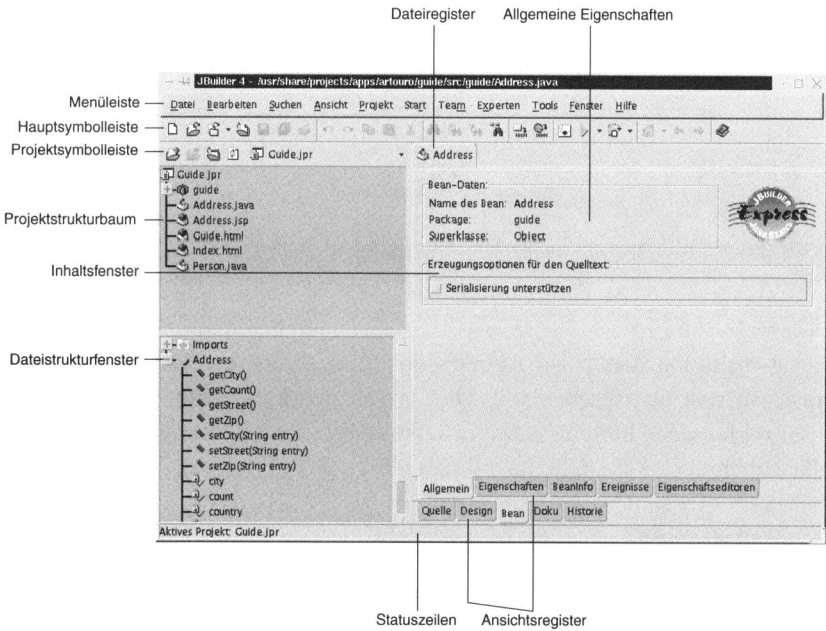

Dateiregister   Allgemeine Eigenschaften

Menüleiste
Hauptsymbolleiste
Projektsymbolleiste
Projektstrukturbaum
Inhaltsfenster
Dateistrukturfenster
Statuszeilen   Ansichtsregister

Abbildung 5.6: Die Ansicht Bean | Eigenschaften des AppBrowsers

Bean | BeanInfo

Über die Registerseite BEANINFO (→ Abbildung 5.7) können Sie BeanInfo-Klassen für Ihr JavaBean erzeugen oder bearbeiten. Diese Klassen dienen Werkzeugen wie dem JBuilder dazu, Informationen über Properties, Methoden und Ereignisse anzuzeigen.

Über die Registerseite lässt sich festlegen, welche Eigenschaften in der BeanInfo-Klasse Ihres Beans dargestellt werden sollen. Diese Eigenschaften werden im Inspektor der Designansicht angezeigt.

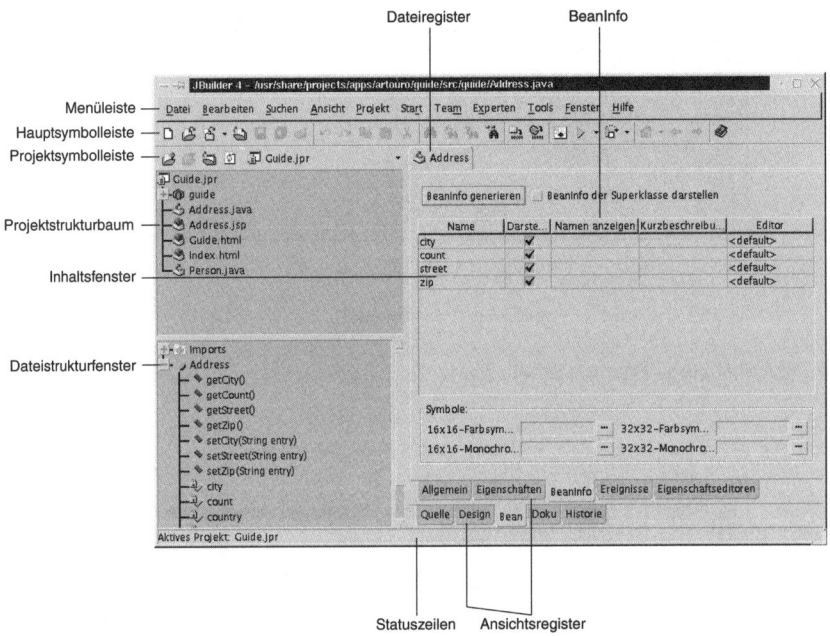

Abbildung 5.7: Die Ansicht Bean | BeanInfo des AppBrowsers

Bean | Ereignisse

Auf der Registerseite EREIGNISSE (→ Abbildung 5.8) legen Sie fest, welche Ereignisse Ihr Bean auslösen und überwachen soll. Hier lassen sich auch neue Bean-Ereignisse eingeben oder vorhandene Ereignisse importieren. Wenn Sie Änderungen vornehmen, wird dem Bean entsprechender Quelltext hinzugefügt.

Bean | Eigenschaftseditoren

Auf der Registerseite EIGENSCHAFTSEDITOREN (→ Abbildung 5.9) können Sie individuelle Eigenschaftseditoren definieren (Schaltfläche EDITOR SELBST DEFINIEREN) oder importieren (Schaltfläche EIGENSCHAFTSEDITOR IMPORTIEREN), mit denen Sie die Eigenschaften des JavaBeans bearbeiten können.

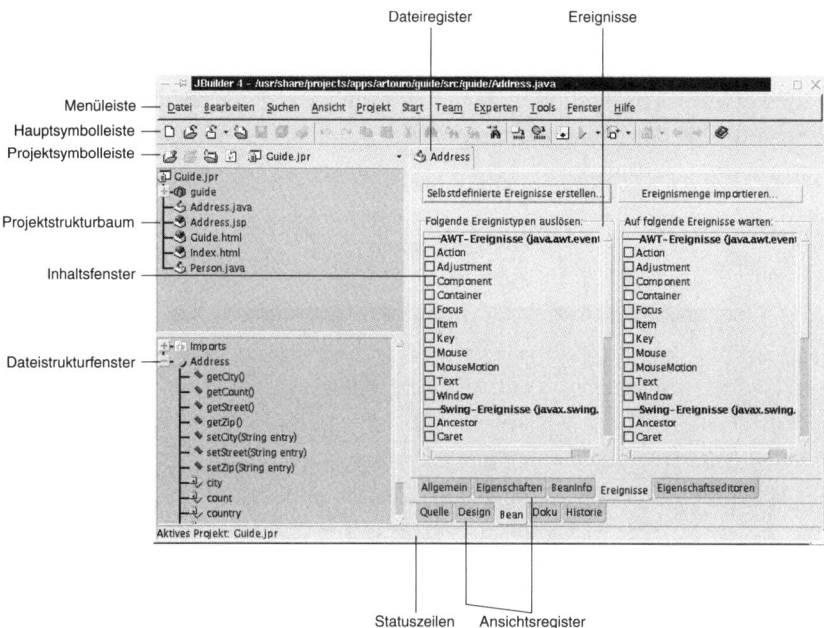

Abbildung 5.8: Die Ansicht Bean | Ereignisse des AppBrowsers

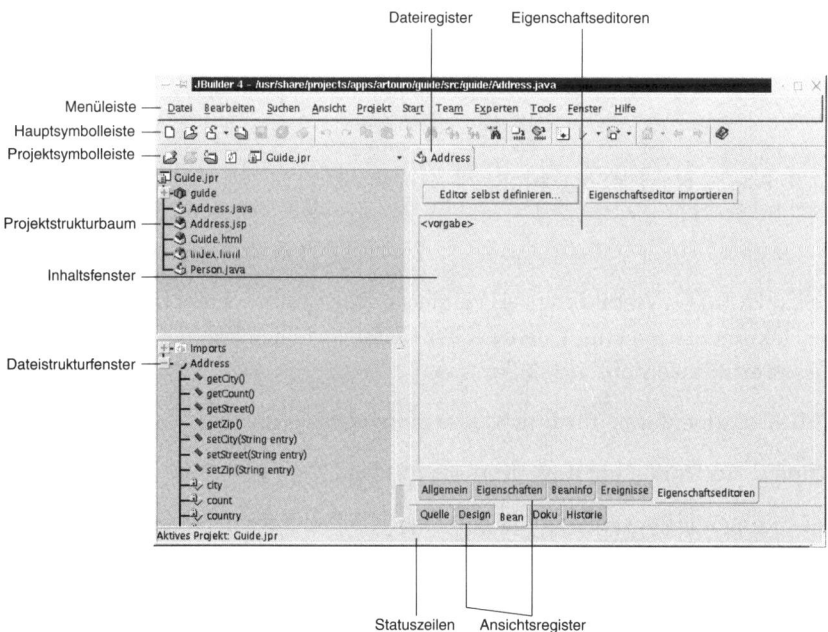

Abbildung 5.9: Die Ansicht Bean | Eigenschaftseditoren des AppBrowsers

Bean | Methoden

Die Registerseite METHODEN (→ Abbildung 5.10) stellt die in einem Enterprise Java-Bean definierten öffentlichen Methoden dar. Hier legen Sie fest, welche Methoden über die Remote-Schnittstelle des Beans angezeigt werden sollen. Diese Registerseite ist nur in der *Enterprise Edition* verfügbar.

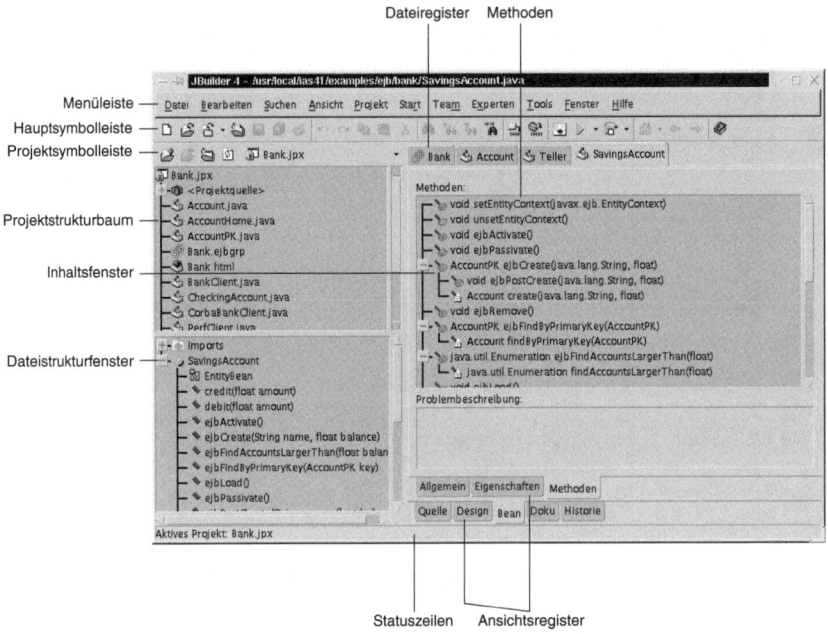

Abbildung 5.10: Die Ansicht »Bean | Eigenschaftseditoren« des AppBrowsers

Doku

Bei der Ansicht DOKU (→ Abbildung 5.11) gibt es einiges zu beachten, damit der App-Browser die Dokumentation zum Quelltext der Klasse anzeigen kann. Zwei Voraussetzungen müssen erfüllt werden:

▷ Die HTML-Dokumentation für Ihre Klasse muss vorliegen.

▷ Der Suchpfad zur Dokumentation muss gesetzt sein.

Die HTML-Dokumentation erzeugen Sie mit dem JDK-Werkzeug JavaDoc. Es befindet sich im Bin-Verzeichnis unter <Installationsverzeichnis>/jdk1.3/bin. Als Parameter geben Sie dem Werkzeug einfach die entsprechende Klasse mit. Danach stellen Sie die vom Programm JavaDoc erzeugten HTML-Seiten in das Dokumentationsverzeichnis Ihres Projekts. Im Beispielprojekt *ArTouro* finden Sie die generierte HTML-Dokumentation unter /artouro/web/doc beziehungsweise unter /artouro/admin/doc.

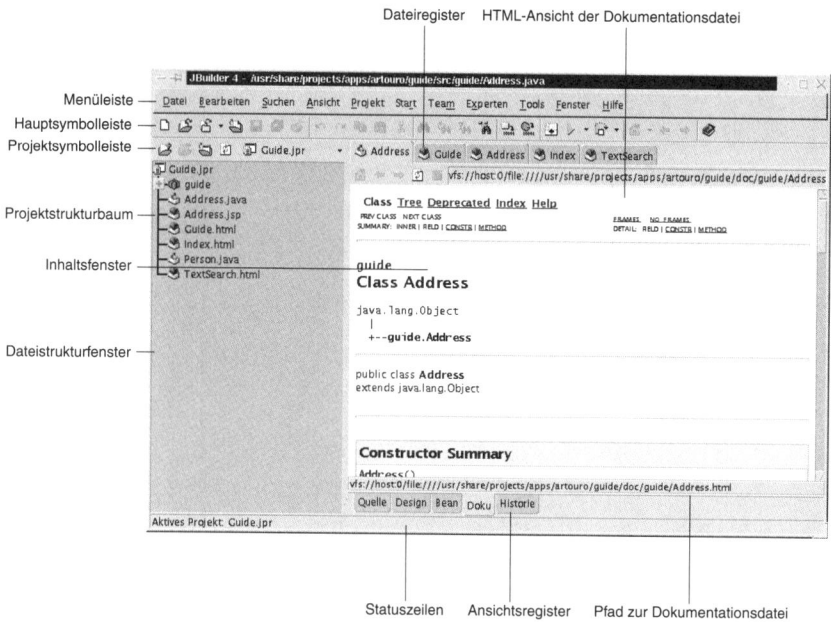

Dateiregister   HTML-Ansicht der Dokumentationsdatei

Menüleiste

Hauptsymbolleiste

Projektsymbolleiste

Projektstrukturbaum

Inhaltsfenster

Dateistrukturfenster

Statuszeilen   Ansichtsregister   Pfad zur Dokumentationsdatei

Abbildung 5.11: Die Ansicht »Doku« des AppBrowsers

Sofern Sie die Projekteinstellungen richtig gewählt haben, sollte die Dokumentation jetzt angezeigt werden. Falls dies nicht der Fall ist, führen Sie bitte auf den Projektknoten im Projektstrukturfenster einen Rechtsklick aus (→ Abbildung 5.12) und wählen EIGENSCHAFTEN. In dem daraufhin erscheinenden Dialog EIGENSCHAFTEN FÜR klicken Sie auf das Register DOKUMENTATION, das sich in der unteren Hälfte des Fensters befindet (→ Abbildung 5.12).

Sie können hier einen Pfad zu allen HTML-Dateien Ihres Projekts eintragen oder mehrere Pfade, wenn es Ihnen lieber sein sollte, die Dokumentation nach Packages oder Klassen getrennt zu strukturieren.

Historie

Diese Ansicht gibt Ihnen Informationen zum Revisionsstatus der im Editor aktiven Datei. Die über das Register HISTORIE verfügbaren Funktionen und Unterregister sind von der jeweiligen JBuilder-Version abhängig. Die Registerseite INHALT wird in allen Editionen angezeigt, während die Registerseite UNTERSCHIED nur in der *Professional* und *Enterprise Edition* verfügbar ist. Die Ansicht INFO ist sogar nur der *Enterprise Edition* vorbehalten.

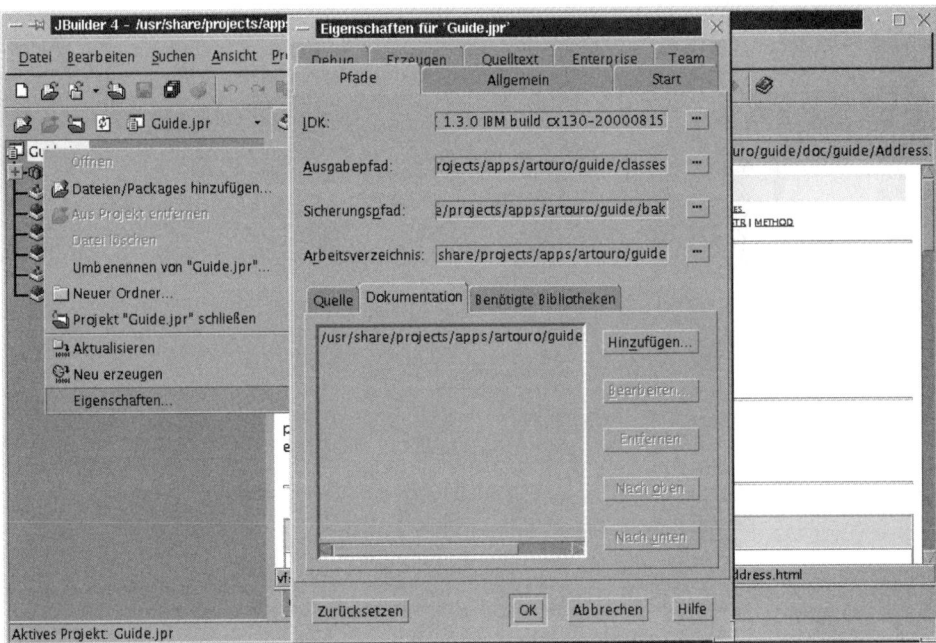

Abbildung 5.12: In den Projekteigenschaften setzen Sie den Suchpfad zur Dokumentation

Sie finden auf allen Registerseiten Tabellen mit Historielisten der aktiven Datei. Sie können diese Tabelle nach den Spaltenüberschriften (Versionsnummer, Typ und Datum der Revision etc.) sortieren.

Symbol	Beschreibung
	Dieses Symbol kennzeichnet eine Datei, die aktuell aus einem (CVS-) Repository ausgecheckt worden ist.
	Bei dieser Datei handelt es sich um eine Datei, die aus einem Versionskontrollprogramm stammt.
	Dieses Symbol bedeutet, dass es sich um eine Sicherungskopie einer Datei handelt.
	Dies ist eine Datei, die nicht unter Versionskontrolle steht oder zu ihrem Speicherzeitpunkt gestanden hat.
	Hier befinden sich noch Änderungen im Editor, die noch nicht gesichert wurden. Daher befindet sich die Datei, die hier gelistet wird, noch im Puffer.

Tabelle 5.4: Versionstypen der Historietabelle

Die Quelltextansicht zeigt den Quelltext der Dateiversion, die in der Revisionsliste ausgewählt ist. Die Quelltextansicht unterstützt zwar Cut & Paste, eine Bearbeitung des Quelltextes ist jedoch gesperrt, um ein Versionschaos zu vermeiden.

Alle Registerseiten der Ansicht HISTORIE verfügen über zwei Schaltflächen im oberen Bereich: REVISIONSINFO AKTUALISIEREN und LETZTE REVISION wiederherstellen.

Revisionsinfo aktualisieren

Die Schaltfläche REVISIONSINFO AKTUALISIEREN aktualisiert die aktuelle Ansicht der Revisionsliste. Es werden alle Änderungen von anderen Teammitgliedern an der Datei im gemeinsamen Repository übernommen.

Letzte Revision wiederherstellen

Die Schaltfläche LETZTE REVISION WIEDERHERSTELLEN deklariert die ausgewählte Version in der Historieliste wieder zur neuesten Version. Es kann dabei zu Datenverlusten kommen, wenn der Wert für die Anzahl der Sicherungskopien nicht ausreichend hoch eingestellt ist. Wichtig: Bei diesem Vorgang verlieren Sie alle Änderungen, die sich noch im Editorpuffer befinden.

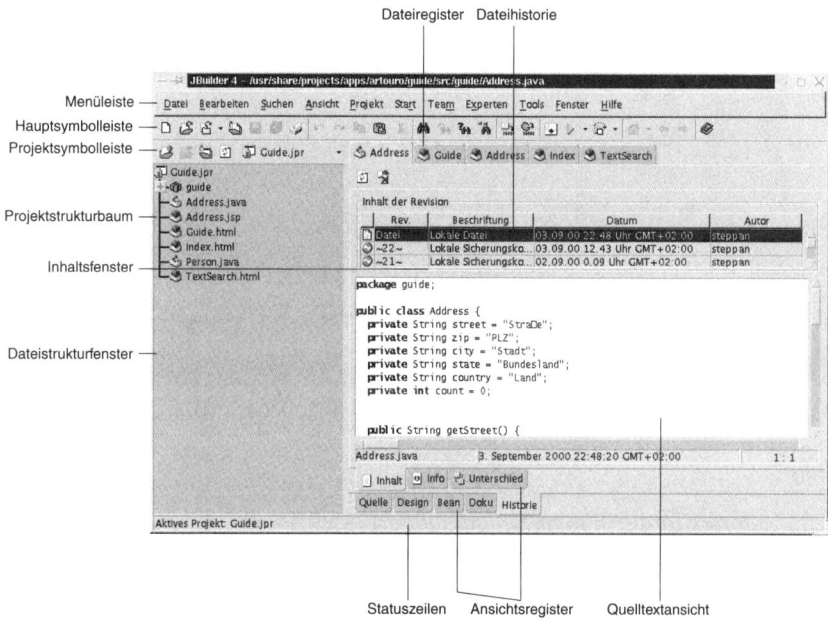

Abbildung 5.13: Die Ansicht »Historie | Inhalt« des AppBrowsers

Historie | Inhalt

Auf dieser Registerseite finden Sie alle verfügbaren Versionen der aktuell bearbeiteten Datei. Die Dateihistorie (Revisionsliste) zeigt die Versionen der Datei nach Versionstyp, Revisionsnummer, Beschriftung, Änderungsdatum und Autor getrennt an. Sie können

die Liste nach jedem der Spaltenüberschriften sortieren. Die Quelltextansicht
(→ Abbildung 5.13) zeigt den Quelltext der in der Dateihistorie markierten Datei.

Im oberen Teil des Inhaltsfensters finden Sie zwei Symbole REVISIONSINFO AKTUALISIE-
REN und LETZTE REVISION WIEDERHERSTELLEN. Mit der ersten Schaltfläche aktualisieren
Sie, wie schon erwähnt, die auf dieser Seite angezeigten Informationen, während Sie
mit der zweiten Schaltfläche den Stand der ausgewählten Version als aktuell deklarieren.

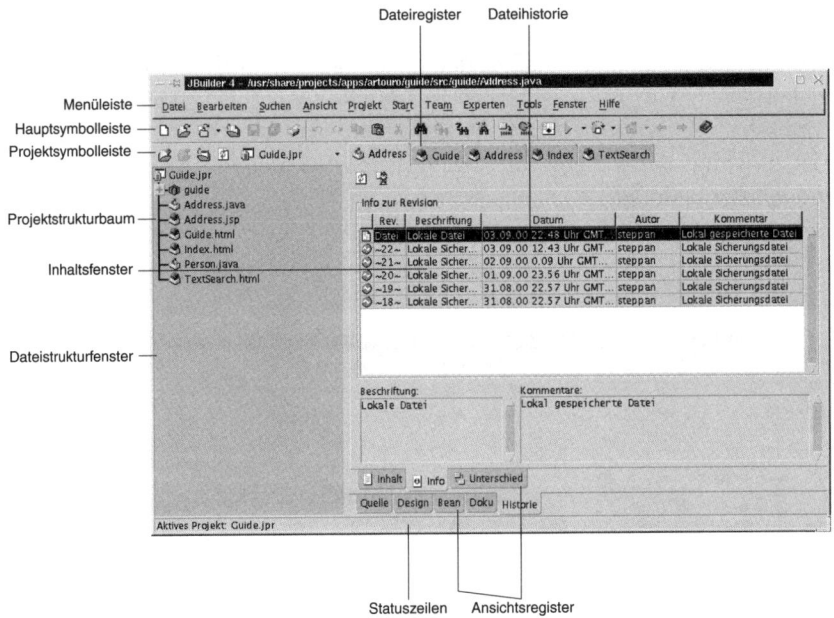

Abbildung 5.14: Die Ansicht »Historie | Info« des AppBrowsers

Historie | Info

Diese Ansicht, die nur in der *Enterprise Edition* verfügbar ist, zeigt den vollständigen
Text der Beschriftungen, der Kommentare und Protokolle für jede ausgewählte Version
der aktuell im Editor angezeigten Datei. Die Dateihistorie lässt sich nach Versionstyp,
Revisionsnummer, Beschriftung, Datum, Autor und Kommentar sortieren. Wie alle
anderen Historieansichten sind auf der Seite die Schaltflächen REVISIONSINFO AKTUALI-
SIEREN und LETZTE DATEI WIEDERHERSTELLEN vorhanden.

Sie verwenden diese Ansicht, um zu Dateien, die unter Versionskontrolle stehen, sämtliche Informationen samt Kommentaren zu erhalten. Im Gegensatz zu den beiden
anderen Historieansichten wird kein Quelltext angezeigt.

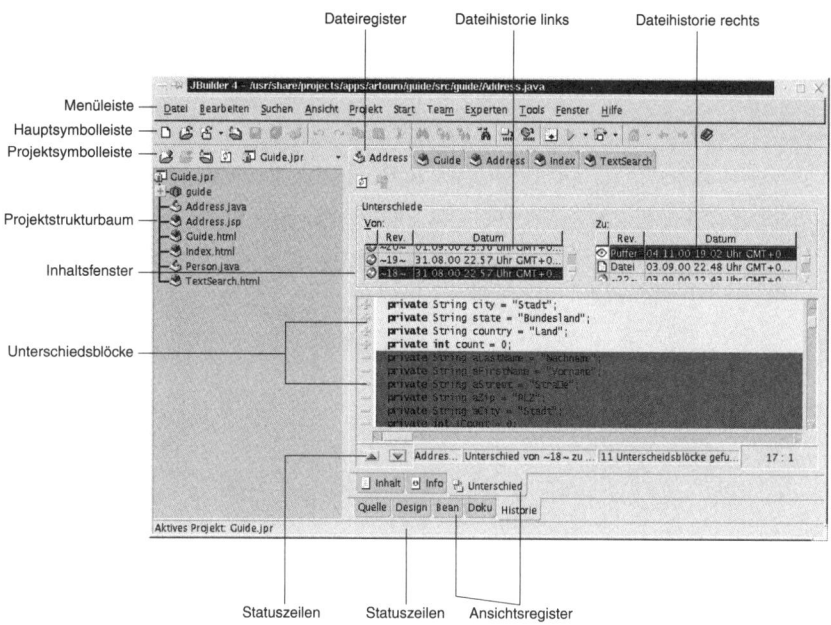

Abbildung 5.15: Die Ansicht »Historie | Unterschied« des AppBrowsers

Historie | Unterschied

Diese Ansicht, die der *Professional* und *Enterprise Edition* vorbehalten ist, zeigt die Unterschiede zwischen zwei Versionen der aktuell im Editor geladenen Datei an. Die Dateihistorie lässt sich nach Versionstyp, Revisionsnummer oder Änderungsdatum sortieren. Wie alle anderen Historieansichten sind auf der Seite die Schaltflächen REVISIONSINFO AKTUALISIEREN und LETZTE DATEI WIEDERHERSTELLEN vorhanden.

Sie sehen in → Abbildung 5.15 zwei Listen von Dateihistorien. Sie können in der linken Liste beispielsweise eine Datei früheren Datums auswählen und in der rechten Liste die aktuelle Datei. Die Differenzen zwischen beiden Dateien listen die Unterschiedsblöcke auf. Dabei ist der rote Anteil die »Von-Historie« und der gelbe Anteil die »Bis-Historie«.

Ansicht

Wenn Sie eine HTML- oder JSP-Datei in den Editor geladen haben, zeigt der AppBrowser eine HTML-Ansicht dieser Datei an und das Dateistrukturfenster wird ausgeblendet (→ Abbildung 5.16). Für HTML-Dateien ist diese Ansicht mit der nachfolgend erklärten Webansicht identisch. JavaServer Pages, die nur von der *Professional* und *Enterprise Version* dargestellt werden können, fehlt natürlich die dynamische Komponente der Ansicht.

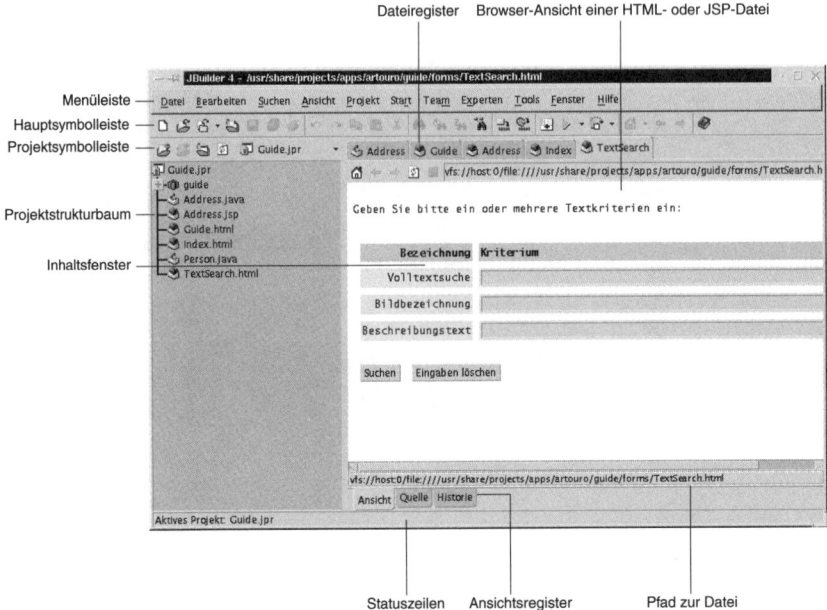

Abbildung 5.16: Die Ansicht zeigt die Browser-Ansicht einer HTML- oder JSP-Datei

Der in den JBuilder eingebaute Webbrowser (der so genannte ICE-Browser) funktioniert ähnlich dem bekannten Internetbrowser. Er reagiert auf Links und verzweigt somit zu anderen Seiten, die nicht unbedingt im Projekt enthalten sein müssen. Die unterstützte HTML-Version entspricht etwa dem HMTL-4-Niveau. Einige Spezialitäten wie JavaScript oder CSS werden meiner Erfahrung nach nicht korrekt umgesetzt.

Am unteren Bildrand des Browsers erkennen Sie in der Statusleiste den Pfad zur Datei, am oberen Bildschirmrand zwei Schaltflächen, die analog zu denen eines Internetbrowsers funktionieren. Mit dem Home-Symbol kehren Sie auch nach mehreren Verzweigungen wieder zur Ausgangsdatei zurück, die Vorwärts- und Rückwärts-Schaltflächen dienen dem Navigieren innerhalb einer Site, und die Schaltfläche ganz rechts erzwingt, dass die aktuelle Datei nochmals angezeigt wird (Refresh).

Webansicht

Die Webansicht unterscheidet sich auf den ersten Blick nicht von der HTML-Ansicht. Sie zeigt jedoch nicht die statische, sondern die dynamische Ansicht eines Servlets oder einer JSP. Bereiche, die in der statischen HTML-Ansicht noch nicht mit Leben erfüllt waren, werden nun so dargestellt, wie sie der Endanwender auch angezeigt bekommt.

Im oberen Bereich des Fensters (→ Abbildung 5.17) finden Sie die Webadresse der Seite, im unteren Bereich (Meldungsfenster) können Sie den Status des in den JBuilder eingebauten Webservers verfolgen. Unterhalb des Meldungsfensters befinden sich zwei Schaltflächen, mit denen Sie das Programm anhalten und fortsetzen können.

Die Webansicht ist der *Professional* und *Enterprise Edition* vorbehalten.

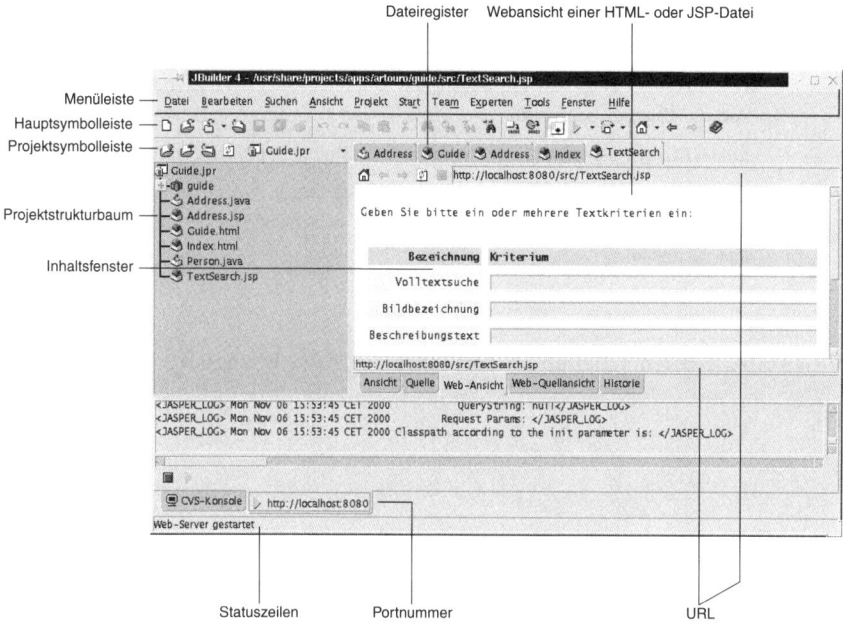

Abbildung 5.17: Die Webansicht zeigt die dynamische Ansicht eines Servlets oder JSPs

Webquellansicht

Diese Ansicht zeigt den Quelltext der dynamisch erzeugten Seite. Sie unterscheidet sich vom statischen Teil durch die dynamisch generierten Anteile, zum Beispiel Datenbankinhalte, die im statischen HTML-Teil eines Servlets oder einer JSP fehlen.

5.1.2 Debugger-Modus

Mit Hilfe des Debuggers befreien Sie Ihr Programm von Fehlern. In diesem Modus ist die Arbeitsfläche zwischen den Strukturfenstern (links), dem Inhaltsfenster (rechts) und dem Debugger (unten) dreigeteilt. Auch dieser Modus besitzt – je nach Datei, die im Editorfenster des Debuggers geladen ist – maximal sieben verschiedene Ansichten:

Ansicht	Beschreibung
Quelltext	Diese Ansicht zeigt den Quelltext der geöffneten Datei an (HTML, Java, JSP etc.).
Design	Sofern Ihre Datei Designelemente enthält, lassen sie sich mit Hilfe der Design-Ansicht visualisieren.
Bean	Die Bean-Ansicht dient zum Designen von JavaBeans und Enterprise JavaBeans. Diese Ansicht ist in der Foundation Edition schreibgeschützt.
Doku	Sofern eine API-Dokumentation der geladenen Klasse vorliegt, wird sie in diesem Fenster präsentiert.
Historie	Diese Ansicht zeigt den Werdegang der Datei an. Die Funktionen hängen hierbei von der JBuilder-Edition ab.
Ansicht	Diese Ansicht dient dazu, HTML- oder Bilddateien zu präsentieren.
Webansicht	Die Webansicht zeigt das Aussehen einer Webdatei wie zum Beispiel einer JSP, eines Servlets etc. an. Diese Funktion ist nur in der *Professional* und *Enterprise Edition* verfügbar.

Tabelle 5.5: Die verschiedenen Ansichten des AppBrowsers

Zwischen diesen Ansichten schalten Sie mit Hilfe der Ansichtsregister (→ Abbildung 5.18) um.

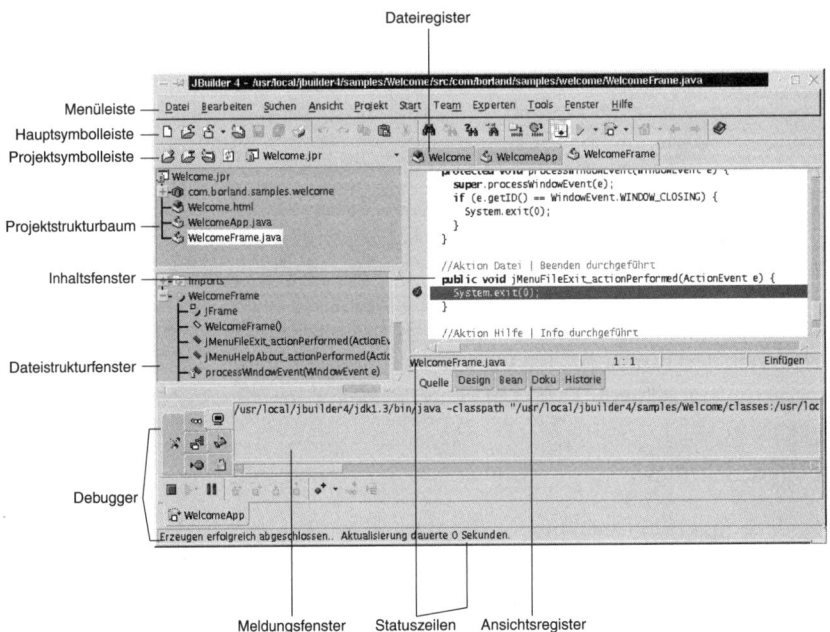

Abbildung 5.18: Der AppBrowser im Debugger-Modus

Die Ansichten unterscheiden sich nicht von denen des Editormodus. Daher will ich gleich zu der Beschreibung der verschiedenen Bestandteile der integrierten Entwicklungsumgebung überleiten. Mehr zum Debugger finden Sie in → Kapitel 7 (JBuilder-Werkzeuge). Auf den folgenden Seiten stelle ich Ihnen die Umgebung Schritt für Schritt im Detail vor. Beginnen wir ganz oben mit der Menüleiste.

5.2 Menüleiste

Die Menüleiste besteht aus elf Pull-Down-Menüs (→ Tabelle 5.6), die streng funktional getrennt sind. Der Prozess, die Menüs logischer zu strukturieren, den Borland mit dem JBuilder 3 begonnen hatte, haben die Entwickler mit der Version 4 weiter konsequent fortgesetzt.

Menü	Beschreibung
Datei	Dateien erzeugen und ausdrucken sowie Projekte anlegen
Bearbeiten	Text und Komponenten ausschneiden, einfügen und löschen
Suchen	Dateien und Klassen durchsuchen
Ansicht	Ansicht des AppBrowsers verändern
Projekt	Build- und Make-Funktionen, Projekteigenschaften
Start	Compile- und Debugging-Funktionen
Team	Versionskontrolle
Experten	Dialoge zur automatischen Erzeugung von Programmskeletten
Tools	Werkzeuge, Setups und Grundeinstellungen der IDE
Fenster	Geöffnete Dateien und Projekte
Hilfe	Dokumentation zu JBuilder und Java

Tabelle 5.6: Die Menüs der Menüleiste

5.2.1 Menü Datei

Das Menü DATEI fasst alle Funktionen der IDE zusammen, die sich auf das Erzeugen, Öffnen, Schließen, Umbenennen und Drucken von Dateien sowie auf das Seitenlayout (Druckbild) beziehen. Das Menü gliedert sich in sechs Gruppen (→ Abbildung 5.19).

Datei | Neu

Durch diesen Befehl erscheint die Objektgalerie (→ Abbildung 5.21). Mit dieser Galerie starten Sie spezielle Dialoge, die so genannten JBuilder-Experten (Wizards), die das Grundgerüst für alle Variationen von Java-Programmen beziehungsweise Java-Dateien erzeugen. Sie entlasten den Entwickler von lästigen Routinetätigkeiten bei der Entwicklung von Programmen.

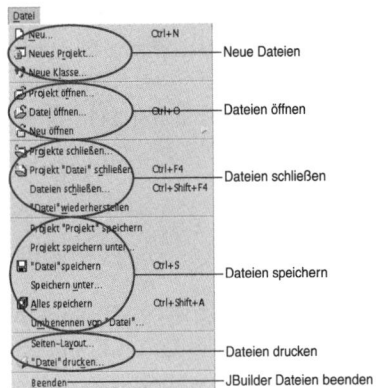

Abbildung 5.19: Die Gruppen des Menüs »Datei«

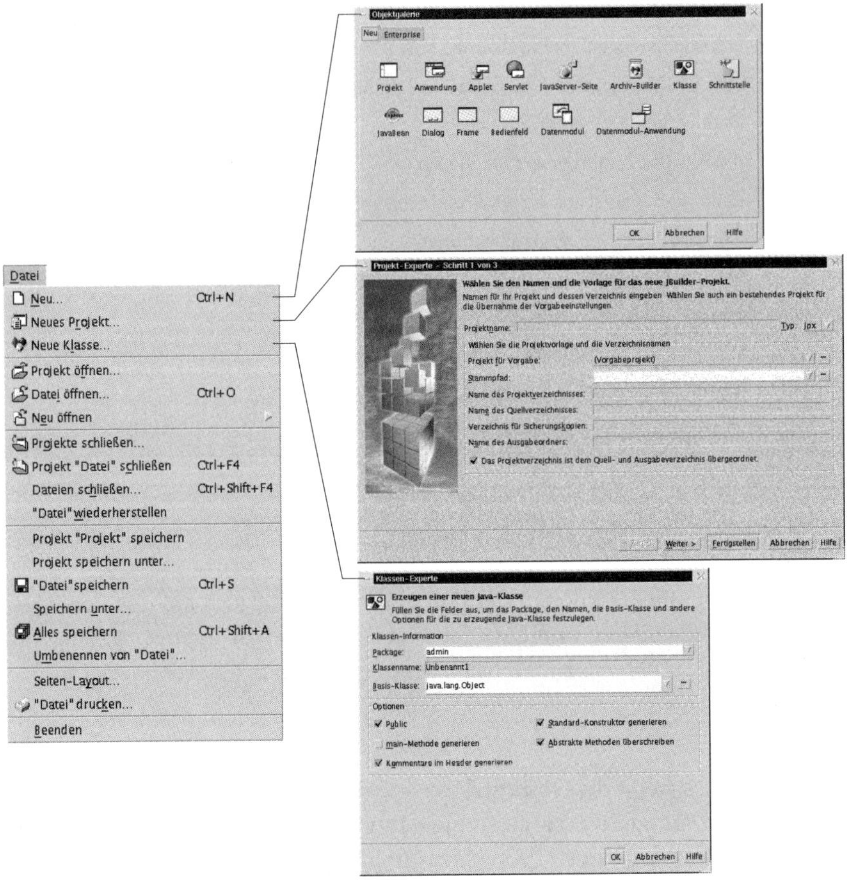

Abbildung 5.20: Die Gruppe »Neu« des Menüs »Datei«

Beachten Sie bitte, dass die Objektgalerie nur in der *Enterprise Edition* zweiteilig ausgelegt ist. Nur in dieser Edition verfügt die Galerie über die Registerseiten NEU und ENTERPRISE, während die Registerseite ENTERPRISE bei den anderen Editionen deaktiviert ist.

Im ersten Teil der Objektgalerie (→ Abbildung 5.21) befinden sich Symbole für das Anlegen von Projekten, Anwendungen, Applets, Servlets, JavaServer-Pages (JSPs), Archiven, Klassen, Schnittstellen, Beans, Dialogen, Frames, Bedienfelder, Datenmodulen und Datenmodul-Anwendungen – kurz: für alle grundlegenden Bestandteile eines Java-Programms.

Im Gegensatz dazu ist der zweite Teil der Objektgalerie der Entwicklung von verteilten Anwendungen mit der CORBA- oder EJB-Architektur und damit der *Enterprise Edition* des JBuilders vorbehalten. Wie Sie mit der Galerie arbeiten, erfahren Sie in → Kapitel 6. Die Symbole des Registers ENTERPRISE aktivieren Sie über den Dialog ENTERPRISE-SETUP. Mehr dazu auf Seite 210 (→ Tools | Enterprise-Setup).

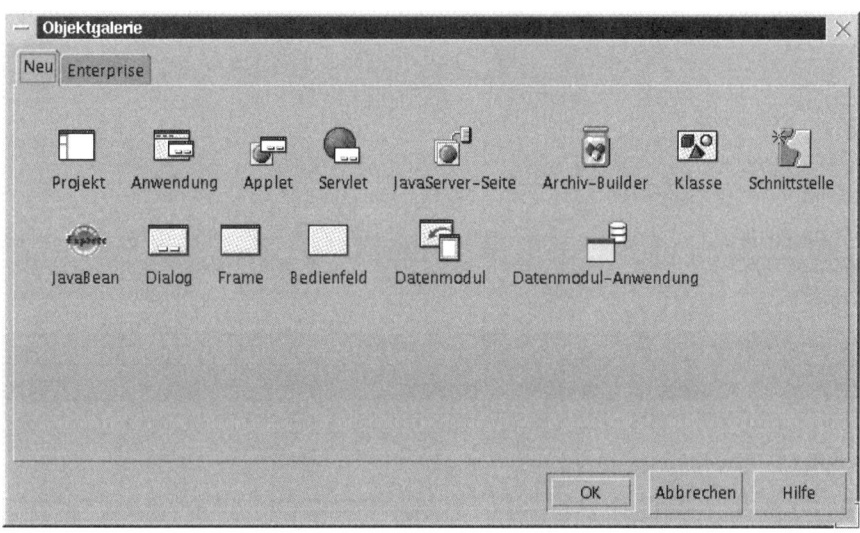

Abbildung 5.21: Die Registerseite NEU der Objektgalerie

Je nach JBuilder-Edition lassen sich die verschiedensten Arten von Dateien erzeugen. Eine Übersicht finden Sie in → Tabelle 5.7.

Dateityp	Foundation Edition	Professional Edition	Enterprise Edition
Projekt	+	+	+
Anwendung	+	+	+
Applet	+	+	+
Servlet	–	+	+
JavaServer Page	–	+	+
Archiv	–	+	+
Klasse	+	+	+
Schnittstelle	–	+	+
JavaBean	–	+	+
Dialog	–	+	+
Frame	–	+	+
Bedienfeld	–	+	+
Datenmodul	–	+	+
Datenmodul-Anwendung	–	+	+
Beispiel-IDL	–	–	+
Leere EJB-Gruppe	–	–	+
EJB-Gruppe aus Deskriptor	–	–	+
EJB-Entity-Bean-Modeler	–	–	+
EJB-Test-Client	–	–	+
CORBA Client-Interface	–	–	+
CORBA Server-Interface	–	–	+
HTML-CORBA-Client	–	–	+
CORBA-Server-Anwendung	–	–	+

Tabelle 5.7: Übersicht der Dateitypen, die die IDE erzeugen kann

Datei | Neues Projekt

Dieser Befehl startet einen dreiseitigen Dialog (Experten), mit dem Sie auf einfache Weise die grundlegenden Einstellungen eines neuen Projekts festlegen können.

Genaueres zu diesem Dialog erfahren Sie im → Kapitel 6 (JBuilder-Experten) und 8 (Projektarbeit).

Datei | Neue Klasse

Wenn Sie eine neue Klasse erzeugen wollen, ist dieser Befehl sinnvoll. Er startet einen einseitigen Dialog namens Klassen-Experten. Dieser Experte nimmt Ihnen die Routinetätigkeiten zum Anlegen einer Klasse wie das Anlegen eines Standardkonstruktors und eines Dokumentationsvorspanns ab. Näheres zu diesem Experten finden Sie im → Kapitel 6.

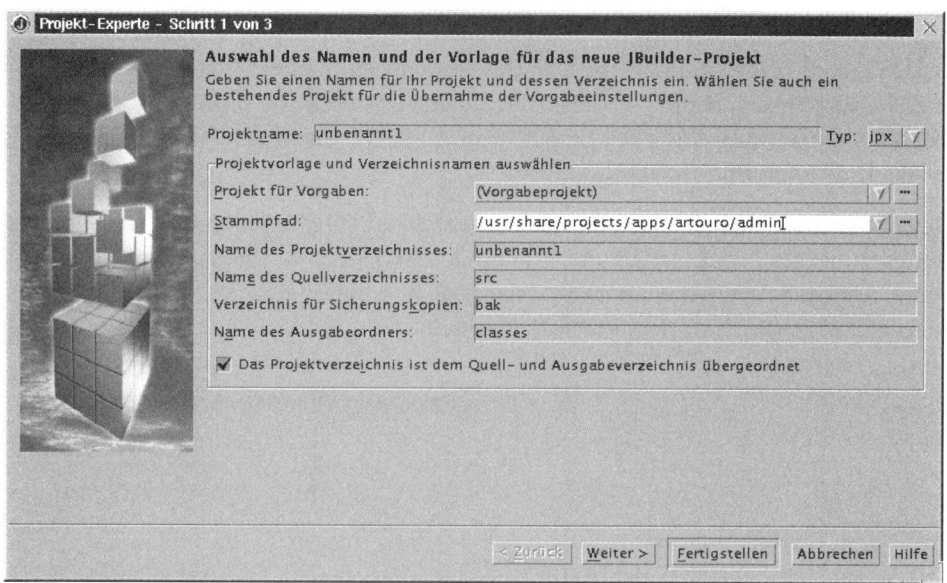

Abbildung 5.22: Der Projektexperte bestimmt die wesentlichen Einstellungen zu Projektbeginn

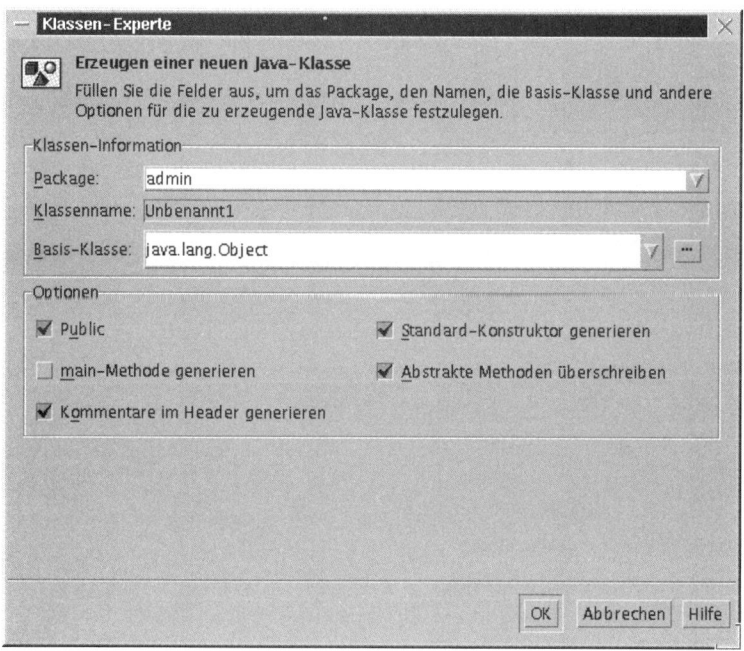

Abbildung 5.23: Der Klassen-Experte hilft Ihnen, neue Klassen zu erzeugen

Datei | Projekt öffnen

Die Standarddialoge zum Öffnen von Dateien sind im JBuilder 4 überarbeitet worden und heben sich angenehm von denen der Version 3.5 ab. Davon profitiert auch der Dialog zum Öffnen eines Projekts. Er weicht in Aussehen und Funktion ganz leicht zwischen Unix und Windows ab.

Im oberen Bereich befindet sich eine Auswahlliste, mit der Sie den entsprechenden Ordner, der die Projektdatei enthält, auswählen können. Rechts daneben können Sie über ein Symbol zwischen einer Baumansicht und einer flachen Ordnerstruktur der darunter liegenden Verzeichnisansicht wechseln.

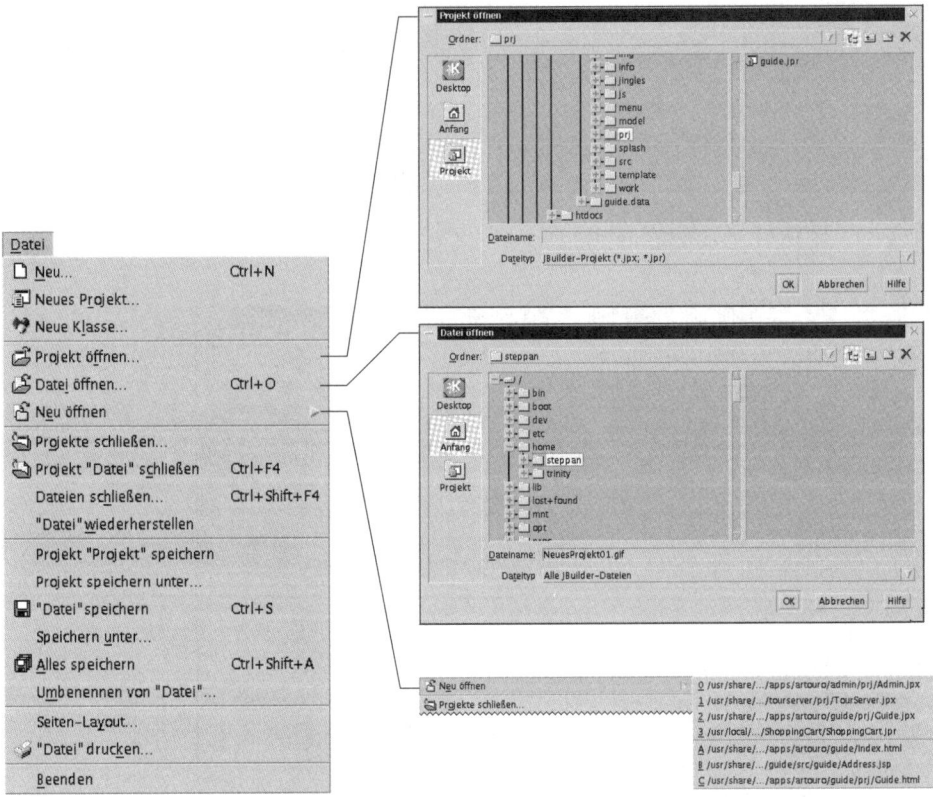

Abbildung 5.24: Die Gruppe »Öffnen« des Menüs »Datei«

Die davon rechts stehenden Symbole erlauben Ihnen, zum übergeordneten Ordner zu wechseln, einen neuen Ordner anzulegen oder den aktuell ausgewählten Ordner zu löschen. Auf der linken Seite des Dialogs sehen Sie drei Symbole für den Schnellzugriff auf die Schreibtischoberfläche (in → Abbildung 5.25 der KDE-Desktop unter Linux), auf das Home-Verzeichnis und das aktuelle Projektverzeichnis, das heißt auf das Verzeichnis des gerade bearbeiteten Projekts.

Unterhalb der Baumansicht können Sie einen Dateinamen direkt eingeben und den Dateifilter auf JPR oder JPX setzen (mehr zu diesen Projekttypen erfahren Sie im → Kapitel 8, Projektabeit). Mit OK übernehmen Sie die Einstellungen des Dialogs und öffnen das ausgewählte Projekt, während Sie mit ABBRECHEN alle Eingaben verwerfen und den Dialog schließen. Kontextbezogene Hilfe erhalten Sie über die daneben liegende Schaltfläche HILFE.

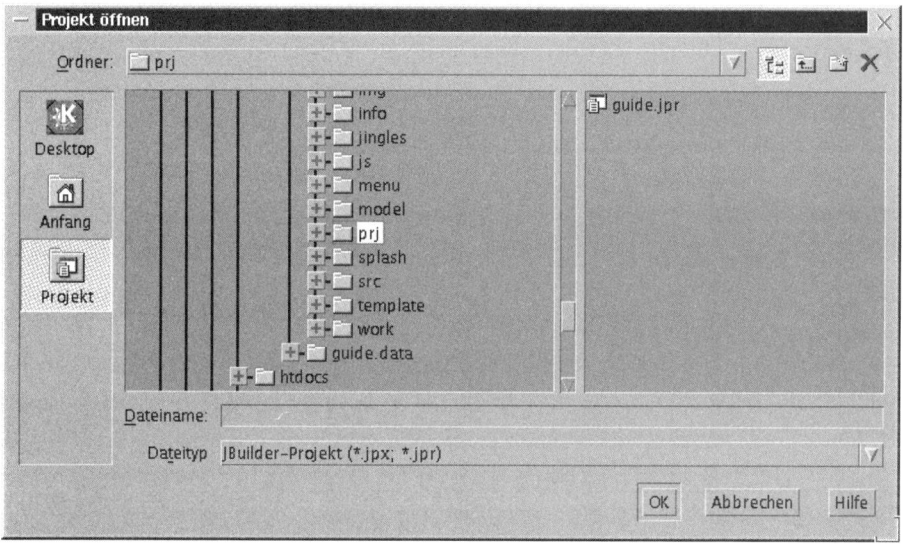

Abbildung 5.25: Der neu gestaltete Linux-Dialog »Projekt öffnen«

Der Windows-Dialog unterscheidet sich nur wenig vom vorher abgebildeten Linux-Dialog. Wenn Sie aber mit den verschiedenen Betriebssystemen arbeiten, wissen Sie, dass sich der Ort, an dem die Schreibtischdatei (Desktop) im Dateisystem gespeichert ist, von System zu System unterscheidet. Wenn Sie auf das Symbol DESKTOP klicken, verzweigt der Dialog natürlich an die Stelle des Dateisystems, unter der sich die Windows-Schreibtischdatei befindet.

Gleiches gilt für das Symbol ANFANG. Das entsprechende Verzeichnis befindet sich unter Windows 2000 und NT auf der Festplatte C: im Ordner Profile.

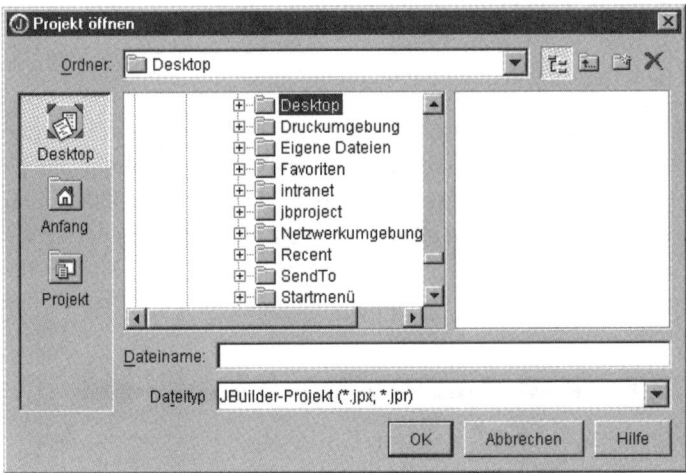

Abbildung 5.26: Ebenfalls neu: der Windows-Dialog »Projekt öffnen«

Datei | Datei öffnen

Dieser Befehl ruft einen Dialog auf, mit dem Sie eine Datei öffnen. Der Dialog gleicht dem für das Öffnen von Projekten. Allerdings ist die Filtervorauswahl auf die Dateitypen gesetzt, die der JBuilder bearbeiten kann. Über diese in der Liste aufgeführten Typen hinaus können Sie jede ASCII-Datei laden, wenn Sie den Filter entsprechend manuell gesetzt haben.

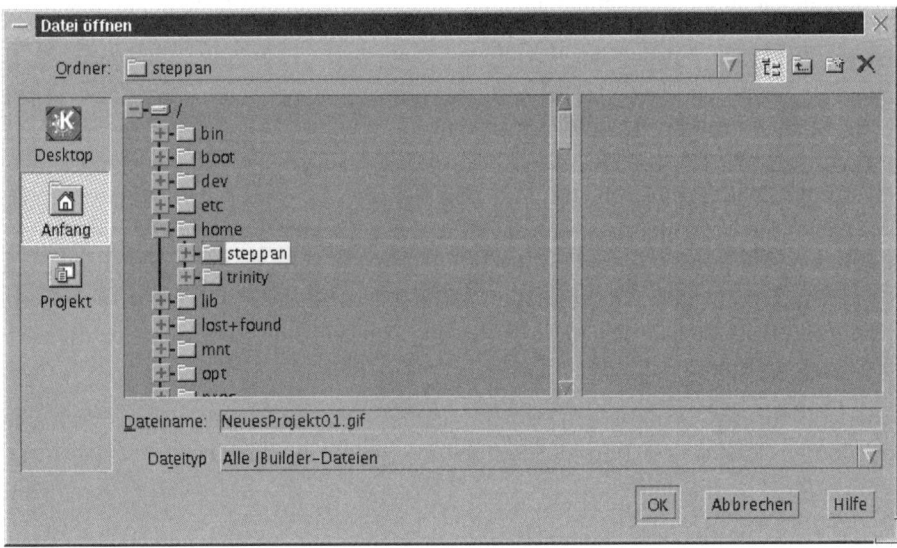

Abbildung 5.27: Der neue Dialog »Datei öffnen«

Datei | Neu öffnen

Wenn Sie diesen Befehl verwenden, wird eine Liste der schon einmal bearbeiteten Projekte und Dateien angezeigt. Die Liste ist in zwei Gruppen unterteilt (→ Abbildung 5.28). Die obere Gruppe zeigt Projekte an, die schon einmal geöffnet wurden, während die untere Dateien anzeigt, die schon einmal bearbeitet wurden. Zum wiederholten Öffnen einer Datei klicken Sie einfach auf den entsprechenden Eintrag der Datei oder des Projekts.

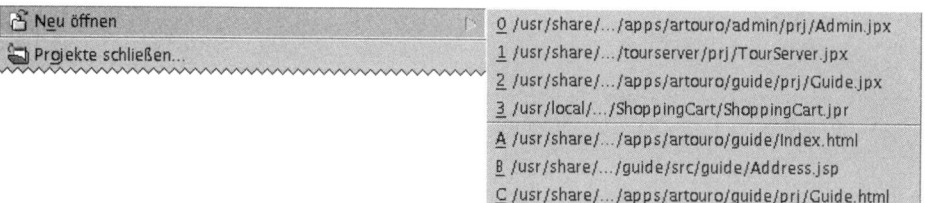

Abbildung 5.28: Das Untermenü »Neu öffnen« besitzt eine Projekt- und eine Dateigruppe

Datei | Projekte schließen

Über diesen Befehl schließen sich das aktuell bearbeitete Projekt und alle Dateien, die damit geladen wurden. Der Befehl ruft einen Dialog (→ Abbildung 5.30) mit einer Liste der geöffneten Projekte auf. Klicken Sie auf die Kontrollkästchen neben den Projekten, die Sie schließen möchten.

Mit der Schaltfläche ALLE wählen Sie alle Projekte der Liste aus, mit KEINE wird kein Projekt selektiert. Mit OK übernehmen Sie die Einstellung und schließen den Dialog, während Sie mit ABBRECHEN den Dialog zwar ebenfalls schließen, aber alle Einstellungen verwerfen.

Datei | Projekt <aktuelle Datei> schließen

Dieser Befehl ist leider aus dem Englischen falsch übersetzt worden. Im englischen Original lautet der Eintrag einfach CLOSE <AKTUELLE DATEI>, weswegen durch diesen Befehl auch nur eine Datei und nicht das gesamte Projekt geschlossen wird. Ist die letzte Änderung noch ungesichert, erfolgt eine Sicherheitsabfrage (→ Abbildung 5.31).

Datei | Dateien schließen

Wenn Sie nicht nur eine Datei, sondern eine ganze Reihe von Dateien schließen möchten, ist der Befehl DATEIEN SCHLIESSEN sehr praktisch. Dieser Befehl ruft einen Dialog (→ Abbildung 5.32) mit einer Liste der geöffneten Dateien auf. Klicken Sie auf die Kontrollkästchen neben den Dateien, die Sie schließen möchten.

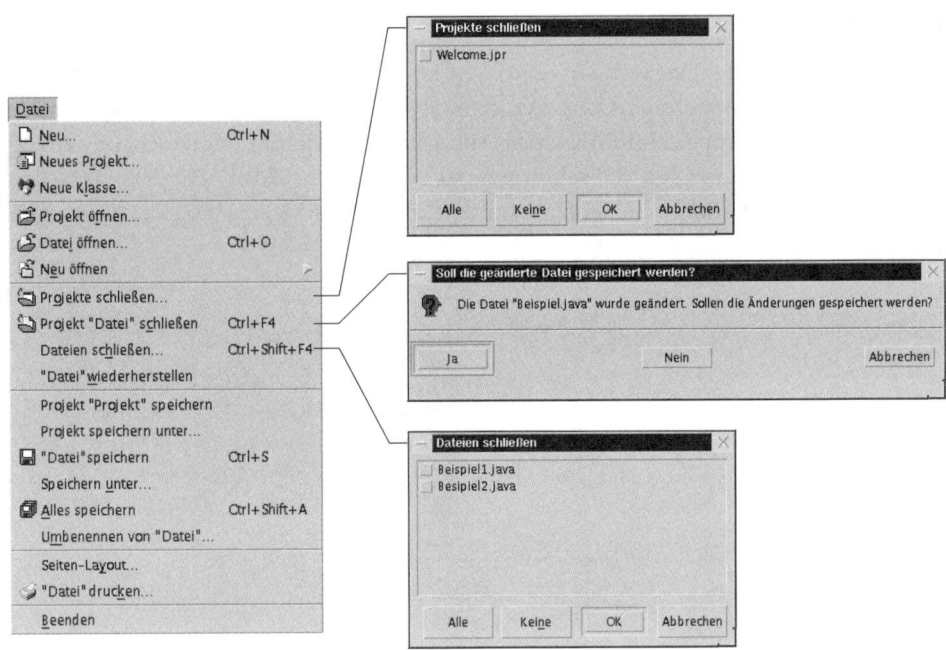

Abbildung 5.29: Die Gruppe »Schließen« des Menüs »Datei«

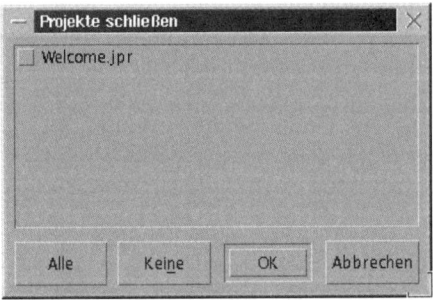

Abbildung 5.30: Die Liste der zu schließenden Projekte

Mit der Schaltfläche ALLE wählen Sie alle Dateien der Liste aus, mit KEINE wird keine
Datei selektiert. Mit OK übernehmen Sie die Einstellung und schließen den Dialog,
während Sie mit ABBRECHEN den Dialog zwar ebenfalls schließen, aber alle Einstellungen verwerfen.

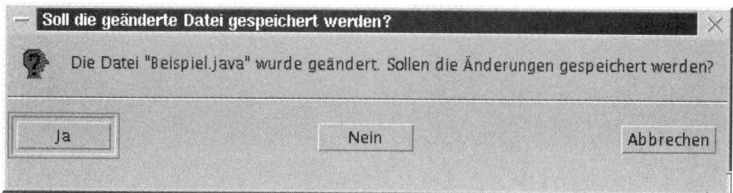

Abbildung 5.31: Sicherheitsabfrage beim Schließen von Dateien

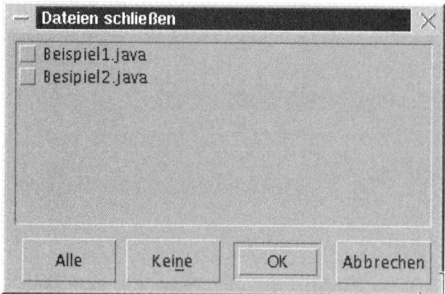

Abbildung 5.32: Liste der zu schließenden Dateien

Datei | <Aktuelle Datei> wiederherstellen

Dieser Befehl stellt die Datei wieder in dem Zustand her, in dem sie vor der letzten Sicherung vorlag. Um das Wiederherstellen zu erreichen, findet ein Austausch der aktuellen Datei gegen die Sicherungskopie statt.

Datei | Projekt <Aktuelles Projekt> speichern

Dieses Kommando speichert das aktuell im Editor bearbeitete Projekt.

Datei | Projekt speichern unter

Dieser Befehl öffnet wieder den mehrfach erwähnten Standarddialog. Sie können damit dem Projekt einen anderen Namen geben und es in einem anderen Verzeichnis speichern.

Datei | <Datei> speichern

Dieses Kommando speichert die aktuell im AppBrowser angezeigte Datei.

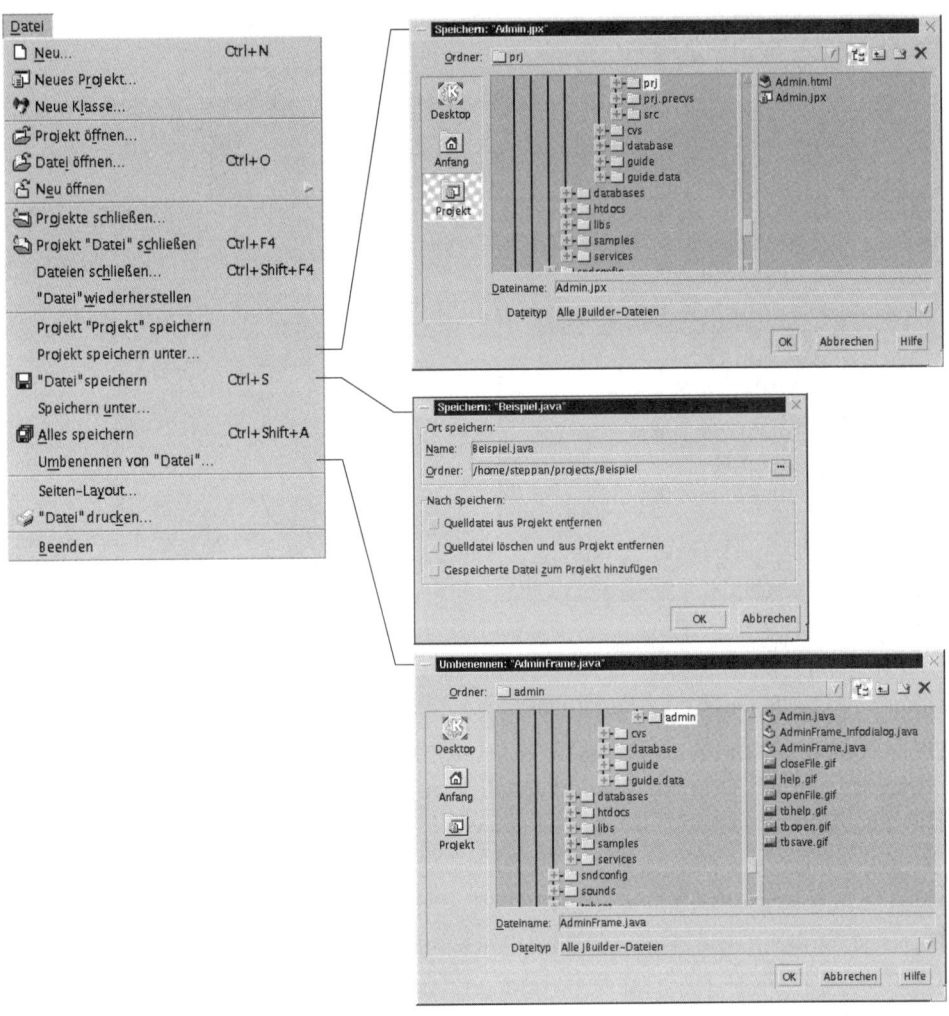

Abbildung 5.33: Die Gruppe »Speichern« des Menüs »Datei«

Datei | Speichern unter

Analog dem Befehl PROJEKT SPEICHERN UNTER funktioniert dieser Befehl SPEICHERN UNTER – mit dem Unterschied, dass er sich auf Dateien bezieht. Außerdem wird nicht der Standarddialog aufgerufen, sondern ein Dialog mit verschiedenen Optionen (→ Abbildung 5.34). Sie können:

▶ den Namen verändern

▶ den Pfad und Ordner verändern

▶ die Ursprungsdatei aus dem Projekt entfernen, ohne sie zu löschen

▷ die Ursprungsdatei aus dem Projekt entfernen, ohne sie zu löschen

▷ die neu benannte Datei dem Projekt hinzufügen

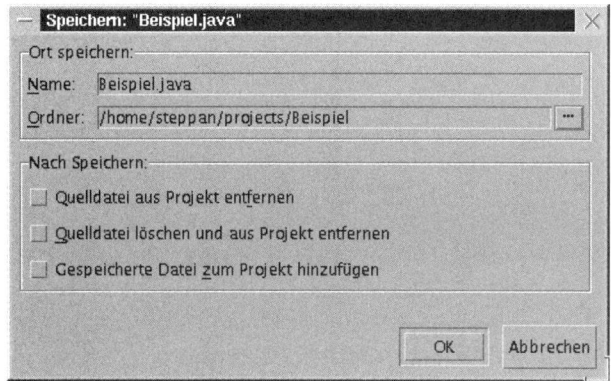

Abbildung 5.34: Der Dialog »Speichern <Datei>«

Datei | Alles speichern

ALLES SPEICHERN speichert alle Dateien, die vom JBuilder geöffnet wurden, inklusive der Projektdatei. Die Funktion ist sinnvoll, um alle etwaigen Änderungen auf der Festplatte zu aktualisieren.

Datei | Umbenennen von <Aktuelle Datei>

Wenn Sie eine Datei einfach umbenennen möchten, ist diese Funktion hilfreich. Sie ruft wieder den mehrfach erwähnten Standarddateidialog auf.

Datei | Seitenlayout

Die Wahl eines geeigneten Drucklayouts erfolgt primär über den Dialog SEITENLAYOUT (der Dialog Datei | Drucken lässt nur wenige Druckeinstellungen frei, → Seite 190). Er besteht aus zwei Seiten. Auf Seite 1 wählen Sie Layout, Schriftart, Zeilennummerierung und Zeilenumbruch aus.

Die Gruppe LAYOUT lässt Ihnen die Wahl zwischen Hoch- und Querformat. Hier legen Sie auch die Abschnitte pro Seite fest. Bei der SCHRIFTART können Sie zwischen Standard- oder Individualschriftart und Schriftgröße wählen. Mit Hilfe der ZEILENNUMMERIERUNG legen Sie die Abstände fest, in denen die Nummerierung beim Ausdruck erfolgen soll.

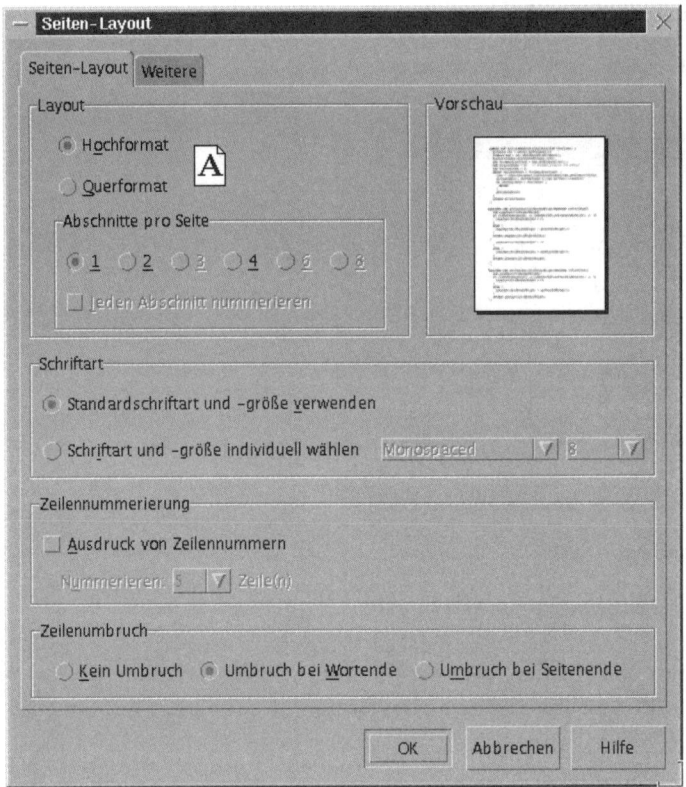

Abbildung 5.35: Layout, Zeilenumbrüche und Schriftarten lassen sich auf Seite 1 des »Seitenlayouts« festlegen

Seite 2 erlaubt Ihnen, Ränder und Kopfzeilen zu beeinflussen. Die Gruppe RÄNDER lässt Ihnen dabei die Auswahl zwischen Maßeinheiten und allen Seitenrändern, während Sie über die Gruppe SEITENKOPFBEREICH festlegen, wie der Dokumentkopf bedruckt werden soll.

Datei | Drucken

Der Befehl DRUCKEN startet einen Dialog, mit dem die Datei, die aktuell im Editor angezeigt wird, auf Papier oder in eine Datei gedruckt werden kann. Folgende Optionen sind verfügbar:

▶ Druckbereich

▶ Druckausgabe

▶ Papierformat

▶ Attribute wie Farbdruck und Sytaxhervorhebung

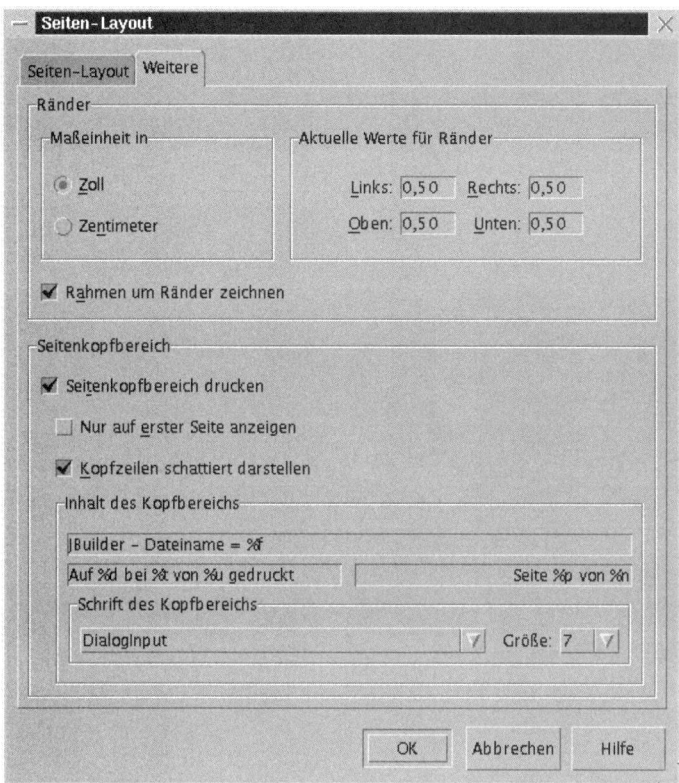

Abbildung 5.36: Zeilenumbrüche und Schriftarten legen Sie auf Seite 2 des »Seitenlayouts« fest.

Datei | Beenden

Dieser Befehl beendet den JBuilder. Sofern Änderungen an Dateien durchgeführt wurden, erscheint ein Dialog (→ Abbildung 5.38), der es erlaubt, geänderte Dateien vor dem Beenden zu speichern.

5.2.2 Menü Bearbeiten

Das Menü BEARBEITEN bezieht sich auf Funktionen der Zwischenablage, es gestattet Text oder Grafik auszuschneiden, einzufügen, in die Zwischenablage zu kopieren und Aktionen zu widerrufen oder zu wiederholen.

Bearbeiten | Rückgängig

Im Texteditor widerruft dieses Kommando die letzten Tastatureingaben oder Mausaktionen, es löscht eingefügte Zeichen, fügt gelöschte Zeichen wieder ein und verschiebt den Cursor zu seiner ursprünglichen Position. Im UI-Designer widerruft dieser Befehl eine Aktion.

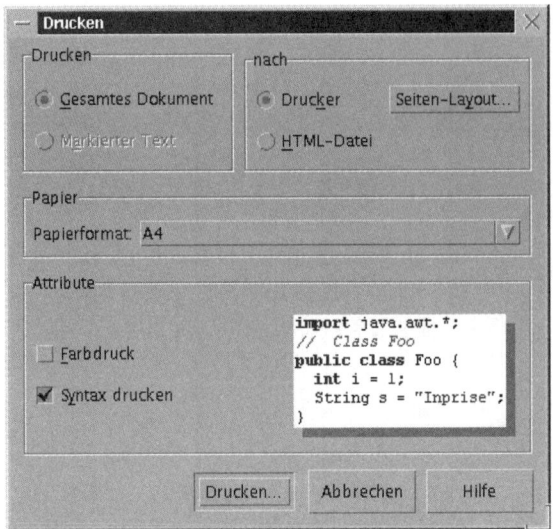

Abbildung 5.37: Der Dialog »Drucken« erlaubt auch den Farbausdruck

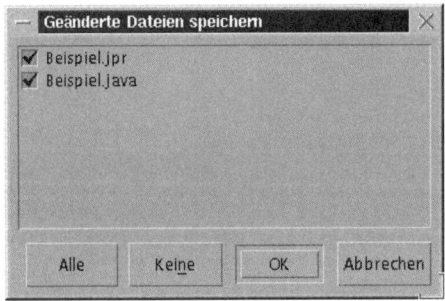

Abbildung 5.38: Sicherheitsabfrage vor dem Beenden des JBuilders

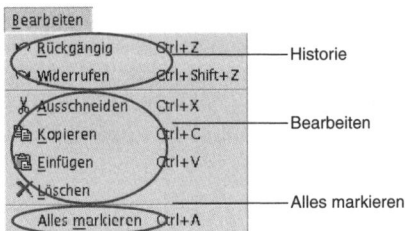

Abbildung 5.39: Das Menü »Bearbeiten« besteht aus drei Gruppen

Mehrere nacheinander durchgeführte Änderungen an einer Datei können Sie durch wiederholtes Verwenden des Befehls RÜCKGÄNGIG stufenweise wieder aufheben. Dies geschieht, indem die zuvor durchgeführten Änderungen rückwärts abgearbeitet werden und somit der vorherige Zustand wiederhergestellt wird.

Beachten Sie bitte, dass der Befehl RÜCKGÄNGIG keine Aktionen ändert, die sich auf mehr als ein Fenster ausgewirkt haben.

Bearbeiten | Widerrufen

Dieser Befehl ist eng mit dem Befehl RÜCKGÄNGIG verknüpft. Er widerruft das Ergebnis der letzten durch den Befehl RÜCKGÄNGIG ausgelösten Aktion. Dieses Kommando ist aber nur unmittelbar nach dem Befehl RÜCKGÄNGIG verfügbar.

Bearbeiten | Ausschneiden

Der Befehl AUSSCHNEIDEN entfernt den markierten Text oder das ausgewählte GUI-Element im UI-Designer (→ Abbildung 5.40). Der Textabschnitt oder das GUI-Element wird in der Zwischenablage abgelegt. Dabei wird der aktuelle Inhalt der Zwischenablage überschrieben.

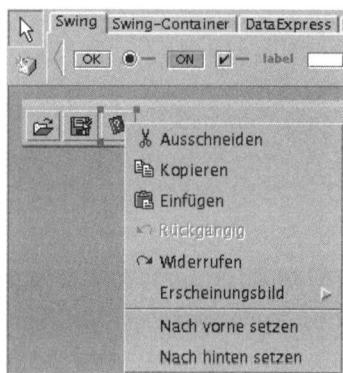

Abbildung 5.40: Gilt auch für GUI-Elemente: der Befehl »Ausschneiden«

Bearbeiten | Kopieren

Dieser Befehl kopiert den markierten Text oder die markierten GUI-Elemente in die Zwischenablage. Das Original wird dabei in keinster Weise verändert. Mit dem Befehl KOPIEREN wird der aktuelle Inhalt der Zwischenablage durch das ausgewählte neue Element ersetzt.

Bearbeiten | Einfügen

Dieser Menübefehl fügt den Inhalt der Zwischenablage in den Quelltext oder in das UI-Design an der Cursorposition im Editor oder UI-Designer ein.

Bearbeiten | Löschen

Durch den Menübefehl LÖSCHEN wird ein markierter Text oder GUI-Element gelöscht, ohne dass etwas in die Zwischenablage kopiert wird. Sie sollten diesen Befehl verwenden, wenn Sie Text oder ein Element löschen möchten ohne den Inhalt der Zwischenablage zu überschreiben.

Bearbeiten | Alles auswählen

Mit diesem Befehl wird die gesamte Quelltextdatei im Editor markiert. Bearbeitungsaktionen wie Ausschneiden, Kopieren oder Einfügen werden für die gesamte Datei ausgeführt. In der momentanen Version JBuilder 4 ist dieser Befehl nicht auf GUI-Elemente anwendbar.

5.2.3 Menü Suchen

Das Menü SUCHEN enthält Befehle zum Suchen von Text in Dateien.

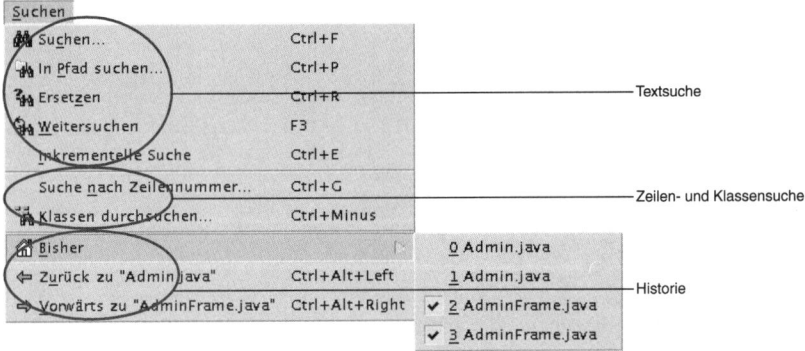

Abbildung 5.41: Das Menü »Suchen« besteht aus drei Gruppen

Suchen | Suchen

Dieser Menübefehl startet den Dialog TEXT SUCHEN/ERSETZEN (→ Abbildung 5.42). Hier geben Sie den zu suchenden Text, gegebenenfalls den Ersatztext und die Optionen für die Suche ein.

Suchen | In Pfad suchen

Durch diesen Befehl erscheint der Dialog IN PFAD SUCHEN, mit dem Sie in allen Dateien, die sich in den Ordnern des Quellpfads befinden, nach einer Zeichenkette suchen können. Gefundene Zeichenketten zeigt der AppBrowser im Inhaltsfenster an, zusätzlich werden die Suchergebnisse im Register SUCHERGEBNISSE dargestellt.

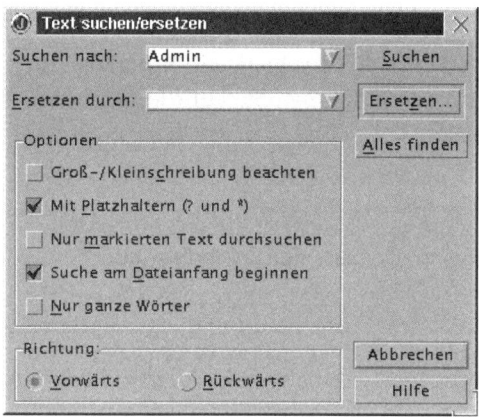

Abbildung 5.42: Dieser Dialog dient zum Suchen und Ersetzen von Text

Suchen | Ersetzen

Hiermit starten Sie den Dialog TEXT SUCHEN/ERSETZEN. Sie können dort einen Such-begriff und den Text eingeben, durch den dieser Begriff ersetzt werden soll.

Suchen | Weitersuchen

Dieser Befehl wiederholt die letzten Suche. Dabei werden die zuletzt vorgenommenen Einstellungen verwendet.

Suchen | Inkrementelle Suche

Bei dieser Suche wird ein kleiner Kurzhinweis (Tooltip) am oberen Ende des Inhalts-fensters angezeigt. Sie können darin Text eingeben, der Editor versucht diesen unmit-telbar zu finden. Sie brechen die Suche jederzeit durch [Esc] oder durch einen Mausklick auf das Inhaltsfenster ab.

Suchen | Suche nach Zeilennummer

Durch diesen Befehl erscheint der Dialog SUCHE NACH ZEILENNUMMER. Dieser Dialog ist für die Navigation in größeren Modulen sinnvoll.

Suchen | Klassen durchsuchen

Dieser Befehl öffnet den Dialog KLASSEN DURCHSUCHEN. Mit ihm lässt sich in Dateien und Packages nach Klassen und Interfaces suchen. Damit eine Klasse gefunden wird, muss sie sich im Importpfad des JBuilders befinden. Der AppBrowser zeigt die Ergeb-nisse der Suche im Inhaltsfenster an.

Suchen | Bisher

Hiermit wechseln Sie zu einem bestimmten Eintrag in der Liste der bisherigen Suchergebnisse. Wenn Sie auf den Abwärtspfeil klicken, können Sie auf die Ergebnisliste
zugreifen.

Suchen | Zurück

Dieser Befehl ruft das vorherige Suchergebnis in der Liste der Ergebnisse auf.

Suchen | Vorwärts

Das nächste Suchergebnis in der Liste der Ergebnisse erhalten Sie durch dieses Kommando.

5.2.4 Menü Ansicht

Das Menü ANSICHT enthält Befehle für die Anzeige von Symbolleisten, von AppBrow-
ser-Fenstern, der Statuszeile und einigen Debugger-Ansichten.

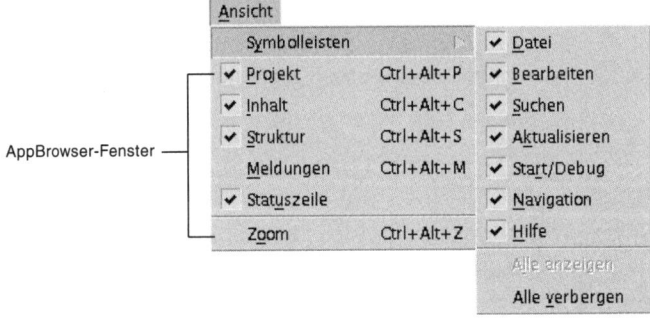

Abbildung 5.43: Über das Menü »Ansicht« lassen sich Fenster und Symbolleisten ein- und ausblenden

Ansicht | Symbolleisten

Dieses Kommando blendet ein Untermenü ein, in dem Sie die Anzeige der Symbolleisten ein- bzw. ausschalten. Sie können auswählen, welche angezeigt werden sollen,
indem Sie diese aktivieren bzw. deaktivieren. Folgende Symbolleisten werden durch
den Befehl erfasst:

▶ Datei

▶ Bearbeiten

▶ Suchen

▶ Aktualisieren

▶ Start/Debug

▶ Navigation

▶ Hilfe

Ansicht | Projekt

Hiermit blenden Sie das Projektfenster ein oder aus.

Ansicht | Inhalt

Das Kommando INHALT schaltet das Inhaltsfenster ein oder aus.

Ansicht | Struktur

Durch den Befehl STRUKTUR blenden Sie das Dateistrukturfenster ein oder aus.

Ansicht | Meldungen

Durch dieses Kommando schalten Sie das Meldungsfenster ein oder aus.

Ansicht | Statuszeile

Hiermit blenden Sie die Statuszeile ein oder aus.

Ansicht | Zoom

Das Kommando ZOOM maximiert das Inhaltsfenster auf volle Bildschirmgröße beziehungsweise stellt die Standardansicht wieder her.

5.2.5 Menü Projekt

Das Menü PROJEKT fasst vier Gruppen von verschiedenen Befehlen zusammen (→ Abbildung 5.44).

Projekt | Projekt <Projekt> aktualisieren

Dieser Befehl (Make) kompiliert alle Java-Quellen innerhalb des ausgewählten Knotens, wenn für sie keine korrespondierende oder aktuelle Class-Datei existiert. Außerdem werden abhängige Knoten ebenfalls kompiliert, wenn sie nicht mehr aktuell sind.

Ein Knoten kann hierbei ein Projekt, ein Paket oder eine Java-Datei sein. Ein Projekt zu aktualisieren wirkt sich auf alle Java-Dateien aus, die sich innerhalb eines (verschachtelten) Pakets oder Projekts befinden. Den Fortschritt einer Aktualisierung können Sie

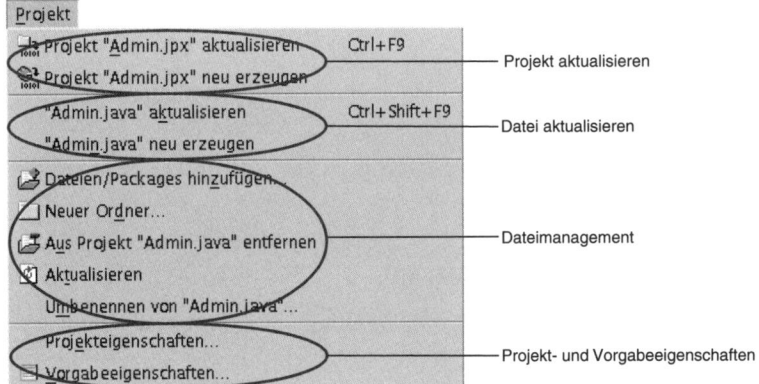

Abbildung 5.44: Das Menü »Projekt« fasst vier verschiedene Gruppen von Projektbefehlen zusammen

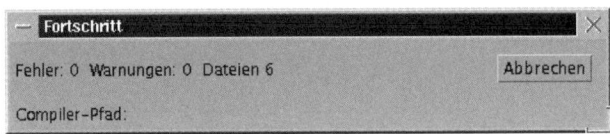

Abbildung 5.45: Fortschrittsanzeige einer Projektaktualisierung

dem Dialog FORTSCHRITT entnehmen, der nach dem Start einer Aktualisierung eingeblendet wird (→ Abbildung 5.45).

Projekt | Projekt <Projekt> neu erzeugen

Diesen Befehl (Rebuild) verwenden Sie, wenn Sie erzwingen wollen, dass alle Java-
Dateien und abhängige Knoten Ihres Projekts rekompiliert werden. Der Fortschritt
beim Rebuild wird über einen Dialog visualisiert (→ Abbildung 5.45).

Hier gilt wiederum: Ein Knoten kann ein Projekt, ein Paket oder eine Java-Datei sein.
Ein Projekt zu rekompilieren wirkt sich auf alle Java-Dateien aus, die sich innerhalb
eines (verschachtelten) Pakets oder Projekts befinden

Projekt | Datei <Datei> aktualisieren

Analog dem Befehl PROJEKT AKTUALISIEREN kompiliert dieser Befehl (Make) die Java-
Datei, wenn für sie keine korrespondierende oder aktuelle Class-Datei existiert. Außerdem werden abhängige Knoten ebenfalls kompiliert, wenn sie nicht mehr aktuell sind.

Projekt | Datei <Datei> neu erzeugen

Dieser Befehl korrespondiert mit dem Befehl PROJEKT NEU ERZEUGEN. Er erzwingt eine Rekompilierung der Java-Datei und der abhängigen Knoten Ihres Projekts.

Projekt | Dateien/Packages hinzufügen

Hiermit starten Sie einen Dialog, mit dem Sie Dateien oder Packages (Java-Pakete) in Ihr Projekt integrieren. Der Dialog besteht aus zwei Registerseiten. Über die Seite EXPLORER (→ Abbildung 5.46) wählen Sie eine oder mehrere Dateien aus, während Sie über die Seite PACKAGES (→ Abbildung 5.47) ein oder mehrere Packages auswählen.

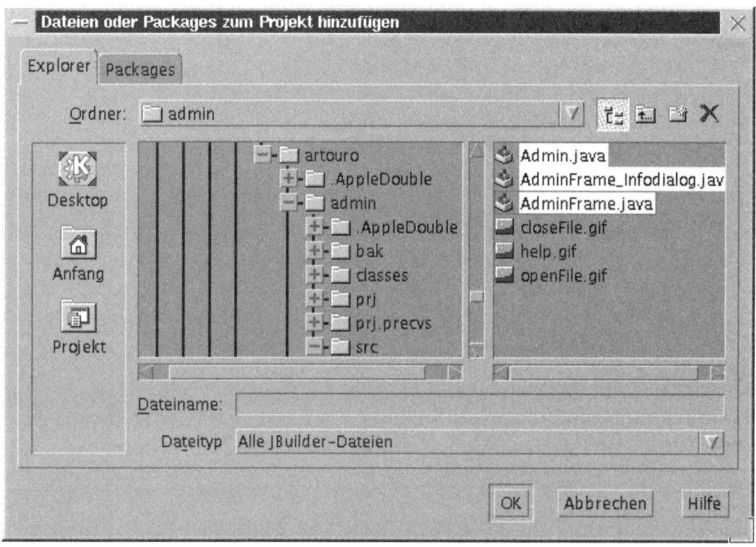

Abbildung 5.46: Mit diesem Dialog fügen Sie Ihrem Projekt Dateien ...

Dieser Dialog zählt zu den am meisten erwarteten Verbesserungen des JBuilders 4, weil es in der Vorversion 3.5 im Gegensatz zur reinen Windows-Version des JBuilders 3 leider nicht möglich war, mehrere Dateien oder Packages auszuwählen und hinzuzufügen. Der JBuilder 3.5 verwendete den Java-Standarddialog, der aber in Bezug auf Mehrfachauswahl einen Fehler aufweist. Der JBuilder 4 umgeht diesen Fehler durch den neuen Dialog zur Mehrfachauswahl.

Projekt | Neuer Ordner

Dieses Kommando erzeugt einen neuen Ordner in dem aktuell bearbeiteten Projekt. Die Aktion hat keine Auswirkungen auf die Festplattenstruktur des Projekts. Ordner sind zur Organisation größerer Projekte gedacht. Wenn Sie den Befehl NEUER ORDNER

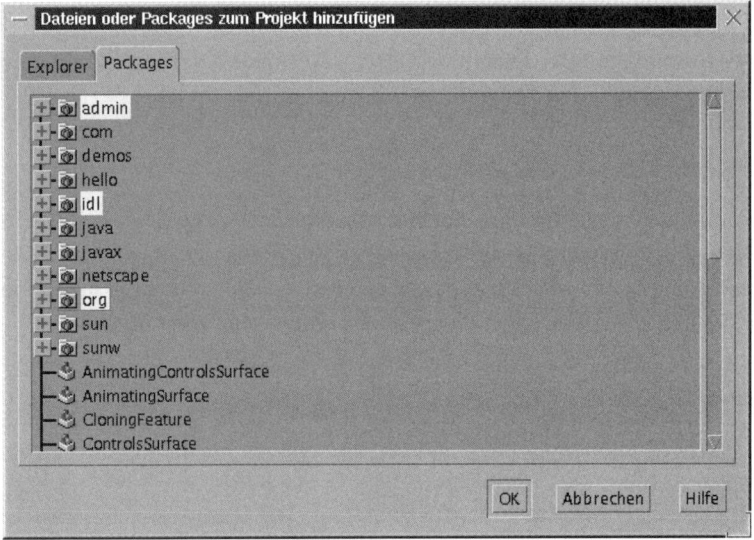

Abbildung 5.47: ... oder Packages hinzu

aufrufen, erscheint ein Dialog (→ Abbildung 5.48), in dem Sie den Namen des Ordners eingeben können.

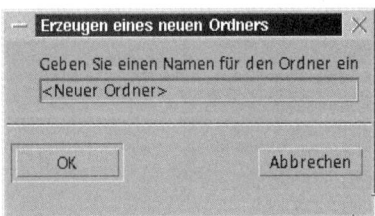

Abbildung 5.48: Erzeugen eines neuen Ordners

Projekt | Aus Projekt <Datei> entfernen

Über diesen Befehl entfernen Sie die gerade im Projektstrukturfenster ausgewählte Datei aus dem Projekt. Physikalisch bleibt diese auf der Festplatte erhalten, sie wird nur aus der Projektdatei entfernt.

Projekt | Aktualisieren

Mit diesem Befehl erzwingen Sie ein erneutes Einlesen der Projektstruktur von der Festplatte. Das kann dann notwendig sein, wenn von einem externen Programm wie zum Beispiel einem Modellierungswerkzeug eine Datei verändert worden ist.

Projekt | Umbenennen von <Datei/Projekt>

Die Beschriftung des Menüeintrags ist davon abhängig, was im Projektstrukturfenster ausgewählt ist. Ist die Projektdatei (oberster Knoten) ausgewählt, können Sie mit diesem Befehl den Namen des Projekts verändern. Ist hingegen eine Datei ausgewählt, lässt sich deren Name verändern (→ Abbildung 5.49).

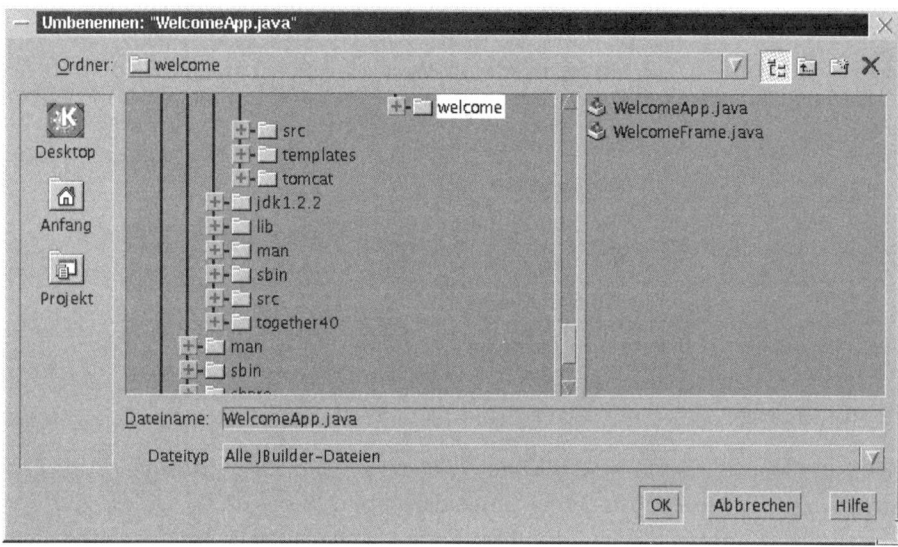

Abbildung 5.49: Umbenennen einer Datei

Projekt | Projekteigenschaften

Dieser Befehl öffnet den Dialog zur Festlegung der Projekteigenschaften. Mit ihm können Sie die in → Tabelle 5.8 abgebildeten Projekteigenschaften festlegen.

Register	Beschreibung
Pfade	Pfadvoreinstellungen
Allgemein	Allgemeine Voreinstellungen
Start	Startvoreinstellungen
Debug	Debug-Voreinstellungen
Erzeugen	Build-Voreinstellungen
Quelltext	Voreinstellungen für den Quelltext
Enterprise	Pfad zum Application Server
Team	CVS-Einstellungen

Tabelle 5.8: Die Eigenschaften eines Projekts

Projekt | Vorgabeeigenschaften

Über dieses Kommando starten Sie den Dialog VORGABE FÜR PROJEKTEIGENSCHAFTEN. Er dient dazu, Vorlagen für Projekte zu definieren, die bei einem neuen Projekt genutzt werden können.

Register	Beschreibung
Pfade	Pfadvoreinstellungen
Allgemein	Allgemeine Voreinstellungen
Start	Startvoreinstellungen
Debug	Debug-Voreinstellungen
Erzeugen	Build-Voreinstellungen
Quelltext	Voreinstellungen für den Quelltext
Enterprise	Pfad zum Application Server
Team	CVS-Einstellungen

Tabelle 5.9: Vorgabeeigenschaften für zukünftige Projekte

5.2.6 Menü Start

Mit Hilfe des Menüs START (→ Abbildung 5.50) starten und testen (debuggen) Sie Programme, legen Haltepunkte fest und untersuchen den Wert von Variablen. Auf den folgenden Seiten finden Sie eine Einführung in die Arbeit mit diesem Menü, dem Debugger ist aber ein eigener Abschnitt im → Kapitel 7 gewidmet.

Start | Projekt ausführen

Dieses Kommando startet Ihre Anwendung im »Normalbetrieb«, das heißt in keinem Testmodus. Das Gleiche erreichen Sie, wenn Sie auf F9 drücken. Die Ausführung findet auf der Grundlage der Einstellungen statt, die Sie in der Registerseite START des Dialogs PROJEKTEIGENSCHAFTEN angegeben haben.

Vor dem Start kann der JBuilder automatisch die Datei beziehungsweise das Projekt kompilieren, falls Sie das wünschen. Dazu müssen Sie nur die Option VOR AUSFÜHRUNG COMPILIEREN auf der Registerseite START des Dialogs PROJEKTEIGENSCHAFTEN aktivieren.

Wichtig bei Teilprojekten: Stellen Sie sicher, dass im Dialog PROJEKTEIGENSCHAFTEN (PROJEKT | PROJEKTEIGENSCHAFTEN) PACKAGES STABILISIEREN deaktiviert ist, da sich zum Entwicklungszeitpunkt meist noch viele Änderungen einstellen.

Start | Projekt debuggen

Dieser Befehl startet Ihre Anwendung im Testmodus (Debugging-Modus). Das Gleiche erreichen Sie, wenn Sie auf ⓐ F9 drücken. In diesem Modus können Sie Haltepunkte setzen, das Programm definiert unterbrechen und den Wert von Variablen auswerten.

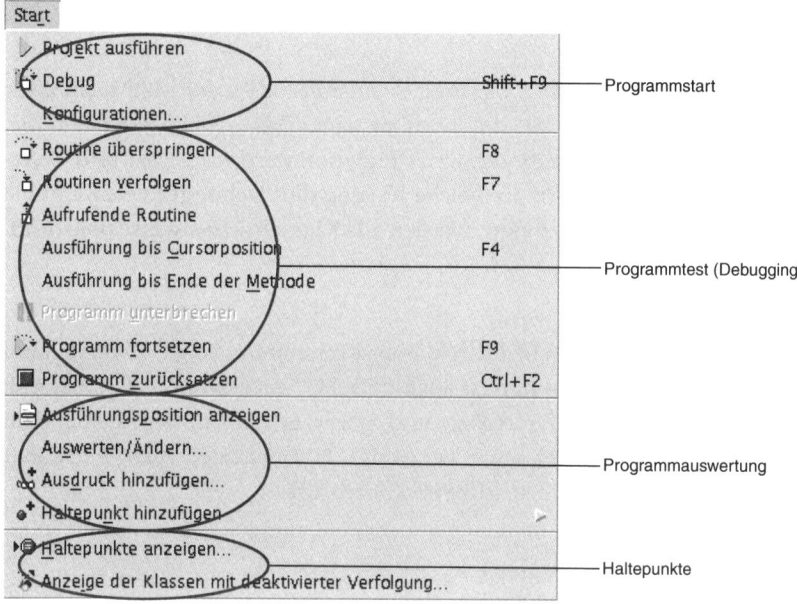

Abbildung 5.50: Das Menü »Start« bietet den Zuriff auf Debugging- und Startbefehle

Analog zum Befehl START | PROJEKT AUSFÜHREN gilt auch hier: Vor dem Debugging kann der JBuilder automatisch die Datei beziehungsweise das Projekt kompilieren, falls Sie das wünschen. Dazu müssen Sie nur die Option VOR AUSFÜHRUNG COMPILIEREN auf der Registerseite START des Dialogs PROJEKTEIGENSCHAFTEN aktivieren.

Symbolische Debug-Informationen erzeugt der JBuilder standardmäßig. Sie können die Einstellung durch den Dialog PROJEKTEIGENSCHAFTEN überprüfen. Ist die Option MIT DEBUG-INFORMATIONEN auf der Registerseite COMPILER gesetzt, erzeugt der Compiler entsprechende Informationen.

Mit dem Start des Debuggers wechselt die IDE in den Debugger-Modus (→ 5.1.2 Debugger-Modus, Seite 175). Noch mehr über den Debugger und diesen Modus der IDE erfahren Sie im → Kapitel 7 unter dem Abschnitt Debugger.

Start | Konfigurationen

Dieser Menüpunkt ist der *Professional* sowie der *Enterprise Edition* vorbehalten und startet den Dialog LAUFZEIT-KONFIGURATION. Dieser Dialog ist ein Ausschnitt des Dialogs PROJEKTEIGENSCHAFTEN. In beiden Dialogen legen Sie die Konfiguration für den Start und das Debugging Ihrer Anwendung, Ihres Applets, Ihres Servlets oder Ihrer JSP fest.

Start | Routine überspringen

Mit dieser Anweisung starten Sie Ihr Programm in einem Modus, der Methoden zwar ausführt, aber nicht den Quelltext der Methode anzeigt. Das Gleiche erreichen Sie, wenn Sie auf F8 drücken. Mit *SmartStep*, einer Funktion der *Professional* und *Enterprise Edition*, lässt sich zudem steuern, in welche Klassen der Debugger verzweigt. Ist *SmartStep* nicht verfügbar oder deaktiviert, werden alle Klassen schrittweise überprüft.

Start | Routine verfolgen

Im Gegensatz zum vorherigen Befehl führt dieses Kommando den Debugger zum Quelltext jeder Methode. Diese Funktion ist auch über F7 erreichbar. Auch hier gilt: Mit SmartStep, einer Funktion der *Professional* und *Enterprise Edition*, lässt sich zudem steuern, in welche Klassen der Debugger verzweigt. Ist SmartStep nicht verfügbar oder deaktiviert, werden alle Klassen schrittweise überprüft.

Start | Aufrufende Routine

Dieser Befehl hat zur Folge, dass die Methode, in der sich der Debugger befindet, verlassen wird und er in die aufrufende Methode wechselt. Für diesen Befehl gibt es kein Tastenkürzel. Auch hier gilt wiederum: Mit *SmartStep*, einer Funktion der PROFESSIONAL und *Enterprise Edition*, lässt sich zudem steuern, in welche Klassen der Debugger verzweigt. Ist *SmartStep* nicht verfügbar oder deaktiviert, werden alle Klassen schrittweise überprüft.

Start | Ausführung bis Cursorposition

Dieses Kommando führt Ihr Programm bis zur Position aus, an der sich der Cursor im Inhaltsfenster des Editors befindet. Mit dem Befehl AUSFÜHRUNG BIS CURSORPOSITION lassen sich Probleme lokalisieren, für die ein Einzelschrittverfahren zu langwierig und ein bedingter Haltepunkt zu kompliziert wäre.

Start | Ausführung bis Ende der Methode

Hiermit führen Sie Ihr Programm bis an das Methodenende der aktuellen Methode aus.

Start | Programm unterbrechen

Mit diesem Kommando oder der entsprechenden Tastenkombination $\boxed{\text{Strg}}\,\boxed{\text{F2}}$ halten Sie die Ausführung des aktiven Programms vorübergehend an. Sie können dies nutzen, um Variablenwerte zu überprüfen. Danach lässt sich das Programm in der nächsten Kodezeile, die dem Haltepunkt folgt, fortsetzen.

Start | Programm fortsetzen

Mit diesem Menübefehl oder mit der Tastenkombination $\boxed{\text{F9}}$ setzen Sie die aktuelle Debug-Sitzung fort oder starten eine beendete beziehungsweise zurückgesetzte Session erneut.

Start | Programm zurücksetzen

Das Kommando PROGRAMM ZURÜCKSETZEN stoppt die aktuelle Ausführung eines Programms, entfernt es aus dem Speicher und setzt alle Variableneinstellungen wieder zurück.

Start | Ausführungsposition anzeigen

Wenn Sie wissen möchten, an welcher Stelle sich die Programmausführung befindet, verwenden Sie den Befehl AUSFÜHRUNGSPOSITION ZEIGEN. Sie setzt den Cursor an die Stelle im Inhaltsfenster, an der sich der Programmlauf momentan befindet.

Start | Auswerten/Ändern

Mit diesem Befehl lassen sich Variablenwerte zur Laufzeit inspizieren. Dazu startet das Kommando den Dialog AUSWERTEN/ÄNDERN. Mit ihm lassen sich die Werte von Methoden, Ausdrücken oder Eigenschaften auswerten oder ändern. Praktischer als die Verwendung des Befehls AUSWERTEN/ÄNDERN ist es allerdings, einen Rechtsklick auf die zu untersuchende Variable auszuführen.

Start | Ausdruck hinzufügen

Wenn Sie neue Ausdrücke inspizieren möchten, verwenden Sie diesen Menübefehl. Er startet einen Dialog, in dem Sie den Ausdruck und einen Kommentar eingeben. Nach dieser Aktion wird der Ausdruck in einem Debugger-Fenster gelistet und kann dort verfolgt werden.

Start | Haltepunkt hinzufügen

Mit diesem Befehl fügen Sie verschiedene Typen von bedingten oder einfachen Haltepunkten zu Ihrem Projekt hinzu. Folgende Typen sind verfügbar:

▷ Zeilen-Haltepunkt

▷ Exception-Haltepunkt

▷ Klassen-Haltepunkt

▷ Methoden-Haltepunkt

▷ Prozessübergreifender Haltepunkt

Wenn Sie einen der genannten Typen wählen, startet der Dialog <HALTEPUNKTTYP>-
HALTEPUNKT HINZUFÜGEN, in dem sich Haltepunkte eingeben und ändern lassen.

Start | Haltepunkte anzeigen

Hiermit erscheint der Dialog HALTEPUNKTE, der Ihnen einen Überblick über die Haltepunkte des Projekts gibt.

Start | Anzeige der Klassen mit deaktivierter Verfolgung

Diese Funktion der *Professional* und *Enterprise Edition* startet den Dialog DEAKTIVIERTE
VERFOLGUNG. Der Dialog präsentiert eine Liste der Klassen, die beim Debugging über-
gangen werden.

5.2.7 Menü Team

Das Menü TEAM ist nur in der *Enterprise Edition* enthalten. Es besteht aus zehn Befehlen, die in drei Gruppen zusammengefasst sind. Sie beziehen sich (ohne Anpassung
des JBuilders durch die OpenTools-API) auf die Versionskontrolle *Concurrent Version
System* (CVS), die sich im Lieferumfang der *Professional* und *Enterprise Edition* befindet
(auf der CD Companion Tools). Versionskontrollwerkzeuge wie CVS verwandeln den
JBuilder Enterprise zu einem vollständig teamfähigen Werkzeug mit integrierter Versionskontrolle. Andere Versionskontrollprodukte lassen sich über die OpenTools-API
des JBuilder genauso wie CVS anbinden und dem Menü TEAM zuweisen.

CVS ist eine Anwendung, mit der Sie Dateien Ihres lokalen Projekts (*Arbeitsbereich*)
sichern, mit Versionsnummern versehen und mit Dateien, die andere Teammitglieder
auf deren Computern bearbeiten, synchronisieren können. Das CVS löst das *Polytron
Version Control System* (PVCS) ab, das in einer Lite-Version Bestandteil des JBuilder 3
Enterprise war.

CVS ist wie das PVCS eine spezielle Datenbankanwendung für die Versionsverwal-
tung von Dateien. Die Datenbank, das so genannten *Repository,* dient als Auffangbecken für die Dateien eines Projekts und den Informationen über deren Status. Sie
werden in einem Projektmodul gespeichert, auf das alle Teammitglieder Zugriff haben.
Folgende Aktionen lassen sich von jedem Entwickler vornehmen:

▷ Dateien mit Versionsnummern belegen (versionieren)

▷ Benutzer zuordnen (Eigentümer, Anwender)

▷ Dateien für die Benutzung freigeben (Check-in)

▷ Dateien für die Benutzung sperren (Check-out)

▷ Dateien unterschiedlicher Version konsolidieren

Damit sind die wesentlichen Fähigkeiten von CVS abgesteckt, die sich auch im Menü TEAM des JBuilders widerspiegeln. Ich gebe Ihnen auf den folgenden Seiten nur eine kurze Einführung in die Befehle des Menüs TEAM. Das → Kapitel 9 (Softwareentwicklung im Team) widmet sich dann ausführlich diesem Thema.

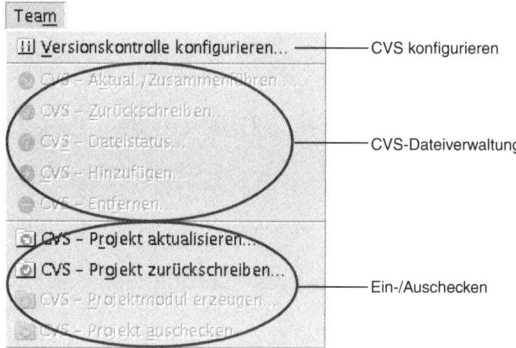

Abbildung 5.51: Das Menü »Team« besteht aus drei Befehlsgruppen

Team | Versionskontrolle konfigurieren

Dieser Befehl ruft einen Dialog auf, der Ihnen erlaubt, die Versionskontrolle zu konfigurieren. Die Konfiguration umfasst unter anderem, welches Versionskontrollwerkzeug eingesetzt wird, ob ein lokales oder Server-Repository vorhanden ist und ob Daten verschlüsselt oder unverschlüsselt übertragen werden.

Team | Aktual./Zusammenführen

Durch AKTUALISIEREN/ZUSAMMENFÜHREN wird versucht, die aktuelle Datei mit der im Repository gespeicherten Datei automatisch zusammenzuführen. Sollten Konflikte auftreten, werden diese dargestellt und gekennzeichnet.

Team | Zurückschreiben

Mit dem Befehl ZURÜCKSCHREIBEN speichern Sie die aktuelle Datei im Repository des Versionskontrollwerkzeugs (Check-in). Dadurch werden die Änderungen, die Sie an der Datei durchgeführt haben, für andere Entwickler im Team verfügbar.

Team | Dateistatus

Der Befehl DATEISTATUS startet einen Dialog, der Auskunft über den Status der Datei gibt. Der Dialog gibt Informationen darüber, ob sich die Datei im Repository befindet, ob die Datei lokal oder auf einem Server gespeichert ist und ob Konflikte vorliegen.

Team | Hinzufügen

Durch HINZUFÜGEN fügen Sie eine Datei zum Projektmodul des Repositories hinzu.

Team | Entfernen

Das Kommando ENTFERNEN löscht die im Editor angezeigte Datei aus dem Projektmodul des Repositories.

Team | Projekt aktualisieren

Durch diesen Befehl werden Änderungen aus dem Repository übernommen und mit dem Arbeitsbereich synchronisiert.

Team | Projekt zurückschreiben

Alle Änderungen, die Sie in Ihrem Arbeitsbereich vorgenommen haben, werden mit dem Projekt, das sich im Repository befindet, synchronisiert.

Team | Projektmodul erzeugen

Zu jedem Projekt gehört ein eigenes Projektmodul, das im Repository gespeichert wird. Mit diesem Befehl können Sie dieses Modul erzeugen.

Team | Projekt auschecken

Durch den Befehl PROJEKT AUSCHECKEN holen Sie das gesamte Projekt vom Team-Repository in Ihren Arbeitsbereich.

5.2.8 Menü Experten

Die JBuilder-Experten nehmen Ihnen lästige Routinetätigkeiten bei der Erstellung von Klassen sowie Programmen ab und können so die Software-Entwicklung beschleunigen. Das Menü EXPERTEN enthält aber keineswegs den Zugriff auf alle Experten des

JBuilders, sondern nur auf einen Teil davon. Der Rest der Experten ist verstreut im AppBrowser zu finden. Einen Überblick, wo sich die verschiedenen Experten in der Menühierarchie des JBuilders befinden, gibt Ihnen → Abbildung 5.52.

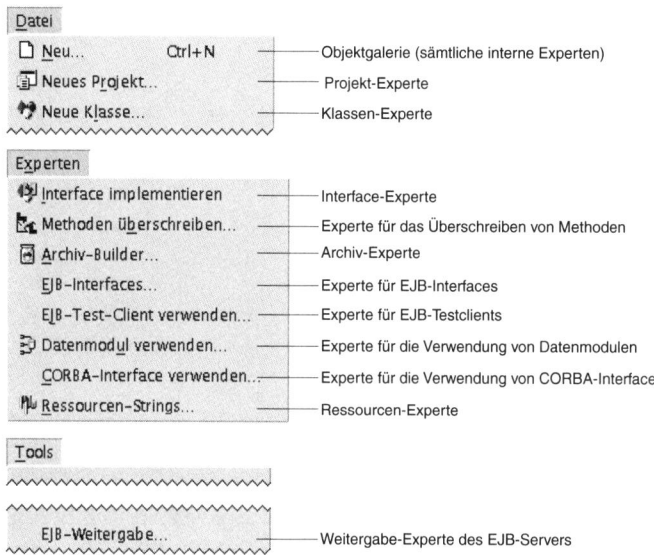

Abbildung 5.52: Übersicht der JBuilder-Experten

Einen Gesamtüberblick über sämtliche 35 JBuilder-Experten und deren Funktionen bekommen Sie im → Kapitel 6.

5.2.9 Menü Tools

Das Menü Tools fasst Befehle zur Tool-Konfiguration, zum Enterprise-Setup, zur Package-Migration, Beans-Untersuchung, zum Start von Datenbankwerkzeugen und zur Menükonfiguration sowie RMI-Registrierung zusammen.

Tools | IDE-Optionen

Mit dem Befehl IDE-Optionen starten Sie den gleichnamigen Dialog. Sie stellen damit Vorgaben für den AppBrowser (Erscheinungsbild der IDE), für Dateitypen und für den Start beziehungsweise das Debugging Ihres Programms ein.

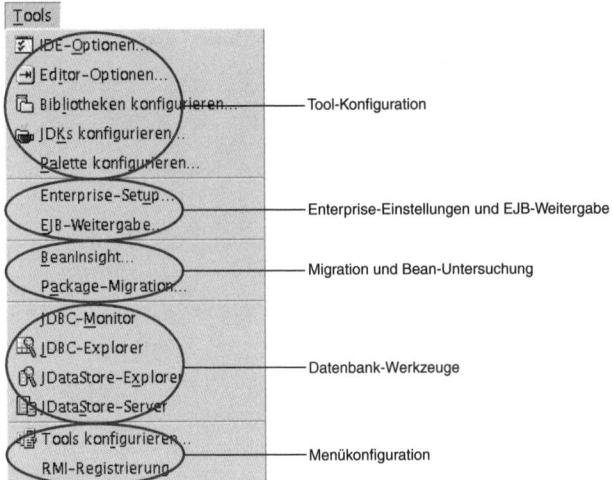

Abbildung 5.53: Das Menü »Tools« fasst fünf Gruppen von Werkzeugen zusammen

Tools | Editor-Optionen

Hiermit öffnen Sie den Dialog EDITOR-OPTIONEN. Er enthält Vorgaben für den Editor, die Anzeige, Farben (Syntaxhervorhebung), Kode-Vorlagen und für CodeInsight.

Tools | Bibliotheken konfigurieren

Mit dem Dialog BIBLIOTHEKEN KONFIGURIEREN, den dieser Befehl aufruft, lassen sich Bibliotheken hinzufügen und bearbeiten.

Tools | JDKs konfigurieren

Dieser Befehl öffnet den Dialog JDKS KONFIGURIEREN. Hiermit lassen sich JDKs nach Ihren Wünschen konfigurieren.

Tools | Palette konfigurieren

Hiermit starten Sie den Dialog PALETTENEIGENSCHAFTEN, mit dem Sie die Registerseiten der Komponentenpalette konfigurieren.

Tools | Enterprise-Setup

Dieser Befehl, der nur in der *Professional* und *Enterprise Edition* enthalten ist, startet den Dialog ENTERPRISE-SETUP, der in der *Enterprise Edition* über die drei Registerseiten CORBA, APPLICATION SERVER und DATENBANK-TREIBER verfügt. Der Dialog der Professional Edition enthält nur die Registerseite DATENBANK-TREIBER.

Auf der Registerseite CORBA wählen Sie den Object Request Broker aus und konfigurieren ihn, während Sie auf der Registerseite APPLICATION SERVER den Applikationsserver angeben. Über die Registerseite DATENBANK-TREIBER schließlich fügen Sie die Konfigurationsdateien entsprechender Datenbanktreiber hinzu.

Wenn Sie die CORBA- und AppServer-Einstellungen korrekt vorgenommen haben, werden alle Symbole der OBJEKTGALERIE freigeschaltet.

Tools | EJB-Weitergabe

Die Weitergabe von EJBs (das Deployment) leiten Sie mit diesem Befehl ein, der nur in der *Enterprise Edition* verfügbar ist. Je nach gewähltem Application Server wird der entsprechende Dialog des Produkts gestartet. Wundern Sie sich also nicht, wenn ein Dialog erscheint, der zum Beispiel eine englische Beschriftung aufweist, obwohl Sie die deutsche Version des JBuilders installiert haben.

Tools | BeanInsight

Zur Überprüfung eines JavaBeans verwenden Sie *BeanInsight*, den Sie mit dem gleichnamigen Befehl aufrufen.

Tools | Package-Migration

Das Werkzeug zur Package-Migration, das mit diesem Befehl gestartet wird, hilft Ihnen beim Konvertieren älterer Projekte und Quelltexte, die nicht den neuen Sun-Konventionen entsprechen.

Tools | JDBC-Monitor

Mit diesem Befehl rufen Sie den JDBC-Monitor auf, den Sie zur Überwachung der Aktivität von Datenbanktreibern einsetzen können. Diese Funktion ist nur in der *Professional* und *Enterprise Edition* enthalten.

Tools | JDBC-Explorer

Durch dieses Kommando starten Sie den JDBC-Explorer, ein Programm, das nur in der *Professional* und *Enterprise Edition* enthalten ist. Der Explorer dient zur Erforschung von JDBC-fähigen Datenbanken.

Tools | JDataStore-Explorer

Dieser Befehl startet den JDataStore-Explorer. Dieses Programm ist nur in der *Professional* und *Enterprise Edition* verfügbar und dient dazu, sich vorhandene JDataStore-Server-Datenbanken anzusehen.

Tools | JDataStore-Server

Diese Funktion der *Professional* und *Enterprise Edition* ruft den *JDataStore-Server* auf.

Tools | Tools konfigurieren

Mit Hilfe dieses Befehls lassen sich neue Werkzeuge in das Menü TOOLS integrieren.

Tools | RMI-Registrierung

Dieser Befehl – eine Funktion der *Professional* und *Enterprise Edition* – schaltet die RMI-Registrierung ein beziehungsweise aus. Die RMI-Registrierung erlaubt es einem entfernten Client, auf Server-Objekte mit reinen Java-Mitteln ohne CORBA zuzugreifen.

5.2.10 Menü Fenster

Das Menü FENSTER besteht aus vier Gruppen (→ Abbildung 5.54). Sie können mit diesem Menü zwischen verschiedenen Fenstern des AppBrowsers und Dateien, die bearbeitet werden, wechseln.

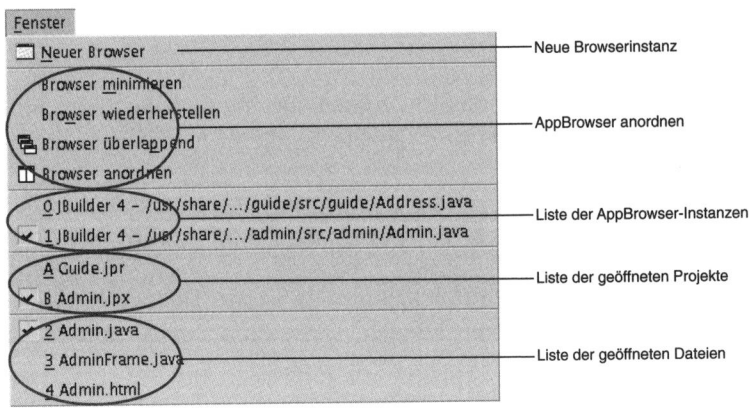

Abbildung 5.54: Das Menü »Fenster« erlaubt, zwischen verschiedenen Ansichten zu wechseln

Fenster | Neuer Browser

Mit dem Befehl FENSTER | NEUER BROWSER lassen sich vom AppBrowser mehrere Instanzen starten. Hierbei wird keine komplett neue Betriebssysteminstanz des JBuilder erzeugt, sondern eben nur eine neue Instanz des AppBrowsers als Fenster der IDE (→ Abbildung 5.55).

Alle Instanzen dieses Fensters arbeiten auf der gleichen Datenbasis. Wenn Sie in einer Instanz zum Beispiel einen Teil des Quelltextes verändern, aktualisiert der JBuilder diese Änderung unmittelbar auch in der anderen Instanz des AppBrowsers.

Sie wechseln zwischen den AppBrowser-Instanzen über das Menü FENSTER oder, wenn Sie unter Windows arbeiten, über die Task-Leiste. Natürlich können Sie auch einfach auf das entsprechende Fenster klicken, um es auszuwählen.

Wenn Sie unter einem Unix-Betriebssystem arbeiten, können Sie die verschiedenen Instanzen auf verschiedene virtuelle Bildschirme verteilen (unter Linux zum Beispiel beim KDE oder unter Solaris beim CDE). Das ist auch für das Testen von Programmen sehr praktisch.

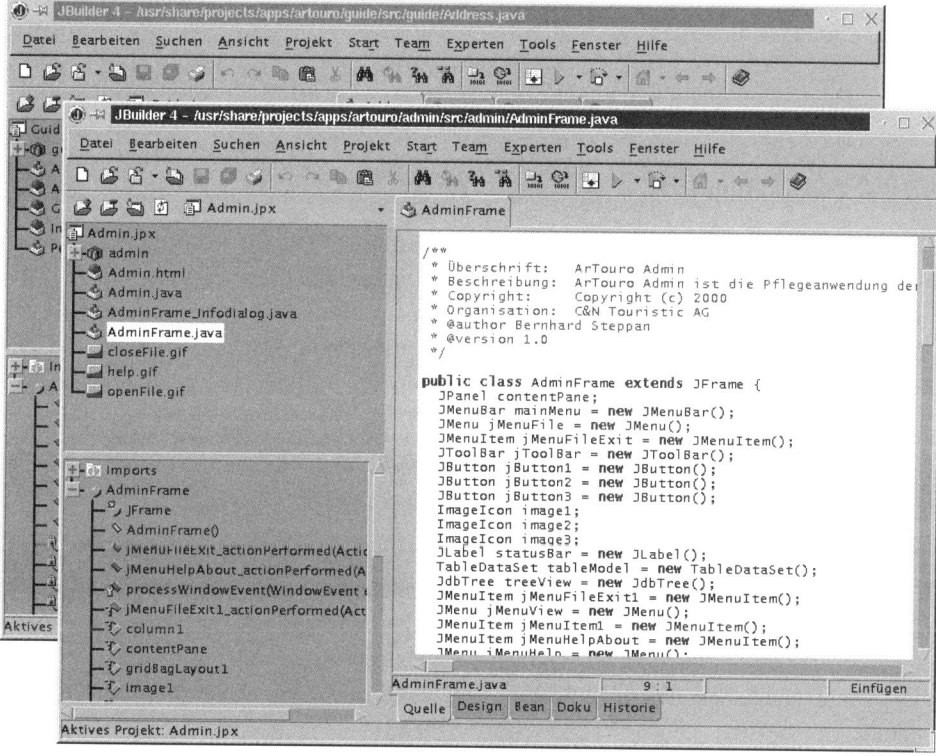

Abbildung 5.55: Zwei AppBrowser-Instanzen – eine JBuilder-IDE

Folgende vier Befehle sind nur dann verfügbar, wenn mindestens zwei AppBrowser-Instanzen vorhanden sind:

Fenster | Browser minimieren

Über diesen Menübefehl minimieren Sie *sämtliche* Instanzen des AppBrowsers.

Fenster | Browser wiederherstellen

Dieses Kommando blendet alle Instanzen des AppBrowsers, die minimiert sind, wieder ein.

Fenster | Browser überlappend

Durch diesen Befehl werden AppBrowser-Instanzen so angeordnet, dass sie sich überlappen.

Fenster | Browser anordnen

Mit diesem Befehl ordnen Sie die verschiedenen Instanzen des AppBrowsers so an, dass sie nebeneinander liegen.

5.2.11 Menü Hilfe

Das JBuilder-Hilfesystem beinhaltet fast die gesamte Dokumentation des JBuilders im HTML-Format. Sie besteht aus Verweisen auf Hilfethemen, JBuilder-Umgebung, Tastaturbelegung, Kurztipps, Hinweis des Tages, der Sun-Referenz zum JDK 1.3, Referenzen zum DataExpress, zu dbSwing, zum BeansExpress sowie Verweisen auf die JBuilder-Homepage und zu den OpenTools-Seiten.

Die Hilfe kann entweder über das Menü HILFE, über F1 oder eine entsprechende Schaltfläche HILFE eines Dialogs aufgerufen werden.

Hilfe | Hilfethemen

Über HILFE | HILFETHEMEN oder F1 gelangen Sie zum Ausgangspunkt des JBuilder-Hilfesystems. Dort erhalten Sie allgemeine Hilfe zu JBuilder-Neuerungen und zum Gebrauch der Hilfe. Von dort aus können Sie aber auch zu speziellen Themen verzweigen. Diese speziellen Themen finden sich in einem der nächsten Abschnitte des Menüs.

Sie erhalten in diesen Abschnitten Hilfe zur JBUILDER-UMGEBUNG, zu den verschiedenen TASTATURBELEGUNGEN und bekommen eine Reihe von KURZTIPS und HINWEISE angeboten. Der mittlere Teil des Menüs HILFE ist den verschiedenen Referenzen zum JDK 1.3, zur Oberflächenbibliothek Swing, zu DataExpress, dbSwing und BeansExpress gewidmet.

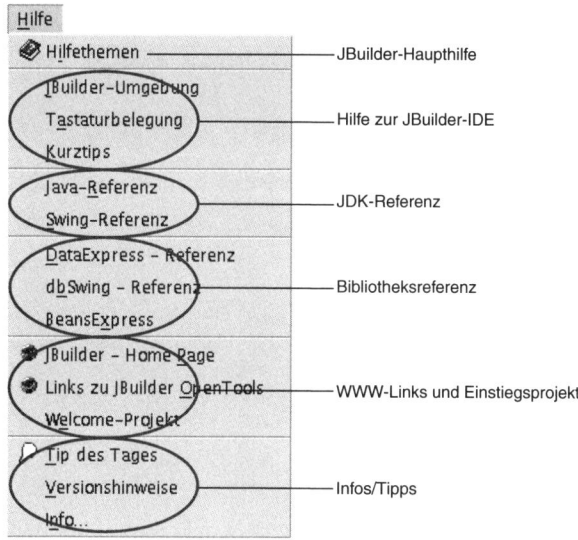

Abbildung 5.56: Das Menü »Hilfe« ist in sechs Abschnitte gruppiert

Hilfe | JBuilder-Umgebung

Dieser Hilfeteil beschäftigt sich mit der integrierten Entwicklungsumgebung.

Hilfe | Tastaturbelegung

Durch diesen Befehl erhalten Sie Hilfe zu den fünf im Editor zur Verfügung stehenden
Tastaturschemata: CUA, Emacs, Brief, Visual Studio und individuelle Belegung.

Hilfe | Kurztips

Mit diesem Befehl erhalten Sie Tipps & Tricks zu folgenden Themen

Thema	Inhalt
Applets	Applets und Browser-Kompatibilität sowie Plug-ins
Bibliotheken	Bibliotheksverwaltung, JAR-Archive
Debugger	ExpressionInsight, Debug-Leistung erhöhen
Designer	Hilfe zum Designer, Cursorposition im Designer
Editor	Hilfe zum Editor, Tastaturbelegung, CodeInsight
Entwicklung im Team	Konfliktbehebung mit CVS
EJBs	Tipps zur Ausführung von EJB in Containern
Experten	Gestaltung von Quelltext, Internationalisierung von Anwendungen

Tabelle 5.10: Das Spektrum der Kurztipps

Thema	Inhalt
Hilfefenster	Internet-Browser als Hilfebetrachter, Zoomfunktion, Hinweis des Tages
HTML	Ausdruck über HTML-Text
IDE	Kontextmenüs und Suchfunktionen
JdataStore	JDataStore-Schlüsselwörter und -Tabellenfunktionen
JSPs	JSP getrennt vom Quelltext sichern
JDKs	JDK-Switching
Projektverwaltung	Packages automatisch zu Projekten hinzufügen
Servlets	Tipps zu XML-Servlets
XML	XML-Datenberichte und XML-Dateien im Editor

Tabelle 5.10: Das Spektrum der Kurztipps (Fortsetzung)

Kontextbezogene Hilfe

Häufig wichtiger als die Hilfe, die Sie über HILFE | HILFETHEMEN bekommen können, ist die schon erwähnte kontextbezogene Hilfe. Sie erhalten sie beispielsweise zu einem Dialog, wenn Sie auf dessen Schaltfläche HILFE klicken.

5.3 Kontextmenüs

Viele Objekte des AppBrowsers lassen sich über Kontextmenüs (lokale Menüs) ansprechen. So besitzt jeder Knoten der Projektstrukturfenster ein ihm zugewiesenes Kontextmenü, das über einen Rechtsklick auf ein Objekt erscheint.

Manche Befehle wie die Webausführung und Webfehlersuche erreichen Sie nur durch Kontextmenüs der entsprechenden Webdateien (Servlets, JSP).

5.4 Hauptsymbolleiste

Die Hauptsymbolleiste dient dem schnellen Zugriff auf häufig verwendete Programmfunktionen der Menüs. Mit anderen Worten: Wer wichtige Funktionen des JBuilders mit einem Mausklick erreichen möchte, verwendet dazu diese Symbolleiste. Sie fasst eine Untermenge der Menübefehle zusammen. Die → Tabelle 5.11 zeigt die Funktionen der Symbolleiste im Überblick.

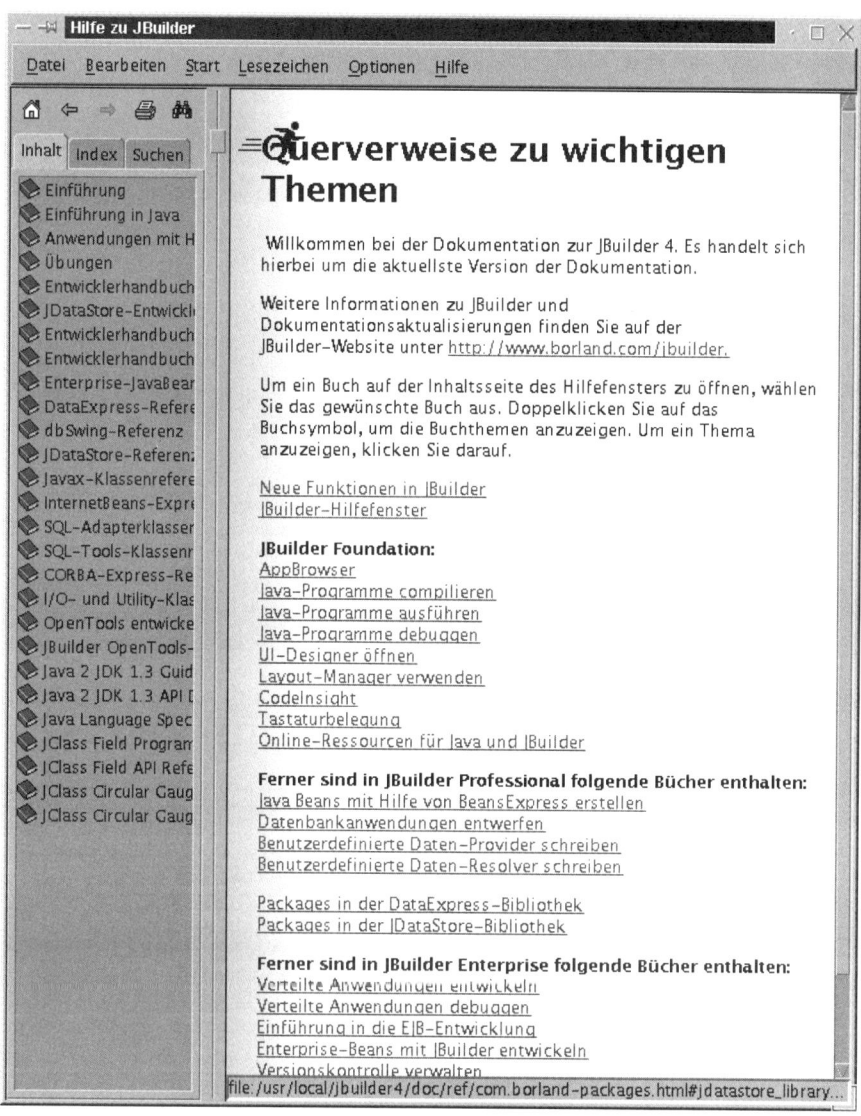

Abbildung 5.57: Der Startpunkt der globalen Hilfe sind die Hilfethemen.

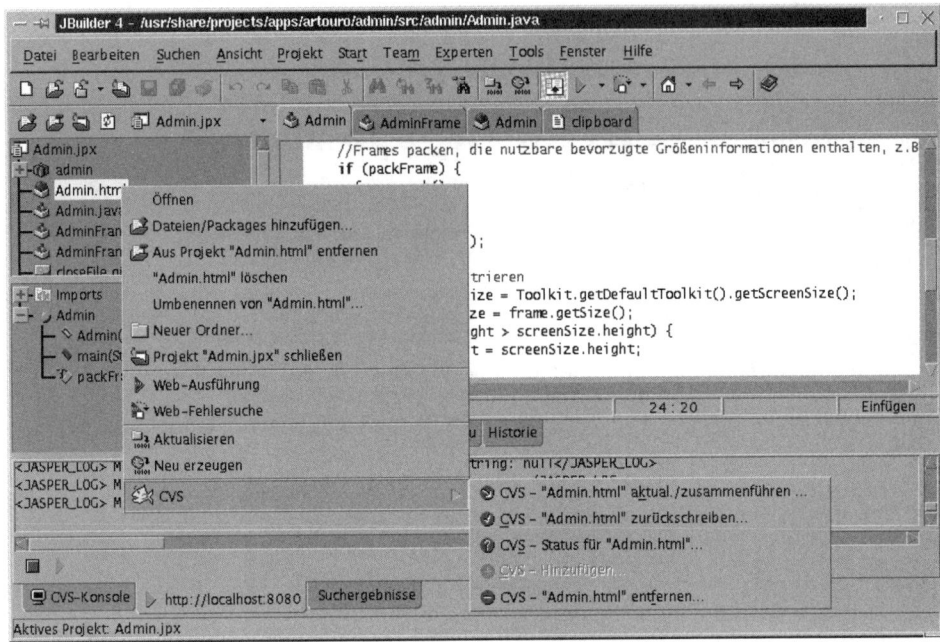

Abbildung 5.58: Kontextmenü einer Datei mit Befehlen zur Versionskontrolle

Symbol	Menübefehl	Beschreibung
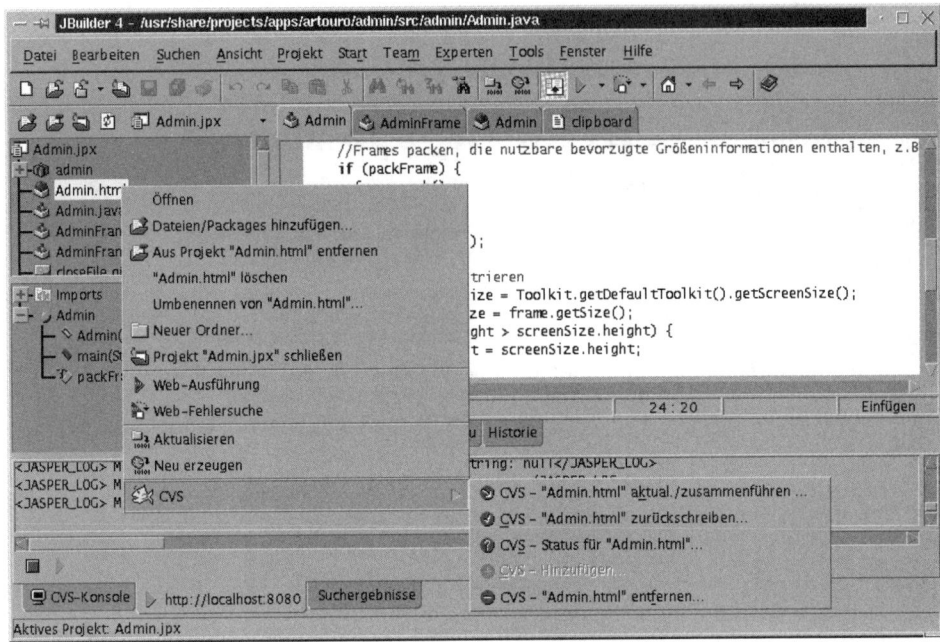	DATEI | NEU	ruft die Objektgalerie auf (Zugriff auf JBuilder-Experten)
	DATEI | ÖFFNEN	öffnet alle JBuilder-Dateien (Projekt, Javadateien, Bilddateien etc.)
	DATEI | NEU ÖFFNEN	öffnet ein Projekt oder eine Datei, das/die schon einmal im AppBrowser bearbeitet worden ist
	DATEI | SCHLIESSEN	schließt die aktuelle Datei
	DATEI | SPEICHERN UNTER	speichert die aktuelle Datei
	DATEI | ALLES SPEICHERN	speichert alle Dateien, bei denen Änderungen noch nicht gesichert wurden
	DATEI | DRUCKEN	druckt die aktuelle Datei oder den markierten Text

Tabelle 5.11: Gruppe »Datei« der Hauptsymbolleiste und deren Beschreibung

Die Gruppe DATEI fasst die wichtigsten Befehle des Menüs DATEI zusammen (→ Tabelle 5.11), während die Gruppe BEARBEITEN (→ Tabelle 5.12) Zugriff auf die Standardbefehle der Zwischenablage bietet.

Symbol	Menübefehl	Beschreibung
↶	BEARBEITEN | RÜCKGÄNGIG	widerruft die letzte Aktion
↷	BEARBEITEN | WIDERRUFEN	wiederholt die letzte Aktion
📋	BEARBEITEN | KOPIEREN	kopiert Text oder UI-Elemente in die Zwischenablage
📋	BEARBEITEN | EINFÜGEN	fügt Text oder UI-Elemente aus der Zwischenablage ein
✂	BEARBEITEN | AUSSCHNEIDEN	schneidet Text oder UI-Elemente aus und speichert sie in der Zwischenablage

Tabelle 5.12: Gruppe »Bearbeiten« der Hauptsymbolleiste und deren Beschreibung

Die Gruppe SUCHEN (→ Tabelle 5.13) bietet Ihnen einen direkten Zugriff fast auf das komplette Menü gleichen Namens. Die Entwickler haben die Suchfunktionen in Textsuche und Navigation gegliedert. Die ersten Befehle befinden sich neben der Gruppe BEARBEITEN, während der andere Teil am Ende der Symbolleiste vor der Schaltfläche HILFE zu finden ist.

Symbol	Menübefehl	Beschreibung
🔍	SUCHEN | SUCHEN	sucht in der aktuellen Datei nach Text bzw. sucht und ersetzt Text
🔍	SUCHEN | WEITERSUCHEN	wiederholt die Suche
🔍	SUCHEN | ERSETZEN	sucht in der aktuellen Datei nach Text bzw. sucht und ersetzt Text
🔍	SUCHEN | KLASSEN DURCHSUCHEN	sucht nach ausgewählten Klassen
🏠	SUCHEN | BISHER	verzweigt zu einer Datei Ihrer Wahl
⇐	SUCHEN | ZURÜCK	springt zum vorherigen Treffer der Suchliste
⇒	SUCHEN | VORWÄRTS	springt zum nächsten Treffer der Suchliste

Tabelle 5.13: Gruppe »Suchen« der Hauptsymbolleiste und deren Beschreibung

In den verbleibenden Gruppen (→ Tabelle 5.14) sind Befehle der Menüs PROJEKT, ANSICHT, START und HILFE integriert. Besonders die Symbole für die Make-, Build-, Start- und Debug-Funktionen sind aus der Oberfläche des AppBrowsers nicht mehr wegzudenken.

Symbol	Menübefehl	Beschreibung
	PROJEKT | AKTUALISIEREN	führt die Make-Funktion aus
	PROJEKT | NEU ERZEUGEN	führt die Build-Funktion aus
	ANSICHT | MELDUNGEN	blendet das Meldungsfenster ein bzw. aus
	START | PROJEKT AUSFÜHREN	führt das Programm aus und prüft vorher, ob ein Make notwendig ist.
	START | DEBUG	führt das Programm im Debug-Modus aus und prüft vorher, ob ein Make notwendig ist
	HILFE | HILFETHEMEN	ruft das Hilfesystem des JBuilders auf

Tabelle 5.14: Die Gruppen »Projekt, Ansicht, Start und Hilfe« und deren Bedeutung

5.5   Projektfenster

Das Projektfenster befindet sich in der linken oberen Ecke des AppBrowsers und bietet Ihnen einen Überblick über Ihr Projekt. Es zeigt die Projektdatei, Ihren Typ (JPX oder JPR), Packages, HTML-, JSP-, Java- und Grafikdateien an, die zu einem Projekt gehören.

Das Projektfenster besteht aus zwei Bestandteilen:

▷ Projektsymbolleiste

▷ Projektstrukturbaum

5.5.1 Projektsymbolleiste

Die Projektsymbolleiste bietet Ihnen einen Schnellzugriff auf Befehle des Menüs DATEI und PROJEKT. Die → Tabelle 5.15 zeigt Ihnen einen Überblick über die Symbole und deren Bedeutung.

Symbol	Menübefehl	Beschreibung
	PROJEKT | DATEI/PACKAGES HINZUFÜGEN	fügt eine Datei oder ein Package zu dem aktuell angezeigten Projekt hinzu
	PROJEKT | AUS PROJEKT <PROJEKT> ENTFERNEN	entfernt den ausgewählten Knoten aus dem Projekt Die Ordnerstruktur und Datei bleibt erhalten
	DATEI | PROJEKT <PROJEKT> SCHLIESSEN	schließt das aktuelle Projekt

Tabelle 5.15: Symbole der Projektsymbolleiste und deren Bedeutung

Symbol	Menübefehl	Beschreibung
	PROJEKT | AKTUALISIEREN	aktualisiert die Dateianzeige im Projektfenster
Admin.jpx	PROJEKTLISTE	zeigt eine Liste der geöffneten Projekte an

Tabelle 5.15: Symbole der Projektsymbolleiste und deren Bedeutung (Fortsetzung)

Datei/Packages hinzufügen

Neben dem Symbol PROJEKT | DATEI/PACKAGES HINZUFÜGEN bietet Ihnen das Projekt-
fenster zwei Wege, Dateien oder Packages hinzuzufügen.

▶ Klicken Sie auf das Symbol ZU PROJEKT HINZUFÜGEN auf der Projektsymbolleiste. In
   dem daraufhin angezeigten Dialogfeld DATEIEN ODER PACKAGES ZUM PROJEKT
   HINZUFÜGEN wählen Sie die gewünschte Datei aus.

▶ Führen Sie einen Rechtsklick auf einen Knoten im Projektfenster aus, und wählen
   Sie DATEIEN/PACKAGES HINZUFÜGEN im Kontextmenü.

Aus Projekt entfernen

Um eine Datei, Klasse oder Package aus einem Projekt zu entfernen, klicken Sie auf das
Symbol AUS PROJEKT ENTFERNEN in der Symbolleiste des Projekts. Alternativ können
Sie mit der rechten Maustaste auf den Knoten klicken, den Sie entfernen möchten, und
den Befehl AUS PROJEKT ENTFERNEN im Kontextmenü auswählen.

Projekt schließen

Das Symbol PROJEKT SCHLIESSEN der Projektsymbolleiste funktioniert analog dem
Menübefehl DATEI | PROJEKTE SCHLIESSEN und schließt nur das aktive Projekt.

Projekt aktualisieren

Die Projektliste zeigt das aktuell ausgewählte Projekt an. Falls Sie mehrere Projekte
geöffnet haben (DATEI | PROJEKT ÖFFNEN), verbergen sich hinter der Projektliste die
restlichen geöffneten Projekte. Sie wechseln zwischen ihnen, indem Sie auf die Projektliste klicken und in der daraufhin erscheinenden Liste das gewünschte Projekt auswählen.

Projektliste

Hinter diesem Symbol mit dem Titel des aktuellen Projekts verbirgt sich eine Liste der
Projekte, die Sie bereits geladen haben. Sie können zu einem beliebigen Projekt dieser
Liste wechseln, indem Sie auf den gewünschten Projektnamen klicken.

5.5.2 Projektstrukturbaum

Der Projektstrukturbaum zeigt eine hierarchische Baumstruktur des aktuell bearbeiteten Projekts an. Er besteht aus der Projektdatei als Wurzel und einzelnen Dateien und Packages als Knoten. Befindet sich in einem Knoten mehr als eine Datei, kann der Knoten über das Pluszeichen expandiert werden. Den expandierten Zustand symbolisiert ein Minuszeichen.

Sie können den Inhalt eines Knotens in einem Projekt auf eine von drei Arten anzeigen:

▶ Führen Sie einen Doppelklick auf den Knoten aus.

▶ Wählen Sie den Knoten aus und drücken Sie die Eingabetaste.

▶ Führen Sie einen Rechtsklick auf die Datei aus und wählen Sie im Kontextmenü ÖFFNEN.

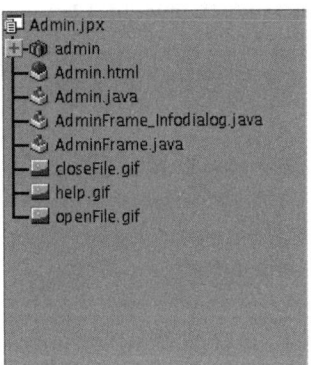

Abbildung 5.59: Projektstrukturbaum mit einem Package und Java-Dateien

Auch diese Baumstruktur verfügt über eine inkrementelle Suche. Setzen Sie einfach den Fokus auf den Projektstrukturbaum, indem Sie auf die Projektdatei klicken. Danach geben Sie den gewünschten Suchbegriff ein. Der AppBrowser versucht unmittelbar, die gewünschte Datei zu finden, indem er Suchbegriff und Bauminhalt vergleicht.

5.6 Strukturfenster

Das Strukturfenster befindet sich im unteren linken Bereich des AppBrowsers und zeigt die Struktur einer Datei in einer hierarchischen Baumansicht an. Die Form der Baumansicht ist abhängig davon, welcher Dateityp sich momentan im Editor befindet. Es gibt zwei Ansichten:

▶ Java-Struktur (→ Abbildung 5.61)

▶ UI-Struktur (→ Abbildung 5.62)

▶ Web-Struktur (→ Abbildung 5.63)

Sie können auf jeden Bestandteil der Baumansicht klicken, um im nebenstehenden Inhaltsfenster den entsprechenden Quelltext oder das UI-Element hervorgehoben zu bekommen. Ein Doppelklick auf eine Klasse zeigt diese im Inhalts-, Projektstruktur- und Strukturfenster an.

Sehr interessant ist zudem die kontextbezogene Hilfe, die über ⌷F1⌷ aufgerufen werden kann und zu dem markierten Element des Baums Hilfestellung anbietet. Die Baumansicht bietet außerdem – wie der Projektstrukturbaum – eine inkrementelle Schnellsuche. Dazu setzen Sie den Fokus an eine beliebige Stelle des Baums und geben den Begriff ein, den Sie suchen.

Java-Struktur

Die Java-Strukturansicht zeigt im oberen Bereich die Bibliotheken, die von der Java-Datei benötigt und importiert werden, sowie im unteren Bereich die Analyse des eigentlichen Quelltextes. Hier sehen Sie Konstruktoren, Methoden, Attribute – kurz: das gesamte Inhaltsverzeichnis der Datei.

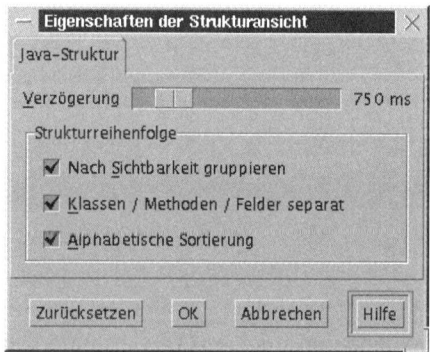

Abbildung 5.60: In diesem Dialog legen Sie Analyseverzögerung und Sortierung fest

Durch einen Rechtsklick auf einen beliebigen Knoten erscheint das Kontextmenü mit dem Kommando EIGENSCHAFTEN. Wenn Sie den Menübefehl auswählen, blendet der AppBrowser den Dialog EIGENSCHAFTEN DER STRUKTURANSICHT ein. Hier können Sie Folgendes auswählen:

▶ Verzögerung

▶ Strukturreihenfolge

Mit dem Schieberegler VERZÖGERUNG legen Sie fest, in welchen Abständen der App-Browser den Quelltext analysiert. Durch die Gruppe STRUKTURREIHENFOLGE legen Sie die Reihenfolge fest, in der die Dateibestandteile in der Strukturansicht dargestellt werden.

Die Inhalte lassen sich nach Sichtbarkeit anordnen. Das bedeutet, dass als *public* deklarierte Elemente vor solchen Elementen dargestellt werden, die als *protected* deklariert wurden. Sofern das zweite Kontrollkästchen aktiviert ist, sortiert die Baumansicht Java-Dateien so, dass Klassen vor Methoden vor Feldern dargestellt werden. Das letzte Kontrollkästchen legt fest, ob die alphabetische Sortierung aktiviert wird.

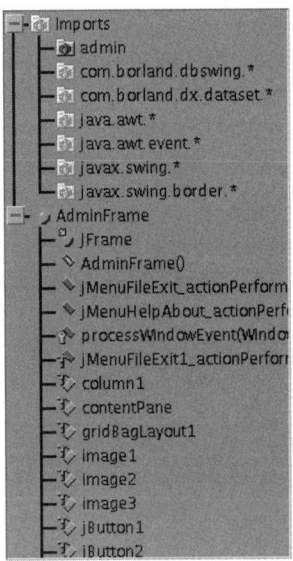

Abbildung 5.61: Java-Strukturansicht einer Java-Datei

UI-Struktur

Diese Ansicht zeigt den so genannten Komponentenbaum mit allen UI-Bestandteilen der momentan im Editor bearbeiteten Java-Datei an. Sie können mit dieser Ansicht grafische Oberflächen von Anwendungen, Applets und – in bedingtem Maße – Servlets betrachten. Bei dem Hybriddateityp Servlet werden nur Komponenten der Borland-Bibliothek *InternetBeans* berücksichtigt. Die Webdateiformate HTML, XML, SHTML und JSP präsentiert der AppBrowser in einer eigenen → Webstruktur.

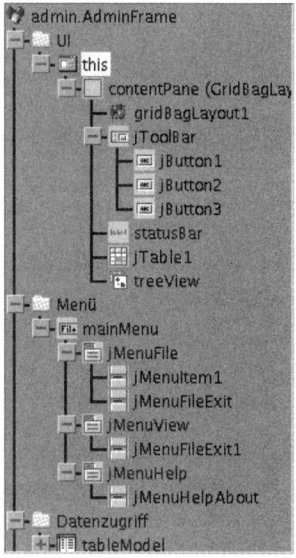

Abbildung 5.62: UI-Strukturansicht einer Java-Datei

Webstruktur

Die Webstruktur (→ Abbildung 5.63) zeigt die Bestandteile einer Webdatei (HTML, JSP und so weiter) in Form eines Baums an. Wenn Sie die Auszeichnungssprache HTML oder ein verwandtes Format wie SHTML, XML oder JSP beherrschen, finden Sie sich in dieser Ansicht leicht zurecht.

Die Ansicht zeigt die Tags als Knoten an. Sie können in der Baumansicht wie auch in den anderen Ansichten inkrementell suchen. Setzen Sie einfach den Fokus auf das Fenster und geben Sie einen Suchbegriff (zum Beispiel einen *Tag*) ein. Der AppBrowser versucht daraufhin unmittelbar, eine Übereinstimmung im Baum zu lokalisieren.

5.7 Inhaltsfenster

Das Inhaltsfenster zeigt den Dateiinhalt in Abhängigkeit des Dateityps und des gewählten AppBrowser-Modus beziehungsweise der Ansicht an (→ Tabelle 5.16). Die verschiedenen Modi habe ich bereits zu Anfang dieses Kapitels (→ 5.1 Übersicht) ausführlich diskutiert. An dieser Stelle finden Sie deshalb nur eine Zusammenfassung der verschiedenen Ansichten des Inhaltsfensters.

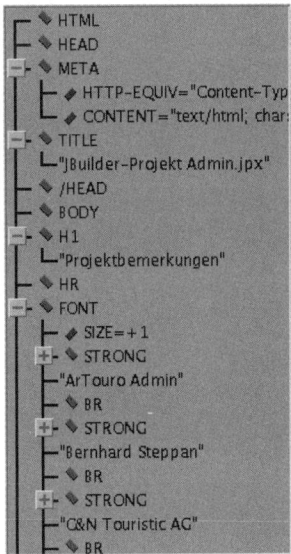

Abbildung 5.63: Webstrukturansicht einer HTML-Datei

Ansicht	Beschreibung
Quelltext	Diese Ansicht zeigt den Quelltext der geöffneten Datei an (HTML, Java, JSP etc.).
Design	Sofern Ihre Datei Designelemente enthält, lassen sie sich mit Hilfe der Designansicht visualisieren.
Bean	Die Bean-Ansicht dient zum Designen von JavaBeans und Enterprise JavaBeans. Diese Ansicht ist in der Foundation Edition schreibgeschützt.
Doku	Sofern eine API-Dokumentation der geladenen Klasse vorliegt, wird sie in diesem Fenster angezeigt.
Historie	Diese Ansicht zeigt die Historie der Datei an. Die Funktionen hängen hierbei von der JBuilder-Edition ab.
Ansicht	Diese Ansicht stellt HTML- oder Bilddateien dar.
Webansicht	Die Webansicht zeigt das Aussehen einer Webdatei wie zum Beispiel einer JSP, eines Servlets etc. an. Diese Funktion ist nur in der Professional und Enterprise Edition verfügbar.

Tabelle 5.16: Die verschiedenen Ansichten des AppBrowsers

5.8 Meldungsfenster

Im Meldungsfenster setzt der JBuilder oder seine internen und externen Werkzeuge Meldungen ab. Das Meldungsfenster befindet sich am unteren Bildschirmrand und besitzt eine oder mehrere Registerseiten.

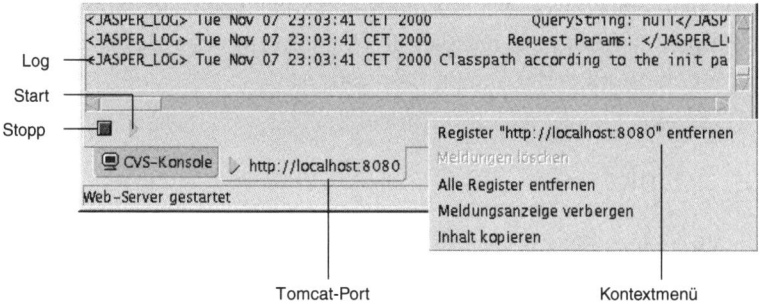

Abbildung 5.64: Das Meldungsfenster besteht aus einer oder mehreren Registerseiten

Sie blenden das Meldungsfenster entweder durch den Befehl ANSICHT | MELDUNGEN ein oder durch die entsprechende Schaltfläche der Hauptsymbolleiste, durch das Kontextmenü des Meldungsfensters oder durch Strg Alt M. Einzelne Register entfernen Sie ebenfalls über das Kontextmenü, das durch einen Rechtsklick auf ein Register erscheint.

Der AppBrowser zeigt jeden neuen Prozess in einer neuen Registerseite an. Sie können die Prozesse parallel laufen lassen und über die Register zwischen ihnen wechseln. Sofern ein Programm ausgeführt wird (Normal- oder Testmodus) befinden sich zwei Symbole am unteren Rand des Meldungsfensters. Durch sie lässt sich ein Programm anhalten und wieder fortsetzen.

Beachten Sie, dass mit jedem neuerlichen Start eines Programms zum Beispiel über F9 oder über START | PROJEKT AUSFÜHREN auch ein neuer Prozess und damit ein neue Registerseite erzeugt wird. Wenn ein Prozess noch läuft oder nur angehalten wurde, sollten Sie ihn daher mit den Symbolen des Meldungsfensters fortsetzen.

5.9 Statusleisten

Der AppBrowser verfügt über drei Statusleisten:

▶ Hauptstatusleiste

▶ Dateistatusleiste

▶ Meldungsstatusleiste

Die Hauptstatusleiste befindet sich am unteren Rand des AppBrowsers. Sie informiert über Prozesse und deren Ergebnisse. Am unteren Rand jedes Dateifensters informiert Sie die Dateistatusleiste zum Beispiel über den Namen und Speicherort der Datei.

Die Meldungsstatusleiste schließlich wird nur dann angezeigt, wenn der AppBrowser einen Prozess ausführt. Das kann zum Beispiel die Ausführung oder das Debugging eines Programms oder eine Aktion der Versionskontrolle sein.

5.10 Literatur & Links

Wie immer zum Schluss eines Kapitels nenne ich Ihnen einige weiterführende Literaturstellen:

5.10.1 Artikel

Johann, Michael: Tools auf dem Prüfstand, IT-Fokus 10/1999

Menge, Rainald: In Java für Java, c't 1/2000

Steppan, Bernhard: Empire State, iX 9/1999

Tabatt, Peter: Dritte Runde, Java Magazin 3/1999

Vogler, Adrian: Paket-Dienst, JavaMagazin 6/1999

Wahn, Michael: Solare Zeiten, JavaMagazin 1/2000

5.10.2 Links

JBuilder's Developer Journal: *http://www.sys-con.com/jbuilder/index.html*

JBuilder-Dokumentation: *http://www.borland.com/techpubs/jbuilder*

JBuilder-Homepage: *http://www.borland.com/jbuilder*

JBuilder-Newsgroups allgemein: *http://www.borland.com/newsgroups/index.html#jbuilder*

JBuilder-Newsgroup zur IDE: *news://newsgroups.borland.com/borland.public.jbuilder.ide*

JBuilder-Werkzeuge *http://www.borland.com/jbuilder/resources/jbnet.html#jbtools*

6 JBuilder-Experten

In diesem Kapitel bekommen Sie einen umfassenden Überblick über sämtliche der 35 JBuilder-Experten von **A** wie **A**nwendungs-Experte bis **T** wie **T**ool zur Package-Migration. Aber bevor ich mit der Erklärung der einzelnen Experten starte, vorab vier Grundsatzfragen und deren Beantwortung:

▷ Was ist ein Experte und wozu verwendet man ihn?

▷ Wofür eignen sich Experten nicht?

▷ Wie ruft man die Experten auf?

▷ Welche Edition verfügt über welche Experten?

Was ist ein JBuilder-Experte und wozu verwendet man ihn?

Wer erstmals auf den Begriff *JBuilder-Experte* stößt, wird sich vielleicht etwas über die Bezeichnung wundern. Im US-Original des JBuilders heißen diese Programmteile übrigens *Wizards,* also so viel wie Zauberer. Gemeint sind in beiden Fällen spezielle Dialoge, die Ihnen bei der Softwareentwicklung assistieren. Sie nehmen Ihnen Routinetätigkeiten wie die Erzeugung eines Programmgerüsts ab und können so die Entwicklung von Programmen beschleunigen.

Für welche Fälle sind die Experten ungeeignet?

Experten sind nicht das, was die werbewirksame Übersetzung suggeriert. Besser wäre der Begriff Assistenten gewesen: Sie helfen Ihnen, aber der Chef sind Sie. Sie nehmen Ihnen nicht das Denken ab. Im Gegenteil: Was Sie den Experten nicht mitgeben, wird sich in einem schwer zu durchblickenden Programmkode niederschlagen.

Erwarten Sie von den Experten keine Wunder. Sie sind nicht für grundsätzliche Entscheidungen wie die Festlegung stabiler Architekturen oder für die Verwendung von Entwurfsmustern geeignet. Sie sind auch keine Ratgeber, sondern nur Maschinen, die Sie vor stupider Programmierarbeit verschonen.

Viele Experten eignen sich daher in erster Linie für Einsteiger, die schnell grundsätzliche Programmfunktionen ohne viel Aufwand benötigen und keine großen Ansprüche an den erzeugten Kode stellen. Wahre Programmierexperten werden manche der JBuilder-Experten meiden, da diese zu unflexibel sind und die Umarbeitung des generierten Programmkodes mindestens ebenso lange dauert, wie ihn neu zu schreiben.

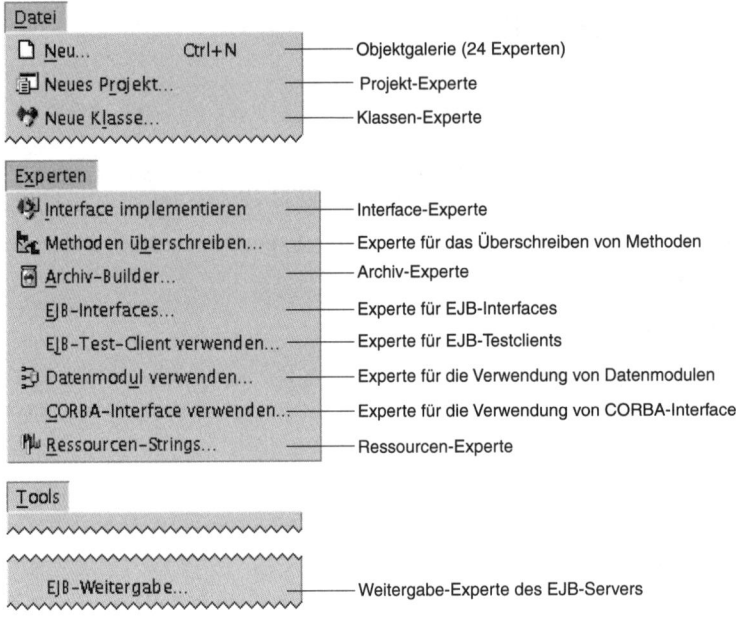

Abbildung 6.1: Übersicht, von welchem Menü aus sich die Experten starten lassen

Wie ruft man die Experten auf?

Es gibt fünf verschiedene Arten, Experten zu starten:

▷ Über die Objektgalerie (Befehl DATEI | NEU)

▷ Über einen der entsprechenden Menübefehle des Menüs DATEI

▷ Über einen der entsprechenden Menübefehle des Menüs TOOLS

▷ Über einen der entsprechenden Menübefehle des Menüs EXPERTEN

▷ Über einen anderen Dialog (wie zum Beispiel den Bibliotheksexperten)

▷ Über ein Kontextmenü des Strukturbaums (wie zum Beispiel des Archiv-Builders)

Welche Edition verfügt über welchen Experten?

→ Abbildung 6.1 gibt Ihnen einen Überblick, von wo aus sich die verschiedenen Experten in der Menühierarchie des JBuilders aufrufen lassen. Wie Sie der Abbildung entnehmen können, ist der Haupteinstiegspunkt bei der Arbeit mit den JBuilder-Experten die OBJEKTGALERIE, die ich schon im → Kapitel 5, Abschnitt 5.2.1 kurz erwähnt hatte. Von der OBJEKTGALERIE aus lassen sich maximal 24 der JBuilder-Experten starten (*Enterprise Edition*).

Bezeichnung des Experten	Foundation	Professional	Enterprise
Anwendungs-Experte	+	+	+
Applet-Experte	+	+	+
Archiv-Builder	–	+	+
BeanInsight (Dialogfeld BeanInsight – Details)	–	+	+
Datenmodul-Experte	–	+	+
Dialog-Experte	–	+	+
EJB-Entity-Bean-Modeler	–	–	+
Enterprise-JavaBean-Experte	–	–	+
Experte für Beispiel-IDL	–	–	+
Experte für CORBA Client-Interface	–	–	+
Experte für CORBA Server-Interface	–	–	+
Experte für die Implementierung eines Interfaces	–	+	+
Experte für Datenmodul-Anwendung	–	+	+
Experte für die Verwendung eines Datenmoduls	–	+	+
Experte für die Verwendung eines EJB-Test-Clients	–	–	+
Experte für EJB-Gruppen aus Deskriptoren	–	–	+
Experte für EJB-Interfaces	–	–	+
Experte für EJB-Test-Client	–	–	+
Experte für HTML-CORBA-Client	–	–	+
Experte für JavaServer-Seiten	–	+	+
Experte für leere EJB-Gruppe	–	–	+
Experte für neue Bibliothek	+[1]	+[2]	+
Experte für neues JDK	–	+	+
Experte zum Erstellen einer CORBA Server-Anwendung	–	–	+
Experte zum Erstellen eines CORBA Client-Interface-Objekts aus einer IDL-Datei	–	–	+

Tabelle 6.1: Übersicht der 35 JBuilder-Experten

Bezeichnung des Experten	Foundation	Professional	Enterprise
Experte zum Überschreiben von Methoden	–	+	+
Frame-Experte	–	+	+
Interface-Experte	–	+	+
JavaBean-Experte	–	+	+
Klassen-Experte	+	+	+
Panel-Experte	–	+	+
Projekt-Experte	+	+	+
Ressourcen-Experte	–	+	+
Servlet-Experte	–	+	+
Tool zur Package-Migration	–	+	+

Tabelle 6.1: Übersicht der 35 JBuilder-Experten (Fortsetzung)

Die genaue Anzahl der im AppBrowser verfügbaren Experten hängt von der Edition des JBuilders ab, mit der Sie arbeiten. Die *Enterprise Edition* verfügt über sämtliche Experten, die anderen Editionen über teilweise deutlich weniger Funktionalität. Damit Sie sich für diese anderen Editionen einen Eindruck verschaffen können, welche Experten Sie hier erwarten, habe ich eine alphabetisch sortierte Übersicht (→ Tabelle 6.1) zusammengestellt.

6.1 Anwendungs-Experte

Neben dem Projektexperten ist der Anwendungs-Experte eine der sinnvollsten Entlastungen des Programmierers und ist daher auch in allen Editionen verfügbar. Der Anwendungs-Experte erzeugt einen Programmrahmen, der aus mindestens zwei Dateien besteht. Diese fügt er dem momentan aktiven Projekt hinzu, sofern ein Projekt geöffnet ist:

▶ Die Startklasse der Anwendung

▶ Eine UI-Klasse

Die Datei, in der sich die Startklasse befindet, wird vom Experten mit dem Namen `Anwendung1.java` vorbelegt. Sie enthält mit der main-Methode den Startpunkt der Anwendung, während die UI-Klasse als Ausgangspunkt für die Benutzerschnittstelle dient.

---

1. In der *Foundation Edition* mit starken Einschränkungen
2. In der *Professional Edition* mit leichten Einschränkungen

Sie gelangen an den Anwendungs-Experten über die OBJEKTGALERIE (DATEI | NEU). Im ersten Register der Galerie befindet sich das Symbol ANWENDUNG. Ein Doppelklick darauf startet den Anwendungs-Experten, sofern ein Projekt aktiviert ist. Sollte das nicht der Fall sein, erkennt der Anwendungs-Experte dies und bemüht zuerst seinen Kollegen, den Projektexperten, um als Voraussetzung für eine Anwendung zuerst ein Projekt zu erzeugen.

Der Anwendungs-Experte ist ein Dialog, der aus zwei Seiten besteht. Sie erzeugen in maximal zwei Schritten den Rumpf der Anwendung:

1. Anwendungsklasse festlegen

2. Frame-Klasse festlegen

6.1.1 Schritt 1 – Anwendungsklasse festlegen

Mit dem Schritt 1 legen Sie das Package und den Namen der Anwendungsklasse fest. Der Experte hat diese Eingabe schon mit Vorgaben belegt, die Sie überschreiben können.

Package

Hier zeigt der Experte den Namen des Packages an, den er aus dem Namen der Projektdatei ableitet. Sie können diese Vorbelegung einfach überschreiben.

Klasse

Hier zeigt der Experte den vorbelegten Namen der Startklasse an (in der deutschen Version ANWENDUNG1). Wie zuvor können Sie den Namen einfach mit Ihrer Wunschbezeichnung überschreiben.

Kommentare im Header generieren

Wenn diese Option gesetzt ist, trägt der Anwendungs-Experte Kommentare am Anfang der Anwendungsklasse ein. Diese Informationen stammen aus der Projektdatei und sind über Anwendereingaben vom Projektexperten dort eingetragen worden. Ein Beispiel für einen Kommentar sehen Sie in → Listing 6.1.

```
//Titel:        ArTouro Admin (Application-Client)
//Version:      1.0
//Copyright:    Copyright (c) 2000, 2001
//Autor:        Bernhard Steppan
//Organisation: C&N Touristic AG
//Beschreibung: Application-Client von ArTouro Admin
```

Listing 6.1: Beispiel aus ArTouro Admin

6.1.2   Schritt 2 – Frame-Klasse festlegen

Mit Schritt 2 legen Sie – in gewissen Grenzen – fest, wie die UI-Klasse generiert werden soll, die von JFrame abgeleitet wird.

Klasse

In diesem Feld zeigt der Experte einen vorbelegten Namen an, den Sie beliebig umbenennen können. Dazu klicken Sie einfach in das Textfeld und tragen den neuen Namen ein.

Überschrift

Hier zeigt der Experte einen Text an, der als Titel (Caption) des Frames verwendet wird. Wenn Sie einen anderen Titel wählen möchten, klicken Sie einfach in das Textfeld und überschreiben ihn.

Menüleiste generieren

Wenn diese Option aktiviert ist, fügt der Experte dem Programm ein Hauptmenü hinzu, das von JMenuBar abgeleitet wurde. Diese Menüleiste ist leider mit zwei Menüs standardmäßig vorbelegt, die sich erst nach der Erzeugung verändern lassen:

- ▶ Menü DATEI mit Befehl BEENDEN

- ▶ Menü HILFE mit Befehl INFO

Für den Befehl BEENDEN wird vom Experten ein passender Handler eingesetzt, der die Anwendung sauber terminiert. Sofern Sie einen Info-Dialog erzeugen lassen (→ Seite 235, Info-Dialog generieren), bekommt der Befehl INFO ebenfalls einen entsprechenden Handler, der den Dialog startet.

Symbolleiste generieren

Durch diese Option lässt sich der Anwendung eine Swing-Symbolleiste (JToolBar) mitsamt den benötigten Bilddateien hinzufügen. Auch hier gilt das für die Menüleiste Gesagte. Das Generat läßt sich nur nachträglich ändern, weshalb es meistens sinnvoller ist, den Kode für die Symbolleiste aus einem anderen Projekt zu kopieren.

Statusleiste generieren

Diese Option bewirkt, dass der Experte eine Statuszeile am unteren Ende der Anwendung einfügt.

Info-Dialog generieren

Wenn Sie diese Option anwählen, erzeugt der Experte ein Fenster, das Informationen zu Ihrem Programm ausgibt (so genannte AboutBox).

Frame auf Bildschirm zentrieren

Wenn Sie dieses Kontrollkästchen aktivieren, fügt der Experte dem Programm den in → Listing 6.2 abgebildeten Kode hinzu, der die Anwendung auf dem Bildschirm zentriert.

```
Dimension screenSize = Toolkit.getDefaultToolkit().getScreenSize();
    Dimension frameSize = frame.getSize();
    if (frameSize.height > screenSize.height) {
      frameSize.height = screenSize.height;
    }
    if (frameSize.width > screenSize.width) {
      frameSize.width = screenSize.width;
    }
    frame.setLocation((screenSize.width - frameSize.width) / 2, (screenSize.height
- frameSize.height) / 2);
    frame.setVisible(true);
```

Listing 6.2: Der generierte Kode zur Zentrierung (aus ArTouro Admin)

6.2 Applet-Experte

Der Applet-Experte ist ebenfalls in allen JBuilder-Editionen verfügbar. Er erzeugt einen Appletrahmen, der aus maximal zwei Dateien besteht und fügt ihn dem momentan aktiven Projekt hinzu:

▶ eine HTML-Datei

▶ eine Java-Klasse, die von `JApplet` oder `Applet` abgeleitet ist

Die HTML-Datei enthält ein Applet-Tag, das die Java-Klasse referenziert. Die HTML-Datei kann als Startdatei für das Applet verwendet werden, wenn man in das Applet keine main-Methode integrieren möchte.

Die Java-Klasse dient als Ausgangspunkt für die Benutzerschnittstelle. Sie kann wahlweise so erzeugt werden, dass sie entweder von der Swing-Klasse `JApplet` oder von der AWT-Klasse `Applet` abstammt. Wie schon im Kapitel 2 erwähnt, ist es aufgrund der Browser-Beschränkungen durchaus sinnvoll, Applets noch auf Basis des veralteten AWTs zu entwickeln, um die Ladezeiten zu verkürzen.

Die Erzeugung eines Applets mit dem Applet-Experten erfolgt in drei Schritten:

1. Applet-Klasse festlegen

2. Applet-Parameter eingeben

3. HTML-Seite festlegen

6.2.1 Schritt 1 – Applet-Klasse festlegen

Im ersten Schritt legen Sie den Namen der Applet-Klasse, ihres Packages und der Basisklasse fest, von der abgeleitet werden soll.

Package

Über dieses Kombinationsfeld legen Sie den Namen des Packages fest, dem die Applet-Klasse zugeordnet wird.

Klasse

Dieses Feld ist mit einer Vorgabe für den Namen der Applet-Klasse belegt. Wenn Sie ihn ändern wollen, klicken Sie in das Textfeld und überschreiben ihn.

Basisklasse

Über die Dropdown-Liste Basisklasse können Sie bestimmen, von welcher Basisklasse die neue Applet-Klasse abgeleitet werden soll. Diese Auswahl ist von fundamentaler Wichtigkeit für die spätere Entwicklung des Applets. Entscheiden Sie sich für JApplet, legen sich auf die moderne, aber Ressourcen fressende Swing-GUI-Bibliothek (→ Kapitel 1, Abschnitt 1.5.1) fest. Entscheiden Sie sich hingegen für Applet, dann müssen Sie sich mit der veralteten, aber halbwegs Browser-kompatiblen Bibliothek AWT (→ Kapitel 1, Abschnitt 1.5.1) begnügen.

Kommentare im Header generieren

Wenn diese Option gesetzt ist, trägt der Applet-Experte Kommentare am Anfang der Anwendungsklasse ein. Diese Informationen stammen aus der Projektdatei und sind über Anwendereingaben vom Projektexperten dort eingetragen worden. Ein Beispiel für einen Kommentar sehen Sie in → Listing 6.3.

```
//Titel:        ArTouro Admin (Applet-Client)
//Version:      1.0
//Copyright:    Copyright (c) 2000, 2001
//Autor:        Bernhard Steppan
//Organisation: C&N Touristic AG
//Beschreibung: Applet-Client von ArTouro Admin
```

Listing 6.3: Beispiel aus ArTouro Admin

Kann als selbstständige Anwendung ausgeführt werden

Diese Option ist dann sinnvoll, wenn Sie das Applet nicht über die HTML-Datei ausführen wollen. Eine main-Methode kann natürlich auch nachträglich eingefügt werden, so dass es nicht zwingend ist, diese erzeugen zu lassen.

Standardmethoden generieren

Wenn diese Option gesetzt ist, erzeugt der Experte die Applet-Standardmethoden: *start()*, *stop()*, *destroy()*, *getAppletInfo()* und *getParameterInfo()*.

6.2.2   Schritt 2 – Applet-Parameter eingeben

Auf dieser Seite befindet sich eine Parametertabelle, in der Sie die für das Applet notwendigen Parameter eintragen. Diese Parameter werden danach in eine generierte HTML-Datei zwischen dem Applet-Tag als eigene Tags eingetragen. Das Applet wird diese Parameter zur Kommunikation verwenden. Der Experte erzeugt hierfür auch entsprechenden Behandlungskode in der Applet-Datei.

Die Parametertabelle lässt sich mit der darunter liegenden Schaltfläche PARAMETER HINZUFÜGEN füllen, mit der Schaltfläche PARAMETER ENTFERNEN löschen Sie Einträge.

Die Spalten der Tabelle haben folgende Bedeutung:

Name

Damit wird der Name des Parameters bezeichnet, der als Name-Attribut im PARAM-Tag der HTML-Datei, die das Applet referenziert, wieder auftauchen wird. Außerdem wird der Parameter-Name in den Methoden `getParameter` und `getParameterInfo` vom Experten bei der Erzeugung des Applet-Quelltextes verwendet.

Typ

Hier wird der Typ der Variable, zum Beispiel `String`, eingetragen.

Beschreibung

An dieser Stelle können Sie optional eine Beschreibung des Parameters eintragen. Diese Eingabe kann von anderen Programmen dazu benutzt werden, Informationen vom Applet abzufragen.

Variable

Diese Spalte muss zwingend ausgefüllt werden; sie bezeichnet die Variable, die vom Experten in den Applet-Quelltext als Wert des Parameters eingesetzt wird.

Vorgabe

Der Wert für die Vorgabe ist optional und dient dazu, die Variable vorzubelegen. Das kann dann sinnvoll sein, wenn das Applet von einer HTML-Seite referenziert wird, die kein PARAM-Tag enthält. Ohne Vorbelegung wäre die Variable in diesem Fall uninitialisiert.

6.2.3   Schritt 3 – HTML-Seite festlegen

Mit diesem Schritt wird die letzte Phase bei der Herstellung des Applets eingeläutet: die Erzeugung der HTML-Datei, in der das Applet vom Browser dargestellt wird.

HTML-Seite generieren

Mit dieser Option legen Sie fest, ob der Experte eine HTML-Datei erzeugen soll. Wenn Sie schon eine Vorlage besitzen, ist das vielleicht nicht notwendig. Aber in diesem Fall ist die Generierung vielleicht sinnvoll, wenn man aus dem Generat die entsprechenden Tags in die vorhandene Vorlage kopieren möchte.

In Ausgabeordner platzieren

Wenn Sie diese Option wählen, wird die HTML-Datei, in der das Applet dargestellt wird, im Ordner abgelegt, in dem sich der Bytecode befindet. Dieser Ordner ist in den Projekteinstellungen festgelegt (PROJEKT | PROJEKTEIGENSCHAFTEN | PFADE). Ist die Option deaktiviert, legt sie der Experte im Quellpfad mit den anderen Quelltexten ab.

Sofern Sie das Applet in der Entwicklungsumgebung testen, ist das Verfahren egal. Wenn Sie es außerhalb testen wollen, ist es praktisch, die HTML-Datei mit dem Bytecode abzulegen, wenn Sie nicht ohnehin schon eine Archivierung (→ Archiv-Builder, Seite 240) vornehmen wollen.

Überschrift

Jede HTML-Datei wird normalerweise mit einer Überschrift versehen, die dem Anwender den Zweck der Seite mitteilt. Der Applet-Experte wird bei der Erzeugung der HTML-Datei eine Überschrift einfügen, wenn Sie diese Option aktivieren.

Name

Hier können Sie den Namen des Applets eintragen, der übrigens nichts mit dem Klassennamen zu tun hat, sondern nur bei Browser-Meldungen verwendet wird.

Codebase

Dieser Parameter, den der Applet-Experte in den Applet-Tag eintragen wird, gibt den Pfad zu der Applet-Klassendatei beziehungsweise zum Archiv an, das diese Datei enthält. Dies ist ein sehr wichtiger Parameter. Wenn er nicht korrekt gesetzt ist, erhalten Sie eine ClassNotFound-Exception von der virtuellen Maschine des Browsers oder Applet-Viewers, weil die Klasse nicht lokalisiert werden konnte.

Breite

In der HTML-Seite, die das Applet darstellt, muss entsprechender Platz reserviert werden. Über die Parameter Breite und Höhe wird dies eingestellt. Geben Sie hier einen ausreichenden Wert in Pixeln ein, den der Experte in den Parameter WIDTH der HTML-Datei eintragen wird.

Höhe

Analog zur Breite ist hier ein ausreichender Wert für die Höhe einzutragen. Er wird in den Parameter HEIGHT der HTML-Datei übernommen.

Horiz. Abstand

Der horizontale Abstand legt den Rand links und rechts des Applets fest. Dieser Wert wird ebenfalls in das Applet-Tag als Parameter HSPACE eingetragen.

Vert. Abstand

Der vertikale Abstand legt den Rand oberhalb und unterhalb des Applets fest. Dieser Wert findet als Parameter VSPACE in der HTML-Datei Verwendung.

Ausrichtung

Hier können Sie auswählen, wonach das Applet ausgerichtet werden soll.

- top: richtet das Applet an der Oberkante aus
- middle: zentriert das Applet
- bottom: richtet das Applet an der Oberkante aus
- left: richtet das Applet linksbündig an der HTML-Seite aus
- right: richtet das Applet rechtsbündig an der HTML-Seite aus

Ich halte es übrigens für sinnvoller, die generierte Datei in einen guten WYSIWYG-HTML-Editor zu laden oder bei entsprechenden HTML-Kenntnissen manuell zu verändern, als sich viel mit diesen Parametern zu beschäftigen. Mit entsprechenden Editoren lässt sich das Layout auch nachträglich sehr einfach verändern.

6.3 Archiv-Builder

Der Archiv-Builder zählt trotz seines Namens ebenfalls zu den JBuilder-Experten. Er ist der *Professional* und *Enterprise Edition* vorbehalten und ist einer der komplexesten JBuilder-Dialoge. Der Archiv-Builder dient dazu, alle Teile von einem JBuilder-Projekt, zu dem Sie die Quellen besitzen, in einem Archiv so zu verpacken, dass das Programm oder der Programmteil auf einem beliebigen Computer selbstständig (ohne JBuilder) ausgeführt werden kann.

Sollten Sie mit der *Standard Edition* des JBuilders arbeiten, müssen Sie auf diese Funktion nicht verzichten. Sie können statt dessen das JAR-Programm aus dem JDK für die Archivierung Ihrer Programme verwenden. Es ist das Pendant des Archiv-Builders auf JDK-Seite, aber lange nicht so komfortabel zu bedienen wie dieser, da es keine grafische Oberfläche besitzt. Im Prinzip leistet dieses einfache Programm aber das Gleiche.

Weitergabe eines Programms

Im Prinzip bereitet der Archiv-Builder somit den komplizierten Schritt der Installation eines Programms vor. Mehr oder weniger äquivalente Begriffe für die Installation sind Weitergabe, Verteilung oder die englischen Pendants Setup und Deployment. Bei diesem Vorgang werden sämtliche Bestandteile des Programms auf einen Computer (Server, Webclient etc.) zum Beispiel als Archiv verteilt. Dieses Archiv, genauer gesagt, die darin enthaltenen CLASS-Dateien werden auf dem anderen Computer für die Ausführung des Java-Programms benötigt.

Die Weitergabe eines Programms kann bei großen Anwendungen ein sehr komplexes Thema werden. Es ist trotz JBuilder-Experten sehr viel Planung, eigene Intelligenz und Recherche notwendig, um für die verschiedenen Programm- und Bibliothekstypen eine optimale Verteilung zu erzielen. Mit anderen Worten: Der Archiv-Builder beseitigt die gröbste Handarbeit, ist aber kein Wundermittel und nimmt Ihnen keinesfalls die genaue Kenntnis Ihres Programms und der Zusammenhänge zwischen den verschiedenen Klassen, Bibliotheken und Zielumgebungen ab.

Es ist gleich zu Anfang zu beachten, dass Archive zwar schon sehr früh, mit dem JDK 1.0.2 eingeführt wurden, aber daher vom Ur-JDK nicht unterstützt werden. Sollten Sie deshalb aus irgendwelchen Gründen mit der Ur-JDK-Version oder einem sehr veralteten Internetbrowser experimentieren, dürfen Sie sich nicht wundern, wenn diese Archive nicht verarbeiten können.

Weiterhin ist es wichtig, dass die Verteilung natürlich nicht nur für komplette Programme gilt. Ein Archiv ist auch dann sinnvoll, wenn nur ein Programmteil wie ein Client, eine Komponente oder Bibliothek verteilt werden muss. Daher unterstützt der Archiv-Builder auch die unterschiedlichsten Typen von Java-Programmen und -Komponenten:

Programm- und Komponententypen

Der Archiv-Builder unterstützt die Verteilung von folgenden Typen:

- Applet
- Servlet
- Application
- Bibliothek
- JavaBean
- Enterprise JavaBean

Start des Archiv-Builders

Der Experte wird folgendermaßen gestartet:

- Öffnen Sie das Projekt, für das Sie ein Archiv erzeugen wollen.
- Kompilieren Sie Ihr Projekt, um aktuelle Klassendateien zu erzeugen.
- Starten Sie den Archiv-Builder über EXPERTEN | ARCHIV-BUILDER.

Die Vorbereitung eines Archivs erfolgt in maximal sechs Schritten, wobei die Anzahl der Schritte vom Archivtyp abhängig ist:

1. Auswahl des Archivtyps
2. Festlegung von Namen und Pfaden
3. Auswahl der Archivbestandteile
4. Auswahl der Archivbestandteile
5. Behandlung von Bibliotheksabhängigkeiten
6. Auswahl der Anwendungshauptklasse

6.3.1 Schritt 1 – Auswahl des Archivtyps

Im ersten Schritt wählen Sie die Art des Archivs (→ Abbildung 6.2). Folgende Typen stehen zur Wahl:

- Applet
- Anwendung
- Basis oder
- OpenTool

Von dieser Auswahl hängt das Verhalten des Archiv-Builder im weiteren Verlauf der Zusammenstellung des Archivs ab.

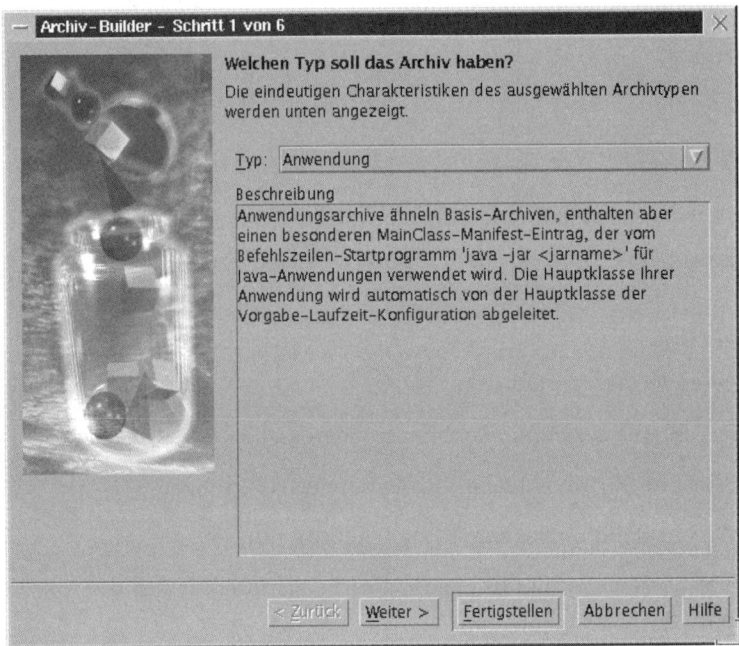

Abbildung 6.2: Auswahl des Archivtyps

Archivtyp	Beschreibung
Applet	Ein Applet-Archiv sollte man komprimieren, da es dadurch schneller geladen wird. Ein Applet-Archiv benötigt alle Klassen, die nicht auf dem Browser des Zielcomputers verfügbar sind.
Anwendung	Ein Anwendungsarchiv muss nicht unbedingt komprimiert vorliegen. Dies hat zwar Vorteile hinsichtlich des Plattenplatzbedarfs, bedeutet aber eine längere Startzeit. Der Unterschied zur nachfolgenden Option BASIS besteht darin, dass ein Anwendungsarchiv eine Hauptklasse benötigt.
Basis	Ein Basisarchiv ist mit einem Anwendungsarchiv identisch. Wie schon erwähnt wird hier keine Hauptklasse angegeben.
OpenTool	OpenTool-Archive sind Archive, die dazu dienen, den JBuilder um Funktionalität zu erweitern.

Tabelle 6.2: Die verschiedenen Archivtypen

6.3.2   Schritt 2 – Festlegung von Namen und Pfaden

Mit diesem Schritt legen Sie den Namen des Archivknotens fest, der im Strukturfenster zu sehen sein wird, den Namen der Archivdatei und ihren Pfad, ob das Archiv komprimiert wird und zur welchem Zeitpunkt das Archiv erzeugt werden soll. Zu den einzelnen Optionen:

Name

Hier können Sie einen Namen für den Archivknoten vergeben. Da ein Programm aus mehreren Archiven bestehen kann, sollte die Bezeichnung gut gewählt sein, zum Beispiel AppUI für die Benutzeroberfläche oder AppHelp für das Hilfesystem.

Wenn der Vorgang des Archivierens abgeschlossen ist, präsentiert der JBuilder das Archiv im Projektstrukturbaum des Projektfensters (→ Kapitel 5, Abschnitt 5.5.2). Sie können auch nach der Archivierung jederzeit das Archiv verändern oder neu erzeugen lassen, indem Sie einen Rechtsklick darauf ausführen.

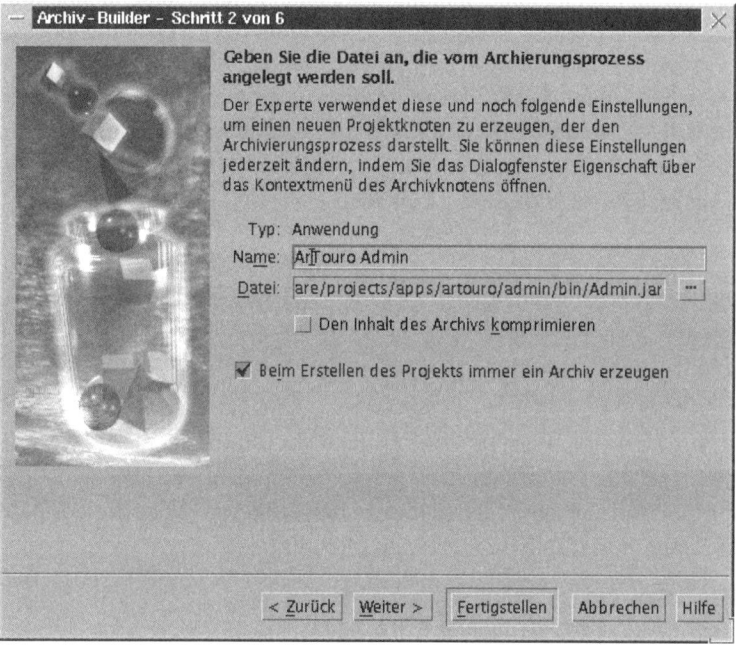

Abbildung 6.3: Festlegung von Namen und Pfaden

Datei

An dieser Stelle sollte der volle Pfad und der Dateiname des Archivs stehen, das der Experte erzeugen soll. Als Vorbelegung steht dort der Pfad zur Projektdatei. Mithilfe der Schaltfläche [...] können Sie ohne Texteingabe zu einem anderen gewünschten Verzeichnis wechseln. Als Dateiendung können Sie ZIP oder JAR wählen. Beides sind Formate, die durch ein Komprimierungsprogramm wie WinZip geöffnet werden können. Wichtig bei der Auswahl der Dateiendung ist, dass ältere Internetbrowser (Unterstützung eines JDKs < Version 1.1) nur das ZIP-Format öffnen können.

Den Inhalt des Archivs komprimieren

Es gibt komprimierte und nicht komprimierte Archive, und beide Typen sind sinnvoll. Deswegen erlaubt Ihnen diese Option zwischen beiden zu wählen. Programme mit unkomprimierten Archiven werden auf dem Computer, auf dem sie gespeichert wurden, schneller gestartet. Wird das Programm auf einen entfernten Computer übertragen, wie das für Applets der Fall ist, ist eine Komprimierung zwingend.

Beim Erstellen des Projekts immer ein Archiv erzeugen

Hiermit legen Sie fest, dass immer dann, wenn Sie Ihr Projekt aktualisieren oder neu erzeugen, auch das Archiv erneuert wird. Diese Option zu setzen, kann ich nur abraten. Sie ist selten sinnvoll, da Sie das Archiv, das sich im Projektstrukturbaum befindet, jederzeit manuell ändern und erneuern können. Sie verschleppt aber die Aktualisierung eines Projekts bei großen Archiven ganz erheblich.

6.3.3   Schritt 3 – Auswahl der Archivbestandteile

Mit diesem Schritt leiten Sie die Auswahl der eigenen Projektbestandteile ein. Diese Bestandteile stehen in Gegensatz zu den Bestandteilen aus Fremdbibliotheken, die erst im nächsten Schritt hinzugefügt werden.

Die Gruppe PROJEKTKLASSEN UND -RESSOURCEN umfasst drei Radioschalter (→ Abbildung 6.4), mit denen Sie die Weitergabestrategie festlegen können. Unterhalb der Radioschaltergruppe befindet sich eine Liste mit zwei Schaltflächen. Über diese Schaltflächen lassen sich Klassen und Dateien individuell hinzufügen.

Mit benötigten Klassen und bekannten Ressourcen

Hiermit fügen Sie alle Klassen hinzu, die Sie manuell mit Hilfe der Schaltfläche KLASSE HINZUFÜGEN ausgewählt haben. Wenn diese Klassen Abhängigkeiten zu anderen Klassen besitzen, bezieht der Experte diese automatisch mit in das Archiv ein. Wenn die Liste unterhalb der Radioschaltergruppe leer ist und daher auch keine Klassen manuell hinzugefügt wurden, bleibt das Archiv leer und Sie erhalten beim Starten des Programms eine Exception.

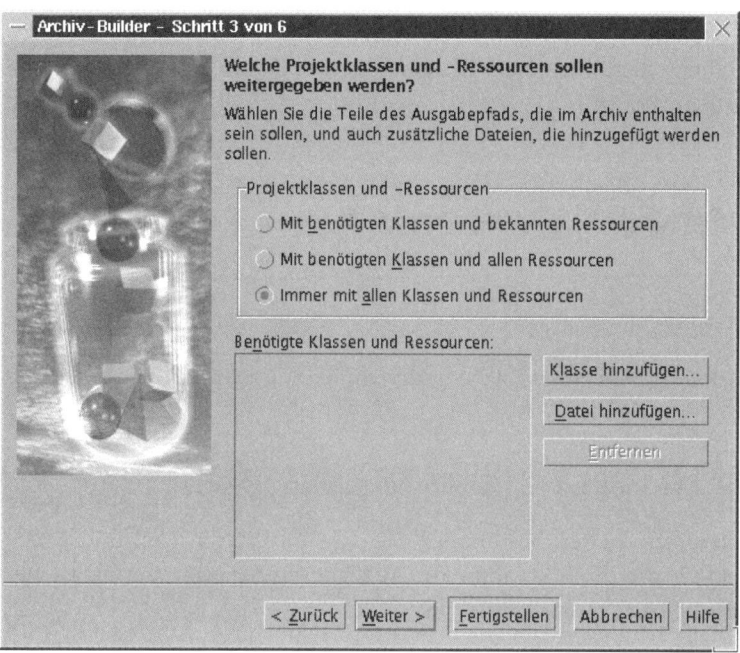

Abbildung 6.4: Auswahl der Archivbestandteile

Gleiches gilt für die Ressourcen: Nur die Ressourcen werden durch die Option hinzugefügt, die vorher manuell über die Schaltfläche DATEI HINZUFÜGEN ausgewählt wurden. Wenn Sie also eine Properties-Datei benötigen, beziehen Sie diese auf diese Art ein.

Mit benötigten Klassen und allen Ressourcen

Wenn diese Option gesetzt ist, fügt der Experte die Klassen hinzu, die in der Liste unterhalb der Radioschaltergruppe aufgeführt sind. Diese Liste müssen Sie wieder manuell füllen. Im Gegensatz dazu nimmt er alle Ressourcen in das Archiv mit auf, die er im Quellpfad des Projekts findet.

Immer mit allen Klassen und Ressourcen

Diese Option ist die bequemste und sicherste, weil sie vollautomatisch *alle* Klassen und *alle* Ressourcen, die der Experte im Quelltextpfad des Projekts findet, hinzufügt sowie abhängige Dateien mit in das Archiv aufnimmt.

Klasse hinzufügen

Diese Schaltfläche dient dazu, manuell Klassen hinzuzufügen. Sie werden in der nebenstehenden Liste angezeigt.

Datei hinzufügen

Hiermit fügen Sie Ressourcen wie Audio-, Video-, Text- und Properties-Dateien zu Ihrem Archiv hinzu.

Entfernen

Mit einem Mausklick auf diese Schaltfläche entfernen Sie die markierte Datei aus der Liste.

6.3.4   Schritt 4 – Behandlung von Bibliotheksabhängigkeiten

In diesem Abschnitt des Experten bestimmten Sie, wie mit lizenzfreien und lizenzpflichtigen Bibliotheken, die Ihr Programm zur Ausführung benötigt, verfahren werden soll. Die Dialogseite besteht aus drei Teilen:

▶ Informationstext

▶ Liste der Bibliotheken

▶ Radioschaltergruppe BIBLIOTHEKSEINSTELLUNGEN

In Abhängigkeit vom ausgewählten Radioschalter archiviert der Experte mehr oder weniger abhängige Bibliotheken. Vier Schalter stehen zur Auswahl.

Klassen und Ressourcen nie einschließen

Dies ist die Standardauswahl und verwundert vielleicht, weil das Programm ohne Bibliotheken nicht funktionieren wird. Trotzdem ist dies die richtige Option für alle Programmtypen außer Clients wie Applets, weil bei Serveranwendungen davon ausgegangen wird, dass sich die Bibliotheken schon auf dem Zielcomputer befinden und der CLASSPATH darauf gesetzt ist. Wenn diese Option gesetzt ist, wird innerhalb der Liste rechts von den Bibliotheken ALLE AUSSCHLIESSEN angezeigt, um die gewählte Option zu verdeutlichen.

Mit benötigten Klassen und bekannten Ressourcen

In diesem Fall versucht der Experte, alle benötigten Klassen und Ressourcen zu ermitteln. Für die Klassen wird dies funktionieren, für Ressourcen ist dies aber ein Verfahren, was nur bei wenigen Bibliotheken klappt. Wenn diese Option gesetzt ist, wird innerhalb der Liste rechts von den Bibliotheken ABHÄNGIGKEITEN EINSCHLIESSEN angezeigt, um die gewählte Option zu verdeutlichen.

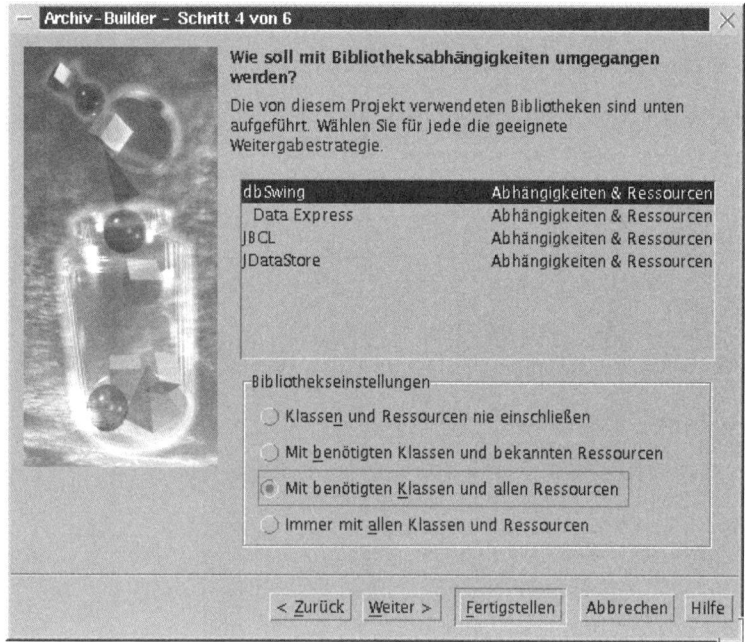

Abbildung 6.5: Behandlung von Bibliotheksabhängigkeiten

Mit benötigten Klassen und allen Ressourcen

Mit dieser Option legen Sie fest, dass der Experte versucht, alle benötigten Klassen zu ermitteln. Er wird außerdem alle Ressourcen einschließen, die sich im Pfad Ihres Projekts befinden (→ PROJEKTEIGENSCHAFTEN | PFADE). Wenn Sie ein Applet archivieren, ist diese Option vorbelegt. Wenn diese Option gesetzt ist, wird innerhalb der Liste rechts von den Bibliotheken ABHÄNGIGKEITEN & RESSOURCEN angezeigt, um die gewählte Option zu verdeutlichen.

Immer mit allen Klassen und Ressourcen

Diese Archivierungsoption ist die sicherste, sorgt aber auch für die umfangreichsten Archive. Sie sollten sie nur dann verwenden, wenn der Zielcomputer keine der benötigten Dateien enthält und kein anderes Programm ausgeführt werden soll, das die Bibliotheken des Archivs ebenfalls benötigt. Wenn diese Option gesetzt ist, wird innerhalb der Liste rechts von den Bibliotheken ALLES EINSCHLIESSEN angezeigt, um die gewählte Option zu verdeutlichen.

6.3.5   Schritt 5 – Erzeugung der Manifestdatei

In diesem Schritt legen Sie die Erzeugung der Manifestdatei fest.

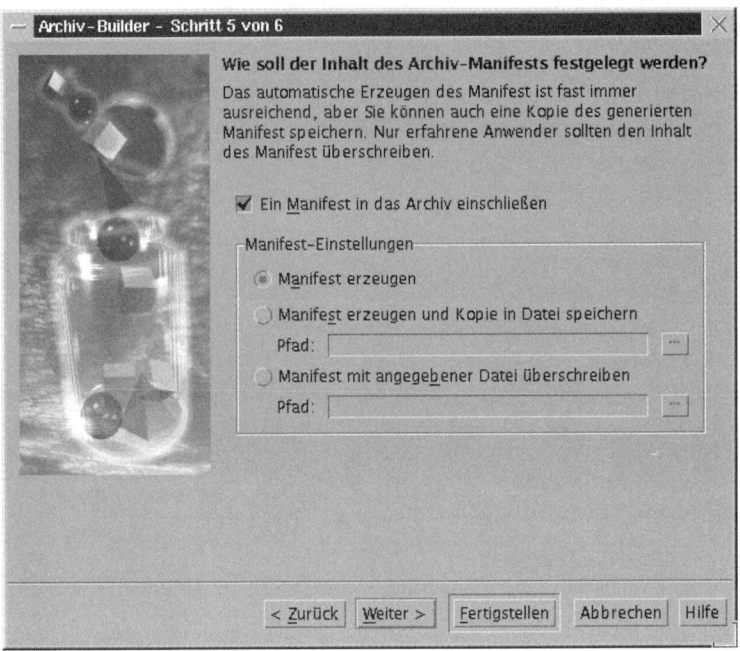

Abbildung 6.6: Erzeugung der Manifestdatei

Ein Manifest in das Archiv einschließen

Diese Option ist als Vorgabe gesetzt und bewirkt, dass eine Manifestdatei in der im
weiteren Verlauf festgelegten Art und Weise in das Archiv eingezogen wird. Ein Manifestdatei ist eine Textdatei namens MANIFEST.MF mit Informationen über einige oder
sämtliche Dateien des Archivs. Sie wird im Verzeichnis META-INF des Archivs abgelegt.
Ab Java 2 enthält die Datei außerdem den Namen der ausführbaren Klasse. Das
erspart Ihnen diese beim Start des Progamms anzugeben, wie wir im weiteren Verlauf
sehen werden.

Manifest erzeugen

Für alle Archivtypen mit Ausnahme von OpenTool ist die Option gesetzt. Sie bewirkt,
dass eine Archivdatei in der gerade beschriebenen Weise erzeugt wird.

Manifest erzeugen und eine Kopie in Datei speichern

Wenn Sie diese Option wählen, erzeugt der Archiv-Builder zwei Dateien: eine Manifest-Datei für das Archiv und eine Kopie, die er in dem ausgewählten Pfad ablegt.

Manifest mit angegebener Datei überschreiben

Mit dieser Option, die sich an sehr erfahrene Entwickler richtet, lassen sich weitere Informationen über eine Klasse bereitstellen, die der Archiv-Builder selbstständig nicht erzeugen kann. Um diese Funktion auszuführen, muss bereits eine Manifestdatei existieren.

6.3.6 Schritt 6 – Auswahl der Anwendungshauptklasse

Diese Seite des Archiv-Builders ist nur dann zu sehen, wenn Sie eingangs den Archivtyp ANWENDUNG gewählt haben. Er schließt die Vorbereitung der Archivierung einer Application ab. An dieser Stelle legen Sie die Hauptklasse aus dem Archiv fest, die die Anwendung startet. Diese Klasse muss die main-Methode besitzen.

Sie können entweder die in den Projekteigenschaften angegebene Klasse verwenden (PROJEKT | PROJEKTEIGENSCHAFTEN | START | HAUPTKLASSE) oder eine andere Klasse. Mit Hilfe der neben dem Textfeld KLASSE abgeordneten Schaltfläche wählen Sie eine entsprechende Klasse aus. Danach ist die Archivierung ausreichend vorbereitet und kann über einen Klick auf die Schaltfläche FERTIGSTELLEN abgeschlossen werden.

6.4 BeanInsight

BeanInsight ist ein sehr nützlicher, zu den Experten zählender Dialog. Mit ihm können Sie jede Java-Datei daraufhin überprüfen, ob sie dem JavaBean-Standard entspricht. Diese Funktion ist den Anwendern des *JBuilder Professional* und *Enterprise* vorbehalten.

Sie rufen den Experten über TOOLS | BEANINSIGHT auf. Danach sehen Sie einen Dialog, der über die Gruppen KLASSEN-INFORMATION und ERGEBNISSE VON BEANINSIGHT besteht.

Zu untersuchendes Bean auswählen

An dieser Stelle geben Sie die Klasse an, die Sie untersuchen wollen. Wenn im Texteditor eine Klassendatei aktiv ist, wird diese im Textfeld als Vorbelegung angezeigt. Sie können Sie entweder im Textfeld direkt durch eine andere Klasse ersetzen oder mit Hilfe der Schaltfläche BEAN WÄHLEN jede beliebige andere Datei statt dessen auswählen.

Bean überprüfen

Ist der Auswahlvorgang beendet, können Sie mit der Schaltfläche BEAN ÜBERPRÜFEN die Überprüfung durchführen. Die Ergebnisse zeigt der Experte unterhalb dieser Schaltfläche an.

Ergebnis von BeanInsight

Hier zeigt der Experte die Ergebnisse der Überprüfung an:

Ergebnisse	Bedeutung
Bean	Konnte das Bean erfolgreich gefunden und geladen werden?
Bean-Info	Konnte die BeanInfo-Klasse erfolgreich gefunden und geladen werden?
Eigenschaften	Wie viele verifizierte PropertyDescriptors konnten gefunden werden?
Ereignismengen	Wie viele verifizierte Ereignismengen konnte gefunden werden?
Eigenschaftseditoren	Wie viele Eigenschaftseditoren konnten gefunden werden?
Customizer	Ist ein Customizer für das Bean vorhanden?

Tabelle 6.3: Ergebnisse einer Bean-Überprüfung

Details anzeigen

Mit Hilfe dieser Schaltfläche können Sie sich noch weitere Details vom Experten anzeigen lassen.

6.5 Datenmodul-Experte

Der Datenmodul-Experte ist Bestandteil der *Professional* und *Enterprise Edition*. Er dient dazu, den Zugriff auf Daten(banken) und damit den Aufbau einer Persistenzschicht (→ Kapitel 2, Abschnitt 2.7) zu vereinfachen und die Anwendung zu modularisieren (daher sein Name). Mit ihm lassen sich Klassen entwerfen, die als Teil der Persistenzschicht unabhängig von der Präsentationsschicht den Zugriff auf Datenbanken abwickeln. Damit öffnet er den Weg zu mehrschichtigen Anwendungen (N-Tier-Applications).

Sie gelangen an den Experten über die erste Seite der OBJEKTGALERIE (DATEI | NEU), auf der sich das Symbol DATENMODUL befindet. Ein Doppelklick darauf startet den DATENMODUL-EXPERTEN, sofern ein Projekt geöffnet ist. Sollte das nicht der Fall sein, startet der AppBrowser den Projekt-Experten, um ein neues Projekt zu erzeugen.

Der Datenmodul-Experte ist ein sehr einfacher Dialog (→ Abbildung 6.7), und man kann zunächst nicht glauben, dass er mit so wenigen Eingaben in der Lage sein soll, die Grundlage für eine Persistenzschicht aufzubauen. Aber zunächst eine paar Erklärungen zu den erforderlichen Eingaben.

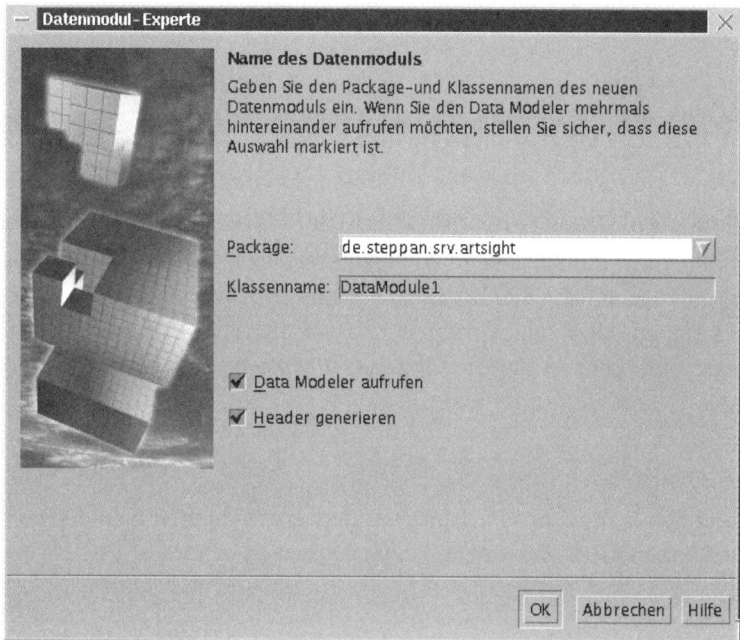

Abbildung 6.7: Der Datenmodul-Experte

Package

Hier zeigt der Experte den Namen des Packages an, den er aus dem Namen der Projektdatei ableitet. Sie können diese Vorbelegung einfach überschreiben.

Klassenname

An dieser Stelle steht der vorbelegte Klassenname (DATAMODULE1). Wie zuvor können Sie den Namen einfach mit Ihrer Wunschbezeichnung überschreiben.

Data Modeler aufrufen

Mit dieser Option legen Sie fest, dass der Datenmodul-Experte den Daten-Modeler aufruft. Der Daten-Modeler ist in der Lage, aus einem Datenmodul Abfragen zu erzeugen und danach in einer Java-Datei zu speichern.

Kommentare im Header generieren

Wenn diese Option gesetzt ist, trägt der Datenmodul-Experte Kommentare am Anfang des Datenmoduls ein. Diese Informationen stammen aus der Projektdatei und sind über Anwendereingaben vom Projektexperten dort eingetragen worden.

6.6 Dialog-Experte

Der Dialog-Experte, eine Funktion von *JBuilder Professional* und *Enterprise*, legt eine neue Klasse an, die von der AWT-Klasse `Dialog` beziehungsweise von der Swing-Klasse `JDialog` abstammt, und fügt sie dem aktuellen Projekt hinzu. Die Dialogklasse kann visuell gestaltet werden, sie verfügt über ein Border Layout, vier Konstruktoren und eine jbInit-Methode (wichtig für den visuellen Entwurf im JBuilder).

Sie rufen den Experten über die erste Seite der OBJEKTGALERIE auf (DATEI | NEU), indem Sie einen Doppelklick auf das Symbol DIALOG ausführen. Der Experte, der daraufhin erscheint, besteht aus den zwei Gruppen KLASSEN-INFORMATION und OPTIONEN. In der ersten Gruppe können Sie die Optionen PACKAGE, KLASSENNAME und BASIS-KLASSE festlegen:

Package

Hier zeigt der Experte den Namen des Packages an, den er aus dem Namen der Projektdatei ableitet. Sie können diese Vorbelegung einfach überschreiben.

Klassenname

An dieser Stelle zeigt der Dialog-Experte den vorbelegten Namen der Dialogklasse an (DIALOG1). Wie zuvor können Sie den Namen einfach mit Ihrer Wunschbezeichnung überschreiben.

Basis-Klasse

Dieses Kombinationsfeld dient dazu, die Klasse anzugeben, von der der neue Dialog abgeleitet werden soll. Beachten Sie, dass Sie durch die Wahl der Basisklasse bestimmen, ob es sich um einen Swing- *oder* AWT-Dialog handeln soll.

Die zweite Gruppe besteht nur aus einer Option:

Kommentare im Header generieren

Wenn diese Option gesetzt ist, trägt der Dialog-Experte Kommentare am Anfang der Dialogklasse ein. Diese Informationen stammen aus der Projektdatei und sind über Anwendereingaben vom Projektexperten dort eingetragen worden. Ein Beispiel für einen Kommentar sehen Sie in → Listing 6.4.

```
//Titel:       Basis Dialog
//Version:     1.0
//Copyright:   Copyright (c) 2000, 2001
//Autor:       Bernhard Steppan
//Organisation: C&N Touristic AG
//Beschreibung: Basis-Dialog für Swing-Dialoge
```

Listing 6.4: Beispiel aus den Basis-Dialogen

6.7 EJB-Entity-Bean-Modeler

Der EJB-Entity-Bean-Modeler, ein Experte des *JBuilder Enterprise*, erleichtert das Entwickeln von Entity Beans (→ Kapitel 1) auf Basis einer vorhandenen JDBC-Datenbank. Mit Hilfe des komplexesten aller JBuilder-Experten sind Sie in der Lage, mehrere Beans gleichzeitig zu erzeugen und ein objektrelationales Mapping durchzuführen.

Um den Experten aufzurufen, gehen Sie wieder über die OBJEKTGALERIE (DATEI | NEU), klicken auf das Register ENTERPRISE und führen einen Doppelklick auf das Symbol EJB-ENTITY-BEAN-MODELER aus. Sollte das Symbol ausgegraut sein, fehlt die Angabe eines Application-Servers (→ TOOLS | ENTERPRISE-SETUP | APPLICATION-SERVER).

Der Dialog führt Sie in sieben Schritten zum Ziel:

1. EJB-Gruppe auswählen

2. JDBC-Datenquelle auswählen

3. Tabellen auswählen

4. Spalten und Verknüpfungen wählen

5. Spalten zuweisen

6. Package, Klassen und Namen angeben

7. Generierungsoptionen

6.7.1 Schritt 1 – EJB-Gruppe auswählen

Verfügbare EJB-Gruppen

Eine EJB-Gruppe ist ein Archiv aus Enterprise JavaBeans (EJBs oder EJBeans), das dem neuen EJBean zugeordnet wird. Sofern eine oder mehrere solcher Gruppen in ihrem Projekt vorhanden sind, werden sie in der Liste angezeigt (→ Abbildung 6.8). Sollten Sie noch keine derartige Gruppe erzeugt haben, können Sie dies über die nebenstehende Schaltfläche NEU nachholen. Damit starten Sie den Dialog Experte für leere EJB-Gruppe, über den Sie auf Seite 274 mehr erfahren werden.

Nach der Fertigstellung der neuen EJB-Gruppe können Sie die Erzeugung eines neuen EJBs mit Schritt 2 fortsetzen.

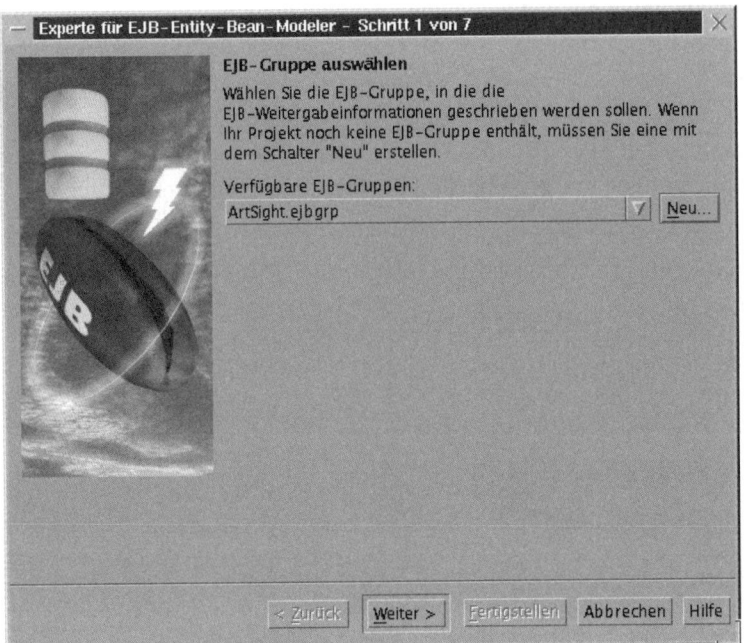

Abbildung 6.8: Auswahl einer EJB-Gruppe

6.7.2   Schritt 2 – JDBC-Datenquelle auswählen

In diesem Schritt stellt der Experte auf Grundlage Ihrer Eingaben eine Verbindung zu einer JDBC-Datenquelle (meistens einer relationalen Datenbank) her (→ Abbildung 6.9).

Bestehende Verbindung wählen

Mit der Schaltfläche BESTEHENDE VERBINDUNG wählen können Sie anhand eines Dialogs eine JDBC-Verbindung auswählen, die Sie bisher bei der Arbeit mit dem JBuilder verwendet haben. Der Experte ergänzt aufgrund früherer Eingaben automatisch alle Felder, so dass Sie nur noch das Passwort eingeben müssen.

Treiber

An dieser Stelle wählen Sie einen geeigneten JDBC-Treiber aus. Korrekt installierte Treiber werden in schwarzer Schrift dargestellt, andere Treiber sind rot hervorgehoben und können nicht verwendet werden.

URL

Die URL (Uniform Resource Locator) ist eine Bezeichnung für einen Pfad zu einem Dokument, einer Website oder einer Datenbank im Internet-Sprachgebrauch. Diesen Pfad benötigt der Experte, um die Datenbank zu lokalisieren. Je nach Datenbank ist das Muster, nach dem die URL aufgebaut ist, etwas anders. Wenn Sie sich bei der Adresse nicht sicher sind, verwenden Sie nebenstehende Schaltfläche ..., um nach der Datenbank zu suchen.

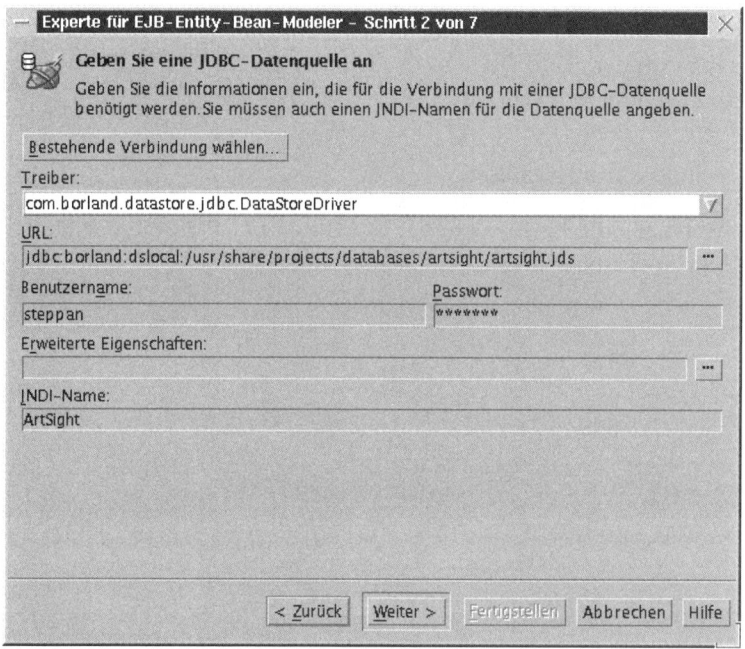

Abbildung 6.9: Angabe einer JDBC-Datenquelle

Benutzername

Sofern ein Benutzername für den Zugriff auf die Datenquelle notwendig ist, lässt er sich hier eintragen.

Passwort

Tragen Sie an dieser Stelle ein korrektes, zum Benutzernamen passendes Passwort ein, sofern die Datenquelle dies erfordert.

Erweiterte Eigenschaften

In diesem Feld können Sie erweiterte Verbindungseigenschaften eintragen, die der JDBC-Treiber nutzt. Das Ausfüllen dieser Eigenschaften wird durch den gleichnamigen Dialog erleichtert, den Sie durch nebenstehende Schaltfläche $\boxed{\ldots}$ aufrufen.

JNDI-Name

JNDI (Java Naming and Directory Interface) ist die Java-Schnittstelle, über die der Java-Namens- und Verzeichnisdienst angesprochen wird. Verteilte Anwendungen benutzen diesen Dienst, damit ihre verschiedenen Bestandteile miteinander kommunizieren können. Tragen Sie in dem Feld JNDI-NAME den Namen ein, den JNDI verwenden soll, um nach der Datenquelle zu suchen.

6.7.3   Schritt 3 – Tabellen auswählen

Mit diesem Schritt wählen Sie die Tabellen aus der Datenquelle aus, die Sie den Entity-Beans zuordnen möchten (→ Abbildung 6.10).

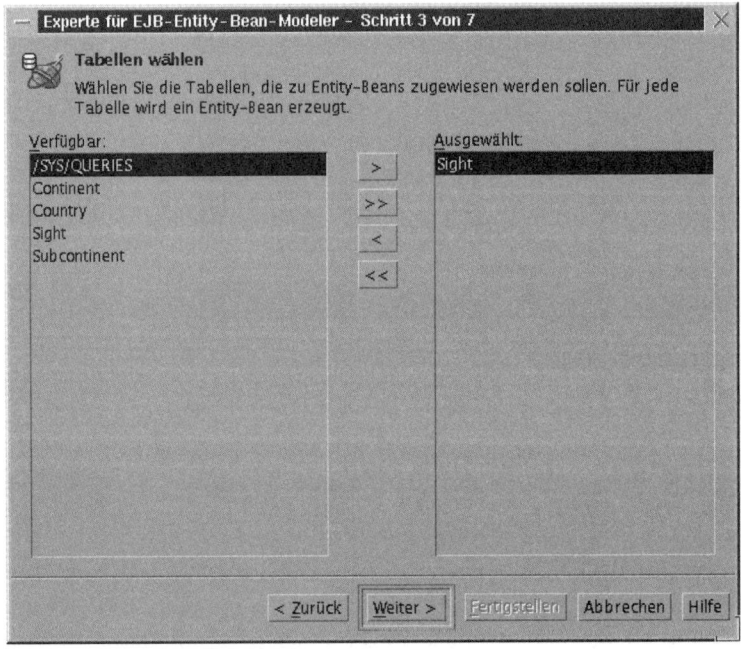

Abbildung 6.10: Auswahl der Tabellen

Verfügbar

In dieser Liste stellt der Experte alle verfügbaren Tabellen dar. Um alle Tabellen auszuwählen, klicken Sie auf die Schaltfläche [>>]. Um eine einzelne Tabelle auszuwählen, markieren Sie sie und klicken danach auf den Schalter [>].

Ausgewählt

In diesem Feld stellt der Experte alle ausgewählten Tabelle dar.

6.7.4 Schritt 4 – Spalten und Verknüpfungen wählen

Auf dieser Seite (→ Abbildung 6.11) wählen Sie die Spalten der Tabellen aus, die den EntityBean-Feldern zugeordnet werden sollen. Die Seite besteht aus den Gruppen TABELLEN UND VERKNÜPFUNGEN sowie AUSGEWÄHLTE TABELLENSPALTEN.

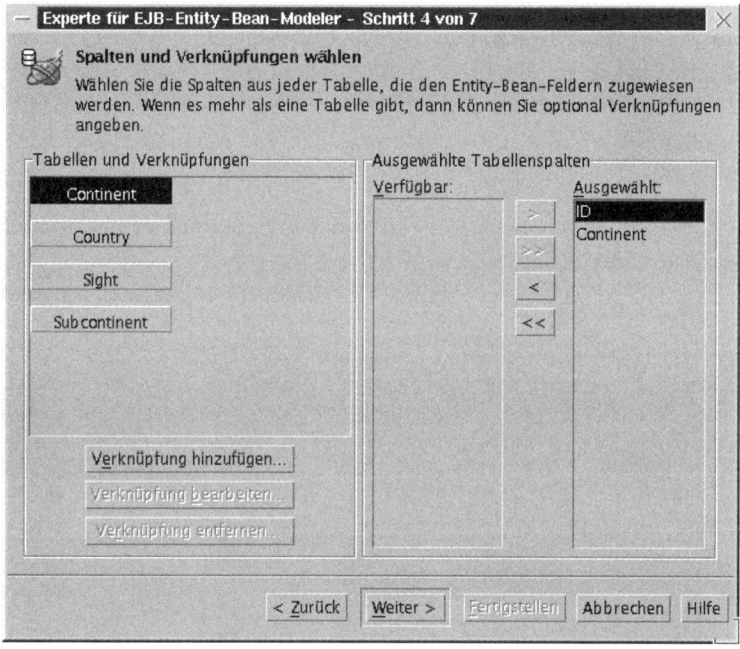

Abbildung 6.11: Auswahl der Verknüpfungen

In der Gruppe TABELLEN UND VERKNÜPFUNGEN stellt der Experte in einer Liste sämtliche Tabellen, die bisher ausgewählt wurden, dar. Wenn Sie mehrere Tabellen ausgewählt haben, lassen sich zwischen ihnen Verknüpfungen auf visuelle Art höchst komfortabel herstellen. Dazu ziehen Sie entweder von einem Tabellensymbol zu einem anderen eine Linie oder verwenden die Schaltfläche VERKNÜPFUNG HINZUFÜGEN, die

sich unterhalb der Liste der Tabellen befindet. Diese Aktion startet den Dialog TABEL-
LEN VERKNÜPFEN, mit dem Sie Verknüpfungen herstellen, bearbeiten und entfernen
können.

Verknüpfung hinzufügen

Startet den Dialog TABELLEN VERKNÜPFEN. Um eine neue Relation hinzuzufügen, wählen Sie zwei Tabellen aus und tragen in der Zeile unter beiden Tabellennamen die
gewünschte Spalte ein.

Verknüpfung bearbeiten

Startet den Dialog TABELLEN VERKNÜPFEN. Um eine Relation zu bearbeiten, klicken Sie
auf diese und tragen die gewünschten Spalten ein.

Verknüpfung entfernen

Startet den Dialog TABELLEN VERKNÜPFEN. Um eine Verknüpfung zu entfernen, führen
Sie auf diese einen Rechtsklick aus und wählen INHALT DER SPALTE LÖSCHEN, wenn Sie
nur das Feld löschen wollen, INHALT DER ZEILE LÖSCHEN, wenn Sie die gesamte Zeile
(Relation) löschen wollen, oder ALLES LÖSCHEN, wenn Sie alle Relationen entfernen
wollen.

In der Gruppe AUSGEWÄHLTE TABELLENSPALTEN stellt der Experte die Spalten der auf
der linken Seite markierten Tabelle dar.

Verfügbar

In diesem Feld befinden sich alle zu der rechts markierten Tabelle gehörenden Spalten.

Ausgewählt

In diesem Bereich befinden sich alle aus den verfügbaren Tabellen ausgewählte Datenbanktabellen. Über die zwischen den beiden Listen VERFÜGBAR und AUSGEWÄHLT
befindenden Schaltflächen lassen sich Einträge verschieben.

6.7.5   Schritt 5 – Spalten zuweisen

Diese Seite besteht aus einer Dropdown-Liste mit Tabellen sowie einer Tabelle, die in
Abhängigkeit der ausgewählten Tabelle deren Spalten darstellt (→ Abbildung 6.12).

Tabelle

Wählen Sie aus dieser Dropdown-Liste die gewünschte Tabelle aus.

Zuweisung von Spalten-Feldern

In dieser Tabellen stellt der Experte alle ausgewählten Spalten der Tabelle dar. Sie müssen für jede Tabelle zumindest den Primärschlüssel (Suchkriterium für die Datensätze der Tabelle) angeben. Für die anderen Spalten schlägt der Experte einen Feldtyp und einen Feldnamen vor. Mit einem Doppelklick auf das Feld bearbeiten Sie die Einträge.

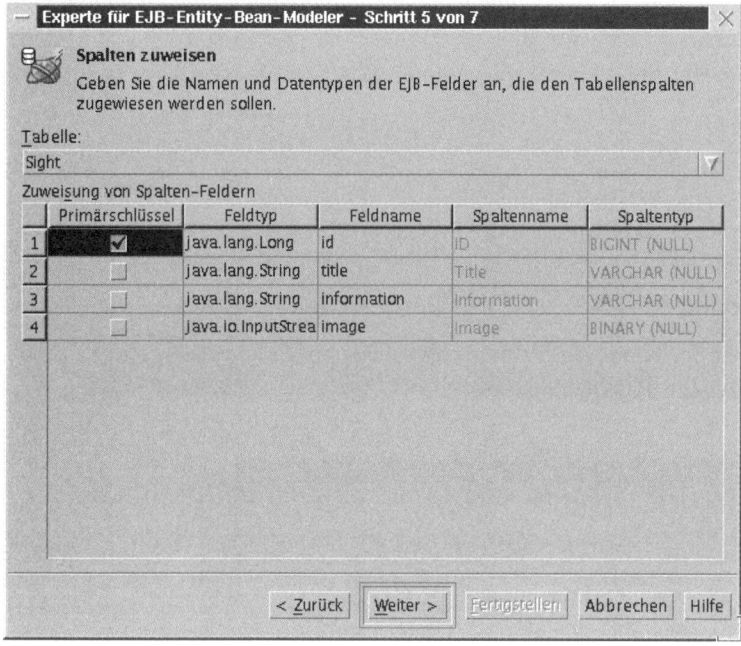

Abbildung 6.12: Namen und Datentypen werden festgelegt

6.7.6   Schritt 6 – Package, Klassen und Namen angeben

Auf dieser Seite legen Sie die Namen des Packages und der Klassen des Entity-Beans fest (→ Abbildung 6.13). Diese Informationen sind für jede der ausgewählten Tabellen anzugeben. Die Vorgaben des Experten können hierbei überschrieben werden.

Tabelle

Über diese Dropdown-Liste wählen Sie die Tabelle aus.

Name des Bean

An dieser Stelle geben Sie den Namen des Entity-Beans an.

Name des JNDI-Bean

Hier muss der Name angegeben werden, über den JNDI das Bean suchen wird.

Home-Interface

Hier muss der Name des Home-Interfaces stehen, das das Entity-Bean bekommen soll.

Remote-Interface

In diesem Feld erwartet der Experte den Namen des Remote-Interfaces des Entity-Beans.

Bean-Klasse

Geben Sie an dieser Stelle den Name der Bean-Klasse an.

Primärschlüsselklasse

An dieser Stelle steht der Name der Primärschlüsselklasse. Er ist vom Typ des Primärschlüssels der gemappten Tabelle abhängig.

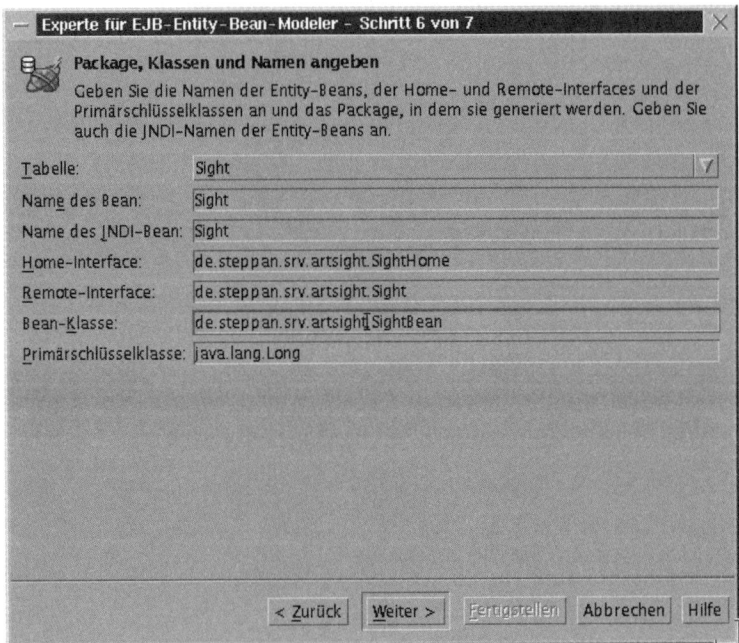

Abbildung 6.13: Festlegungen der Bezeichnungen für Packages, Klassen und Interfaces

6.7.7 Schritt 7 – Generierungsoptionen

Auf dieser Seite legen Sie weitere Generierungsoptionen fest (→ Abbildung 6.14). Die Seite ist in drei Bereiche aufgeteilt, die aus den zwei Gruppen ENTITY-BEAN-TYP und QUELLTEXT sowie zwei weiteren Optionen besteht. Die Gruppe ENTITY-BEAN-TYP fasst folgende zwei Optionen zusammen:

Vom Container verwaltete Persistenz

Mit dieser Option überlassen Sie es dem EJB-Container des Application Servers (→ Kapitel 1, 5 und 8), Datenänderungen dauerhaft in der Datenbank zu speichern.

Von Bean verwaltete Persistenz

Wenn Sie diese Option aktivieren, muss das Bean selbst dafür sorgen, dass Datenänderungen dauerhaft in der Datenbank gespeichert werden.

Die Gruppe QUELLTEXT fasst folgende zwei Optionen zusammen:

EJB 1.1-Stil

Wenn Sie diese Option aktivieren, erzeugt der Experte lediglich eine einzige Bean-Klasse. EJB 1.1 ist die bei Drucklegung dieses Buchs aktuelle EJB-Spezifikation von Sun.

EJB 2.0-Stil

EJB 2.0 ist zum Zeitpunkt der Drucklegung dieses Buchs noch im Draft-Stadium (Entwurf) gewesen, und es existiert auch noch kein Application Server (→ Kapitel 1, 5 und 8), der Beans ausführen könnte, die dieser Spezifikation folgen. Deshalb heißt der Titel der Option hier auch bezeichnenderweise Stil und nicht etwa nur EJB 2.0. Es werden also keine Beans nach 2.0-Spezifikation erzeugt, der Stil entspricht nur der noch zu erwartenden Spezifikation.

Wenn Sie diese Option wählen, legt der Experte eine als `abstract` deklarierte Bean-Klasse und als `abstract` deklarierte Zugriffsmethoden an. Außerdem erzeugt er noch eine weitere Bean-Klasse, die die Endung `CMP` oder `BMP` trägt, je nach dem, wie Sie sich bei der Auswahl der Persistenzstrategie entschieden haben. Diese zweite Klasse wird entsprechende Methoden zum Zugriff auf das Geschäftsobjekt bekommen.

Zwei weitere Optionen lassen sich keiner Gruppe zuordnen. Sie sind unterhalb der Gruppe ENTITY-BEAN-TYP angeordnet:

findAll()-Methode im Home-Interface generieren

Wenn Sie diese Option aktiviert haben, fügt der Experte dem Bean eine findAll-Methode zu, die einem `select * from` entspricht und alle Datensätze ausgibt.

Kommentare im Header generieren

Diese Option sorgt dafür, dass Kommentare zu Beginn aller Dateien erzeugt werden.

Mit der Schaltfläche FERTIGSTELLEN starten Sie die Dateigenerierung. Sie haben jedoch jederzeit wieder Zugriff auf alle Eingaben und können diese auch nach der Generierung verändern.

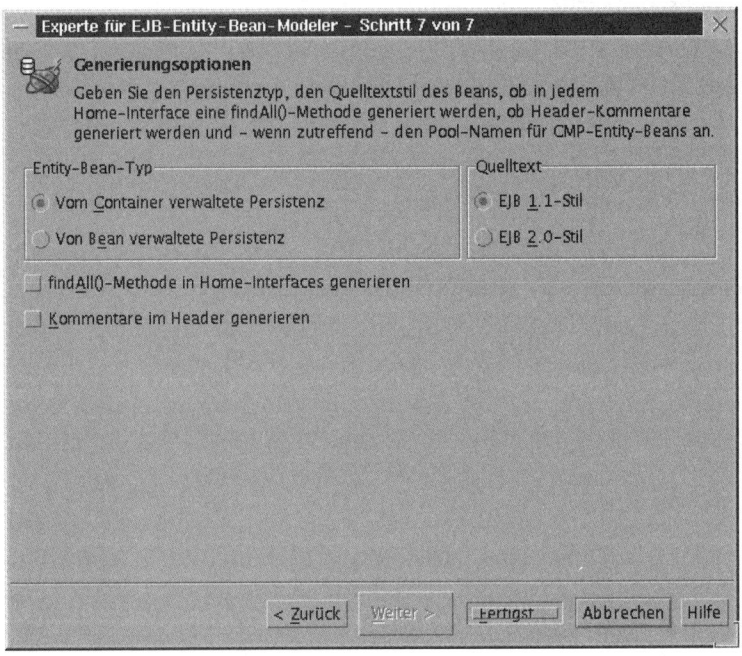

Abbildung 6.14: Auswahl der Generierungsoptionen

6.8 Enterprise-JavaBean-Experte

Der Enterprise-JavaBean-Experte ist als Startpunkt der Entwicklung von EJBs *Enterprise Edition* ausgelegt. Er erzeugt nach Wunsch entweder ein Session- oder ein Entity-Bean (→ Kapitel 1). Sollten Sie schon ein Datenmodell besitzen und EJBs mit ein oder mehreren Datenbanktabellen verbinden wollen, empfehle ich Ihnen, den EJB-Entity-Bean-Modeler (→ Seite 253) dem Enterprise-JavaBean-Experten vorzuziehen.

Sie finden das Startsymbol des EJB-Experten auf der zweiten Seite der OBJEKTGALERIE, die Sie wie gewohnt mit Datei | Neu aufrufen. Um den Enterprise-JavaBean-Experten zu starten, führen Sie einen Doppelklick auf das Symbol Enterprise-JavaBean-Experte aus. Sollte das Symbol ausgegraut sein, fehlt die Angabe eines Application-Servers (→ TOOLS | ENTERPRISE-SETUP | APPLICATION-SERVER).

Die Vorbereitung der Erzeugung einer EJBeans mit diesem Experten verläuft in drei Schritten:

1. EJB-Gruppe auswählen

2. Erzeugen einer neuen Enterprise-JavaBean-Komponente

3. Festlegen der Namen für EJB-Interface

6.8.1 Schritt 1 – EJB-Gruppe auswählen

Verfügbare EJB-Gruppen

Eine EJB-Gruppe ist, wie schon beim EJB-Entity-Bean-Modeler erwähnt, ein Archiv aus Enterprise JavaBeans (EJBs oder EJBeans), das dem neuen EJBean zugeordnet wird. Sofern eine oder mehrere solcher Gruppen in Ihrem Projekt vorhanden sind, werden sie in der Liste angezeigt. Sollten Sie noch keine derartige Gruppe erzeugt haben, können Sie dies über die nebenstehende Schaltfläche NEU nachholen. Damit starten Sie den Dialog Experte für leere EJB-Gruppe, über den Sie auf Seite 274 mehr erfahren werden.

Nach der Fertigstellung der neuen EJB-Gruppe können Sie die Erzeugung eines neuen EJBs mit Schritt 2 fortsetzen.

6.8.2 Schritt 2 – Erzeugen einer neuen Enterprise-JavaBean-Komponente

Diese Seite besteht aus den Gruppen KLASSEN-INFORMATION und OPTIONEN. In der ersten Gruppe können Sie folgende Optionen festlegen:

Package

Hier zeigt der Experte den Namen des Packages an, den er aus dem Namen der Projektdatei ableitet. Sie können diese Vorbelegung einfach überschreiben.

Klassenname

An dieser Stelle zeigt der Experte den vorbelegten Namen des EJBs an (ENTERPRISE1BEAN). Wie zuvor können Sie den Namen einfach mit Ihrer Wunschbezeichnung überschreiben.

Basis-Klasse

Mit dieser Option legen Sie die Basisklasse fest, von der die neue EJB-Klasse abgeleitet werden soll.

In der zweiten Gruppe OPTIONEN legen Sie fest, zu welchen der beiden grundsätzlichen Gruppen von EJBs und ihren Ausprägungen das neue EJBean gehören soll
(→ Kapitel 1).

Stateless Session-Bean

Wenn Sie diese Option wählen, erzeugt der Experte ein zustandsloses Session-Bean.

Stateful Session-Bean

Alternativ dazu können Sie mit dieser Option ein zustandsbehaftetes Session-Bean
erzeugen lassen.

Synchronisierung der Sitzung

Diese Option ist nur dann freigeschaltet, wenn Sie sich zuvor für ein stateful Session-
Bean entschieden haben. Aktivieren Sie SYNCHRONISIERUNG DER SITZUNG, wenn der
Experte ein Session-Bean erzeugen soll, das das Interface `SessionSynchronization`
implementiert.

Von Bean verwaltete Persistenz (BMP)

Wenn Sie diese Option aktivieren, muss das Bean selbst dafür sorgen, dass Datenänderungen dauerhaft in der Datenbank gespeichert werden.

Vom Container verwaltete Persistenz (CMP)

Mit dieser Option überlassen Sie es dem EJB-Container des Application Servers
(→ Kapitel 1, 5 und 8), Datenänderungen dauerhaft in der Datenbank zu speichern.

Primärschlüsselklasse

An dieser Stelle steht der Name der Primärschlüsselklasse. Er ist vom Typ des Primärschlüssels der gemappten Tabelle abhängig.

6.8.3   Schritt 3 – Festlegen der Namen für EJB-Interface

Im letzten Schritt müssen Sie noch die Namen für die verschiedenen Interfaces vergeben.

Enterprise-Bean-Klasse

An dieser Stelle zeigt der Experte den von Ihnen im Schritt 1 festgelegten Namen des
EJBs an (Vorbelegung war ENTERPRISE1BEAN).

Home-Interface-Klasse

Hier muss der Name des Home-Interfaces stehen, das das Bean bekommen soll.

Remote-Interface-Klasse

In diesem Feld erwartet der Experte den Namen des Remote-Interfaces des Beans.

Bean-Home-Name (JNDI)

Hier muss der Name angegeben werden, überden das Bean über JNDI suchen wird.

Header generieren

Wenn diese Option gesetzt ist, trägt der EJB-Experte Kommentare am Anfang der erzeugten Dateien ein. Diese Informationen stammen aus der Projektdatei und sind über Anwendereingaben vom Projektexperten dort eingetragen worden.

6.9 Experte für Beispiel-IDL

Dieser Experte ist nur in der *Enterprise Edition* des JBuilders enthalten. Er erzeugt eine einfache IDL-Datei, die für die Verwendung von CORBA-Programmen benötigt wird und aus einem Modul und einer Schnittstelle besteht.

Sie rufen diesen Experten über die OBJEKTGALERIE mit DATEI | NEU auf. Ein Doppelklick auf das Symbol BEISPIEL-IDL startet den Experten. Sollte das Symbol ausgegraut sein, fehlt die Angabe eines Object Request Brokers (→ TOOLS | ENTERPRISE-SETUP | CORBA).

Der einfache Dialog besteht nur aus zwei Eingaben:

Package

Hier zeigt der Experte den Namen des Packages an, den er aus dem Namen der Projektdatei ableitet. Sie können diese Vorbelegung einfach überschreiben. Geben Sie das Package an, zu dem die neue IDL-Datei gehören soll.

Dateiname

An dieser Stelle zeigt der Experte einen vorbelegten Namen für eine IDL-Datei an, der in der deutschen Version des JBuilders BEISPIEL1.IDL lautet. Wie zuvor können Sie den Namen einfach mit Ihrer Wunschbezeichnung überschreiben.

6.10   Experte für CORBA Client-Interface

Wie die anderen CORBA-Experten ist auch dieser Experte der *Enterprise Edition* vorbehalten. Er erzeugt aus einer vorhandenen IDL-Datei ein Interface-Bean, das die Methoden eines CORBA-Servers aufrufen kann.

Sie starten diesen Experten wieder über die zweite Seite der OBJEKTGALERIE (DATEI | NEU), indem Sie einen Doppelklick auf das Symbol CORBA CLIENT-INTERFACE ausführen. Der Experte besteht aus folgenden Feldern:

IDL-Datei

Hier wählen Sie die IDL-Datei des Servers aus und teilen dem Bean so die verfügbaren Server-Methoden mit. Mit der nebenstehenden Schaltfläche können Sie mit Hilfe eines Browsers nach der Datei suchen.

Package

Hier zeigt der Experte den Namen des Packages an, den er aus dem Namen der Projektdatei ableitet. Sie können diese Vorbelegung mit dem Package-Namen überschreiben, zu dem das neue Beans gehören soll.

Klasse

An dieser Stelle zeigt der Experte den vorbelegten Namen des Beans an (...CLIENTIMPL1). Wie zuvor können Sie den Namen einfach mit Ihrer Wunschbezeichnung überschreiben.

Schnittstelle

Sofern Sie eine IDL-Datei ausgewählt haben, zeigt der Experte hier mindestens eine Schnittstelle beziehungsweise eine Liste von Schnittstellen an, die mit dieser IDL-Datei verknüpft sind. Wählen Sie die gewünschte Schnittstelle daraus aus.

6.11   Experte für CORBA Server-Interface

Dieser Experte der *Enterprise Edition* erzeugt aus einer vorhandenen IDL-Datei das Rahmengerüst eines CORBA-Servers. Sie starten diesen Experten wieder über die zweite Seite der OBJEKTGALERIE (DATEI | NEU), indem Sie einen Doppelklick auf das Symbol CORBA SERVER-INTERFACE ausführen. Der Experte besteht aus folgenden Feldern:

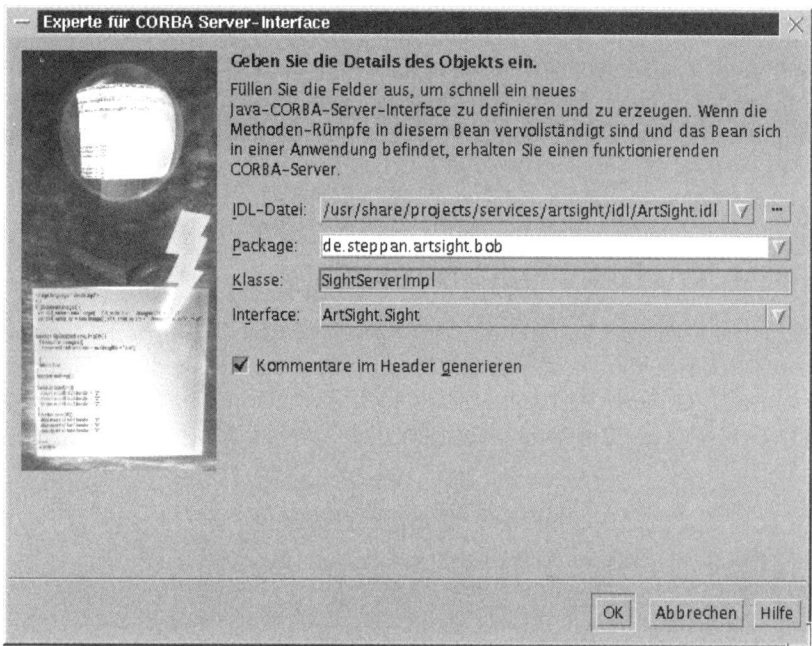

Abbildung 6.15: Der Experte erzeugt aus einer IDL-Datei einen CORBA-Server

IDL-Datei

An dieser Stelle müssen Sie den Pfad zu der IDL-Datei angeben, die als Vorlage für den CORBA-Server dienen soll. Wenn Sie den Pfad nicht wissen, können Sie mit einem Browser nach der Datei suchen, indem Sie auf nebenstehende Schaltfläche ⌷...⌷ klicken.

Package

Hier zeigt der Experte den Namen des Packages an, den er aus dem Namen der Projektdatei ableitet. Sie können diese Vorbelegung mit einem anderen Package-Namen überschreiben, zu dem der neue Server gehören soll.

Klasse

An dieser Stelle zeigt der Experte den vorbelegten Namen der Startklasse an (...IMPL1), der sich aus der IDL-Datei ableitet. Wie zuvor können Sie den Namen einfach mit Ihrer Wunschbezeichnung überschreiben.

Interface

Sobald eine gültige IDL-Datei angegeben ist, stellt der Experte alle darin enthaltenen CORBA-Interfaces dar. Wählen Sie das Interface aus, das für den Server als Vorlage dienen soll, und leiten Sie die Erzeugung des Servers mit einem Klick auf die Schaltfläche OK ein.

6.12   Experte für Datenmodul-Anwendung

Mit diesem Experten, der nur Bestandteil der *Professional* und *Enterprise Edition* ist, erzeugen Sie aus einem schon vorhandenen Datenmodul eine Anwendung. Um den Experten zu starten, aktivieren Sie wieder die OBJEKTGALERIE mit DATEI | NEU und führen einen Doppelklick auf das Symbol DATENMODUL-ANWENDUNG aus.

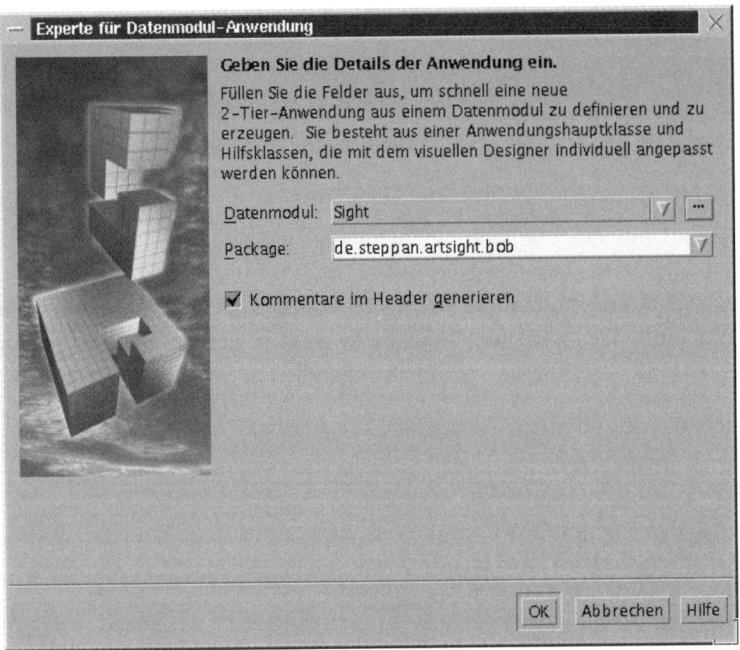

Abbildung 6.16: Der Experte erzeugt aus einem Datenmodul eine Anwendung

Der Dialog verfügt über folgende Felder:

Datenmodul

An dieser Stelle müssen Sie ein Datenmodul auswählen oder mit nebenstehender Schaltfläche [...] einen Browser starten, um nach einem geeigneten Modul zu suchen.

Package

Hier zeigt der Experte den Namen des Packages an, den er aus dem Namen der Projektdatei ableitet. Sie können diese Vorbelegung mit einem anderen Package-Namen überschreiben, zu dem die neue Anwendung gehören soll.

Kommentare im Header generieren

Wenn diese Option gesetzt ist, trägt der Applet-Experte Kommentare am Anfang der Anwendungsklasse ein. Diese Informationen stammen aus der Projektdatei und sind über Anwendereingaben vom Projektexperten dort eingetragen worden.

6.13   Experte für die Implementierung eines Interfaces

Dieser Experte wird in der Kontexthilfe leider ebenfalls als Interface-Experte (→ Seite 295, 6.29 Interface-Experte) bezeichnet, was wohl ein Übersetzungsfehler ist, denn er dient keineswegs dazu, zum aktuellen Projekt eine Interface-Datei hinzuzufügen oder ein Interface zu erzeugen, sondern bei der Implementierung eines Interfaces zu helfen. Er ist für Anwender gedacht, die noch wenig Erfahrung mit den speziellen Java-Klassen namens *Interfaces* gesammelt haben.

Der Experte erzeugt eine Vorlage von Methoden aus einem Interface, das Ihnen hilft, dieses zu implementieren. Im Gegensatz zum Pendant dieses Experten, dem INTERFACE-EXPERTEN, starten Sie den EXPERTEN FÜR DIE IMPLEMENTIERUNG EINES INTERFACES nicht über die OBJEKTGALERIE, sondern auf folgende Weise:

1. Führen Sie im Projektstrukturbaum des AppBrowsers einen Doppelklick auf die Java-Datei aus, in welche die Methoden des Interfaces implementiert werden sollen. Die Datei muss sich danach im Editor befinden.

2. Wählen Sie im Anschluss daran EXPERTEN | INTERFACE IMPLEMENTIEREN, um den Experten zu starten.

Dieser Experte enthält folgende Felder:

Klasse auswählen

In diesem Feld steht die Klasse(n) der Datei, die im Editor angezeigt wird. In diese Klasse wird später das Interface implementiert.

Verfügbare Interfaces

In dem dargestellten Klassenbaum können Sie die Interface-Klasse auswählen, die Sie vom Experten implementieren lassen wollen. Der Experte fügt danach Methoden und das Schlüsselwort *implements* zu der oben ausgewählten Klasse hinzu.

6.14 Experte für die Verwendung eines Datenmoduls

Datenmodule können mit dem JBuilder natürlich nicht nur entwickelt werden, sie lassen sich auch mit einem speziellen Experten direkt, mit wenig Programmieraufwand,
verwenden. Dazu dient dieser Experte, der Bestandteil des *JBuilder Professional* und
Enterprise ist.

Sie starten diesen Experten über EXPERTEN | DATENMODUL (Menü EXPERTEN). Sofern
im Projektstrukturbaum Ihres aktiven Projekts ein Datenmodul vorhanden ist, sind die
Felder des Experten schon mit sinnvollen Vorgaben belegt. Ist das nicht der Fall, müssen Sie erst ein geeignetes Datenmodul entwickeln oder ein vorhandenes angeben.

Ein Datenmodul ist eine von *DataModul* abgeleitete Klasse des Borland-Packages
com.borland.dx.dataset. Es vereinfacht den Zugriff auf JDBC-Datenquellen (vorwiegend
relationale SQL-Datenbanken) und ist ein Behälter für Datenzugriffs-Komponenten.
Wenn Sie diese Komponenten nicht in jedem Dialog, in dem Sie sie verwenden, neu
entwickelt wollen, empfiehlt sich der Einsatz eines Datenmoduls, das sich wieder verwenden lässt.

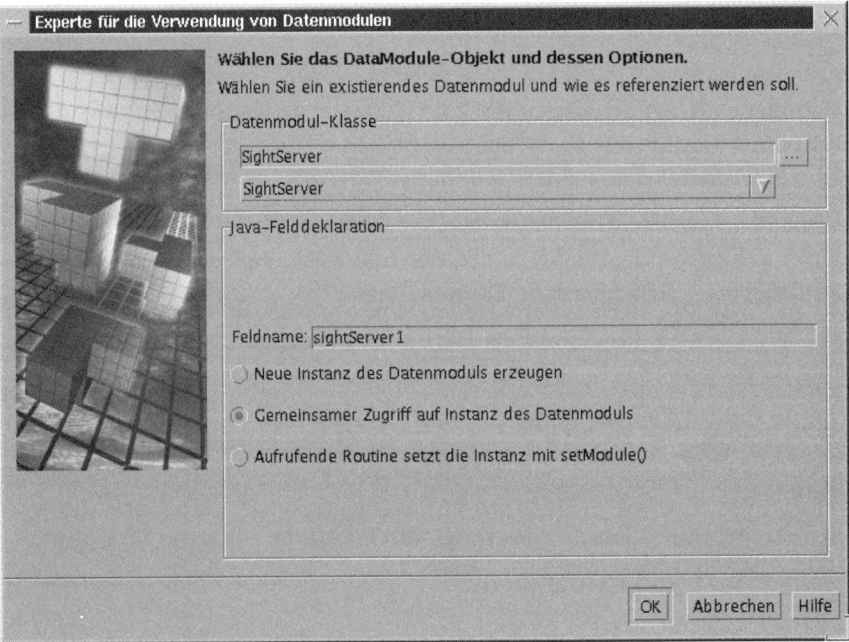

Abbildung 6.17: Der Experte für die Verwendung von Datenmodulen

Der Experte besteht aus den zwei Gruppen DATENMODUL-KLASSE und JAVA-FELD-
DEKLARATION. Die Bedeutung der Optionen:

Datenmodul-Klasse

Im ersten Feld steht das erste verfügbare Datenmodul, das Ihr aktives Projekt enthält. In dem darunter liegenden Feld befinden sich weitere Module, die der Experte in Ihrem Projekt gefunden hat. Datenmodule sind übrigens nur dann für den Experten sichtbar, wenn sie bereits korrekt im Bytecode vorliegen.

Sollten keine Datenmodule in diesem Projekt vorhanden sein, bleiben das Textfeld und die darunter angeordnete Liste leer. In diesem Fall können Sie entweder über die nebenstehende Schaltfläche [...] manuell nach einer geeigneten Klasse suchen oder Sie müssen ein entsprechendes Datenmodul erst entwickeln, wobei Ihnen bei dieser Arbeit wieder ein Experte assistieren kann (→ Seite 250, Datenmodul-Experte).

Feldname

In diesem Feld zeigt der Experte als Vorgabe einen Namen für die neue Klasse an, den er aus den Namen des Datenmoduls abgeleitet hat. Der Experte verwendet diesen Feldnamen später bei der Kodeerzeugung. Sie können einen beliebigen anderen Namen einsetzen.

Nach diesem Feld folgt eine Gruppe von drei Radioschaltern:

Neue Instanz des Datenmoduls erzeugen

Sofern Sie nur über eine Frame-Unterklasse in Ihrer Anwendung verfügen, ist diese Option richtig.

Gemeinsamer Zugriff auf Instanz des Datenmoduls

Wenn es mehrere Verbraucher für das neue Datenmodul in Ihrer Anwendung gibt, sollten Sie diese Option wählen.

Aufrufende Routine setzt die Instanz mit setModule()

Diese Option bewirkt, dass der Experte eine setModul-Methode zu der bearbeitenden Klasse hinzufügt, über die das Datenmodul ausgewählt werden kann. Im Inspektor des UI-Designers wird daraufhin eine zusätzliche Eigenschaft angezeigt. Der Entwickler kann diese Eigenschaft visuell manipulieren.

6.15   Experte für die Verwendung eines EJB-Test-Clients

Mit diesem Experten, der der *Enterprise Edition* vorbehalten ist, können Sie einen vorhandene Test-Client ohne grafische Oberfläche beispielsweise für eine UI-Anwendung verwenden oder einen neuen Test-Client erzeugen.

Sie starten den Experten nicht über die Objektgalerie, sondern auf die folgenden Art:

1. Führen Sie im Projektstrukturbaum des AppBrowsers einen Doppelklick auf die Java-Datei aus, in welcher die Methodenenthalten sind, die der Test-Client verwenden soll.

2. Wählen Sie im Anschluss daran Experten | EJB-Test-Client verwenden, um den Experten zu starten.

Die Verwendung eines EJB-Test-Clients bereitet der Experten in maximal drei Schritten vor:

1. Den zu verwendenden EJB-Test-Client auswählen

2a. Auswahl der Klassen und Feldnamen

2b. Details für den neuen EJB-Test-Client eingeben

3. Feldnamen wählen

6.15.1 Schritt 1 – Den zu verwendenden EJB-Test-Client auswählen

Der EJB-Test-Client existiert bereits

Wählen Sie diese Option, wenn ein EJB-Test-Client bereits existiert, aktivieren Sie sie und klicken Sie dann auf Weiter. Sie gelangen dadurch zum Schritt 2a, im anderen Fall zu Schritt 2b.

6.15.2 Schritt 2a – Auswahl der Klassen und Feldnamen

Wenn Sie schon einen Test-Client besitzen, müssen Sie nur noch folgende Felder ausfüllen:

Klasse

Hier geben Sie den Namen der existierenden Klasse des Test-Clients an. Sie können diese durch einen Browser suchen, indem Sie einen Doppelklick auf die nebenstehende Schaltfläche $\boxed{\ldots}$ ausführen.

Feld

Die Bezeichnung Feld ist eine unglückliche Übersetzung. Gemeint ist die Bezeichnung für die neue Instanz des Test-Clients, die über *new Testclient()* erzeugt wird. Sie können hier jede beliebige, syntaktisch gültige Bezeichnung für das neue Objekt eintragen.

6.15.3 Schritt 2b – Details für den neuen EJB-Test-Client eingeben

Diesen Schritt müssen Sie nur dann durcharbeiten, wenn Sie im vorherigen Schritt keinen EJB-Test-Client ausgewählt haben.

Enterprise-JavaBean

Wählen Sie aus dieser Liste das EJBean aus, für das der Experte einen Test-Client erzeugen soll. Die Liste enthält alle EJBeans des aktuellen Projekts.

Package

Hier zeigt der Experte den Namen des Packages an, den er aus dem Namen der Projektdatei ableitet. Sie können diese Vorbelegung mit einem anderen Package-Namen überschreiben, zu dem der neue Test-Client gehören soll.

Klasse

Geben Sie in dieses Feld den Namen des neuen Test-Clients ein.

Basis-Klasse

Wenn der Test-Client von einer anderen Klasse abgeleitet werden soll, können Sie die Basis-Klasse hier eingeben oder über nebenstehende Schaltfläche [...] mit einem Browser manuell nach einer geeigneten Klasse suchen.

Protokollmeldungen generieren

Diese Option ist für das Logging sinnvoll. Wenn sie aktiviert ist, erzeugt der Experte einen Client, der protokolliert, ob seine Remote-Methoden erfolgreich aufgerufen wurden und wie lange die Ausführung gedauert hat

Main-Funktion generieren

Durch diese Option erreichen Sie, dass der Experte eine main-Methode im Test-Client erzeugt, über die die Methoden des EJBeans aufgerufen werden können. Sie können zum Beispiel eine find-Methode aufrufen und mit den eventuell zurückgegebenen Referenzen arbeiten.

Kommentare im Header generieren

Wenn diese Option gesetzt ist, trägt der Experte Kommentare am Anfang des Test-Clients ein. Diese Informationen stammen aus der Projektdatei und sind über Anwendereingaben vom Projektexperten dort eingetragen worden.

6.15.4 Schritt 3 von 3 – Feldnamen wählen

Feld

Auch hier steht wieder die etwas unglückliche Bezeichnung FELD. Gemeint ist die Bezeichnung für die neue Instanz des Test-Clients, die über *new Testclient()* erzeugt wird. Sie können hier jede beliebige, syntaktisch gültige Bezeichnung für das neue Objekt eintragen und die Erzeugung mit FERTIGSTELLEN durchführen.

6.16 Experte für EJB-Gruppen aus Deskriptoren

Dieser nur in der *Enterprise Edition* verfügbare Experte erzeugt eine EJB-Gruppe aus so genannten Weitergabedeskriptoren (Deployment Descriptor). Diese Gruppe von EJBeans werden zur Weitergabe (Deployment) zu einem Jar-Archiv zusammengefasst.

Die Weitergabe von EJBeans ist einem eigenen Experten vorbehalten, der allerdings nicht Bestandteil des JBuilders und dieses Kapitels, sondern eines Application Servers wie dem Borland Application Server ist. Er wird über TOOLS | EJB-WEITERGABE gestartet und in → Kapitel 7 behandelt.

Sie starten den EXPERTEN FÜR EJB-GRUPPEN AUS DESKRIPTOREN wieder über die zweite Seite der Objektgalerie (DATEI | NEU), indem Sie einen Doppelklick auf das Symbol EJB-GRUPPE AUS DESKRIPTOREN ausführen. Der Experte leitet Sie in zwei Schritten durch die Vorbereitung einer neuen Gruppe:

1. Details für die neue EJB-Gruppe eingeben

2. Existierende IAS-Weitergabe-Deskriptoren verwenden

6.16.1 Schritt 1 – Details für die neue EJB-Gruppe eingeben

Name

Geben Sie in dem Feld NAME einen beliebigen Namen für die neue EJB-Gruppe ein.

Die Gruppe AUSGABE-JAR-DATEI fasst ein Feld mit dem Namen des neuen JAR-Archivs und den Pfad dorthin zusammen:

Name

Hier trägt der Experte den Namen der Gruppe gefolgt von der Dateierweiterung JAR ein. Sie können den Namen einfach mit Ihrer Wunschbezeichnung überschreiben.

Pfad

An dieser Stelle tragen Sie den Pfad zum neuen Archiv ein.

6.16.2 Schritt 2 – Existierende IAS-Weitergabe-Deskriptoren verwenden

Ordner

In diesem Textfeld muss der Name des Ordners stehen, in dem sich die Weitergabedeskriptoren befinden. Solange Sie hier kein Verzeichnis angeben, in dem sich Deskriptoren befinden, ist es nicht möglich, die Erzeugung der Gruppe vorzunehmen: Die Schaltfläche FERTIGSTELLEN des Experten bleibt ausgegraut.

Deskriptoren im Verzeichnis

Sofern sich in dem Ordner Deskriptoren befinden, stellt der Experte diese hier da.

6.17 Experte für EJB-Interfaces

Der Experte für EJB-Interfaces ist ebenso wie alle anderen EJB-Experten der *Enterprise Edition* vorbehalten. Er erzeugt das Home- und Remote-Interface eines bereits existierenden EJBeans der Typen Session- und Entity-Bean.

Beachten Sie aber, dass Sie den Experten nicht für Entity-Beans verwenden sollten, die Sie mit dem EJB-Entity-Bean-Modeler erzeugt haben. Durch die Neugenerierung der Home- und Remote-Schnittstellen durch den EXPERTEN FÜR EJB-INTERFACES könnten wichtige Informationen überschrieben werden.

Um den Experten ohne Fehlermeldung zu starten, ist es notwendig, dass sich eine Implementierung eines Session- oder Entity-Beans im Editor befindet. Ist das der Fall, können Sie den Experten über EXPERTEN | EJB-INTERFACES aufrufen.

Der Vorgang der Erzeugung der Interfaces besteht aus drei Schritten und unterscheidet sich in Abhängigkeit des Bean-Typs marginal.

1. EJB-Gruppe auswählen

2. Festlegen der Namen für EJB-Interface

3. Wählen Sie die darzustellenden Business-Methoden

6.17.1 Schritt 1 – EJB-Gruppe auswählen

Verfügbare EJB-Gruppen

Eine EJB-Gruppe ist ein Archiv aus Enterprise JavaBeans (EJBs oder EJBeans), das dem neuen EJBean zugeordnet wird. Sofern eine oder mehrere solcher Gruppen in Ihrem Projekt vorhanden sind, werden sie in der Liste angezeigt. Sollten Sie noch keine derartige Gruppe erzeugt haben, können Sie dies über die nebenstehende Schaltfläche NEU nachholen. Damit starten Sie den Dialog Experte für leere EJB-Gruppe, über den Sie auf Seite 274 mehr erfahren werden.

Nach der Fertigstellung der neuen EJB-Gruppe können Sie die Erzeugung eines neuen EJBs mit Schritt 2 fortsetzen.

6.17.2 Schritt 2 – Festlegen der Namen für EJB-Interface

Enterprise-Bean-Klasse

Hier legen Sie den Namen des Enterprise-Beans fest, für das der Experte die Home- und Remote-Schnittstellen erzeugt.

Home-Interface-Klasse

An dieser Stelle zeigt der Experte den vorbelegten Namen für die Home-Schnittstelle an (...ENTERPRISE1HOME). Wie zuvor können Sie den Namen einfach mit Ihrer Wunschbezeichnung überschreiben.

Remote-Interface-Klasse

Auch hier hat der Experte schon einen Namen eingesetzt, der auf dem Namen der Bean-Klasse basiert. Sie können ihn mit einem beliebigen anderen, syntaktisch richtigen Namen überschreiben.

Bean-Home-Name (JNDI)

JNDI (Java Naming and Directory Interface) ist die Java-Schnittstelle, über die der Java-Namens- und Verzeichnisdienst angesprochen wird. Verteilte Anwendungen benutzen diesen Dienst, damit ihre verschiedenen Bestandteile miteinander kommunizieren können. Tragen Sie in dem Feld JNDI-NAME den Namen ein, den JNDI verwenden soll, um nach dem EJBean zu suchen.

Die nachfolgende Radioschaltergruppe lautet entweder SESSION-BEAN-TYP oder ENTITY-BEAN-TYP. Hiermit legen Sie den Subtyp dieser beiden Arten von Beans fest. Im Fall der Session-Beans sehen die Optionen so aus:

Stateful

Hiermit erzeugt der Experte ein zustandsbehaftetes (stateful) Session-Bean.

Stateless

Den Gegensatz dazu bildet diese Option, bei der ein zustandsloses Session-Bean erzeugt wird. Im Fall der Session-Beans sehen die Optionen so aus:

Von Bean verwaltete Persistenz (BMP)

BMP bedeutet *Bean managed Persistence* und bedeutet, dass das Bean selbst dafür sorgt, dass es dauerhaft gespeichert wird. Wenn Sie dieses Verhalten wünschen, aktivieren Sie diese Option.

Vom Container verwaltete Persistenz

Der Container des Application Servers ist in der Lage dafür zu sorgen, dass Beans dauerhaft gespeichert werden (via CMP: *Container managed Persistence*). Falls Sie CMP wünschen und sich damit Implementierungsarbeit ersparen wollen, müssen Sie diese Option wählen.

6.17.3 Schritt 3 – Wählen Sie die darzustellenden Business-Methoden

Auf dieser Seite zeigt der Experte alle als *public* deklarierten Business-Methoden des EJBeans an. Markieren Sie die Methoden, die der Experte in die Remote-Schnittstelle aufnehmen soll.

Header generieren

Wenn diese Option gesetzt ist, trägt der Experte Kommentare am Anfang der Dateien ein. Diese Informationen stammen aus der Projektdatei und sind über Anwendereingaben vom Projektexperten dort eingetragen worden.

6.18 Experte für EJB-Test-Client

Dieser Experte sorgt dafür, dass Sie Ihre EJBeans schnell mit einem Test-Client ausprobieren können, ohne Gedanken an seine Implementierung verschwenden zu müssen. Wie alle EJB-Experten gehört er zur Ausstattung des *JBuilder Enterprise*.

Sie starten diesen Experten wieder über die zweite Seite der Objektgalerie (DATEI | NEU), indem Sie einen Doppelklick auf das Symbol EJB-TEST-CLIENT ausführen. Der Experte besteht aus folgenden Feldern:

Enterprise-JavaBean

Wählen Sie aus dieser Liste das EJBean aus, für das der Experte einen Test-Client erzeugen soll. Die Liste enthält alle EJBeans des aktuellen Projekts.

Package

Hier zeigt der Experte den Namen des Packages an, den er aus dem Namen der Projektdatei ableitet. Sie können diese Vorbelegung mit einem anderen Package-Namen überschreiben, zu dem der neue Test-Client gehören soll.

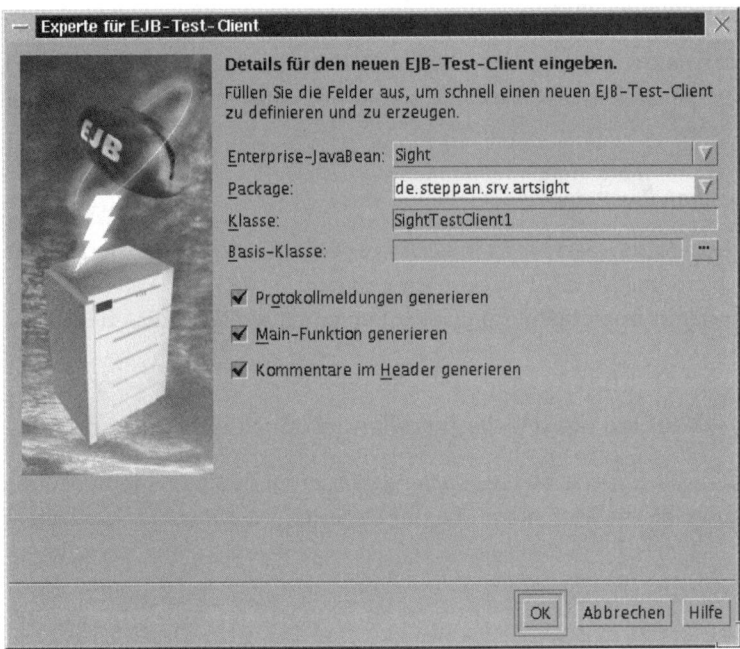

Abbildung 6.18: Der Experte zur Erzeugung eines EJB-Test-Clients

Klasse

Geben Sie in dieses Feld den Namen des neuen Test-Clients ein.

Basis-Klasse

Wenn der Test-Client von einer anderen Klasse abgeleitet werden soll, können Sie die Basis-Klasse hier eingeben oder über nebenstehende Schaltfläche [...] mit einem Browser manuell nach einer geeigneten Klasse suchen.

Protokollmeldungen generieren

Diese Option ist für das Logging sinnvoll. Wenn sie aktiviert ist, erzeugt der Experte einen Client, der protokolliert, ob seine Remote-Methoden erfolgreich aufgerufen wurden und wie lange die Ausführung gedauert hat.

Main-Funktion generieren

Durch diese Option erreichen Sie, dass der Experte eine main-Methode im Test-Client erzeugt, über die die Methoden des EJBeans aufgerufen werden können. Sie können zum Beispiel eine find-Methode aufrufen und mit den eventuell zurückgegebenen Referenzen arbeiten.

Kommentare im Header generieren

Wenn diese Option gesetzt ist, trägt der Experte Kommentare am Anfang des Test-Clients ein. Diese Informationen stammen aus der Projektdatei und sind über Anwendereingaben vom Projektexperten dort eingetragen worden.

6.19 Experte für HTML-CORBA-Client

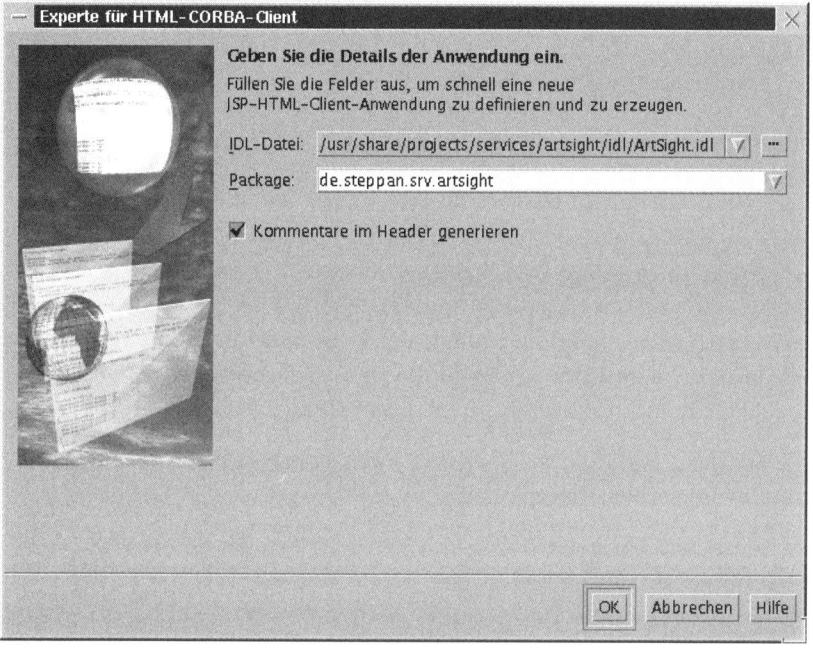

Abbildung 6.19: Der Experte für HTML-CORBA-Client

Auch dieser Experte ist nur für Anwender des *JBuilder Enterprise* verfügbar. Er dient dazu, einen SHTML/JSP-Client für einen CORBA-Server zu erzeugen, und generiert folgende Dateien:

▷ <Package-Name>.Module1.clienthtml

▷ <Package-Name>.Module1.server

▷ FormModule1.jsp

Sie starten diesen Experten wieder über die zweite Seite der Objektgalerie (DATEI | NEU), indem Sie einen Doppelklick auf das Symbol HTML-CORBA-CLIENT ausführen. Der Experte, der daraufhin erscheint, besteht aus folgenden drei Feldern:

IDL-Datei

Sofern sich in dem aktuellen Projekt eine IDL-Datei befindet, wird sie in dieser Liste angezeigt. Ist das nicht der Fall und die Liste leer, können Sie entweder abbrechen und eine neue IDL-Datei erzeugen oder über die nebenstehende Schaltfläche [. . .] mit einem Browser manuell nach einer geeigneten IDL-Datei suchen.

Package

Hier wählen Sie einen geeigneten Package-Namen aus.

Kommentare im Header generieren

Wenn diese Option gesetzt ist, trägt der Experte Kommentare am Anfang der Dateien ein. Diese Informationen stammen aus der Projektdatei und sind über Anwendereingaben vom Projektexperten dort eingetragen worden.

6.20 Experte für JavaServer-Seiten

Dieser Experte gehört zum Funktionsumfang der *Professional* und *Enterprise Edition* und nicht, wie in der Dokumentation des JBuilders fälschlicherweise behauptet, nur zur *Enterprise Edition*. Er erzeugt die folgenden, maximal drei Dateien:

1. JSP-Seite. Das ist die eigentliche JavaServer Page, eine Mischung aus statischem (HTML) und dynamischem (Java) Inhalt.

2. Java-Datei. Diese Java-Datei enthält ein oder mehrere JavaBeans, die von der JSP-Datei verwendet werden.

3. Fehler-Seite: Optional kann der Experte für Sie eine Fehlerseite erzeugen.

Um den Experten zu starten, aktivieren Sie wieder die Objektgalerie mit DATEI | NEU und führen einen Doppelklick auf das Symbol JAVASERVER-SEITE aus.

Der JSP-Experte bereitet die Erzeugung einer JavaServer Page in vier Schritten vor:

1. JSP-Dateidetails bearbeiten

2. Details der Fehlerseite bearbeiten

3. Details des Beispiel-Beans bearbeiten

4. Angabe zusätzlicher Beans

6.20.1 Schritt 1 – JSP-Dateidetails bearbeiten

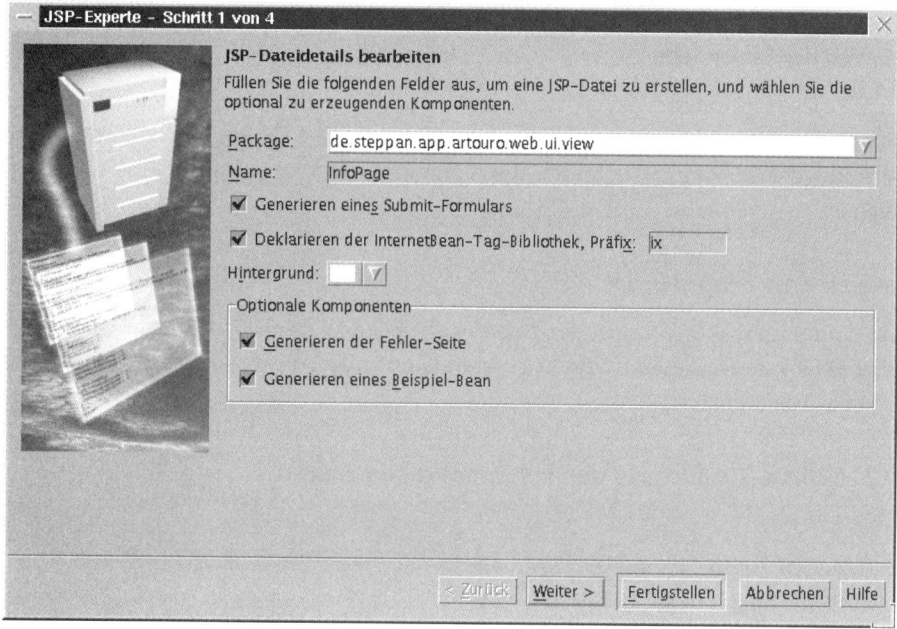

Abbildung 6.20: JSP-Dateidetails bearbeiten

Package

Hier zeigt der Experte den Namen des Packages an, den er aus dem Namen der Projektdatei ableitet. Sie können diese Vorbelegung mit einem anderen Package-Namen überschreiben, zu dem die neue Klasse gehören soll.

Name

An dieser Stelle zeigt der Experte den vorbelegten Namen der JavaServer Page an. Wie zuvor können Sie den Namen einfach mit Ihrer Wunschbezeichnung überschreiben.

Generieren eines Submit-Formulars

Aktivieren Sie diese Option, wenn der Experte ein Formular mit einer Schaltfläche SENDEN erzeugen soll.

Bibliothek für HTML-Express-Tags deklarieren, Präfix:

Diese Einstellung ist für die neue Borland-Bibliothek InternetBeans gedacht. Ist sie aktiviert, erzeugt der Experte ein entsprechendes Tag.

Hintergrund

Hier wird die Hintergrundfarbe der Seite eingestellt.

Generieren der Fehler-Seite

Wenn Sie diese Option aktivieren, wird die Vorbereitung einer JavaServer Page in vier Schritten abgewickelt, ansonsten sind es drei Schritte. Die Option bewirkt, dass eine Fehlerseite generiert wird, die immer dann zum Einsatz kommt, wenn ein Fehler aufgetreten ist.

Generieren eines Beispiel-Beans

Ist die Option gewählt, erzeugt der Experte ein Beispiel-Bean, auf dessen Grundlage Sie eine Dialogsteuerung entwickeln können (Controller), und ein Tag in der JSP, das auf das Bean referenziert.

6.20.2 Schritt 2 – Details der Fehlerseite bearbeiten

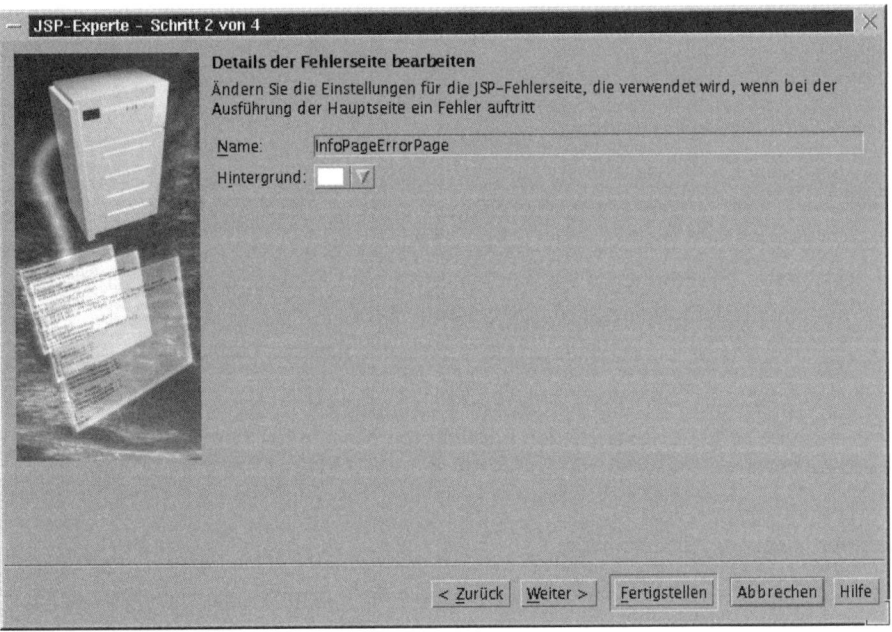

Abbildung 6.21: Details der Fehlerseite bearbeiten

Name

Hier geben Sie den Namen der Fehlerseite an.

Hintergrund

Hier wird Hintergrundfarbe der Seite eingestellt.

6.20.3 Schritt 3 – Details des Beispiel-Bean bearbeiten

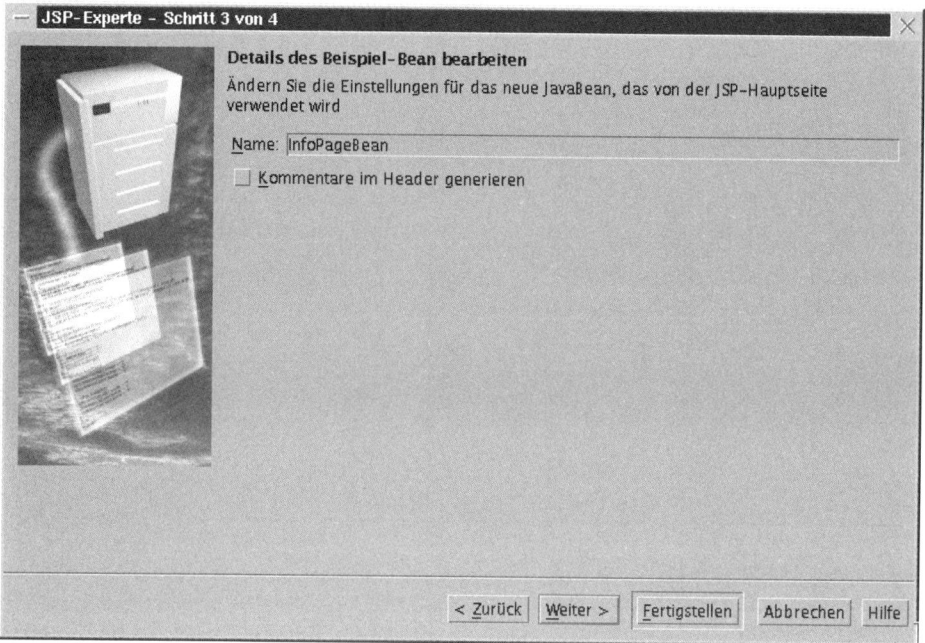

Abbildung 6.22: Details des Beispiel-Beans bearbeiten

Auf dieser Seite legen Sie die Einstellungen des JavaBeans fest.

Name

Hier tragen Sie den Namen des JavaBeans ein.

Kommentare im Header generieren

Wenn diese Option gesetzt ist, trägt der JSP-Experte Kommentare am Anfang der Anwendungsklasse ein. Diese Informationen stammen aus der Projektdatei und sind über Anwendereingaben vom Projektexperten dort eingetragen worden.

6.20.4 Schritt 4 – Zusätzliche Beans eingeben

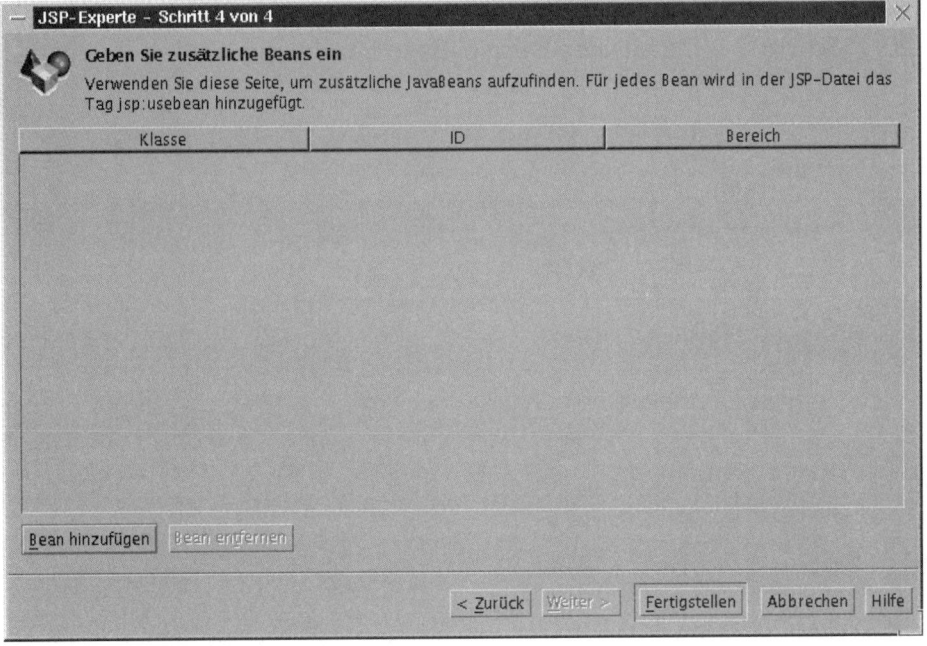

Abbildung 6.23: Angabe zusätzlicher Beans

Auf dieser Seite können Sie weitere, schon existierende Beans an Ihre JSP ankoppeln.

Bean hinzufügen

Verwenden Sie dazu die Schaltfläche BEAN HINZUFÜGEN, die einen Browser startet, mit dem Sie nach den Beans suchen können.

Bean entfernen

Diese Schaltfläche entfernt ein markiertes Bean – die Bedeutung der Tabellenspalten:

Klasse

Diese Spalte zeigt die Klasse des ausgewählten Beans an.

ID

In dieser Spalte steht ein Identifikations-Tag für das Bean innerhalb der JSP-Datei. Dieses Feld können Sie nach Ihren Wünschen verändern.

Bereich

Hier wählen Sie die Lebensdauer des Beans:

▶ Seite

▶ Sitzung oder

▶ Anwendung

6.21   Experte für leere EJB-Gruppe

Dieser Experte der *Enterprise Edition* erzeugt eine leere EJB-Gruppe, die eine Vorlage für Weitergabedeskriptoren enthält und im Anschluss an die Erzeugung mit EJBeans gefüllt werden kann.

Sie starten diesen Experten über die zweite Seite der Objektgalerie (DATEI | NEU), indem Sie einen Doppelklick auf das Symbol LEERE EJB-GRUPPE ausführen. Der Experte besteht aus folgenden Feldern:

Name

Geben Sie in dem Feld NAME einen beliebigen Namen für die neue EJB-Gruppe ein.

Die Gruppe AUSGABE-JAR-DATEI fasst ein Feld mit dem Namen des neuen JAR-Archivs und den Pfad dorthin zusammen.

Name

Hier trägt der Experte den Namen der Gruppe gefolgt von der Dateierweiterung JAR ein. Sie können den Namen einfach mit Ihrer Wunschbezeichung überschreiben.

Pfad

An dieser Stelle tragen Sie den Pfad zum neuen Archiv ein.

6.22   Experte für neue Bibliothek

Mit diesem Experten lassen sich neue Bibliotheken erzeugen und zu Projekts hinzufügen. Bibliotheken sind Sammlungen von logisch zusammengehörendem Java-Bytecode und Ressourcen. In der Regel werden sie als Archive zusammengefasst, sie können im JBuilder aber auch als Sammlung loser CLASS-Dateien integriert werden.

Der Experte integriert jedoch nicht nur die Bibliotheken, er setzt auch die Klassenpfade so, dass die Klassen der neuen Bibliothek automatisch gefunden werden, wenn diese zum Projekt hinzugefügt wird.

Den Experten für neue Bibliotheken können Sie nicht über die Objektgalerie oder das Menü Experten starten, sondern Sie wählen dazu TOOLS | BIBLIOTHEKEN KONFIGURIE-REN und klicken danach auf NEU. Alternativ dazu können Sie auch den Bibliotheken-Browser PROJEKT | PROJEKTEIGENSCHAFTEN | PFADE | BENÖTIGTE BIBLIOTHEKEN | HIN-ZUFÜGEN aufrufen. Ein Mausklick auf die Schaltfläche NEU startet den Experten eben-falls.

Der Experte für neue Bibliotheken besteht aus folgenden Feldern:

Name

An dieser Stelle steht der Name der Bibliothek, die der Experte erzeugen wird. Sie kön-nen den Namen einfach mit Ihrer Wunschbezeichnung überschreiben.

Ort

Hier steht das Verzeichnis, in das der Experte die Bibliotheksspezifikationen in einer Datei mit der Endung library ablegt. Folgende Verzeichnisse stehen zur Disposition:

▶ ANWENDER-STAMM: Durch diese Option speichert der Experte die Datei im Ver-zeichnis jbuilder des Benutzer-Stammverzeichnisses.

▶ JBUILDER: Durch diese Option speichert der Experte die Datei im Verzeichnis jbuilder/lib. Sofern der JBuilder in einem globalen Verzeichnis installiert ist, kön-nen mehrere Personen auf die neue Bibliothek zugreifen.

▶ PROJEKT: Durch diese Option speichert der Experte die Datei im Verzeichnis des ak-tuellen Projekts. Dies ist eine Funktion von JBuilder Professional und JBuilder En-terprise. Wenn Sie in der JBuilder Enterprise Edition die Versionskontrollfunktion verwenden, wird die .library -Datei zusammen mit den anderen Projektdateien ein-gecheckt.

▶ BENUTZERDEFINIERTER ORDNER: Diese Option ist nur in der *Enterprise Edition* ver-fügbar. Je nachdem, wo der benutzerdefinierte Ordner liegt, in einem gemeinsam genutzten oder benutzereigenen Verzeichnis, ist die neue Bibliothek global oder nur für den Benutzer verfügbar, der Eigentümer dieses Verzeichnisses ist. Sollte kein benutzerdefinierter Ordner angezeigt sein, bedeutet dies, dass noch kein Ord-ner angelegt wurde. Dies geschieht über die Schaltfläche ORDNER HINZUFÜGEN des Dialogs BIBLIOTHEKEN KONFIGURIEREN.

Hinzufügen

Mit dieser Schaltfläche fügen Sie einen oder mehrere Pfade für Klassen, Quelltexte oder Dokumentationen hinzu – der Experte sorgt dafür, dass die richtigen Pfaden angelegt werden.

Bearbeiten

Mit dieser Schaltfläche bearbeiten Sie die ausgewählte Bibliothek.

Entfernen

Mit dieser Schaltfläche entfernen Sie die Bibliotheken, die markiert sind. Sie können auch mehrere Bibliotheken mit [⇧] [↑], [⇧] [↓], oder entsprechende Kombinationen mit [⇧] und Mausklick auswählen. Mit [Strg] [A] markieren Sie sämtliche Bibliotheken.

Wenn Sie neue Bibliotheken hinzufügen, erweitert der Experte den Klassenpfad um diese Bibliotheken, so dass sie der Compiler und Interpreter (JVM) finden kann. Diese Werkzeuge suchen nach den Bibliotheken in der angegebenen Reihenfolge. Sie können diese Reihenfolge mit Hilfe des Dialogs BIBLIOTHEKEN KONFIGURIEREN ändern. (TOOLS | BIBLIOTHEKEN KONFIGURIEREN.)

6.23 Experte für neues JDK

Der EXPERTE FÜR NEUES JDK ist eine besonders komfortable Möglichkeit für Anwender der *Professional* und *Enterprise Edition*, ein neues JDK auszuwählen. Anwender der *Foundation Edition* können nur pro Projekt einmal ein bestimmtes JDK auswählen.

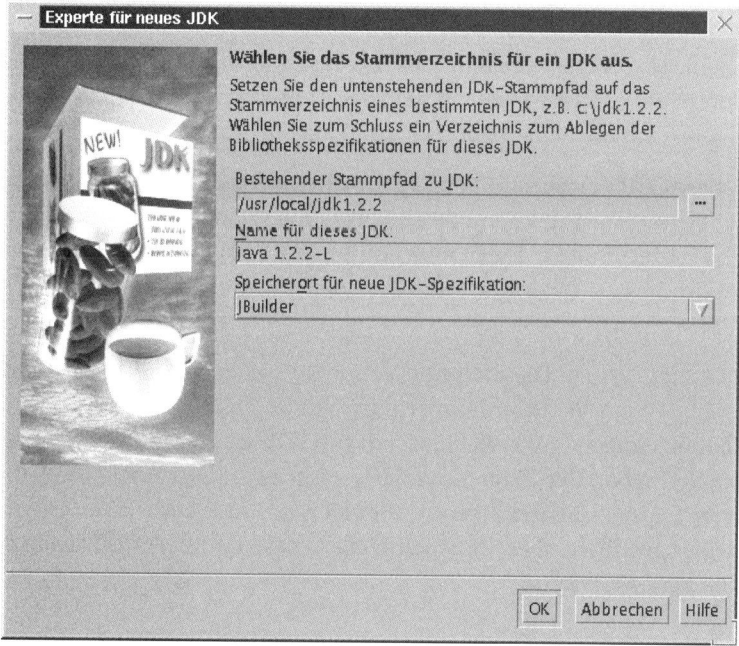

Abbildung 6.24: Der Experte für HTML-CORBA-Client

Sie erreichen den Experten am einfachsten über TOOLS | JDKS KONFIGURIEREN. Danach klicken Sie auf die Schaltfläche NEU des Dialogs JDKS KONFIGURIEREN, um den Experten zu starten.

Der EXPERTE FÜR NEUES JDK besteht aus folgenden Feldern:

Bestehender Stammpfad zu JDK

Hier müssen Sie den Pfad zum neuen JDK eintragen. Verwenden Sie die nebenstehende Schaltfläche [. . .], um mit einem Browser manuell nach einem geeigneten JDK zu suchen.

Name für dieses JDK

Wenn Sie einen korrekten Pfad zu einem JDK angegeben haben, versucht der Experte den Namen der Version zu ermitteln und anzuzeigen. Diese Bezeichnung können Sie beliebig ändern.

Speicherort für neue JDK-Spezifikation

Hier steht das Verzeichnis, in das der Experte die Bibliotheksspezifikationen in einer Datei mit der Endung library ablegt. Folgende Verzeichnisse stehen zur Disposition:

▶ ANWENDER-STAMM: Durch diese Option speichert der Experte die Datei im Verzeichnis jbuilder des Benutzer-Stammverzeichnisses.

▶ JBUILDER: Durch diese Option speichert der Experte die Datei im Verzeichnis jbuilder/lib. Sofern der JBuilder in einem globalen Verzeichnis installiert ist, können mehrere Personen auf die neue Bibliothek zugreifen.

▶ PROJEKT: Durch diese Option speichert der Experte die Datei im Verzeichnis des aktuellen Projekts. Dies ist eine Funktion von JBuilder Professional und JBuilder Enterprise. Wenn Sie in der JBuilder Enterprise Edition die Versionskontrollfunktion verwenden, wird die .library-Datei zusammen mit den anderen Projektdateien eingecheckt.

▶ BENUTZERDEFINIERTER ORDNER: Diese Option ist nur in der *Enterprise Edition* verfügbar. Je nachdem, wo der benutzerdefinierte Ordner liegt, in einem gemeinsam genutzten oder benutzereigenen Verzeichnis ist die neue Bibliothek global oder nur für den Benutzer verfügbar, der Eigentümer dieses Verzeichnisses ist. Sollte kein benutzerdefinierter Ordner angezeigt sein, bedeutet dies, dass noch kein Ordner angelegt wurde. Dies geschieht über die Schaltfläche ORDNER HINZUFÜGEN des Dialogs BIBLIOTHEKEN KONFIGURIEREN.

6.24   Experte zum Erstellen einer CORBA-Server-Anwendung

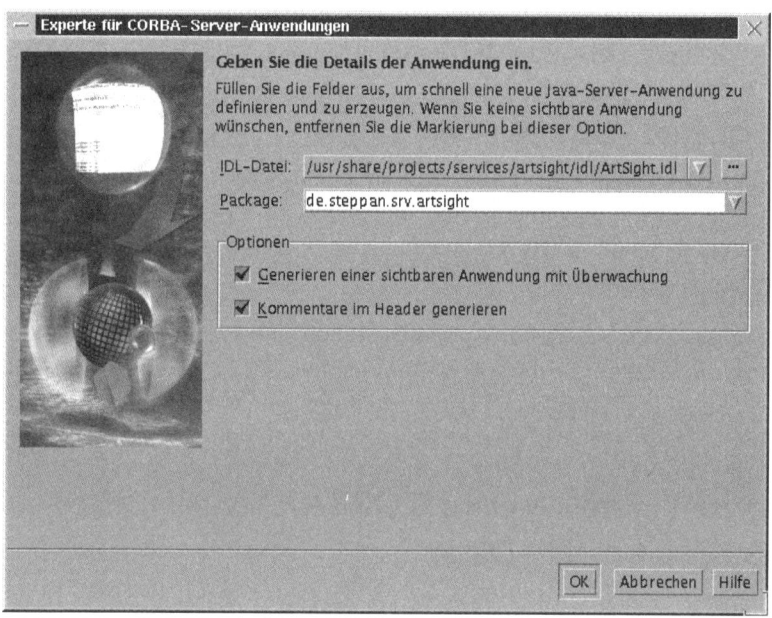

Abbildung 6.25: Der Experte für CORBA-Server-Anwendungen

Dieser Experte gehört zum Funktionsumfang des *JBuilder Enterprise* und ist in der Lage, aus Ihren Angaben und einer IDL-Datei eine CORBA Server-Anwendung zu erzeugen. Sie starten diesen Experten wieder über die zweite Seite der Objektgalerie (DATEI | NEU), indem Sie einen Doppelklick auf das Symbol CORBA SERVER-ANWENDUNG ausführen. Der Experte besteht aus folgenden Feldern:

IDL-Datei

An dieser Stelle müssen Sie den Pfad zu der IDL-Datei angeben, die als Vorlage für die CORBA Server-Anwendung dienen soll. Wenn Sie den Pfad nicht wissen, können Sie mit einem Browser nach der Datei suchen, indem Sie auf nebenstehende Schaltfläche [. . .] klicken.

Package

Hier zeigt der Experte den Namen des Packages an, den er aus dem Namen der Projektdatei ableitet. Sie können diese Vorbelegung mit einem anderen Package-Namen überschreiben, zu dem der neue Server gehören soll.

Klasse

An dieser Stelle zeigt der Experte den vorbelegten Namen der Startklasse an (...IMPL1), der sich aus der IDL-Datei ableitet. Wie zuvor können Sie den Namen einfach mit Ihrer Wunschbezeichnung überschreiben.

Die folgende Gruppe OPTIONEN verfügt über zwei Optionen:

Generieren einer sichtbaren Anwendung mit Überwachung

Wenn Sie diese Option wählen, erzeugt der Experte einen Server, der Informationen visuell ausgibt.

Kommentare im Header generieren

Wenn diese Option gesetzt ist, trägt der Applet-Experte Kommentare am Anfang der Anwendungsklasse ein. Diese Informationen stammen aus der Projektdatei und sind über Anwendereingaben vom Projektexperten dort eingetragen worden.

6.25 Experte zum Erstellen eines CORBA Client-Interface-Objekts aus einer IDL-Datei

Dieser Experte, der nur in der *Enterprise Edition* verfügbar ist, dient dazu, einen CORBA-Client aus einer IDL-Datei zu erzeugen. Bevor Sie den Experten verwenden, benötigen Sie also eine IDL-Datei. Diese Datei definiert eine Schnittstelle zwischen zwei Programmteilen (zum Beispiel Client und Server) auf Basis von CORBA.

Das neue Client-Interface wird in drei Schritten festgelegt:

1. Zu verwendendes Objekt auswählen

2a. Objektdetails eingeben oder

2b. Klassen- und Feldnamen auswählen

3. Objekt benennen

6.25.1 Schritt 1 – Zu verwendendes Objekt auswählen

Sollte noch kein Bean vorliegen, muss diese Option deaktiviert werden. Im anderen Fall lässt es sich über diese Option auswählen und der CORBA-Client kann mit Schritt 2a und 3 vervollständigt werden.

6.25.2 Schritt 2a – Geben Sie die Details des Objekts ein

Dieser Schritt dient dazu, ein neues CORBA-Interface-Bean zu definieren. Folgende Felder sind verfügbar.

IDL-Datei

An dieser Stelle müssen Sie den Pfad zu der IDL-Datei angeben, die als Vorlage für die CORBA Server-Anwendung dienen soll. Wenn Sie den Pfad nicht wissen, können Sie mit einem Browser nach der Datei suchen, indem Sie auf nebenstehende Schaltfläche ⬚ ... klicken.

Package

Hier zeigt der Experte den Namen des Packages an, den er aus dem Namen der Projektdatei ableitet. Sie können diese Vorbelegung mit einem anderen Package-Namen überschreiben, zu dem das neue Interface-Objekt gehören soll.

Klasse

An dieser Stelle zeigt der Experte den vorbelegten Namen der Klasse an. Wie zuvor können Sie den Namen einfach mit Ihrer Wunschbezeichnung überschreiben.

Interface

Sofern Sie eingangs eine IDL-Datei angegeben haben, können Sie jetzt aus der Liste ein Interface dieser IDL-Datei auswählen.

6.25.3 Schritt 2b – Wählen Sie Klassen- und Feldnamen aus

Falls Sie eingangs CORBA-BEAN EXISTIERT BEREITS ausgewählt haben, ist dies der Schritt 2 im Ablauf.

Klasse

An dieser Stelle zeigt der Experte den vorbelegten Namen der Klasse an. Wie zuvor können Sie den Namen einfach mit Ihrer Wunschbezeichnung überschreiben.

Feld

An dieser Stelle können Sie die Bezeichnung für einen Feldnamen angeben. Die Vorbelegung können Sie einfach überschreiben.

6.25.4 Schritt 3 – Geben Sie den Feldnamen ein

An dieser Stelle können Sie die Bezeichnung für einen Feldnamen angeben. Die Vorbelegung können Sie einfach überschreiben.

6.26 Experte zum Überschreiben von Methoden

Dieser Experte (*Enterprise und Professional* Edition) überschreibt eine Methode einer
Basisklasse. Genauer gesagt erzeugt er das Gerüst einer Methode, die Sie implementieren müssen.

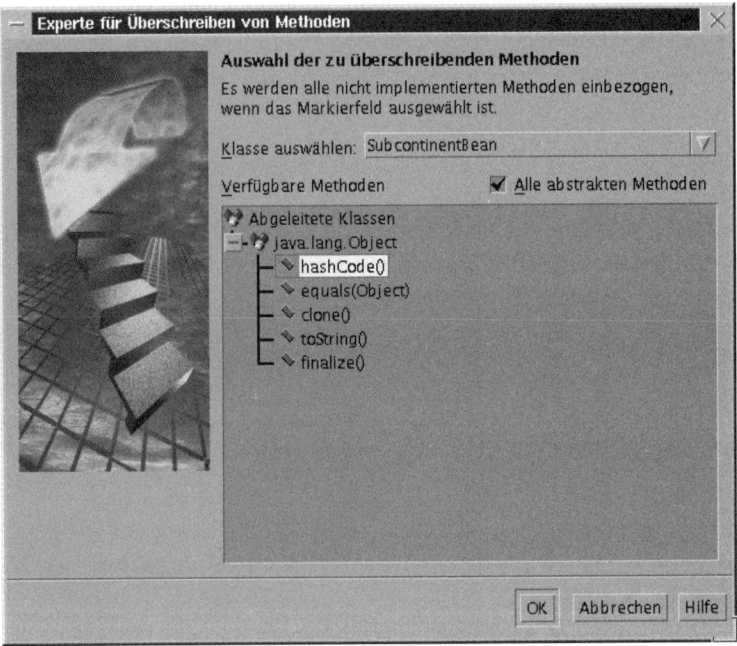

Abbildung 6.26: Der Experte für das Überschreiben von Methoden

Sie starten den Experten folgendermaßen:

1. Laden Sie einen Java-Quelltext, mit der Klasse, von der eine Methode überschrieben werden soll, in den Editor (Doppelklick auf eine Java-Datei im Strukturbaum)

2. Wählen Sie danach EXPERTEN | METHODEN ÜBERSCHREIBEN.

Daraufhin erscheint ein Dialog, der über folgende Felder verfügt:

Klasse auswählen

Hier steht die erste Klasse der Datei, dieim Vordergrund des Editors zu sehen ist. Sollten in dieser Datei weitere Klassen enthalten sein, können Sie diese aus der Liste auswählen.

Alle abstrakten Methoden

Wenn Sie diese Option aktivieren, berücksichtigt der Experte alle nicht implementierten abstrakten Methoden.

Verfügbare Methoden

In diesem Strukturbaum sind alle Methoden gelistet, die überschrieben werden können. Um vom Experten eine Methode überschreiben zu lassen, wählen Sie sie durch einen Mausklick darauf aus. Erst danach wird der Schalter OK freigegeben.

6.27 Frame-Experte

Mit dem Frame-Experten (Bestandteil der *Professional* und *Enterprise Edition*) lassen sich auf einfache Art neue Frames erzeugen. Der Experte kann bei diesem Vorgang Frames aus Swing oder AWT instanziieren.

Sie rufen den Experten über die erste Seite der OBJEKTGALERIE auf (DATEI | NEU), indem Sie einen Doppelklick auf das Symbol FRAME ausführen. Der Experte, der daraufhin erscheint, besteht aus den zwei Gruppen KLASSEN-INFORMATION und OPTIONEN. In der ersten Gruppe können Sie die Optionen PACKAGE, KLASSENNAME und BASIS-KLASSE festlegen:

Package

Hier zeigt der Experte den Namen des Packages an, den er aus dem Namen der Projektdatei ableitet. Sie können diese Vorbelegung einfach überschreiben.

Klassenname

An dieser Stelle zeigt der Dialog-Experte den vorbelegten Namen der Dialogklasse an (DIALOG1). Wie zuvor können Sie den Namen einfach mit Ihrer Wunschbezeichnung überschreiben.

Basis-Klasse

Dieses Kombinationsfeld dient dazu, die Klasse anzugeben, von der der neue Frame abgeleitet werden soll. Beachten Sie, dass Sie durch die Wahl der Basisklasse bestimmen, ob es sich um einen Swing- oder AWT-Frame handeln soll.

Die Gruppe OPTIONEN besteht aus den Optionen MAIN-METHODE GENERIEREN und KOMMENTARE IN HEADER GENERIEREN.

main-Methode generieren

Erzeugt eine main-Methode, über die die Klasse ausgeführt werden kann.

Kommentare im Header generieren

Wenn diese Option gesetzt ist, trägt der Frame-Experte Kommentare am Anfang der Dialogklasse ein. Diese Informationen stammen aus der Projektdatei und sind über Anwendereingaben vom Projektexperten dort eingetragen worden.

6.28 Interface-Experte

Auch dieser Experte ist der *Professional und Enterprise Edition* vorbehalten. Er dient dazu, eine neues Interface zu erzeugen. Um den Experten zu starten, aktivieren Sie wieder die Objektgalerie mit DATEI | NEU und führen einen Doppelklick auf das Symbol SCHNITTSTELLE aus. Der Dialog, der daraufhin erscheint, besteht aus den zwei Gruppen KLASSEN-INFORMATION und OPTIONEN. In der ersten Gruppe können Sie die Optionen Package, Interface-Name und Basis-Interface festlegen:

Package

Hier zeigt der Experte den Namen des Packages an, den er aus dem Namen der Projektdatei ableitet. Sie können diese Vorbelegung einfach überschreiben.

Interface-Name

An dieser Stelle zeigt der Interface-Experte den vorbelegten Namen der Interface-Klasse an (SCHNITTSTELLE1). Wie zuvor können Sie den Namen einfach mit Ihrer Wunschbezeichnung überschreiben.

Basis-Interface

Dieses Kombinationsfeld dient dazu, das Basis-Interface anzugeben, von dem abgeleitet werden soll. Folgende Interfaces werden gelistet.

▶ java.beans.BeanInfo

▶ java.beans.Customizer

▶ java.beans.PropertyChangeListener

▶ java.beans.PropertyEditor

▶ java.beans.VetoableChangeListener

▶ java.beans.Visibility

▶ org.omg.CORBA.Object

Über die nebenstehende Schaltfläche ⌊...⌋ können Sie auch mit einem Browser manuell nach einem geeigneten Basis-Interface suchen. Die zweite Gruppe besteht nur aus einer Option:

Kommentare im Header generieren

Wenn diese Option gesetzt ist, trägt der Interface-Experte Kommentare am Anfang der Interface-Klasse ein. Diese Informationen stammen aus der Projektdatei und sind über Anwendereingaben vom Projektexperten dort eingetragen worden.

6.29 JavaBean-Experte

Mit dem JavaBean-Experten, der sich nur beim JBuilder Professional und Enterprise im Lieferumfang befindet, lassen sich JavaBeans erzeugen. JavaBeans ist ein leichtgewichtiger Komponentenstandard, der sich zum Beispiel für die Realisierung von UI-Komponenten oder zur Anbindung von JavaServer Pages eignet.

Um den Experten aufzurufen, gehen Sie wieder über die OBJEKTGALERIE (DATEI | NEU) und führen einen Doppelklick auf das JavaBean-Symbol aus. Daraufhin erscheint ein Dialog mit den zwei Gruppen KLASSEN-INFORMATION und OPTIONEN. In der Gruppe KLASSEN-INFORMATION befinden sich die Felder PACKAGE, KLASSENNAME und BASIS-KLASSE.

Package

Hier zeigt der Experte den Namen des Packages an, den er aus dem Namen der Projektdatei ableitet. Sie können diese Vorbelegung einfach überschreiben.

Klassenname

Hier zeigt der Experte den vorbelegten Namen der Startklasse an (BEAN1). Wie zuvor können Sie den Namen einfach mit Ihrer Wunschbezeichnung überschreiben.

Basis-Klasse

Dieses Kombinationsfeld bietet eine Reihe von Klassen an, von denen das neue Bean abgeleitet werden kann. Über die nebenstehende Schaltfläche ⌊...⌋ können Sie auch manuell nach einer geeigneten Klasse suchen.

Beachten Sie, dass Sie bei UI-Beans auf Swing festgelegt sind, wenn Sie eine Swing-Klasse auswählen und umgekehrt auf AWT festgelegt sind, wenn Sie eine AWT-Klasse als Basis Ihres neuen Beans auswählen.

Nur JavaBeans zulassen

Wenn Sie diese Option wählen, warnt Sie der Experte, wenn Sie versuchen, eine Java-Klasse zu instanziieren, die kein gültiges Bean ist.

Public

Hiermit deklariert der Experte das Bean als *public*.

main-Methode generieren

Mit dieser Option weisen Sie den Experten an, eine main-Methode zu erzeugen.

Kommentare im Header generieren

Wenn diese Option gesetzt ist, trägt der Experte Kommentare am Anfang der Bean-Klasse ein. Diese Informationen stammen aus der Projektdatei und sind über Anwendereingaben vom Projektexperten dort eingetragen worden.

Standard-Konstruktor generieren

Diese Option bewirkt, dass ein parameterloser Standardkonstruktor vom Experten erzeugt wird.

Beispieleigenschaft erzeugen

Hiermit erreichen Sie, dass Ihrem Bean eine Eigenschaft namens *sample* hinzugefügt wird.

6.30   Klassen-Experte

Der Klassen-Experte dient dazu, dem aktuellen Projekt eine neue Klasse hinzuzufügen, die von *java.lang.Object*, *javax.swing.JComponent* oder *java.awt.Component* abstammt.

Sie starten diesen Experten über die erste Seite der OBJEKTGALERIE (DATEI | NEU), indem Sie einen Doppelklick auf das Symbol KLASSEN-EXPERTE ausführen. Der Experte besteht aus den zwei Gruppen KLASSEN-INFORMATIONEN und OPTIONEN. In der ersten Gruppe können Sie die Optionen PACKAGE, KLASSENNAME und BASIS-KLASSE festlegen:

Package

Hier zeigt der Experte den Namen des Packages an, den er aus dem Namen der Projektdatei ableitet. Sie können diese Vorbelegung einfach überschreiben.

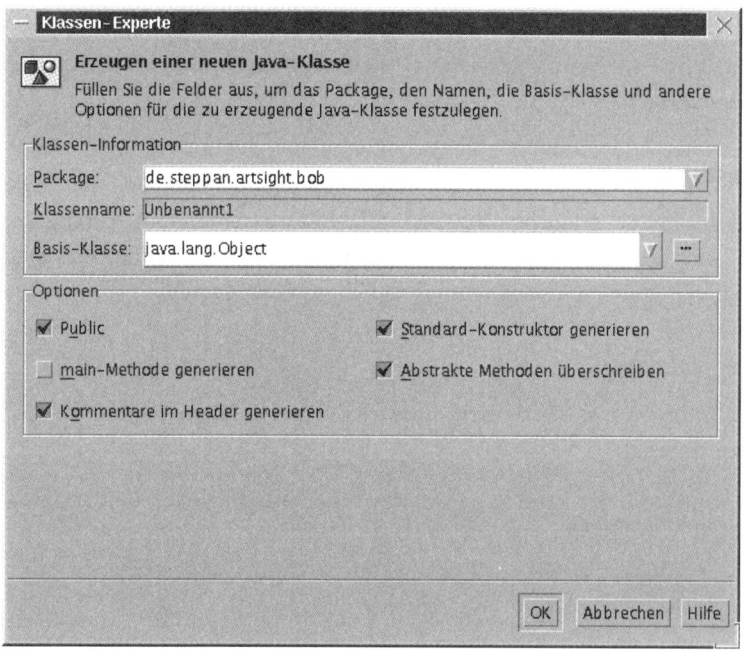

Abbildung 6.27: Der Klassen-Experte besteht aus zwei Gruppen

Klassenname

An dieser Stelle zeigt der Experte den vorbelegten Namen der Startklasse an (UNBENANNT1). Wie zuvor können Sie den Namen einfach mit Ihrer Wunschbezeichnung überschreiben.

Basis-Klasse

Hiermit legen Sie fest, von welcher Basisklasse die neue Klasse ableitet wird. Über die nebenstehende Schaltfläche [...] können Sie auch manuell nach einer geeigneten Klasse suchen.

Wenn Sie die neue Klasse mit Hilfe des UI-Designers gestalten wollen, muss sie direkt oder indirekt von *java.awt.Container* abstammen. Diese Bedingung erfüllen die Klassen *Frame, Panel, Dialog* oder *Applet* und ihre Nachkommen.

Die zweite Gruppe OPTIONEN des Experten verfügt über folgende Felder:

Public

Sofern Sie die Klassen über die Designansicht des JBuilders verändern wollen, müssen Sie sie als *public* deklarieren.

main-Methode generieren

Wenn Sie die Klasse ohne Anwendung testen wollen, können Sie mit dieser Option eine main-Methode erzeugen lassen.

Kommentare im Header generieren

Wenn diese Option gesetzt ist, trägt der Applet-Experte Kommentare am Anfang der Anwendungsklasse ein. Diese Informationen stammen aus der Projektdatei und sind über Anwendereingaben vom Projektexperten dort eingetragen worden.

Standardkonstruktor generieren

Wählen Sie diese Option, wenn Sie wollen, dass der Experte einen parameterlosen Standardkonstruktor erzeugt.

Abstrakte Methoden überschreiben

Wenn diese Option gewählt ist, werden alle abstrakten Methoden überschrieben.

6.31 Panel-Experte

Der Panel-Experte, der Bestandteil des *JBuilder Professional* und *Enterprise* ist, fügt eine neue Panel-Klasse zum aktiven Projekt hinzu. Bei diesem Vorgang übernimmt er die Header-Informationen aus der Projektdatei und fügt die erforderlichen Importanweisungen hinzu.

Sie starten den Experten wieder über die OBJEKTGALERIE (DATEI | NEU), indem Sie einen Doppelklick auf das Symbol BEDIENFELD ausführen. Folgende Optionen sind bei diesem Experten verfügbar.

Package

Hier zeigt der Experte den Namen des Packages an, den er aus dem Namen der Projektdatei ableitet. Sie können diese Vorbelegung mit einem anderen Package-Namen überschreiben, zu dem die neue Panel-Klasse gehören soll.

Klassenname

An dieser Stelle zeigt der Experte den vorbelegten Namen der Panel-Klasse an (BEDIENFELD1). Wie zuvor können Sie den Namen einfach mit Ihrer Wunschbezeichnung überschreiben.

Basis-Klasse

Dieses Kombinationsfeld dient dazu, die Klasse anzugeben, von der das neue Panel abgeleitet werden soll. Beachten Sie, dass Sie durch die Wahl der Basisklasse bestimmen, ob es sich um einen Swing- *oder* AWT-Dialog handeln soll.

Optionen

Wenn diese Option gesetzt ist, trägt der Panel-Experte Kommentare am Anfang der Panel-Klasse ein. Diese Informationen stammen aus der Projektdatei und sind über Anwendereingaben vom Projektexperten dort eingetragen worden.

6.32 Projekt-Experte

Der erste Experte, mit dem der JBuilder-Einsteiger in der Regel in Berührung kommt, ist der Projektexperte. Über den Sinn manches JBuilder-Experten kann man unter Umständen streiten, über den Sinn des Projektexperten nicht, denn er ist bei der Arbeit mit dem JBuilder fast unersetzlich. Der Projektexperte generiert eine Projektdatei mit der Namenserweiterung JPR oder JPX, die ohne ihn nur schwer zu erzeugen wäre.

Diese Projektdatei fasst die Projekteinstellungen sowie die Liste der Dateien zusammen, die zu dem Projekt gehören. Zu den Projekteinstellungen können folgende Merkmale zählen:

▶ Ordnerstruktur

▶ Pfade zu Bibliotheken

▶ Pfade zu den Quelltexten

▶ JDK-Versionen

▶ Verteilungsinformationen (wichtig für die Ausführung auf anderen Computern)

Weitere Informationen zu der Projektverwaltung erhalten Sie in → Kapitel 7.

Sie starten den Projekt-Experten entweder über DATEI | NEUES PROJEKT oder über das Symbol PROJEKT auf der ersten Seite der OBJEKTGALERIE (DATEI | NEU). Der Dialog führt Sie in maximal nur drei Schritten zu einem neuen Projekt:

1. Festlegung von Namen und Pfaden

2. Modifikation der Einstellungen für neue JBuilder-Projekte

3. Eingabe weiterer Informationen für das neue Projekt

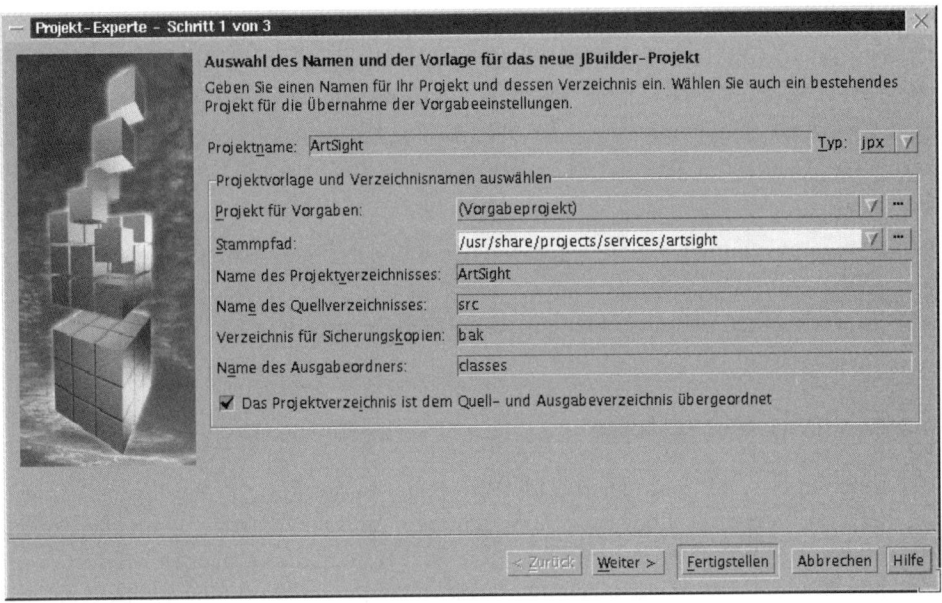

Abbildung 6.28: Festlegung von Pfaden und Verzeichnisnamen

6.32.1 Schritt 1 – Auswahl des Namens und der Vorlage für das neue JBuilder-Projekt

Wenn Sie ein neues Projekt anlegen, vergeben Sie zunächst den Projektnamen und danach den Projekttyp. Aus diesen beiden Angaben setzt sich die Projektdatei zusammen. Projektdateien können seit der JBuilder-Version 3.5 vom Typ JPX oder JPR sein (→ Kapitel 7).

Projektname

An dieser Stelle zeigt der Experte den vorbelegten Namen des Projekts an (UNBENANNT1). Sie können den Namen einfach mit Ihrer Wunschbezeichnung überschreiben.

Projekttyp

Wählen Sie an dieser Stelle das moderne JPX-Format, wenn Sie ein teamfähiges Projekt erzeugen lassen möchten. Das Format JPR ist abwärtskompatibel zu älteren Versionen des JBuilders, sofern Sie den Archiv-Builder nicht einsetzen. Mehr zu diesen Formaten erfahren Sie in → Kapitel 8.

Projekt für Vorgaben

Der nächste Eintrag, den Sie wählen müssen, ist das Vorgabeprojekt. Diese Einstellung dient als Schablone für Ihr neues Projekt. Jedes neue Projekt wird in die Liste der Vorgabeprojekte eingetragen, so dass Sie nach einiger Zeit immer eine passende Projektschablone für alle Arten von Projekten finden werden.

Stammpfad

Hier legen Sie das Basisverzeichnis fest, in dem Ihr neues Projekt später angelegt wird. Wenn Sie (wie ich) mit mehreren Anwendernamen und unterschiedlichen JBuilder-Versionen auf einer Maschine arbeiten, kann es sinnvoll sein, die Vorgabe des Experten (Unix: `home/<user>/jbprojekt`, Windows: `..\profile\<user>\jbproject`) zu überschreiben. In diesem Fall sollten Sie ein Verzeichnis in einem allgemein zugänglichen Pfad wählen (Unix: `/usr/share`, Windows `D:\...`).

Name des Projektverzeichnisses

Der Experte gibt hier den Namen des Projekts als Verzeichnisnamen vor. Sie können ihn mit einem beliebigen anderen Namen überschreiben. Achten Sie aber darauf, keine Leerzeichen zu verwenden.

Name des Quellverzeichnisses

Tragen Sie hier den Namen des Ordners ein, in das der JBuilder Ihren Quelltext speichern soll.

Verzeichnis für Sicherungskopien

An dieser Stelle sollte der Name des Ordners stehen, in das der JBuilder Sicherungskopien ablegt.

Name des Ausgabeordners

In diesen Ordner wird später der Bytecode Ihres Projekts kopiert. Sie können die Vorgabe mit einem beliebigen Namen überschreiben.

Das Projektverzeichnis ist dem Quell- und Ausgabeverzeichnis übergeordnet

Wenn diese Option gesetzt ist, werden die Quell- und Ausgabeverzeichnisse Unterordner des Projektverzeichnisses. Es ist empfehlenswert, diese Option aktiviert zu lassen.

6.32.2 Schritt 2 – Modifikation der Einstellungen für neue JBuilder-Projekte

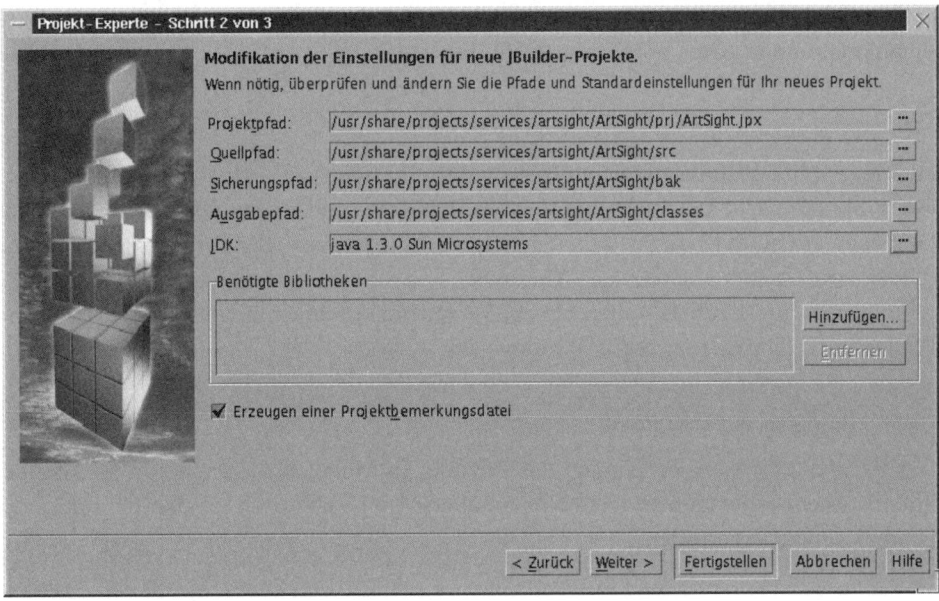

Abbildung 6.29: Modifikation der Einstellungen

In diesem Schritt überprüfen Sie nochmals die Eingaben, korrigieren sie gegebenenfalls und legen die Bibliotheken sowie das JDK fest, das Ihr Projekt verwenden soll.

Projektpfad

Hier sollte der korrekte Pfad zum Projekt stehen. Wenn nicht, können Sie ihn direkt im Feld überschreiben oder über nebenstehende Schaltfläche [...] zum gewünschten Verzeichnis wechseln.

Quellpfad

An dieser Stelle sollte der korrekte Quellpfad stehen. Wenn nicht, verfahren Sie wie beim Projektpfad angegeben.

Sicherungspfad

In diesem Textfeld sollte der korrekte Sicherungspfad stehen. Wenn nicht, verfahren Sie wie beim Projektpfad angegeben.

Ausgabepfad

Der Ausgabepfad steht in diesem Feld. Ist es nicht der gewünschte Pfad, verfahren Sie wie beim Projektpfad angegeben.

JDK

Wählen Sie hier eine passende JDK-Version. Die Version 1.3, auf der der JBuilder selbst basiert, ist hier standardmäßig vorbelegt, Sie können aber auch jedes andere JDK verwenden, sofern dieses vorher korrekt installiert wurde (→ Experte für neues JDK, Seite 287). Beachten Sie, dass bei der Auswahl eines JDKs vor der Version 1.2 das Debugging innerhalb des JBuilders *nicht* funktioniert.

Bei der *Foundation Edition* besteht zudem die Einschränkung, dass Sie ein einmal gewähltes JDK nicht mehr nachträglich wechseln können. Diese Besonderheit bieten nur die kostenpflichtigen *Professional* und *Enterprise Editionen*.

Benötigte Bibliotheken

Sofern Sie schon zu diesem Zeitpunkt wissen, welche Bibliotheken Ihr Projekt verwenden wird, können Sie diese eingeben. Geben Sie keine Bibliotheken ein, werden nur diejenigen verwendet, die auch im Vorgabeprojekt vorhanden sind.

Erzeugen einer Projektbemerkungsdatei

Die Projektbemerkungsdatei ist eine HTML-Datei, in der Informationen über das Projekt eingetragen werden. Diese Angaben fließen in die Projektdatei ein und werden für Kommentare am Anfang aller generierten Dateien Verwendung finden.

6.32.3 Schritt 3 – Eingabe weiterer Informationen für das neue Projekt

Mit diesem finalen Schritt geben Sie Informationen ein, die in eine Projektbemerkungsdatei (HTML-Format) sowie in die Projektdatei einfließen werden und für Kommentare am Anfang aller generierten Dateien Verwendung finden (siehe Abbildung 6.30).

6.33 Ressourcen-Experte

Der Ressourcen-Experte, ein Dialog der *Professional* und *Enterprise Edition*, ordnet die Ressourcen Ihrer Anwendung und bereitet sie auf die Verteilung vor. Er verschiebt hartkodierte Strings in Ihrem Quelltext in so genannte Ressourcenbündel. Diese Ressourcenbündel sind spezielle, von *java.util.ListResourceBundle* beziehungsweise *PropertyResourceBundle* abgeleitete Java-Klassen, die alle Ressourcen eines Projekts (Strings etc.) aufnehmen können.

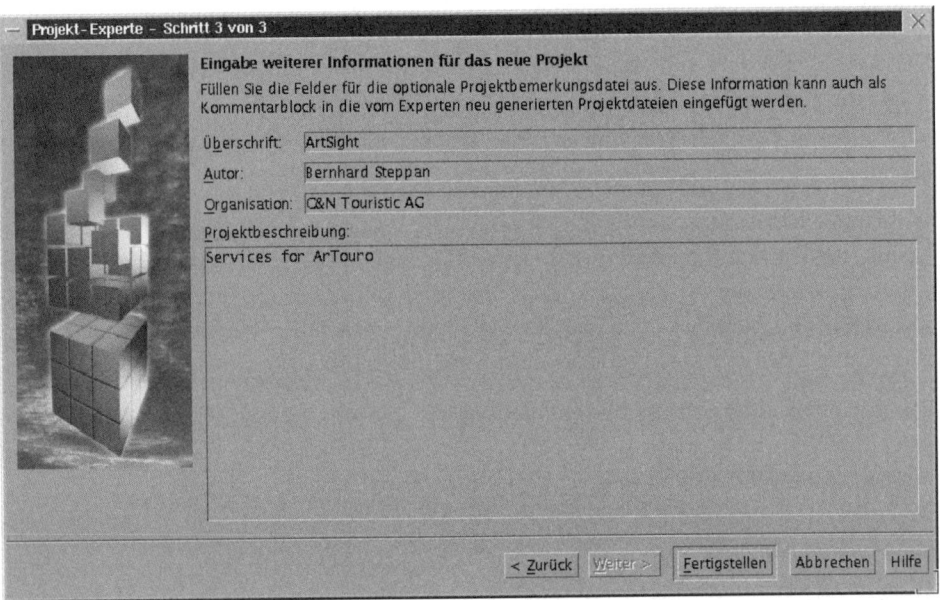

Abbildung 6.30: Eingabe weiterer Informationen

Dadurch erreicht man eine Trennung von Anwendungslogik und Bezeichnungen, die man in andere Sprachen übersetzen kann – unabdingbare Voraussetzungen für eine Internationalisierung.

Der Experte unterstützt zwei Standardformen von Ressourcen-Bündeln:

▶ *PropertyResourceBundles*: Dies sind Textdateien mit der Erweiterung `properties`. Sie müssen bei Änderungen nicht neu kompiliert werden. Der Experte legt sie im selben Ordner ab wie die Klassendateien des Quelltextes.

▶ *ListResourceBundles*: Diesen Typ stellt der Experte als Java-Quelltextdateien dar. Das hat den Nachteil, dass sie bei Änderungen kompiliert werden müssen. ListResource-Bundles sind aber erheblich leistungsfähiger als *PropertyResourceBundles*.

Sie rufen den Experten folgendermaßen auf:

1. Laden Sie diejenige Java-Datei in den Editor, die Sie bearbeiten möchten.

2. Wählen Sie EXPERTEN | RESSOURCEN-STRINGS.

Der Ressourcen-Experte umfasst zwei Schritte:

1. Ressourcen-Bündel angeben

2. Angabe der Ressourcen-Strings

6.33.1 Schritt 1 – Angabe des Ressourcen-Bündels

Mit diesem Schritt legen Sie den Namen des Ressourcen-Bündels und die Erzeugung der Schlüssel fest. Folgende Optionen sind durch die Gruppe ZIELRESSOURCEN-BÜNDEL verfügbar:

Name des Ressourcen-Bündels

Geben Sie an dieser Stelle den Namen des Ressourcen-Bündels an, zu dem der Experte Strings hinzufügen soll. Ist bereits ein Bündel vorhanden, schlägt der Experte dieses als Ort für weitere Ressourcen-Bündel vor.

Neu

Die Schaltfläche startet den Dialog Ressourcen-Bündel erzeugen, mit dem Sie ein neues Bündel anlegen können. Hier können Sie einen der beiden Typen wählen: *ListResourceBundle* oder *PropertyResourceBundle*.

Schlüssel aus String-Wert generieren

Wählen Sie diesen Radioschalter, wenn der Experte einen Schlüssel auf Basis eines hartkodierten Strings vorschlagen soll. Leerzeichen bei derartigen Strings werden in Unterstriche umgewandelt. Wenn Sie diese Option auswählen, ist die folgende Option deaktiviert.

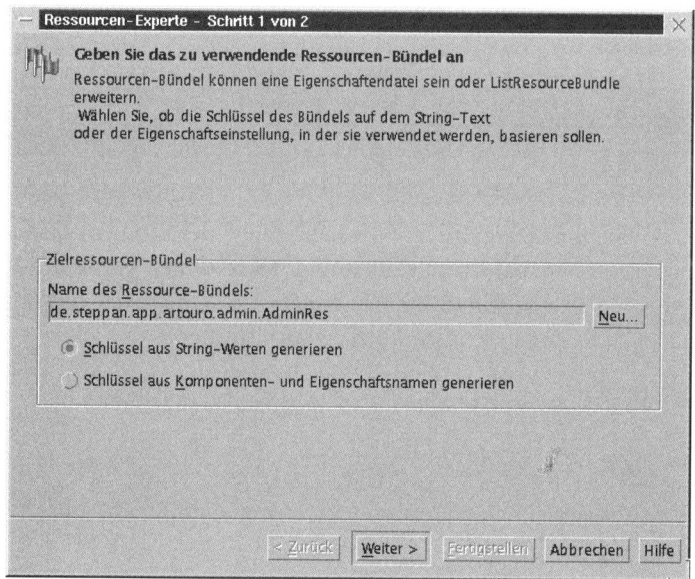

Abbildung 6.31: Angabe des Ressourcen-Bündels

Schlüssel aus Komponenten- und Eigenschaftsnamen generieren

Diese Option ist die zweite Variante, nach der der Experte Schlüssel erzeugen kann. Er setzt diese aus Komponenten- und Eigenschaftsnamen zusammen. Diese Option deaktiviert den vorhergehenden Radioschalter.

6.33.2 Schritt 2 – Angabe der Ressourcen-Strings

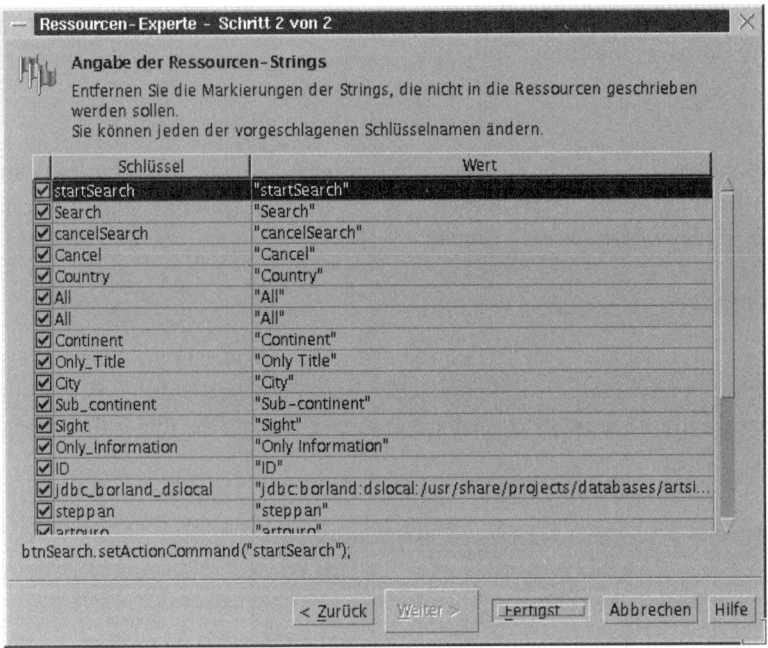

Abbildung 6.32: Angabe der Ressourcen-Strings

Auf dieser Seite bekommen Sie vom Experten eine Gesamtmenge der Strings präsentiert, die er gefunden hat. Sie können nun auswählen und Änderungen vornehmen, bevor Sie mit der Erzeugung der Ressourcen-Bündel beginnen. Lassen Sie sich Zeit mit der Auswahl, nachträgliche Änderungen sind deutlich zeitaufwändiger.

Die Bedeutung der Tabellenspalten:

Schlüssel

An dieser Stelle steht der Schlüssel, der einen bestimmten String identifiziert. Sie können diese Bezeichnung verändern.

Wert

Hier steht der String, wie er im Quelltext erscheint und beispielsweise auf der Progammoberfläche zu sehen ist.

Der Experte filtert nur die Einträge aus dem Quelltext, die in dem Auswahlfeld neben dem Schlüssel ausgewählt sind.

6.34 Servlet-Experte

Der Servlet-Experte ist Bestandteil der *Professional* und *Enterprise Edition* und dient dazu, einen Server für dynamische Webseiten zu erzeugen, der von der Klasse *HttpServlet* abstammt. Er erzeugt ein Gerüst für Servlet-Anwendungen, das aus maximal drei Dateien besteht:

1. Eine SHTML-Datei mit einem SERVLET-Tag

2. Eine Java-Klassendatei, die HTTPServlet erweitert

3. Eine Java-Datei, die einen einfachen Server implementiert

Sie gelangen an den Servlet-Experten über die erste Seite der OBJEKTGALERIE (DATEI | NEU). Führen Sie einen Doppelklick auf das Servlet-Symbol aus, um den Experten zu starten.

Der Servlet-Experte bereitet die Erzeugung eines Servlets in drei Schritten vor:

1. Details des Servlets eingeben

2. Details der SHTML-Datei eingeben

3. Servlet-Parameter eingeben

6.34.1 Schritt 1 – Details des Servlets eingeben

Package

Hier zeigt der Experte den Namen des Packages an, den er aus dem Namen der Projektdatei ableitet. Sie können diese Vorbelegung mit einem anderen Package-Namen überschreiben, zu dem die neue Klasse gehören soll.

Klasse

An dieser Stelle zeigt der Experte den vorbelegten Namen der Servlet-Klasse an. Wie zuvor können Sie den Namen einfach mit Ihrer Wunschbezeichnung überschreiben.

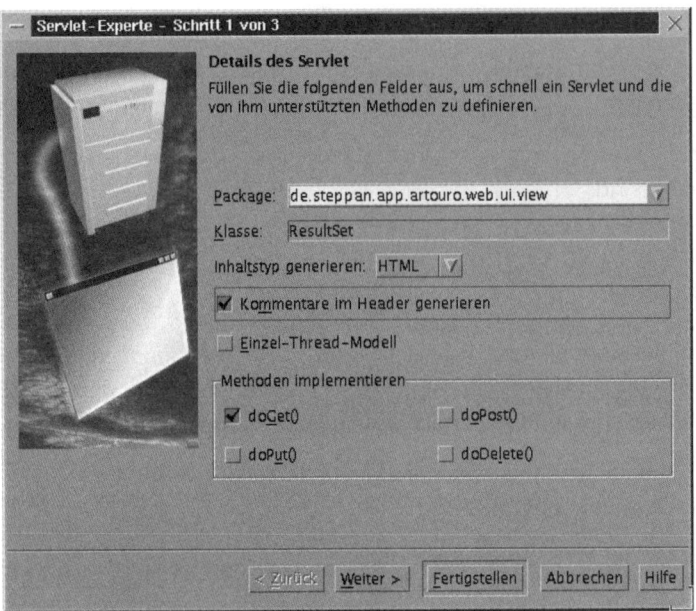

Abbildung 6.33: Details des Servlets eingeben

Inhaltstyp generieren

Inhaltstyp ist eine etwas verwirrende Bezeichnung für dieses Feld. Gemeint ist das Format der generierten Webseite: Sie können unter folgenden Optionen wählen:

▶ HTML: Dies ist die Standardauszeichnungssprache, die für Hypertext-Dokumente im Internet verwendet wird. Dieses Format ist auch zu älteren Browsern kompatibel.

▶ XHTML: Dieses Format stellt eine Erweiterung von HTML 4.0 auf Basis von XML dar.

▶ WML: Dieses Format ist für die Wiedergabe auf portablen Geräten gedacht.

▶ XML: Dieses Format ist eine Erweiterung von HTML.

Kommentare im Header generieren

Wenn diese Option gesetzt ist, trägt der Servlet-Experte Kommentare am Anfang der Servlet-Klasse ein. Diese Informationen stammen aus der Projektdatei und sind über Anwendereingaben vom Projektexperten dort eingetragen worden.

Einzel-Thread-Modell

Durch diese Option wird das Servlet nur einmal gestartet (Single-Thread-Modell).

Methoden implementieren

Hiermit können Sie den Experten anweisen, Methodenrümpfe zu generieren, in die Sie Programmlogik unterbringen können. Diese Methoden bilden die vier wichtigsten Befehle des HTTP-Protokolls *Get*, *Post*, *Put* und *Delete* ab. Die Methoden und ihre Bedeutung:

▶ *doGet()*: Wenn Ihr Servlet dynamische Seiten auf Anforderung eines Clients erzeugen soll, ist die Implementierung dieser Methode zwingend. Wenn Sie diese Methode überschreiben, führen Get-Anforderungen an den Webserver dazu, dass Ihr Servlet neue Seiten erzeugt.

▶ *doPut()*: Dies ist der umgekehrte Fall. Wenn der Client Informationen auf dem Webserver ablegen darf, muss Ihr Servlet diese Methode implementieren. Auf HTTP-Seite ist diese Funktion mit dem FTP-Protokoll vergleichbar.

▶ *doPost()*: Diese Methode müssen Sie implementieren, wenn Ihr Servlet POST-Anforderungen unterstützen soll. Durch die POST-Funktion kann ein Client Daten von nicht näher bestimmter Länge an den Webserver senden (Skriptverhalten).

▶ *doDelete()*: Diese Methode zu implementieren ist etwas pikant, denn sie gestattet es einem Client, Dokumente auf einem Webserver zu löschen.

6.34.2 Schritt 2 – Details der SHTML-Datei eingeben

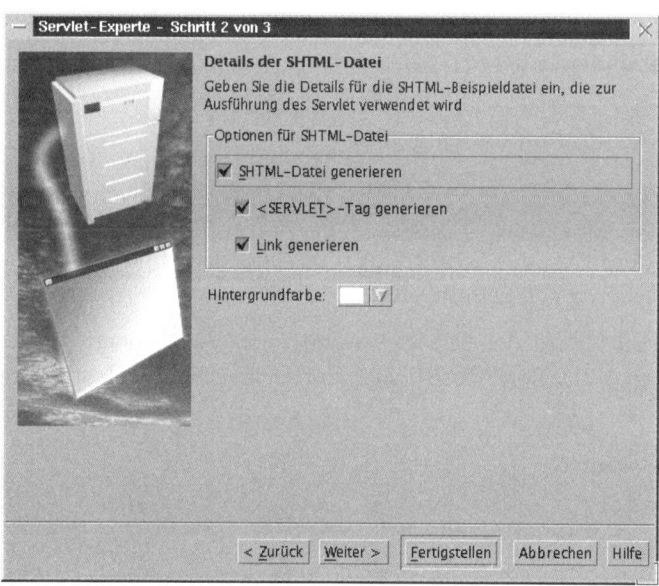

Abbildung 6.34: Details der SHTML-Datei eingeben

Diese Seite wird als Schritt 2 präsentiert, wenn Sie sich entschieden haben, dass das Servlet HTML oder XHTML-Seiten ausgeben soll. Die Seite zeigt nur die Gruppe OPTIONEN FÜR SHTML-DATEI und eine Liste zur Farbauswahl.

Die Gruppe OPTIONEN FÜR SHTML-DATEI lässt Ihnen die Auswahl unter drei weiteren Optionen:

SHTML-Datei generieren

Durch diese Option erstellt der Experte eine SHTML-Datei. Von dieser Seite aus können Sie Ihr Servlet starten. Wenn Sie diese Option nicht auswählen, starten Sie Ihr Servlet über den Befehl WEB-AUSFÜHRUNG, den Sie im Kontextmenü zur Servlet-Datei finden. Es ist also nicht zwingend notwendig, eine SHTML-Datei zu erzeugen, weil der JBuilder 4 eine eingebaute Servlet-Engine besitzt.

<Servlet>-Tag generieren

Wenn Sie diese Option aktivieren, fügt der Experte ein Servlet-Tag zur SHTML-Datei hinzu.

Link generieren

Wählen Sie diese Option, um einen Link zum Servlet über einen <A HREF>-Tag der SHTML-Datei hinzuzufügen.

Hintergrundfarbe

Hier stellen Sie die Hintergrundfarbe der SHTML-Seite ein.

6.34.3 Schritt 3 – Servlet-Parameter eingeben

Wenn Sie die Generierung einer HTML- oder XHTML-Seite gewählt haben, wird diese Seite als Schritt 3 angezeigt, wenn Sie WML oder XML als Dateiformat ausgewählt haben, steht auf dem Titel des Experten Schritt 2. Auf dieser Seite befindet sich eine Tabelle, in der Sie die Servlet-Parameter eintragen.

Durch diese Servlet-Parameter wird der Servlet-Experte angewiesen, innerhalb des FORM-Tags der generierten Webseite PARAM-Tags und entsprechende Handler zu erzeugen.

Die Bedeutung der Tabellenspalten:

Name

Hier tragen Sie den Namen des Parameters ein. Er kann als NAME-Attribut im FORM-Tag der erzeugten Webseite und als Parameter im Aufruf *request.getParameter()* der doGet-Methode verwendet werden.

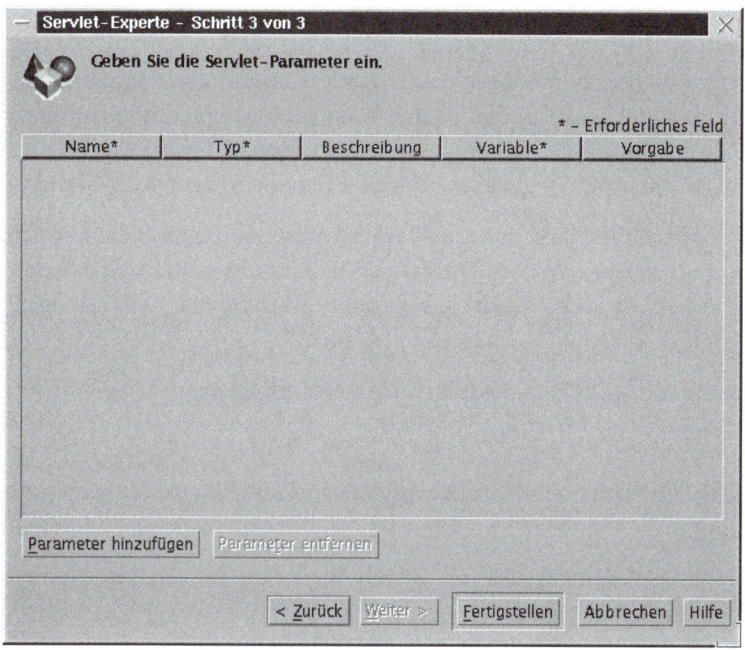

Abbildung 6.35: Servlet-Parameter eingeben

Typ

Hier wählen Sie den Typ der Variable aus, die der Experte in den Quelltext des Servlets einfügt.

Beschreibung

Optional können Sie hier eine Beschreibung des Parameters für Kommentare und Dokumentation eintragen.

Variable

An dieser Stelle muss der Name der Variablen stehen, die den Wert des Parameters von der Webseite aufnehmen soll.

Vorgabe

Tragen Sie an dieser Stelle einen – optionalen-Vorgabewert ein, um die Variable mit einem Wert vorzubelegen. Sollte in der Webseite kein PARAM-Tag vorhanden sein, verwendet das Servlet diese Vorgabe.

6.35   Tool zur Package-Migration

Dieser Experte ist von unschätzbarem Wert bei der Konvertierung von Package-Strukturen vorhandener Projekte. Insbesondere dann, wenn sich Firmenbezeichnungen geändert haben oder wenn durch Fusionierungen neue Ebenen in der Package-Hierarchie entstanden sind. Selbst große Projekte migriert der Experte in wenigen Minuten.

Dabei ist allerdings zu beachten, dass der unbedachte Einsatz großen Schaden anrichten kann. Der Experte legt zwar vor der Durchführung einer Migration eine Sicherheitskopie an, Sie sichern jedoch besser das gesamte Verzeichnis, falls Sie nicht ohnehin mit einer Versionskontrolle (→ Kapitel 9) arbeiten.

Das TOOL ZUR PACKAGE-MIGRATION bietet folgenden Leistungsumfang:

1.   Er ändert einen Klassennamen und alle Referenzen auf diesen in der Anwendung.

2.   Er ändert den Package-Namen und den Ablageort (und alle Referenzen auf beide) in der Anwendung.

3.   Er aktualisiert Java-Quelldateien, die mit älteren Versionen der JBuilder-Komponentenbibliotheken erstellt wurden.

4.   Er aktualisiert Java-Quelldateien, die mit älteren Versionen von Java Swing-Komponenten erstellt wurden (Migration nach `javax`)

Sie starten das Tool zur Package-Migration über TOOLS | PACKAGE-MIGRATION.

Der Dialog ist zweigeteilt. In der oberen Hälfte befinden sich vordefinierte Migrations-Einstellungen und in der unteren Hälfte, auf zwei Registerseiten verteilt, deren Details (→ Abbildung 6.36 und Abbildung 6.38).

Einstellungen

Durch diese Liste wählen Sie das Migrationsverfahren, nach dem der Experte arbeiten soll. Mit dem JBuilder werden schon vier verschiedene, vordefinierte Verfahren ausgeliefert. Sollte Ihr Projekt nicht in das Schema passen, können Sie mit der Schaltfläche NEU weitere Verfahren erzeugen und diese auch mit SPEICHERN UNTER dauerhaft auf Festplatte sichern.

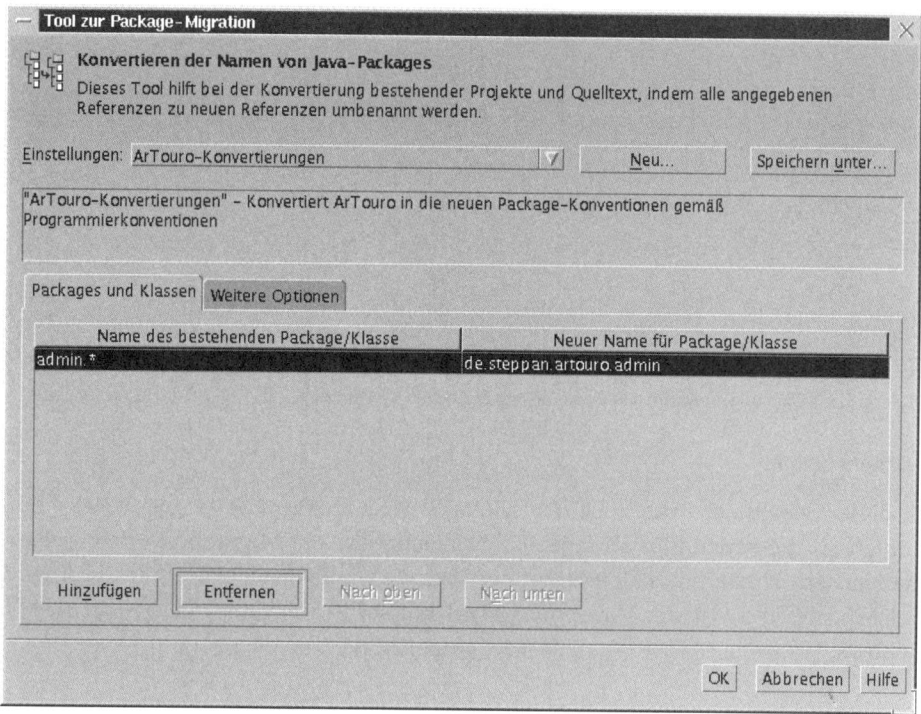

Abbildung 6.36: Das Tool zur Package-Migration

Folgende Verfahren sind vordefiniert:

▷ Update nach javax.swing: Führt eine Migration zur neuen Swing-Package-Struktur durch

▷ Update von JBuilder 2.01 beta (inklusive `javax.swing`): Migriert Anwendungen und Komponenten, die mit der Beta-Version von JBuilder 2.01 entwickelt wurden.

▷ Update nach JBuilder 4: Führt ein Update der Package-Referenzen auf Borland-Komponenten durch

▷ Update nach JBuilder 4 (inklusive `javax.swing`): Aktualisiert Package-Referenzen auf Borland- und Swing-Komponenten.

Neu

Hiermit öffnen Sie den Dialog NEUE EINSTELLUNGEN ERZEUGEN und erzeugen ein neues Update-Verfahren. In dem Dialog geben Sie den Namen des Verfahrens und eine Beschreibung ein. Wenn Sie den Dialog verlassen, trägt der Experte den Namen des neuen Verfahrens in die Liste der Einstellungen ein.

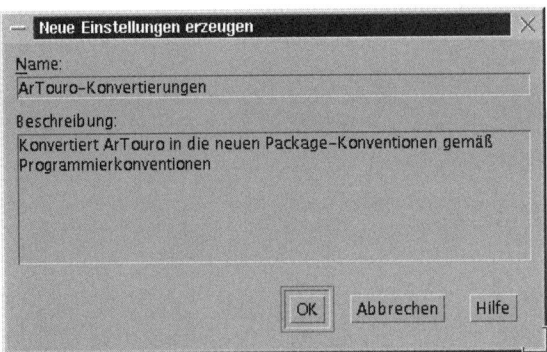

Abbildung 6.37: Eingabe von Name und Beschreibung des neuen Verfahrens

Speichern unter

Mit dieser Schaltfläche rufen Sie den Dialog DIE EIGENSCHAFTSDATEI SPEICHERN auf, mit dem Sie die neuen Einstellungen für beispielsweise ein Migrationsverfahren dauerhaft sichern können. Die Datei trägt per Vorgabe die Endung `properties` und wird im Ordner `migration` des Anwenderverzeichnisses (Unix: `home/<user>/.jbuilder`, Windows: `..\profile\<user>\.jbuilder`) gespeichert.

Registerseite Packages und Klassen

Auf dieser Registerseite PACKAGES UND KLASSEN (→ Abbildung 6.36) befinden sich eine zweispaltige Tabelle und vier verschiedene Schaltflächen. Die Einträge (Wertepaare) der Tabelle bewirken, dass Klassen oder Package-Namen, die im linken Bereich eingetragen sind, gegen Klassen- oder Package-Namen ausgetauscht werden. Der Experte führt eine eventuell notwendige Verschiebung der Dateien und das Anlegen neuer Verzeichnisse ebenfalls durch. Sie ändern die Tabelleneinträge durch einen Doppelklick auf die gewünschte Zelle.

Die Bedeutung der Tabellenspalten und Schaltflächen der Registerseite PACKAGES UND KLASSEN im Detail:

Name des bestehenden Package/Klasse

Hier muss der Ausgangsname der Klasse oder des Packages stehen. Sie müssen nicht den gesamten Package-Pfad angeben, sondern können ihn mit einem Punkt gefolgt von einer Wildcard (*) abkürzen. Ein Beispiel sehen Sie in → Abbildung 6.36, wo die Packages, die mit `admin` enden, durch `de.steppan.artouro.admin` ersetzt werden. Aus diesem Grund steht in der linken Spalte einfach `admin.*` als Platzhalter für alle Typen des Packages.

Neuer Name für Package/Klasse

In der rechten Spalte tragen Sie die Zielbezeichnung ein, in dem Beispiel den kompletten Pfad `de.steppan.artouro.admin`.

Hinzufügen

Mit dieser Schaltfläche fügen Sie einen neuen Eintrag am Ende der Tabelle hinzu.

Entfernen

Diese Schaltfläche entfernt die ausgewählte Zeile der Tabelle unwiderruflich.

Nach oben

Hiermit können Sie die Reihenfolge, in der der Experte die Migration durchführt, verändern. Die Schaltfläche NACH OBEN verschiebt die ausgewählte Zeile um eine Position nach oben.

Nach unten

Hiermit verändern Sie ebenfalls die Reihenfolge, in der der Experte die Migration durchführt. Die Schaltfläche NACH UNTEN verschiebt die ausgewählte Zeile um eine Position nach unten.

Registerseite Weitere Optionen

Auf dieser Seite tragen Sie vorwiegend Pfade, Dateitypen und einige weitere Optionen ein (siehe Abbildung 6.38).

Migrations-Basisverzeichnis

Dieses Feld bezeichnet das Basisverzeichnis, in dem die Quelltexte Ihres Projekts abgelegt sind. Der Experte verwendet diese Angabe (aus der Projektdatei), um nach den zu migrierenden Java-Quellen zu suchen. Falls Sie ein anderes Verzeichnis auswählen möchten, überschreiben Sie die Vorgabe oder suchen das Verzeichnis mit einem Klick auf die nebenstehende Schaltfläche [...].

Verzeichnis für Sicherungskopie

Es empfiehlt sich auf jeden Falldiese Option zu aktivieren, weil der Experte dann vor der Migration eine Sicherheitskopie aller Dateien anlegt. Die Migration dauert dadurch länger, ist aber weniger riskant.

Wenn Sie die Option aktivieren, wird ein Textfeld freigeschaltet, in das Sie den Pfad zu dem Verzeichnis eingeben können, das die Sicherungskopien ausnehmen wird.

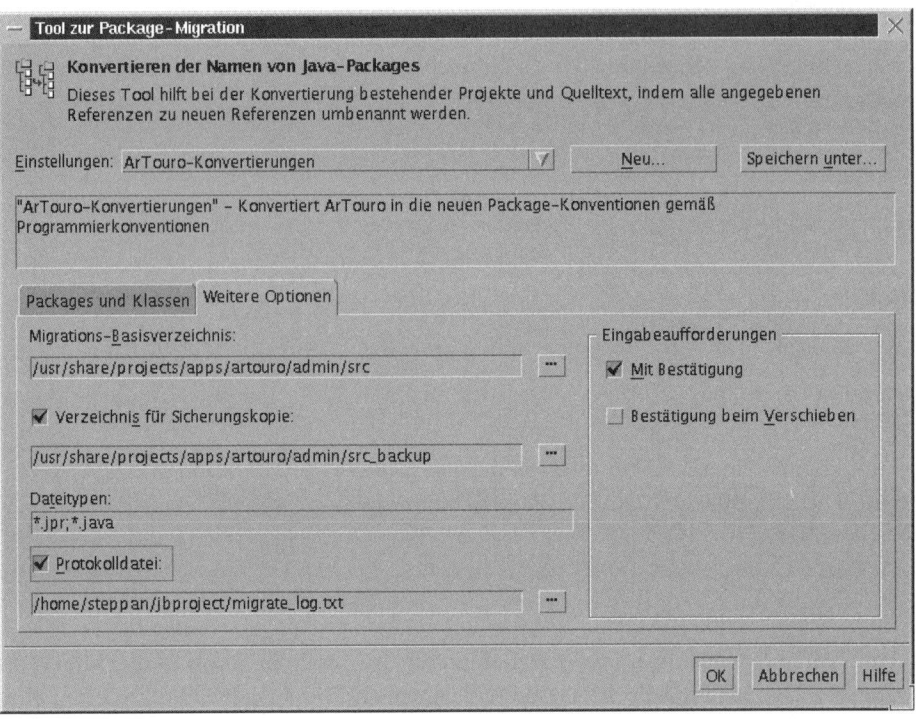

Abbildung 6.38: Auf der zweiten Registerseite des Experten tragen Sie weitere Optionen ein

Dateitypen

Hier sind die Standarddateitypen vorbelegt, die bei der Package-Migration angepasst werden sollen. Weitere Dateitypen lassen sich, jeweils durch ein Semikolon getrennt, hier eintragen.

Protokolldatei

Mit dieser Option weisen Sie den Experten an, eine Protokolldatei des gesamten Vorgangs zu schreiben. Dies ist ebenfalls sicherer, verzögert aber den Gesamtvorgang.

Im rechten Teil der Registerseite befindet sich eine Gruppe Eingabeaufforderungen mit den Optionen MIT BESTÄTIGUNG und BESTÄTIGUNG BEIM VERSCHIEBEN.

Mit Bestätigung

Wenn Sie diese Option aktivieren, wird ein Dialog angezeigt, wenn eine Datei überschrieben werden würde. Die Option ist vorbelegt.

Bestätigung beim Verschieben

Bei der Umstrukturierung von Package-Pfaden müssen unter Umständen ganze Ordner samt deren Dateien an eine andere Stelle kopiert werden. Wenn Sie diese Option aktivieren, müssen Sie diese Aktion bei jeder Datei bestätigen.

OK

Ein Klick auf die Schaltfläche OK startet die Migration, die durch den Dialog PACKAGE-MIGRATION WIRD BEARBEITET (→ Abbildung 6.39) begleitet wird. Nach der Ausführung muss der Anwender in der Version des JBuilders, die mir für dieses Buch vorlag (Build), einen Neustart vornehmen, damit alle Strukturänderungen in die Projektdatei übernommen werden.

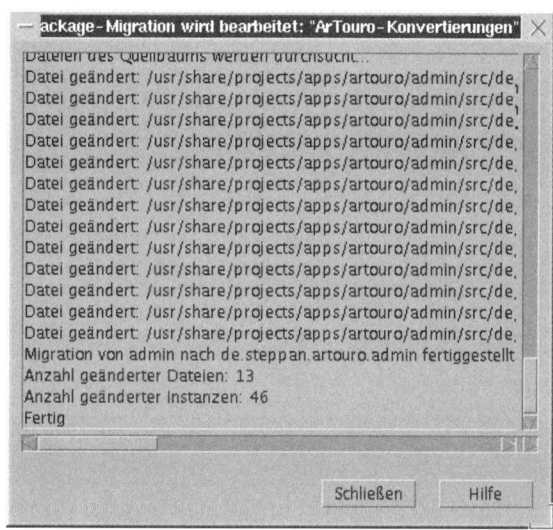

Abbildung 6.39: Protokoll einer Package-Migration

6.36 Literatur & Links

Wie immer zum Schluss eines Kapitels, nenne ich Ihnen einige weiterführende Literaturstellen:

6.36.1 Literatur

JBuilder-Online-Dokumentation: <JBuilder-Installationsverzeichnis>/doc/jb_ui.jar

6.36.2 Links

JavaServer Pages *http://www.java.sun.com/products/jsp*

JavaServer Pages: *http://java.sun.com/products/jsp/techinfo.html*

JBuilder-Internet-Dokumentation: *http://www.borland.com/techpubs/jbuilder*

JBuilder-Homepage: *http://www.borland.com/jbuilder*

Swing-Migration: *http://http://java.sun.com/j2se/1.3/compatibility.html*

7 JBuilder-Werkzeuge

Aus → Kapitel 5 haben Sie erfahren, dass der AppBrowser verschiedene Werkzeuge unter einer Oberfläche auf unterschiedliche Art und Weise integriert. Editor, Compiler, Debugger und die meisten Experten (→ Kapitel 6) sind *nahtlos* eingebettet, während andere IDE-Werkzeuge vom AppBrowser als *Kommandozentrale* aufgerufen werden. AppBrowser und diese externen Werkzeuge ergeben zusammen die IDE. Wenn wir einen Blick auf die vollständige Entwicklungsumgebung der *Enterprise Edition* werfen, sehen Sie, wie komplex das gesamte Produktpaket des neuen JBuilders geworden ist (→ Abbildung 7.1).

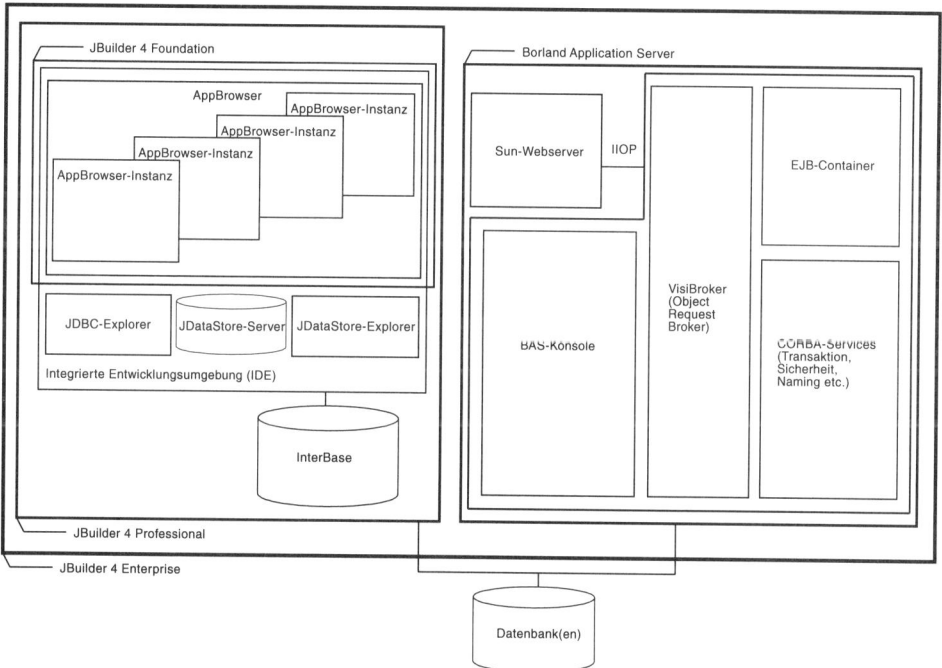

Abbildung 7.1: Vollständige Detailansicht der integrierten Entwicklungsumgebung

In diesem Kapitel gehe ich unabhängig von dieser Trennung ausführlich auf folgende interne und externe Werkzeuge ein:

▶ AppBrowser-Werkzeuge (Texteditor, UI-Designer etc.)

▶ Datenbankwerkzeuge (JDBC-Monitor, JDBC-Explorer etc.)

▶ Borland Application Server (BAS-Konsole, VisiBroker etc.)

7.1 AppBrowser-Werkzeuge

In diesem Abschnitt finden Sie Informationen zu allen Werkzeugen, die im AppBrowser eingebettet sind und nicht zu den Experten (→ Kapitel 6) gehören.

7.1.1 Texteditor

Der Texteditor dient dazu, den Quelltext von Dateien zu bearbeiten. Er wird aktiviert, wenn Sie eine Quelltextdatei (`*.java`, `*.h`, `*.cpp`, `*.htm`, `*.html`, `*.jsp`, `*.asp`, `*.txt` etc.) in den AppBrowser laden.

Der in den JBuilder integrierte Texteditor bietet Funktionen wie das Überprüfen von Klammerebenen, Syntaxhervorhebung, Kodierhilfen und -vorlagen. Sie können in Quelltexten nach verschiedenen Kriterien suchen und mit verschiedenen Einstellungen ausdrucken (Zeilennummern, Syntaxhervorhebung). Der Editor lässt sich auch nach Ihren Wünschen konfigurieren. Dazu gibt es Einstellungen, die Sie entweder unter TOOLS | IDE-OPTIONEN oder unter TOOLS | EDITOR-OPTIONEN finden.

Öffnen einer Datei

Sie können eine Datei auf drei verschiedene Arten öffnen:

▶ durch einen Rechtsklick auf eine Quelltextdatei im Projektfenster und durch den Befehl ÖFFNEN im Kontextmenü (die Datei muss dazu schon Bestandteil des Projekts sein)

▶ durch einen Doppelklick auf eine Quelltextdatei im Projektfenster (die Datei muss dazu ebenfalls schon Bestandteil des Projekts sein)

▶ durch den Befehl DATEI | DATEI ÖFFNEN (die Datei ist *nicht* Bestandteil des Projekts)

Der AppBrowser aktiviert daraufhin im Inhaltsfenster die Textanzeige mit der Registerseite QUELLE – Sie können den Quelltext jetzt bearbeiten.

Dateitypen hinzufügen

Um neue Dateitypen hinzuzufügen, wählen Sie TOOLS | IDE-OPTIONEN. Klicken Sie auf das Register DATEITYPEN. Die Registerseite besteht aus den Feldern ERKANNTE DATEITYPEN und VERKNÜPFTE ERWEITERUNGEN (→ Abbildung 7.2). Ordnen Sie den neuen Dateityp einem der erkannten Dateitypen zu und klicken Sie auf die Schaltfläche HINZUFÜGEN. Es erscheint ein Dialog, in welchem Sie die neue Dateierweiterung angeben, die der AppBrowser zu den erkannten Dateitypen hinzufügt.

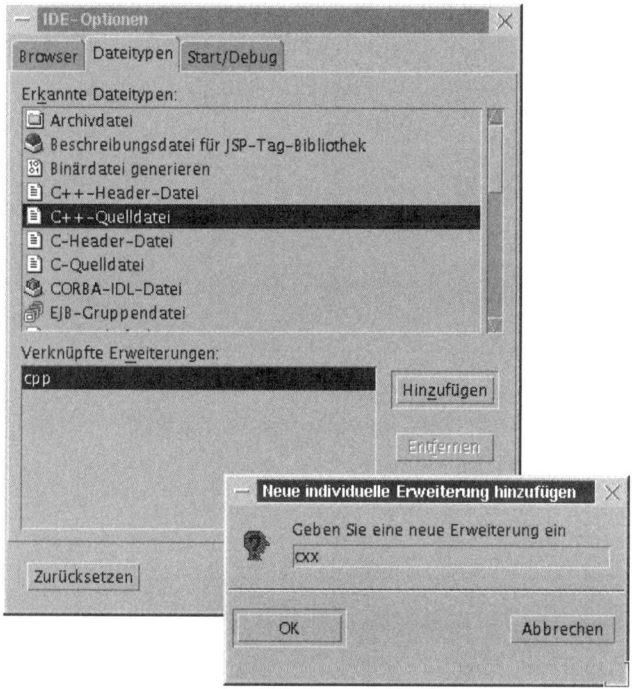

Abbildung 7.2: Hinzufügen eines neuen Dateityps

Beispiel: Sie wollen Dateien mit der Endung CXX im Editor bearbeiten. Ordnen Sie CXX dem Typ C++-Quelldatei zu und wählen Sie HINZUFÜGEN (→ Abbildung 7.2). Daraufhin erscheint die Dateierweiterung unter den erkannten Dateitypen und die entsprechenden Dialoge zum Öffnen von Dateien bekommen einen neuen Filter (→ Abbildung 7.3).

Basiseinstellungen – Tastatureinstellungen

Zu den Basiseinstellungen des JBuilder-Editors gehören vier vordefinierte Tastaturbelegungen, die Sie nach Belieben ändern können:

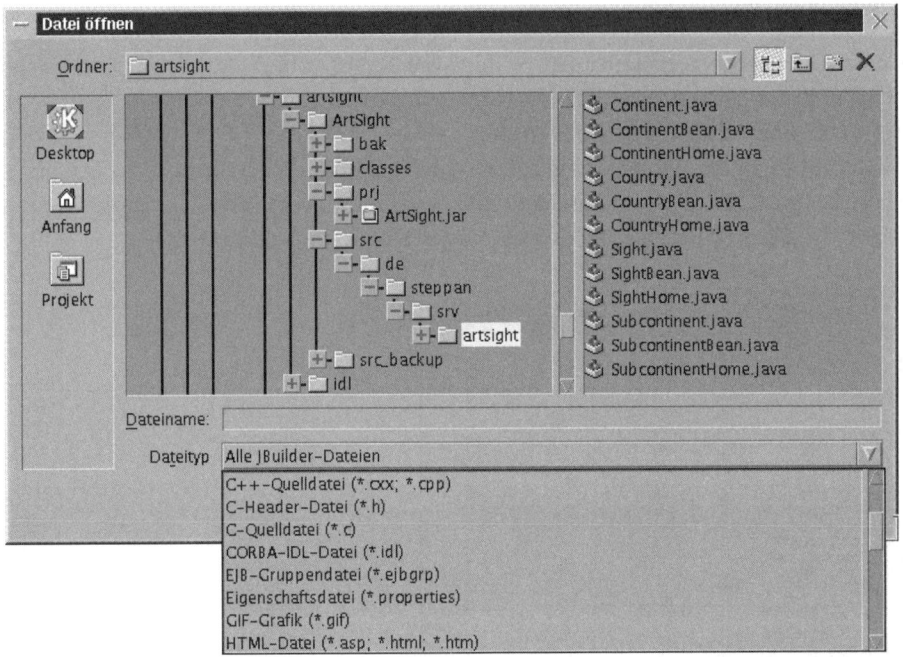

Abbildung 7.3: Die Liste der Filter ist um den neuen Typ erweitert worden

▷   CUA

▷   Emacs

▷   Brief

▷   Visual Studio

Sie ändern die vorbelegten Tastatureinstellungen über den Dialog EDITOR-OPTIONEN
(→ Abbildung 7.5). Diesen Dialog rufen Sie entweder über das Kontextmenü des Editors auf, das durch einen Rechtsklick auf das Inhaltsfenster erscheint (→ Abbildung
7.4), oder über TOOLS | EDITOR-OPTIONEN. Über die Registerseite BROWSER des Dialogs
IDE-OPTIONEN, der über TOOLS | IDE-OPTIONEN aufgerufen wird, gelangen Sie eben-
falls an diese Einstellungen.

In allen drei Fällen klicken Sie auf die Schaltfläche ANPASSEN, wodurch ein Editor für
Tastaturbelegungen aufgerufen wird. Sie können danach in der Liste TASTATURZUWEI-
SUNGEN des Dialogs die gewünschte Belegung verändern. Klicken Sie auf die Schaltflä-
che OK, um die gewünschten Anpassungen durchzuführen.

Neben der Tastaturbelegung lassen sich mit Hilfe des Dialogs EDITOR-OPTIONEN noch
weitere Einstellungen des Editors vornehmen.

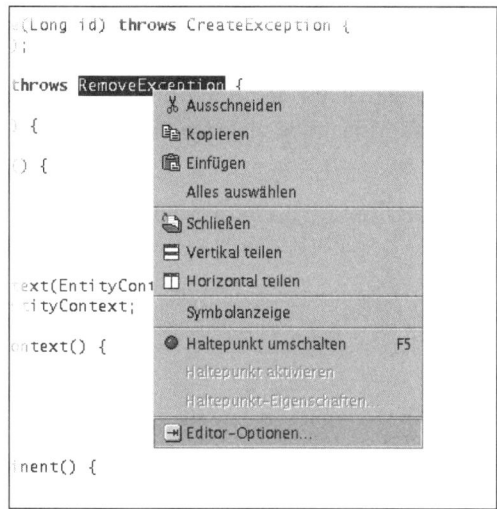

Abbildung 7.4: Das Kontextmenü des Editors enthält die wichtigsten Editorbefehle

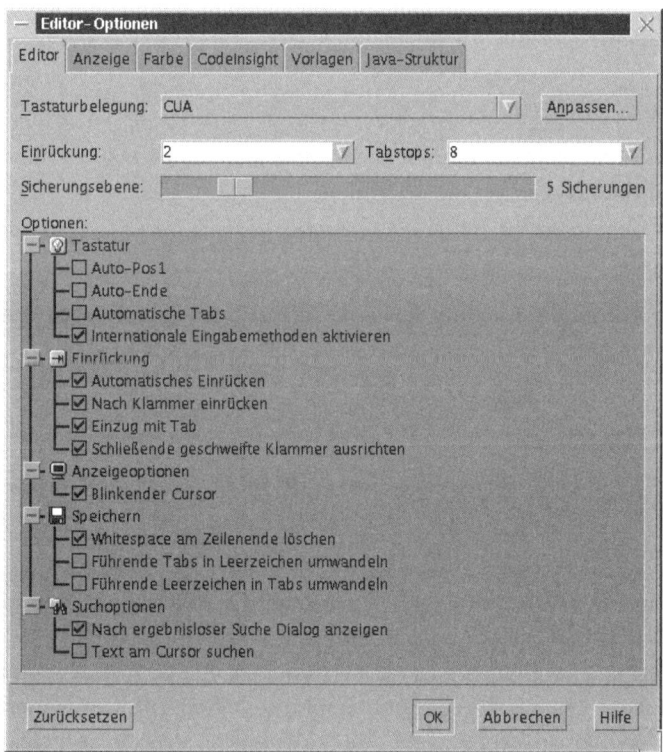

Abbildung 7.5: Die Registerseite »Editor« der »Editor-Optionen«

Basiseinstellungen – Einrückung

An dieser Stelle legen Sie fest, um wie viele Leerzeichen eingerückt werden soll. Der Vorgabewert liegt bei 2, maximal 20 sind zulässig. Neben dem Feld EINRÜCKUNGEN befindet sich das Feld TABSTOPS, mit dem Sie bestimmen, wie viele Leerzeichen einem Tab zugeordnet werden sollen.

In der Baumansicht OPTIONEN legen Sie unter EINRÜCKUNG außerdem Folgendes fest:

▶ automatisches Einrücken

▶ nach Klammer einrücken

▶ Einzug mit Tab

▶ schließende geschweifte Klammer ausrichten

Wenn Sie wollen, dass der Editor automatisch oder nach jeder Klammer einrücken soll, müssen Sie die gleichnamigen Optionen aktivieren. Außerdem können Sie den Editor noch mit der Option EINZUG MIT TAB anweisen, Einrückungen statt mit Leerzeichen mit Tabulatorzeichen aufzufüllen. Die letzte Option dieses Blocks, SCHLIESSENDE GESCHWEIFTE KLAMMER AUSRICHTEN, bewirkt, dass der Editor nach jeder schließenden geschweiften Klammer eine Ausrichtung vornimmt.

Basiseinstellungen – Cursor-Einstellungen

Über den Teilbaum ANZEIGEOPTIONEN der Baumansicht OPTIONEN können Sie wählen, ob der Cursor blinkend dargestellt werden soll oder nicht.

Basiseinstellungen – Speichern

Vier Einstellungen zum Speichern des Quelltextes lassen sich auf der Registerseite des Dialogs wählen, drei davon sind in der Baumansicht OPTIONEN enthalten:

▶ Sicherungsebene

▶ Whitespace am Zeilenende löschen

▶ führende Tabs in Leerzeichen umwandeln

▶ führende Leerzeichen in Tabs umwandeln

Sie können mit dem Schieberegler SICHERUNGSEBENE die Anzahl der Sicherungskopien festlegen, die der Editor im Ordner Sicherungskopien (zum Beispiel bak) archivieren soll. Mit der Option WHITESPACE AM ZEILENENDE LÖSCHEN der Baumansicht OPTIONEN bestimmen Sie, dass der Editor Leerzeichen am Ende einer Zeile entfernt. Die letzten zwei Optionen legen fest, ob Tabs in Leerzeichen oder Leerzeichen in Tabs aufgelöst werden.

Basiseinstellungen – Suchoptionen

Unter diesem Begriff verbergen sich zwei Einstellungen. Sie können wählen, ob nach einer ergebnislosen Suche ein Hinweis eingeblendet werden soll und ob die Cursorposition den Beginn der Textsuche markiert.

Text bearbeiten

Um den Quelltext zu bearbeiten, stehen Ihnen die Tastaturbefehle der gewählten Tastaturbelegung zur Verfügung. Zusätzlich können Sie per Maus die Befehle des Menüs BEARBEITEN oder des Editor-Kontextmenüs (Rechtsklick auf den Editorhintergrund) verwenden (→ Abbildung 7.4). Jede Aktion lässt sich beliebig oft widerrufen und wiederholen (BEARBEITEN | RÜCKGÄNGIG und BEARBEITEN | WIDERRUFEN). Bei den Befehlen der Zwischenablage ist zu beachten, dass sich Informationen der Zwischenablage unter Unix nicht mit nativ entwickelten Programmen austauschen lassen.

Quelltextansicht teilen

Um die Quelltextansicht zu teilen, führen Sie einen Rechtsklick auf den Fensterhintergrund aus. Daraufhin erscheint ein Kontextmenü, in welchem Sie die Befehle VERTIKAL TEILEN und HORIZONTAL TEILEN vorfinden (→ Abbildung 7.4). Sie heben diese Teilung wieder auf, indem Sie entweder den Befehl ANSICHT SCHLIESSEN oder SCHLIESSEN ANDERER ANSICHTEN des Kontextmenüs verwenden. Mit dem ersten Befehl schließen Sie die aktive Ansicht, mit dem zweiten Befehl die inaktive Ansicht.

Projekt mehrmals öffnen

Statt eine Datei in einem geteilten Editorfenster zweifach zu bearbeiten, ist es manchmal sinnvoller, zwei unterschiedliche Dateien eines Projekts in zwei verschiedenen Editorfenstern zu öffnen. Um das zu erreichen, starten Sie einfach über ANSICHT | NEUER BROWSER einen neuen AppBrowser. Beide AppBrowser (→ Abbildung 7.6) arbeiten auf den gleichen Projektdaten, so dass Konflikte ausgeschlossen sind und Änderungen automatisch synchronisiert werden.

Symbolanzeige verwenden

Hinter dem Befehl SYMBOLANZEIGE des Editor-Kontextmenüs verbirgt sich die Funktion *SymbolInsight* (→ Seite 342, Kodierhilfe SymbolInsight). Die Funktion zeigt Ihnen von folgenden Elementen den Quelltext an, sofern er verfügbar ist:

▶ Klassennamen

▶ Interface-Namen

▶ Ereignisnamen

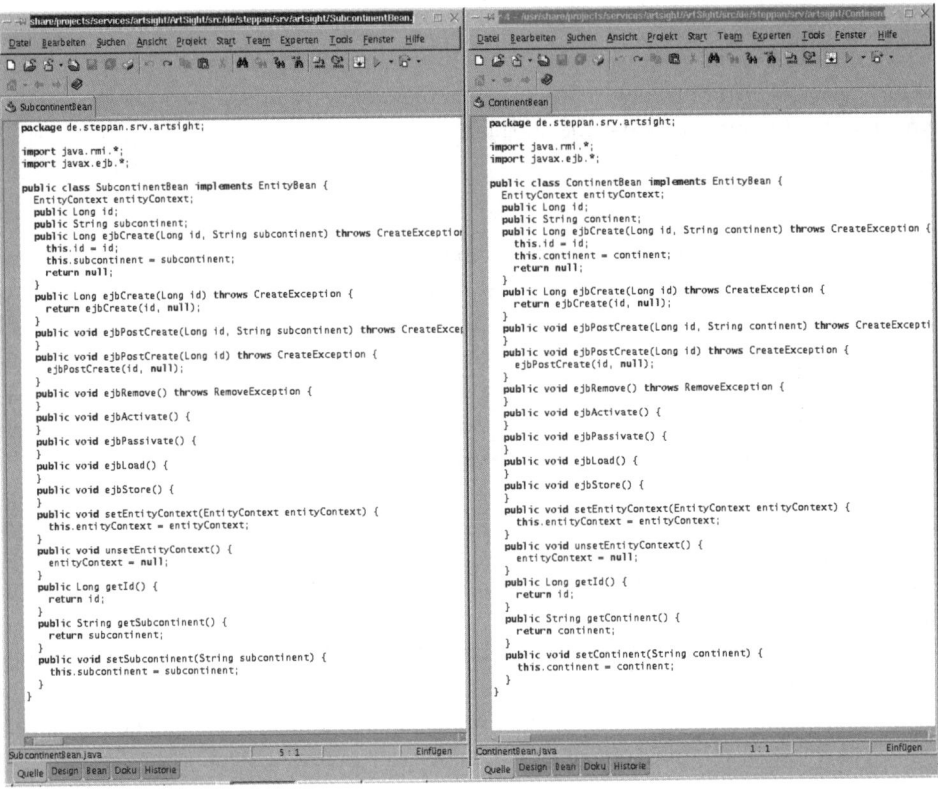

Abbildung 7.6: Zwei AppBrowser für die mehrfache Bearbeitung von Dateien

▷ Methodennamen

▷ Eigenschaftsnamen

▷ Package-Namen

▷ Bezeichner

Voraussetzung für diese Funktion ist, dass Sie dem AppBrowser die Elemente, die angezeigt werden sollen, über eine Importanweisung erschlossen haben. Sollte der Quelltext nicht verfügbar sein, zeigt der AppBrowser den dekompilierten Bytecode.

Befehle für das Suchen und Ersetzen

Die Suchfunktionen des Editors sind vielfältig. Sie können Text in einer geöffneten Datei oder in mehreren Dateien suchen, Text suchen und ersetzen sowie für ganze Projekte Package- und Klassenbezeichnungen umstellen, wobei der JBuilder auch Pfade korrigiert.

Befehl des Menüs »Suche«	Bedeutung
Suchen	Text in der aktuell geöffneten Datei suchen
In Pfad suchen	Text in allen Dateien des gewählten Pfads suchen
Ersetzen	Text suchen und ersetzen
Weitersuchen	Suche wiederholen
Inkrementelle Suche	Während der Eingabe suchen
Suche nach Zeilennummer	Nach einer Zeilennummer suchen
Klassen durchsuchen	Nach einer Klasse, einem Interface oder einem Package suchen
Bisher	Suchhistorie aufrufen
Tool zur Package-Migration	Package-Namen suchen und ersetzen (→ Kapitel 6, Abschnitt 6.35)
Tool zur Package-Migration	Klassen-Namen suchen und ersetzen (→ Kapitel 6, Abschnitt 6.35)

Tabelle 7.1: Übersicht der Suchbefehle der Menüs »Suchen« und »Tools«

Das Gros der genannten Funktionen lässt sich über das Menü SUCHEN aufrufen (→ Abbildung 7.4). Zu den einzelnen Befehlen des Menüs SUCHEN:

Text suchen

Der Menübefehl SUCHEN | SUCHEN oder die Tastenkombination ⌗Strg⌗ ⌗F⌗ startet den Dialog TEXT SUCHEN/ERSETZEN (→ Abbildung 7.7). Hier geben Sie den zu suchenden Text, gegebenenfalls den Ersatztext und die Optionen für die Suche ein. Mit den Optionen legen Sie fest, ob Groß- und Kleinschreibung beachtet wird, nur innerhalb einer Textmarkierung gesucht werden soll und ob die Suche am Dateianfang beginnen soll. Ferner, und das ist sehr praktisch, können Sie mit Wildcards (?,*) suchen (Option MIT PLATZHALTERN) und die Suchfunktion so einstellen, dass sie Wortteile auslässt oder einbezieht (Option NUR GANZE WÖRTER).

Text in einem Verzeichnis suchen

Durch den Befehl SUCHEN | IN PFAD SUCHEN oder durch ⌗Strg⌗ ⌗P⌗ erscheint der Dialog IN PFAD SUCHEN, mit dem Sie in allen Dateien, die sich in den Ordnern des Quellpfads befinden, nach einer Zeichenkette suchen können. Gefundene Zeichenketten zeigt der AppBrowser im Inhaltsfenster an, zusätzlich werden die Suchergebnisse im Register SUCHERGEBNISSE dargestellt.

Text suchen und ersetzen

Mit SUCHEN | ERSETZEN oder durch ⌗Strg⌗ ⌗R⌗ starten Sie den Dialog TEXT SUCHEN/ERSETZEN. Sie können dort einen Suchbegriff eingeben und den Text, durch den dieser Begriff ersetzt werden soll.

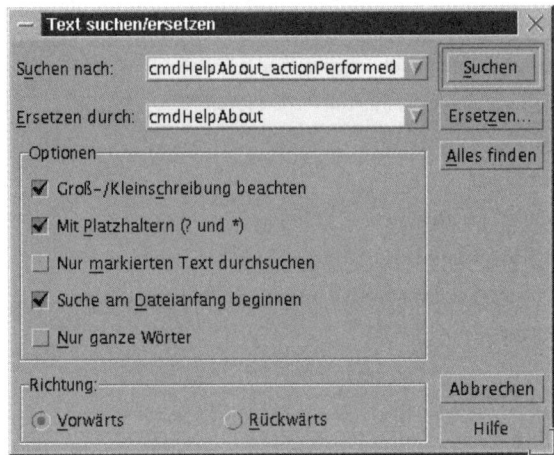

Abbildung 7.7: Suchen und Ersetzen von Text

Suche wiederholen

Der Befehl SUCHEN | WEITERSUCHEN oder F3 wiederholt die letzte Suche. Dabei werden die zuletzt vorgenommenen Einstellungen verwendet.

Während der Eingabe suchen

Bei der inkrementellen Suche (SUCHE | INKREMENTELLE SUCHE oder Strg E) wird ein kleiner Kurzhinweis (Tooltip) am oberen Ende des Inhaltsfensters angezeigt (→ Abbildung 7.8). Sie können darin Text eingeben, den der Editor unmittelbar zu finden versucht. Sie brechen die Suche jederzeit durch Esc oder durch einen Mausklick auf das Inhaltsfenster ab.

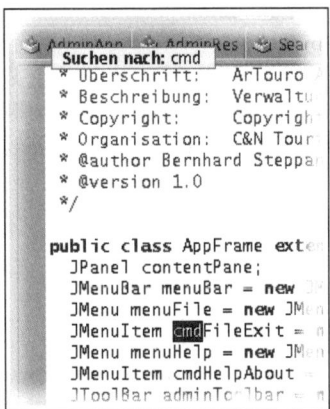

Abbildung 7.8: Inkrementelle Suche nach Text

Nach einer Zeilennummer suchen

Durch den Befehl SUCHE NACH ZEILENNUMMER oder durch die Tastenkombination
Strg G erscheint der Dialog SUCHE NACH ZEILENNUMMER. Dieser Dialog ist vor
allem für die Navigation in größeren Modulen sinnvoll.

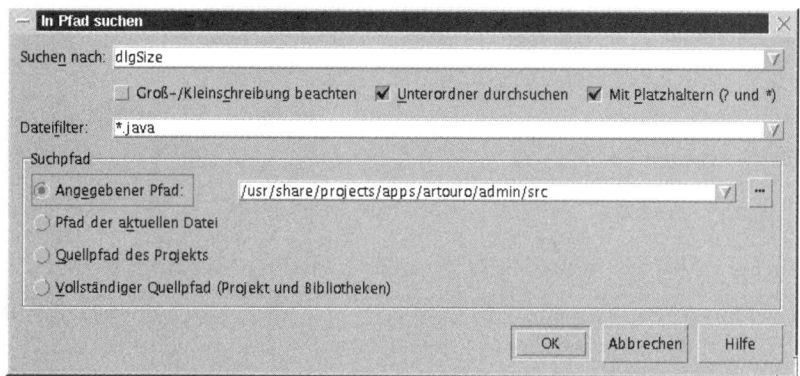

Abbildung 7.9: Suche innerhalb eines Pfads

Nach Klasse, Interface oder Package suchen

Dieser Befehl öffnet den Dialog KLASSEN DURCHSUCHEN. Mit ihm lässt sich in Dateien
und Packages nach Klassen und Interfaces suchen. Damit eine Klasse gefunden wird,
muss sie sich im Importpfad des JBuilders befinden. Der AppBrowser zeigt die Ergebnisse der Suche im Inhaltsfenster an.

Suchhistorie aufrufen

Durch den Befehl SUCHE | BISHER wechseln Sie zu einem bestimmten Eintrag in der
Liste der bisherigen Suchergebnisse. Wenn Sie auf den Abwärtspfeil klicken, können
Sie auf die Ergebnisliste zugreifen.

Die Liste der Suchergebnisse befindet sich am unteren Rand des AppBrowsers
(→ Abbildung 7.10).

Vorheriges Suchergebnis aufrufen

Der Befehl SUCHE | ZURÜCK ruft das vorherige Suchergebnis in der Liste der Ergebnisse
auf.

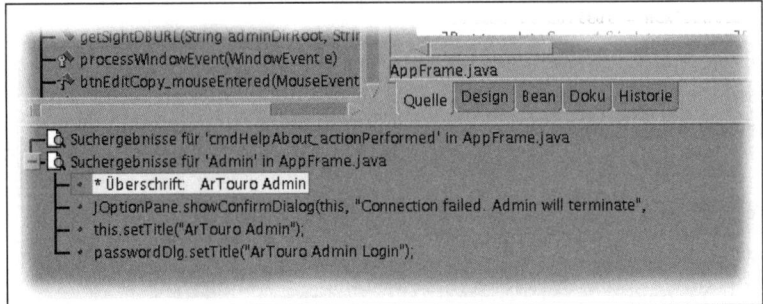

Abbildung 7.10: Suchergebnisse und -historie

Nächstes Suchergebnis aufrufen

Das nächste Suchergebnis in der Liste der Ergebnisse erhalten Sie durch SUCHEN |
VORWÄRTS.

TODO-Tags verwenden

Als Erinnerung, dass an bestimmten Zeilen des Quelltextes noch Änderungen (Ergän-
zungen) vorzunehmen sind, setzt man so genannte TODO-Tags ein. Diese Tags lassen
sich in JavaDoc-Kommentare (Dokumentationskommentare) verpacken. Der App-
Browser der *Professional* und *Enterprise Edition* zeigt diese Informationen in einem eigenen Fenster an.

```
                    cmdFileNew = new JMenuItem();
        JButton btnFileNew = new JButton();
    to
    sys                         Ausgabe nach System.err
    timer                       new javax.swing Timer
    todo                        TODO-Tag
    tryc                        try / catch                    lPane(
    trycf                       try / catch / finally
    tryct                       try / catch {trace}
    tryctf                      try / catch {trace} / fin
    tryf                        try / finally
        DBPasswordPrompter passwordDlg = new DBPasswordPrompter
        DBEventMonitor eventMonitor = new DBEventMonitor();
        DBDisposeMonitor disposeMonitor = new DBDisposeMonitor(
        QueryDataSet continentsQDS = new QueryDataSet();
```

Abbildung 7.11: Suchergebnisse und -historie

Der Editor des JBuilders erleichtert es Ihnen, solche Tags in Ihren Quelltext einzufügen.
Drücken Sie die Tastenkombination $\boxed{\text{Strg}}$ $\boxed{\text{J}}$. Daraufhin erscheint ein Fenster, in dem
Sie *todo* eingeben, wodurch das TODO-Tag in der Liste ausgewählt wird. Bestätigen Sie
die Auswahl des Editors durch $\boxed{\leftarrow}$, um eine neue TODO-Anweisung zu erzeugen.

Druckfunktionen

Bevor Sie auch nur eine einzige Zeile Quelltext ausdrucken, sollten Sie sich zunächst mit den Dialogen beschäftigen, die das Seitenlayout festlegen. Sie starten den entsprechenden Dialog über DATEI | SEITEN-LAYOUT.

Einstellen des Druckers – Seitenlayout

Der Dialog besteht aus den zwei Registerseiten mit den Namen SEITEN-LAYOUT und WEITERE. Auf der Registerseite SEITEN-LAYOUT wählen Sie Layout, Schriftart, Zeilennummerierung und Zeilenumbruch aus. Die Optionen dieser Seite haben folgende Bedeutung:

Mit den Optionen der Gruppe LAYOUT legen Sie fest, ob der Quelltext im Hoch- oder Querformat gedruckt werden soll. Wenn Sie eine der Optionen der Gruppe ABSCHNITTE wählen, wird die Seite in Spalten und Zeilen aufgeteilt (→ Abbildung 7.12). Sie können diese Abschnitte auch nummerieren lassen. Neben dieser Gruppe finden Sie eine grobe Voransicht, die Ihnen eine Abschätzung der Layoutveränderungen erlaubt.

Die Gruppe SCHRIFTART fasst Optionen zusammen, die die Schriftarten festlegen. Sie können zwischen Standard- oder Individualschriftart wählen und die Schriftgröße angeben. Der JBuilder führt in der Liste nur Nicht-Proportionalschriften wie *Courier*, *Monospaces* oder *Letter Gothic* auf, bei denen jedes Zeichen den gleichen Raum einnimmt. Sie sind zur Darstellung des Quelltextes im Gegensatz zu Proportionalschriften optimal geeignet.

Mit Hilfe der ZEILENNUMMERIERUNG legen Sie die Intervalle fest, in denen die Nummerierung beim Ausdruck erfolgen soll. Die letzte Gruppe ZEILENUMBRUCH bestimmt, ob kein Umbruch erfolgt (zu lange Zeilen werden abgeschnitten), ob ein Umbruch beim Wortende erfolgt oder ob der Text beim Seitenende umbrochen werden soll.

Die Registerseite 2 (WEITERE) erlaubt Ihnen, die Maße von Rändern und Kopfzeilen festzulegen (→ Abbildung 7.12). Die Gruppe RÄNDER lässt Ihnen dabei die Auswahl zwischen den Maßeinheiten Zoll und Zentimeter. Über die nebenstehende Gruppe AKTUELLE WERTE FÜR RÄNDER stellen Sie den Druckbereich ein. Wenn Sie die Option RAHMEN UM RÄNDER ZEICHNEN aktiviert haben, zeichnet der Drucker innerhalb dieses Druckbereichs einen Trauerrand um Ihren Quelltext.

Die Gruppe SEITENKOPFBEREICH legt fest, wie der Dokumentkopf bedruckt werden soll. Wie bei vielen Entwicklungsumgebungen erfolgt die Steuerung der Titel und der Paginierung (Seitennummern) beim JBuilder über Variablen, deren Bedeutung Sie bitte der → Tabelle 7.2 entnehmen.

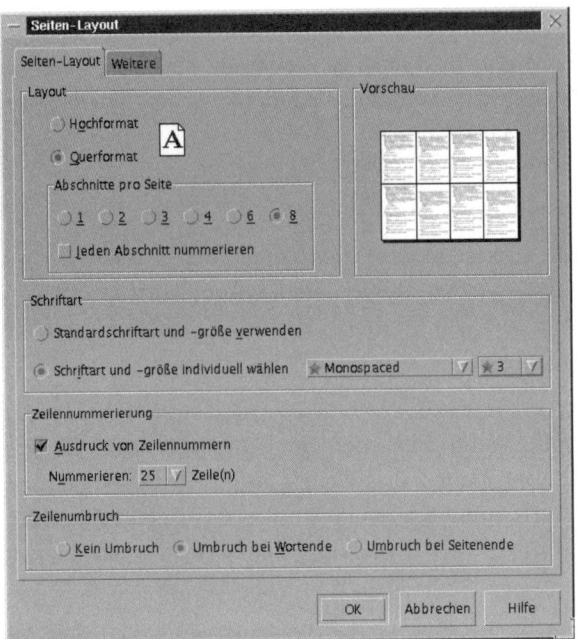

Abbildung 7.12: Layout und Schriftarten legen Sie mit dem »Seitenlayout« fest

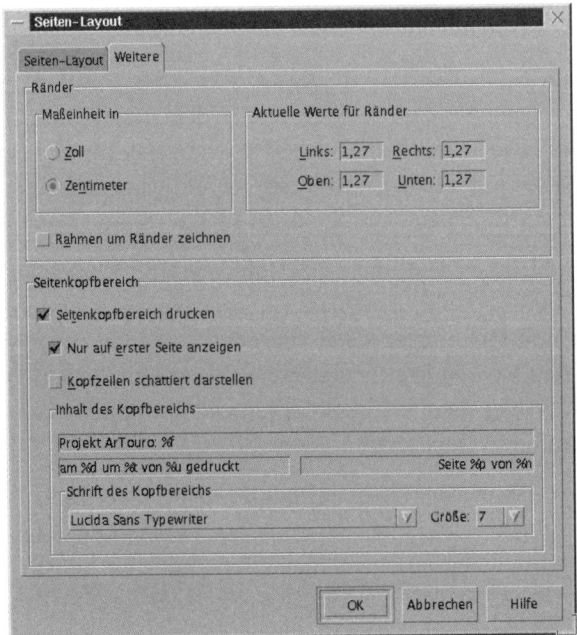

Abbildung 7.13: Hier erfolgt die Festlegung von Rändern und Schriftarten

Variable	Englische Übersetzung	Bedeutung
%f	File	Dateiname und -pfad
%g	-	nur Dateiname
%p	Page	Seitenzahl
%n	Total number of pages	Anzahl Seiten insgesamt
%t	Time	Uhrzeit
%d	Date	Datum (lange Version)
%s	Date (short version)	Datum (kurze Version)
%u	User	Benutzername

Tabelle 7.2: Übersicht der Druckvariablen

In → Abbildung 7.13 ist ein Beispiel für die Verwendung aus dem Projekt *ArTouro* abgebildet. Im Dokumentkopf stehen die Projektbezeichnung und der *Dateiname*, der um das aktuelle Datum in Langform und den Namen des Anwenders ergänzt wird. Die Paginierung erfolgt im Stil *Seite x von x*.

Datei ausdrucken

Der Befehl DRUCKEN startet einen Dialog, mit dem die Datei, die aktuell im Editor angezeigt wird, auf Papier oder in eine Datei gedruckt werden kann. Folgende Optionen sind verfügbar:

▷ Druckbereich

▷ Druckausgabe

▷ Papierformat

▷ Attribute wie Farbdruck und Syntaxhervorhebung

Mit der Gruppe DRUCKEN legen Sie den Druckbereich entweder auf das gesamte Dokument oder auf den im Editor markierten Bereich fest. Sie können mit der nebenstehenden Gruppe NACH steuern, ob die Druckausgabe in einen Drucker oder in einer HTML-Datei ausgegeben wird. Mit der Schaltfläche SEITEN-LAYOUT rufen Sie den gleichnamigen Dialog auf. Aus der Liste PAPIERFORMAT wählen Sie ein geeignetes Papierformat und legen mit den ATTRIBUTEN fest, ob mit Syntaxhervorhebung und in Farbe gedruckt werden soll.

CodeInsight – die Kodierassistenten des Editors

Mit dem Kunstwort *CodeInsight* bezeichnet Borland den Überbegriff der sieben in den Editor eingebauten Assistenten für die Java-Programmierung. Eine Übersicht dieser Hilfen zeigt → Tabelle 7.3. Diese Tabelle zeigt auch, dass die Gesamtfunktionalität der Kodierhilfen der *Professional* und *Enterprise Edition* vorbehalten bleibt.

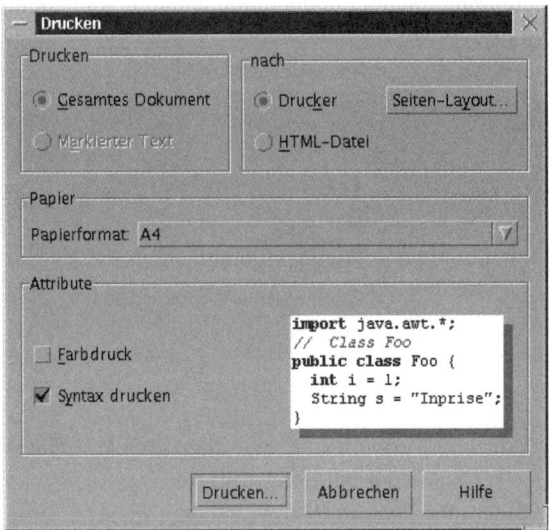

Abbildung 7.14: Der Dialog »Drucken« erlaubt auch den Farbausdruck

Kodierassistent	Bedeutung	JBuilder-Edition
ClassInsight	Klassenbrowser	F^1, P^2, E^3
ExpressionInsight	Programmierhilfe im Debug-Modus	P, E
Kodevorlagen	Vorlagen häufig benötigter Kodefragmente	F^4, P, E
Kurzhinweise	Wert eines Ausdrucks	P, E
MemberInsight	Komplettierung von Methodenaufrufen	F, P, E
ParameterInsight	Parameter, die die Methode erwartet	F, P, E
SymbolInsight	Quelltextanzeige für Variablen, Methoden und Klassen an bzw. Dekompilierung des Bytecodes	F, P, E

Tabelle 7.3: Die verschiedenen Kodierhilfen der JBuilder-Editionen

MemberInsight, ParameterInsight und die *Kurzhinweise* blendet der Editor nach einer definierten Wartezeit selbstständig ein. Alle anderen Kodierassistenten müssen Sie per Tastatur aufrufen. Die vorbelegten Tastenkombinationen fasst → Tabelle 7.4 zusammen.

---

1. *Foundation Edition*
2. *Professional Edition*
3. *Enterprise Edition*
4. In der *Foundation Edition* nicht veränderbar

Kodierhilfe	Tastaturkürzel
ClassInsight	$\boxed{\text{Strg}}\ \boxed{\text{Alt}}\ \boxed{}$ oder $\boxed{\text{Strg}}\ \boxed{\text{Alt}}\ \boxed{\text{H}}$
ExpressionInsight	$\boxed{\text{Strg}}$ (Mausklick)
Kodevorlagen	$\boxed{\text{Strg}}\ \boxed{\text{J}}$
MemberInsight	$\boxed{\text{Strg}}\ \boxed{}$ oder $\boxed{\text{Strg}}\ \boxed{\text{H}}$
ParameterInsight	$\boxed{\text{Strg}}\ \boxed{\Diamond}\ \boxed{}$ oder $\boxed{\text{Strg}}\ \boxed{\Diamond}\ \boxed{\text{H}}$
Quickinfos	(Mausover)
SymbolInsight	$\boxed{\text{Strg}}\ \boxed{\hookleftarrow}$ oder $\boxed{\text{Alt}}\ \boxed{\Diamond}\ \boxed{\text{H}}$

Tabelle 7.4: Übersicht der Tastaturkürzel von CodeInsight

Diese Tastenkombinationen können Sie genauso konfigurieren wie die Verzögerungszeit, die der Editor wartet, bis er *MemberInsight* und *ParameterInsight* einblendet. Dazu rufen Sie über TOOLS | EDITOR-OPTIONEN | CODEINSIGHT die *CodeInsight*-Optionen auf (→ Abbildung 7.15). Auf dieser Registerseite können Sie die Verzögerungszeiten und weitere Optionen von *MemberInsight* und *ParameterInsight* einstellen.

Durch einen Klick auf die Schaltfläche TASTATURKÜRZEL erscheint der gleichnamige Dialog. Hier können Sie Ihre Wunschtastenkombinationen für *MemberInsight*, *ParameterInsight*, *SymbolInsight* und *ClassInsight* eintragen (→ Abbildung 7.15).

Durch einen Klick auf die Schaltfläche TASTATURKÜRZEL des Dialogs EDITOR-OPTIONEN erscheint hingegen der Dialog, mit dem Sie die Anzeigeoptionen von *MemberInsight* und *ParameterInsight* verändern können (→ Abbildung 7.16). Auf der ersten Registerseite MEMBERINSIGHT legen Sie fest, ob »veraltete Elemente« durchgestrichen dargestellt werden sollen und welche Schriftarten und Farben verwendet werden.

Mit der etwas holprigen Übersetzung »veraltete Elemente« meint der Hersteller Methoden, deren Aufruf nicht mehr unterstützt wird, weil sie in einer der nächsten Versionen des JDKs wegfallen (*Deprecated*). Die zweite Registerseite PARAMETERINSIGHT ist mit der ersten fast identisch. Auch hier legen Sie hauptsächlich Schriftarten und Farben fest.

Kodierhilfe ClassInsight

Es wäre sehr praktisch, eine Klasse einzufügen oder eine Klasse zu instanziieren, ohne die Importanweisung nachtragen zu müssen. Wenn Sie im UI-Designer arbeiten, übernimmt dies der JBuilder automatisch. Aber wie kommt man in den Genuss des Komforts auch bei Klassen, die sich nicht visuell entwerfen lassen?

Die Lösung ist der Assistent *ClassInsight* des Texteditors. Mit Hilfe von $\boxed{\text{Strg}}\ \boxed{\text{Alt}}\ \boxed{}$ oder $\boxed{\text{Strg}}\ \boxed{\text{Alt}}\ \boxed{\text{H}}$ (→ Tabelle 7.3) rufen Sie diesen Klassenbrowser auf und wählen aus ihm die entsprechende Klasse. Der Editor ergänzt im Anschluss daran die Importanweisungen des Moduls.

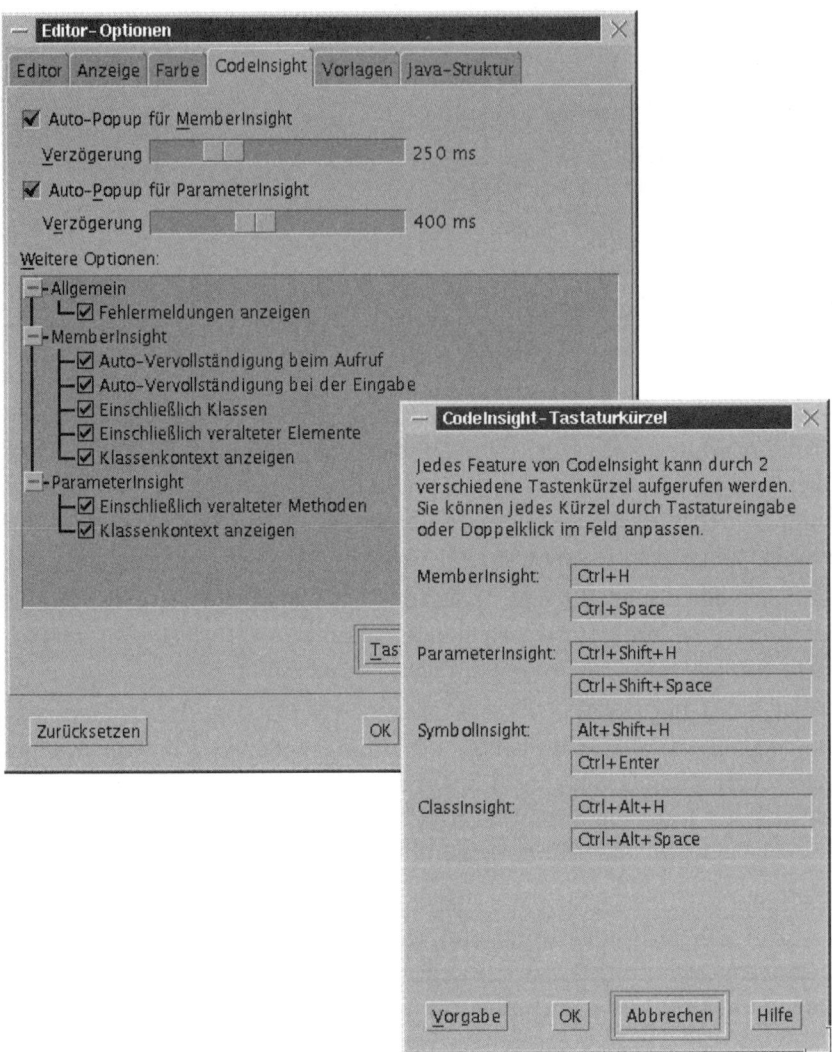

Abbildung 7.15: Die Optionen der Kodierassistenten

Kodierhilfe – ExpressionInsight

ExpressionInsight, eine Funktion der *Professional* und *Enterprise Edition*, liefert Ihnen während des Debuggings eine Baumstruktur (→ Abbildung 7.18) des gewählten Ausdrucks. Wenn Sie einen Mausklick auf einen Ausdruck ausführen und gleichzeitig die Taste [Strg] gedrückt halten, blendet der Editor ein Fenster ein, das den Inhalt des Ausdrucks zum Zeitpunkt der Programmausführung enthält.

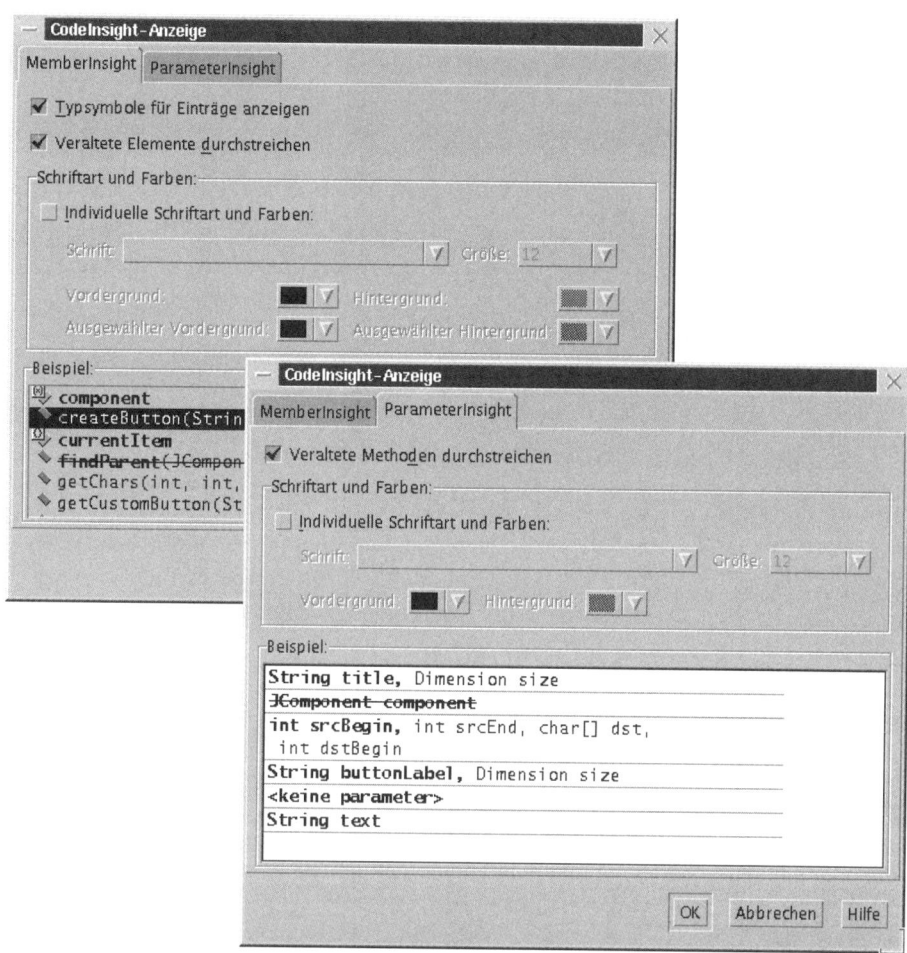

Abbildung 7.16: Die Einstellung für MemberInsight und CodeInsight

Kodierhilfe – Kodevorlagen

Bei der Wiederverwendung von Quelltext gibt es drei Stufen mit unterschiedlichen Anforderungen, die ich in → Tabelle 7.5 abgebildet habe. Wie zu sehen ist, ist die Wiederverwendung von Kodebausteinen naturgemäß nicht hoch. Das muss jedoch nicht so sein, wenn die Entwicklungsumgebung die Wiederverwendung von Kodebausteinen unterstützt.

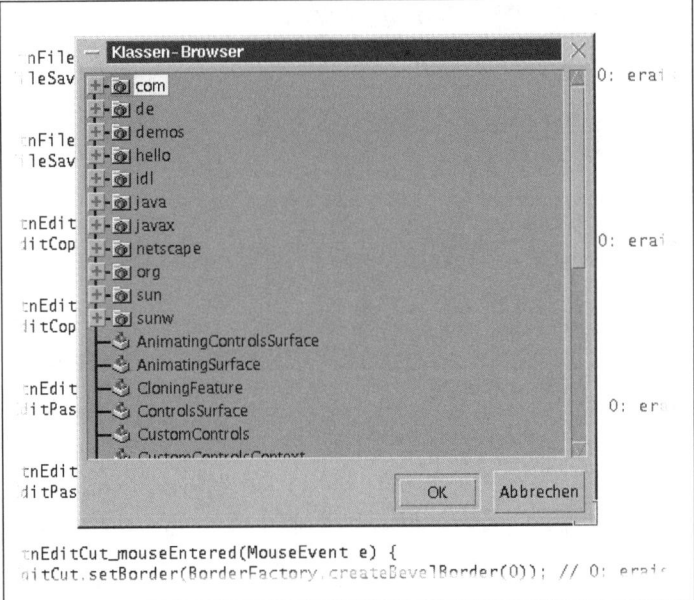

Abbildung 7.17: ClassInsight fügt für die ausgewählte Klasse eine Importanweisung hinzu

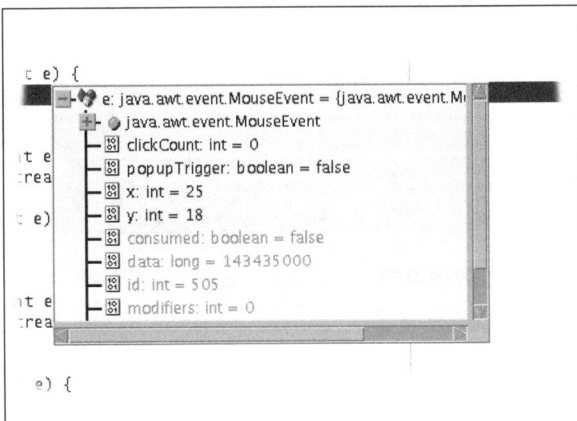

Abbildung 7.18: ExpressionInsight zeigt Ihnen den Inhalt des gewünschten Ausdrucks

Kodebaustein	Grad der Wiederverwendung
Server/Komponente	sehr hoch
Bibliothek	hoch
Kodefragment	niedrig

Tabelle 7.5: Wiederverwendung von Kode

Aus diesem Grund besitzt der JBuilder einen Satz von Kodevorlagen, die Sie verändern und ergänzen können. Allerdings sind die Kodevorlagen der *Foundation Edition* schreibgeschützt. Nur die kostenpflichtigen JBuilder-Editionen erlauben es, Kodevorlagen zu modifizieren.

Um eine Vorlage in Ihrem Programm zu verwenden, verfahren Sie wie folgt:

▷ Geben Sie entweder den Namen der Kodevorlagen in Ihrem Quelltext ein, wo das Fragment erscheinen soll, und drücken Sie [Strg] [J].

▷ Oder wählen Sie die Stelle des Quelltextes, an der die Vorlage erscheinen soll, und drücken Sie [Strg] [J].

In beiden Fällen expandiert der Editor die entsprechende Vorlage automatisch zu einem Kodebaustein.

Beispiel: Geben Sie *fora* an einer beliebigen Stelle im Quelltext ein und drücken Sie [Strg] [J]. Der Editor ersetzt das Kürzel für eine For-Schleife durch folgendes Fragment:

```
for (int i = 0; i <  .length; i++) {
}
```

Listing 7.1: Ein aus einer Vorlage erzeugtes Kodefragment

Der generierte Kode wird übrigens gemäß Ihren Vorlagen erzeugt, die Sie unter PROJEKT | PROJEKTEIGENSCHAFTEN | QUELLTEXT vornehmen können (→ Kodierhilfe – Weitere Kodeanpassungen).

Kodierhilfe – Kodevorlagen bearbeiten

Wie gerade erwähnt, lassen sich Kodevorlagen nur mit der *Professional* und *Enterprise Edition* bearbeiten. Das Verfahren ist im → Anhang D (Abschnitt D.2) ausführlich beschrieben.

Kodierhilfe – Weitere Kodeanpassungen

Weiter Anpassungen des Kodierstils lassen sich einem Projekt über PROJEKT | PROJEKTEIGENSCHAFTEN zuordnen. Dies sollte gleich zu Beginn eines Projekts geschehen, weil der JBuilder keine nachträglichen Änderungen an generiertem oder selbst geschriebenen Quelltext vornimmt (was im Übrigen eine der positivsten Eigenschaften des Editors ist).

Wählen Sie PROJEKT | PROJEKTEIGENSCHAFTEN | QUELLTEXT, um die Einstellungen am Quelltext projektweit festzulegen. Der Dialog Projekteigenschaften besteht aus den zwei Gruppen KLAMMERN und EREIGNISBEHANDLUNG. Über die Radioschalter ZEILENENDE und NÄCHSTE ZEILE bestimmen Sie, ob Blöcke nach C- oder nach Pascal-Konvention kodiert werden sollen (→ Abbildung 7.19).

Wenn Sie den generierten Quelltext für die Behandlung von Ereignissen verändern
möchten, wählen Sie entweder ANONYMER ADAPTER oder STANDARD-ADAPTER. Im Fall
der ersten Option legt der JBuilder keine neue Klasse an und verwendet eine anonyme
Instanz, im zweiten Fall hingegen verwendet er eine konkrete Instanz einer neuen
Klasse.

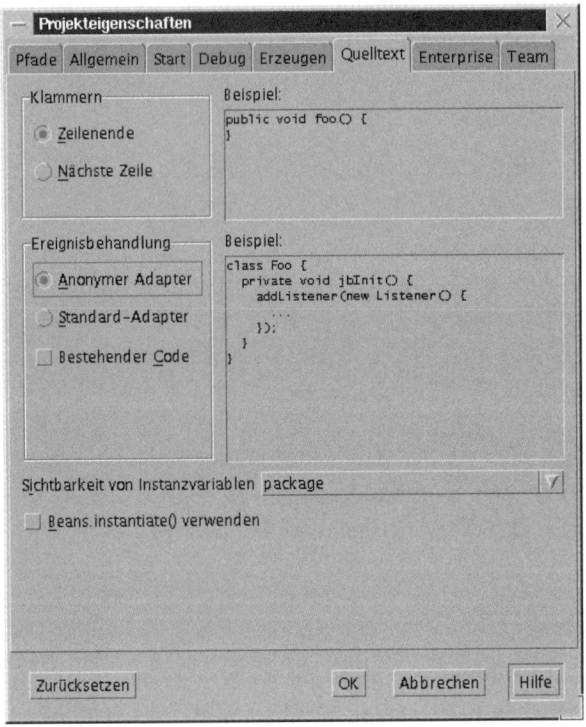

Abbildung 7.19: Über die Projekteigenschaften lassen sich weitere Kodierungsregeln festlegen

Wenn Sie PROJEKT | VORGABEEIGENSCHAFTEN | QUELLTEXT auswählen, werden die Ein-
stellungen auch für Nachfolgeprojekte gespeichert. Der Dialog, der aufgrund dieses
Befehls erscheint, heißt VORGABE FÜR PROJEKTEIGENSCHAFTEN, ist aber ansonsten mit
dem Dialog PROJEKTEIGENSCHAFTEN identisch (→ Abbildung 7.19).

Kodierhilfe – Kurzhinweise

Diese Anzeige ist nur im Debugging-Modus der *Professional* und *Enterprise Edition* verfügbar. Wenn Sie während des Debuggings mit dem Mauszeiger über eine Variable
gleiten, zeigt der Editor deren Wert (→ Abbildung 7.20) über einen Kurzhinweis (Tooltip) an.

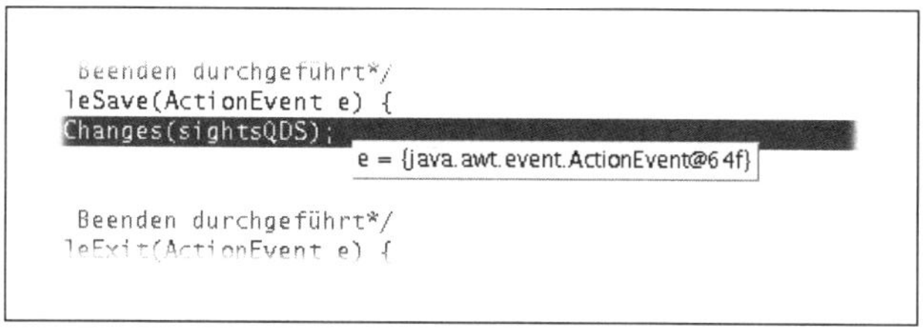

Abbildung 7.20: Durch Kurzhinweise zeigt der Editor den Wert von Variablen an

Kodierhilfe MemberInsight

MemberInsight ist eine Funktion, bei der Sie der Editor nach der Eingabe einer Instanz mit einer Liste der verfügbaren Methodenaufrufe unterstützt (→ Abbildung 7.21). Diese Liste erscheint automatisch nach der Eingabe des Punktoperators einer gültigen Instanz. Manuell können Sie diese Liste aber auch über [Strg][   ] oder [Strg][H] einblenden (→ Tabelle 7.3).

MemberInsight funktioniert übrigens auch dann, wenn Sie lediglich einen Klassennamen (in einem gültigen Bezug) angeben. Die Editorfunktion ergänzt diesen Namen (Kodevervollständigung) und bietet Ihnen gültige Methodenaufrufe an.

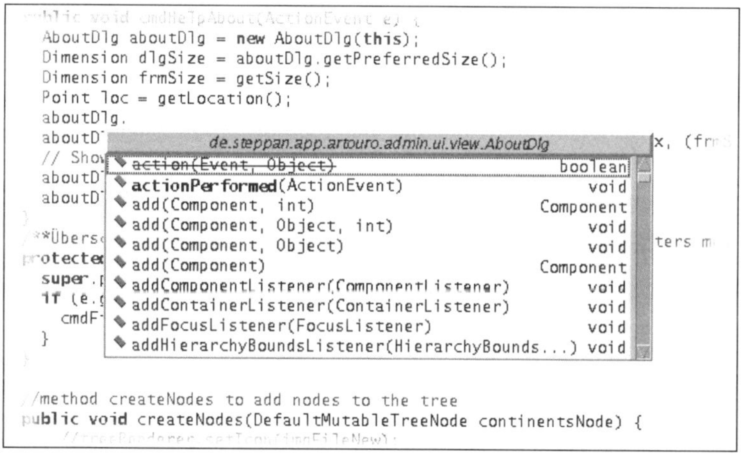

Abbildung 7.21: Nach der Eingabe des Punktoperators erscheint MemberInsight

Beachten Sie bitte, dass *MemberInsight* (wie schon angedeutet) nur in einem gültigen Bezug funktioniert. Sollten Sie also eine Klasse außerhalb der erlaubten Grenzen eines Moduls platzieren oder sollte eine Importanweisung für die Klasse fehlen, dann wird auch MemberInsight kein Ergebnis liefern, da es auf den Zugriffsregeln von Java basiert.

Kodierhilfe ParameterInsight

Die Editorfunktion *ParameterInsight* ergänzt Methodenaufrufe. Dazu geben Sie einfach den Namen einer Methode ein. Nach der öffnenden Klammer erkennt *ParameterInsight*, dass ein Parameter erwartet wird, sucht nach passenden Parametern und bietet Ihnen diese im Editor an (→ Abbildung 7.22). Das Fenster, das erscheint, ist zweigeteilt: Im Titel zeigt *ParameterInsight* die Klasse der Instanz an, die Sie gerade bearbeiten, im unteren Bereich die verfügbaren Parameter hierfür. *ParameterInsight* lässt sich übrigens auch über $\boxed{\text{Strg}}\,\boxed{\Diamond}\,\boxed{\quad}$ oder $\boxed{\text{Strg}}\,\boxed{\Diamond}\,\boxed{\text{H}}$ aufrufen.

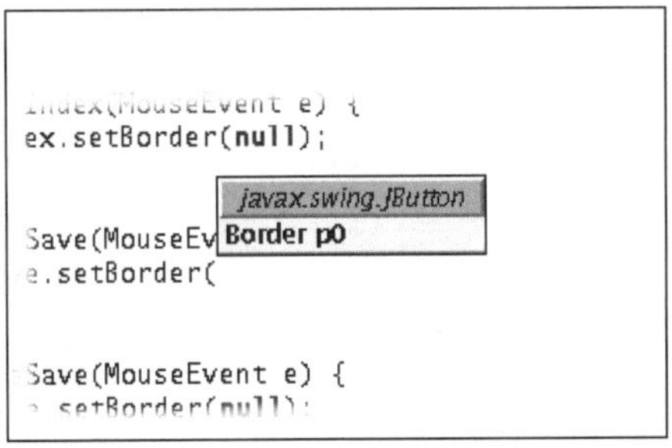

Abbildung 7.22: ParameterInsight bietet eine Auswahl sinnvoller Parameter

Kodierhilfe SymbolInsight

Die Funktion *SymbolInsight* zeigt Ihnen zu einer Variablen, Methode oder Klasse den Quelltext an, falls dieser verfügbar ist. Falls nicht, dekompiliert *SymbolInsight* den Bytecode und präsentiert Ihnen das Dekompilat. Um diese Funktion aufzurufen, gibt es mehrere Methoden: Entweder Sie führen auf das Symbol im Quelltext einen Rechtsklick aus und wählen den Befehl SYMBOLANZEIGE, oder Sie verwenden die Tastenkürzel $\boxed{\text{Strg}}\,\boxed{\leftarrow\!\shortmid}$ oder $\boxed{\text{Alt}}\,\boxed{\Diamond}\,\boxed{\text{H}}$.

7.1.2 UI-Designer

Sie verwenden den eingebauten UI-Designer (UI: User Interface, Bedienungsoberfläche), um Programmoberflächen (Web- und Java-Oberflächen) mit dem JBuilder visuell zu entwerfen oder zu betrachten. In dieser Ansicht des AppBrowsers ist die Arbeitsfläche zwischen den Strukturfenstern (links) und dem UI-Designer (rechts) wieder zweigeteilt (→ Abbildung 7.23).

Der UI-Designer besteht aus drei Bestandteilen, deren Bedeutung Sie der → Tabelle 7.6 entnehmen können.

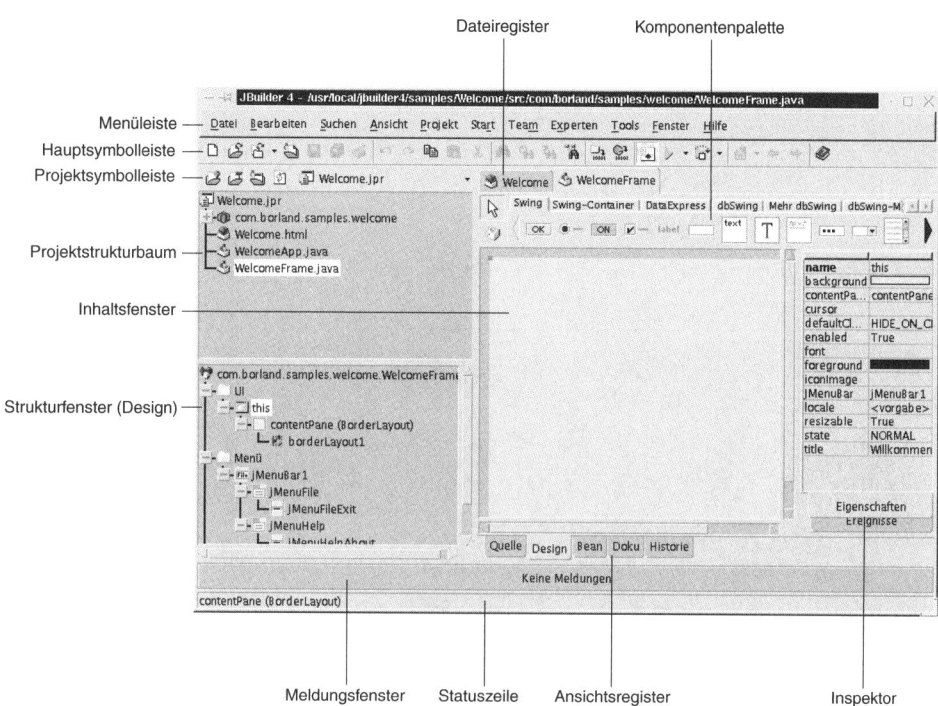

Abbildung 7.23: Der Designmodus der Editoransicht des AppBrowsers

Oberflächenelemente	Beschreibung
Inhaltsfenster	Das Inhaltsfenster zeigt die Benutzerschnittstelle einer Datei mit GUI-Anteilen an.
Komponentenpalette	Die Komponentenpalette enthält GUI-Komponenten für die Gestaltung von Java- und HTML-Oberflächen.
Inspektor	Mit dem Inspektor prüfen Sie die Eigenschaften der GUI-Komponenten und bearbeiten sie.

Tabelle 7.6: Bestandteile des UI-Designers

Inhaltsfenster

Im Inhaltsfenster richten Sie die einzelnen GUI-Komponenten visuell aus. Ein Kontextmenü (→ Abbildung 7.24) des UI-Designers ist dabei eine unerlässliche Hilfe, denn eine Symbolleiste für den UI-Designer fehlt dem AppBrowser leider vollkommen. Dieses Kontextmenü enthält Befehle für folgende Bereiche:

▷ Zwischenablage (AUSSCHNEIDEN, KOPIEREN, EINFÜGEN)

▷ Historie (RÜCKGÄNGIG, WIDERRUFEN)

▷ Voransicht eines Erscheinungsbilds (ERSCHEINUNGSBILD │ CDE/MOTIF, METAL, WINDOWS)

▷ Ebenensortierung der Komponenten (NACH VORNE SETZEN, NACH HINTEN SETZEN)

▷ Ausrichtung (LINKSBÜNDIG, ZENTRIERT, RECHTSBÜNDIG, NACH OBEN AUSRICHTEN, MITTIG AUSRICHTEN, NACH UNTEN AUSRICHTEN, GLEICHER ABSTAND HORIZONTAL, GLEICHER ABSTAND VERTIKAL)

▷ Größenänderung (GLEICHE BREITE, GLEICHE HÖHE)

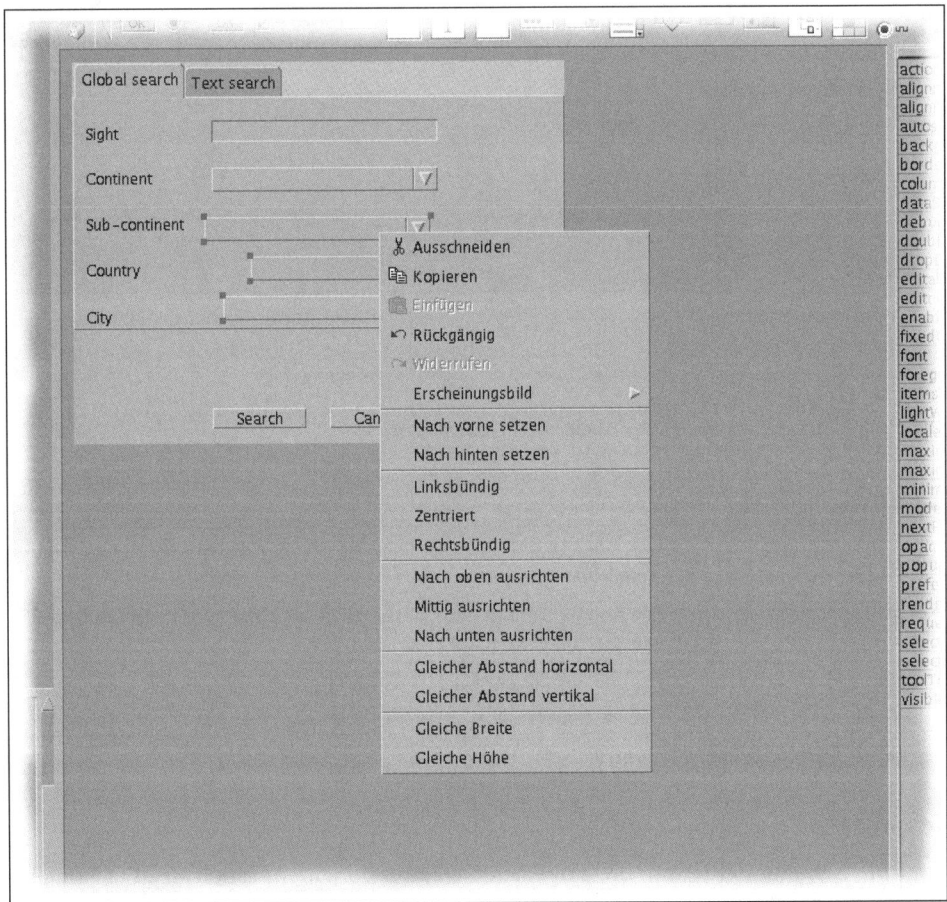

Abbildung 7.24: Das Kontextmenü des UI-Designers

Eine Komponente besitzt, wenn sie einzeln markiert ist, mindestens vier schwarze Rechtecke an ihren Ecken bzw. in ihrer Mitte. Diese Rechtecke nennt man in der Sprache der Layouter *Griffe*. Über diese Griffe fassen Sie UI-Komponenten an und verändern deren Größe. Der Mauszeiger ändert sein Erscheinungsbild ad hoc, wenn er sich über einem Griff befindet.

Wenn eine Komponente vier Griffe besitzt, lässt sie sich an jeder Ecke sowohl in x- als auch in y-Richtung verändern. Besitzt sie acht oder neun Griffe, so lassen sich die Griffe in der Mitte einer Seite dazu verwenden, die Komponente nur in eine Richtung zu verändern. Besitzt die Komponente in der Mitte einen Griff, können Sie sie damit bewegen. Eine Übersicht über die vom UI-Designer verwendeten Mauszeiger finden Sie in → Tabelle 7.7.

Mauszeiger	Erscheinungsort	Bedeutung
✥	Komponentenmitte	ändert die Position der Komponente, nicht die Größe
↘	rechte unter Ecke	ändert sowohl die Breite als auch die Tiefe
↙	linke untere Ecke	ändert sowohl die Breite als auch die Tiefe
↔	Mitte links oder rechts	ändert die Breite
↕	Mitte oben oder unten	ändert die Tiefe

Tabelle 7.7: Die wichtigsten vom UI-Designer verwendeten Mauszeiger

Sie können Befehle wie LINKSBÜNDIG oder GLEICHE BREITE auf mehrere Komponenten anwenden, indem Sie mit `Strg`-Linksklick jede Komponente markieren und im Kontextmenü einen der entsprechenden Befehle verwenden. Leider verfügt der UI-Designer des AppBrowsers über kein Gummiband zur Mehrfachauswahl, wie Sie es von vielen grafischen Oberflächen gewöhnt sind. Sind mehrere Komponenten markiert, verändert sich die Farbe der Griffe zu einem hellen Grauton (→ Abbildung 7.24).

Widerrufen/Wiederholen von Aktionen

Sie können jede Aktion, die Sie mit dem UI-Designer vornehmen, widerrufen und widerrufene Aktionen wiederholen. Dazu verwenden Sie bitte die Befehle BEARBEITEN | RÜCKGÄNGIG, um ein Aktion zu widerrufen, oder das Symbol RÜCKGÄNGIG der Symbolleiste und BEARBEITEN | WIDERRUFEN oder das Symbol WIDERRUFEN der Symbolleiste, um sie zu wiederholen. Lassen Sie sich übrigens nicht von den deutschen Bezeichnungen für die Menübefehle verwirren, denn der Titel des Befehls WIDERRUFEN ist ein Übersetzungsfehler. Der Befehl lautet im amerikanischen JBuilder-Original REDO, also wiederholen.

Weiterhin sollten Sie beachten, dass es bei der häufigen Verwendung des Befehls RÜCK-
GÄNGIG unter Linux derzeit regelmäßig zu einem *Stack Overflow* kommt, der zur
Blockade der Entwicklungsumgebung führt. Ich empfehle Ihnen, vor größeren Umge-
staltungen der GUI Ihres Programms Datensicherungen vorzunehmen, da es unter
Umständen zu Datenverlusten und Fehlgenerierungen des Designers kommen kann.
Versuchen Sie in diesen Fällen, das Sun-JDK 1.3 statt des IBM-JDKs für den JBuilder
einzusetzen (→ Anhang A, A.3. Stabilitätsprobleme).

Ausschneiden/Kopieren/Einfügen von Komponenten

Sie können Komponenten mit den entsprechenden Befehlen des Menüs BEARBEITEN
und den entsprechenden Symbolen der Symbolleiste ausschneiden, kopieren und einfügen. Bei komplexen Swing-Layouts erfordert dies Geschick, da der UI-Designer von
dem hehren Ziel eines WYSIWYG-Editors mehr oder weniger deutlich abweicht. Im
→ ArTourial (Teil III dieses Buchs) werde ich auf diese Punkte bei der Gestaltung der
Java-Oberfläche des Programms *ArTouro Admin* genauer eingehen.

Komponentenpalette

Die Komponentenpalette dient dazu, Komponenten für den visuellen Entwurf von
grafischen Oberflächen auf das Inhaltsfenster (die Arbeitsfläche des UI-Designers) zu
ziehen. Sie ist schlichtweg der Dreh- und Angelpunkt bei der Auswahl geeigneter
Komponenten für den Oberflächenentwurf. Neben AWT- und Swing-Komponenten
von Sun finden Sie auf der Palette auch sehr viele Borland-Komponenten für den
DB-Zugriff sowie Komponenten der KL Group (Sitraka).

Komponentenpalette – Swing

Swing ist – im Vergleich zu AWT – die modernere Java-GUI-Bibliothek. Auf Grund der
besseren Architektur und der geringeren Fehler hat Swing eine sehr gute Unterstützung aus allen Bereichen der Java-Welt bekommen.

Auch Borland bietet für Swing enorme Unterstützung, die in der Komponentenpalette
deutlich hervortritt. Während die AWT-Palette nur magere 13 Komponenten bereit-
hält, bietet schon die Basispalette von Swing (→ Abbildung 7.25) Zugriff auf 21 Komponenten.

Die ersten drei Komponenten sind verschiedene Typen von Schaltflächen, wozu auch
der Radioschalter unter Swing zählt. Erwähnenswert ist das Passwortfeld (*JPassword-
Field*), das eine verdeckte Eingabe des Passworts erlaubt. Für viele mittlerweile unent-
behrliche Komponenten gibt es im AWT kein Gegenstück. Beispiele sind hierfür der
Schieberegler (*JSlider*), der Fortschrittsbalken, die Baumansicht (*JTree*) und die Tabelle
(*JTable*).

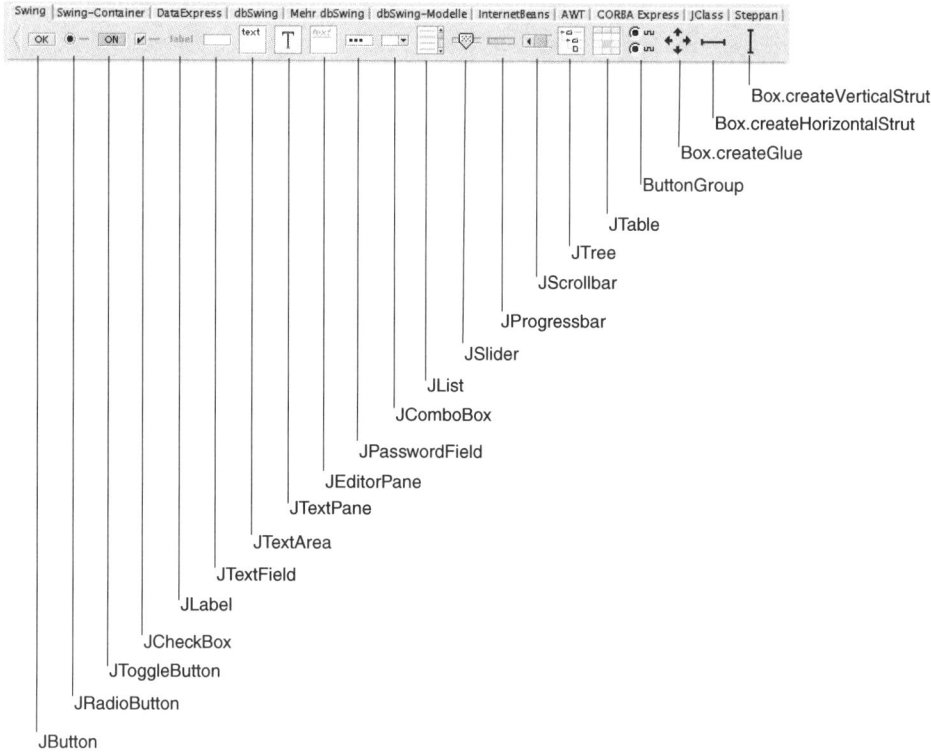

Abbildung 7.25: Das Register »Swing« der Komponentenpalette

Der Schieberegler lässt sich dazu verwenden, einen numerischen Wert einzustellen. Den Fortschrittsbalken setzt man ein, um dem Anwender ein Gefühl dafür zu geben, wie lange eine zeitraubende Programmaktion noch benötigen wird. Zur Navigation in einer Struktur wie einer Datenbank oder Datei ist die Baumansicht geeignet, während Tabellen für alle möglichen Anwendungen wie Kalkulationen, Datenbank- oder Versicherungsprogramme verwendet werden können.

Komponentenpalette – Swing-Container

Swing-Container sind komplexere Swing-Komponenten, mit denen man beispielsweise mehrseitige Dialoge entwerfen kann. Ich werde für das Beispielprojekt ArTouro die Klasse *JTabbedPane* für den Suchdialog einsetzen, um die Sucheingaben auf zwei Seiten übersichtlich zu verteilen.

Auf der Palette befinden sich auch zwei vorgefertigte Dialoge zur Farbauswahl und zum Öffnen von Dateien, die dem Entwickler ersparen, diese selbst zu implementieren. Den Standarddialog zur Dateiauswahl werde ich ebenfalls im ArTouro-Projekt vorstellen.

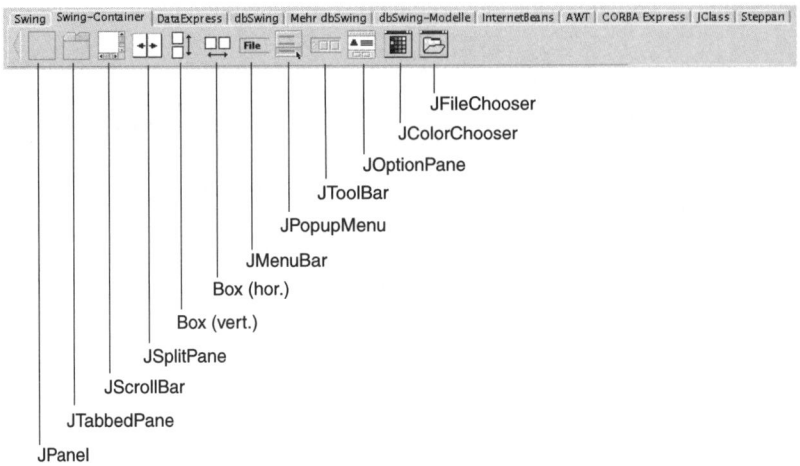

Abbildung 7.26: Das Register »Swing-Container« der Komponentenpalette

Komponentenpalette – Data-Express

Borlands *Data-Express* ist eine Klassenbibliothek nicht-visueller Komponenten, die sich im Lieferumfang der *Professional* und *Enterprise Edition* befindet. Mit ihr erzeugen Sie vor allem schnell und effektiv SQL-Anfragen für Datenbankanwendungen und verknüpfen Ihr Programm mit Datenbanken.

Nicht-visuell bedeutet, dass es keine UI-Komponenten im eigentlichen Sinne sind. Der JavaBeans-Standard erlaubt es, visuelle und nicht-visuelle Komponenten zu entwickeln. Beiden Typen ist gemeinsam, dass sie sich in einer Entwicklungsumgebung wie dem JBuilder visuell manipulieren lassen. Die Leiste des JBuilders enthält 18 derartige Komponenten.

Ganz links finden Sie die erste derartige Komponente der Palette: die SQL-Datenbank (*Database*). Diese Datenbank-Komponente stellt eine JDBC-Datenquelle dar. Beispiele sind JDataStore, Interbase, DB2 oder Oracle.

Interessant ist ferner noch die Klasse *QueryDataSet*, die ich zur Abfrage der Datenbank des Beispielprojekts ArTouro einsetzen werde. Mit dieser Klasse definieren Sie SQL-Abfragen, die Sie mit der Datenbank visuell im UI-Builder verknüpfen können.

Komponentenpalette – dbSwing

dbSwing ist eine Borland-Bibliothek mit visuellen Komponenten, die der *Professional* und *Enterprise Edition* vorbehalten sind. Sie sind für das schnelle Entwickeln der Oberfläche von Datenbankanwendungen konzipiert. In ihr finden Sie auch komplexe Tabellenkomponenten, die ich Ihnen ebenfalls im nächsten Teil (→ ArTourial) dieses Buchs vorstellen werde.

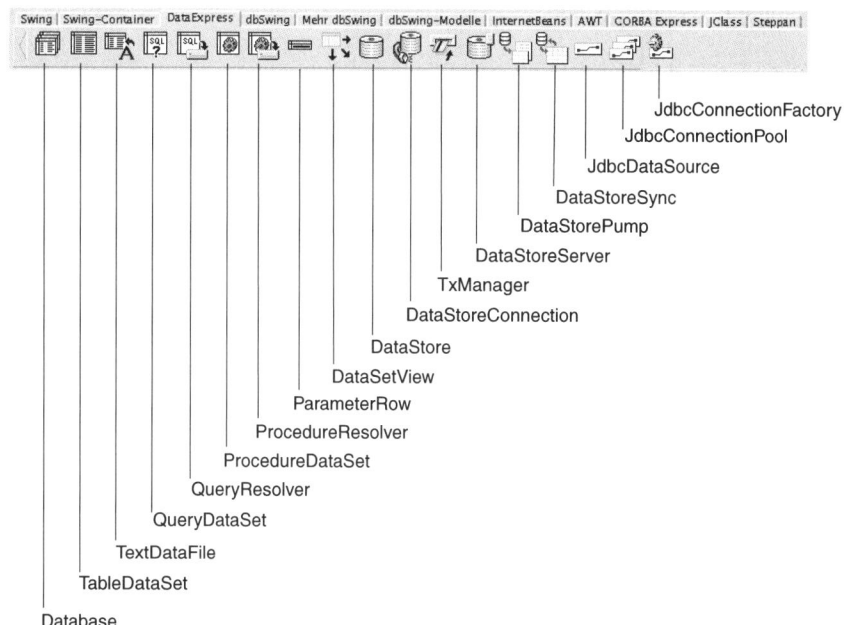

Abbildung 7.27: Das Register »Data-Express« der Komponentenpalette

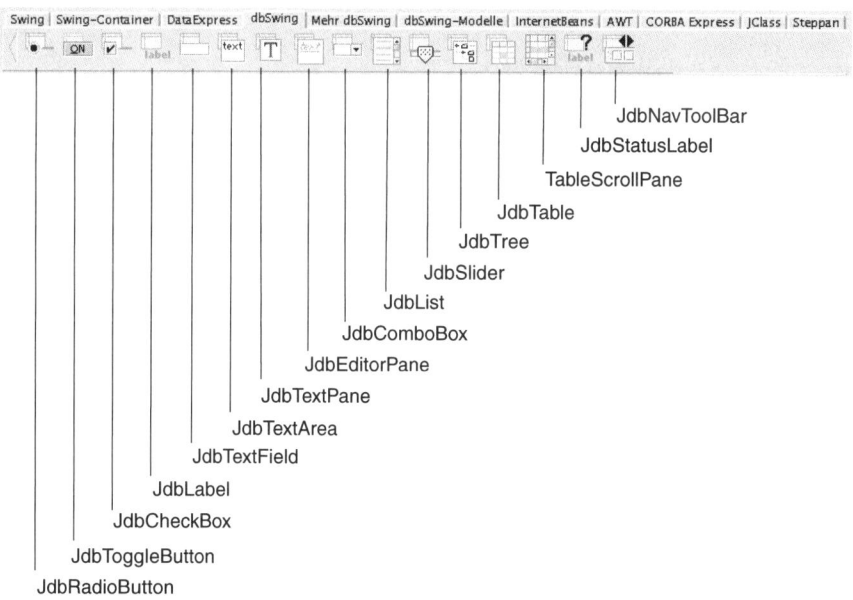

Abbildung 7.28: Das Register »dbSwing« der Komponentenpalette

Komponentenpalette – mehr dbSwing

Auf dieser Registerseite finden Sie noch weitere Datenbankkomponenten von Borland, darunter den *DBPasswortPrompter*, einen Dialog, der eine Standardauthentifizierung erlaubt.

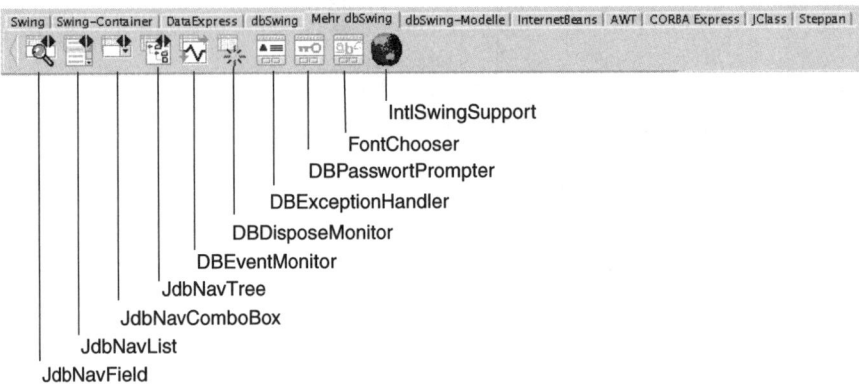

Abbildung 7.29: Das Register »Mehr dbSwing« der Komponentenpalette

Auch diese Swing-Komponenten sind nur wie die nachfolgenden dbSwing-Modelle in der *Professional* und *Enterprise Edition* enthalten.

Komponentenpalette – dbSwing-Modelle

Swing baut auf dem Entwurfsmuster *Model-View-Controller* (MVC) auf. Die *View* ist hierbei der Oberflächenanteil, der *Controller* steuert die Komponente, während das *Model* die Daten bildet, die dargestellt werden sollen.

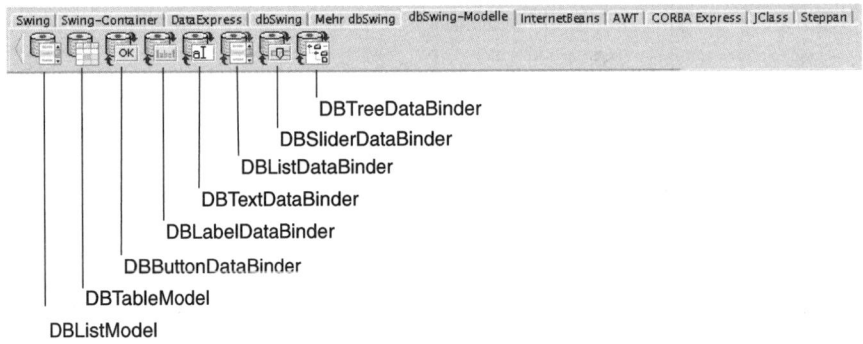

Abbildung 7.30: Das Register »Mehr dbSwing« der Komponentenpalette

Komponentenpalette – InternetBeans

Die Bibliothek *InternetBeans* ist eine der Neuerungen der Version 4 der *Professional* und *Enterprise Edition* des JBuilders. Sie erlaubt es, Webanwendungen mit ähnlichem Komfort mit Hilfe des UI-Designers zu entwickeln, wie das bisher nur bei Java-Oberflächen mit den Swing-Bibliotheken möglich war.

Die Klasse *iXPageProducer* liest und verarbeitet statische HTML-Dateien. Die Komponente kann in Servlets eingesetzt werden, um Antworten auf Anfragen zu generieren. Im Gegensatz dazu ist *iXControl* eine generische Komponente, die zur Laufzeit entscheidet, welchen Typ von HTML-Steuerelement es ersetzt, und dieses Steuerelement emuliert.

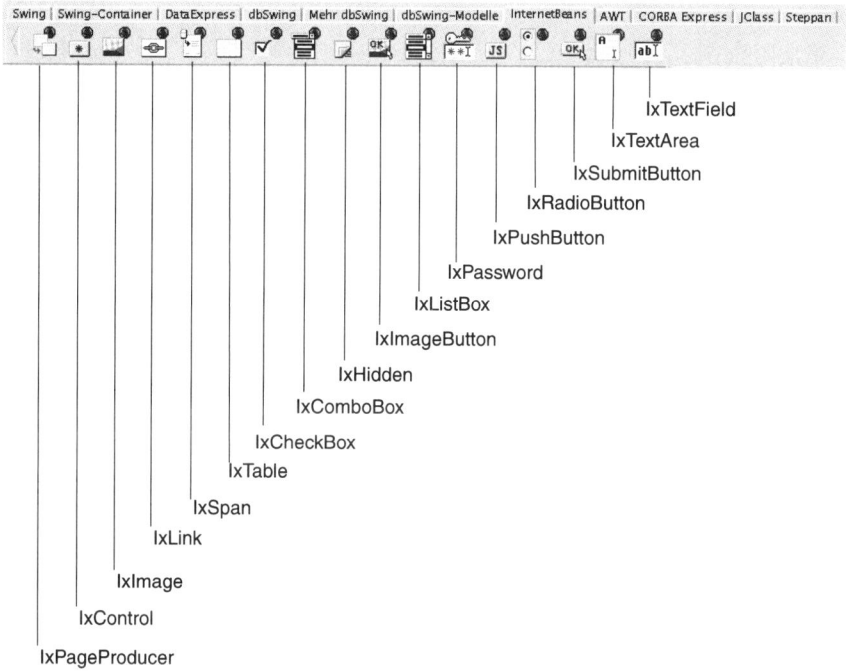

Abbildung 7.31: Das Register »Internet-Beans« der Komponentenpalette

Komponentenpalette – AWT

Die GUI-Anteile der Java-Bibliothek *AWT* sind im Vergleich zu Swing in mehrerlei Hinsicht im Nachteil. Zum einen unterstützen sie nicht die Trennung zwischen Oberfläche und Daten nach dem MVC-Konzept. Zum anderen enthalten sie noch viele Fehler, die nicht mehr beseitigt werden, weil die Unterstützung der Java-Gemeinde und der Support von Sun fehlen.

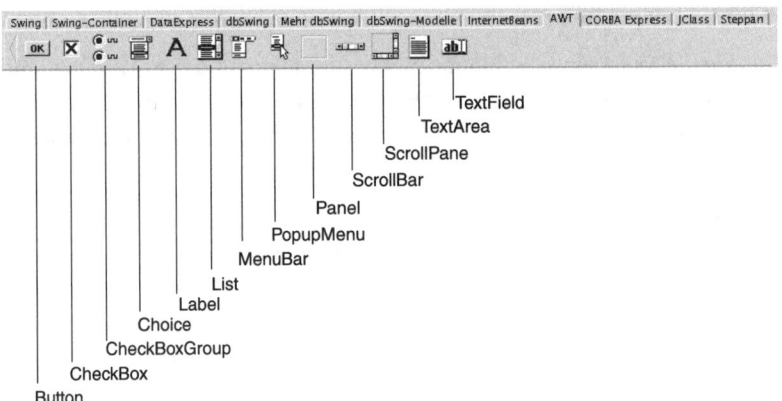

Abbildung 7.32: Das Register »AWT« der Komponentenpalette

Die AWT-Palette enthält nur die notwendigsten UI-Komponenten wie Schaltflächen, Radioschalter, Listen und Menüs. Komplexere Komponenten wie Tabellen, Baumansichten und Registerkomponenten fehlen.

Komponentenpalette – CORBA-Express

Die CORBA-Komponentenpalette des UI-Designers sieht etwas mager aus: Nur die Komponente *OrbConnect* unterstützt den Entwickler der *Enterprise Edition* bei der Arbeit mit CORBA-Anwendungen. Sie ist eine nicht-visuelle Komponente, die zum Beispiel die ORB-Initialisierung übernimmt.

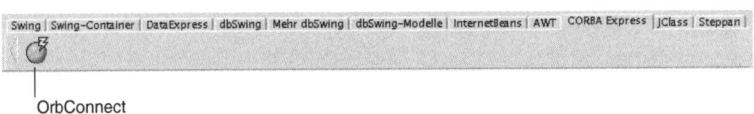

Abbildung 7.33: Das Register »CORBA« der Komponentenpalette

Komponentenpalette – JClass

JClass ist eine Klassenbibliothek von Sitraka (ein Softwarehaus, das sich früher KLGroup nannte). Der Hersteller hat sich vor allem durch eine komplexe Tabellenkomponente, die sogar für Tabellenkalkulationen eingesetzt werden kann, einen Namen gemacht.

Im Lieferumfang des JBuilders befinden sich nur einfachere JClass-Komponenten, darunter aber so interessante Beans wie *JCSpinField* (Drehschalter) und *JCCircularGauge-Bean* (Tachometer), die man unter den Java-Standardbibliotheken vergeblich sucht.

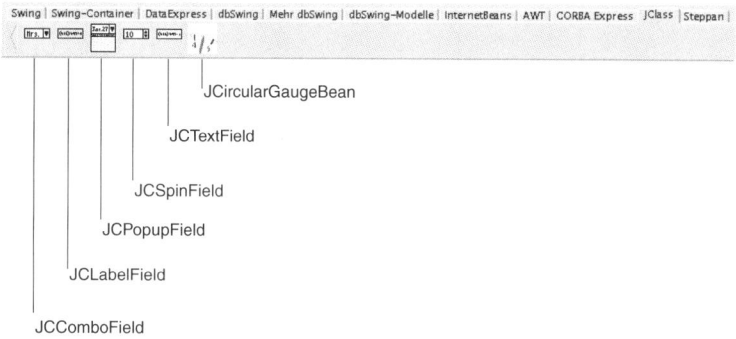

Abbildung 7.34: Das Register »JClass« der Komponentenpalette

Inspektor

Im Inspektor auf der rechten Seite des Inhaltsfensters ($\rightarrow$ Abbildung 7.35) können Sie Eigenschaften und Ereignisbehandlung der Komponenten, die Sie entwerfen, manipulieren. Der Inspektor ist dazu in zwei Registerseiten geteilt. Die erste Seite Eigenschaften widmet sich vor allem Position und Größe, während die zweite Seite alle Ereignisse auflistet, auf die die Komponenten reagieren könnten. Ein einfacher Klick auf ein Ereignis erzeugt eine Vorlage für einen Handler. Nach einem Doppelklick auf einen Handler schaltet der AppBrowser den Texteditor aktiv und setzt den Cursor auf die Methode, die das Ereignis behandelt (den so genannten Handler).

name	btnFileNew
constraints	null
buttonGroup	<none>
actionCommand	
alignmentX	0.0
alignmentY	0.5
background	
border	Gemischter Rand
borderPainted	True
contentAreaFilled	True
debugGraphicsOpti...	<vorgabe>
disabledIcon	
disabledSelectedIcon	
doubleBuffered	False
enabled	True
focusPainted	False
font	"Dialog", 0, 12
foreground	
horizontalAlignment	CENTER
horizontalTextPositi...	TRAILING
icon	imgFileNew
margin	2, 4, 2, 4
maximumSize	24, 24
minimumSize	24, 24
mnemonic	0
model	
nextFocusableCom...	
opaque	False
preferredSize	22, 22
pressedIcon	
requestFocusEnabled	True
rolloverEnabled	False

Eigenschaften | Ereignisse

Abbildung 7.35: Der Inspektor des UI-Designers

7.1.3 Compiler

Der AppBrowser enthält nicht nur einen Compiler, sondern eine ganze Reihe davon. Die → Tabelle 7.8 zeigt eine Übersicht der wichtigsten IDE-Compiler.

Compiler	Edition
Java-Compiler	alle Editionen
Java-to-IDL-Compiler	Enterprise Edition
IDL-to-Java-Compiler	Enterprise Edition
RMIC-Compiler	Professional und Enterprise Edition

Tabelle 7.8: Übersicht der wichtigsten IDE-Compiler

Java-Compiler

An die Optionen für den Java-Compiler gelangen Sie über PROJEKT | PROJEKTEIGEN-SCHAFTEN. Auf der Seite JAVA des Dialogs PROJEKTEIGENSCHAFTEN stellen Sie ein, ob Sie das Programm ohne oder MIT DEBUG-INFORMATIONEN erzeugen wollen und ob Warnungen bei der Übersetzung des Programms angezeigt werden sollen. Ferner können Sie angeben, ob eine oder mehrere Klassen von der Übersetzung ausgeschlossen werden sollen und ob die Stabilität von Packages überprüft werden soll.

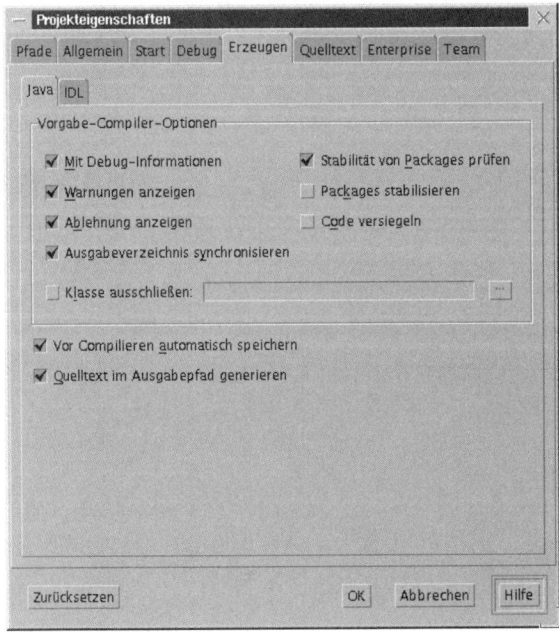

Abbildung 7.36: Über diese Registerseite stellen Sie die Optionen des Java-Compilers ein

Wenn Sie PACKAGE STABILISIEREN gewählt haben, prüft der Compiler beim ersten Erzeugen, ob alle Klassen eines Packages stabil vorliegen. Sollte das der Fall sein, markiert er das Package als stabil. Code versiegeln bedeutet, dass der normalerweise leicht zu knackende Java-Kode versiegelt wird, so dass ein Reengineering praktisch aussichtslos ist.

Fernen sollten Sie die Option VOR COMPILIEREN AUTOMATISCH SPEICHERN immer eingeschaltet lassen, um Datenverlusten vorzubeugen. Die Einstellung QUELLTEXT IM AUSGABEPFAD GENERIEREN erzeugt den Quelltext einer RMI- und IDL-Datei wie üblich im vorgesehenen Ausgabepfad.

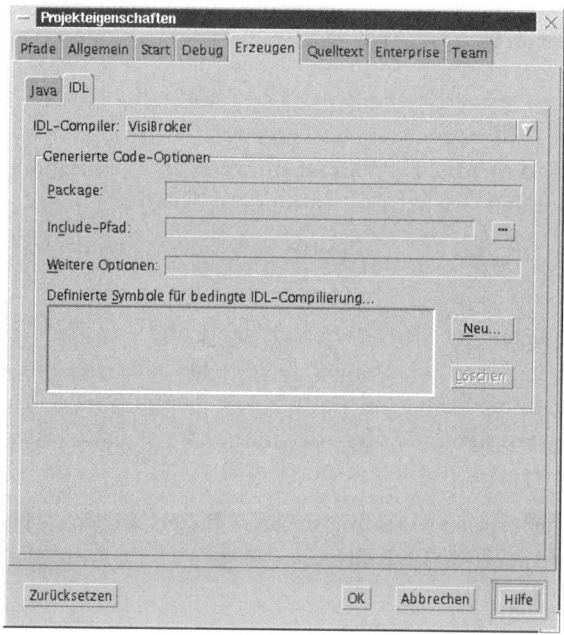

Abbildung 7.37: Über diese Registerseite stellen Sie die Optionen des IDL-Compilers ein

Auf der Registerseite IDL, die nur in der *Enterprise Edition* zu sehen ist, geben Sie die gewünschte und vorher installierte CORBA-Implementierung und Kodeoptionen für CORBA an.

7.1.4 Virtuelle Maschine

Die in den JBuilder eingebaute virtuelle Maschine (→ Anhang A) lässt sich ebenfalls konfigurieren. Dazu können Sie verschiedene Vorgaben für unterschiedliche Programmtypen (Application, Applet, Servlet/JSP) erzeugen. Hierfür öffnen Sie über Start | Konfigurationen den Dialog START-KONFIGURATIONEN.

Abbildung 7.38: Über die Startvorgaben beeinflussen Sie den Programmstart

Durch einen Klick auf die Schaltfläche NEU erscheint der Dialog LAUFZEITEIGENSCHAF-
TEN. Tragen Sie hier die gewünschte Konfiguration ein und beenden Sie den Dialog mit
OK. Die neuen Eigenschaften sind nun für Programmausführung und Debugging
gespeichert und können über die Symbolleiste aktiviert werden (→ Abbildung 7.38).

7.1.5 Debugger

Der in den AppBrowser integrierte Debugger dient – wie der Name sagt – zur Fehlersuche und zur Fehlerbeseitigung in Java-Programmen. Sofern Sie eine *Enterprise
Edition* des JBuilders besitzen, können Sie Fehler nicht nur in lokal aufgeführten Programmen suchen, sondern auch in Programmen, die auf einer anderen (entfernten)
Maschine laufen (Remote-Debugging).

Im Debugger-Modus bekommt der AppBrowser im unteren linken Bereich eine
Debugger-Symbolleiste und mehrere neue Registerseiten.

Symbolleiste

Die Symbolleiste des Debuggers erlaubt den schnellen Zugriff auf alle Debugging-
Funktionen. Eine Übersicht der Bedeutungen der Befehle und Symbole finden Sie in
→ Tabelle 7.9.

Von meinem Standpunkt aus sind die Tastenkürzel des Debuggers allerdings praktischer in der Verwendung als die Symbolleiste. Eine Aufstellung der wichtigsten Tasta-
turbefehle finden Sie in der → Tabelle 7.10.

Dateiregister

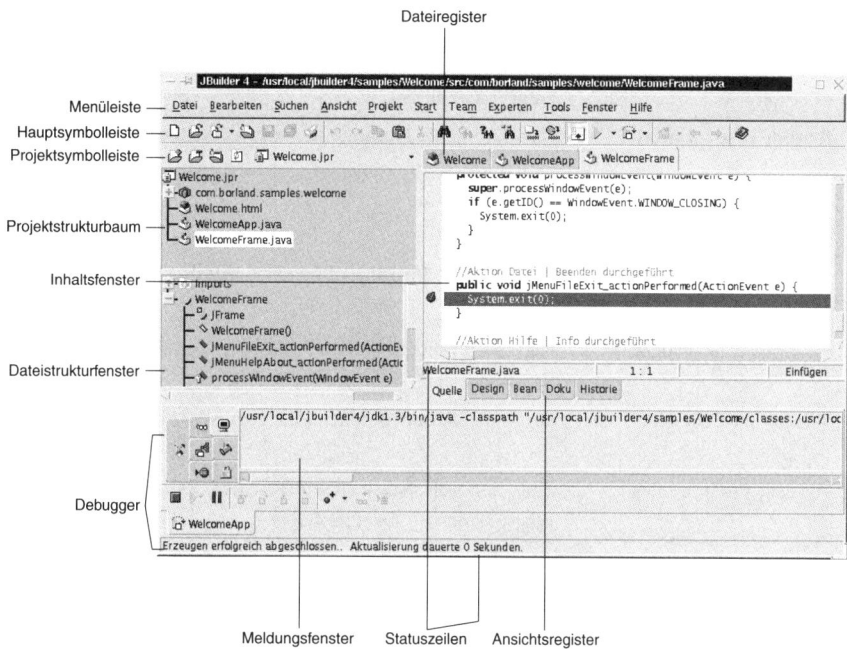

Menüleiste
Hauptsymbolleiste
Projektsymbolleiste

Projektstrukturbaum

Inhaltsfenster

Dateistrukturfenster

Debugger

Meldungsfenster   Statuszeilen   Ansichtsregister

Abbildung 7.39: Der AppBrowser im Testmodus

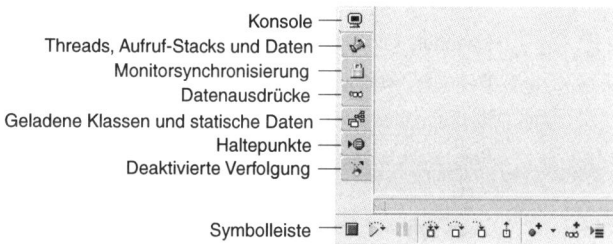

Konsole
Threads, Aufruf-Stacks und Daten
Monitorsynchronisierung
Datenausdrücke
Geladene Klassen und statische Daten
Haltepunkte
Deaktivierte Verfolgung

Symbolleiste

Abbildung 7.40: Symbolleiste und Registerseiten des Debuggers

Symbol	Aktion	Bedeutung
▣	Programm beenden	Beendet das Programm und entfernt es aus dem Speicher. (START | PROGRAMM ZURÜCKSETZEN)
▣ ▸	Programm fortsetzen	Setzt die aktuelle Debugging-Sitzung fort bzw. startet eine beendete Sitzung erneut (START | PROGRAMM FORTSETZEN)
▥	Programm unterbrechen (Pausefunktion)	Unterbricht die aktuelle Debug-Sitzung (START | PROGRAMM UNTERBRECHEN)

Tabelle 7.9: Die Symbolleiste des Debuggers

Symbol	Aktion	Bedeutung
	SmartStep	Steuert die SmartStep-Einstellungen (nur Professional und Enterprise Edition)
	Routine überspringen	Überspringt die Methode (Start | Routine oder F8)
	Routinen verfolgen	Verfolgt den Lauf der Methode (START | ROUTINEN oder F7)
	Aufrufende Routine	Kehrt zum Methodenaufruf zurück (START | AUFRUFENDE ROUTINE)
	Haltepunkt hinzufügen	Fügt einen Haltepunkt hinzu (START | HALTEPUNKT HINZUFÜGEN)
	Ausdruck hinzufügen	Fügt einen Ausdruck hinzu (Start | Ausdruck)
	Aktuellen Frame zeigen	Zeigt den Aufrufstack an und markiert die aktuelle Ausführungsposition im Quelltext

Tabelle 7.9: Die Symbolleiste des Debuggers (Fortsetzung)

Tastenkürzel	Bedeutung
⇧ (F9)	Projekt debuggen
(Strg)(F2)	Programm beenden
(F4)	Zu Cursorposition gehen
(F5)	Haltepunkt umschalten im Editor
(F7)	Routinen verfolgen
(F8)	Routine überspringen
(F9)	Programm fortsetzen (führt die aktuelle Debug-Sitzung fort)
Strg -Rechtsklick auf den Haltepunkt am linken Rand	Zeigt den Dialog HALTEPUNKT-EIGENSCHAFTEN an
Strg -Linksklick auf den Ausdruck im Editor	Ruft *ExpressionInsight* auf

Tabelle 7.10: Tastenkürzel des Debuggers

Ausdrücke überwachen

Jede der verschiedenen Registerseiten (→ Abbildung 7.40) außer der Konsole lässt sich als eigenes Fenster darstellen. Dazu führen Sie einfach einen Rechtsklick auf das Fenster aus und wählen FREI PLAZIERBARES FENSTER. Besonders für die Überwachung von Ausdrücken ist das praktisch (→ Abbildung 7.41).

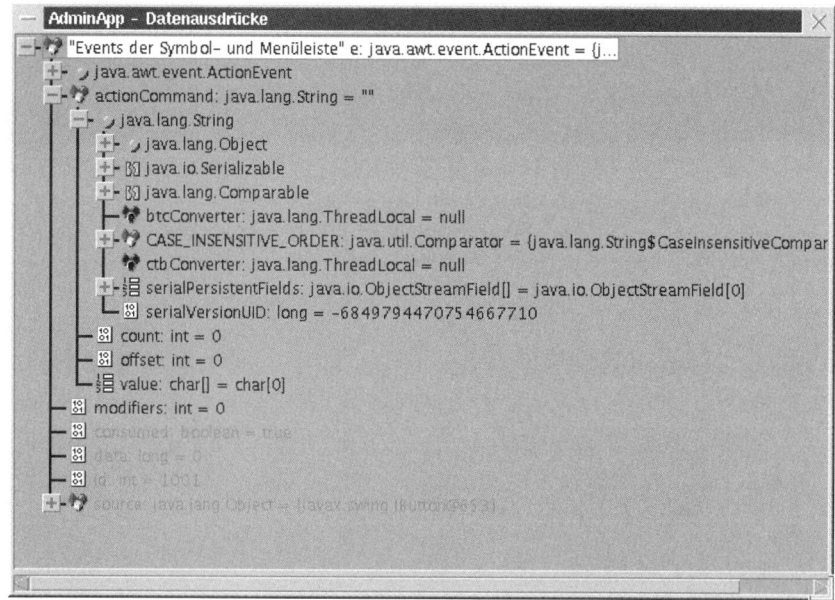

Abbildung 7.41: Mit Hilfe des Fensters »Datenausdrücke« können Sie Ausdrücke überwachen

Symbolische Informationen

Bevor Sie ein Programm im Testmodus ausführen, muss es mit symbolischen Informationen versehen werden, ohne die der Debugger des JBuilders keine Verbindung zwischen Bytecode und Quelltext herstellen kann. Um das Programm mit symbolischen Informationen zu übersetzen, stellen Sie die Projekteigenschaften (PROJEKTEIGEN-SCHAFTEN | ERZEUGEN) so ein, dass die Option MIT DEBUG-INFORMATIONEN aktiviert ist (→ Abbildung 7.42).

Fehlersuche in lokal ausgeführten Programmen

Ist das Programm mit symbolischen Informationen übersetzt, können Sie es mit Start | Debug oder ⟨⇧⟩ ⟨F9⟩ ausführen, um es zu testen. Sobald dies erfolgt ist, erscheinen die Debugger-Symbolleiste sowie die Registerseiten, die in → Abbildung 7.40 dargestellt sind. Sie können nun folgende Bestandteile Ihres Programms überwachen:

▷ Threads

▷ Datenausdrücke

▷ Geladene Klassen und statische Daten

▷ Haltepunkte (Breakpoints)

▷ Klassen mit deaktivierter Verfolgung

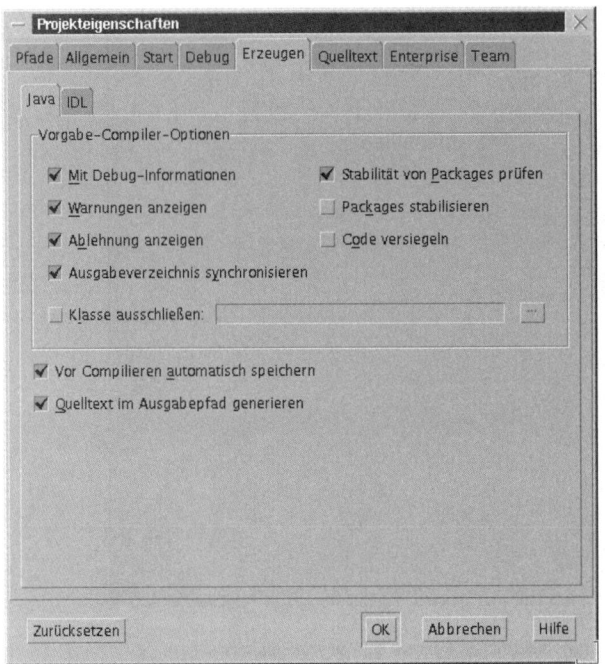

Abbildung 7.42: Nur mit Debug-Informationen lassen sich Projekte korrekt testen

Programmfehler können sich als Laufzeitfehler äußern oder als logische Fehler. In beiden Fällen müssen Sie das Programm durch eine Bedingung anhalten. Diese Bedingung kann ein Breakpoint in einer Programmzeile sein. Immer dann, wenn das Programm diese Zeile erreicht, hält der Debugger dieses an. Sie können nun im Fenster DATENAUSDRÜCKE (→ Abbildung 7.41) die Variablen inspizieren, die Ihnen helfen, das Problem einzugrenzen. Ein Blick in das Fenster GELADENE KLASSEN offenbart die Zusammenhänge der Objekte in Ihrem Programm zu dem Zeitpunkt des Abbruchs.

Sie können das Programm auch mit der Pausetaste (PROGRAMM UNTERBRECHEN) der Debugging-Symbolleiste anhalten und mit der Starttaste (PROGRAMM FORTSETZEN) wieder fortsetzen. Das Programm beenden Sie mit der Stopptaste (PROGRAMM ANHALTEN). Wenn Sie nun etwas am Programm ändern, reicht es nicht aus, es wieder über die Starttaste zu starten. Sie müssen das Programm erneut übersetzen. Gehen Sie dazu in die Hauptsymbolleiste und wählen Sie PROJEKT AKTUALSIEREN.

Wenn das Programm an einem Breakpoint angehalten wurde, lässt es sich in Einzelschritten weiter ausführen. Dazu bietet der Debugger vier Funktionen:

▶ SmartStep (*Professional* und *Enterprise Edition*)

▶ Routine überspringen (Step over)

▷ Routinen verfolgen (Step into)

▷ Aufrufende Routine

SmartStep ist eine Art von intelligentem Debugging, bei dem Sie vorher festlegen kön-nen, welche Methoden berücksichtig werden und welche nicht. Die Einstellungen hierzu finden Sie unter PROJEKT | PROJEKTEIGENSCHAFTEN | DEBUG. Hinter dem Befehl ROUTINE ÜBERSPRINGEN verbirgt sich das wohlbekannte *Step over*. Sie bleiben mit die-sem Befehl im Kontext, während Routine verfolgen (*Step into*) immer tiefer in der Auf-rufhierarchie zurückgeht.

Fehlersuche in entfernt ausgeführten Programmen

Der *JBuilder Enterprise* bietet Ihnen nicht nur Funktionen für das lokale Debugging, sondern auch Funktionen für den Test auf entfernten Computern. Das ist insbesondere für verteilte Anwendungen sinnvoll. Hier kann es zu der Situation kommen, dass das Programm lokal funktioniert, aber auf dem entfernten Computer nicht oder nicht wunschgemäß.

Stellen Sie sich vor, dass Sie eine Anwendung unter Linux entwickelt, auf einen AIX-Server verteilt und dort ausgeführt haben. Die JDK-Versionen zwischen Entwicklungs- und Zielplattform stimmen nicht hundertprozentig überein und auch die Ausstattung der Computer unterscheidet sich. Sie haben Ihre Anwendung lokal korrekt ausführen können. Nach der Verteilung funktioniert sie aber nicht wunschgemäß.

Gäbe es eine (offizielle) AIX-Version des JBuilders, könnten Sie den JBuilder auf dem Server installieren und dort Ihr Programm testen. So aber bleibt Ihnen nur die Mög-lichkeit eines *Remote Debuggings*, der Fehlersuche vom Clientcomputer aus. Hierzu ist noch eine Fallentscheidung zu treffen:

▷ Startmodus: Anwendung muss erst gestartet werden

▷ Verbindungsmodus: Anwendung läuft bereits

Startmodus – Installation

Für den Fall, dass Sie Ihr Programm untersuchen wollen, indem Sie es entfernt vom Client aus starten, können Sie einen Debugging-Server des JBuilders verwenden (→ Abbildung 7.43). Diesen installieren Sie auf dem Servercomputer, indem Sie einfach das gesamte Unterverzeichnis `remote` Ihrer JBuilder-Installation auf diesen Computer kopieren.

Unter Unix würde ich folgenden Pfad für die »Installation« vorschlagen: `/usr/local`. Unter Windows können Sie es analog dazu in `C:\Programme` kopieren. Ich würde danach das Verzeichnis `remote` in `debugsrv` umbenennen. Nun müssen Sie nur noch ein JDK 1.2.2 oder höher installieren, jedenfalls ein JDK, das die JPDA unterstützt.

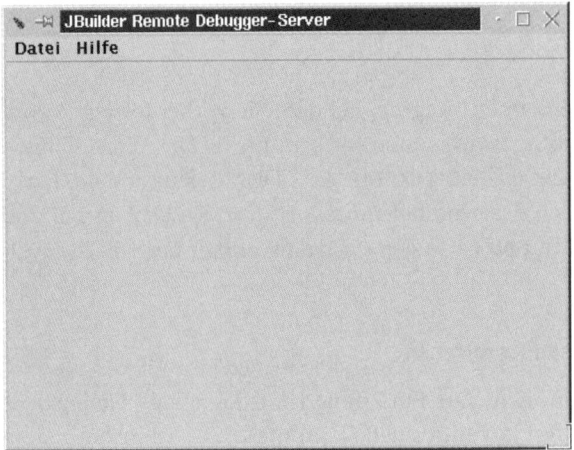

Abbildung 7.43: Der Debugging-Server besitzt eine minimale grafische Oberfläche

Damit der Debugger den Bytecode auf der Zielmaschine zum korrespondierenden Quelltext zuordnen kann, müssen folgende Voraussetzungen vorliegen:

▷ Quelltext liegt auf dem Client vor

▷ Versionsgleichheit von Bytecode und Quelltext (Synchronisierung)

▷ Bytecode mit Debugging-Informationen kompiliert

Startmodus – Start des Debugging-Servers

Der Start des Debugging-Servers ist denkbar einfach und wird über das besagte Shells-kript vorgenommen. Unter Unix geschieht das wie folgt, wenn Sie sich im Verzeichnis des Debugging-Servers befinden.

```
./DebugServer [/usr/local/debugsrv] [jdk_home_dir]
[-port=<portnumber>]  [-timeout=<milliseconds>]
```
Listing 7.2: Start des Debugging-Servers unter Unix

Unter Windows lautet der Befehl:

```
DebugServer [C:\Programme\DebugSrv] [jdk_home_dir]
[-port=<portnumber>] [-timeout=<milliseconds>]
```
Listing 7.3: Start des Debugging-Servers unter Windows

Ich habe hier die eingangs verwendeten Pfade zum Archiv eingesetzt. Sie müssen diese Ihren Verhältnissen anpassen wie auch den Pfad zum JDK (*jdk_home_dir*) und den Port, über den sich Debugging-Server und JBuilder verständigen werden. Der Port ist standardmäßig auf *18699* gesetzt und sollte nur verändert werden, wenn dieser

Ausgang nicht mehr verfügbar ist. Der Parameter *timeout* ist optional. Mit ihm legen Sie die Wartezeit in [ms] fest, nach der eine erfolglose Verbindung beendet wird. Die Variable ist mit 60.000 ms vorbelegt.

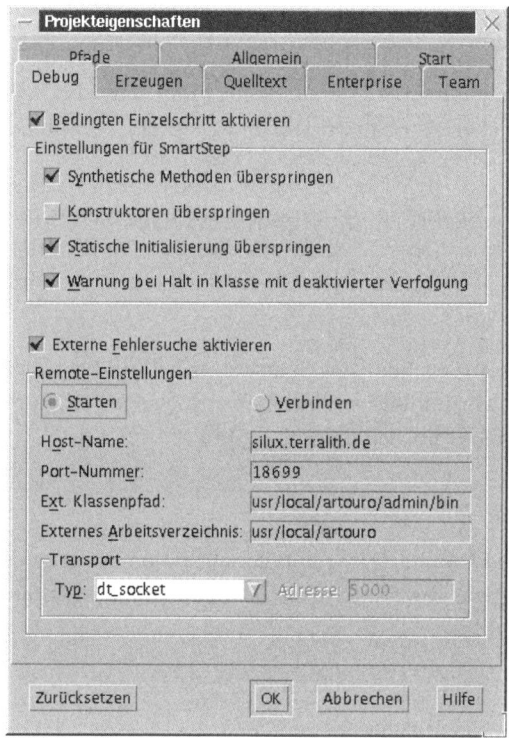

Abbildung 7.44: Die Remote-Einstellungen für den externen Start von Programmen

Wenn der Debugging-Server geladen wird, ist der JBuilder prinzipiell in der Lage, die Anwendung im Startmodus zu testen. Sie müssen die Anwendung im nächsten Schritt auf den Zielrechner verteilen.

Startmodus – Verteilung des Programms

Verteilen Sie das Programm entweder über FTP zum Beispiel über ein Transferprogramm wie WTS_FTP oder kopieren Sie es in das Zielverzeichnis, wenn das zugehörige Laufwerk des Zielcomputers auf dem Client verfügbar ist.

Startmodus – Start des JBuilders

Nun können Sie den JBuilder auf dem Clientrechner mit dem Projekt starten, das auf dem Server untersucht werden soll. Um den JBuilder zu konfigurieren, öffnen Sie den

Dialog Projekteigenschaften über PROJEKT | PROJEKTEIGENSCHAFTEN. Über die Option EXTERNE FEHLERSUCHE AKTIVIEREN kommen Sie an die REMOTE-EINSTELLUNGEN. Wählen Sie den Radioschalter STARTEN aus, um den Startmodus zu aktivieren.

Nun müssen Sie nur noch die Daten eintragen, die wir für den Start des Debugging-Servers festgelegt haben, sowie den Klassenpfad auf Zielcomputer, das externe Arbeitsverzeichnis (JDK > 1.2.2) und die Transportart. Bei der Transportart können Sie entweder DT_SHMEM oder DT_SOCKET. auswählen. Die erste, nicht unter Unix verfügbare Transportart, nutzt den Arbeitsspeicher gemeinsam (Shared Memory), während letztere über Sockets kommuniziert.

Nachdem diese Eingaben erfolgt sind, können Sie Ihr Programm wie gewohnt mit ⌂ F9 im Debugging-Modus starten und haben Zugriff auf alle Befehle (Routine überspringen, verfolgen etc.). Die Anzeige erfolgt auf dem Client, das Programm wird jedoch auf dem Server ausgeführt.

Um die Anwendung zu beenden, stoppen Sie den Prozess im JBuilder über Strg F2. Da der Debugging-Server eine minimale grafische Oberfläche besitzt, können Sie ihn über das Menü mit DATEI | BEENDEN schließen (→ Abbildung 7.43).

Verbindungsmodus – Start des Programms

In diesem Modus bauen Sie eine Verbindung zu einem bereits laufenden Programm auf. Dazu verteilen Sie Ihre Anwendung wie gewohnt auf den Zielcomputer und starten diese im Debugmodus der virtuellen Maschine.

```
java -Xdebug -Xnoagent -Djava.compiler=NONE -Xrunjdwp:transport= dt_socket,
server=y,address=5000,suspend=y -jar Admin.jar
```

Listing 7.4: Starten des Programms ArTouro Admin im Debugmodus

Der Parameter *address* (optional) gibt die Portadresse an, über die der Debugger mit dem externen Computer kommuniziert. Diesen Parameter tragen Sie zusätzlich auf der Registerseite DEBUG des Dialogs PROJEKTEIGENSCHAFTEN ein. Über den Parameter *suspend* legen Sie fest, ob das Programm direkt nach dem Start deaktiviert werden soll. Wenn Sie suspend = n setzen, ist das Debugging deaktiviert.

Verbindungsmodus – Start des JBuilders

Nun können Sie wiederum den JBuilder auf dem Clientrechner mit dem Projekt starten, das auf dem Server untersucht werden soll. Sie konfigurieren den JBuilder wie gewohnt über den Dialog Projekteigenschaften (→ Abbildung 7.45). Über die Option EXTERNE FEHLERSUCHE AKTIVIEREN kommen Sie an die REMOTE-EINSTELLUNGEN. Wählen Sie den Radioschalter VERBINDEN aus, um den Startmodus zu aktivieren, und geben Sie den korrekten Hostnamen ein.

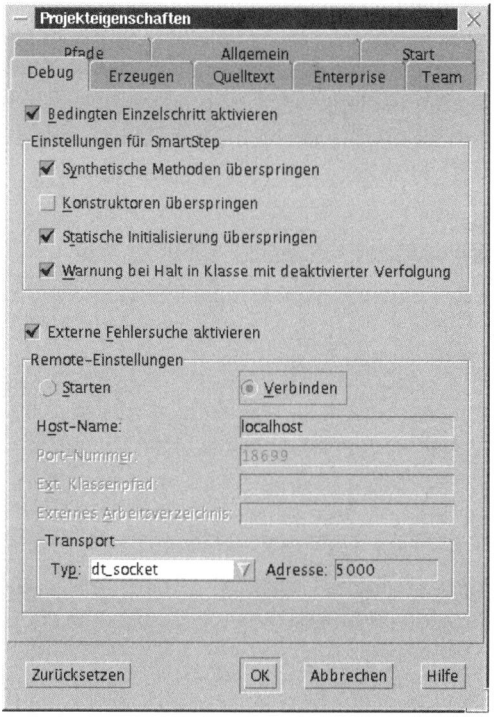

Abbildung 7.45: Die Remote-Einstellungen für die externe Verbindung mit Programmen

Im Anschluss daran können Sie Ihr Programm wie gewohnt mit ⌖ F9 im Debugging-Modus starten. Sie können alle gewohnten Befehle einsetzen (Routine überspringen, verfolgen etc.). Die Anzeige erfolgt wie zuvor auf dem Client, das Programm wird jedoch auf dem Server ausgeführt.

7.2 Datenbankwerkzeuge

Die Werkzeuge zur Entwicklung von Datenbankanwendungen erreichen Anwender der *Professional* und *Enterprise Edition* über das Menü TOOLS oder – je nach Betriebssystem über Ihren Desktop-Manager (Unix), über eine Konsole (Unix), das Startmenü (Windows) oder über die Kommandozeile (Windows). Es empfiehlt sich, die Werkzeuge über das Menü Tools zu starten, da Sie sonst keine Kontexthilfe angezeigt bekommen und die Werkzeuge nicht in dem Erscheinungsbild (TOOLS | IDE-OPTIONEN | BROWSER | AUSSEHEN) angezeigt werden, sondern in Metal-Stil.

7.2.1 JDBC-Explorer

Der JDBC-Monitor dient als Browser für bereits angelegte Datenbanken. In der Regel liefert der Hersteller Ihrer Datenbank auch einen entsprechenden maßgeschneiderten Datenbank-Browser aus. In diesem Fall ist es zu überlegen, ob Sie den JDBC-Explorer überhaupt verwenden.

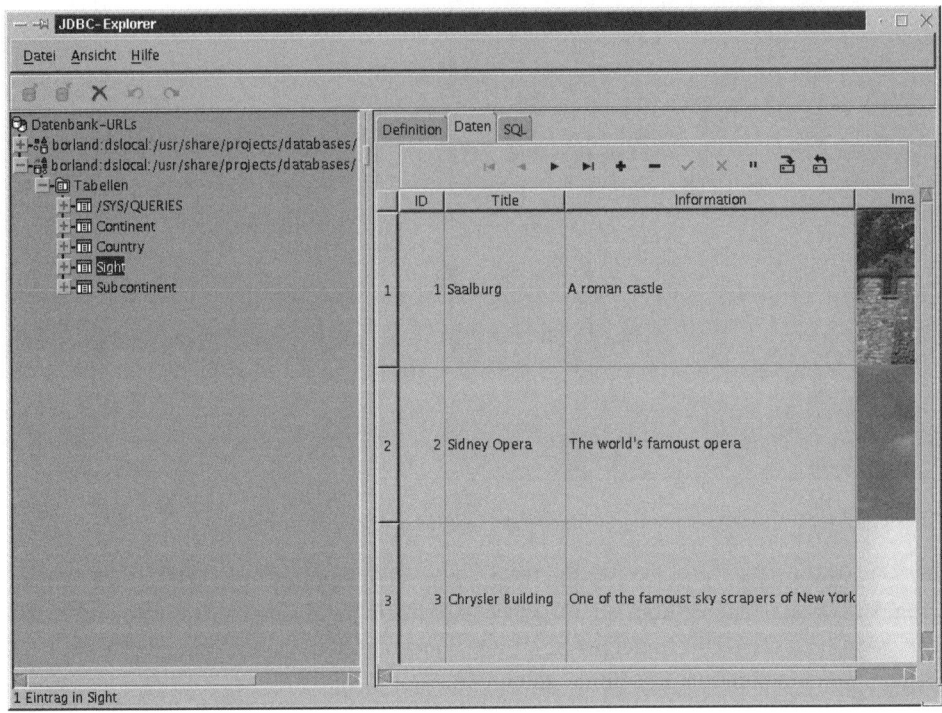

Abbildung 7.46: Der JDBC-Explorer

Der JDBC-Explorer hat den großen Vorteil, dass Sie mit ihm für verschiedene Datenbanken einen einheitlichen Browser besitzen, der verglichen mit manchen Spezialprodukten (zum Beispiel DB2) relativ einfach zu bedienen ist. Für den Umgang mit JDataStore empfehle ich hingegen den JDataStore-Explorer.

7.2.2 JDBC-Monitor

Der JDBC-Monitor dient dazu, den JDBC-Datenstrom während der Entwurfsphase und während der Ausführung Ihrer Anwendung zu protokollieren. Sie rufen ihn über das AppBrowser-Menü TOOLS | JDBC-MONITOR auf.

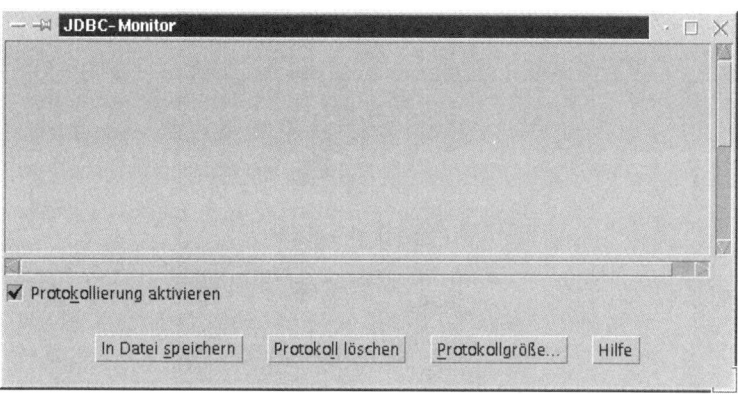

Abbildung 7.47: Der JDBC-Monitor

Der JDBC-Monitor besteht aus zwei Teilen: der Anzeigefläche des Datenstroms und darunter einer Reihe von Optionen und Schaltflächen. Sie müssen die Option PROTO-KOLLIERUNG AKTIVIEREN setzen, damit der Monitor aktiv wird. Mit der Schaltfläche IN DATEI SPEICHERN können Sie die Analyseergebnisse dauerhaft auf Festplatte sichern, während Sie sie mit der daneben liegenden Schaltfläche PROTOKOLL LÖSCHEN unmittelbar verwerfen. Durch die Schaltfläche PROTOKOLLGRÖSSE legen Sie fest, wie viel der Monitor von dem Datenstrom im Puffer des Anzeigefensters behalten soll.

Während der Entwurfsphase überwacht der JDBC-Monitor jeden Datenstrom über einen JDBC-Treiber, das heißt jede Klasse des Packages *java.sql.Driver*. Wenn Sie den Monitor zur Überwachung während der Ausführung Ihrer Anwendung einsetzen wollen, müssen Sie folgendes Kodefragment einfügen:

```
import com.borland.jbcl.sql.monitor.MonitorButton;
//...
MonitorButton monitorbutton = new MonitorButton();
this.getContentPane().add(monitorButton);
```

Listing 7.5: Kodefragment zur Überwachung des JDBC-Datenstroms

7.2.3 JDataStore-Explorer

Was der JDBC-Explorer für beliebige JDBC-Datenbanken darstellt, ist der JDataStore-Explorer für JDataStore-Datenbanken: ein Werkzeug, mit dem Sie JDataStore-Datenbanken einsehen und verändern können.

Der Explorer besteht aus einer Menüleiste, einer Symbolleiste, einer Baumansicht und einem Inhaltsfenster. Über das Menü DATEI öffnen Sie Datenbankdateien und geben den Lizenzschlüssel ein, während Sie Änderungen an den Datenbanken vorwiegend über das Menü TOOLS vornehmen.

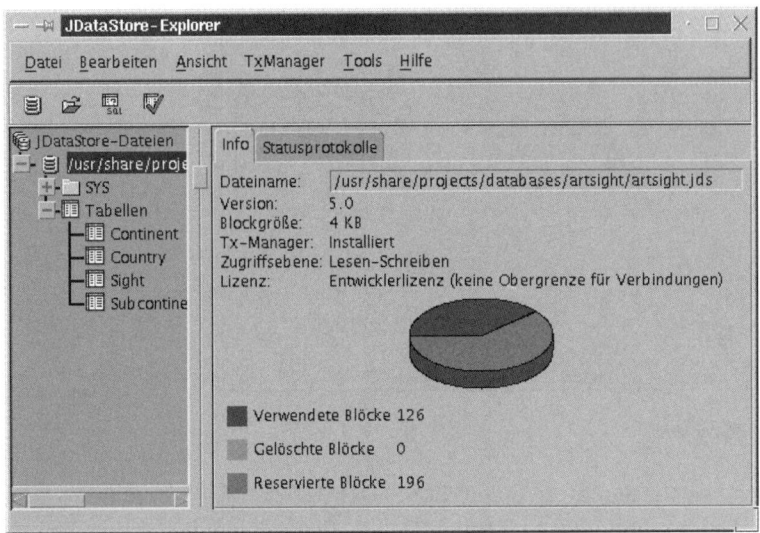

Abbildung 7.48: Der JDataStore-Explorer

Durch dieses Menü lassen sich Daten importieren, SQL-Statements absetzen, neue Tabellen anlegen, Indizes erzeugen und die Anwender verwalten. Die Baumansicht im linken Teil dient fast ausschließlich dazu, die Struktur der Datenbank darzustellen. Über das Kontextmenü jedes Knotens können Sie zudem einzelne Tabellen löschen.

Wenn Sie eine neue Tabelle angelegt haben, lässt sich diese über das Inhaltsfenster konfigurieren. Sie können dort neue Schlüssel, neue Zeilen und Spalten hinzufügen sowie Datentypen und Genauigkeiten festlegen.

7.2.4 JDataStore-Server

Für die lokale Arbeit mit JDataStores ist es ausreichend, sich einfach mit einer JDataStore-Datei zu verbinden. Wollen aber mehrere Benutzer von entfernten Rechnern auf einen JDataStore zugreifen, muss dies über einen JDataStore-Server organisiert werden.

Für eine externe Verbindung verwenden Sie nicht die lokale URL des JDBC-Treibers, sondern die externe URL: `jdbc:borland:dsremote://<hostname>/<Dateiname>`. Haben Sie diese URL in Ihr Programm eingetragen, verwaltet der JDataStore-Server die Datenbankverbindungen.

Das Programm lässt sich entweder über den Desktop (Unix), das Startmenü (Windows) oder über TOOLS | JDATASTORE-SERVER des JBuilders starten. Wenn Sie ihn über den JBuilder starten, übernimmt das Programm automatisch das Look & Feel des JBuilders.

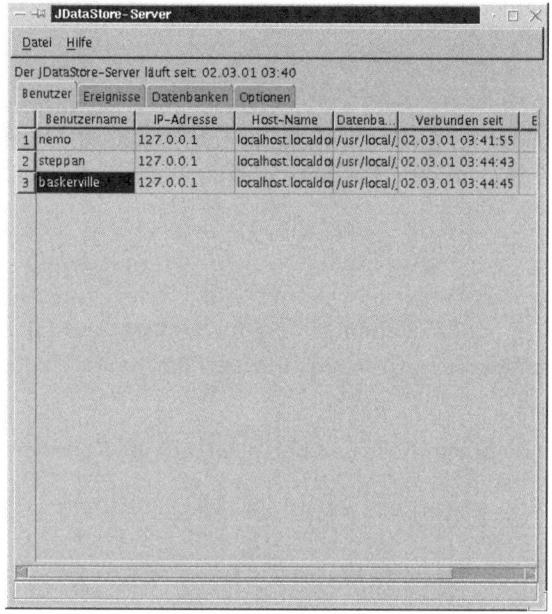

Abbildung 7.49: Der JDataStore-Server

Ein Tipp zur Konfiguration: Nur dann, wenn Sie den Server über DATEI | PROGRAMM-
ENDE stoppen, können Sie die Einstellungen auf der Registerseite OPTIONEN ändern.

7.3   Borland Application Server

Mit der JBuilder 4 *Enterprise Edition* liefert Borland eine Entwicklerversion des Borland
Application Server 4.1.1 (BAS) aus, der vormals Inprise Application Server genannt
wurde. Der BAS ist die Laufzeitumgebung für Servlets, JavaServer Pages, CORBA-Server und EJBs. Mit dieser Laufzeitumgebung hat der Entwickler lokal eine Testumgebung, die das Entwickeln verteilter Anwendung erheblich vereinfacht, weil nicht
ständig auf einen entfernten Applikationsserver zugegriffen werden muss.

Die Umgebung ist besonders für CORBA-Anwendungen und EJBs geeignet, für Servlets und JavaServer Pages befindet sich die API nicht auf gleichem Niveau wie die eingebaute Tomcat-Umgebung des JBuilders. Mehr dazu auf Seite 379 (→ 7.3.4 Webserver).

Der BAS besteht aus

▷   einer Konsole als Java-Application von Borland

▷   einer Konsole als Applet von Borland

▷   der CORBA-Implementierung VisiBroker von Borland

▷ einem EJB-Container von Borland und

▷ dem Java-Webserver von Sun.

Die Konsolen dienen dazu, den Application Server zu verwalten. Im Wesentlichen bedeutet dies, dass man sich einen Überblick über Komponenten verschafft, die dort ausgeführt werden, und den Zustand der Services, den diese Komponenten benötigen, überwacht.

Der VisiBroker dient als Entwicklungs- und Laufzeitumgebung für CORBA-Komponenten, der EJB-Container analog dazu als Entwicklungs- und Laufzeitumgebung für EJBeans und der Webserver schließlich als Laufzeitumgebung für Servlets und JSPs. Damit sind alle technologischen Architekturen, die Java zu bieten hat, unter einem Dach vereint.

Werfen wir einen Blick auf die einzelnen Bestandteile und beginnen mit den Konsolen.

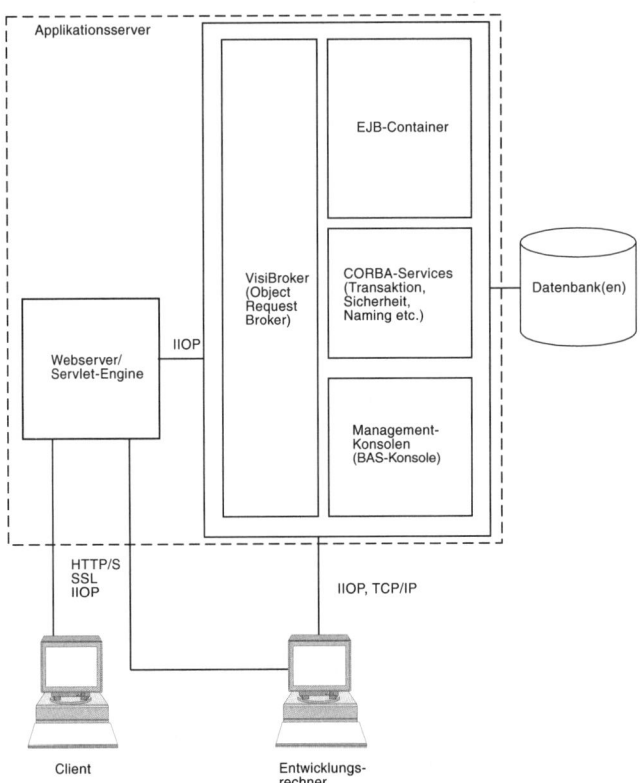

Abbildung 7.50: Übersicht über den Borland Application Server

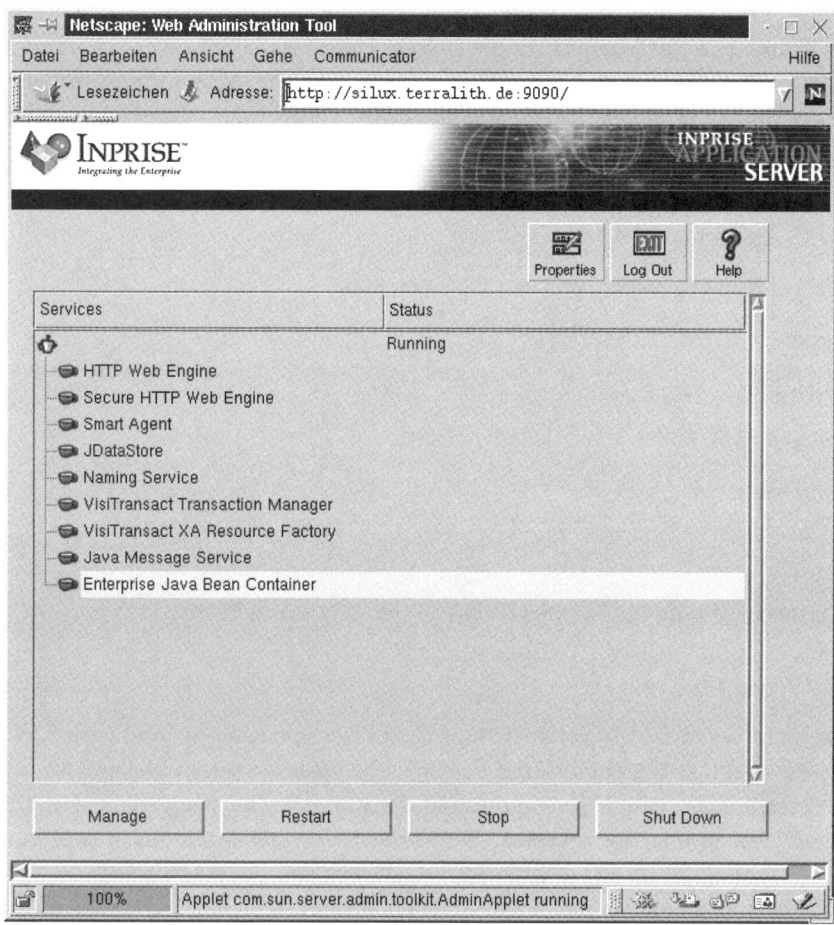

Abbildung 7.51: Auch über das Web lässt sich der BAS verwalten

7.3.1 BAS-Konsole

Die zwei Application-Server-Konsolen dienen als Steuerzentralen des Borland Application Servers. Sie haben die Wahl zwischen einer Konsole in Form eines Applets (→ Abbildung 7.51) für die Webadministrierung und einer Konsole, die als Java-Application (→ Abbildung 7.52) ausgeliefert wird.

Ich würde Ihnen empfehlen, nur mit der Java-Application zu arbeiten, denn das Applet wird in der nächsten Version des Application Servers (Version 4.5) nicht mehr enthalten sein. Zudem hat es auch hinsichtlich des Bedienungskomforts gravierende Nachteile. Aus diesem Grund verzichte ich auch auf eine Erklärung des Applets und widme mich ausschließlich der Java-Application.

Sie starten die Konsole über einen Eintrag im Startmenü (Windows) oder über ein Shellskript (Unix). Das Shellskript befindet sich im Unterverzeichnis `console/bin` der BAS-Installation. Leider legt das Installationsprogramm keine Verknüpfung für das Programm auf dem Desktop an; Sie müssen dies selbst vornehmen.

Für Linux-Anwender habe ich auf der Begleit-CD eine Symboldatei beigelegt, mit der Sie dieser Verknüpfung das vom Hersteller vorgesehene Symbol zuweisen können ($\rightarrow$ Anhang C, Abschnitt C 2.1)

Die Application-Konsole besteht aus vier UI-Elementen:

▶ Menüleiste

▶ Symbolleiste

▶ Navigationsbaum

▶ Informationsfenster

Menüleiste

Die Menüleiste enthält die fünf Menüs FILE, VIEW, WIZARDS und TOOLS.

Menüleiste – Menü File

Über dieses Menü legen Sie die Voreinstellungen der Konsole fest ($\rightarrow$ Abbildung 7.53). Der Dialog PREFERENCES besteht aus drei Registerseiten. Auf der ersten Seite GENERAL finden Sie Einstellungen zum Erscheinungsbild der Konsole. Die zweite Seite enthüllt Einstellungen des Application Servers. Sie können dort festlegen, nach welchen Methoden die Konsole nach Application Servern suchen soll (AUTOMATIC RECOVERY). Die gewählte Voreinstellung USING NAMING SERVICE ist völlig ausreichend. Wenn Sie sich entscheiden, den/die Server manuell einzutragen, müssen Sie den/die Server in der Gruppe MANUAL RECOVERY selbst angeben.

Die letzte Registerseite VISIBROKER ist Borlands CORBA-Implementierung vorbehalten. Auf dieser Seite stellen Sie den Port ein, auf dem die Konsole nach Application Servern lauscht. Wenn Sie beispielsweise auf einer anderen Maschinen einen Application Server betreiben, der auf Port 14007 läuft, müssen Sie diesen Port dort eintragen.

Im Anschluss daran sehen Sie den Namen und die Einstellungen dieses Servers in Ihrer lokalen Konsole. Sie benutzen dann die Konsole als Gateway für einen entfernten Server und können dort Ihre EJBeans verteilen.

Menüleiste – Menü View

Im diesem Menü finden Sie Befehle, die das Erscheinungsbild der Konsole ändern.

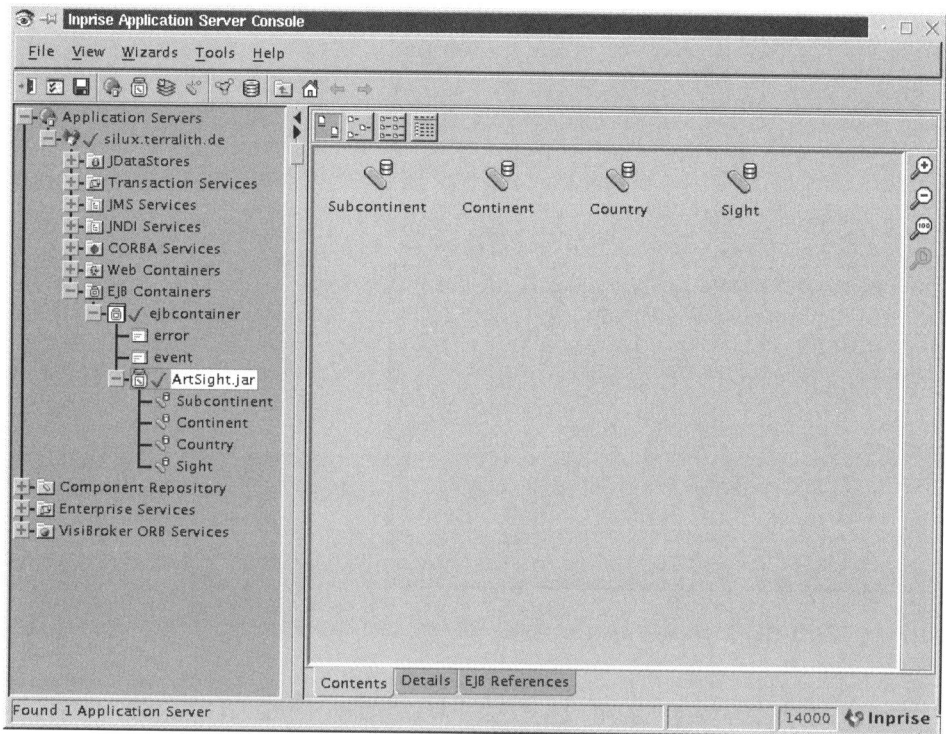

Abbildung 7.52: Die BAS-Konsole (hier noch als »Inprise Application Server Console«)

Menüleiste – Menü Wizards

Unter dem Menü WIZARDS verbergen sich folgende wichtige »Experten«:

▷ Deployment Wizard

▷ EJB Client Jar Generation Wizard

▷ Merge Jars Wizard

▷ EJB 1.0 to 1.1 Migration Wizard

Der DEPLOYMENT WIZARD dient dazu, EJBeans auf den EJB-Server zu installieren. Sie rufen den Dialog entweder über das Menü Wizards des Application Servers auf oder – ganz bequem – vom JBuilder aus über den Befehl EJB-WEITERGABE des Menüs TOOLS.

Der Dialog besteht im QUICK MODE aus drei Seiten. Auf der ersten Seite geben Sie an, ob Sie eine schnelle und einfache Verteilung wünschen oder einen Expertenmodus. Haben Sie sich für eine schnelle Verteilung entschlossen, geben Sie auf der zweiten Seite Details zum Archiv an.

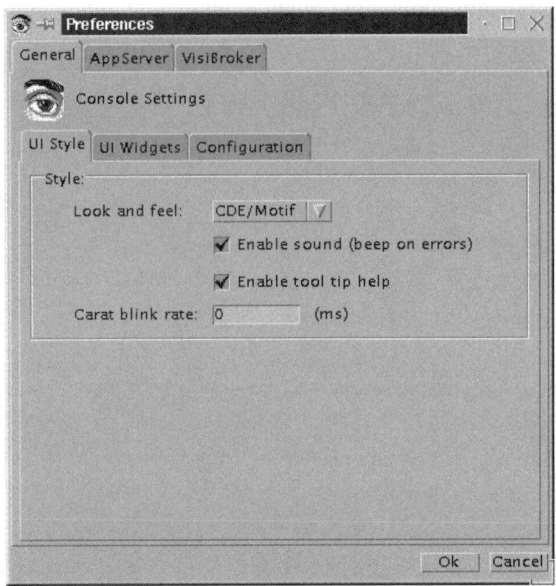

Abbildung 7.53: Die Voreinstellungen der Konsole festlegen

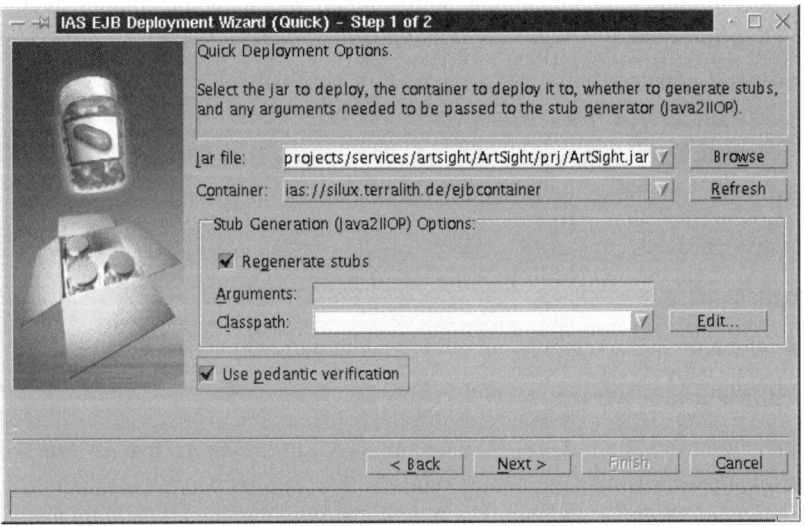

Abbildung 7.54: Schritt 1 bei der Verteilung von EJBs

Wichtig ist hier die korrekte Bezeichnung des Archivs, das verteilt werden soll, sowie der richtige Server. Beachten Sie bitte, dass es in einer verteilten Umgebung leicht passieren kann, dass Sie Ihre Beans auf einen falschen Server verteilen. Für die Bestückung eines Produktivservers sollte man deshalb Sicherheitsvorkehrungen treffen.

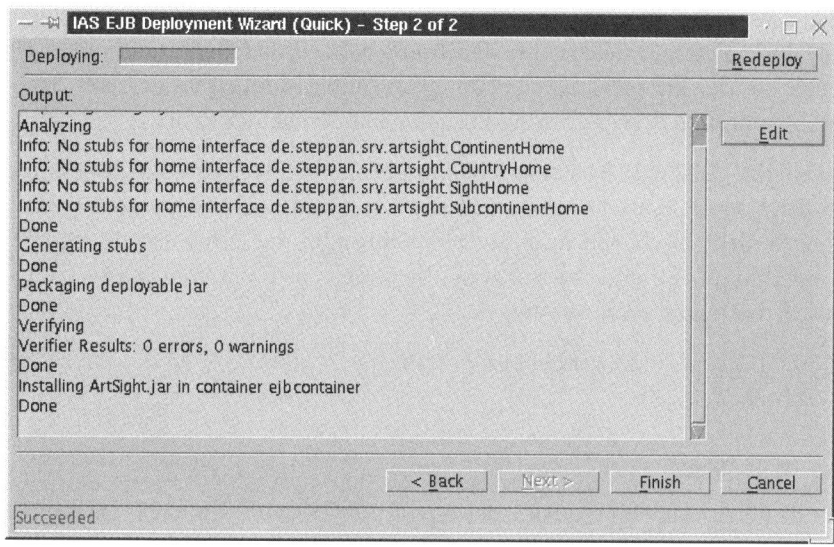

Abbildung 7.55: Schritt 2 bei der Verteilung von EJBs

Im finalen Schritt der Verteilung leiten Sie die eigentliche Installation ein. Hier zeigt der Experte den Verlauf der Verteilung. Durch die Schaltfläche REPLAY können Sie eine abermalige Verteilung vornehmen lassen.

Menüleiste – Menü Tools

Von diesem Menü lassen sich folgende Werkzeuge aufrufen:

▷ Deployment Descriptor Editor

▷ Jar-Viewer

▷ DataStore-Explorer

▷ Run Local IAS

▷ Certificate Request Generator

▷ SmartAgent

▷ OS Find

Der Deployment Descriptor Editor dient dazu, XML- und Jar-Dateien, die die Verteilungsinformationen ab EJB 1.1 enthalten, zu bearbeiten. Archive können Sie mit dem Jar-Viewer betrachten, während Sie den DataStore-Explorer als Datenbankbrowser für JDataStores einsetzen können.

Beachten Sie, dass weder die Lizenz des JDataStore noch die Versionsnummer mit dem im JBuilder verwendeten JDataStore übereinstimmen. Im JBuilder ist der Explorer als Unterstützung bei der Entwicklung von Datenbankanwendungen vorgesehen, während er beim Application Server Caching-Funktionen übernehmen kann.

Mit dem Befehl RUN LOCAL IAS lässt sich der Application Server starten, falls er schon einmal von der Konsole (Unix) oder dem Startmenü (Windows) aus gestartet wurde. Sofern das noch nicht geschehen ist, müssen Sie entweder das Symbol im Startmenü auswählen oder ihn über die Konsole starten (Sie finden das Programm IAS im Unterverzeichnis bin des Application Servers).

SamrtAgent und *OS Find* sind zwei Hilfsprogramme des VisiBrokers, auf die ich in dem Abschnitt VisiBroker eingehe.

Menüleiste – Menü Help

Hier finden Sie Referenzen auf die Hilfe des Application Servers. Um diese betrachten zu können, müssen Sie einen Browser auswählen (PREFERENCES | GENERAL | CONFIGURATION).

Symbolleiste

Die Symbolleiste enthält die wichtigsten Befehle der Menüs zum Schnellzugriff mit der Maus.

Navigationsbaum

Im Navigationsbaum finden Sie eine kompakte Zusammenfassung aller Services und aller Container, die der Application Server zu bieten hat (→ Abbildung 7.52). Im oberen Bereich sollten die Namen der Application Server aufgeführt sein. Wenn Sie auf das Pluszeichen vor dem Namen des Application Servers klicken, bekommen Sie eine Detailansicht zu sehen. Wenn Sie, wie in der → Abbildung 7.52 dargestellt, auf ein Archiv installierter EJBs klicken, sehen Sie im rechten Informationsfenster den Inhalt.

Informationsfenster

Das Informationsfenster gibt den Inhalt des im Navigationsbaum ausgewählten Eintrags wieder. In → Abbildung 7.52 sehen Sie die Bestandteile eines EJB-Archivs.

7.3.2 VisiBroker

Der VisiBroker ist die Laufzeit- und Entwicklungsumgebung des Application Servers für CORBA-Komponenten. Diese CORBA-Implementierung ist kompatibel zu CORBA 2.3. Das bedeutet, Sie können die neuesten Features wie zum Beispiel den Portable Object Adapter (POA) nutzen. Der VisiBroker ist ein komplett autarkes und extrem komplexes Produkt, das man auch separat vom Application Server erwerben kann. Mit einem Dokumentationsumfang von rund 400 Seiten kann es natürlich nicht in einem Buch über den JBuilder auch nur annähernd erklärt werden. Ich will mich deshalb nur auf die notwendigsten Informationen über den Borland-ORB beschränken.

CORBA-Komponenten sind unabhängig von der Programmiersprache

Sie können mit dem VisiBroker Komponenten in fast jeder beliebigen Programmiersprache, also auch in Java, entwickeln. Der VisiBroker arbeitet auch mit anderen Entwicklungsumgebungen als dem JBuilder zusammen, als Beispiel sei der C++-Builder von Borland genannt. Komponenten, die mit dem VisiBroker in Java entwickelt wurden, können mit beliebigen anderen CORBA-Komponenten, aber auch mit EJBs kommunizieren. Dabei spielt es keine Rolle, mit welcher Java-Version des JDKs diese entwickelt wurden.

Bestandteile des VisiBrokers – Protokolle

Die CORBA-Komponenten kommunizieren mit dem Internet-Inter-ORB-Protokoll miteinander. Dieses Protokoll stellt eine Erweiterung von TCP/IP dar. Der VisiBroker verfügt über eine native IIOP-Implementierung, der man hohe Leistungsfähigkeit und Interoperabilität nachsagt. Überhaupt gilt der VisiBroker als eine der besten Implementierungen des CORBA-Standards.

Bestandteile des VisiBrokers – Services

Selbstverständlich verfügt der VisiBroker über den wichtigen CORBA-Dienst, den *Naming Service* (→ Kapitel 1, 1.5.1 Java 2 Standard Edition, Abschnitt CORBA). Er stellt sicher, dass die Komponenten bei anderen Komponenten und Programmen einer verteilten Umgebung registriert werden.

Des Weiteren bietet der VisiBroker noch den *Event Service* und eine Erweiterung der CORBA-Spezifikation den *Location Service*. Ansonsten sieht es bei Services im Sinne der Definition der OMG mager aus, wobei es allerdings genügend Vereinbarungen mit anderen Firmen gibt, die für den VisiBroker Serviceimplementierungen anbieten (zum Beispiel Security).

Bestandteile des VisiBrokers – Konsolen

Als Anwender des *VisiBrokers* stehen Ihnen theoretisch gleich zwei Konsolen zum Start und zur Überwachung des ORBs zur Verfügung:

▷ die schon erwähnte Borland Application Server Konsole (BAS-Konsole) und

▷ die VisiBroker-Konsole

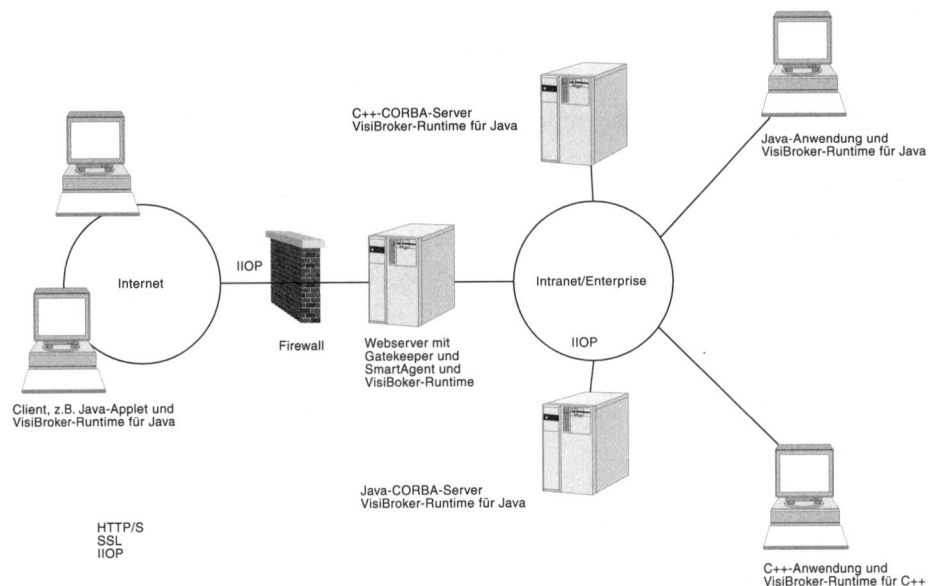

Abbildung 7.56: Übersicht über das VisiBroker-Umfeld

Mit dem JBuilder 4 wird nur die BAS-Konsole ausgeliefert. Sie ist der VisiBroker-Konsole vorzuziehen, da sie eine Komplettsicht auf alle Komponenten und Webservices bietet (→ Abbildung 7.52). Diese Konsole ist übrigens aus der VisiBroker-Konsole entwickelt worden. Diese liefert nur eine im Vergleich zum Application Server eingeschränkte Sicht auf die CORBA-Welt des VisiBrokers.

Bestandteile des VisiBrokers – SmartAgent

Der SmartAgent ist des VisiBrokers proprietärer Verzeichnisdienst. Durch mehrere dieser Agents, die in einem Netzwerk verteilt sind, lässt sich eine Lastverteilung erreichen.

Bestandteile des VisiBrokers – Gatekeeper

Wie der Name dieses Programms schon andeutet, handelt es sich bei dem Gatekeeper um ein Programm, das darüber wacht, dass niemand unberechtigt in ein CORBA-Netzwerk eindringt. Deutlich gesagt: Der Gatekeeper ist eine Art von *Firewall* (→ Anhang E: Glossar). Er ist außerdem in der Lage, HTTP-Tunneling durchzuführen.

7.3.3 EJB-Server

Der EJB-Server (Container) stellt die erforderlichen Dienste für EJBs zur Verfügung. Er ist kompatibel zur EJB-Spezifikation 1.1. Laut Informationen von Borland wird es auch mit dem Borland Application Server 4.5 keinen EJB-Container geben, der zur Spezifikation 1.2 kompatibel ist. Vielmehr strebt der Hersteller an, mit der Version 5.0 den Schritt in Richtung EJB 2.0 zu schaffen.

7.3.4 Webserver

Der eingebaute Java-Webserver von Sun (JWS 2.0) unterstützt leider nur die Servlet-API 2.1 und die JSP-API 1.0. Damit befindet er sich deutlich hinter dem Niveau der in den JBuilder eingebauten Testumgebung. Beachten Sie bei der Programmierung von Servlets und JSPs, dass es daher bei der Verteilung von Servlets/JSPs auf den BAS 4.1.1 zu Inkompatibilitäten kommen kann, wenn Sie die neueren APIs der eingebauten JBuilder-Testumgebung ausschöpfen. Mit dem neuen Borland Application Server 4.5 hat Borland das Problem beseitigt und die Tomcat-Umgebung dort integriert. Der Server kann bereits von der Borland-Hompage heruntergeladen werden.

7.4 Literatur & Links

Wie immer zum Schluss eines Kapitels nenne ich Ihnen einige weiterführende Literaturstellen:

7.4.1 Artikel

Johann, Michael: Tools auf dem Prüfstand, IT-Fokus 10/1999

Menge, Rainald: In Java für Java, c't 1/2000

Steppan, Bernhard: Empire State, iX 9/1999

Steppan, Bernhard: Java-Spagat, iX 2/2001

Tabatt, Peter: Dritte Runde, Java Magazin 3/1999

7.4.2 Links

JBuilder-Dokumentation: *http://www.borland.com/techpubs/jbuilder*

JBuilder-Homepage: *http://www.borland.com/jbuilder*

JBuilder-Newsgroups allgemein: *http://www.borland.com/newsgroups/index.html#jbuilder*

JBuilder-Newsgroup zur IDE: *news://newsgroups.borland.com/borland.public.jbuilder.ide*

JBuilder-Werkzeuge: *http://www.borland.com/jbuilder/resources/jbnet.html#jbtools*

8 Projektarbeit

In diesem Kapitel stelle ich Ihnen die Grundlagen der Projektarbeit mit dem JBuilder vor. Das heißt, Sie erfahren Folgendes:

- Projekte planen
- Neue JBuilder-Projekte anlegen
- Projektbestandteile hinzufügen
- Projektbestandteile entfernen
- Projekt durch Ordner strukturieren
- Dateien des Projekts anzeigen
- Projekte speichern
- Projekte schließen
- Projekte öffnen
- Dateien außerhalb eines Projekts öffnen
- Projekteigenschaften einstellen
- Namensänderungen durchführen
- Mit mehreren Projekten gleichzeitig arbeiten
- Bibliotheken konfigurieren
- Java Development Kits konfigurieren und wechseln

Beginnen wir mit der Planung eines Projekts und betrachten zunächst das Umfeld.

8.1 Projekte planen

Sie sind bereit, ein neues Projekt aufzusetzen? Das Budget ist genehmigt worden? Ihr Team ist zusammengestellt? Gut. Dann können wir planen, ein Verzeichnis für das Projekt zu strukturieren – genauer gesagt, zwei oder sogar mehrere Verzeichnisse, denn es sollen mehrere Entwickler an dem Projekt mitarbeiten.

8.1.1   Projektumfeld eingrenzen

Verschaffen wir uns zunächst einmal einen Überblick über den Maschinenpark, der für heutige Java-Projekte nicht unüblich ist. Sie benötigen (im schlimmsten Fall) folgende, in → Tabelle 8.1 abgebildete Ausstattung.

Computer	Funktion
Diverse Workstations	Entwicklung von Teilprogrammen
Teamserver	Versionskontrolle
Integrationsrechner	Zusammenführung der Teilprogramme (Integration)
Datenbankserver	Geschäftsdaten
Server für die Qualitätssicherung	Qualitätssicherung nach der Integration
Produktionsserver	Laufzeitumgebung des fertigen Programms

Tabelle 8.1: Computer und deren Funktionen

Das Zusammenspiel der verschiedenen Maschinen verdeutlicht → Abbildung 8.1. Auf den diversen Workstations entwerfen beispielsweise Architekten Modelle. Im Anschluss daran setzen Entwickler diese Modelle in Programmkode um. Sie verwenden im Rahmen Ihrer Teamarbeit eine zentrale Instanz, den Teamserver. Er dient dazu, die verschiedenen Versionen von Java-Dateien zu verwalten und Konflikte auszuschließen. Mehr zu diesem Thema erfahren Sie in → Kapitel 9 (Softwareentwicklung im Team).

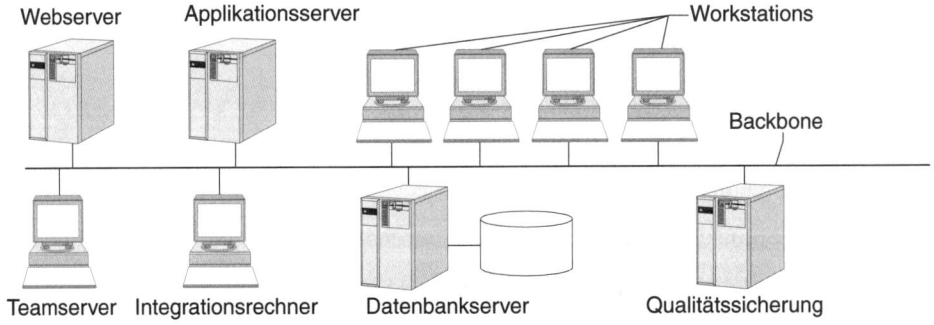

Abbildung 8.1: Überblick über das gesamte Projektumfeld

In regelmäßigen Abständen integriert ein dafür Verantwortlicher aus dem Team die verschiedenen Module zu einem sinnvollen Ganzen. Dazu benötigt er einen Integrationsrechner, der mit einem Entwicklungswerkzeug wie dem JBuilder ausgestattet sein muss. Auf diesem Integrationsrechner kann auch die Laufzeitumgebung für CORBA- und EJB-Komponenten untergebracht werden: der Borland Application Server oder ein anderes Produkt dieser Art, falls Sie vorhaben, eine verteilte Anwendung mit Komponententechnik zu entwickeln.

Der Datenbankserver wird in einer Phase der Entwicklung benötigt, in der eine Datenbankanwendung mit Life-Daten versorgt werden muss. Ebenfalls für eine spätere Phase der Entwicklung ist der Server für die Qualitätssicherung notwendig. Auf ihm testen Spezialisten für Qualitätssicherung die Anwendung auf Schwachpunkte und setzen sie gezielt unter Stress.

Am Ende dieser Phase des Projekts installiert ein Verantwortlicher des Teams das Programm auf den/die Zielcomputer. Diese Computer können (oder dieser Computer kann) unterschiedlich konfiguriert sein. Die Spanne reicht vom PC des Heimanwenders bis zum hochausfallsicheren Applikations- und Webserver für Inhaus- und Internetproduktionen.

Natürlich sind nicht alle abgebildeten Computer beim Aufsetzen eines Projekts für das Team von Belang. Deshalb blenden wir zunächst die überflüssigen Teile des Maschinenparks aus, um später auf den einen oder anderen Computer zurückzukommen. Uns soll es jetzt darum gehen, die wichtigsten Computer mit einer Verzeichnisstruktur auszustatten, die erlaubt, den JBuilder zu verwenden.

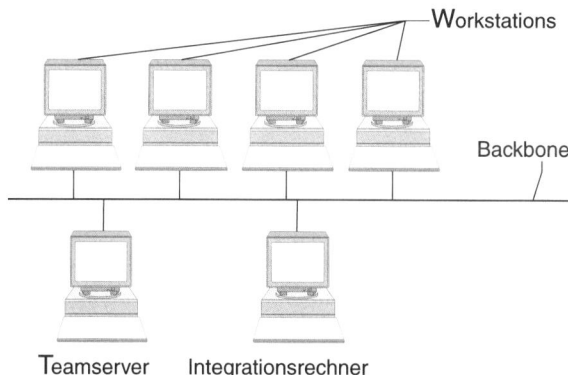

Abbildung 8.2: Das eingegrenzte Projektumfeld

8.1.2 Verzeichnisstruktur

Es ist ungeschickt, sich erst nach dem Start des Projekt-Experten (→ 6.32 Projekt-Experte) eine sinnvolle Verzeichnisstruktur zu überlegen. Diese Verzeichnisstruktur sollte schon vor dem Start dieses Experten feststehen. Sie ist für die Workstations und für den Integrationsrechner notwendig. Außerdem legt der Projekt-Experte nicht alle Verzeichnisse an, die man für ein Projekt wirklich benötigt, sondern eben nur die, die der JBuilder verwendet.

In → Abbildung 8.3 sehen Sie die – vereinfachte – Verzeichnisstruktur des Beispielprojekts *ArTouro*, das ich Ihnen im → Teil III: ArTourial dieses Buchs vorstellen werde. Auf der ersten Ebene erkennen Sie den Hauptknoten des Projekts *ArTouro*. Von ihm verzweigen die beiden Unterprojekte *Web* (die Internetanwendung) und *Admin* (das Verwaltungsprogramm der Website). Jedes der beiden Teilprojekte ist identisch strukturiert und enthält auf gleicher Stufe die Verzeichnisse prj, src, classes, prp und bak.

Verzeichnis	Inhalt
prj	Projektdateien und Projektbemerkungsdateien
src	Quelltexte (Sourcen)
classes	Bytecode (Class-Dateien)
prp	Properties-Dateien (Grundeinstellungen des Programms)
bak	Sicherungskopien der Quelltexte

Tabelle 8.2: Verzeichnisse und deren Bedeutung

Was haben die Abkürzungen zu bedeuten? – Eine Erklärung der genauen Bedeutungen der Verzeichnisse können Sie der → Tabelle 8.2 entnehmen. Entgegen den Gepflogenheiten der Beispielprogramme der Firma Borland lege ich grundsätzlich ein separates Projektverzeichnis an, in das nicht nur die JBuilder-Projektdatei, sondern auch die anderer Werkzeuge wie zum Beispiel des Modellierungswerkzeugs *Together* oder eines HTML-Editors wie Dreamweaver oder GoLive gespeichert werden.

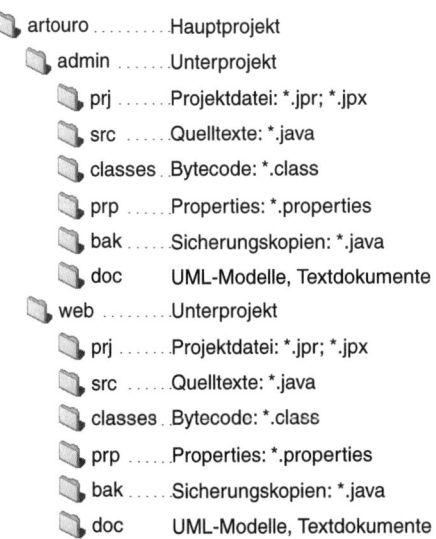

Abbildung 8.3: Verzeichnisstruktur des Projekts ArTouro

Andere Verzeichnisse wie ein Verzeichnis für Bilder (img) oder Jingles (jng) sind natürlich auch noch zu berücksichtigen. Gerade im Zusammenhang mit der Entwicklung einer dynamischen Website ist es sehr sinnvoll, sich frühzeitig mit den Designern abzustimmen, weil die Struktur eines Webprojekts, das ausschließlich aus statischen HTML-Seiten besteht, unter Umständen stark von der hier vorgestellten Struktur abweicht, wenn es getrennt aufgesetzt wird.

8.1.3   Roundtrip-Engineering

Wenn man es schafft, über die Projektstruktur in einem größeren Team mit verschiedenen Beteiligten (Architekten, Webdesigner, Java-Entwickler) frühzeitig Konsens zu erzielen, erspart das viel Arbeit und kann die Entwicklung der Software erheblich beschleunigen: Dateien müssen nicht mehr von einem Ordner zum anderen kopiert werden und alle beteiligten Werkzeuge arbeiten auf einem Datenbestand – ein Idealfall für ein Roundtrip-Engineering.

Das Roundtrip-Engineering ist ein Verfahren, in dem Modell und Kode (Quelltext) immer synchron gehalten werden. Das Verfahren muss sich aber nicht nur auf Java-Quelltext und UML-Modelle beziehen, es lässt sich auch auf HTML-Seiten sowie Java-Server Pages ausdehnen.

8.1.4   Projektdateityp

Der JBuilder benötigt für jedes Projekt eine Datei, in der er alle Informationen über Ihr Projekt festhält. Von dieser Projektdatei gibt es zwei unterschiedliche Dateitypen: den JPR-Typ und den JPX-Typ. Wichtig ist außerdem, dass die Projektdatei durch eine lokale Datei ergänzt wird (→ Tabelle 8.3).

Teamarbeit und Abwärtskompatibilität

Den JPR-Dateityp empfehle ich Ihnen für einfache Projekte und für die Zusammenarbeit mit veralteten externen Werkzeugen, die mit dem JBuilder Daten austauschen, aber die Informationen des neuen Projekttyps nicht einlesen können. Das Format ist auch dann interessant, wenn Sie noch mit dem JBuilder 3 arbeiten müssen. Das kann zum Beispiel notwendig sein, wenn Sie Programme debuggen müssen, die mit einem JDK vor 1.2 entwickelt wurden. Diese Programme lassen sich *nicht* mit der neuen Version 4 des JBuilders testen. Durch die Wahl des JPR-Projekttyps können Sie diese Programme wechselseitig bearbeiten und eine Migration zum JDK 1.2 oder 1.3 vornehmen.

Der JPX-Dateityp ist mit Version 3.5 des JBuilders eingeführt worden und basiert auf dem XML-Dateiformat. Der neue Projektdateityp wurde für die Softwareentwicklung im Team (→ Kapitel 9) konzipiert. Eine Gegenüberstellung beider Projekttypen finden Sie in → Tabelle 8.3.

Projekttyp Merkmal	JPX	JPR
Teamfähig	+	–
XML-basiert	+	–
Kompatibel zu JBuilder 3	–	+
Kompatibel zu JBuilder 3.5[1]	+	+
Lokale Projektdatei	+	+
Globale Projektdatei	+	+

Tabelle 8.3: Projektdateitypen in Gegenüberstellung

Aus der Tabelle können Sie entnehmen, dass beide Typen lokale und globale Dateien anlegen. Der Projekt-Experte legt zum Beispiel für das Projekt Admin eine Datei namens admin.jpx.lokal und eine Datei namens admin.jpx an. In der lokalen Datei sind Informationen des Entwicklers auf einer Workstation gespeichert. Diese Information ist für andere Teammitglieder nicht von Interesse. Allgemeine Verwendung findet hingegen die eigentliche Projektdatei admin.jpx. In ihr schreibt die Entwicklungsumgebung wichtige globale Projekteinstellungen, die für das gesamte Team Gültigkeit besitzen.

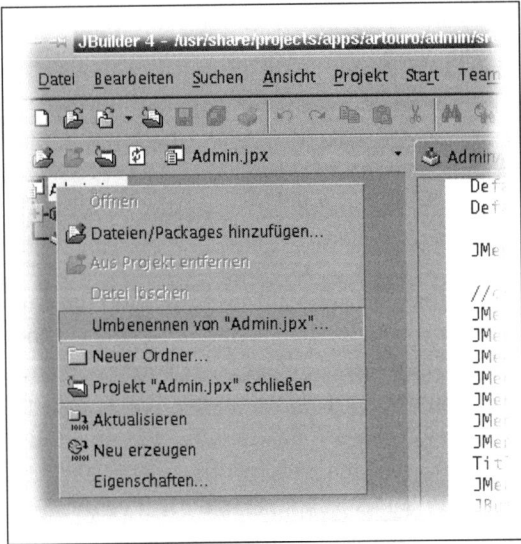

Abbildung 8.4: Umbenennen eines Projekts

---

1. Nicht bei Einträgen des Archiv-Builders

Die Projektdatei enthält eine Liste aller Dateien des Projekts. Außerdem beinhaltet sie die Projekteigenschaften: Projektvorlagen, Pfade, Klassenbibliotheken. Der JBuilder verwendet diese Projektinformationen beim Öffnen und Speichern von Dateien sowie beim Erzeugen von Bytecode und Ausführen des Programms. Der JBuilder ändert Projektdateien immer dann, wenn Sie im AppBrowser Dateien hinzufügen, entfernen oder Projekteigenschaften verändern.

Projekttyp ändern

Sie können den Typ einer Projektdatei und deren Namen übrigens jederzeit im App-Browser ändern. Dazu führen Sie einfach einen Rechtsklick auf den Knoten des Projektstrukturbaums im Projektfenster aus (→ Abbildung 8.4) und wählen den Befehl UMBENENNEN VON <PROJEKTDATEI>. Gleiches erreichen Sie durch den Befehl DATEI | PROJEKT SPEICHERN UNTER. Vergeben Sie eine neue Dateiendung und schließen Sie den Dialog mit OK. Danach speichert der AppBrowser die Datei im neuen Format.

8.1.5   Heterogene Projekte

Der JBuilder unterstützt je nach Edition eine Fülle von Dateiformaten, die es erlauben, das Werkzeug auch bei heterogenen Webprojekten mit unterschiedlichen Technologien einzusetzen (→ Tabelle 8.4). Viele Dateiformate erkennt die IDE automatisch, andere können Sie einfach hinzufügen.

Dazu wählen Sie TOOLS | IDE-OPTIONEN. Klicken Sie auf das Register DATEITYPEN. Die Registerseite besteht aus den Feldern ERKANNTE DATEITYPEN und VERKNÜPFTE ERWEITERUNGEN. Ordnen Sie den neuen Dateityp einem der erkannten Dateitypen zu und klicken Sie auf die Schaltfläche HINZUFÜGEN. Es erscheint ein Dialog, in welchem Sie die neue Dateierweiterung angeben, die der AppBrowser zu den erkannten Dateitypen hinzufügt (→Kapitel 7, Abschnitt 7.1.1 Texteditor).

Dateitypen	Beschreibung	Foundation	Professional	Enterprise
asp	Microsoft Active Server Pages, Pendant zu JavaServer Pages	+	+	+
bat	Stapelverarbeitungsdatei (Batchdatei, Shellskript)	+	+	+
bmp	Grafikformat von Windows, ungeeignet für professionellen Einsatz	+	+	+
class	Kompilierte Klassendatei: Für jede Klasse in einer Java-Quelldatei wird eine Klassendatei angelegt (auch für innere und anonyme Klassen).	+	+	+

Tabelle 8.4: Übersicht der vom JBuilder unterstützten Dateitypen

Dateitypen	Beschreibung	Foundation	Professional	Enterprise
c	C-Quelltext	+	+	+
cpp	C++-Quelltext	+	+	+
dll	Dynamic Link Library (Shared Library von Windows)	–	–	+
ejbgrp	EJB-Gruppendatei	–	–	+
gif	Grafikdatei im CompuServe-Format	+	+	+
h	C-Headerdatei (Deklarationen)	+	+	+
hpp	C++-Headerdatei (Deklarationen)	+	+	+
html, htm	Dokumentformat des Internets/Extranets/Intranets	+	+	+
idl	CORBA-Schnittstelle	–	–	+
jar, zip	Archivdateien: Java-Archivdatei, komprimierte Archivdatei	–	+	+
java	Java-Quelltext	+	+	+
jds	JDataStore-Datenbank	–	+	+
jpg, jpeg, jpe	Grafikformat mit skalierbarer Komprimierung	+	+	+
jpr	JBuilder-Projekt	+	+	+
jpx	JBuilder-Projekt (XML-Format)	+	+	+
jsp	JavaServer Page	–	+	+
png	Portables Grafikformat (Portable Networks Graphics)	+	+	+
properties	Java-Eigenschaften (ASCII)	+	+	+
schema	Schemadatei	–	+	+
sql	Datenbankabfrage	–	+	+
sqlj	SQLJ-Datei (Datenbankabfrage)	–	–	+
shtml	Serverseitiges HTML-Dokument	–	+	+
tld	Beschreibungsdatei für JSP-Tag-Bibliothek	–	–	+
txt	Textdatei	+	+	+
war, ear	Archivdateiformate: Web-Archivdatei, Enterprise-Archivdatei	–	–	+
wml	Wireless Markup Language-Datei	–	–	+
xml, xsl	Extensible-Markup-Language-Datei, Extensible-Style-Sheet-Language-Datei	–	–	+

Tabelle 8.4: Übersicht der vom JBuilder unterstützten Dateitypen (Fortsetzung)

8.1.6 Package-Strukturen

Wie Sie wissen, organisiert man Java-Programme in Klassen, die Packages zugeordnet werden sollten. Jedes Package bildet einen eigenen Namensraum mit fest definierten Zugriffsregeln (→ Kapitel 1.4.8 Sichtbarkeit). Vor dem Aufsetzen eines neuen JBuilder-Projekts ist es aus architektonischen Gründen wichtig, sich über die Package-Strukturen des eigenen und der Nachbarprojekte klar zu werden. Nur im Notfall sollte man zum TOOL ZUR PACKAGE-MIGRATION greifen, einem Experten, mit dem man nachträglich auch die größten Schnitzer an der Package-Struktur wieder beseitigen kann (→ Kapitel 6, Abschnitt 6.35).

Abbildung 8.5: Quell- und Bytecode-Verzeichnis legt der JBuilder symmetrisch an

Pfade zum Quelltext und Bytecode

Der JBuilder legt den Package-Pfad hierarchisch ausgehend von dem Verzeichnis an, das Sie als Verzeichnis der Java-Quellen im Projekt-Experten angegeben haben (→ Abbildung 8.5). Symmetrisch dazu organisiert der JBuilder die Ablage des Bytecodes der Klassen nach dem Kompilieren. Die Organisation hat also nichts Geheimnisvolles. Alles ist frei zugänglich, was die Arbeit mit anderen Werkzeugen auf Dateiebene unglaublich vereinfacht. Zum Beispiel ist das wechselseitige Arbeiten mit JDK-Werkzeugen wie JavaDoc problemlos.

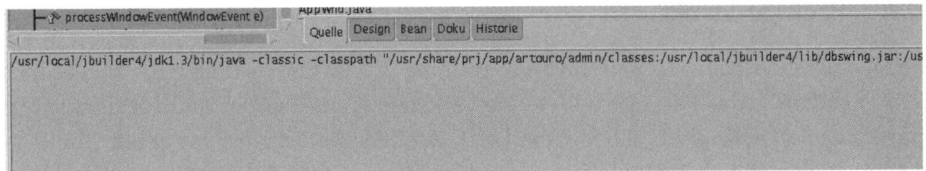

Abbildung 8.6: Das Setzen des Klassenpfads in der IDE

Setzen des Klassenpfads

Das Stammverzeichnis des Bytecodes ist der Ausgangspunkt des Klassenpfads. Wenn Sie während der Ausführung eines Programms aus der IDE heraus einen Blick auf die Konsole des AppBrowsers werfen, erkennen Sie, wie die IDE den Klassenpfad zusammenbaut. An erster Stelle steht das Stammverzeichnis Ihres Projekts, gefolgt von den diversen Bibliotheken, die Ihr Programm benötigt.

Der gesamte Pfad mit der Hauptklasse der Anwendung wird der virtuellen Maschine zur Ausführung übergeben. So kann nicht nur während der Ausführung eines Programms jede Klasse gefunden werden, auch beim Debugging gelingt es auf diese Weise der IDE, Quelltext und Bytecode zuzuordnen.

8.2   Neues JBuilder-Projekt

Fast an letzter Stelle einer ausreichenden Planungsphase sollte die Ausführung des Projekt-Experten stehen, den ich Ihnen schon ausführlich in Kapitel 6 vorgestellt habe. Sie starten den Projekt-Experten entweder über DATEI | NEUES PROJEKT oder über das Symbol PROJEKT auf der ersten Seite der OBJEKTGALERIE (DATEI | NEU). Der Dialog führt Sie in maximal drei Schritten zum Ziel:

1. Festlegung von Namen und Pfaden
2. Modifikation der Einstellungen für neue JBuilder-Projekte
3. Eingabe weiterer Informationen für das neue Projekt

8.2.1   Verzeichnisstruktur und Projekttyp festlegen

Wenn Sie ein neues Projekt anlegen, vergeben Sie zunächst den Projektnamen und danach den Projekttyp. Im Anschluss legen Sie die Pfade fest.

Projektname

Der Projektname hat zwei Funktionen:

▶ Name der Projektdatei
▶ Name des Projektverzeichnisses

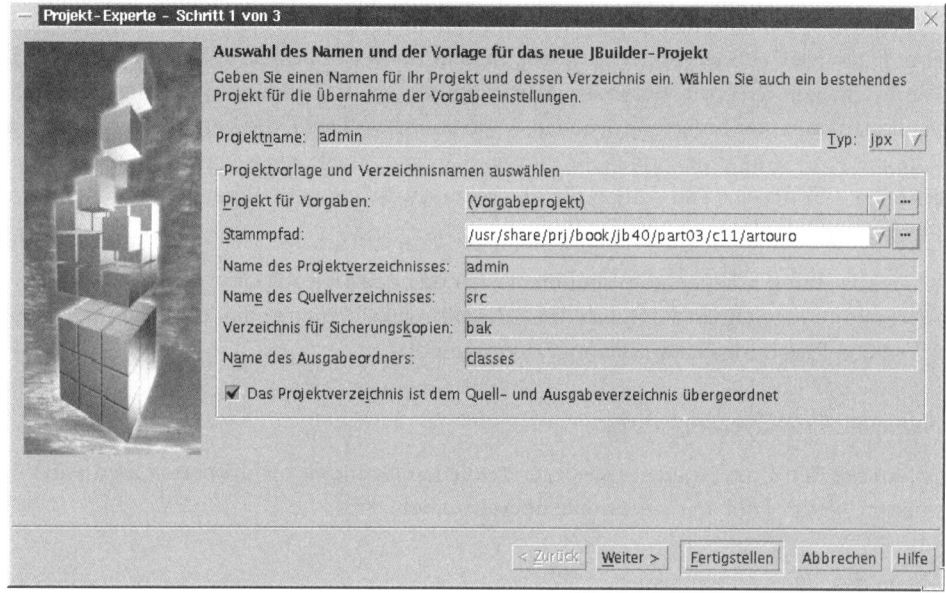

Abbildung 8.7: Festlegung von Pfaden und Verzeichnisnamen

In dem Moment, in dem Sie den Namen in das Feld Projektname eintragen, erscheint dieser auch im Feld des Projektverzeichnisses.

Projekttyp

Wie schon erwähnt, sollten Sie sich nach Möglichkeit für ein JPX-Projekt entscheiden, falls nicht gewichtige Gründe dagegen sprechen (Austausch mit älteren Tools, Verwendung der Version 3 des JBuilders).

Projekt für Vorgaben

Der nächste Eintrag, den Sie wählen müssen, ist das Vorgabeprojekt. Sie können sich am Beginn der Arbeit mit dem JBuilder ein Vorgabeprojekt für die wichtigsten Projekttypen anlegen, mit denen Sie arbeiten werden. Beispiele:

- Applet-Client mit AWT

- EJB-Projekt

- Servlet-Projekt

- Teamprojekt

Jede dieser Projektschablonen hat spezifische Charakteristika, zum Beispiel die Verwendung bestimmter Bibliotheken oder Voreinstellungen für die Versionskontrolle.

Stammpfad

Hier legen Sie das Basisverzeichnis fest, in dem Ihr neues Projekt später angelegt wird.
Wenn Sie (wie ich) mit mehreren Anwendernamen und unterschiedlichen JBuilder-
Versionen auf einer Maschine arbeiten, kann es sinnvoll sein, die Vorgabe des Experten
(Unix: `home/<user>/jbprojekt`, Windows: `..\profile\<user>\jbproject`) zu über-
schreiben. In diesem Fall sollten Sie ein Verzeichnis in einem allgemein zugänglichen
Pfad wählen (Unix: `/usr/share`, Windows `D:\...`).

In → Abbildung 8.7 sehen Sie ein Beispiel für das Beispielprogramm aus → Kapitel 11.
Als Stammverzeichnis dient hier das Hauptprojekt *ArTouro*, das die Klammer zwischen den Programmteilen *Admin* und *Web* bildet.

Name des Projektverzeichnisses

Sofern Sie den Projektnamen aus irgendwelchen Gründen nicht übernehmen wollen,
müssen Sie das Feld an dieser Stelle überschreiben.

Name des Quellverzeichnisses

Tragen Sie hier den Namen des Ordners ein, in den der JBuilder Ihren Quelltext speichern soll. Dieser Ordner ist Ausgangspunkt für die Suche des Debuggers nach dem
Quelltext und dient auch der Archivierung als Grundlage. Der vollständige Quellpfad
setzt sich aus dem Pfad zum Quelltextverzeichnis + Package-Pfad zusammen
(→ Abbildung 8.8).

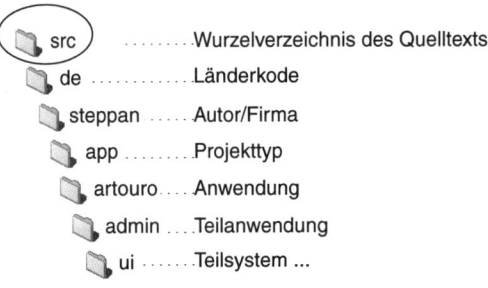

Abbildung 8.8: Quellpfad von ArTouro

Verzeichnis für Sicherungskopien

An dieser Stelle sollte der Name des Ordners stehen, in den der JBuilder Sicherungskopien ablegt.

Name des Ausgabeordners

In diesen Ordner wird später der Bytecode Ihres Projekts kopiert. Er ist der Ausgangspunkt für den Klassenpfad. In der Abbildung ist also der Klassenpfad, der der virtuellen Maschine übergeben wird, `de.steppan.app.artouro.admin.ui`.

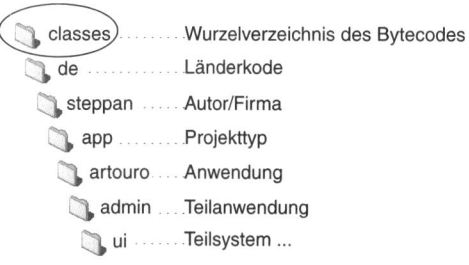

Abbildung 8.9: Quelltextpfad von ArTouro

Das Projektverzeichnis ist dem Quell- und Ausgabeverzeichnis übergeordnet

Wenn diese Option gesetzt ist, werden die Quell- und Ausgabeverzeichnisse Unterordner des Projektverzeichnisses. Es ist empfehlenswert, diese Option aktiviert zu lassen.

8.2.2 Pfade

Sie sollten die Gelegenheit auf der zweiten Seite des Experten für einige eventuell notwendige Veränderungen nutzen.

Projektpfad

Da ich meistens ein Projekt mit verschiedenen Werkzeugen bearbeite (JBuilder, Modellierungswerkzeuge, HTML-Editoren), ist es mir hier lieber, ein eigenes Verzeichnis für die Projektdateien anzulegen. Dazu geben Sie einfach zum Beispiel `PRJ/` vor dem Namen der Projektdatei im Textfeld ein.

Quellpfad

War die Eingabe auf Seite 1 des Experten korrekt, müssen Sie hier nichts ändern.

Sicherungspfad

Auch an dieser Stelle sind Änderungen meistens überflüssig.

Ausgabepfad

Dies ist die Basis des Klassenpfads. Der vollständige Klassenpfad setzt sich aus Ausgabepfad + Package-Pfad + Bibliothekspfad zusammen.

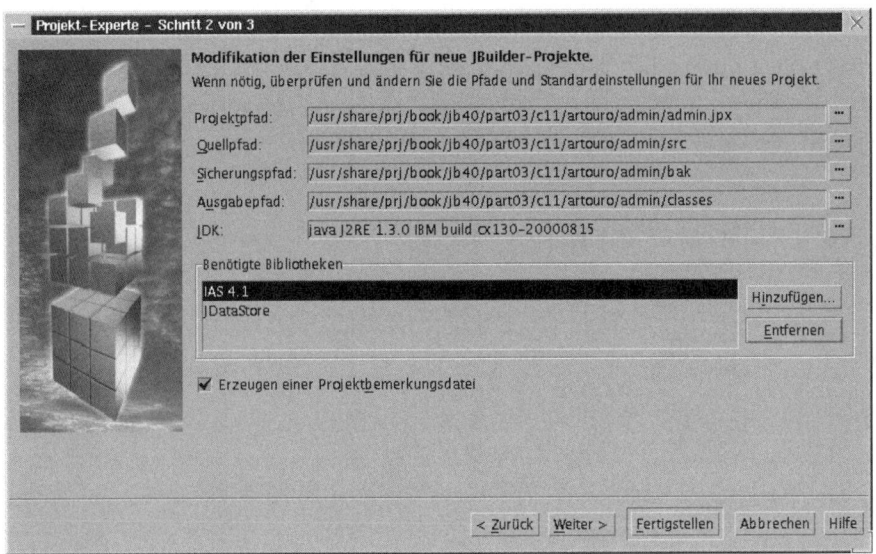

Abbildung 8.10: Modifikation der Einstellungen

JDK

Wählen Sie hier eine passende, schon konfigurierte JDK-Version. Konfiguration bedeutet, dass diese nicht nur auf dem Computer installiert sein muss. Sie müssen diese Bibliothek vor diesem Schritt konfigurieren (→ 8.16 Java Development Kits)

Ich werde im nächsten Schritt das Sun JDK 1.3 auswählen, da das mitgelieferte IBM JDK unter Linux leider ziemlich instabil ist. Bitte beachten Sie, dass bei der Auswahl eines JDKs vor der Version 1.2 das Debugging innerhalb des JBuilders *nicht* funktioniert. Zudem besteht bei der *Foundation Edition* die Einschränkung, dass Sie ein einmal gewähltes JDK nicht mehr nachträglich wechseln können. Diese Besonderheit bieten nur die kostenpflichtigen *Professional* und *Enterprise Editionen*.

Benötigte Bibliotheken

Sofern Sie schon zu diesem Zeitpunkt wissen, welche Bibliotheken Ihr Projekt verwenden wird, können Sie diese eingeben. Diese Einstellung lässt sich natürlich jederzeit nachträglich korrigieren. Ich werde im nächsten Schritt die nicht benötigte Bibliothek IAS 4.1 (Borland Application Server) entfernen.

Erzeugen einer Projektbemerkungsdatei

Je nachdem, wie Sie die Dokumentation Ihres Projekts aufbauen, kann es mehr oder weniger sinnvoll sein, eine Projektbemerkungsdatei zu erzeugen. Wenn Sie ohnehin mit Modellierungswerkzeugen arbeiten, ist diese Datei meistens überflüssig.

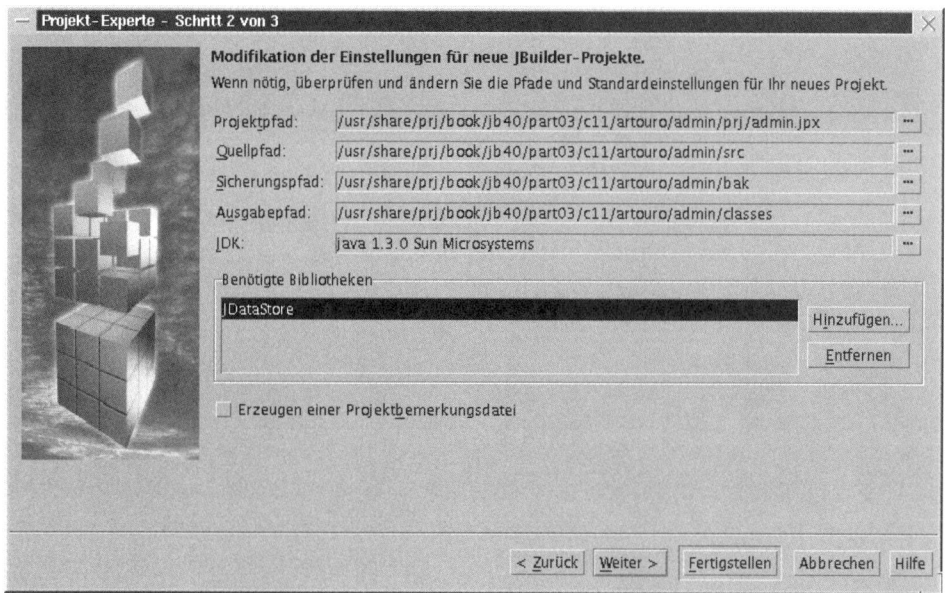

Abbildung 8.11: Die veränderten Einstellungen

Im Anschluss an diesen Schritt sollte die Dialogseite wie in → Abbildung 8.11 abgedruckt aussehen. Die Verzeichnispfade sind nun symmetrisch, die Projektdatei legt der Experte in einem eigenen Verzeichnis im JPX-Format an, er verwendet das JDK von Sun und fügt dem Projekt JDataStore hinzu, eine Bibliothek für Datenbankanwendungen.

8.2.3   Entwickler-Informationen

Die Informationen, die Sie im letzten Schritt beim Aufsetzen eines neuen JBuilder-Projekts eingeben, werden nicht nur für die Projektbemerkungsdatei verwendet (die wir ohnehin nicht anlegen), sondern auch für die Dokumentation am Anfang jeder Datei, die der JBuilder erzeugt.

Nach der Eingabe dieser Informationen lassen wir den Experten seine Arbeit verrichten und klicken auf FERTIGSTELLEN. Das Ergebnis, das Sie erhalten, ist wenig beeindruckend. Auf dem AppBrowser herrscht gähnende Leere. Wenn Sie aber einen Blick auf Ihre Festplatte werfen, erkennen Sie, dass der Experte die Basis für weitere Arbeiten gelegt hat:

Er legt ein Verzeichnis `admin` an und eine Projektdatei namens `admin.jpx`. Diese Datei enthält alle Informationen, die Experten nachfolgend benötigen. Erst wenn Sie neue Dateien anlegen und kompilieren, erzeugt der JBuilder weitere Verzeichnisse.

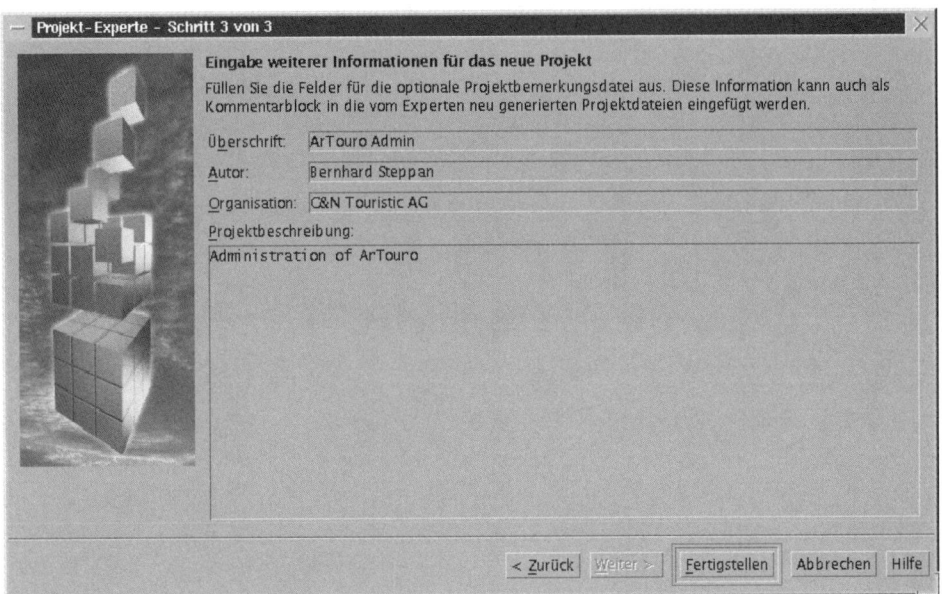

Abbildung 8.12: Eingabe weiterer Informationen

8.3 Feinschliff am Projektverzeichnis

8.3.1 Verzeichnisse anlegen

Die Arbeit des Projekt-Experten lässt noch einiges zu wünschen übrig (niemand ist ja perfekt). Wir benötigen zum Beispiel noch die Verzeichnisse vom Typ doc für die Dokumentation (→ 8.3.2 Verzeichnisse überprüfen), prp für Properties-Dateien und img als Sammelstelle für Bilder. Diese Verzeichnisse müssen Sie mit Hilfe Ihres Betriebssystems anlegen (zum Beispiel dem Explorer unter Windows).

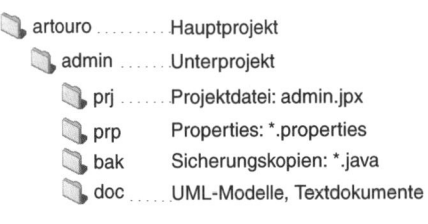

Abbildung 8.13: Das neue Projektverzeichnis

Nachdem das erfolgt ist, sollte das Projektverzeichnis wie in → Abbildung 8.13 abgedruckt aussehen.

8.3.2 Verzeichnisse überprüfen

Jedem kann es einmal passieren, einen Pfad falsch einzutragen und anzulegen. Außerdem »weiß« der Experte nichts von unserem Dokumentationsverzeichnis. Aus diesen Gründen ist es sinnvoll, gleich nach dem Anlegen einer neuen Projektdatei alle Einstellungen zu prüfen. Dazu wählen Sie den Befehl PROJEKT | PROJEKTEIGENSCHAFTEN.

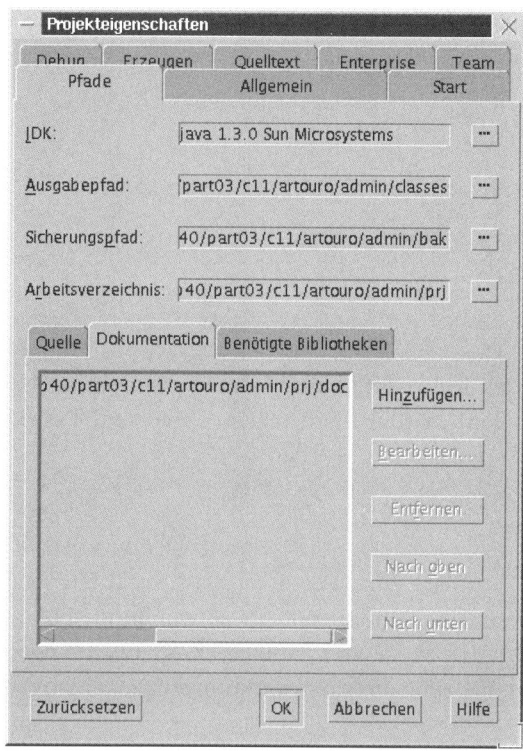

Abbildung 8.14: Der unerwünschte Pfad zur Dokumentation

Klicken Sie auf der Registerseite PFADE auf das Register DOKUMENTATION. Hier sollte, wie in → Abbildung 8.14 zu sehen ist, ein falscher Pfad eingetragen sein. Führen Sie nun einen Doppelklick auf den Dokumentationspfad aus und wählen Sie mit Hilfe des Dialogs VERZEICHNIS WÄHLEN den neuen Verzeichnisort aus. Nachdem nun alle Vorbereitungen abgeschlossen sind, können wir neue Dateien für das Projekt erzeugen.

8.4   Projektbestandteile hinzufügen

8.4.1   Neue Klassen erzeugen

Um Klassen zu erzeugen und damit Java-Quelldateien anzulegen, gibt es prinzipiell verschiedene Verfahren. Sie können zum Beispiel eine Datei mit DATEI | DATEI ÖFFNEN erstellen, müssen dann aber die Package-Struktur selbst anlegen. Besser also, Sie verwenden zum Beispiel den Klassen-Experten, um die Grundstruktur Ihrer Datei zu erzeugen. Hier nur kurz der Überblick, Einzelheiten dazu entnehmen Sie bitte dem → Kapitel 6 JBuilder-Experten.

▶ Wählen Sie Datei | Neue Klasse

▶ Geben Sie das Package ein, in das die neue Klasse abgelegt werden soll

▶ Tragen Sie den Klassennamen im Klassen-Experten ein

▶ Wählen Sie eine Basisklasse aus

▶ Beenden Sie den Dialog mit OK

Der Experte legt eine neue Datei und den Klassenpfad ausgehend von unserem Verzeichnis `../artouro/admin/src` an. Außerdem fügt er die neue Datei dem Projekt hinzu und öffnet sie durch den Editor.

8.4.2   Neue Anwendung erzeugen

Ein Projekt ist keine Anwendung, sondern nach dem Erzeugen der Projektdatei erst einmal ein Container für eine oder mehrere Anwendungen. Als Anwendungen kommen beispielsweise Applets, Applications, Servlets oder andere Serveranwendungen in Frage. Über DATEI | NEU können Sie alle diese Anwendungstypen erzeugen (→ Kapitel 6 JBuilder-Experten).

8.4.3   Neue Bibliothek erzeugen

Eine (Klassen-)Bibliothek ist eine Sammlung von Klassen, die für die Weitergabe verpackt werden. Dazu legen Sie einfach mehrere Klassen an (→ 8.4.1 Neue Klassen erzeugen), die Sie anschließend mit dem Archiv-Builder zur Weitergabe vorbereiten (näheres dazu erfahren Sie unter → 6.3 Archiv-Builder). Mehr zum Thema Bibliotheken unter dem gleichnamigen Abschnitt → 8.15 Bibliotheken auf Seite 403.

8.4.4   Neue Dateien/Packages hinzufügen

Um Dateien/Packages zu einem Projekt hinzuzufügen, führen Sie einen Rechtsklick auf den Projektstrukturbaum aus und wählen anschließend DATEIEN/PACKAGES HINZU-FÜGEN. Wählen Sie danach die Dateien/Packages aus, die Sie hinzufügen möchten.

8.5 Projektbestandteile entfernen

Aus dem Projektstrukturbaum entfernen

Sie entfernen unerwünschte Bestandteile aus dem Projekt, indem Sie einen Rechtsklick auf die Datei im Projektstrukturbaum ausführen und AUS PROJEKT ENTFERNEN wählen. Auf Packages ist diese Aktion nicht anwendbar.

Von der Festplatte entfernen

Sie löschen eine unerwünschte Datei, indem Sie einen Rechtsklick auf die Datei im Projektstrukturbaum ausführen und <DATEINAME> LÖSCHEN wählen. Bei einer Mehrfachauswahl heißt der Befehl einfach DATEIEN LÖSCHEN. Bei dieser Aktion werden die Dateien nicht nur aus dem Projekt, sondern auf der Festplatte des Computers gelöscht.

8.6 Projekt durch Ordner strukturieren

Bei größeren Projekten ist es unter Umständen sinnvoll, verschiedene Packages in Ordnern zu organisieren. Solche Projektordner sind auf den Projektstrukturbaum beschränkt. Der AppBrowser speichert sie nicht auf der Festplatte.

Ordner anlegen

Um einen neuen Ordner anzulegen, wählen Sie DATEI | NEUER ORDNER oder führen Sie einen Rechtsklick auf den Projektstrukturbaum aus und wählen Sie im Kontextmenü den Befehl NEUER ORDNER.

Neue Dateien/Packages hinzufügen

Um Dateien/Packages zu dem Ordner hinzuzufügen, führen Sie einen Rechtsklick auf den Ordner aus und wählen anschließend DATEIEN/PACKAGES HINZUFÜGEN. Wählen Sie danach die Dateien aus, die Sie hinzufügen möchten.

Bestehende Dateien/Packages hinzufügen

Ein gewachsenes Projekt umzuorganisieren, ist leider nicht einfach, denn der JBuilder unterstützt es momentan noch nicht, einfach ein Projekt mit Drag&Drop umzugestalten. Es bleibt Ihnen also nichts anderes übrig, als erst einmal alle Bestandteile zu entfernen, neue Ordner anzulegen und danach alles wieder von der Festplatte hinzuzufügen.

Ordner entfernen

Um einen Ordner zu entfernen, führen Sie einen Rechtsklick auf sein Symbol aus und wählen AUS PROJEKT <ORDNERNAME> ENTFERNEN. Hier ist die deutsche Übersetzung wieder etwas gestrauchelt, denn ORDNER <ORDNERNAME> ENTFERNEN hätte genügt und wäre eindeutig gewesen.

Ein Hinweis zum Entfernen von verschachtelten Ordnern: Der AppBrowser entfernt klaglos einen Ordner, der sich auf der obersten Hierarchiestufe befindet, und alle darunter angeordneten samt allen Dateien! Da es keine Möglichkeit gibt, diese Aktion zu widerrufen, kann ich nur raten, sie mit Bedacht einzusetzen.

8.7   Dateien des Projekts anzeigen

Sind die Dateien erst einmal Bestandteil des Projekts, interessiert man sich natürlich für ihren Inhalt. Durch einen Doppelklick auf das Symbol der Datei im Projektstrukturbaum werden diese in den Editor geladen. Sollte die Datei bereits im Editor geladen sein, wechselt nur die Anzeige des Inhaltsfensters.

8.8   Projekte speichern

Wenn Sie Projekteinstellungen verändert haben und diese unmittelbar sichern möchten, wählen Sie DATEI | PROJEKT <*.JP*> SPEICHERN. Auf der Symbolleiste gibt es keine Entsprechung für diesen Befehl. Sie können aber auch das Symbol ALLES SPEICHERN verwenden. Dieser Befehl speichert jedoch auch alle vakanten Änderungen im Editor.

8.9   Projekte schließen

Um ein Projekt zu schließen, wählen Sie *nicht* DATEI | PROJEKTE SCHLIESSEN, wie es die Dokumentation des JBuilders empfiehlt. Dieser Befehl startet erst einen Dialog und das anschließende Verfahren ist nervtötend umständlich. Es ist wirklich nur dann angesagt, wenn man an sehr vielen Projekten gleichzeitig arbeitet und alle oder viele davon schließen möchte.

Viel besser ist der Insidertrick, einen Rechtsklick auf die Projektdatei im Projektstrukturbaum auszuführen. Dort finden Sie einen Befehl namens PROJEKT SCHLIESSEN, der das Gleiche bewirkt wie ein Klick auf das gleichnamige Symbol der Projektsymbolleiste. Die letzte Variante ist am schnellsten (nur ein Mausklick).

Beachten Sie bitte, dass der JBuilder alle Projekte automatisch beim nächsten Programmstart lädt, wenn Sie sie nicht schließen. In der Projektliste, die sich in der Projektsymbolleiste befindet, sehen Sie die geladenen Projekte und welches momentan aktiv ist.

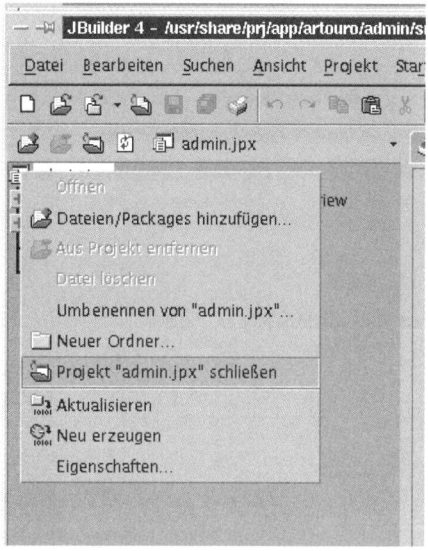

Abbildung 8.15: Über das Kontextmenü lässt sich ein Projekt schließen

8.10 Projekte öffnen

Ein Projekt öffnen Sie entweder, indem Sie den Befehl DATEI | PROJEKT ÖFFNEN, den Befehl DATEI | NEU ÖFFNEN oder DATEI | DATEI ÖFFNEN verwenden. Den ersten Befehl verwenden Sie, wenn Sie das Projekt nicht erzeugt haben oder es nach der Erzeugung außerhalb des JBuilders in einem anderen Pfad gespeichert wurde. Der zweite Befehl ist dann geeignet, wenn Sie das Projekt selbst angelegt haben und es sich noch an dem gleichen Speicherort befindet. Der letzte Befehl bewirkt das Gleiche wie der erste.

8.11 Dateien öffnen

Wenn Sie eine Datei einfach in den Editor laden möchten, ohne dass diese Bestandteil des Projekts werden soll, wählen Sie DATEI | ÖFFNEN.

8.12 Projekteigenschaften einstellen

Die Projekteigenschaften erlauben es, den Herstellungsprozess und Testprozess eines Projekts zu beeinflussen. Tabelle 8.5 fasst die Bedeutung der einzelnen Einstellungen zusammen.

Registerseite	Bedeutung
Pfade	Pfad der JDK-Version, Ausgabepfad, Sicherungspfad, Arbeitsverzeichnis, Quellpfad, Dokumentationspfad und Pfade für benötigte Bibliotheken
Start	Start-Parameter, die zur Laufzeit an die Anwendung weitergegeben werden
Allgemein	Optionen für Kodierung, automatische Aktivierung von Quell-Packages und Javadoc-Feldern (für Experten)
Debug	Optionen zum Debuggen eines Projekts
Erzeugen	Compiler-Optionen zum Erzeugen eines Projekts
Quelltext	Optionen zum Anpassen Ihres Quelltexts auf Projektbasis
Enterprise	Einstellungen rund um den Application Server
Team	Einstellungen für die Versionskontrolle

Tabelle 8.5: Einstellung von Projekteigenschaften

8.13   Namensänderungen

Projekte umbenennen

Wie schon eingangs erwähnt, können Sie den Projekttyp ändern. Gleiches gilt für den Namen des Projekts. Dazu führen Sie einfach einen Rechtsklick auf den Knoten des Projektstrukturbaums im Projektfenster (→ Abbildung 8.4) aus und wählen den Befehl UMBENENNEN VON <PROJEKTDATEI>. Gleiches erreichen Sie durch den Befehl DATEI | PROJEKT SPEICHERN UNTER. Vergeben Sie einen neuen Namen und schließen Sie den Dialog mit OK.

Dateien umbenennen

Führen Sie einen Rechtsklick auf die gewünschte Datei im Projektstrukturbaum aus und wählen Sie UMBENENNEN VON <DATEINAME>. Die gleiche Wirkung erzielt DATEI | UMBENENNEN VON <DATEINAME> oder ein Klick auf das Register einer geöffneten Datei im Editor.

Beachten Sie, dass das Ändern von Dateinamen zur Folge haben kann, dass sich Ihr Projekt nicht mehr kompilieren lässt. Das TOOL ZUR PACKAGE-MIGRATION ist weit effektiver in der Lage solche Umstrukturierungen zu lösen (→ Kapitel 6, Abschnitt 6.35)

8.14   Mit mehreren Projekten gleichzeitig arbeiten

Mit dem JBuilder sind Sie in der Lage, an mehreren Projekten gleichzeitig zu arbeiten, was besonders beim Entwickeln von Bibliotheken sehr angenehm ist. Möchten Sie zwei Projekte zu gleicher Zeit am Bildschirm betrachten, können Sie eine neue App-Browser-Instanz starten (→ Kapitel 5, Abschnitt 5.2.10 Menü Fenster).

Zwischen Projekten wechseln

Sie wechseln zwischen den Projekten über die Projektliste in der Projektsymbolleiste
(→ Abbildung 8.16). Zwischen verschiedenen AppBrowsern wechseln Sie über das
Menü FENSTER.

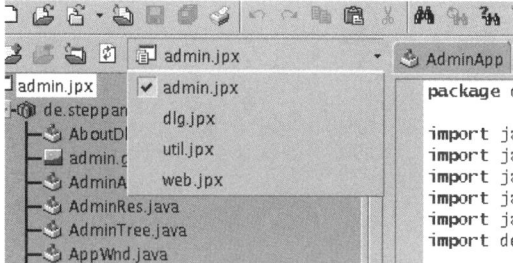

Abbildung 8.16: Über die Projektliste wechseln Sie zwischen Projekten

Mehrere Projekte speichern

Um die Änderungen an allen geöffneten Dateien und Projekten zu aktualisieren, wäh-
len Sie DATEI | ALLES SPEICHERN. Dieser Befehl speichert alle Dateien aller geöffneten
AppBrowser.

8.15   Bibliotheken

Bibliotheken sind Zusammenfassungen von Java-Dateien zu Archiven. Weil es sehr
umständlich und fehleranfällig wäre, alle Dateien eines solchen Archivs einzeln zu
einem Projekt hinzuzufügen, fasst man sie zu Archiven zusammen. Der in diesen
Archiven gespeicherte Klassenpfad wird zu dem Klassenpfad des Projekts addiert. Vor
allem aus diesem Grund müssen Bibliotheken korrekt auf Ihrem Computer konfiguriert werden, da es sonst dazu führen kann, dass JBuilder-Werkzeuge wie *CodeInsight*
nicht wunschgemäß arbeiten.

8.15.1   Bibliothekskonfigurationen speichern

Bibliothekskonfigurationen speichert der JBuilder in Library-Dateien. Vom Ort, an
dem diese Dateien gespeichert werden, hängen zum Beispiel die Verfügbarkeit für
andere Anwender und die Kompatibilität zur Versionskontrolle im Projekt ab
(→ Kapitel 9).

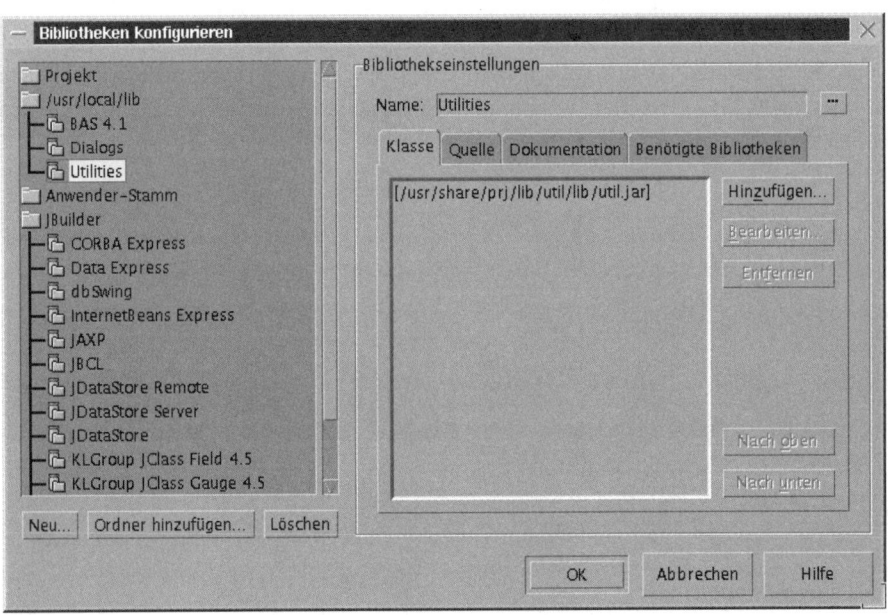

Abbildung 8.17: Mit diesem Dialog lassen sich Bibliotheken konfigurieren

Anwender-Stamm

Bei der Wahl dieses Speicherorts speichert der JBuilder die Library-Datei im persönlichen Verzeichnis des Anwenders (Unix: home/<user>/jbuilder4, Windows:
..\profile\<user>\jbuilder4). Bei einem Versionswechsel sind diese Einstellungen
unter Umständen verschwunden.

JBuilder

In diesem Fall speichert der JBuilder die Library-Datei im Unterverzeichnis lib Ihrer
JBuilder-Installation. Das bedeutet, dass mehrere Benutzer darauf Zugriff haben. Auch
dann, wenn Sie wie ich einen einzelnen Rechner unter verschiedenen Anwendernamen verwenden, empfiehlt sich diese Installationsart.

Projekt

Bei dieser Installationsart speichert der JBuilder die Library-Datei im aktuellen Projektverzeichnis. Wenn Sie die Versionskontrollfunktion der *Enterprise Edition* verwenden,
wird die Library-Datei zusammen mit den anderen Projektdateien eingecheckt. Diese
Funktion ist nur in der *Professional* und *Enterprise Edition* verfügbar.

Benutzerdefinierte Ordner

Bei dieser Auswahl speichert der JBuilder die Library-Datei in einem benutzerdefinierten oder gemeinsam verwendeten Ordner. Sie müssen den neuen Ordner im Dialogfeld BIBLIOTHEKEN KONFIGURIEREN hinzufügen, bevor dieser angezeigt werden kann.
Benutzerdefinierte Ordner sind eine Funktion der *Enterprise Edition*.

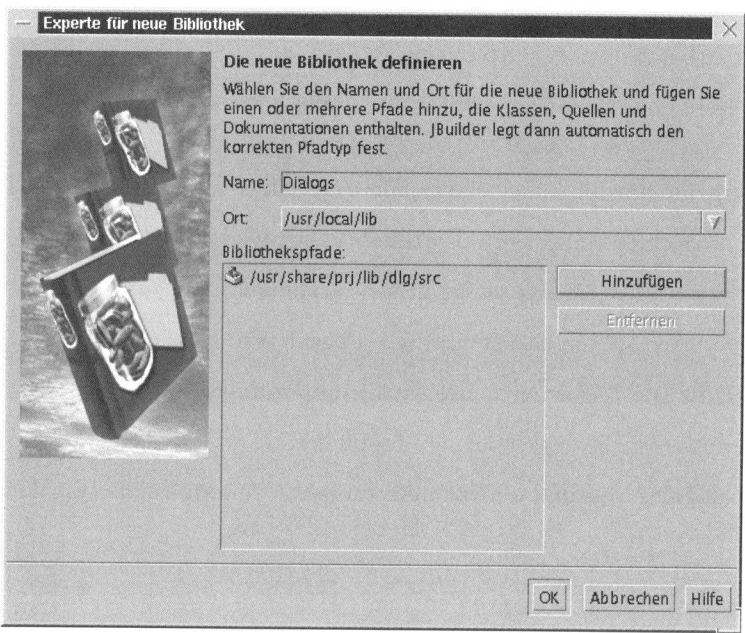

Abbildung 8.18: Dieser Experte ist der Schlüssel für die Konfiguration von Bibliotheken

8.15.2 Bibliotheken hinzufügen und konfigurieren

So fügen Sie eine existierende Bibliothek Ihrer JBuilder-Installation hinzu:

▷ Starten Sie über TOOLS | BIBLIOTHEKEN KONFIGURIEREN den gleichnamigen Dialog.

▷ Klicken Sie auf die Schaltfläche NEU, um den EXPERTEN FÜR NEUE BIBLIOTHEK zu
öffnen.

▷ Geben Sie im Feld NAME einen Namen für die neue Bibliothek ein.

▷ Wählen Sie aus der Liste ORT einen Speicherort für die Bibliothekskonfigurationen
(→ 8.15.1).

▷ Klicken Sie die Schaltfläche HINZUFÜGEN und wählen Sie einen oder mehrere Pfade
für die Klassen-, Quelltext- und/oder Dokumentationsdateien aus. Der Experte
legt automatisch den korrekten Pfad für die Dateien fest. Klicken Sie auf OK, um
die Auswahl zu bestätigen.

▷ Schließen Sie den Experten.

▷ Schließen Sie den Dialog BIBLIOTHEKEN KONFIGURIEREN.

Weitere Informationen zu diesem Experten finden Sie im → Kapitel 6, Abschnitt 6.22 Experte für neue Bibliothek.

8.15.3 Bibliotheken bearbeiten

Um eine Bibliothek zu bearbeiten, gehen Sie wie folgt vor:

▷ Rufen Sie den Konfigurationsdialog über TOOLS | BIBLIOTHEKEN KONFIGURIEREN auf.

▷ Suchen Sie die gewünschte Bibliothek in der links angeordneten Baumstruktur aus.

▷ Wählen Sie auf der rechten Seite das zu bearbeitende Archiv aus.

Nun gibt es drei Möglichkeiten, wie Sie weiter verfahren können:

▷ Klicken Sie auf BEARBEITEN, um das Archiv zu bearbeiten oder zu wechseln.

▷ Klicken Sie auf HINZUFÜGEN, um ein neues Archiv hinzuzufügen.

▷ Mit ENTFERNEN entfernen Sie das Archiv aus der Bibliothek.

Um Bibliotheken neu zu ordnen und die Suchreihenfolge zu ändern, wählen Sie eine Bibliothek aus und klicken Sie auf NACH OBEN oder NACH UNTEN.

8.15.4 Farbkodes der Bibliotheken

Der JBuilder stellt die auf der linken Seite des Dialogs BIBLIOTHEKEN KONFIGURIEREN gelisteten Bibliotheken in unterschiedlichen Farben dar, um ihren unterschiedlichen Status hervorzuheben. Die Bedeutung der Farbgebung entnehmen Sie bitte der → Tabelle 8.6.

Farbe	Beschreibung	Fehlerbehebung
Schwarz	Die Bibliothek ist korrekt konfiguriert.	Nicht notwendig
Rot	Die Bibliothekskonfiguration fehlt.	Im Regelfall bedeutet das, dass die Bibliothek noch nicht oder nicht korrekt konfiguriert worden ist, zum Beispiel, dass sie ohne Pfade definiert wurde.
Grau	Hier ist ein Upgrade erforderlich.	Dieser Hinweise bedeutet, dass Sie eine JBuilder-Version verwenden, für die Sie ein Upgrade auf eine *Professional* oder *Enterprise Edition* benötigen, wenn Sie diese Bibliothek verwenden möchten.

Tabelle 8.6: Farbkodes der Bibliotheken

8.16 Java Development Kits

Das Java Development Kit ist die Basis, auf der Sie mit dem JBuilder Programme entwickeln. Da sich JDK-Versionen ständig ändern, ist es wichtig, dass sich ein Projekt an die veränderten Bedingungen anpassen lässt. Die beiden Versionen *JBuilder Professional* und *Enterprise* unterstützen dies hervorragend.

8.16.1 JDK wechseln

Die *Professional* und *Enterprise Edition* des JBuilders erlauben Ihnen, JDKs beliebig zu wechseln. Die *Foundation Edition* ist im Gegensatz dazu starr auf ein JDK festgelegt. Alle drei Editionen arbeiten aber mit beliebigen Sun-kompatiblen JDKs zusammen.

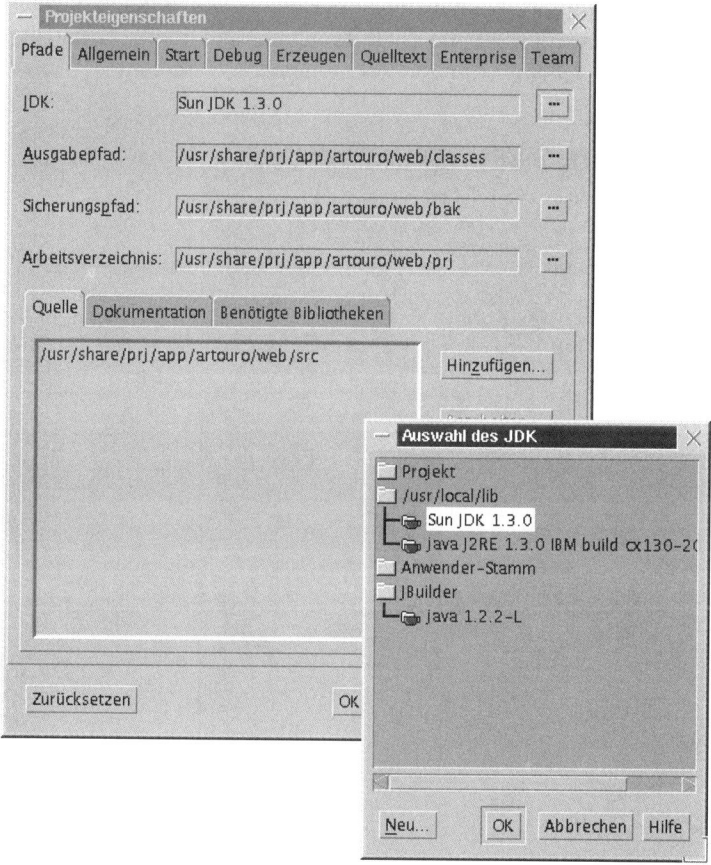

Abbildung 8.19: Mit Hilfe der Projekteigenschaften wechseln Sie das JDK

Sie legen die JDK-Version immer beim Anlegen eines Projekts fest. Wenn Sie das JDK
nachträglich wechseln möchten und mit einer *Professional* oder *Enterprise Edition* arbei-
ten, können Sie die Projekteigenschaften über PROJEKT | PROJEKTEIGENSCHAFTEN |
PFADE ändern. Auf der Registerseite PFADE befindet sich ein Feld namens JDK. Ein
Klick auf die nebenstehende Schaltfläche startet den Dialog AUSWAHL DES JDK. Wie Sie
der → Abbildung 8.19 entnehmen können, lassen sich hier die bereits eingerichteten
JDKs auswählen.

8.16.2 Neues JDK einrichten

Wenn Sie mit einer *Professional* oder *Enterprise Edition* arbeiten und auf die Schaltfläche
NEU klicken, startet der JBuilder den EXPERTEN FÜR NEUES JDK (→ Abbildung 8.20).
Mit ihm lassen sich neue JDKs anlegen (→ Kapitel 6, Abschnitt 6.23 Experte für neues
JDK). Legen Sie nun den Stammpfad, Namen und Speicherort des JDKs fest. Beim
Speicherort haben Sie wieder die Auswahl zwischen den Optionen, die Sie bereits bei
den Bibliotheken kennen gelernt haben.

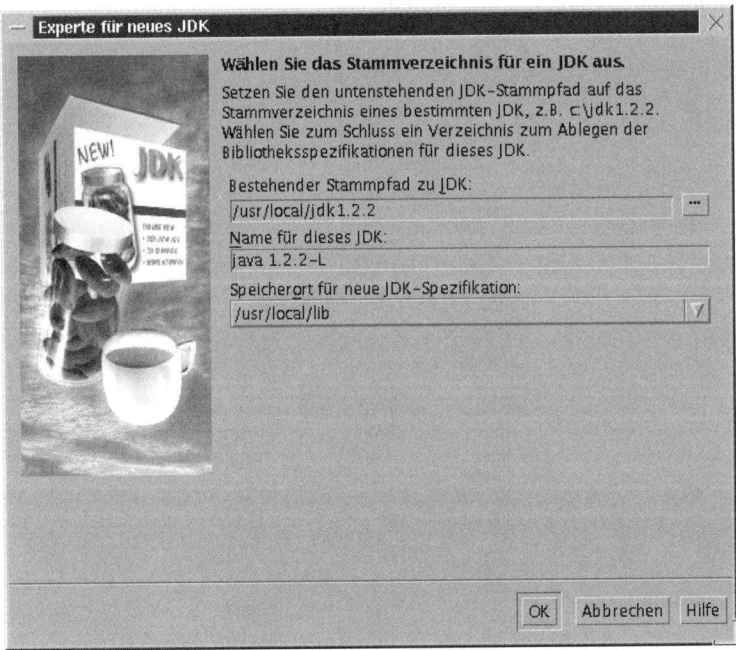

Abbildung 8.20: Der »Experte für neues JDK«

Anwender-Stamm

Bei der Wahl dieses Speicherorts speichert der JBuilder die Library-Datei im persönlichen Verzeichnis des Anwenders (Unix: `home/<user>/jbuilder4`, Windows: `..\profile\<user>\jbuilder4`). Bei einem Versionswechsel sind diese Einstellungen unter Umständen verschwunden.

JBuilder

In diesem Fall speichert der JBuilder die Library-Datei im Unterverzeichnis `lib` Ihrer JBuilder-Installation. Das bedeutet, dass mehrere Benutzer darauf Zugriff haben. Auch dann, wenn Sie wie ich einen einzelnen Rechner unter verschiedenen Namen verwenden, empfiehlt sich diese Installationsart.

Projekt

Bei dieser Installationsart speichert der JBuilder die Library-Datei im aktuellen Projektverzeichnis. Wenn Sie die Versionskontrollfunktion der *Enterprise Edition* verwenden, wird die Library-Datei zusammen mit den anderen Projektdateien eingecheckt. Diese Funktion ist nur in der *Professional* und *Enterprise Edition* verfügbar.

Benutzerdefinierte Ordner

Bei dieser Auswahl speichert der JBuilder die Library-Datei in einem benutzerdefinierten oder gemeinsam verwendeten Ordner. Sie müssen den neuen Ordner im Dialogfeld BIBLIOTHEKEN KONFIGURIEREN hinzufügen, bevor dieser angezeigt werden kann. Benutzerdefinierte Ordner sind eine Funktion der *Enterprise Edition*.

8.16.3 JDKs konfigurieren

Die Bearbeitung von JDKs verläuft analog der Bearbeitung von Bibliotheken. Sie wählen TOOLS | JDKS KONFIGURIEREN. Sie sehen im linken Teil des Dialogs die bereits konfigurierten JDKs (→ Abbildung 8.21). Auf der rechten Seite des Dialogs befinden sich die JDK-Einstellungen. Sie können Namen und Pfade ändern sowie einzelne Archive entfernen oder umsortieren.

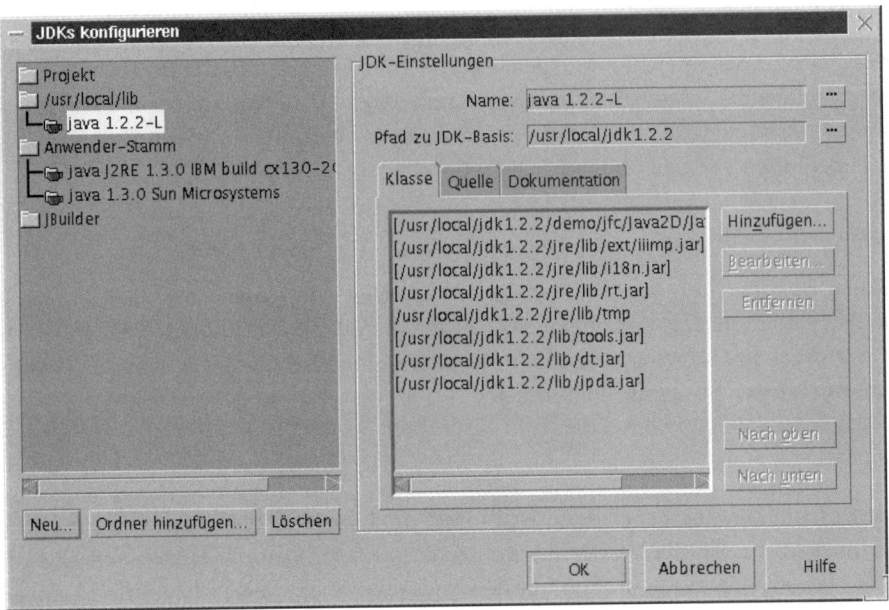

Abbildung 8.21: Über diesen Dialog lassen sich JDKs konfigurieren

8.17   Literatur & Links

Wie immer zum Schluss eines Kapitels nenne ich Ihnen einige weiterführende Literaturstellen:

JBuilder-Dokumentation: *http://www.borland.com/techpubs/jbuilder*

JBuilder-Homepage: *http://www.borland.com/jbuilder*

JBuilder-Newsgroups allgemein: *http://www.borland.com/newsgroups/index.html#jbuilder*

JBuilder-Newsgroup zur IDE: *news://newsgroups.borland.com/borland.public.jbuilder.ide*

JBuilder-Werkzeuge: *http://www.borland.com/jbuilder/resources/jbnet.html#jbtools*

9 Softwareentwicklung im Team

Meistens ist die Software heute zu groß oder zu komplex, um von einem einzelnen Programmierer zeitgerecht fertig gestellt werden zu können. Aus diesem Grund entwickelt man Software in einem Team, teilt sich die Arbeit und spezialisiert sich auf einen Bereich. So ist die Arbeit schneller zu bewältigen und es muss nur noch koordiniert werden, wer was wie entwickelt – oder?

Nein, so einfach ist es nicht. Die Arbeit im Team wirft eine Vielzahl von Problemen auf und die Schwierigkeiten steigen erfahrungsgemäß mit der Anzahl der Entwickler. Viele Teams schwanken zwischen Organisierungswut und Chaos. Da jeder eine andere Vorstellung vom Vorgehen bei der Entwicklung von Software besitzt, läuft jedes Projekt Gefahr, am Dissens der Beteiligten über das Vorgehen zu scheitern.

Wenn man im Team erfolgreich und kostengünstig Software entwickelt möchte, müssen daher frühzeitig Maßnahmen zur Koordinierung getroffen werden. Dabei hat es weder Sinn, die Verwaltung und Reglementierung maßlos aufzublähen, noch darauf zu hoffen, dass sich die Entwickler schon arrangieren werden.

Eine vernünftige Rollenbeschreibung der Beteiligten, Konsens über einen schlanken Entwicklungsprozess und über den Einsatz der Werkzeuge, speziell einer Versionskontrolle sollten gute Rahmenbedingungen für ein erfolgreiches Projekt bilden. Darum soll es in diesem Kapitel gehen:

▷ Rollenbeschreibungen

▷ Entwicklungsprozesse

▷ Werkzeugeinsatz

▷ Arbeit mit CVS

▷ Andere Versionskontrollwerkzeuge

Die meisten klassischen Entwicklungsumgebungen, zu denen auch der JBuilder zählt, sind stark auf die Implementierung zugeschnitten. Sie decken genau genommen nur einen bestimmten Teil der Entwicklungsphase optimal ab und unterstützen in der Regel wenig bei der Teamarbeit.

Das hat auch Borland erkannt und bietet den *JBuilder Enterprise* in der Version 4 erstmals mit einer vollwertigen integrierten Teamunterstützung an. Aber auch Anwender der *Foundation* und *Professional Edition* können im Team arbeiten. Wie das funktioniert und wie ein gutes Vorgehen aussehen könnte, will ich nachfolgend klären.

9.1   Rollenbeschreibungen

Egal ob man Software in einem großen Team, in einem kleinen Team oder einzeln entwickelt, die Aufgaben sind in der Regel die gleichen. Während der einzelne Entwickler naturgemäß ein »Allrounder« sein muss, der sich selbst koordiniert, gibt es im Gegensatz dazu in größeren Teams unter Umständen für jeden Arbeitsschritt und jede Rolle einen Spezialisten. Sie ziehen selten an einem Strang und sollten daher durch Team- und Projektleitung koordiniert werden.

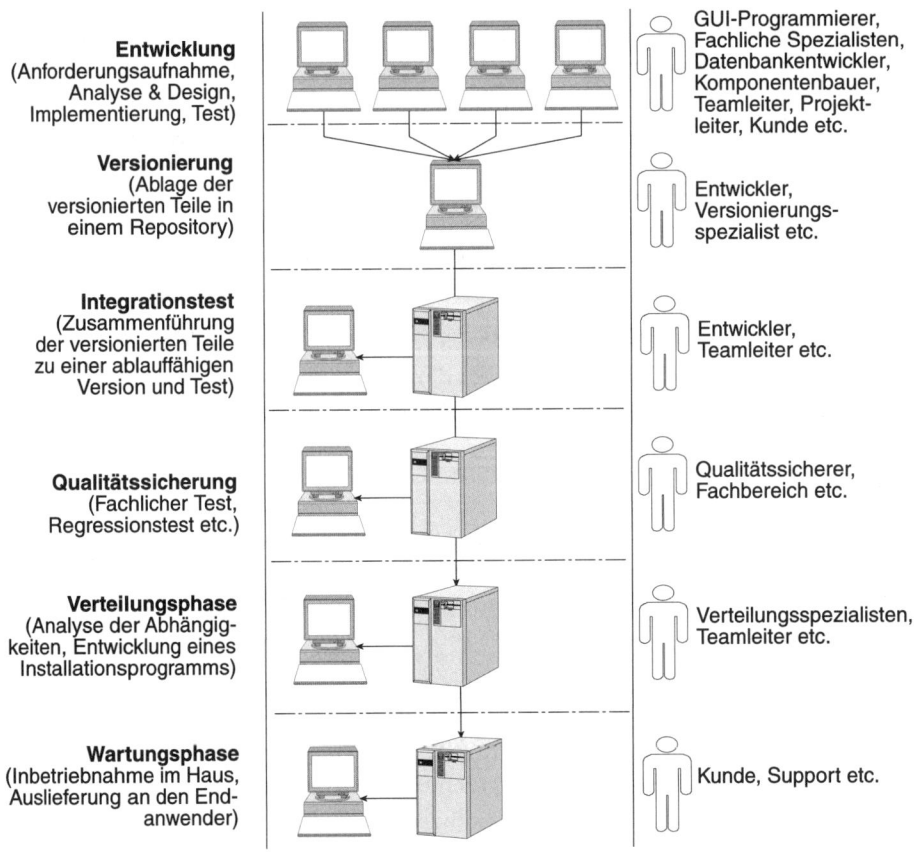

Abbildung 9.1: Rollen und Aufgaben in einem Team

In → Abbildung 9.1 sind die wichtigsten Rollen im Entwicklungsprozess dargestellt. Unabhängig vom Weg, den man beschreiten möchte, um Software zu entwickeln, sind die Aufgaben, die dort genannt sind, in der einen oder anderen Form zu leisten. Folgende Fragen stellen sich:

- In welcher Reihenfolge soll der Ablauf stattfinden?

- In welcher Qualität soll dokumentiert werden?

- Wann benötigen wir Werkzeugunterstützung wie beispielsweise eine Versionskontrolle?

- Beginnen wir bei der Programmoberfläche oder bei der Anwendungslogik?

- Wann setzen wir das Datenmodell auf?

- Versuchen wir alle Anforderungen zu Beginn aufzunehmen?

- Wie geht man mit Kunden um, die nicht wissen, was sie wollen?

- Wie sichern wir die Qualität des Endprodukts?

Diese Fragen sind immer wieder zu stellen, und es gibt keine eindeutige Anwort zu jedem Bereich, denn jede Software ist unterschiedlich. Und so ist es wenig verwunderlich, dass sich die Entwicklung einer finanzmathematischen Anwendung für eine Versicherung in einem Team mit 20 Programmierern nach außen ganz anders darstellt als die Programmierung eines Abenteuerspiels in einem kleinen Team von Enthusiasten.

Das ist aber ein Trugschluss, denn beide Teams müssen exakt die gleichen Probleme lösen. Sie müssen sich über die Anforderungen im Klaren sein, müssen die Anforderungen in einem möglichst geschickten Design umsetzen, das Design implementieren, die implementierten Teile integrieren und schließlich die integrierte Version testen. Wenn der Test scheitert, merken sie sich warum, geben der Version der fehlerhaften Datei eine Bezeichnung (zum Beispiel Version 0.0.12), versuchen den Fehler auszuräumen und testen die fehlerbereinigte Integration erneut.

Wenn sich aber die Prozesse so unterschiedlicher Projekte im Kern gleichen, warum erfindet man das Rad jedes Mal zu Projektbeginn von neuem? – Die Arbeit kann man sich tatsächlich sparen, denn es existieren mehr oder weniger gut beschriebene Entwicklungsprozesse. Es ist nur zu klären, welche Prozessmodelle sich für den Einsatzfall eignen.

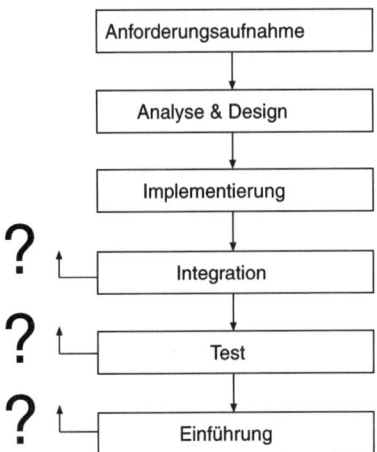

Abbildung 9.2: Die Arbeitsschritte sind immer gleich, aber wie geht man vor?

9.2 Entwicklungsprozesse

Man unterscheidet heute im Wesentlichen vier Hauptarten von Prozessmodellen:

▶ Wasserfallmodell

▶ Spiralmodell

▶ Rapid Application Development

▶ Clustermodell

Zwischen diesen vier Grundtypen gibt es die feinsten Schattierungen, deren Erklärung den Rahmen dieses Buchs sprengen würde. Ich will hier nur auf die zwei Hauptarten von Vorgehensmodellen eingehen, die als Grundlage für die Arbeitsweise eines Projektteams dienen können.

9.2.1 Wasserfallmodell

Dieses Modell mit dem wunderschön anschaulichen Namen ist das vielleicht am weitesten verbreitete Vorgehensmodell und findet vor allem in der traditionellen Softwareentwicklung für den Großrechner Verwendung.

Diskrete Phasen

Beim Wasserfallmodell besteht die Entwicklung aus diskreten Phasen, die wie Stufen aufeinander folgen. Die Art und Anzahl der Stufen können variieren, wobei Anforderungsaufnahme, Analyse & Design, Implementierung und Test gängig sind.

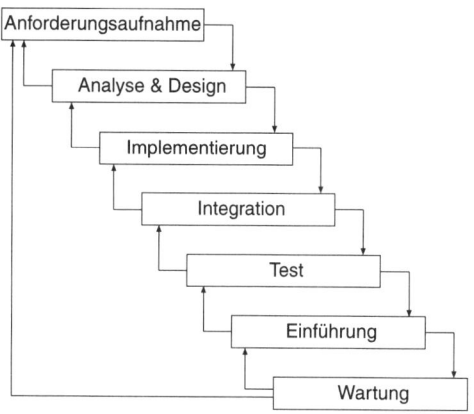

Abbildung 9.3: Das Wasserfallmodell

In der Praxis lassen sich jedoch viele Derivate finden. Die → Abbildung 9.3 zeigt eine praxisgerechte, etwas aufgeweichte Variante des Modells, bei der Rückschritte von einer Phase in die vorhergehende gestattet sind.

Üblicherweise findet man jedoch Beschreibungen, nach denen genau dies nicht gewünscht ist. Der »Arbeitsfluss« verläuft wasserfallartig (daher der Name) immer von oben nach unten. Stellt man bei der Auslieferung der Software (»Big Bang«) fest, dass die Anforderungen nicht hundertprozentig getroffen wurden, beginnt man wieder am Punkt 1 »Anforderungsanalyse« – das Spiel beginnt von neuem.

Anforderungen vollständig erfassen

Damit das strenge, diskrete Wasserfallmodell überhaupt funktioniert, müssen alle Anforderungen zu Projektbeginn vollständig erfasst worden sein. Entsprechend lange dauert diese Phase, nach der nicht selten sowohl Kunden als auch Entwickler etwas ermüdet sind und wieder vergessen haben, worüber am Anfang der Phase eigentlich gesprochen wurde – wäre da nicht die Dokumentation.

Damit das Wissen über die Anforderungen des Kunden nicht verloren geht, wird sehr viel schriftlich dokumentiert. Es gibt Firmen, in denen sogar Phasenverträge abgeschlossen werden, damit der Kunde nicht im weiteren Verlauf des Prozesses behaupten kann, er habe bestimmte Anforderungen nicht gestellt und andere seien nicht umgesetzt worden. Das ganze Verfahren ist also etwas bürokratisch und sicherheitsbetont. Aber nach so viel Negativem auch einige positive Seiten des Modells.

Genaue Schätzung des Zeitbedarfs

Durch die vollständige Anforderungsanalyse zu Projektbeginn lässt sich der Zeitbedarf für die Anwendungsentwicklung auf Basis guter Schätzmethoden sehr genau kalkulieren. Ein weiterer Vorteil ist, dass das Vorgehen sehr einfach zu durchschauen ist. Die erwähnte große Sicherheit bei der Schätzung des Zeitbedarfs und das einfache Verfahren sind besonders für unerfahrene Manager und Entwickler sicher ein großes Plus.

Summa summarum ist das Wasserfallmodell nicht mehr zeitgemäß. Der Kunde sieht lange Zeit kein Teilprodukt und kann sich kaum eine Vorstellung von der neuen Software bilden. Sieht er dann die fertig implementierte Anwendung, ist es zu spät, Änderungswünsche anzubringen. Missverständnisse können dann nicht mehr ausgeräumt werden.

Für Webanwendungen ungeeignet

Für Webanwendungen ist ein wasserfallartiges Vorgehen völlig undenkbar. Der Kunde möchte hier in kürzester Zeit Ergebnisse sehen. Man beginnt häufig die Oberfläche zu entwickeln, noch bevor klar ist, wie das Zusammenspiel funktionieren soll (Bertrand Meyer: »Potemkin-Ansatz«), und stimmt die Ergebnisse sofort mit dem Kunden ab. Um dem sich anbahnenden Chaos zu entgehen, bei dem sich die Entwicklung trotz frühzeitiger Ergebnisse unerwartet in die Länge zieht, bietet sich ein spiralartiges Vorgehen an.

9.2.2 Spiralmodell

Das Spiralmodell ist ein relativ kompliziertes, von B.W. Boehm vorgeschlagenes Modell für einen modernen, kundenfreundlichen Entwicklungsprozess. Bei diesem Modell teilt sich die Entwicklung in die vier Hauptphasen: Anforderungsaufnahme, Analyse & Design, Implementierung sowie Test auf (→ Abbildung 9.4).

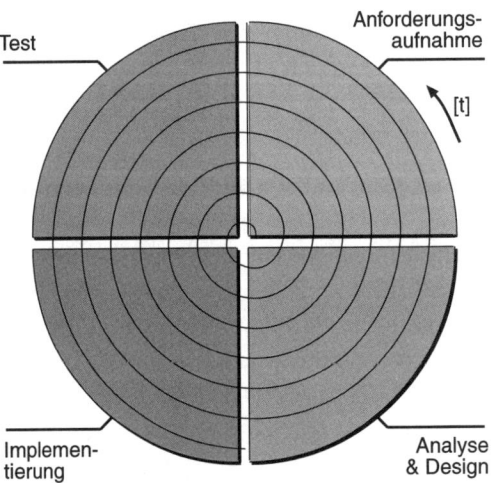

Abbildung 9.4: Eine Iteration im Spiralmodell

Die in → Abbildung 9.4 dargestellt Spirale wird dabei von innen nach außen entgegen dem Uhrzeigersinn durchlaufen. Zu Projektbeginn (Definition) überwiegt die Phase der *Anforderungsaufnahme*. *Analyse & Design* beginnen erst am Ende des Definitionsabschnitts zuzunehmen. *Implementierung* und *Test* spielen beim ersten Durchlauf noch keine nennenswerte Rolle.

Iterationsplan

Jede Umdrehung wird als Iteration bezeichnet. In → Abbildung 9.5 ist ein vereinfachter Iterationsplan dargestellt. Die Kunst beim Spiralmodell besteht darin, sinnvolle Iterationsschritte zu finden. Diese Aufgabe trifft den Projektleiter zu Projektbeginn.

Nach jeder Iteration mit den vier Phasen Anforderungsaufnahme, Analyse & Design, Implementierung und Test kann dem Kunden bei guter Planung ein in sich abgeschlossener Teil der Software vorgestellt werden. Die Software wächst kontinuierlich mit den Anforderungen des Kunden.

Das Verfahren flößt Anwendern des Wasserfallmodells unter Umständen Angst ein, weil keine komplette Anforderungsaufnahme zu Projektbeginn vorliegt. Damit erhöht sich das Risiko, dass sich das Projektende verzögert, weil der Kunde durch dauernde Änderungswünsche neue Iterationen erzwingt.

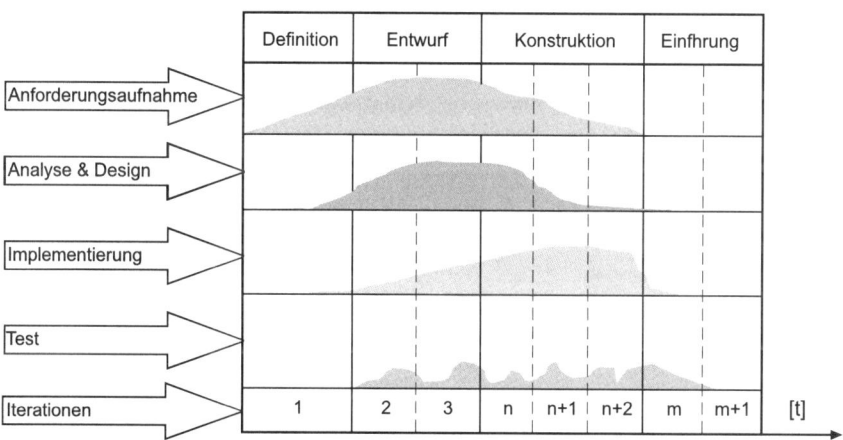

Abbildung 9.5: Ein stark vereinfachter Iterationsplan

Eine der Schwierigkeiten des Verfahrens ist es auch, den Zeitpunkt festzulegen, wann die erste Anforderungsaufnahme (Definition → Abbildung 9.5) abgeschlossen ist. Zusätzlicher Aufwand entsteht bei der Versionierung und Qualitätssicherung, da sich diese beiden Aufgabengebiete immer mit Programmfragmenten begnügen müssen, die nicht selten starken Veränderungen unterliegen.

Geringes Risiko einer Fehlentwicklung

Summa summarum ist das Spiralmodell ein kompliziertes Verfahren, das sich nicht für jede Firma und für jedes Team eignet. Es verringert das Risiko einer Fehlentwicklung im Vergleich zum Wasserfallmodell beträchtlich. Der Preis dieser Kundenfreundlichkeit ist ein hoher Aufwand für das gesamte Entwicklungsteam; aber auch der Kunde ist zur permanenten Mitwirkung verpflichtet. Sind Kunde und Team gut aufeinander eingespielt, ist das Verfahren gerade dann erfolgversprechend, wenn das Team durch geeignete Werkzeuge unterstützt wird.

9.3　Werkzeugeinsatz

Der vorhergehende Abschnitt hat zwar Fragen nach dem prinzipiellen Prozessverlauf geklärt, aber die Fragen nach den Werkzeugen nicht klären können:

▶　Was sind geeignete Werkzeuge?

▶　In welchen Phasen unterstützen sie den Prozess?

▶　Wie greifen die Arbeitsergebnisse dieser Werkzeuge ineinander?

▶　Wie lässt sich verhindern, dass Arbeitsergebnisse im Konflikt zueinander stehen?

Am Beispiel der vier Phasen des Spiralmodells möchte ich diese Fragen aufgreifen.

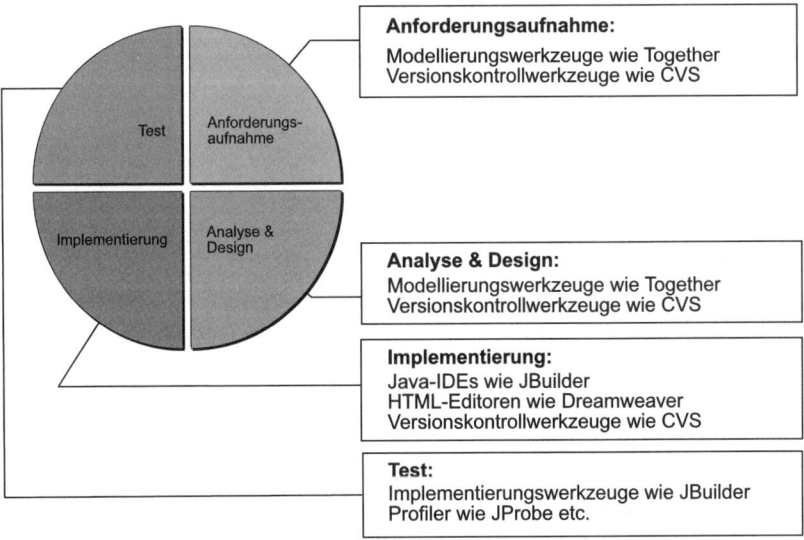

Abbildung 9.6: Übersicht der Phasen und Werkzeuge

9.3.1 Anforderungsaufnahme

In der Phase der Anforderungsaufnahme setzt man entweder auf Papier und Bleistift, fertigt Handskizzen an und bringt die Wünsche des Kunden schriftlich zu Papier oder man arbeitet schon stark werkzeuggestützt mit Modellierungswerkzeugen wie Together.

Die UML (→ Anhang B) unterstützt die Phase der Anforderungsaufnahme durch Anwendungsfalldiagramme und Aktivitätsdiagramme. Ist dieser erste Abschnitt (Definition → Abbildung 9.5) abgeschlossen, werden die Arbeitsergebnisse in der Analyse- und Designphase weiter verfeinert. Aus beiden Diagrammarten lassen sich in der nächsten Phase fachlich betonte Klassendiagramme ableiten.

9.3.2 Analyse & Design

Bei der Phase der Analyse und des Designs verwandeln sich die groben Umrisse der Kundenwünsche zunehmend in konkrete Programmfunktionen oder, objektorientiert gesprochen, in Klassen und Methoden. Setzt man ein Werkzeug wie Together ein, lassen sich aus den fachlichen Anforderungen schnell Klassenmodelle entwerfen, die vom JBuilder zur Implementierung übernommen werden können.

9.3.3 Implementierung

Diese Phase gehört vollständig dem JBuilder. Auch wenn man mit manchen Modellierungswerkzeugen wie Together mittlerweile auch implementieren kann, ist das nicht zu empfehlen. Sie werden damit nicht annähernd die Produktivität einer gut aufeinander abgestimmten Entwicklungsumgebung wie dem JBuilder erreichen.

Dateibasierende Werkzeuge

JBuilder und Together sind beides dateibasierende Werkzeuge, weshalb die Abstimmung der Arbeitsergebnisse problemlos verläuft. Bei einem gut eingerichteten Projekt können Sie wechselseitig mit beiden Werkzeugen arbeiten und sind stets auf dem neuesten Stand (→ 8.1.2 Verzeichnisstruktur und → 8.1.3 Roundtrip-Engineering).

9.3.4 Test

Während der Testphase innerhalb des Spiralmodells ist Debugging im eigentlichen Sinne nur ein Teilaspekt. Unter Test ist vielmehr der Integrationstest einer (Teil-)Anwendung zu verstehen, den man nach Abschluss einer Iteration vornimmt. Je nachdem, wie weit das Projekt schon fortgeschritten ist, reicht das Spektrum vom technischen Remote-Debugging bis zum fachlichen Test. Die Ergebnisse der Anforderungsaufnahme unterstützen beim fachlichen Test das Team, weil sie belegen, wie das Programm nach dem Wunsch des Kunden tatsächlich zu funktionieren hat.

Test der Performance

Verläuft etwas nicht so wie gewünscht, ist das Programm beispielsweise zu langsam oder stürzt es bei einer Aktion ab, kann mit geeigneten Werkzeugen nach der Ursache geforscht werden. Profiler wie JProbe dienen hierbei zur Analyse des Programmverlaufs (Performance), der integrierte Debugger des JBuilders dient zur Ermittlung von Programmfehlern.

Wenn der Fehler ermittelt und beseitigt wurde, bekommen die betroffenen Dateien (`*.java`) neue Versionsnummern und werden archiviert. Im weiteren Verlauf des Projekts lässt sich dann genau verfolgen, wann etwas funktioniert hat und wann nicht. Damit sind wir bei der Versionierung, einer der Schlüsselfunktionen der neuen *Enterprise Edition* des JBuilders, angelangt.

9.3.5 Versionierung

Die *Enterprise Edition* des neuen JBuilders unterstützt als Versionskontrollwerkzeug von Haus aus CVS. Diese Versionskontrolle verwandelt die Entwicklungsumgebung in ein teamfähiges Werkzeug. Andere Versionskontrollprodukte als CVS können über die OpenTools-Schnittstelle des JBuilders eingebunden werden. Bei meinem Arbeitgeber, der C&N Touristic AG, entwickeln wir beispielsweise zurzeit eine *Continuus-Integration*. Eine Integration von *Visual SourceSafe* wird in der nächsten Version des JBuilders von Borland ausgeliefert werden.

Was ist CVS? CVS steht für *Concurrent Version System* und ist ein frei verfügbares, bei vielen Linux-Distributionen beigelegtes Programm für die Versionierung von Dateien eines Entwicklungsprojekts. Bei der *Professional* und *Enterprise Edition* finden Sie eine Version für Linux, Solaris und Windows NT auf der Companion-CD (→ 4.4.6 Concurrent Version System). Als Anwender der *Foundation Edition* bekommen Sie CVS aus einer der Internet-Quellen (Seite 429, → 9.6 Literatur & Links).

Funktionen der Versionskontrolle

Mit einem Versionskontrollwerkzeug wie CVS lassen sich

- ▸ Vollständige Projekte versionieren

- ▸ Quelltexte versionieren

- ▸ Quelltexte Benutzern zuordnen

- ▸ Quelltexte für Benutzer sperren

- ▸ Quelltexte für Benutzer freigeben

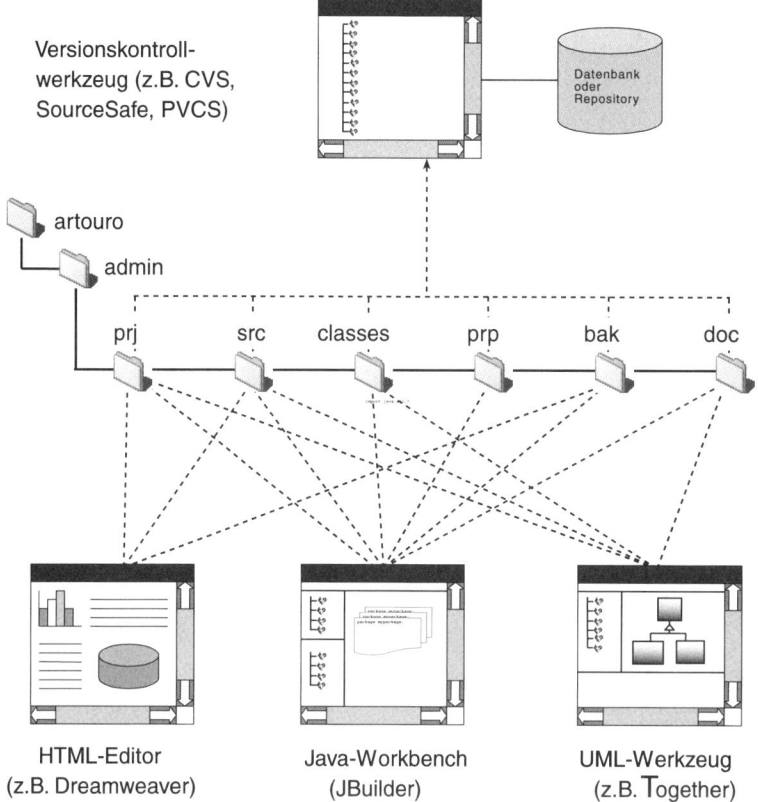

Abbildung 9.7: Werkzeuge, Verzeichnisse und Versionskontrolle bei einem Webprojekt

Durch diese Funktionen gewinnt der Entwicklungsprozess entscheidend an Sicherheit. Informationsverluste durch versehentlich überschriebene Dateien gehören der Vergangenheit an. Mehrere Entwickler können trotzdem an derselben Datei arbeiten, ohne die Änderungen des Kollegen zu überschreiben.

Änderungen lassen sich zurückverfolgen. Sollte nach einer Integration eine bestimmte Programmfunktionalität schlechter arbeiten als zuvor, kann man die Gründe dafür analysieren, indem man die Version wieder von der Versionskontrolle anfordert, bei der noch alles funktioniert hat.

Eine Versionskontrolle bildet eine Klammer über eine ganze Reihe von dateibasierenden Werkzeugen. In → Abbildung 9.7 habe ich skizziert, wie die Versionskontrolle die unterschiedlichen Arbeitsergebnisse eines Webprojekts bündelt. Alle drei beteiligten Werkzeuge arbeiten auf demselben Verzeichnis. Durch regelmäßige Archivierung werden die Arbeitsergebnisse gebündelt.

Damit sind die wesentlichen Fähigkeiten eines solchen Werkzeugs abgesteckt, die sich auch im Menü TEAM des JBuilders widerspiegeln, sofern Sie CVS installiert und den JBuilder konfiguriert haben (→ 4.4.6 Concurrent Version System).

Bevor ich auf dieses Menü und den Ablauf einer Versionierung eingehe, muss ich ein paar Sätze zu den Begriffen verlieren, mit denen Versionskontrollspezialisten üblicherweise andere Entwickler erschrecken. Ohne die genaue Kenntnis der Begriffe kann es zu Verwechslungen und damit zu Datenverlusten kommen.

Arbeitsbereich (Work Area)

Dies ist Ihr lokales Projekt. Wie schon im → Kapitel 8 erwähnt, muss ein Entwickler aus dem Team bei der Projektinitialisierung ein JBuilder-Projekt einrichten und dieses mit der Versionskontrolle abgleichen. Unter Projekt einrichten verstehe ich die Arbeitsschritte, die ich unter → 8.1 bis → 8.4 beschrieben habe. Ist das erfolgt, kann sich jeder Entwickler aus dem Team diesen initialen Stand vom Repository der Versionskontrolle auf seinen Arbeitsplatzrechner kopieren.

Repository

Das Repository ist ein Sammelbehälter für Quelltexte und Ressourcen wie Bilder oder Klangdateien. CVS legt die Dateien einfach im Dateisystem des Betriebssystems ab. Hochpreisige Versionskontrollwerkzeuge wie Continuus verwenden eine hochwertige relationale Datenbank als Repository.

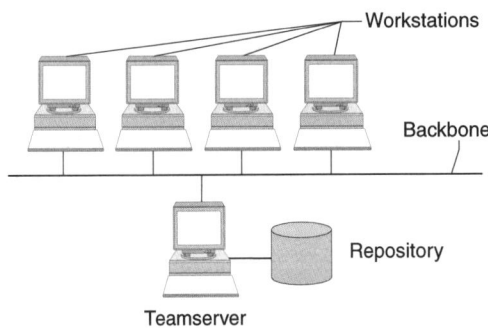

Abbildung 9.8: Arbeitsumfeld mit Teamserver

Aber egal wie das Repository beschaffen ist: Es kann sich entweder lokal auf der Arbeitsstation befinden oder auf einem Teamserver. Im ersten Fall ist das Verfahren nicht mehr teamfähig (es sei denn, dieser Rechner fungiert auch als Teamserver), im zweiten Fall müssen alle Teammitglieder in der Regel ein Konto auf dem Teamserver besitzen und sich beim Abgleich mit dem Repository beim Teamserver authentifizieren.

Integration

Der Vorgang der Integration ist eine knifflige, verantwortungsvolle Arbeit, die durch die verschiedensten Werkzeuge wie eine Versionskontrolle unterstützt werden kann. Sie ist aber auch durch die besten Werkzeuge nicht vollständig zu automatisieren, verlangt hohe Sachkenntnis und eine gute Teamkoordinierung.

Beim Integrieren einer Software kopiert ein Verantwortlicher des Projekts die aktuellsten integrationsfähigen Java-Dateien, die sich im Repository befinden, auf einen Integrationsrechner, auf dem sich alle Bibliotheken befinden müssen, die das Programm benötigt. Mit Hilfe des JBuilders baut er daraus ein ablauffähiges, konsistentes Programm zusammen (→ Abbildung 9.9). Diese Version bekommt üblicherweise eine Build-Nummer.

Das Versionskontrollsystem unterstützt bei der Integration nur dabei, Textkonflikte zu erkennen. Die logische Integrität müssen Sie selbst überprüfen. Wenn zum Beispiel in einer Java-Datei mit der Version 1.01 eine Importanweisung vorhanden ist, sie aber in der Nachfolgeversion 1.02 fehlt, kann das verschiedene Ursachen haben. Vielleicht ist das Anlegen einer Instanz nun überflüssig und der Programmierer hat folgerichtig die Importanweisung entfernt.

Oder er hat einen Fehler begangen und eine inkonsistente Version ins Repository gestellt. Bei der Lösung des logischen Konflikts hilft der Compiler, denn er erkennt im letzteren Fall aufgrund der fehlende Importanweisung eine Klasse und deren Instanz bei der Version 1.02 nicht. Zusätzliche Hilfe erreicht man durch so genannte Merge-Tags (→ Seite 424).

Nun kann der Integrationsspezialist zu demjenigen gehen, der die Version 1.02 in das Repository gestellt hat, und fragen, ob er versehentlich einen inkonsistenten Zustand herbeigeführt hat. Ist das der Fall, bildet man beispielsweise eine Version 1.03, stellt diese wieder in das Repository und integriert erneut. Der Vorgang wiederholt sich so lange, bis alle logischen Konflikte behoben sind.

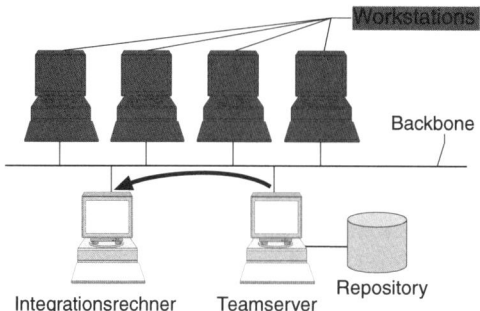

Abbildung 9.9: Der Vorgang der Integration

Erst im Anschluss daran wird der Integrationstest durchgeführt, der, falls man nach einem Spiralmodell vorgeht, dazu führen soll, dem Kunden eine ablauffähige, fachlich getestete Version zu präsentieren (Abschluss einer Iteration). Diese Vorversionen heißen je nach Stadium der Entwicklung Alpha- (sehr früh), Beta- (Spätstadium) oder Gammaversionen (kurz vor der Auslieferung).

Aktualisieren (Update)

Bei diesem Vorgang werden Änderungen aus dem Repository in den Arbeitsbereich übernommen.

Entfernen (Remove)

Entfernt die ausgewählte Datei aus dem Repository.

Modul

Unter Modul versteht man in der Sprache der Versionskontrollspezialisten eine Gruppe miteinander in Verbindung stehender Dateien. Ein Modul ist im Zusammenhang mit dem JBuilder und CVS identisch mit einem JBuilder-Projekt.

Zusammenführen (Merge)

Das Zusammenführen ist die Vorbereitung einer Integration. Es wird bei Versionskontrollwerkzeugen eingesetzt, die eine Datei im Repository *nicht* sperren, wenn sie jemand zur Bearbeitung ausgeliehen hat.

Dadurch sind Konflikte für den Fall vorprogrammiert, dass mehrere Teammitglieder sich diese Datei ausgeliehen haben. Manche Werkzeuge lassen sich diesbezüglich konfigurieren, ob eine streng serielle Entwicklung oder ob eine parallele Entwicklung gestattet ist.

Zurückschreiben

Bei diesem Vorgang übernimmt das Repository die in Ihrem Arbeitsbereich vorgenommenen Änderungen. Erst damit stehen sie anderen Anwendern zur Verfügung.

Ausleihen (Check-out)

Kopiert ein Modul aus dem Repository in Ihren Arbeitsbereich. Sofern Sie mit CVS arbeiten, ist dieser Vorgang nur ein einziges Mal zu Beginn notwendig. Verwenden Sie später AKTUALISIEREN, um Änderungen zu synchronisieren.

Hinzufügen

Fügt eine Datei zum Projektmodul des Repositorys hinzu. Dieser Befehl kommt dann zum Einsatz, wenn Sie beispielsweise eine neue Klasse erzeugt haben, die sich vorher noch nicht im Repository befand.

9.4 Arbeit mit CVS

Nach diesen Vorbemerkungen zur Arbeit mit den verschiedenen Werkzeugen komme ich nun zum praktischen Einsatz der eingebauten Versionskontrolle CVS. Dieser Abschnitt ist fast ausschließlich für die Anwender der *Enterprise Edition* gedacht, da nur diese über eine integrierte Versionskontrollfunktionen verfügt.

Im Folgenden setzte ich voraus, dass CVS auf Ihrem Rechner oder im Netzwerk einge-richtet ist. Sollte das nicht der Fall sein, schlagen Sie bitte unter → 4.4.6 nach. Dort ist die Installation und Einrichtung eines Repositorys ausführlich beschrieben.

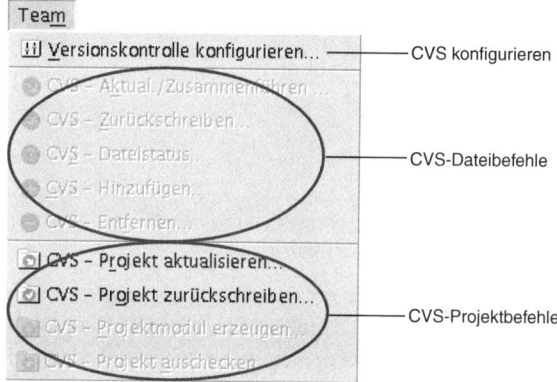

Abbildung 9.10: Das Menü »Team« der Enterprise Edition

Das Menü TEAM besteht aus den drei Abschnitten Konfiguration, Dateibefehle und Projektbefehle. Bevor Sie CVS verwenden können, müssen Sie die Versionskontrolle konfigurieren.

9.4.1 CVS-Verbindung konfigurieren

Rufen Sie dazu PROJEKT | PROJEKTEIGENSCHAFTEN auf und wechseln Sie auf die Regis-terseite TEAM oder wählen Sie TEAM | VERSIONSKONTROLLE KONFIGURIEREN. Sofern Sie einzeln und lokal arbeiten, geben Sie beim Verbindungstyp LOKAL an, bei Netzwerk-verbindungen zu einem Teamserver des Intranets ist der Typ PSERVER zu wählen, wäh-rend Großprojekte über das Internet mit der Verbindung EXT arbeiten.

Je nach Verbindungstyp sind Anmeldungseinstellungen und der Ort des Repositorys einzugeben. Hier hilft Ihnen Ihr Systemadministrator weiter. Beim Namen des Moduls geben Sie den Namen des Projekts ein, falls dieses nicht schon beim Aufsetzen des Teamservers erledigt worden ist.

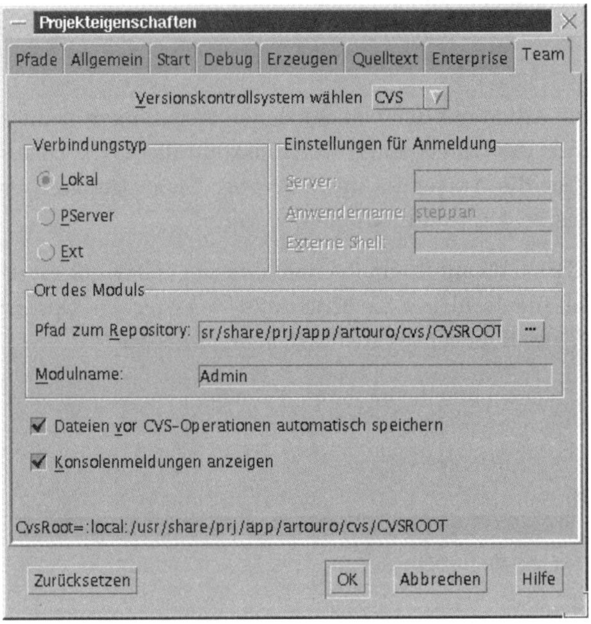

Abbildung 9.11: Konfiguration der Verbindung

Die letzten zwei Optionen (DATEIEN AUTOMATISCH SPEICHERN und KONSOLENMELDUN-GEN ANZEIGEN) sollten aktiviert bleiben, da sie für mehr Sicherheit bei der Arbeit mit CVS sorgen.

9.4.2 CVS-Dateibefehle

Die zweite Gruppe des Menüs enthält Befehle, die sich auf einzelne Dateien beziehen. Exakt die gleichen Befehle befinden sich auch im Kontextmenü einer Datei. Wenn Sie einen Rechtsklick auf eine Datei durchführen, werden Sie im unteren Abschnitt des Kontextmenüs eine Fischsymbol bemerken, hinter dem sich die folgenden Datei-befehle verbergen:

CVS – Aktual./Zusammenführen (Merge)

Das Zusammenführen von Dateien übernimmt CVS bei diesem Vorgang automatisch. Konflikte behandelt das System, indem es späteren Benutzern verweigert, Änderungen an der Datei vorzunehmen. Der JBuilder fügt bei Konflikten so genannte Merge-Tags in den Quelltext ein, die der Compiler auswertet. Diese Konflikte müssen Sie später lösen (→ Integration, Seite 423).

CVS – Zurückschreiben

Diesen Befehl verwenden Sie, um die ausgewählte Datei in das Repository zurückzukopieren. Durch das Zurückschreiben in *sinnvollen Abständen* bleibt das Repository aktuell und die Integration wird erleichtert.

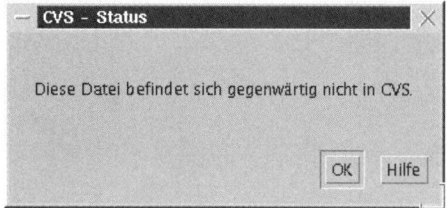

Abbildung 9.12: Informationen über den Dateistatus

CVS – Dateistatus

Wählen Sie diesen Befehl, um Informationen über den Status der Datei zu bekommen. Der Dialog gibt Informationen darüber, ob sich die Datei im Repository befindet, ob die Datei lokal oder auf einem Server gespeichert ist und ob Konflikte vorliegen.

CVS – Hinzufügen

Um eine Datei in das Repository hinzuzufügen, verwenden Sie diesen Befehl. Der AppBrowser fordert Sie danach auf, die Änderung zu bestätigen.

CVS – Entfernen

Wenn Sie eine Datei aus dem Repository entfernen möchten, müssen Sie diesen Befehl aufrufen. Zur Sicherheit fordert Sie der AppBrowser auf, die Änderung zu bestätigen.

9.4.3 CVS-Projektbefehle

Die dritte Gruppe des Menüs enthält Befehle, die sich auf das Gesamtprojekt beziehen. Im Kontextmenü einer Datei gibt es hierzu kein Gegenstück.

CVS – Projekt aktualisieren

Mit diesem Befehl aktualisieren Sie *alle* Dateien des Projekts, mit dem Sie gerade arbeiten.

CVS – Projekt zurückschreiben (commit)

Der Befehl CVS – PROJEKT ZURÜCKSCHREIBEN bewirkt, dass alle Dateien Ihres Projekts wieder in das Repository zurückkopiert werden.

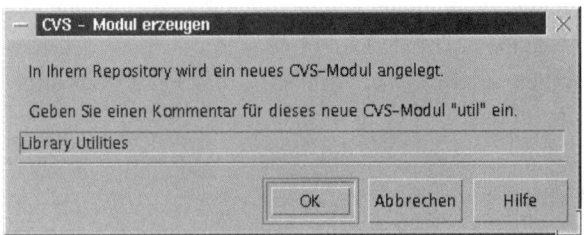

Abbildung 9.13: Erstellung eines CVS-Moduls

CVS – Projektmodul erzeugen

Wie eingangs erwähnt, entspricht ein CVS-Projektmodul einem JBuilder-Projekt. Ein CVS-Repository kann mehrere Module und somit mehrere Projekte enthalten. Wenn Sie sich am Beginn eines Projekts dafür entscheiden, CVS zu verwenden, müssen Sie erst ein Repository und danach ein Projektmodul erzeugen.

CVS – Projekt auschecken (check-out)

Bei diesem Vorgang wird das Projekt zum ersten Mal aus dem Repository initial in Ihren Arbeitsbereich übertragen. Wenn Sie später wieder den Versionsstand abgleichen wollen, verwenden Sie den Befehl CVS – PROJEKT AKTUALISIEREN.

9.5   Andere Versionskontrollwerkzeuge

Andere Versionskontrollwerkzeuge wie *Continuus, PVCS* oder *Visual SourceSafe* lassen sich über die OpenTools-API des JBuilders genauso in die *Enterprise Edition* integrieren, wie das mit CVS jetzt der Fall ist. Ein Beispiel zur Integration einer Versionskontrolle befindet sich im Ordner `samples` Ihrer JBuilder-Installation. Die Dokumentation der OpenTools-API befindet sich unter der Online-Hilfe des JBuilders.

Sollten Sie mit der *Foundation* oder *Professional Edition* arbeiten, müssen Sie mit dem JBuilder *und* der Oberfläche Ihrer Versionskontrolle gleichzeitig arbeiten. Das funktioniert genauso sicher und zuverlässig wie bei der »großen« JBuilder-Edition. Deren Integration ist nur eleganter und spart etwas Zeit, da man nur mit einer Programmoberfläche arbeiten muss.

9.6   Literatur & Links

Dieses Kapitel hat nur einen kleinen Einblick in den Mikrokosmos Teamarbeit geben können, weswegen ich Ihnen folgende weiterführende Literatur zur Vertiefung empfehle. Da der JBuilder nicht alle CVS-Befehle in seine Oberfläche integriert, ist besonders Karl Fogels Buch zur CVS bei der Arbeit mit dieser Versionskontrolle sehr zu empfehlen.

9.6.1 Artikel

Bensberg / Dewanto: Tanz der Versionen, Java Magazin 7 / 2000

Bleul, Andreas: Programmier-Extremisten, c't 3 / 2001

Boehm, Barry W.: A Spiral Model of Software Development and Enhancement, Software Engineering Notes 1986

Ziegemeyer, Dirk: Kontroletti, iX 9 / 2000

9.6.2 Bücher

Fogel, Karl: Open Source Development with CVS, Coriolis Group 1999

Müller-Ettrich, Gunter: Objektorientierte Prozeßmodelle, Addison-Wesley 1999

Boehm, Barry W.: Software Engineering Economics, Prentice Hall 1979

9.6.3 Links

CVS-Clients (für Anwender der Foundation und Professional Edition): *http://www.jcvs.org*

CVS-Seite: *http://www.sourcegear.com/cvs*

Fogels, Karl: »CVS Book«, *http://cvsbook.red-bean.com/cvsbook.html*

Dreilingers, Sean: »CVS Version Control for Web Site Projects«, unter *http://www.durak.org/cvswebsites/howto-cvs/howto-cvs.html*

Mark D: »CVS Command-line Reference«, *http://www.badgertronics.com/writings/cvs/command-line.html*

Teil III: ArTourial

Was ich Ihnen in diesem Teil vorstelle, ist die Entwicklung des Programms *ArTouro*. Das Projekt *ArTouro* wird Sie von dieser Stelle an als durchgängiges Beispiel (Tutorial) durch das Buch begleiten. Der Name *ArTouro* steht übrigens für *Art Tours*. Daraus können Sie schon die Aufgabe des Programms ableiten: *ArTouro* ist ein Internet-Reiseführer, der zu Sehenswürdigkeiten aus dem Bereich der Kunst (zum Beispiel Architektur und Kunstgeschichte) Informationen liefern soll.

Auf den folgenden Seiten erwartet Sie aber nicht nur eine Internetanwendung, sondern zwei Client- und zwei Serveranwendungen:

▷ ArTouro für das Internet (*ArTouro Web*) und

▷ ArTouro für die Pflege der WebSite (*ArTouro Admin*)

▷ ArtSight (CORBA-Server)

▷ ArtSight (EJB-Server)

Während *ArTouro Web* den eigentlichen Reiseführer bildet, ist *ArTouro Admin* für die Pflege der Webanwendung konzipiert. Kapitel 14 beschließt das Buch mit der Programmierung von zwei Serverteilen für ArTouro (ArtSight in CORBA- und EJB-Technologie).

Hier alle Kapitel dieses dritten Teils nochmals im Überblick:

▷ Kapitel 10: ArTouro

▷ Kapitel 11: GUI-Programmierung

▷ Kapitel 12: Datenbankprogrammierung

▷ Kapitel 13: Anwendungslogik

▷ Kapitel 14: Verteilte Anwendungen

10 ArTouro

Die fachliche Beschreibung von *ArTouro Web* und *Admin*, die ich Ihnen in diesem Kapitel vorstellen möchte, besteht aus vier Blöcken:

▶ Anwendungsfälle

▶ Beschreibung der Aktivitäten des Anwenders

▶ UI-Entwürfe

▶ Prototypen

Die ersten beiden Blöcke sind von den Diagrammtypen der UML geprägt (fachliche Analyse), die ich mit dem Werkzeug *Together* entworfen habe. Sollten Sie Verständnisschwierigkeiten mit den Diagrammen haben, blättern Sie bitte zum → Anhang B. Dort sind diese UML-Diagrammarten ausführlich erklärt.

Die beiden anderen Blöcke bestehen aus Handskizzen der Oberfläche (UI-Entwurf) und den entsprechenden Oberflächenprototypen, die ich im → Kapitel 11 mit dem JBuilder realisieren werde. Also: Sollten Sie kein Interesse an dieser fachlichen Analyse haben, können Sie theoretisch auch gleich zum nachfolgenden → Kapitel 11 greifen.

10.1 ArTouro Web

ArTouro Web ist ein Kunstreiseführer, der über das Internet erreichbar sein soll. Es soll für den Endanwender also egal sein, ob er vor Ort Informationen zu Kunstgegenständen benötigt, eine Studienreise zu Hause vorbereitet oder sich einfach nur informieren möchte, ohne ein konkretes Ziel im Auge zu haben. *ArTouro* soll Auskunft über Sehenswürdigkeiten geben, und das möglichst einfach, weswegen die Grobspezifikation unseres imaginären Auftraggebers so aussieht:

▶ Kein Vertrieb des Programms an den Endkunden

▶ Weltweite Erreichbarkeit des Reiseführers

▶ Informationsbasis soll sich ohne HTML-Kenntnisse erweitern lassen

▶ Geringer Pflegeaufwand, kein Datenbank-Know-how erforderlich

▶ Plattformunabhängig (möglichst hoher Verbreitungsgrad)

▶ Ladezeiten des Programms unter 3 Sekunden

▶ Programm soll sich primär über Bannerwerbung finanzieren

Einzige Prämissen für den Webteil von *ArTouro* sollen folgende Systemvoraussetzungen sein:

▶ Internetzugang

▶ Internetbrowser

Werfen wir nach dieser Grobspezifikation einen Blick auf die genauen *fachlichen Voraussetzungen*, die unser Auftraggeber an den Auftrag knüpft. Wir halten diese fachlichen Anforderungen vorerst mit den so genannten Anwendungsfällen, einer zentralen UML-Diagrammart, fest.

10.1.1 Anwendungsfälle

Anwendungsfälle (Szenarien) beschreiben den sichtbaren Teil der Anwendung, also eine vom Anwender sichtbare Aktion. Wir haben in Gesprächen mit unserem imaginären Auftraggeber eine ganze Reihe solcher Aktionen ermitteln können, die wir vorerst etwas unstrukturiert festgehalten haben:

▶ Visuelle Suche nach Sehenswürdigkeiten

▶ Globalsuche

▶ Volltextsuche

▶ Sehenswürdigkeiten sollen mit Bild, Titel des Bilds und Informationstext erscheinen

▶ Ein Navigationsmenü soll vorhanden sein

▶ Hilfefunktion

▶ Vorgefertigtes Kontaktformular

▶ Kontakt über E-Mail

▶ Anzeige von Bannerwerbung (Finanzierung des Projekts)

Um aus den Anwendungsfällen später ein Programm entwerfen zu können, beginnen wir die Anforderungen zu strukturieren, die wir als Anwendungsfälle identifizieren können.

Der Hauptsinn der Anwendung scheint aus der Suche nach verschiedenen Kriterien zu bestehen. Betrachten wir deshalb zuerst die Anwendungsfälle, die zur Suche gehören.

Anwendungsfall »Visuelle Suche«

Diese freie Suche nach geografischem Muster soll dem Anwender erlauben, mit Hilfe geografischer Karten auf visuelle Art Sehenswürdigkeiten zu suchen. Dabei soll er völlig zwanglos vorgehen können, vor und zurück blättern und wahlfrei über die geografischen Karten oder über das Menü suchen können. Den entsprechenden Anwendungsfall finden Sie in → Abbildung 10.1.

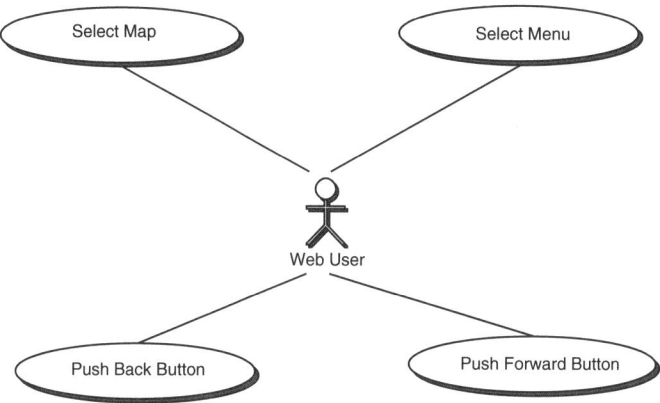

Abbildung 10.1: Die visuelle Suche ist die zwanglosesten Form der Suche

Anwendungsfall »Globalsuche«

Nicht jeder Anwender möchte frei auf visuelle Art suchen, sondern sich beispielsweise über bestimmte Sehenswürdigkeiten rund um sein Urlaubsland informieren. Beispiel: Zeige mir alle Kirchen in meinem Urlaubsgebiet. Was selbst bei einem bekannten Ziel wie Mallorca oder Kreta auch über die freie Suche schwierig zu finden wäre, wird bei einem exotischen Ziel wie der Dominikanischen Republik aussichtslos. Der Anwender müsste dazu wissen, dass die Dominikanische Republik ein Teil einer Insel ist, die sich nördlich von Venezuela auf der Höhe von Mittelamerika befindet, und die Karten nach Kirchen abklappern. Mit der Globalsuche stellt er den Suchbegriff auf Kirche und gibt die gewünschte Region ein.

Diese Programmfunktion soll also alle Anwendungsfälle abdecken, bei denen die visuelle Suche zu allgemein ist. Die Ergebnisse sollen in Form einer Trefferliste angezeigt werden.

Anwendungsfall »Textsuche«

Der letzte Bestandteil der Suche betrifft die Textsuche. Hier soll der Anwender Texte eingeben können, welche die Suchmaschine von *ArTouro Web* lokalisiert und daraufhin wieder eine Treffermenge zurückgibt.

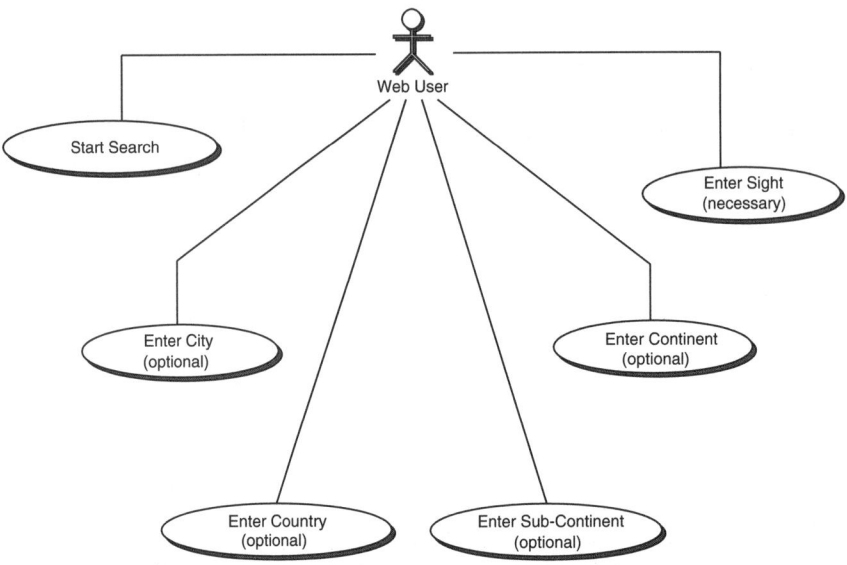

Abbildung 10.2: Der Anwendungsfall »Globalsuche«

Zum Beispiel könnte man damit nach allen Begriffen suchen, die einem im Zusammenhang mit Architektur einfallen, zum Beispiel einer bestimmten Epoche wie der Romanik. Ich habe die entsprechenden Anwendungsfälle zu dieser Suchart in der →
Abbildung 10.3 zusammengefasst.

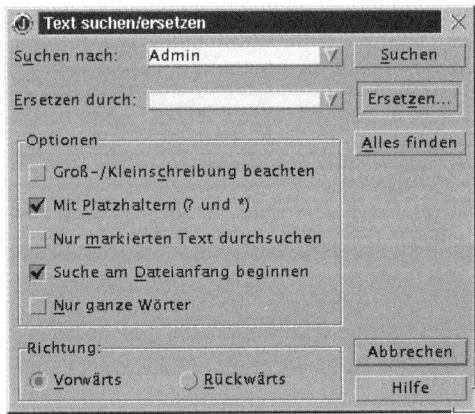

Abbildung 10.3: Der Anwendungsfall »Textsuche«

Anwendungsfall »Bannerwerbung/Kundenkontakt«

Ein wesentlicher Bestandteil von *ArTouro* soll seine Finanzierung über Bannerwerbung sein. Was nützt aber Bannerwerbung ohne Kunden? – Damit kommen wir zum Anwendungsfall »Bannerwerbung/Kundenkontakt«. Kontakt lässt sich über zwei Arten zur Anzeigenabteilung von *ArTouro* (*ArtVertisement*) herstellen:

▷ E-Mail

▷ Kundenformular

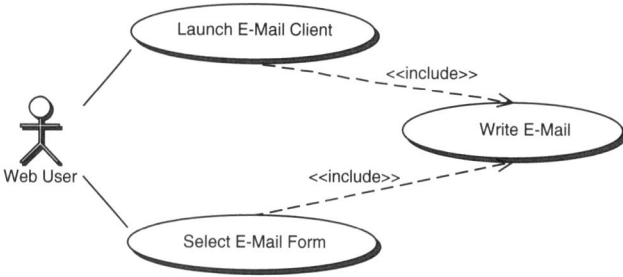

Abbildung 10.4: Anwendungsfall »Bannerwerbung/Kundenkontakt«

Wie in diesem Anwendungsfall zu sehen ist, haben wir erstmals neben Angestellten auch Kunden als Akteure. In der → Abbildung 10.4 habe ich beide Kontaktmöglichkeiten zur Anzeigenabteilung in einem Anwendungsfalldiagramm verdichtet.

10.1.2 Aktivitäten

Den Ablauf von (fachlichen) Aktivitäten beschreibt der UML-Entwickler mit Hilfe von Aktivitätsdiagrammen. Diese Diagrammart ist – richtig verwendet – von enormer Bedeutung für die Qualitätssicherung, denn aus den Aktivitäten lassen sich Testfälle für die fertig gestellte Anwendung ableiten.

Übersicht

In der → Abbildung 10.5 finden Sie eine Grobübersicht des gesamten Aktivitätenflusses der Webanwendung *ArTouro Web*. An dieser Grafik wird deutlich, dass die fachliche Analyse erbracht hat, dass die Navigation im Prinzip auf zwei Arten geschieht: im rechten Zweig über das Menü und im linken Zweig über die geografische Karte.

Navigation

In der Mitte laufen die Aktivitäten wieder zusammen. Im Endeffekt dient die Navigation lediglich dazu, auf verschiedene Arten Sehenswürdigkeiten zu suchen. Unterhalb der Aktivitäten rund um die Kontinente befindet sich der Ereignisfluss beim Gebrauch des Hilfesystems.

Bannerwerbung

In der Mitte des Entscheidungsbaums sehen Sie die Aktivitäten rund um die Bannerwerbung. Hier ist sehr verkürzt dargestellt, was passiert, wenn der Anwender auf ein Banner klickt. Er wird auf die entsprechenden Website des Inserenten verwiesen. In der realen Anwendung wird dazu ein neues Fenster geöffnet, damit der Anwender bei Bedarf gleich wieder zu *ArTouro* zurückkehren kann.

Suche

Ganz unten im rechten Teil wird die gezielte Suche über geografische Angaben oder über die Eingabe von Text dargestellt. Die Auswertung von Treffern und den dazu gehörenden Aktivitäten habe ich hier vernachlässigt, da wir dies an den Prototypen plastischer sehen werden.

10.1.3 UI-Entwürfe

Nach Aufnahme der fachlichen Anforderungen können wir diese in Handskizzen mit unserem imaginären Auftraggeber umsetzen. Dazu machen wir konkrete Vorschläge, wie die fachlichen Anforderungen geschickt in eine ergonomische Benutzerschnittstelle verwandelt werden können. Beginnen wir mit dem Hauptfenster der Anwendung.

Hauptfenster

Das Hauptfenster ist dreiteilig ausgelegt. Es besteht aus folgenden Elementen:

▶ Bannerleiste

▶ Baummenü

▶ Informationsfenster

Die Bannerwerbung soll die Finanzierung der Website sicherstellen. Das Menü hingegen stellt zusammen mit den geografischen Karten das Navigationsgerüst der Site dar. Die geografischen Karten werden im Informationsfenster auf der rechten Seite dargestellt, die auch alle anderen Fenster aufnehmen wird. Übertragen auf Java-Oberflächen bildet das Hauptfenster den Programmrahmen, während im Inhaltsfenster modale Dialoge angezeigt werden.

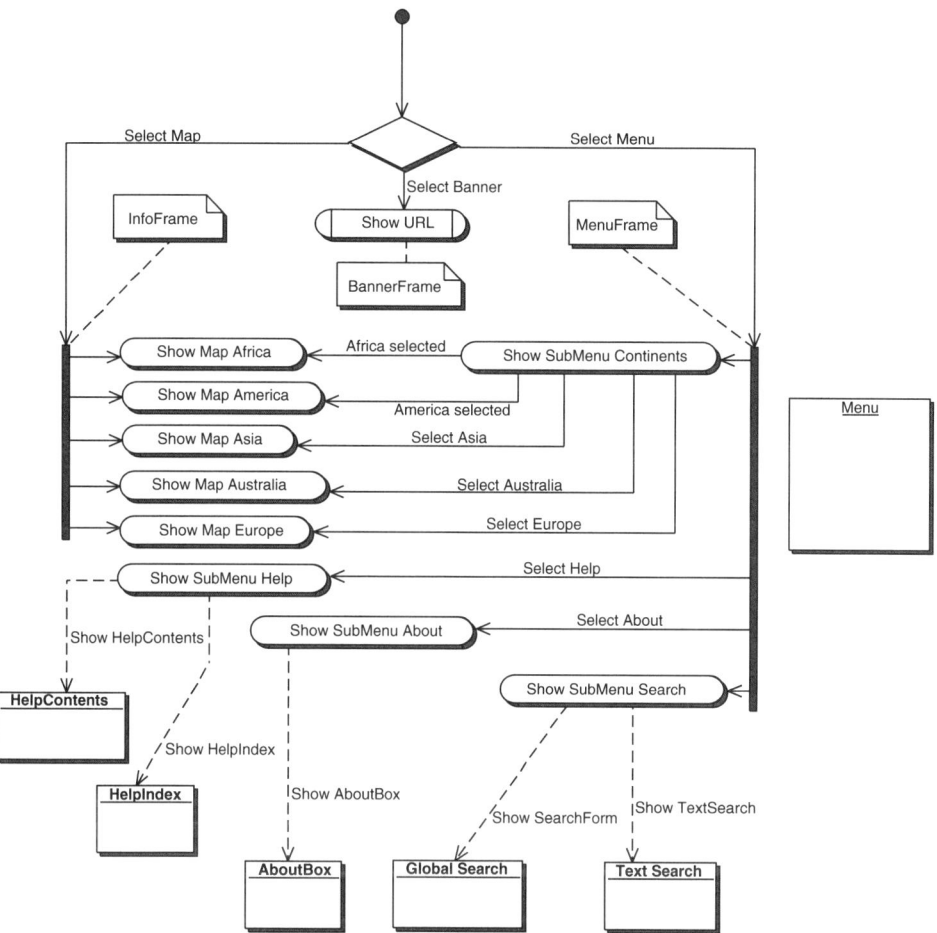

Abbildung 10.5: Übersicht über den Aktivitätenfluss von ArTouro Web

Bannerwerbung

Die Bannerwerbung soll über ein Fenster, das aus drei Werbeanzeigen besteht, realisiert werden. Die Werbeanzeigen sollen getrennt geschaltet werden können.

Menü

Das Menü ist ein heikler Punkt am Entwurf. Geplant ist, ein HTML-Pendant zu dem bekannten Swing-Treeview zur Verfügung zu stellen, der eine einfache Navigation erlaubt.

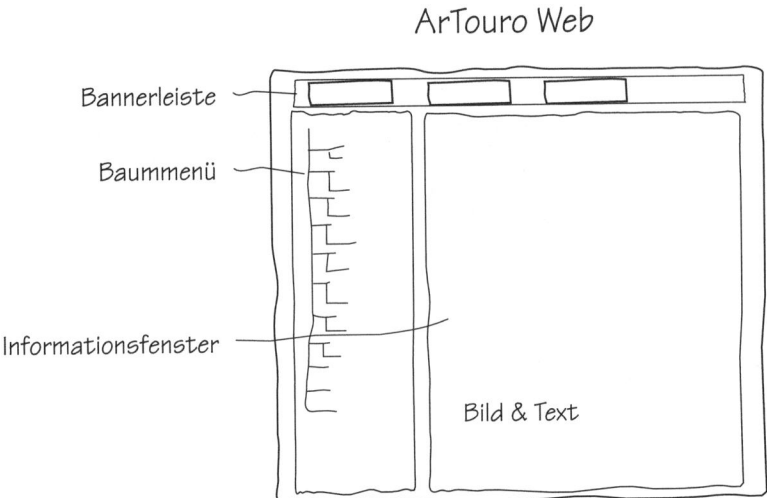

Abbildung 10.6: Der Entwurf der Hauptansicht von ArTouro Web

Informationsfenster

Das Informationsfenster besteht in der typischen Ansicht aus einer geografischen Karte des Bereichs, der im nebenstehenden Menü ausgewählt wurde. Über kontextsensitive Bereiche kann der Anwender Sehenswürdigkeiten betrachten.

Neben dieser Aufgabe bildet das Informationsfenster noch das Sammelbecken für alle anderen »Dialoge« der Webanwendung. So werden hier auch Hilfetexte und Informationen zum Programm angezeigt.

Globalsuche

Wie gesagt: Der Anwender kann durch die Site »flanieren« ohne ein festes Ziel vor Augen zu haben. Nach der Vorgabe durch unsere Anwendungsfälle soll es aber auch möglich sein, nach bestimmten Sehenswürdigkeiten gezielt zu suchen. Dazu ist die Suchmaske geeignet, deren Aussehen Sie der → Abbildung 10.7 entnehmen.

Volltextsuche

Einen weiterer Eckpfeiler der Suche bestimmt die Suche nach beliebigen Texten. Laut unseren Anwendungsfällen soll auf drei verschiedene Arten in der Datenbank nach Texten gesucht werden können:

▷ Gesamtsuche (Bild und Beschreibung)

▷ Nur Bild

▷ Nur Beschreibungen

Globalsuche

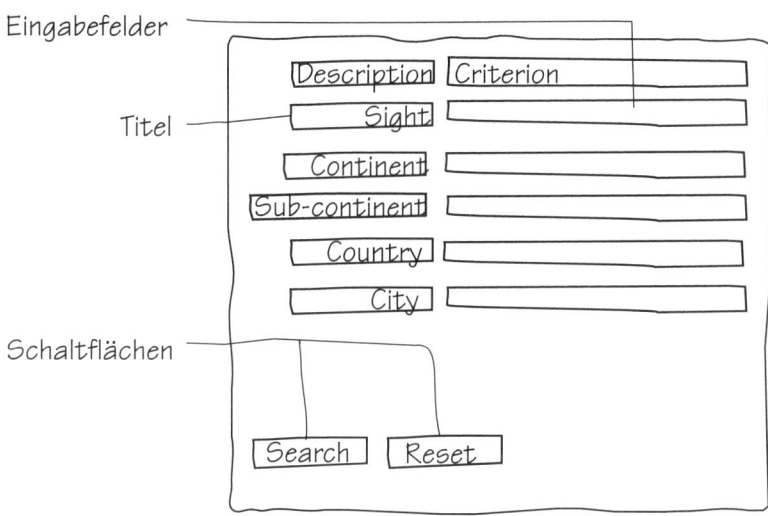

Abbildung 10.7: Maskenentwurf der Globalsuche des Webauftritts von ArTouro

Den Entwurf dazu entnehmen Sie bitte der → Abbildung 10.8.

Textsuche

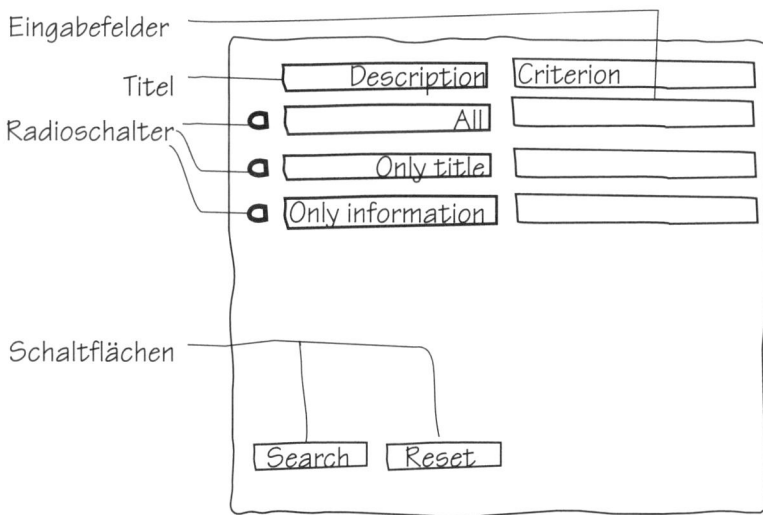

Abbildung 10.8: Maskenentwurf der Textsuche des Webauftritts von ArTouro

Wie Sie der Abbildung entnehmen können, besitzt die Maske drei Eingabefelder, die über Radioschalter aktiviert werden. Die Radioschalter bilden eine Gruppe.

10.1.4 Prototypen

In → Abbildung 10.9 können Sie einen Blick auf den Prototypen der Webanwendung *ArTouro Web* werfen, den ich streng nach den Entwürfen des → Abschnitts 10.1.3 angefertigt habe. Die Anwendung ist nach den Vorgaben mit einem Frameset realisiert worden, das aus folgenden drei Teilen besteht:

▷ Bannerwerbung (oben)

▷ Menü (links)

▷ Informationsfenster (rechts) mit einer ImageMap

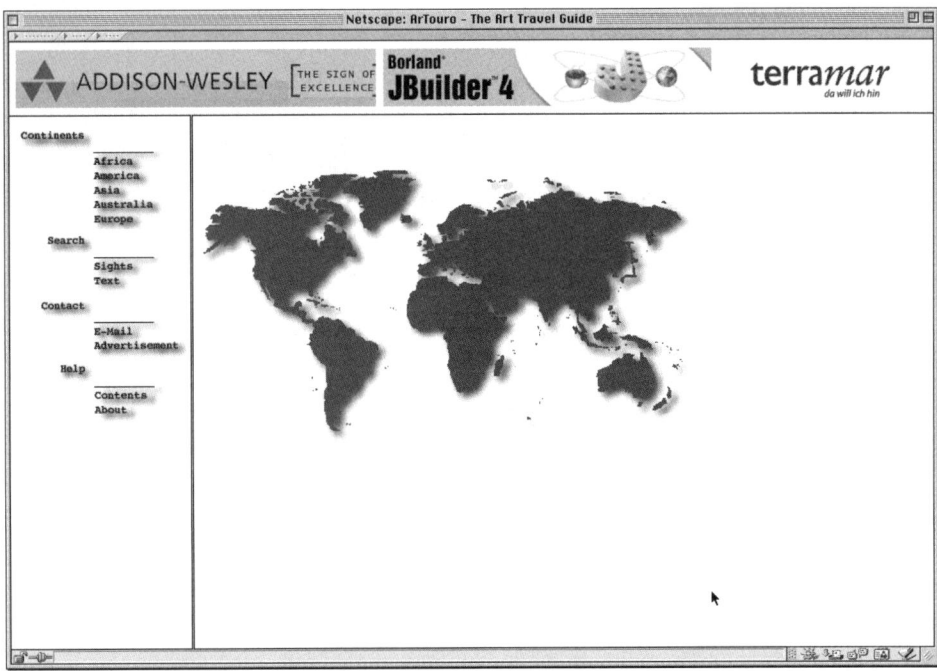

Abbildung 10.9: Der Prototyp des Hauptfensters von ArTouro

Bannerwerbung

Die Bannerwerbung besteht aus drei Frames, die drei Bilder aufnehmen können. Der Rahmenstil ist so gewählt, dass ein leichter Absatz zu sehen ist. Die Größe des Rahmens ist nicht änderbar.

Menü

Das Menü ist für den Prototyp als ImageMap realisiert. Das heißt, es verfügt über kontextsensitive Bereiche, die entsprechende Aktionen auslösen, wenn man darauf klickt.

Informationsfenster

Das Informationsfenster ist ebenfalls ein getrennter Rahmen, den der Anwender jedoch verschieben kann und der ebenfalls mit einer ImageMap versehen ist.

10.2 ArTouro Admin

Nachdem nun klar sein sollte, was sich unser Auftraggeber unter dem Internet-Reiseführer *ArTouro Web* vorstellt, ist die Frage nach der Pflege einer solchen Anwendung zu beantworten. Hier gibt es verschiedene Möglichkeiten, die sehr von der technischen Realisierung der Webanwendung abhängen:

- Pflege mit einem HTML-Texteditor
- Manuelles Bearbeiten von Skripten
- Pflege mit einem Datenbankadministrationsprogramm
- Pflege über ein Content-Managementsystem
- Eigenes maßgeschneidertes Pflegeprogramm

Wir schlagen aus Kostengründen vor, ein eigenes Pflegeprogramm ohne großen Aufwand mit einer Java-Oberfläche zu programmieren (Rapid Application Development). Dieses Programm kann durch eine geschickte Architektur der Webanwendung sehr viele Teile davon nutzen. Unser Auftraggeber möchte dazu ein Konzept und die Synopsis davon sieht wie folgt aus:

- Einfache Installation
- Informationsbasis lässt sich ohne HTML-Kenntnisse erweitern
- Das Programm ist plattformunabhängig
- Da das Programm mit dem *JBuilder* und *Together* entworfen wird, ist es extrem schnell programmiert und daher preiswert.

Die fachlichen Anforderungen decken sich zu einem Teil mit denen der Webanwendung. Daraus kann man schon sehen, dass sich später viele technische Teile der Webanwendung auch für *ArTouro Admin* nutzen lassen.

10.2.1 Anwendungsfälle

Was muss getan werden, um die Webanwendung möglichst leicht pflegen zu können? Welche Arbeitsvorgänge sind notwendig?

▷ Neue Sehenswürdigkeit eingeben

▷ Sehenswürdigkeiten nach Land, Kontinent etc. zuordnen

▷ Suche von Sehenswürdigkeiten nach geographischem Muster

▷ Suche über Suchformular mit Kontinenten etc.

▷ Suche über freie Texteingabe

▷ Sehenswürdigkeiten sollen mit Bild, Titel des Bilds und Informationstext erscheinen

▷ Ein Navigationsmenü soll vorhanden sein

▷ Hilfefunktion

Anwendungsfälle leben von Akteuren, den Anwendern des Programms. Als Anwender können wir verschiedene Personen benennen. Hier sind primär die Internetbenutzer zu nennen, sekundär die Qualitätssicherung oder ein Call-Center. Da die Anwendungsfälle aber nicht abhängig von den Endanwendern sind, vernachlässige ich die anderen Personenkreise und werde im weiteren Verlauf nur von Anwendern sprechen.

Anwendungsfall »Neue Sehenswürdigkeit«

Der Hauptanwendungsfall von *ArTouro Admin* ist die Eingabe neuer Sehenswürdigkeiten. Nach den Wünschen unserer Auftraggeber soll sich eine neue Sehenswürdigkeit auf drei Arten in das Programm eingeben lassen:

▷ über die Hauptmenüleiste

▷ über die Symbolleiste und

▷ über das Kontextmenü des Informationsfensters

Wie in → Abbildung 10.11 zu sehen ist, ist der Anwendungsfall »dreigleisig« ausgelegt. Jeder der drei initialen Anwendungsfälle wird durch den Hauptanwendungsfall erweitert.

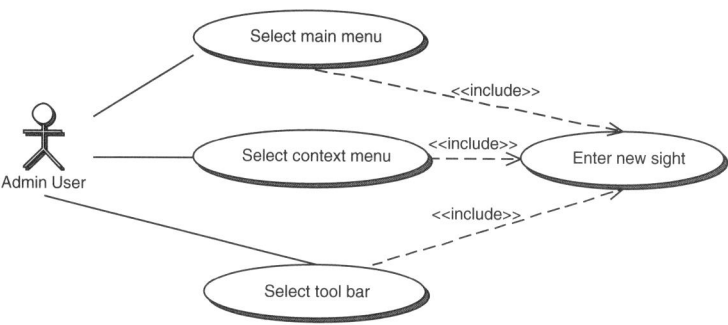

Abbildung 10.10: Anwendungsfall »Neue Sehenswürdigkeit«

Anwendungsfall »Globalsuche«

Im Gegensatz zur Webanwendung ist der Schwerpunkt der Administrationsanwendung natürlich nicht, nach verschiedenen Kriterien zu suchen. Dennoch stellt die Suche einen wichtigen Bestandteil der Verwaltung dar, da Texte und Bilder der Website schließlich gepflegt werden müssen. Betrachten wir zunächst den Anwendungsfall »Globalsuche« (→ Abbildung 10.11), der bis auf den Endanwender identisch zur Webanwendung ist.

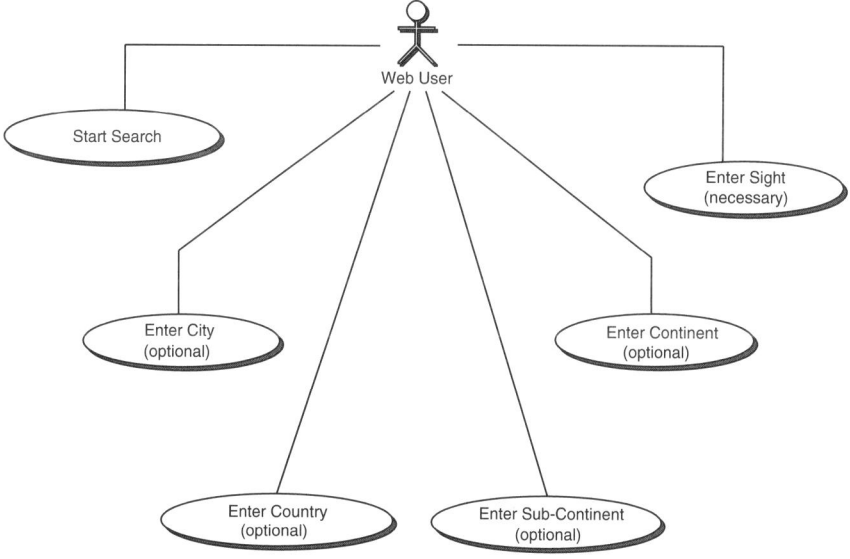

Abbildung 10.11: Anwendungsfall »Globalsuche«

Anwendungsfall »Volltextsuche«

Neben der »Globalsuche« bildet die »Volltextsuche« eine wichtige Eigenschaft der Suchmaschine der Administrationsanwendung. Genauso wie in der Webanwendung sollen die Anwender wieder nach beliebigen Texten oder Textbestandteilen suchen können. Dazu bringt der entsprechende Anwendungsfall Klarheit (→ Abbildung 10.12).

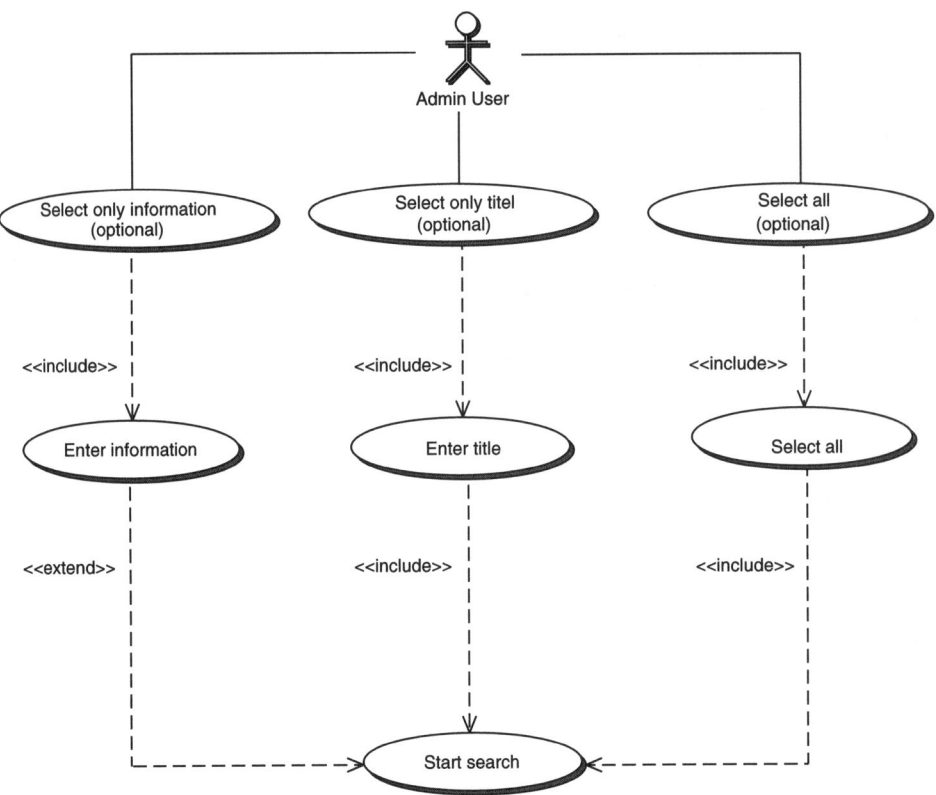

Abbildung 10.12: Anwendungsfall »Volltextsuche«

10.2.2 Aktivitäten

Die unterschiedliche Auslegung der Oberflächen beider Programme tritt bei den Aktivitätsdiagrammen besonders hervor. Zum Beispiel fehlt die Navigation über die geografische Karte. Somit ist eine Navigation nur über das Menü und den Navigationsbaum möglich.

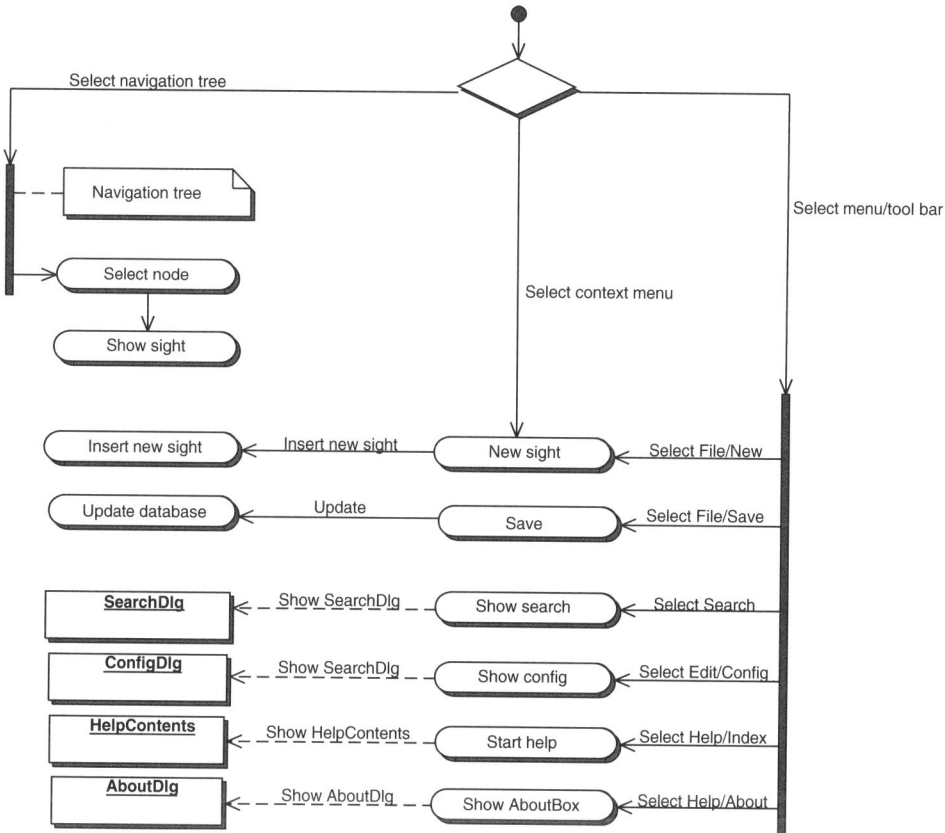

Abbildung 10.13: Der grundsätzliche Ereignisfluss in ArTouro Admin

Neue Sehenswürdigkeit

Das Anlegen einer neuen Sehenswürdigkeit bedingt eine Reihe von Aktivitäten. Besonders die Zuordnung zu Kontinenten und Ländern ist unserem Auftraggeber wichtig. Er möchte genau wissen, wie wir diese Funktion im Programm umsetzen werden. Dazu erarbeiten wir mit ihm ein Diagramm, das den Übergang zu dem späteren Sequenzdiagramm in der technischen Realisierungsphase markiert.

Wie in → Abbildung 10.14 zu sehen ist, unterscheidet sich das Aktivitätsdiagramm vom Anwendungsfall ganz erheblich. Der Informationsgehalt und damit die Aussagekraft für die Programmierung ist gestiegen.

Global-/Textsuche

Global- und Textsuche unterscheiden sich nicht von der Webanwendung, deshalb will ich mir hier ersparen, sie nochmals darzustellen.

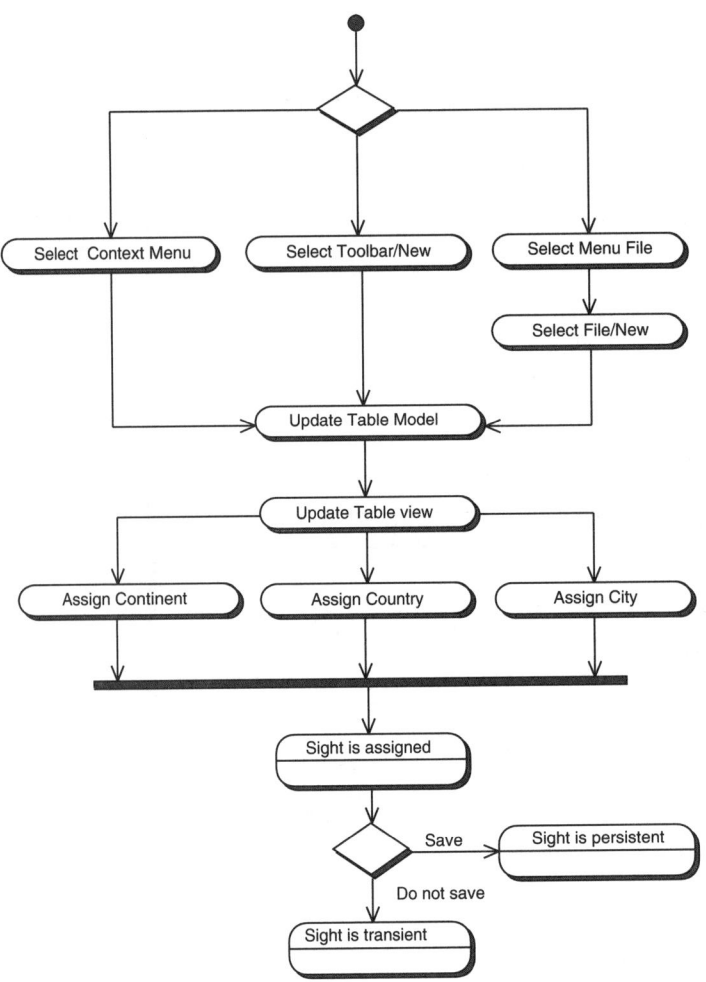

Abbildung 10.14: Das Anlegen einer neuen Sehenswürdigkeit

10.2.3 UI-Entwürfe

Analog dem UI-Entwurf der Webanwendung habe ich versucht, die fachlichen Anforderungen in eine möglichst ergonomische Oberfläche zu verwandeln. Sie besteht aus vier Teilen:

▷ Menüleiste

▷ Symbolleiste

▷ Navigationsbaum

▷ Inhaltsfenster

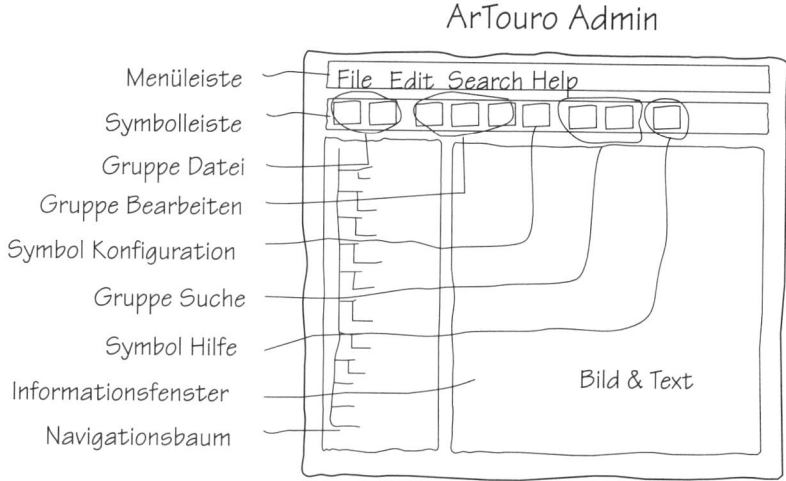

ArTouro Admin

Menüleiste

Symbolleiste

Gruppe Datei

Gruppe Bearbeiten

Symbol Konfiguration

Gruppe Suche

Symbol Hilfe

Informationsfenster

Navigationsbaum

File Edit Search Help

Bild & Text

Abbildung 10.15: Der Entwurf des Hauptfensters als Handskizze

Menüleiste

Die Menüleiste besteht aus den vier Menüs FILE, Edit, SEARCH und HELP. Das Menü FILE fasst hierbei Datenbankoperationen zusammen und dient dem Beenden des Programms. Befehle, die sich auf die Zwischenablage beziehen, gruppiert das Menü EDIT. Dieses Menü enthält auch einen Befehl für die Konfiguration des Programms. Das Menü SEARCH erlaubt es – analog der Webanwendung –, global oder nach Texten zu suchen. Den Abschluss bildet das Menü HELP, das dem Anwender Zugriff auf das Hilfesystem und einen Informationsdialog erlaubt.

Symbolleiste

Die Symbolleiste dient dem Schnellzugriff auf wichtige Menübefehle. Vier Gruppen sind erkennbar: Datei-, Bearbeiten-, Suche- und Hilfegruppe.

Informationsfenster

Analog der Webanwendung besitzt auch die Pflegeanwendung ein Informationsfenster. Es dient wie bei *ArTouro Web* der Darstellung von Bildern und Texten. Eine Image-Map wie bei der Webanwendung lässt sich aus technischen Gründen nur schwierig realisieren und ist auch fachlich nicht notwendig. Statt dessen sind aber andere Suchmittel vorhanden.

Globalsuche

Der gezielten Suche von Sehenswürdigkeiten zur Überprüfung und Pflege der Datenbank dient diese Suche. Sie entspricht 1:1 der Suchfunktion der Webanwendung mit der Ausnahme, dass sie in einem Dialog mit der Textsuche untergebracht ist. Dies wird dadurch erreicht, dass auf dem Dialog zwei Registerseiten untergebracht werden (→ Abbildung 10.16)

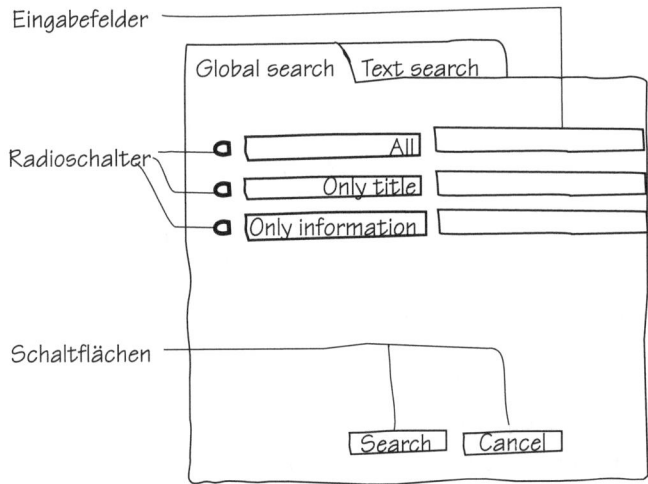

Abbildung 10.16: Der Entwurf der Suchmaske der »Globalsuche«

Volltextsuche

Ebenfalls 1:1 aus der Webanwendung ist dieser Dialog entnommen. Wie schon erwähnt, wird er aber im Gegensatz zur Webanwendung mit der Globalsuche zu einem Dialog verschmolzen (→ Abbildung 10.17). Ansonsten bietet er die gleichen drei Sucharten:

▶ Gesamtsuche (Bild und Beschreibung)

▶ Nur Bild

▶ Nur Beschreibungen

10.2.4 Prototyp

Das Pflegeprogramm von *ArTouro Web* besitzt ein normales GUI (Graphical User Interface), wie bei Windows-, Linux- oder Mac-Programmen üblich. Das Programm, das in der → Abbildung 10.18 im *Metal Look* dargestellt ist, soll die Funktionen übernehmen, neue Bilder, Länder und Texte in die Datenbank zu importieren. Die Oberfläche ist sehr einfach gehalten und besteht nach unseren Vorgaben aus einem Menü, einer Symbolleiste und einem Hauptfenster, das aus einer Baum- und Editoransicht besteht.

Dialog Suche / Registerseite Textsuche

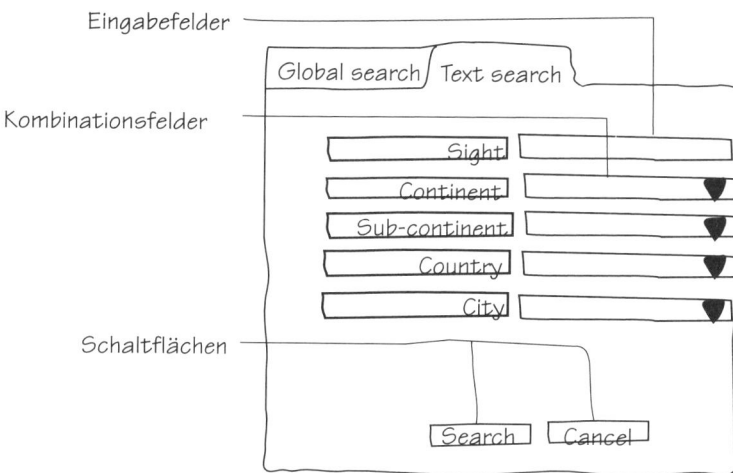

Abbildung 10.17: Der Entwurf der Suchmaske der »Volltextsuche«

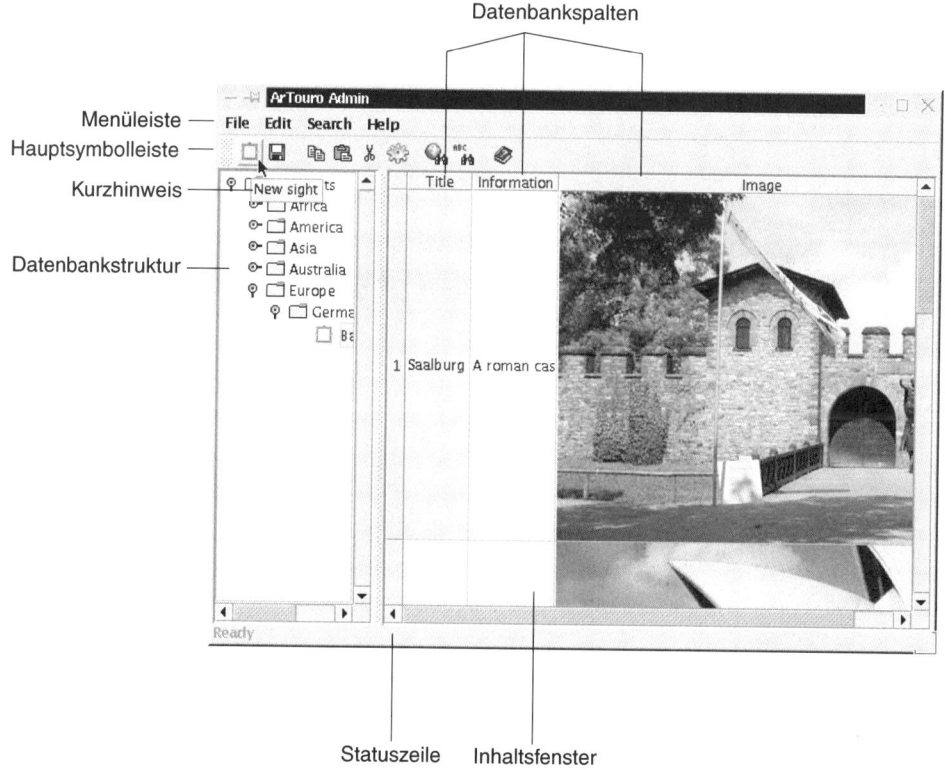

Abbildung 10.18: Der Prototyp der Java-GUI von ArTouro Admin (hier im Metal Look&Feel)

Das Menü enthält die gewünschten vier Gruppen, die sich auch in der Symbolleiste widerspiegeln. Sie ist abreißbar und besitzt Schaltflächen, die sich verändern, wenn man die Maus darüberzieht. Über die Baumansicht wählt man Kontinente und Länder aus und bekommt die dazugehörenden Sehenswürdigkeiten im nebenstehenden Bereich (Tabelle etc.) zu sehen.

Damit ist diese sehr kurze fachliche Analyse der zwei Programme *ArTouro Admin* und *Web* abgeschlossen – wir können uns dem Oberflächenentwurf mit dem JBuilder zuwenden. Vorerst aber, wie immer zum Schluss eines Kapitels, einige wenige Literaturempfehlungen:

10.3 Literatur & Links

Coad, Peter; Mayfield, Mark: Design mit Java, Prentice Hall, München 1999

Fowler, Martin; Scott, Kendall: UML konzentriert, Addison-Wesley, München 1998

Rumbaugh, James et al.: Objektorientiertes Modellieren und Entwerfen, Hanser 1993

11 GUI-Programmierung

In diesem Kapitel dreht sich alles um die Gestaltung von GUIs (Graphical User Interface: grafische Benutzerschnittstellen) mit dem JBuilder. Der Abschnitt → 11.1 Java-Benutzeroberfläche widmet sich dabei dem Thema ereignisgesteuerte Java-Oberflächen von Applications. Die Pflegeanwendung *ArTouro Admin* dient hierbei als Vorlage, um zu zeigen, wie man mit dem JBuilder Oberflächen auf Basis der Java-Klassenbibliothek Swing entwirft. Es geht um folgende Themen:

▶ Projektverzeichnis festlegen

▶ Package-Strukturen festlegen

▶ Projekt »admin« anlegen

▶ Anwendung »AdminApp« erzeugen

▶ Hauptfenster »AppWnd« erzeugen

▶ Menüleiste anpassen

▶ Symbolleiste anpassen

▶ Dialoggestaltung

▶ Gestaltung der Symbole

Der Abschnitt über Java-Benutzeroberflächen ist zu einem Großteil für Anwender aller drei JBuilder-Editionen interessant. Die Oberfläche lässt sich sowohl mit der Foundation als auch mit der *Professional* und *Enterprise Edition* kompilieren.

Den Kontrast zu den Java-GUIs bildet der Abschnitt → 11.2 HTML-Oberflächen. Hier geht es um Weboberflächen, die als Vorlage für dynamisch erzeugte JavaServer Pages dienen. Anhand der HTML-GUI von *ArTouro Web* zeigt dieses Kapitel, wie die Vorlagen für JavaServer Pages des → Kapitel 13 entstanden sind, wie sie in den JBuilder importiert wurden und wie man wechselseitig sowohl am Design (statische HTML-Seiten) als auch an der Programmierung (Dialogsteuerung) arbeiten kann.

Dieser Abschnitt ist vor allem für die Anwender der *Professional* und *Enterprise Edition* interessant. Bestimmte Funktionen des JBuilders in punkto Webentwicklung sind sogar nur in der *Enterprise Edition* verfügbar.

11.1   Java-Benutzeroberfläche

ArTouro ist, wie in → Kapitel 10 geschildert, ein mehrteiliges Projekt und besteht – rein äußerlich – aus einer Pflegeanwendung und einer Website. In diesem Abschnitt geht es um die Pflegeanwendung, deren grafische Oberfläche ich im weiteren Verlauf mit der GUI-Bibliothek Swing realisieren werde. Zu Beginn möchte ich die Handskizze des Prototypen aufgreifen (→ 10.2.3 UI-Entwürfe) und an die Zielvorgabe unseres Auftraggebers erinnern.

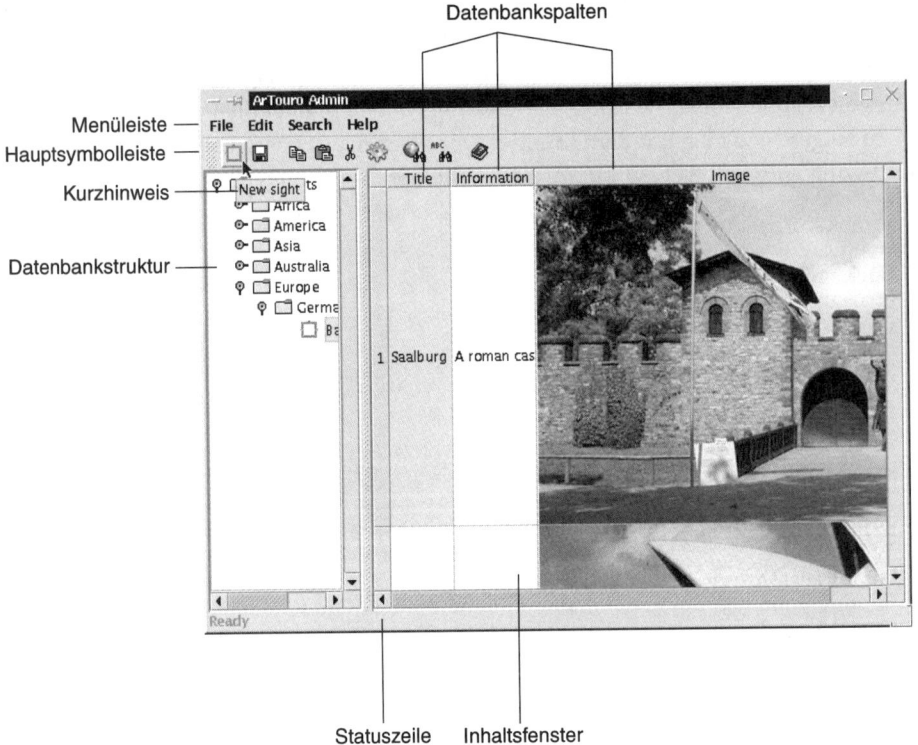

Abbildung 11.1: Der Prototyp von ArTouro Admin

Aus der → Abbildung 11.1 können Sie ersehen, dass das Programm *Admin* aus folgenden vier Teilen besteht:

▷ Menüleiste (Sämtliche Befehle)

▷ Symbolleiste (Schnellzugriff auf Menübefehle)

▷ Navigationsbaum (Datenbankstruktur)

▷ Inhaltsfenster (Suchergebnis)

Zusätzlich gibt es noch Kurzhinweise (Tooltips) und eine Statusleiste. Anforderungen, die unser Auftraggeber – wie üblich – erst bei der Realisierung der Oberfläche stellt.

Bevor man die Oberfläche eines Programms umsetzt, sollte man sich nicht nur über die Bestandteile im Klaren sein, sondern auch, wie man sie am geschicktesten architektonisch umsetzt. Daher verfeinere ich zunächst die Anforderungen des Kunden aus technischer Sicht. Wir benötigen folgende Bestandteile, um die Oberfläche der Anwendung *Admin* zu realisieren:

- Projektverzeichnis
- JBuilder-Projekt Admin
- Package-Strukturen festlegen
- Anwendung AdminApp
- Hauptfenster
- Menüleiste
- vier Menüs der Menüleiste
- ein Kontextmenü
- eine Symbolleiste
- neun Symbole für die Symbolleiste
- einen Navigationsbaum
- eine Tabellenkomponente
- vier Dialogseiten
- ein Programmsymbol

Beginnen wir zunächst damit, ein neues Projekt aufzusetzen, und arbeiten danach das Konzept Stück für Stück ab.

11.1.1 Schritt 1: Projektverzeichnis festlegen

Damit wir nicht im Laufe des Projekts Umgestaltungen am Projektverzeichnis vornehmen müssen, überlegen wir uns schon vor dem Start des Projektexperten eine sinnvolle Struktur für das Projektverzeichnis. Dies geschieht auch im Hinblick auf das andere Teilprojekt, die Anwendung *ArTouro Web*.

Für den Projektstart benötigen wir zunächst einen Hauptprojektknoten, ein Unterprojektverzeichnis und diverse Verzeichnisse für Quelltexte (Sourcecode), für Class-Dateien (Bytecode), für Dokumentation, für Bilder, für die Projektdateien sowie für Sicherungskopien und Properties-Dateien (→ Kapitel 13), in denen die Grundeinstellungen des Programms gespeichert werden (→ Abbildung 11.2).

Welche Dateien legt der Projekt-Experte an, welche müssen Sie selbst erzeugen? Der Projekt-Experte ist flexibel. Sie können ihn auf eine fertige Verzeichnisstruktur ansetzen oder ihn Projekt-, Quelltext-, Classes- und Backup-Verzeichnisse anlegen lassen. Darüber hinaus legt er keine Verzeichnisse an. Diese Verzeichnisse erzeugen Sie entweder mit dem *AppBrowser* oder dem *Dateimanager* Ihres Betriebssystems (KDM, Explorer, Finder etc.). Mit dieser Vorstellung von einer Verzeichnisstruktur wenden wir uns wieder dem JBuilder zu.

artouro . . . . Hauptprojekt
   admin . . . . . . Unterprojekt
     prj . . . . Projektdatei: *.jpr; *.jpx
     src . . . . . Quelltexte: *.java
     classes . Bytecode: *.class
     prp . . . . . Properties: *.properties
     bak . . . . . Sicherungskopien: *.java
     doc   UML-Modelle, Textdokumente
     img   Bilder

Abbildung 11.2: Der Verzeichnisbaum von ArTouro Admin im Anfangsstadium

11.1.2 Schritt 2: Package-Strukturen festlegen

Bevor wir Projekt- und Anwendungsexperten starten, müssen wir uns eine sinnvolle Package-Struktur für das Projekt überlegt haben. Da wir die Oberfläche mit der GUI-Bibliothek Swing realisieren werden, verwenden wir automatisch die so genannte Model-View-Controller-Architektur, die eine Entkopplung von Daten (Model) und der grafischen Oberfläche (View) über einen Controller erreicht. Aus diesem Grund soll sich die Package-Struktur diesem MVC-Architekturprinzip unterordnen (→ Abbildung 11.3).

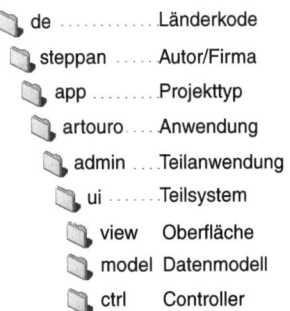

de . . . . Länderkode
  steppan . . . . . Autor/Firma
  app . . . . Projekttyp
   artouro . . . . Anwendung
   admin . . . . Teilanwendung
     ui . . . . . . Teilsystem
     view   Oberfläche
     model   Datenmodell
     ctrl   Controller

Abbildung 11.3: Package-Pfad der grafischen Oberfläche

Mehr zu der Wahl von Package-Strukturen des Projekts *ArTouro* entnehmen Sie bitte dem → Anhang D, Abschnitt D.1 Konventionen dieses Buchs.

11.1.3 Schritt 3: Projekt »admin« anlegen

Wir legen ein neues JBuilder-Projekt namens *admin* an und starten dazu den PROJEKT-EXPERTEN (→ Abbildung 11.4) über DATEI | NEUES PROJEKT oder über die Objektgalerie (DATEI | NEU | PROJEKT).

Projektname, -typ und -verzeichnisse auswählen

Wir tragen den Projektnamen *admin* ein und wählen JPX als Dateityp für die Projekt-datei, weil wir die Projektdatei unter Versionskontrolle stellen und im Team arbeiten wollen (→ Kapitel 9). Da wir noch kein Vorgabeprojekt besitzen, belassen wir an dieser Stelle die Voreinstellung auf VORGABEPROJEKT und tragen als Stammpfad unser Basis-verzeichnis ein.

Nicht jedes Teammitglied muss sich das Projekt selbst einrichten. Wenn Sie im Team arbeiten, sollten Sie vielmehr alle diese Einstellungen auf einem Master-Computer vor-nehmen, von dem man das Projekt auf die Arbeitsplatzcomputer kopiert. Dabei ist es Vereinbarungssache, ob die lokale Kopie des Projekts beim Übertragen des Master-Pro-jekts auf die Arbeitsplatzcomputer im persönlichen Arbeitsbereich oder in einem öffentlich zugänglichen Pfad abgelegt wird.

Wir übernehmen für diese Verzeichnisse einfach die vor Projektstart festgelegten Vor-gaben, entscheiden uns, dass das Projektverzeichnis dem Quell- und Ausgabever-zeichnis übergeordnet sein soll, und wechseln zur nächsten Dialogseite mit WEITER.

Korrektur des Projektverzeichnisses

Im nächsten Schritt müssen wir das Projektverzeichnis korrigieren und Bibliotheken auswählen. Dazu geben wir PRJ/ vor dem Namen der Projektdatei im Textfeld ein und wählen ERZEUGEN EINER PROJEKTBEMERKUNGSDATEI aus.

Wir wählen hier das neueste JDK aus, das auf der Festplatte installiert ist. Zum momentanen Zeitpunkt ist dies das Sun JDK 1.3 Patch 001. Als Bibliothek benötigen wir vorerst nur JDataStore für die spätere Datenbankanbindung (→ Kapitel 12).

Entwickler-Informationen

Auf der letzten Seite des Projekt-Experten können wir noch einige Informationen für die Projektbemerkungsdatei eingeben. Wenn Sie im Team arbeiten und das Projekt, das wir gerade anlegen, auf die Arbeitsstationen verteilt haben, muss jeder Entwickler im Anschluss daran nur noch im Feld sys.Author der Datei <Projektname>.jpx.local (zum Beispiel admin.jpx.local) seinen Namen eintragen.

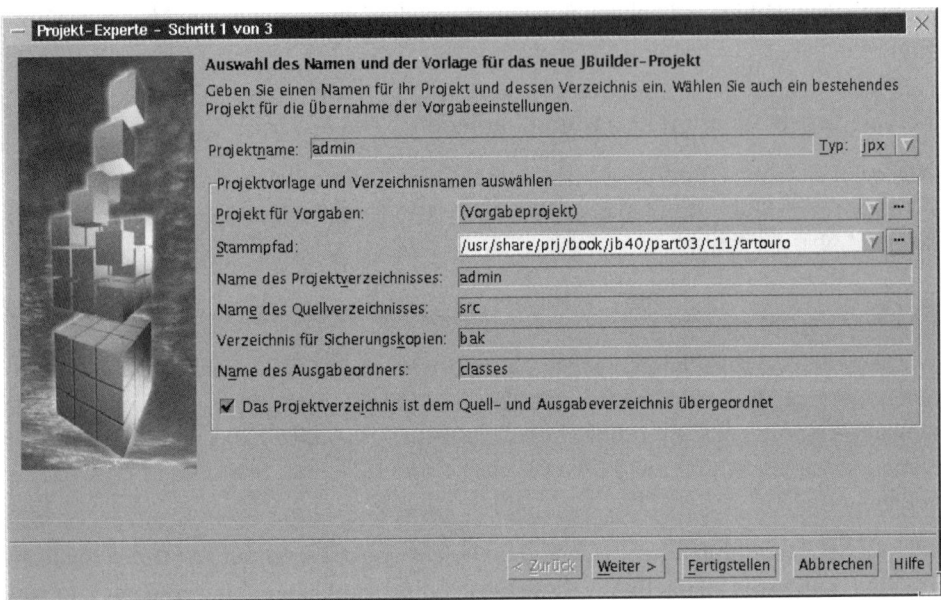

Abbildung 11.4: Festlegung der Pfade und Verzeichnisse von Admin

Nach der Eingabe dieser Informationen lassen wir den Experten seine Arbeit verrichten und klicken auf FERTIGSTELLEN. Er legt ein Verzeichnis admin an und eine Projektdatei namens admin.jpx sowie die gerade erwähnte lokale Projektdatei.

11.1.4 Schritt 4: Anwendung »AdminApp« erzeugen

Das Projekt *Admin* ist nun bereit für die Programmierung der grafischen Oberfläche. Als Nächstes muss die eigentliche Anwendung erzeugt werden, die wir *AdminApp* nennen. Dazu starten wir den Anwendungs-Experten mit DATEI | NEU | ANWENDUNG.

Hauptklasse festlegen

Auf der ersten Seite des Experten tragen Sie den Package-Pfad nach den Vorgaben ein (→ 11.1.2 Schritt 2: Package-Strukturen festlegen) und vergeben den Namen der Hauptklasse, der hier *AdminApp* lauten soll.

Einstellungen des Hauptfensters

Auf der zweiten Seite des Dialogs legen Sie folgende Einstellungen fest:

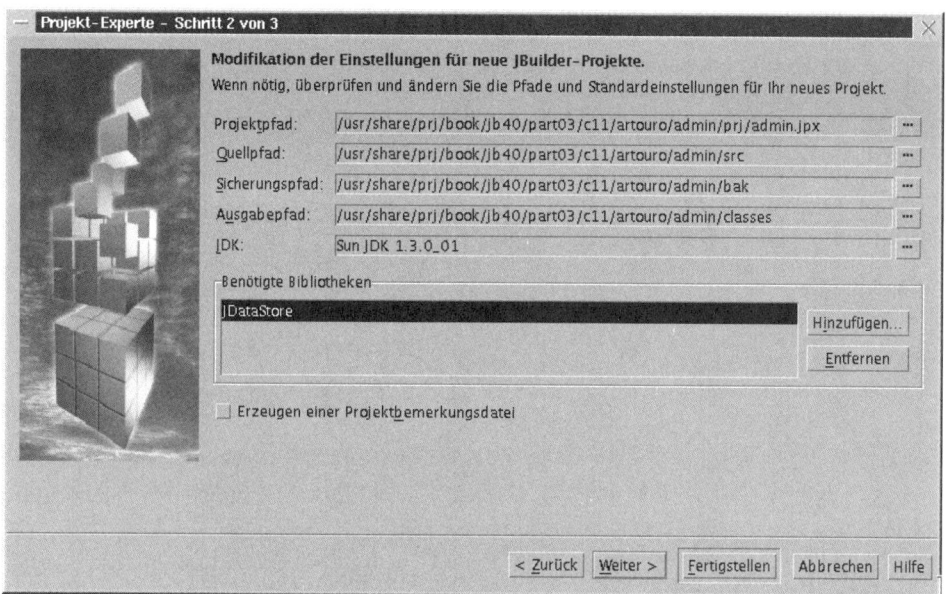

Abbildung 11.5: Modifikation der Einstellungen

Feld	Eingabe
Klasse	AppWnd
Überschrift	ArTouro Admin
Menüleiste generieren	÷
Symbolleiste generieren	÷
Statusleiste generieren	÷
Info-Dialog generieren	-
Frame auf dem Bildschirm zentrieren	÷

Tabelle 11.1: Einstellungen des Hauptfensters

Durch diese Einstellungen bekommen wir ein Hauptfenster mit ein paar Grundausstattungsmerkmalen wie Symbolleiste, Menü und einer Statusleiste, die als Ausgangsbasis reichen sollen. Den Infodialog verschmähen wir übrigens, weil der generierte Quelltext hier deutlich mehr Arbeit verursacht als eine Neuprogrammierung.

11.1.5 Schritt 5: Hauptfenster »AppWnd« nochmals erzeugen

Dieser Schritt mag zunächst erstaunen. Besitzen wir nicht schon ein Hauptfenster, das wir gerade vom Anwendungsexperten angelegt bekommen haben? Im Prinzip ja, aber ...

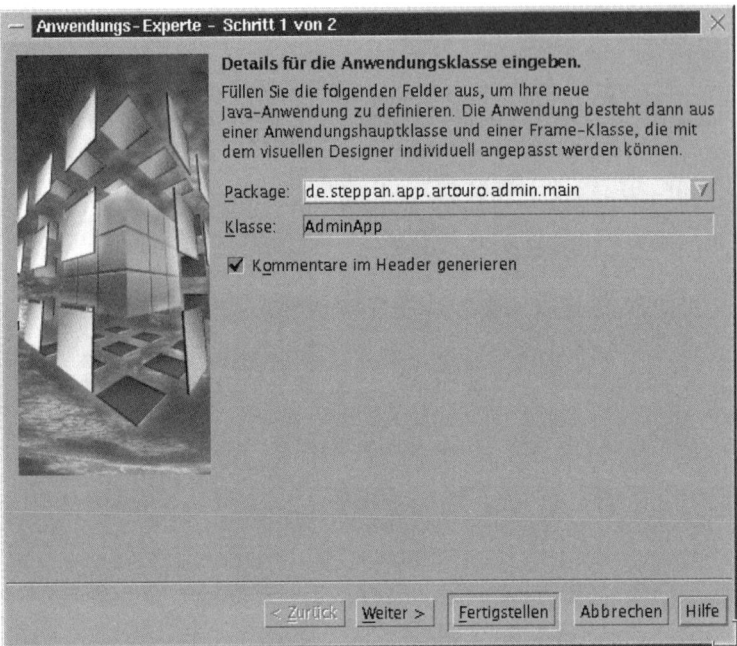

Abbildung 11.6: Wahl des Package-Pfads unter der Hauptklasse

Die Experten des JBuilders sind etwas unflexibel, was Package-Strukturen angeht. Wenn Sie die Package-Struktur so anlegen möchten, wie Sie wollen, müssen Sie entweder alles per Hand programmieren, ein Modellierungswerkzeug wie Together verwenden oder eben etwas tricksen.

Der Trick besteht darin, einfach nochmals eine Klasse namens *AppWnd* in einem neuen Ziel-Package mit der Endung *admin.view* anzulegen. Danach muss der generierte Quelltext der Klasse *AppWnd* dorthin kopiert und etwas angepasst werden. Das TOOL ZUR PACKAGE-MIGRATION kann Ihnen hierbei theoretisch auch helfen, doch für das Anfangsstadium des Projekts hieße das »mit Kanonen auf Spatzen zu schießen«.

Sie legen also mit dem Klassen-Experten eine neue Klasse namens *AppWnd* an und löschen alles bis auf die Package-Bezeichnung in der ersten Zeile. Danach kopieren Sie aus der mit dem Anwendungs-Experten generierten Klasse alles bis auf die erste Zeile in das neue Package, das mit *admin.view* endet. Danach können Sie die nicht mehr benötigte Datei *AppWnd* mit dem Befehl DATEI | APPWND.JAVA LÖSCHEN sowohl vom Projekt als auch von der Festplatte entfernen.

Im nächsten Schritt sind Anpassungen an der generierten Symbolleiste notwendig. Der Anwendungs-Experte hat drei Symbole der Klasse *IconImage* erzeugt und direkt mit dem Package-Namen verknüpft. Diese Verknüpfung lösen wir wie folgt auf:

Abbildung 11.7: ArTouro Admin nach dem ersten Start

```
image1 = new ImageIcon("../img/openFile.gif");
image2 = new ImageIcon("../img/closeFile.gif");
image3 = new ImageIcon("../img/help.gif");
```

Listing 11.1: Pfadänderungen an den Symboldateien

Speichern Sie die Änderungen und kopieren Sie die Symboldateien vom Ordner main in den Projektordner für Bilder (→ Abbildung 11.2, Seite 456). Entfernen Sie die Bilder danach aus dem Projektstrukturbaum mit DATEI | DATEI LÖSCHEN.

Nach diesen Aufräumarbeiten kontrollieren Sie jetzt bitte die Projekteigenschaften (PROJEKT | PROJEKTEIGENSCHAFTEN). Die Option VOR DEM COMPILIEREN AUTOMATISCH SPEICHERN sollte gesetzt sein. Danach starten Sie mit F9 die Anwendung. Sollten Sie unter Linux arbeiten, werden Sie im Meldungsfenster des AppBrowsers beunruhigende Ausgaben der virtuellen Maschine entdecken, die aber nichts anderes bedeuten, als dass das Sun-JDK mit bestimmten Systemschriften nicht zurechtkommt. Nach der kurzen Übersetzungszeit sollte ein kleines Programm am Bildschirm auftauchen (→ Abbildung 11.7).

11.1.6 Schritt 6: Menüleiste anpassen

Nun sind die Menüs den Vorlagen entsprechend mit dem UI-Designer anzupassen. Dazu wechseln Sie von der Quelltextansicht in die Designansicht des AppBrowsers und führen einen Mausklick auf *jMenuBar* aus. Die Ansicht der Inhaltsfensters verändert sich und Sie können das Menü umgestalten (→ Abbildung 11.8).

Dazu steht Ihnen oberhalb der Anwendung im Inhaltsfenster eine Symbolleiste zur Verfügung, mit der Sie neue Menübefehle, neue Menüs und Separatoren (Trennlinien zwischen den Befehlen) eingeben können. Stellvertretend für andere Menüs greife ich nur das Menü SEARCH aus → Kapitel 10 auf.

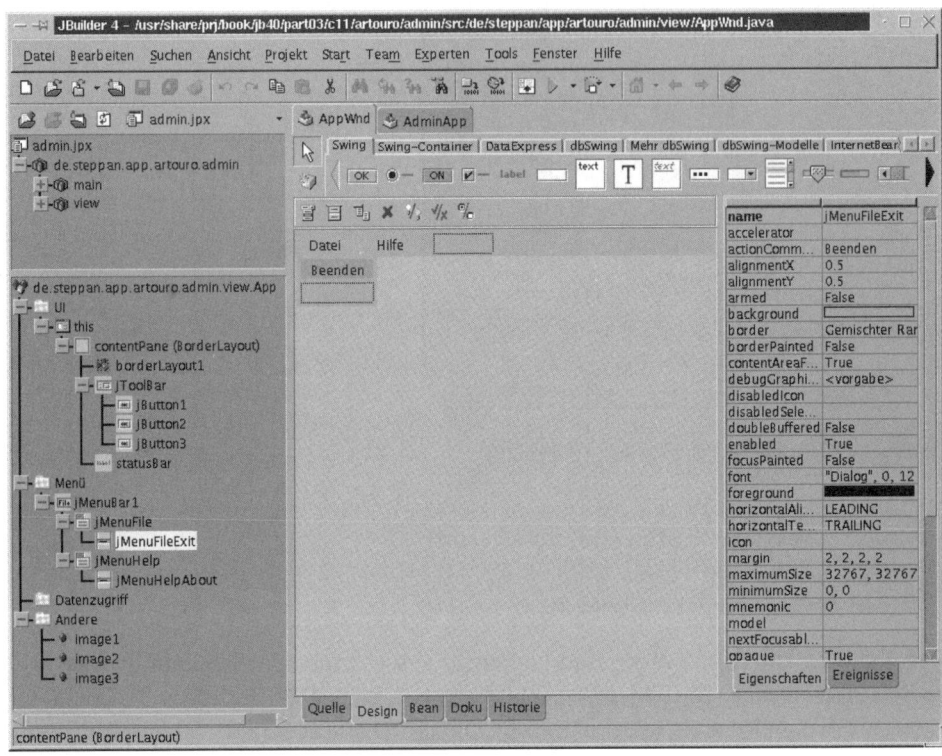

Abbildung 11.8: Mit dem UI-Designer verändern Sie die Menüs

Wir fügen es zwischen den Menüs FILE und HELP mit Befehl MENÜ EINFÜGEN oder durch einen Klick auf das gleichnamige Symbol ein. Durch einen Doppelklick auf das Menü können Sie die Bezeichnung eingeben. Durch den Befehl MENÜEINTRAG EINFÜGEN erzeugen Sie einen neuen Menübefehl.

Auf der rechten Seite des UI-Designers steht Ihnen der Inspektor zur Verfügung, mit dem Sie die Einstellungen der UI-Komponenten bearbeiten können. Wenn Sie auf den neuen Menüeintrag klicken, erscheinen die Eigenschaften des neuen Objekts (beziehungsweise der Klasse *jMenuItem*).

Tragen Sie im Feld NAME eine bessere Bezeichnung wie zum Beispiel *cmdSearchGlobal* ein, legen Sie mit dem Accelerator-Dialog des Felds ACCELERATOR die gewünschte Tastenkombination fest und wählen Sie über das Feld ICON ein Symbol für den Menübefehl aus, das Sie zuvor erzeugen müssen (→ Listing 11.1). Wenn Sie dies für alle vier Menüs und deren Menüeinträge wiederholt haben, sollten die Menüs wie in → Abbildung 11.10 dargestellt aussehen.

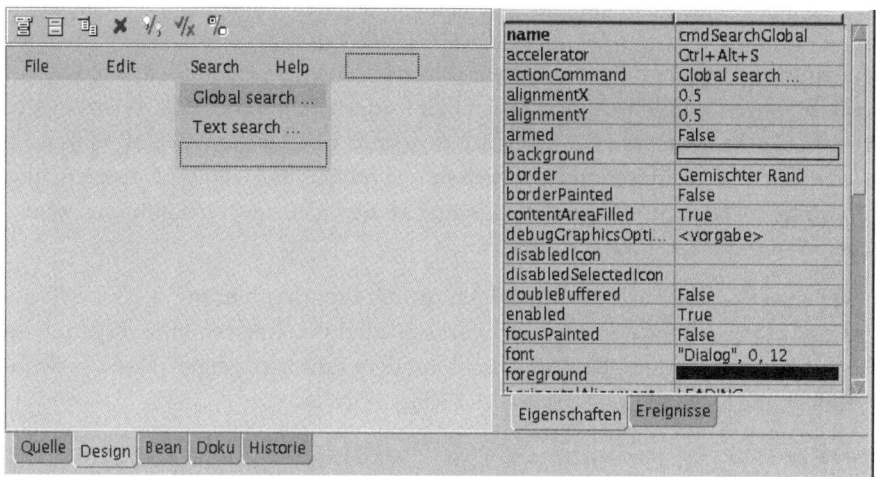

Abbildung 11.9: Die Eigenschaften des Menüeintrags »cmdSearchGlobal«

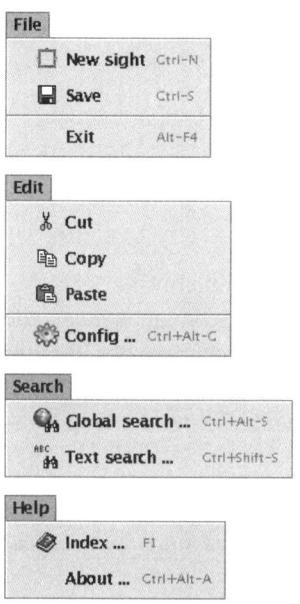

Abbildung 11.10: Die fertig gestellten Menüs (hier im Metal Look&Feel)

Wie Sie erkennen können, besitzt jeder Menüeintrag ein eigenes Symbol, das mit den Symbolen der Symbolleiste korrespondiert. Dieser Symbolleiste wollen wir uns jetzt zuwenden.

11.1.7 Schritt 7: Symbolleiste anpassen

Der Anwendungs-Experte hat schon einen guten Rahmen generiert, den wir, wie bei den Menüs geschehen, füllen können. Auch hier ist der UI-Designer das Werkzeug der Wahl. Um die neuen Symbole (→ Kapitel 10, Abschnitt 10.2.3 ff.) anzulegen, führen Sie einen Rechtsklick auf ein schon vorhandenes Symbol aus, wählen kopieren und danach einfügen. Das neue Symbol erscheint mit den gleichen Einstellungen seiner Eigenschaften wie das Original.

Die einzige Aufgabe, die nach dem Einfügen für die Programmierung der Oberfläche bleibt, ist das entsprechende Symbol zu wechseln und Separatoren einzufügen. Dies können Sie sehr leicht in der Quelltextansicht mit dem Editor erledigen. Dazu verwenden Sie einfach die Methode *addSeparator* der Klasse *JToolBar*.

```
adminToolbar.add(btnFileNew);
adminToolbar.add(btnFileSave);
adminToolbar.addSeparator;
adminToolbar.add(btnEditCopy);
adminToolbar.add(btnEditPaste);
adminToolbar.add(btnEditCut);
adminToolbar.add(btnEditConfig);
adminToolbar.addSeparator;
adminToolbar.add(btnSearchGlobal);
adminToolbar.add(btnSearchText);
adminToolbar.addSeparator;
adminToolbar.add(btnHelpIndex);
```

Listing 11.2: Hinzufügen der Schaltflächen und Separatoren zur Symbolleiste

An dieser Stelle möchte ich einen kurzen Schnitt machen und die Ergebnisse der bisherigen Arbeit per Reverse-Engineering mit Together reflektieren. Schauen wir uns die Klassenhierarchie des Programms an (→ Abbildung 11.11). Sie sehen, dass der JBuilder eine Klasse *AppWnd* angelegt hat, die von *javax.swing.JFrame* abgeleitet wurde. *JFrame* selbst stammt von der Oberklasse *java.awt.Frame* ab, verwendet also den nativen Fensterstil des Betriebssystems.

Zu sehen ist auch noch, dass der Anwendungs-Experte automatisch eine Instanz der Klasse *BorderLayout* erzeugt hat. Die Beziehung zwischen *AppWnd* und *BorderLayout* kommt durch den New-Operator zustande.

11.1.8 Schritt 8: Dialoge

Für das Programm *Admin* benötigen wir laut Entwurf des → Kapitels 10 vier Dialogseiten:

▶ Globalsuche

▶ Textsuche

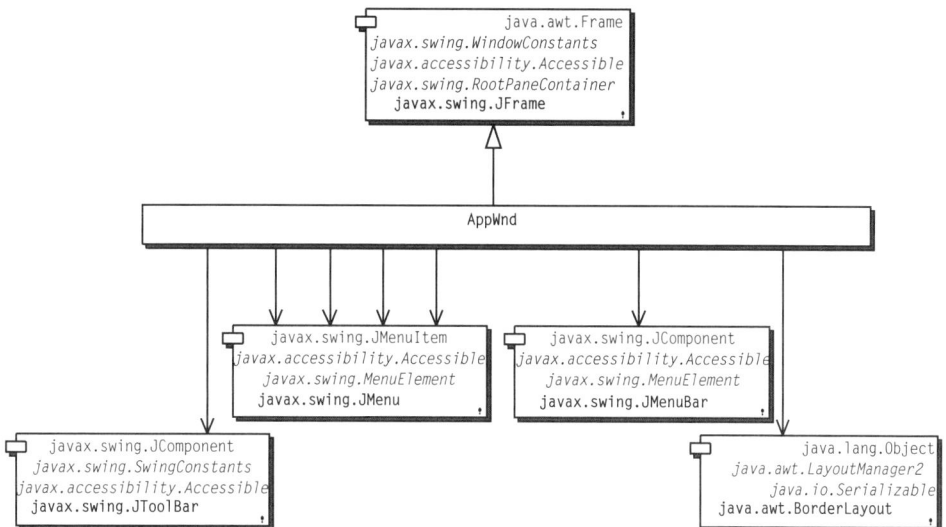

Abbildung 11.11: Das Klassendiagramm des Hauptfensters

▶ Konfigurationsdialog

▷ Infodialog »Über ArTouro Admin«

Allen Dialogen ist gemeinsam, dass sie zentriert auf dem Bildschirm erscheinen müssen, denn kein Anwender wird damit zufrieden sein, wenn er die Dialoge am Bildschirm suchen muss. Leider gibt es in den Basisklassen *java.awt.Dialog* und *javax.swing.Dialog* keine Methode, Dialoge auf verschiedene Weise auf dem Bildschirm auszurichten.

Aus diesem Grund ist es sinnvoll, zwischen *AboutDlg*, *SearchDlg* und *ConfigDlg*, wie die Klassen der Dialoge später heißen werden, eine »Zwischendecke« einzuziehen, die dieses Manko ausgleicht. Unser Konzept ist es, an dieser Stelle eine kleine Bibliothek (mit Wachstumspotenzial) zu konzipieren, die vorerst jedoch nur aus einem Dialog bestehen wird (→ Abbildung 11.13).

Um diesen Dialog anzulegen, verwenden wir erst den Projekt- und danach den Dialog-Experten des JBuilders.

Anlegen eines neuen Basisdialogs

Wir legen zunächst wieder ein neues Projekt an. Verwenden Sie dazu den PROJEKT-EXPERTEN, den Sie über DATEI | NEUES PROJEKT starten. Wir tragen im ersten Textfeld als Projektnamen DIALOGS ein, wählen wie zuvor JPX als Dateityp für die Projektdatei und verfahren mit den Pfadangaben wie zuvor.

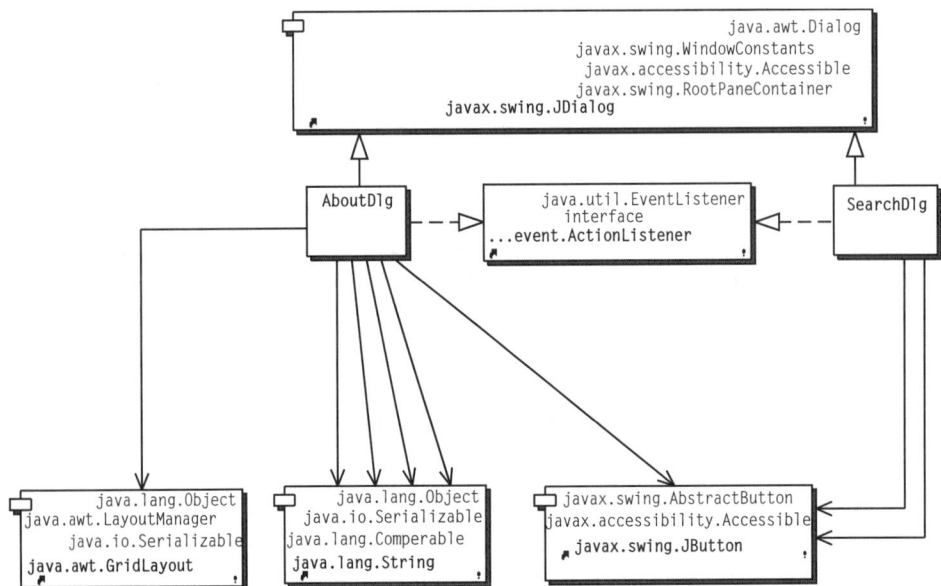

Abbildung 11.12: In den Basisdialogen fehlen Methoden zur Ausrichtung von Dialogen

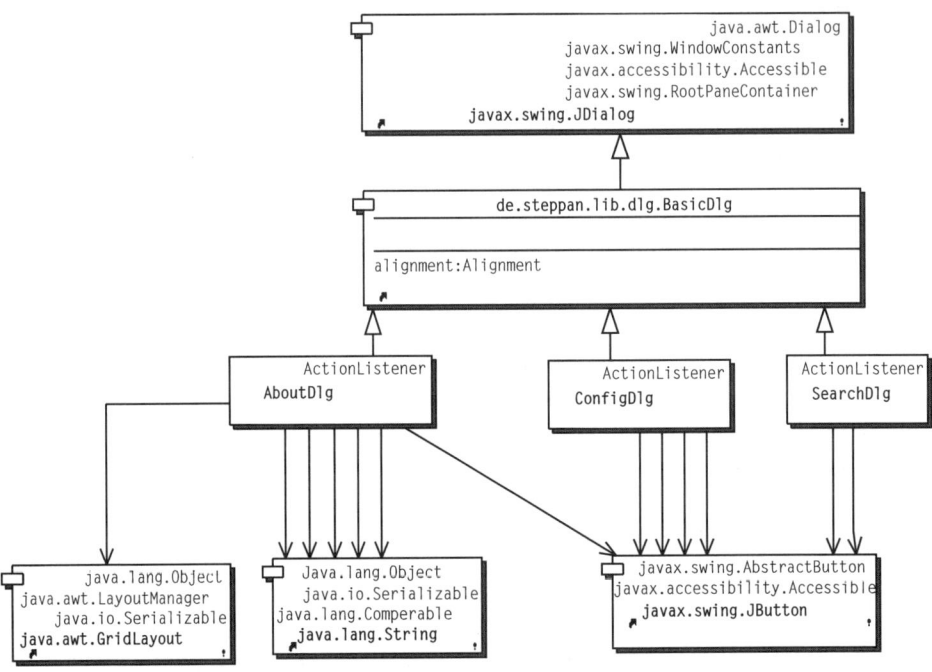

Abbildung 11.13: Konzept für einen neuen Basisdialog

Wir entscheiden uns wieder für das neueste JDK, das auf der Festplatte installiert ist, und entfernen alle eventuell vorhandenen Einträge der benötigten Bibliotheken: Für ein so simples Projekt wie einen Dialog benötigen wir nur das JDK. Nachdem das Projekt fertig gestellt ist, können wir den Dialog-Experten über die Objektgalerie aufrufen (DATEI | NEU). Wählen Sie auf der ersten Seite der Galerie DIALOG und starten Sie den Experten mit OK.

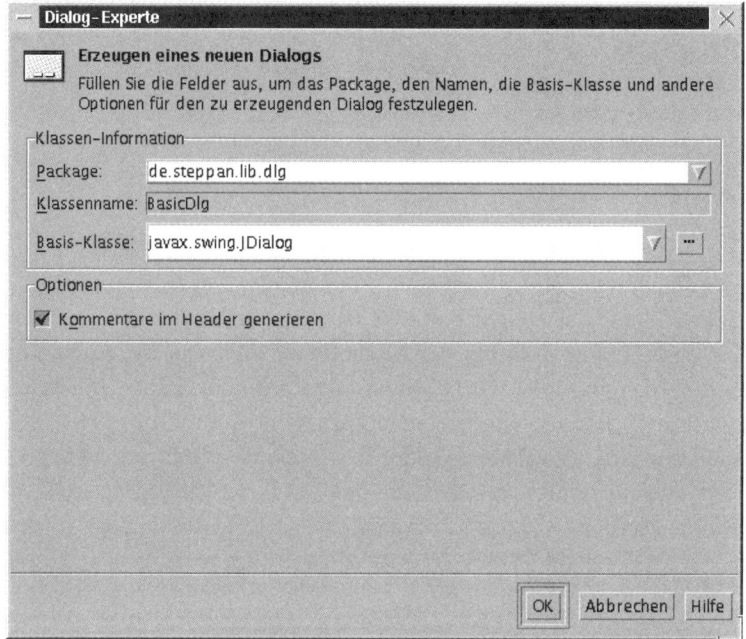

Abbildung 11.14: Der Dialog-Experte mit den Einstellungen für den neuen Basisdialog

Danach zeigt sich ein einfacher Dialog (→ Abbildung 11.14), in dem wir das Package, den Klassennamen und die Basisklasse eintragen. Da wir die Oberfläche mit Swing entwerfen, wählen wir *javax.swing.JDialog* als Basisklasse, lassen Kommentare im Dateikopf des Dialogmoduls generieren und beenden den Dialog mit OK.

Der Dialog soll nun zwei Fähigkeiten bekommen:

▷ Zentrierung relativ zum Bildschirm

▷ Zentrierung relativ zum aufrufenden Fenster

Um das zu realisieren, könnten wir zwei Methoden programmieren, zum Beispiel *centerOnScreen()* und *centerOnParent()*. Der Haken dabei wäre allerdings, dass man diese Methoden vom Programm aus schlecht konfigurieren kann. Besser ist es, eine

Dialogeigenschaft mit dem Namen *Alignment* über ein entsprechendes Methodenpaar zu setzen (*setAlignment*) oder abzufragen (*getAlignment*).

Diese Eigenschaft ist ein Aufzählungstyp, den wir uns in Java natürlich erst einmal beschaffen müssen, da hier kein *Enum* wie in C++ existiert, sondern nur ein Interface, das sich für unsere Zwecke nicht eignet. Realisieren kann man diesen Typ über den in → Listing 11.3 abgedruckten Quelltext.

```
/** Supports an enum type for BasicDlg*/
public final class Alignment {
public final static Alignment
    centerOnParent = new Alignment(),
    centerOnScreen = new Alignment();
public final static Alignment[] alignment = {
    centerOnParent, centerOnScreen
  };
}
```

Listing 11.3: Enum-Klasse Alignment

Wir verwenden für diese Klasse das gleiche Bibliothekspaket wie für den Dialog zuvor und können nun mit der Implementierung der Methode *setAlignment* beginnen. Die Methode ist sehr simpel. Als Parameter wird *alignment* übergeben und danach werden die Dialogausmaße ermittelt. Je nach übergebenem Parameter ermittelt die Methode die Größe des aufrufenden Fensters (Parents) oder des Gesamtbildschirms. Letzteres wird durch eine Methode *getScreenSize* erreicht, die das AWT zur Verfügung stellt. In beiden Zweigen sorgt die Methode *setLocation* für eine Ausrichtung des Dialogs an den neuen Koordinaten.

```
/** setAlignment to align dialogs centered on screen or parent window */
  public void setAlignment(Alignment alignment) {
    Dimension dlgSize = getPreferredSize();
    if (alignment == Alignment.centerOnParent) {
      Dimension parentSize = getParent().getSize();
      Point loc = getParent().getLocation();
      setLocation((parentSize.width  - dlgSize.width) / 2 + loc.x,
                  (parentSize.height - dlgSize.height) / 2 + loc.y);
    } else {
      Dimension screenSize = getToolkit().getScreenSize();
      setLocation((screenSize.width  - dlgSize.width) / 2,
                  (screenSize.height - dlgSize.height) / 2);
    }
  }
```

Listing 11.4: Methode setAlignment zur Zentrierung von Dialogen

Ist diese Arbeit beendet, kann die Klasse in eine JavaBean verwandelt werden. Dazu generieren wir eine Getter-Methode und eine BeanInfo-Klasse. Verwenden Sie dazu

die Ansicht BEAN | BEANINFO des Inhaltsfensters. Am oberen Rand finden Sie die
Schaltfläche BEANINFO GENERIEREN, die Sie zu diesem Zweck anklicken.

Umwandlung in ein JavaBean

Wenn alles korrekt verlaufen ist, sollte sich nun eine Klasse namens *BasisDlgBeanInfo* in
Ihrem Projekt befinden. Mit Hilfe des Experten BEANINSIDE können wir nun alles überprüfen, um sicherzustellen, dass die Klasse auch als Bean in unserem Projekt richtig
erkannt wird.

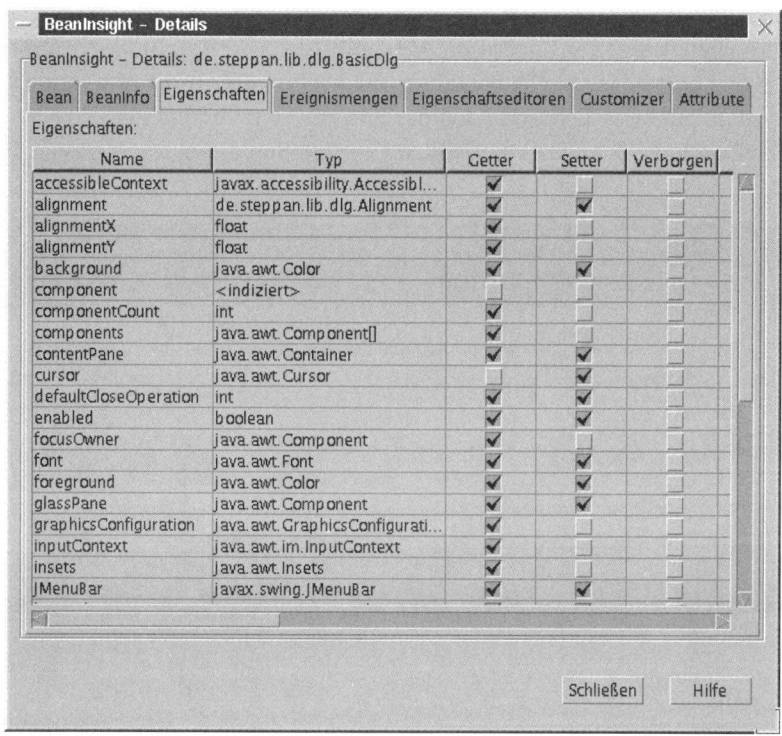

Abbildung 11.15: BeanInsight hilft, JavaBeans zu überprüfen

Das Ergebnis (→ Abbildung 11.15) zeigt, dass beide Zugriffsmethoden (Getter- und
Setter-Methoden) korrekt erkannt worden sind. Damit können wir die Bibliothek mit
der Option *Basis* archivieren (6.3 Archiv-Builder) und dem Projekt als Library zur Verfügung stellen. Dazu wechseln Sie wieder über die Projektsymbolleiste in das Admin-
Projekt (das Dialog-Projekt brauchen Sie dazu nicht zu schließen, da der JBuilder mehrere Projekte zugleich verwalten kann).

Wählen Sie TOOLS | BIBLIOTHEKEN KONFIGURIEREN und legen Sie auf der rechten Seite des Dialogs eine neue Bibliothek mit dem Namen DIALOGS an (→ Kapitel 8, Abschnitt 8.15). Nachdem das erfolgt ist, befindet sich die neue Bibliothek im Klassenpfad des Projekts. Sie kann getestet und parallel zum Admin-Projekt weiter bearbeitet werden. Außerdem steht sie zugleich auch anderen Projekten (theoretisch) zur Verfügung. Damit können wir den ersten Dialog gestalten, der auf der neuen Klasse aufsetzt.

Konfigurationsdialog

Dazu starten wir wieder den Dialog-Experten, geben jedoch diesmal nicht die Vorauswahl, sondern den neuen Dialog als Basisklasse an. Danach legen wir das Layout nach den Entwürfen für die Dialoge (→ Kapitel 10, Abschnitt 10.2.3 ff.) fest. In der Oberflächenbibliothek Swing gibt es eine Reihe von Layoutmanagern, die für die unterschiedlichsten Erfordernisse gut sind. Die Kunst bei der Entwicklung von Java-Oberflächen besteht im geschickten Einsatz und der sinnvollen Kombination dieser Manager.

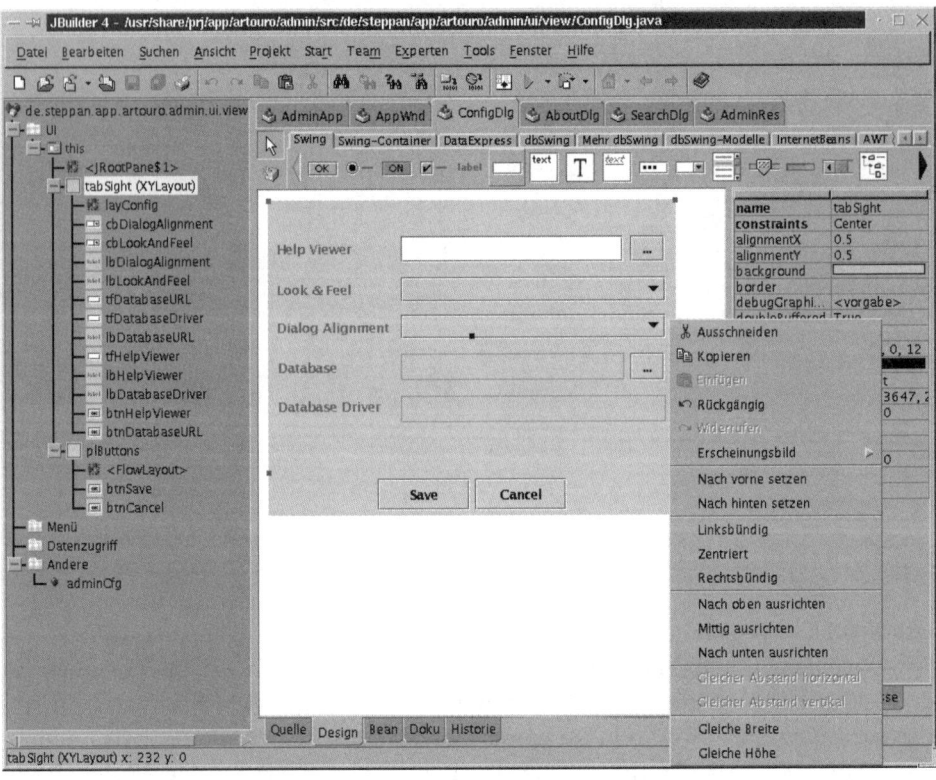

Abbildung 11.16: Mit den Befehlen dieses Kontextmenüs richten Sie Controls aus

Um den Dialog zu entwerfen, wechseln wir durch einen Klick auf das Register DESIGN in den Designmodus der IDE und wählen den Swing-Container der Komponentenpalette aus. Wir legen unterhalb des Dialog-Panels zwei weitere Panels an, ein Panel für den Dialoginhalt, ein Panel für die Schaltflächen. Für die beiden Panels vergeben wir gemäß unserer Programmierkonventionen Namen (→ Anhang D). Diese können Sie im Feld NAME des INSPEKTORS oder in das DATEISTRUKTURFENSTER (Doppelklick auf den Namen) eintragen.

Beachten Sie bitte, dass die Verwendung des INSPEKTORS oder DATEISTRUKTURFENSTERS zwingend ist, um die Konsistenz des Quelltextes zu sichern. Wenn Sie direkt in den Quelltext eingreifen, ist dieser unter Umständen nicht mehr konsistent. Das können Sie zwar wieder ohne viel Aufwand ausgleichen, ist aber beim Oberflächenentwurf nicht sinnvoll.

Für das erste Panel wählen wir ein *XYLayout*, während das Panel für die Schaltflächen mit einem *FlowLayout* bestückt wird. Auf dieses Panel lassen Sie nacheinander zwei Schaltflächen fallen, deren Größe Sie im Inspektor auf 80 zu 30 festlegen. Legen Sie nun der Reihe nach fünf Labels im linken Teil, drei Textfelder, zwei Schaltflächen und drei Kombinationsfelder im rechten Teil des Dialogs an.

Zur Ausrichtung von Komponenten im UI-Designer besitzt die IDE mehrere, leider etwas verborgene Befehle. Erst wenn Sie auf mindestens zwei Komponenten einen Rechtsklick ausführen, zeigen sie sich in einem Kontextmenü (→ Abbildung 11.16). Sollten sich die Schaltflächen zu nah am unteren Rand befinden, müssen Sie die Y-Koordinate des Panels erhöhen (*preferredSize* im INSPEKTOR). Danach müsste Ihre Oberfläche der Oberfläche gleichen, die in → Abbildung 11.16 abgedruckt ist.

Das erwähnte Kontextmenü bietet noch ein Reihe weiterer praktischer Befehle im Zusammenhang mit Swing. Da diese Bibliothek bis auf die Fensterrahmen (diese stammen von AWT und sind nativ) alle Elemente der Oberfläche selbst zeichnet, kann sie auch verschiedene Erscheinungsbilder darstellen. Diese Erscheinungsbilder können Sie im UI-Designer umschalten, um zu kontrollieren, wie der Entwurf der Oberfläche mit einem anderen Erscheinungsbild aussehen wird.

Erscheinungsbild wählen

Der Designer des JBuilders zeigt beim Oberflächenentwurf zunächst immer das Erscheinungsbild, das Sie in der IDE eingestellt haben (TOOLS | IDE-OPTIONEN). Die Auswahlmöglichkeiten des Erscheinungsbilds richten sich nach dem Betriebssystem, mit dem Sie arbeiten, denn Swing unterstützt nicht alle Erscheinungsbilder unter allen Systemen. Zum Beispiel können Sie nur unter dem Macintosh auch dessen Erscheinungsbild auswählen (aus Urheberrechtsgründen), und unter Unix wird das Erscheinungsbild von Windows nicht unterstützt.

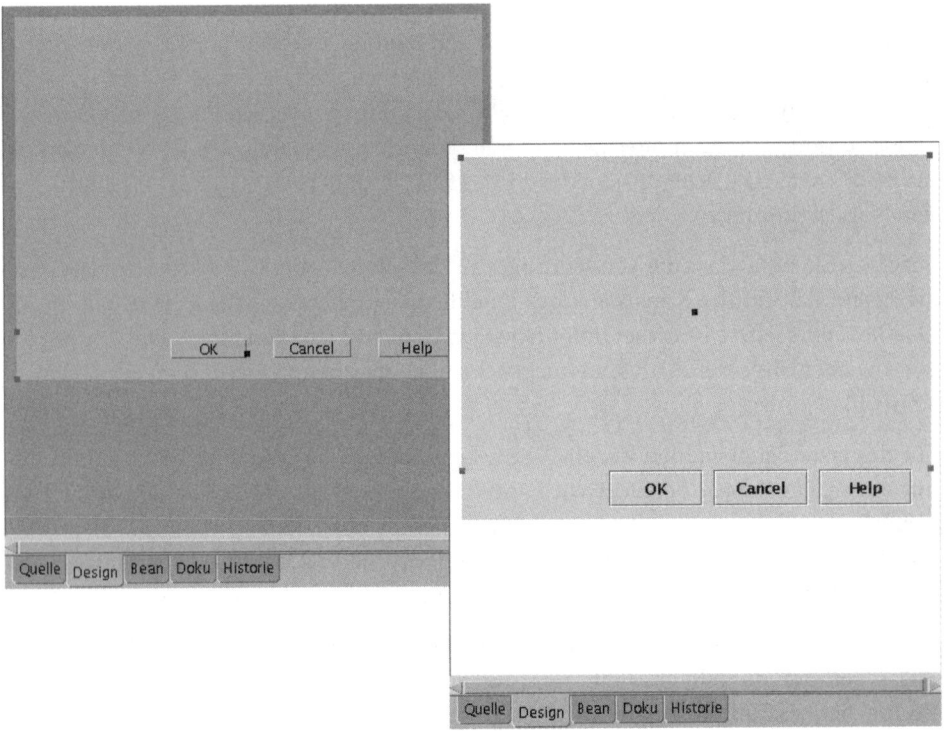

Abbildung 11.17: Das Erscheinungsbild CDE/Motif (links) und Metal (rechts)

11.1.9 Gestaltung der Symbole

Den Abschluss einer GUI-Programmierung bildet die Gestaltung von ansprechenden Symbolen für die Symbolleiste und für das Programm. Hierbei bietet der JBuilder leider keine Unterstützung, wie Sie das vielleicht von Ressourceneditoren der C++-Entwicklungsumgebungen gewöhnt sind. Der JBuilder ist lediglich in der Lage, die fertig gestellten GIF-Dateien im AppBrowser anzuzeigen.

Bei der Arbeit mit solchen Ressourcen lohnt sich daher die Anschaffung eines Symboleditors oder Bildbearbeitungsprogramms. Die Symbole zu ArTouro habe ich mit dem Adobe Photoshop entworfen, einem Programm, das eine Bilddatei in mehrere Ebenen (Layern) aufspalten kann. In → Abbildung 11.18 sehen Sie, dass das Symbol von *ArTouro Web* und *ArTouro Admin* nur aus drei Einzelmotiven zusammengesetzt ist.

Der Bilderrahmen (Symbol für Kunst) dient als gemeinsames Motiv, die Weltkugel symbolisiert das Internet (Web) und die Menschengruppe die Verwaltung (Admin). Im unteren Bereich der Abbildung erkennen Sie die Ebenenpalette mit den drei Einzelmotiven. Sie lassen sich markieren und auf diese Art zu Kombinationen aus zwei oder mehreren Motiven zusammenstellen.

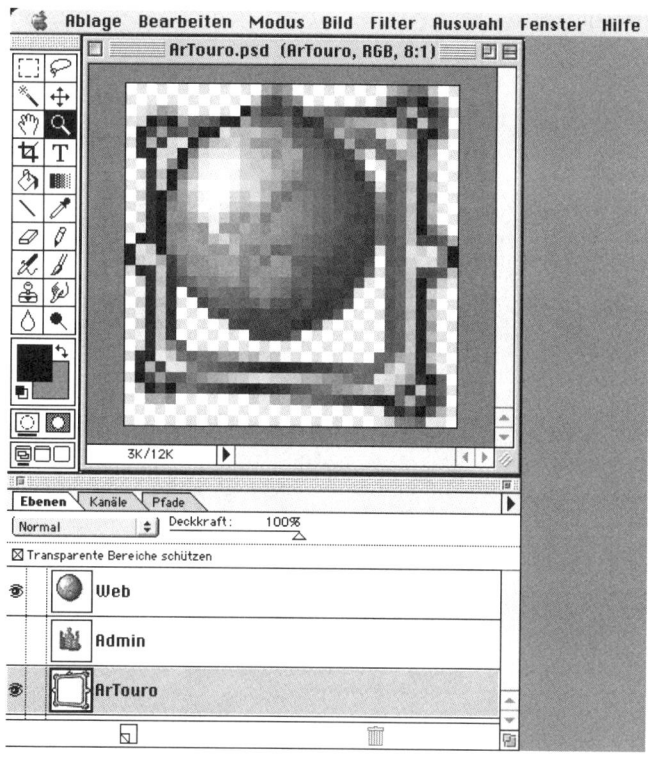

Abbildung 11.18: Die Programmsymbole für ArTouro Web und Admin

Um diese Kombinationen für ein Java-Programm nutzen zu können, müssen die Symbole in ein GIF-Format exportiert werden. Dazu stellen Sie eine geeignete Kombination zusammen, zum Beispiel Rahmen und Weltkugel für *ArTouro Web*, und exportieren die Datei in ein GIF-Format. Die meisten der besseren Bildbearbeitungsprogramme bieten eine solche Exportfunktion, mit der sich auch transparente Bereiche maskieren lassen.

Damit entstehen bei diesem Vorgang aus einem einzelnen Symbol (→ Abbildung 11.18) drei Bilddateien:

▶ ArTouro.psd (Photoshop-Original)

▶ admin.gif

▶ web.gif

Die PSD-Datei (Photoshop-Dokument) benötigen wir als Quelle für die beiden anderen »Kompilate«. Die beiden GIF-Dateien finden für verschiedene Zwecke Verwendung:

▷   Vorlage für Programmsymbole

▷   Symbole für das Hauptfenster von *ArTouro Admin*

▷   Symbole für den Informationsdialog von *ArTouro Admin* und *Web*

Abbildung 11.19: Das Symbol »Admin« nach dem Import in den JBuilder

Das Symbol importieren Sie über PROJEKT | DATEIEN/PACKAGES hinzufügen oder das entsprechende Symbol der Projektsymbolleiste in das Projekt. Ist die Datei im Projekt-strukturbaum zu sehen, können Sie das Symbol über einen Doppelklick auf Datei auch im AppBrowser betrachten (→ Abbildung 11.19). Am unteren Rand des Inhaltsfensters lassen sich Vergrößerungsfaktor (Skalierung) und Hintergrund einstellen, um sich nochmals einen Eindruck vom Symbol zu verschaffen. Die Änderungen an der Ansicht verändern übrigens die Bilddatei nicht.

Die GIF-Dateien können unter Windows nicht direkt als Symbol für das Startskript der Batch-Datei eingesetzt werden (→ Abbildung 11.20), da das Betriebssystem hier nur das ICO-Format unterstützt. Sie müssen also die GIF-Vorlagen noch in das Windows-Format konvertieren. Dazu gibt es viele Shareware-Programme, die das zuverlässig übernehmen.

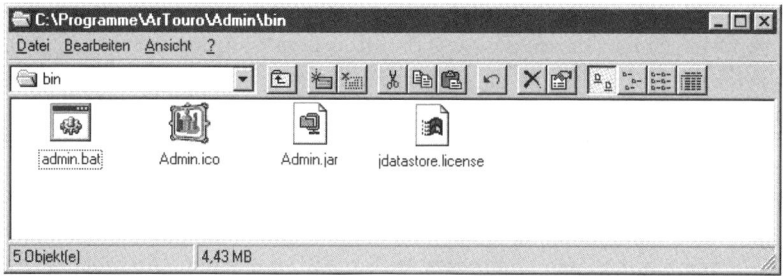

Abbildung 11.20: Das Startverzeichnis von ArTouro Admin unter Windows

11.2 HTML-Oberflächen

Hypertextoberflächen als GUIs sind untrennbar mit dem World Wide Web (WWW) verbunden, dem Teil des Internets, der es erlaubt, solche HTML-Oberflächen (Webseiten) im Browser zu betrachten. Zunächst waren solche Webseiten *statisch*. Das heißt die gesamte HTML-Seite musste bearbeitet werden, wenn inhaltliche Änderungen notwendig waren. Der Pflegeaufwand solcher statischen Seiten ist immens. Sie haben außerdem den Nachteil, dass Design und Inhalt vermischt sind.

Um Seiten einfacher mit wechselnden Inhalten zu füllen, suchte man nach einer Alternative. Die bot sich in Form von dynamisch generierten Seiten an, die auf Erweiterungen des Webservers basieren. Der Webserver ist eine Serveranwendung, die Anfragen von Internetbrowsern (zum Beispiel Internet Explorer oder Navigator) entgegennimmt und dem Browser entsprechende HTML-Seiten zurückliefert.

Um solche Seiten dynamisch zu erzeugen, kann man heute eine Vielzahl von Techniken einsetzen, von denen ich nachfolgend nur die Wichtigsten nenne:

▸ CGI (Common Gateway Interface)

▸ GSP (GNU Server Pages)

▸ GNUJSP (GNU Java Server Pages)

▸ PHP (Hypertext Preprocessor)

▸ ASP (Active Server Pages)

▸ NSAPI (Netscape Server Application Programmer's Interface)

▸ Servlets (Server Applets)

▸ JSP (JavaServer Pages)

▸ XSP (Extended Server Pages)

Wir haben uns als Java-Entwickler natürlich für Servlets und JavaServer Pages entschieden. Der Grund liegt nicht darin, dass wir damit in Java programmieren können,
sondern dass Servlet und JSPs Vorteile gegenüber anderen technologischen Architekturen bieten, die ich aber hier nicht vertiefen möchte.

Die Benutzeroberfläche der Webanwendung von *ArTouro* muss laut den Vorgaben des
→ Kapitels 10 eine Reihe von Voraussetzungen erfüllen – wir erinnern uns: Die Grobspezifikation (→ 10.1 *ArTouro Web*) besagt, dass das Programm *ArTouro Web* ohne
Installation von Software auf jedem Computer laufen soll, der einen Internetzugang
und -browser besitzt.

Applet versus Applications

Applications scheiden deshalb als Benutzeroberfläche völlig aus, weil sie samt der JRE
auf einem Computer installiert werden müssen. Bei Applets liegt der Fall anders. Sie
werden, je nach Programmierung, von vielen Browsern akzeptabel bis schlecht unterstützt. Werden sie mit der Klassenbibliothek Swing programmiert, sind die Ladezeiten
beträchtlich. Das liegt daran, dass zum Beispiel im Navigator 4.72 nur das JDK 1.15
eingebaut ist. Da Swing erst mit dem JDK 1.1.7 eingeführt wurde, müssen alle Swing-
Klassen, die das Applet benötigt, über das Internet auf den Computer des Endanwenders geladen werden.

Aber auch mit der GUI-Bibliothek AWT benötigen Applets in der Regel über 3 Sekunden, bis sie auf dem Bildschirm erscheinen. Laut Untersuchungen führen Ladezeiten
über 3 Sekunden bei sehr vielen Anwendern dazu, dass sie den Vorgang abbrechen
und die Site verlassen. Der Vorgang kann auch nicht durch Browser-Plug-ins abge-
kürzt werden, denn diese verkürzen nicht die Ladezeiten der reinen Anwendung.
Außerdem bedeutet dies für den Endanwender eine Installation. Diese ist aber laut
den Anforderungen unerwünscht.

Servlets versus JavaServer Pages

Bliebe nur eine reine HTML-Oberfläche oder eine mit JavaScript angereicherte Oberfläche. Sie ist von der Bedienung keineswegs ideal, kann aber bei der Beachtung einiger
Grundregeln von jedem aktuellen Browser dargestellt werden. Da die Oberfläche nicht
extrem komplex ist, folgen wir unserer Auswahlmatrix (Entscheidungshilfe → Kapitel
2, Abschnitt 2.5.1) und entscheiden uns für eine Mischung aus Servlet und JavaServer
Pages.

Auch wenn der JBuilder 4 *Professional* und *Enterprise* eine bisher noch nicht da gewe-
sene Unterstützung für die Entwicklung von Websites aufweist, können Sie den in
→ Kapitel 10 skizzierten Prototyp nur schlecht entwickeln. Theoretisch ließe er sich
zwar im Texteditor des AppBrowsers programmieren, doch auch ein geübter HTML-
Programmierer würde in dieser Umgebung mindestens eine Woche für diese Arbeit
benötigen.

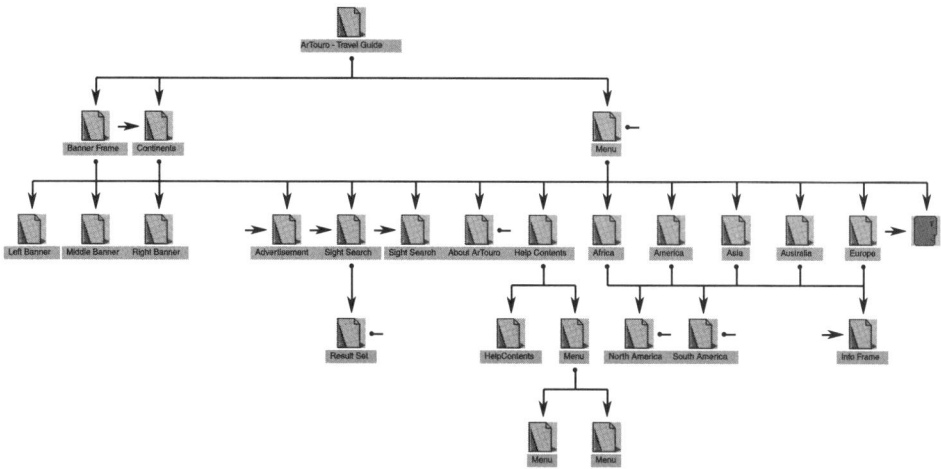

Abbildung 11.21: Sitemap von ArTouro Web

In einem WYSIWYG-Editor wie Adobes GoLive, den ich für *ArTouro Web* verwendet habe, ist die Oberfläche hingegen in etwa zwei Tagen fertig gestellt (Vorlagen vorausgesetzt).

Es gab leider zum Druckzeitpunkt dieses Buchs keine HTML-Editoren, die mit einer JBuilder-Entwicklungsumgebung nahtlos zusammenarbeiten. Dadurch ist der Webentwickler mit dem JBuilder momentan noch nicht in der Lage, dynamische Sites genauso zu erzeugen, wie sie seine Servlet-Anwendung benötigen würde.

Was der Entwickler erzeugen kann, ist eine statische Site (der Prototyp), die jedoch schon einen sehr guten Eindruck davon vermittelt, wie die spätere Webanwendung aussehen wird. Danach ist noch viel Handarbeit nötig, um diese statische Site (den Rohbau sozusagen) in eine dynamische, mittels eines Servlets oder JSPs generierte Site zu überführen.

Designvorlage

Ich stelle Ihnen hier nur ganz kurz den statischen HTML-Prototyp vor, aus dem im → Kapitel 13 durch die Dialogsteuerung von JavaBeans (Controller) entsprechende dynamische Seiten werden. Der Prototyp besteht aus:

▶ Hauptfenster

▶ Bannerwerbung

▶ Menü

▶ Informationsfenster und

▶ Dialogen

Zusammen bilden diese Elemente die Sitemap von *ArTouro Web* (→ Abbildung 11.21). Es enthält mit Forms, Frames und Bannerwerbung alle wesentlichen Bestandteile einer professionellen Website.

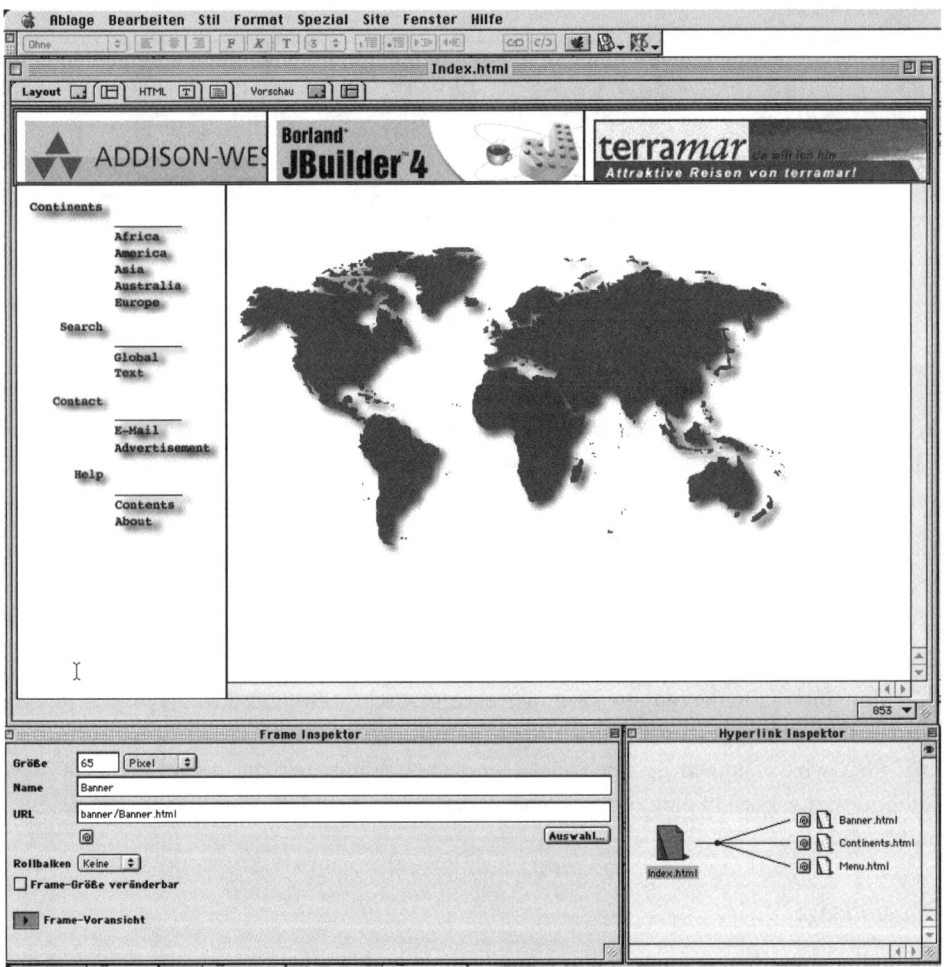

Abbildung 11.22: Die Startseite von ArTouro Web während des Entwurfs in GoLive

Startseite

Beginnen wir auf der obersten Ebene der Sitemap mit dem Hauptfenster, das die Startseite bildet (`index.html`). Der linke Teil der Startseite ist in der Größe veränderlich, der obere Teil statisch. Der statische Teil soll dafür sorgen, dass die Bannerwerbung (weitestgehend) auch dann sichtbar bleibt, wenn das Hauptfenster verkleinert wird (→ Abbildung 11.22).

Von der Startseite aus verzweigen die Dialoge, die in der fachliche Beschreibung festgehalten wurden (→ Kapitel 10, Abschnitt 10.1). Ich will hier nur den Dialog zur Globalsuche herausgreifen, der im Mittelpunkt des Kapitels 13 stehen wird.

```html
<html>
<head>
        <meta http-equiv="content-type" content="text/html;charset=iso-8859-1">
        <title>Global Search</title>
</head>
<body bgcolor="white">
        <tt>
        <form method="POST" name="Contact" action="..." enctype="application/x-
www-form-urlencoded">
         </tt>
        <p><tt>Please enter one or more criterions:</tt> </p>
        <p><tt><table border="0" cellpadding="2"
cellspacing="8" width="569" height="158" bgcolor="white">
                <tr bgcolor="#a9a9a9" height="22">
                        <td height="22">
                                <div align="right">
                                        <tt><b>Description</b></tt></div>
                        </td>
                        <td height="22"><tt><b>Criterion</b></tt></td>
                </tr>
                <tr height="22" bgcolor="#d3d3d3">
                        <td height="22">
                                <div align="right">
                                        <tt>Sight</tt></div>
                        </td>
                        <td height="22"><tt><input type="text" name="position"
size="50"></tt></td>
                </tr>
                <tr bgcolor="#d3d3d3" height="22">
                        <td height="22">
                                <div align="right">
                                        <tt>Continent</tt></div>
                        </td>
                        <td height="22"><tt><select name="selectContinent" size="1">
                                <option value="one" selected>All
                                <option value="zwei">America
                                <option value="three">Asia
                                <option value="four">Australia
                                <option value="five">Europe
                                <option value="six">USA
                        </select></tt></td>
                </tr>
                <tr bgcolor="#d3d3d3" height="22">
                        <td height="22">
                                <div align="right">
                                        <tt>Sub-continent</tt></div>
                        </td>
```

```
                    <td height="22"><tt><select name="selectSubcontinent"
size="1">
                        <option value="one" selected>-
                        <option value="two">NorthAmerica
                        <option value="three">SouthAmerica
                    </select></tt></td>
            </tr>
            <tr bgcolor="#d3d3d3" height="22">
                <td height="22">
                    <div align="right">
                        <tt>Country</tt></div>
                </td>
                <td height="22"><tt><select name="selectContinent" size="1">
                    <option value="one" selected>All
                    <option value="zwei">Germany
                    <option value="three">Brasilia
                    <option value="four">Australia
                    <option value="five">Europe
                    <option value="six">USA
                </select></tt></td>
            </tr>
            <tr bgcolor="#d3d3d3" height="22">
                <td height="22">
                    <div align="right">
                        <tt>City</tt></div>
                </td>
                <td height="22"><tt><select name="selectContinent" size="1">
                    <option value="one" selected>All
                    <option value="zwei">Frankfurt
                    <option value="three">Brasilia
                    <option value="four">Australia
                    <option value="five">Europe
                    <option value="six">USA
                </select></tt></td>
            </tr>
        </table></tt></p>
        <p><tt><input type="submit" name="search" value="Search"> </tt><input
type="reset" value="Reset">
        </form>
    </body>
</html>
```

Listing 11.5: Der HTML-Quelltext der Vorlage für den Dialog »Globalsuche«

Der Dialog besteht aus einer Kombination einer Form (Tag <form ...>) und einer Tabelle (Tag <table ...>). Mit dem Tag <input ...> wird die Form abgeschlossen, die wie beim korrespondierenden Java-Dialog aus *ArTouro Admin* die Suche nach Sehenswürdigkeiten auslösen soll (→ Abbildung 11.23).

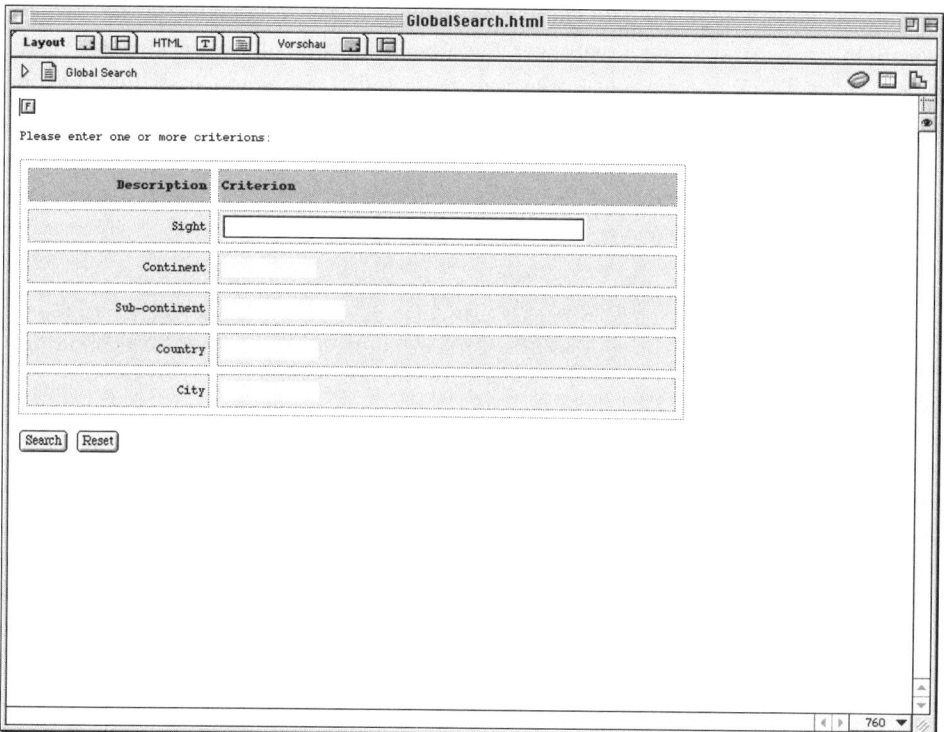

Abbildung 11.23: Die fertig kodierte Vorlage für die JSP

Wenn diese Vorlage in einem HTML-Editor fertig gestellt ist, muss sie noch syntaktisch geprüft, auf Verträglichkeit mit den gängigen Browsern getestet und in GlobalSearch.jsp umbenannt werden.

Bei guten HTML-Editoren wie GoLive und Dreamweaver lässt sich unter Windows die Dateierweiterung konfigurieren, so dass man mit der JSP-Endung genauso arbeiten kann wie zuvor mit einer HTM(L)-Endung. Falls das Designteam unter dem Macintosh arbeiten sollte, spielt die Endung keine Rolle, da das MacOS die Verbindung zwischen Programm und Dateityp für Benutzer unsichtbar über ein Bundle-Ressource organisiert.

Sind diese Arbeiten erledigt, kopiert man die Seite in das Quelltextverzeichnis, falls sie nicht ohnehin dort entstanden ist. In unserem Fall heißt der Verzeichnispfad *de.steppan.artouro.web.view*. Von dort aus kann die HTML-Seite in das JBuilder-Projekt importiert werden.

Dazu führen Sie einen Rechtsklick auf den Projektstrukturbaum aus und wählen DATEIEN/PACKAGES HINZUFÜGEN. Sollte der Dialog nicht ohnehin schon das richtige Verzeichnis anzeigen, klicken Sie einfach auf das Symbol PROJEKT, um in das Arbeitsverzeichnis des Projekts zu gelangen. Im Anschluss daran müssen Sie in das Package wechseln, in dem sich die JavaServer Page befindet, und diese importieren. Nach einem Doppelklick auf die neu importierte Seite sollten Sie eine Darstellung bekommen, die der in → Abbildung 11.24 gleicht.

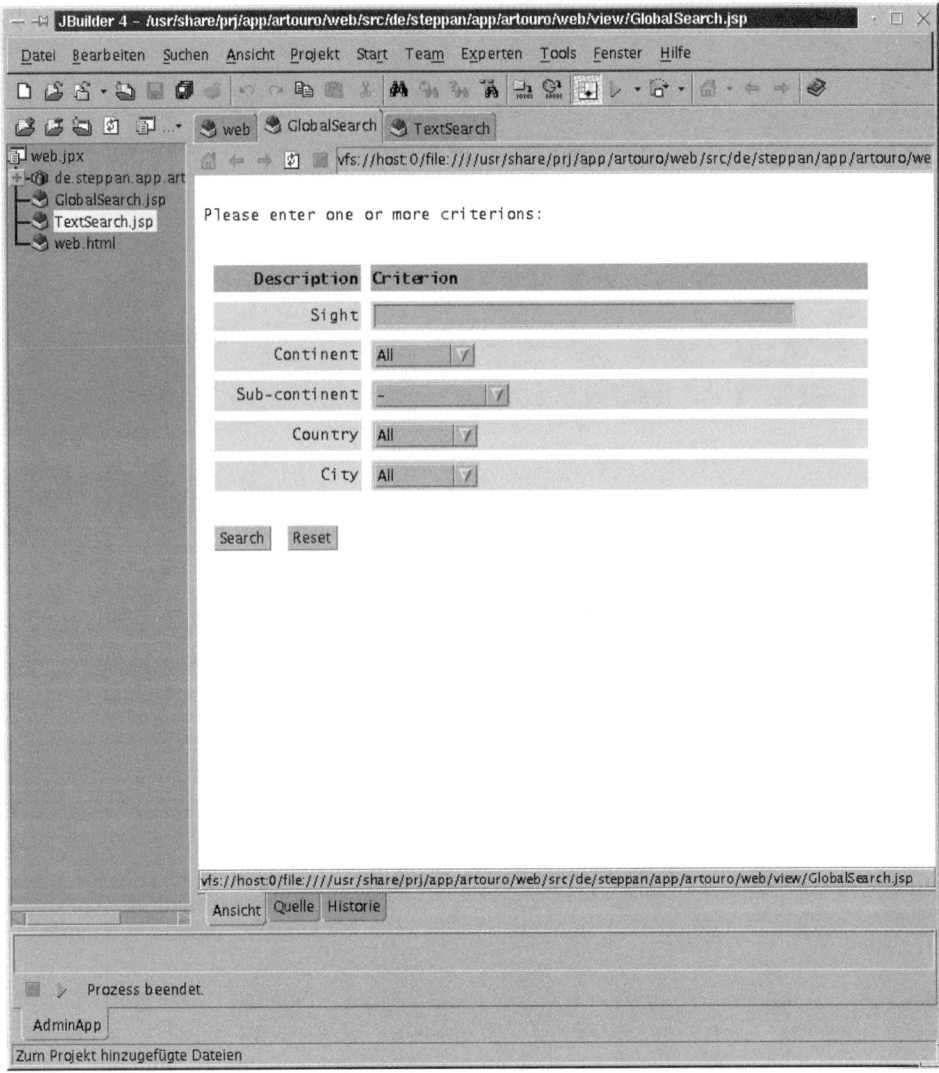

Abbildung 11.24: Die fertig kodierte Vorlage für die JSP

Für alle anderen Seiten der Website muss dieser Vorgang wiederholt werden, bis sich das gesamte Webprojekt im JBuilder befindet. Von nun an kann in beiden Werkzeugen wechselseitig gearbeitet werden (Roundtrip-Engineering), wobei nur darauf zu achten ist, dass man strukturelle Änderungen vorher im Team abspricht, da einige HTML-Editoren darauf empfindlich reagieren.

11.3   Literatur & Links

11.3.1   Allgemein

Artikel

Hüskes/Herczeg: Benutzer-Benchmarks, c't 9/1993

Bücher

Jenz & Partner: Grafische Bediener-Oberflächen, Jenz & Partner 1992

Shneiderman, Ben: Designing the User Interface, Strategies for Effective Human-Computer Interaction, Addison Wesley 1992

11.3.2   Java-Oberflächen

Artikel

Scheb, Alexander: Anpassung tut Not, IT-Fokus 10/1999

11.3.3   HTML-Oberflächen

Artikel

Himmelein, Gerald: HTML-Punktlandung, c't 4/1999

Himmelein, Gerald: Schönere Seiten, c't 5/2000

Kentie, Peter: Web Graphics, Addison Wesley Longman 1998

Steppan, Bernhard: World-Wide-WYSIWYG, iX 6/1999

11.3.4   Servlets

Artikel

Alber, Thomas: Servlet Session-Tracking, Internet World 11/1999

Glahn, Kay: Servlets auf Touren gebracht, Java Magazin 5/2000

Plachy, Jürgen / Schmidt, Jürgen: Dynamischer Service, c't 2/2000

Schärtel, Markus: Servlet-Programmierung, Internet World 6/1999

Tengicki, Andreas: Duo für Dynamik, Java Magazin 5/2000

Bücher

Hunter, Jason: Java Servlet Programming, O'Reilly&Associates 1998

Roßbach, Peter / Schreiber, Hendrik: Java Server und Servlets, Addison Wesley Longman 1999

11.3.5 JavaServer Pages

Artikel

Mintert, Stefan / Menge, Rainald: XML verpuppt, c't 10/2000

Röwekamp, Lars / Roßbach, Peter: Quattro Stagioni, iX 7/2000

Röwekamp, Lars / Roßbach, Peter: Tonno e Cipola, iX 8/2000

Röwekamp, Lars / Roßbach, Peter: Frutti di Mare, iX 9/2000

Röwekamp, Lars: JavaServer Pages für Unternehmenslösungen, Java Spektrum 1/2000

Tabatt, Peter: Web-Adresse, Java Magazin 5/2000

Tengicki, Andreas: Duo für Dynamik, Java Magazin 5/2000

Bücher

Roßbach, Peter / Schreiber, Hendrik: Java Server und Servlets, Addison Wesley Longman 1999

12 Datenbankprogrammierung

Wie Sie mit dem JBuilder und mit den JBuilder-Werkzeugen JDataStore und JDBC-Explorer Datenbanken programmieren, steht im Mittelpunkt dieses Kapitels. Da die entsprechenden Bibliotheken nur bei der *Professional* und *Enterprise Edition* verfügbar sind, richtet sich dieses Kapitel hauptsächlich an die Anwenderkreise dieser Versionen. Folgende Themen werden behandelt:

▷ Auswahl eines relationalen Datenbanksystems

▷ Relationales Datenmodell (Persistente Klassen und ER-Modell)

▷ Die JDataStore-Datenbank »ArtSight« (Anlegen einer leeren JDataStore-Datenbank, Anlegen einer neuen Tabelle, Anlegen eines neuen Attributs, Füllen mit Testdaten, Vergabe von Primärschlüsseln)

▷ Persistenzschicht »ArtSight«

▷ Datenbankanbindung von ArTouro Admin (Aufbau des Hauptfensters, Aufbau der UI-Bean mit DataExpress-Komponenten)

▷ Datenbankanbindung von ArTouro Web (dynamisches ResultSet, Einsatz von InternetBeans)

Der Anwender des JBuilders hat die verschiedensten Möglichkeiten, Datenbankanwendungen zu entwickeln. Zum einen gibt es diverse objektorientierte Datenbanken, die sehr angenehm zu programmieren sind (Versant, ObjectStore, Poet). Zum anderen existieren eine Fülle von relationalen Datenbanken (Oracle, Informix, Sybase, InterBase, JDataStore), wobei sich dieser Datenbanktyp auf dem Markt durchgesetzt hat.

Sicher aus dem Grund befindet sich schon seit den Anfängen von Java (JDK 1.1) die *Java Database Connectivity* (JDBC) im Lieferumfang des JDKs. Diese Bibliothek hatte ich Ihnen schon kurz im → Kapitel 1 (Abschnitt Java 2 Standard Edition) vorgestellt.

Zugriffstechnik	Vorteile	Nachteile
SQLJ	gute Performance, Typüberprüfung zur Übersetzungszeit	Statisches SQL, Precompiler (längere Übersetzungszeit, Debugging schwierig)
JDBC	datenbankunabhängig	Low-Level-Schnittstelle, Typüberprüfung zur Laufzeit
JDBC via O2R-Mapper	datenbankunabhängig, Caching, Transaktionssicherheit, elegante Schnittstelle	teuer, proprietär
DataExpress-Komponentenbibliothek	datenbankunabhängig, leicht zu programmieren, fertige Komponenten	abhängig vom Entwicklungssystem, proprietär
EJB via Entity-Beans (CMP und BMP)	Industriestandard, Caching, Transaktionssicherheit	Ungeklärte Risiken (Speicherverbrauch), teuere Laufzeitumgebung, kompliziert

Tabelle 12.1: Techniken, auf relationale Datenbanken zuzugreifen

Aufgrund der Tatsache, dass JDBC auf SQL aufbaut und somit eine unwesentlich elegantere Schnittstelle liefert, gibt es inzwischen diverse Erweiterungen, darunter auch solche von Borland.

Die → Tabelle 12.1 zeigt eine Übersicht der heute gängigen Zugriffsmöglichkeiten auf relationale Datenbanken mit einigen Vor- und Nachteilen. Sofern Sie vorhaben, eine unternehmenskritische Anwendung zu programmieren, lohnt es sich, Vor- und Nachteile gründlich abzuwägen, denn die Persistenzschicht einer Anwendung ist das Portal Ihrer Unternehmensdaten und einer der langlebigsten Teile eines Programms.

Als Anwender des JBuilders beschäftige ich mich in diesem Kapitel mit der DataExpress-Komponentenbibliothek, die sehr leistungsfähige Oberflächenkomponenten auf Basis von Swing bereitstellt. Im → Kapitel 14 des Buchs gehe ich auf verteilte Anwendungen mit CORBA und EJB ein – die derzeit wohl leistungsfähigste Art, von Java-Programmen aus auf relationale Datenbanken zuzugreifen.

12.1 Auswahl eines relationalen Datenbanksystems

Die Schritte im Zusammenhang mit der Entwicklung einer Datenbankanwendung sind normalerweise folgende:

▶ Entwurf der Anwendung (→ Kapitel 10, 11 und 13)

▶ Auswahl eines RDBMS (relationales Datenbank-Managementsystem)

▶ Entwurf eines ER-Modells (→ 12.2 Relationales Datenmodell)

▷ Aufsetzen einer relationalen Datenbank (→ 12.3 JDataStore-Datenbank »ArtSight«)

▷ Entwicklung einer Persistenzschicht (→ 12.4 Persistenzschicht »ArtSight«)

▷ Programmierung der Zugriffslogik (→ 12.5 ArTouro Admin und 12.6 ArTouro Web)

Ich habe mich bei der Konzeption dieses Buchs für die Verwendung von JDataStore und gegen andere RDBMS wie Oracle oder Sybase entschieden. Das lag zum einen daran, dass JDataStore ein so einfach zu bedienendes Datenbanksystem wie Access ist. Der andere Grund war, dass wir von Borland die Erlaubnis bekamen, JDataStore auf die beiliegende CD zu pressen.

Zusammen mit der ArTouro-Datenbank »ArtSight«, die sich ebenfalls fertig eingerichtet auf der CD befindet, bekommen Sie also alles, was Sie für die Ausführung von ArTouro benötigen. Sie müssen nicht, wie bei Datenbankanwendungen aus den meisten Büchern gewohnt, erst einmal ein anderes Datenbanksystem installieren oder eine neue Datenbank anlegen, um mit der Beispielanwendung etwas anfangen zu können.

Nichtsdestotrotz sollten Sie sich die Zeit für die nächsten zwei Abschnitte nehmen, in denen ich erklären werde, wie man ein Datenmodell entwickelt, auf Basis dieses ER-Modells eine relationale Datenbank aufbaut und diese relationale JDataStore-Datenbank mit einer Persistenzschicht aus einem DataExpress-Modul verbindet. Beginnen wir mit dem relationalen Datenmodell.

12.2 Relationales Datenmodell

Im Gegensatz zu objektorientierten Datenbanken ist das Datenmodell einer relationalen Datenbank ein Fremdkörper in der Welt der objektorientierten Programmierung. Die erste große Hürde bei der Programmierung von relationalen Datenbanken ist demnach auch, ein geeignetes »OO-feindliches« Datenmodell zu entwerfen. Dieses (relationale) Modell muss im nächsten Schritt möglichst elegant in ein objektorientiertes Modell übergeführt werden, um die Kluft zwischen beiden Welten zu überbrücken. Diese Arbeit nennt man Abbildungsvorgang (Mapping).

12.2.1 Persistente Klassen

Aus der fachlichen Analyse von ArTouro des → Kapitel 10 können wir folgende persistente Klassen ableiten.

▷ Titel einer Sehenswürdigkeit

▷ Beschreibung einer Sehenswürdigkeit

▷ Bild der Sehenswürdigkeit

▷ Stadt, zu der die Sehenswürdigkeit gehört

▶ Land, zu dem die Stadt gehört

▶ Kontinent, zu dem das Land gehört

12.2.2 ER-Modell

Diese fachlichen Klassen reduzieren wir auf folgende vier Entities:

▶ Sehenswürdigkeit (Sight)

▶ Stadt (City)

▶ Land (Country)

▶ Kontinent (Continent)

In → Abbildung 12.1 sehen Sie einen Ausschnitt des ER-Modells. Sie erkennen dort, dass ich die fachlichen Objekte *Titel, Beschreibung* und *Bild* einer Sehenswürdigkeit als Attribute der fachlichen Klasse *Sight* auffasse. Sie erkennen ferner dort, dass die Primärschlüssel der Entities *Country* und *Continent* als Fremdschlüssel der Entity *Sight* dienen. Erst durch die Zusammensetzung der Tabellen ergeben sich alle Merkmale einer Sehenswürdigkeit.

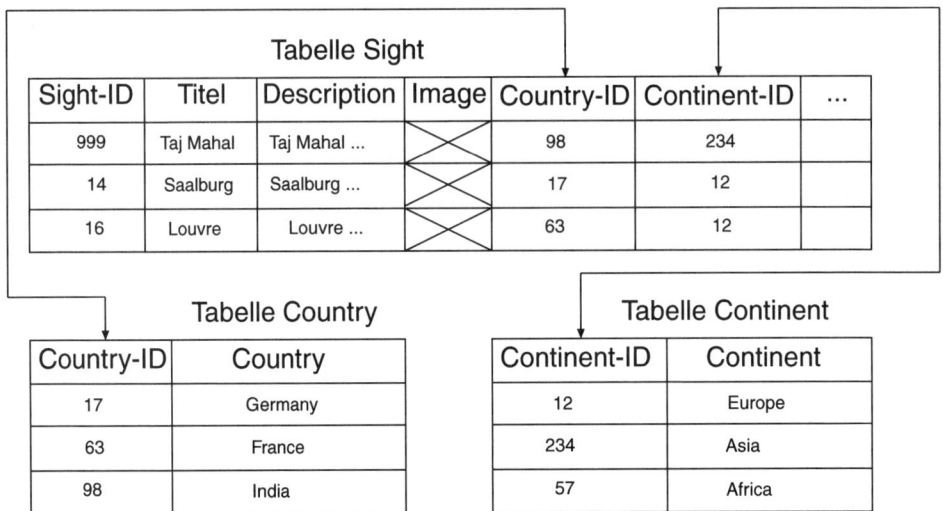

Abbildung 12.1: Ausschnitt aus dem Datenmodell von ArTouro

Der Sinn der Zweiteilung von ArTouro in einen Web- und in einen Pflegeteil bestand darin, die Webanwendung ohne Datenbankverwalter und ständige Änderungen an statischen HTML-Dateien up-to-date zu halten. Konventionelle statische Webseiten sind sehr pflegeintensiv. Man kann sich ausrechnen, dass sie ab einer bestimmten Größe für kleinere Firmen nicht mehr zu finanzieren sind.

Damit Anwender mit ArTouro Admin den Webteil pflegen können, müssen beide Programme auf dem gleichen Datenmodell beziehungsweise auf der gleichen Datenbank arbeiten (→ Abbildung 12.2). Beide Programme weisen also nicht nur unverkennbare Ähnlichkeiten bei der Oberfläche auf, sondern schöpfen aus dem gleichen Datenbestand. Da sie mit der Bibliothek *Utilities* auch noch eine Bibliothek teilen, ist die Wiederverwendung nur noch von einer verteilten Anwendung zu überbieten (→ Kapitel 14).

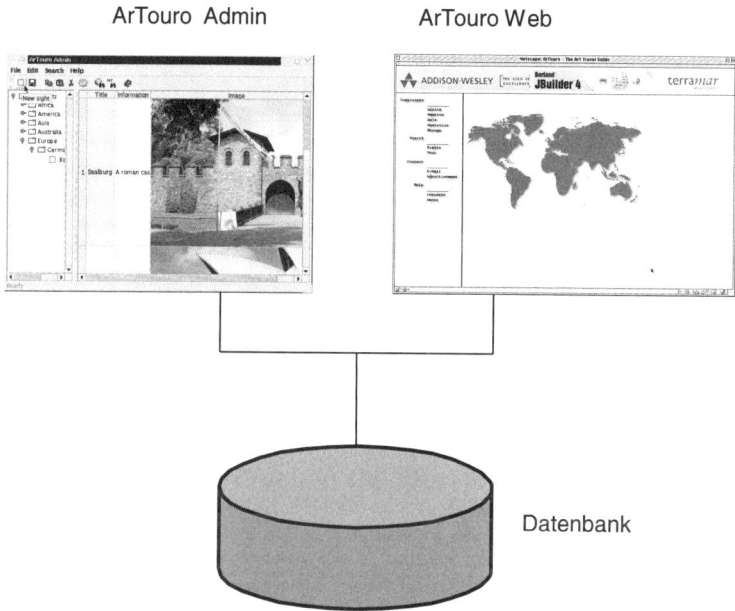

Abbildung 12.2: ArTouro Web und Admin arbeiten auf dem gleichen Datenbestand

12.3 JDataStore-Datenbank »ArtSight«

Mit dem Datenmodell haben wir eine gute Basis geschaffen, die wir jetzt mit JDataStore umsetzen können. Im folgenden gehe ich davon aus, dass Sie den *JBuilder Trial* (beiliegende CD), *Professional* oder *Enterprise* installiert und richtig konfiguriert haben. Sollte das nicht der Fall sein, blättern Sie bitte zum → Kapitel 4 zurück. Der → Abschnitt 4.4.2 widmet sich der Konfiguration von JDataStore.

12.3.1 Anlegen einer leeren JDataStore-Datenbank

Starten Sie den JDataStore-Explorer vom AppBrowser aus oder durch einen Doppelklick auf das Symbol JDATASTORE-EXPLORER Ihrer Arbeitsoberfläche. Legen Sie

über DATEI | NEU eine neue leere Datenbank an. Beachten Sie, dass eventuelle Unter-
verzeichnisse von Ihnen selbst erzeugt werden müssen. Der Explorer erzeugt lediglich
die Datenbankdatei.

Festlegen der Dateiversion

JDataStore ist eine dateibasierende Datenbank und möchte deshalb gerne zu Anfang
die Dateiversion mitgeteilt bekommen. Hier können Sie beide Optionen verwenden.
Wollen Sie die Datenbank auch vom JDataStore-Explorer ihres Borland Application
Servers öffnen, müssen Sie den Kompatibilitätsmodus wählen, da sich im Lieferumfang des Application Servers nur eine ältere Version des JDataStores befindet.

Festlegen der Blockgröße

Bei der Blockgröße empfehle ich die Voreinstellungen, denn größere Blockgrößen ziehen einen erhöhten Speicherplatzverbrauch nach sich. Die nächste Option TX-MANA-
GER INSTALLIEREN, ist unbedingt beizubehalten, da die neue Datei sonst nicht
transaktionsfähig ist. Außerdem lässt sie sich nicht über JDBC ansprechen. Die Schaltfläche EIGENSCHAFTEN können Sie ignorieren, da die Vorstellungen auch hier ausreichend sind.

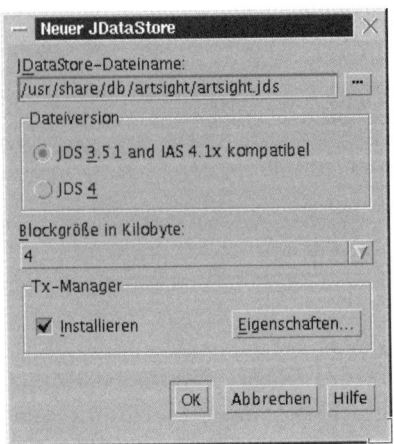

Abbildung 12.3: Anlegen einer neuen Datenbank

Nach der Bestätigung der neuen Eingaben mit OK, legt der Explorer eine Reihe von
Dateien in dem gewünschten Verzeichnis an. Wir können die Datenbank nach den
Regeln unseres Datenmodells strukturieren.

12.3.2 Anlegen einer neuen Tabelle

Mit TOOLS | TABELLE ERZEUGEN legen Sie die neuen Tabellen *Sight*, *Continent*, *Country* und *City* an, die wir für unsere Anwendung benötigen. Daraufhin startet ein Dialog, mit dem Sie die Struktur der Tabellen festlegen können.

Geben Sie im Feld Tabellenname einen Namen an, wobei Sie hier Groß- oder Klein-buchstaben verwenden können. Die üblichen Beschränkungen des Tabellennamens (keine Sonder- und Leerzeichen) scheinen bei JDataStore nicht zu existieren. Auch eine Begrenzung des Namens auf eine bestimmte Länge ist mir nicht bekannt und auch nicht von Borland dokumentiert.

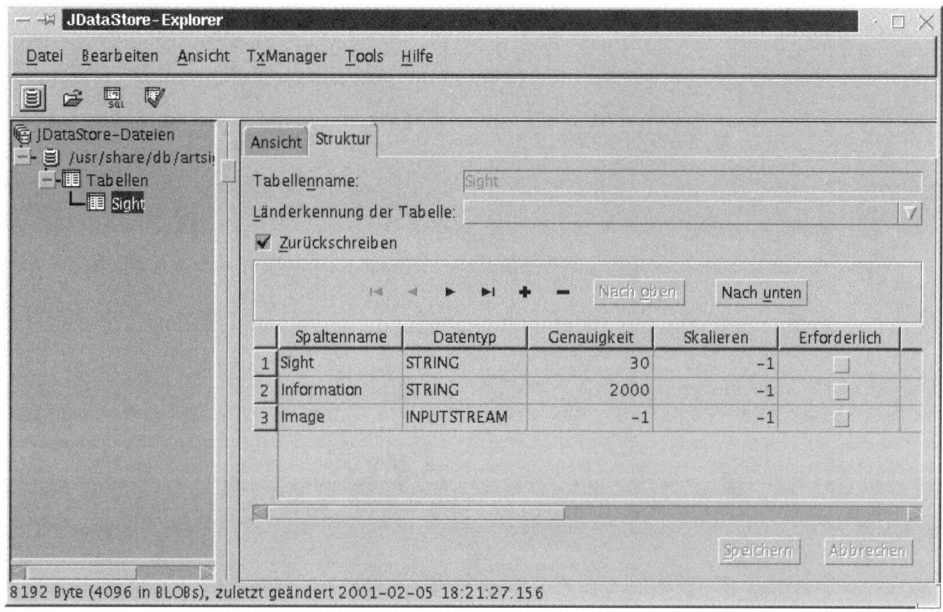

Abbildung 12.4: Die Struktur der Tabelle Sight

Wählen Sie ZURÜCKSCHREIBEN, damit Änderungen an der Datenbank protokolliert werden.

12.3.3 Anlegen eines neuen Attributs

Erzeugen Sie im Anschluss eine neuen Datenspalte (Attribut) mit Hilfe des Pluszei-chens in der Symbolleiste des Dialogs und legen Sie das neue Attribut *Sight*, seinen Datentyp und seine Genauigkeit fest.

Wir vergeben *String* als Datentyp und halten eine Genauigkeit von 30 Zeichen als ausreichend. Das nächste Attribut *Information* wird in der gleichen Art und Weise angelegt, nur dass hier eine wesentlich höhere Genauigkeit von 2000 Zeichen für den Beschreibungstext notwendig ist.

Das Attribut, das die Bilder aufnehmen wird, verhält sich etwas anders als die vorhergehenden. Hier muss ein so genanntes BLOB (Binary Large Object) mit dem Datentyp *Inputstream* erzeugt werden. Schließen Sie im Anschluss daran den Dialog. Wenn Sie auf das Symbol SIGHT in der Baumstruktur auf der linken Seite des Explorers klicken und auf der rechten Seite die Registerseite STRUKTUR wählen, müsste sich jetzt die Struktur, wie in → Abbildung 12.4 abgedruckt, ergeben.

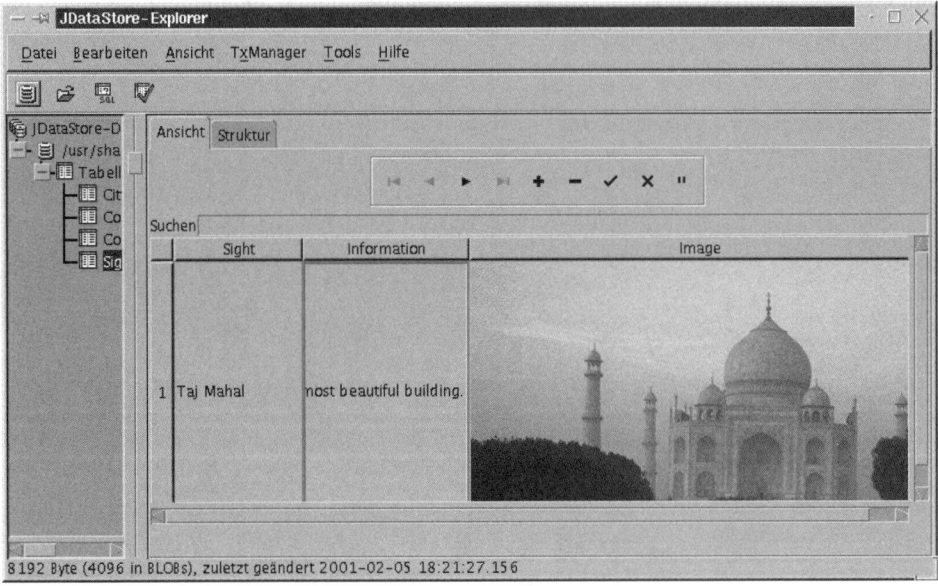

Abbildung 12.5: Die Datenbank nach dem ersten Import

12.3.4 Füllen mit Testdaten

Legen Sie bitte die anderen drei Tabellen nach der Vorgabe des Datenmodells an. Danach können wir die Datenbank mit einigen Testdaten füllen. Wechseln Sie dazu von der Registerseite STRUKTUR auf die Registerseite ANSICHT und klicken auf die Tabelle *Sight*.

Anlegen von Datensätzen

Das füllen der Attribute *Sight* und *Information* ist problemlos. Dazu legen Sie einfach einen Datensatz mit dem Pluszeichen der Symbolleiste an und klicken in das entsprechende Feld des Attributs, um den Text einzugeben.

Größere Textmengen einzugeben, ist auf diese Art sehr mühsam. Dazu verwenden Sie besser einen der Befehle aus dem Untermenü TOOLS | IMPORT. Ist schließlich die Eingabe beendet, übernehmen Sie die Änderungen an der Zeile unmittelbar mit dem Hakensymbol der Symbolleiste.

Import von BLOBs

Die Bilder importieren Sie in die Datenbank über einen Doppelklick auf die Tabellenzelle. Daraufhin erscheint ein Importdialog, mit dem Sie das gewünschte Bild aus einem Importverzeichnis der Festplatte auswählen können. Nach dieser Aktion sollten Sie mit TOOLS | JDATASTORE-ÄNDERUNGEN SPEICHERN alle vorgenommenen Änderungen an der Datenbank sichern – sämtliche Änderungen sind nun persistent (→ Abbildung 12.5).

12.3.5 Vergabe von Primärschlüsseln

Nun sollten Sie für jede Tabelle einen Primärschlüssel vergeben. Dazu verwenden Sie TOOLS | INDEX ERZEUGEN. In dem Dialog, der daraufhin erscheint, lassen sich die Tabelle, der Indexname, die Länderkennung und die Spalte, nach der sich der Index ausrichten soll, auswählen. Sind alle Schlüssel vergeben, sind die wesentlichen Vorbereitungen an der Datenbank erst einmal abgeschlossen.

12.4 Persistenzschicht »ArtSight«

Wie schon eingangs bemerkt, ist es sinnvoll, für die ArTouro-Programme *Admin* und *Web* eine gemeinsame Datenbasis zu schaffen. Dazu verwenden wir die DataExpress-Bibliothek von Borland und lassen uns aus der Datenbank ein entsprechendes so genanntes Datenmodul erzeugen. Das Datenmodul bildet das relationale Modell der Datenbank auf unser objektorientiertes Modell ab.

Die Erzeugung des Datenmoduls übernimmt für uns völlig stressfrei der Datenmodul-Experte. Öffnen Sie das ArTouro-Projekt aus → Kapitel 11 und starten Sie den Experten über die Objektgalerie mit DATEI | NEU | DATENMODUL. Sie werden vom Experten nun aufgefordert, das gewünschte Ziel-Package, den Klassennamen und zwei Optionen einzugeben. Wählen Sie DATAMODELER AUFRUFEN und HEADER GENERIEREN.

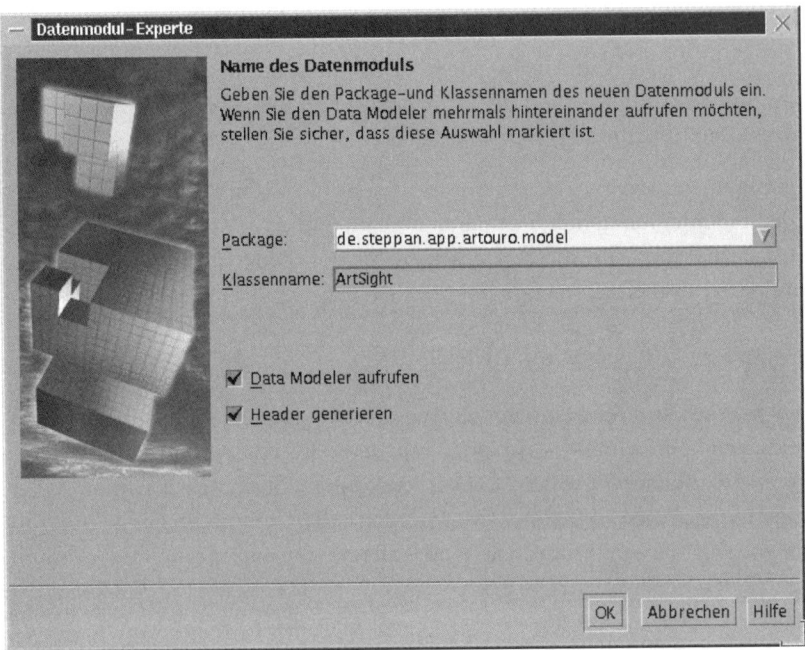

Abbildung 12.6: Erzeugung eines Datenmoduls mit dem Datenmodul-Experten

Durch die erste Option wird ein Werkzeug gestartet, mit dem Sie die gerade angelegte Datenbank anzapfen können, die zweite Option erzeugt einen Dokumentationsvorspann bei der anschliessend generierten Datei.

Klicken Sie auf OK, um den Daten Modeler aufzurufen. Das erste, was Sie bei diesem Werkzeug eintragen müssen, ist die gerade angelegte neue Datenbankverbindung. Verwenden Sie dazu den Befehl DATENBANK | VERBINDUNGS-URL HINZUFÜGEN. Wählen Sie den JDataStore-JDBC-Treiber und die Datenbank-URL aus.

Im Anschluss daran können Sie eine individuelle Abfrage mit dem Data Modeler zusammenstellen und speichern. Aufgrund Ihrer Angaben speichert der Experte alles in einem Datenmodul, das in unserem Fall *ArtSight* heisst und in dem Package *de.steppan.app.artouro.model* abgelegt wird. Damit sind auch diese Vorbereitungen vorerst abgeschlossen.

12.5   ArTouro Admin

Sie können für das Rapid Prototyping mit dem JBuilder extrem schnell eine Datenbank-Anwendung erzeugen, die visuell überzeugt, architektonisch gesehen aber ein Monolith ist. Dazu ziehen Sie sich im UI-Designer einfach eine der dbSwing-Komponenten auf Ihr Programm und verknüpfen diese Komponente mit individuellen Abfragen, wie es in den Beispielprogrammen von Borland zu sehen ist (zum Beispiel *CustomToolbar*).

Ich möchte aber statt dessen auf Basis des Moduls *ArtSight* zeigen, wie Sie ohne wesentlichen Mehraufwand zu einer architektonisch sauberen Schichtentrennung kommen. Hier gibt es zwei mögliche Wege:

➤ Verwendung des Experten für eine Datenmodul-Anwendung

➤ Manuelle Programmierung mit Hilfe des Datenmoduls

Der Datenmodul-Experte ist ein einfacher Dialog, der in der Lage ist, Ihnen ein Grundgerüst für zweischichtige Anwendung (Two-Tier-Anwendung) auf Basis eines Datenmoduls zu erzeugen.

Leider haben Sie nur mangelhaften Einfluss auf die Erzeugung, so dass Generierung und Umstrukturierung sich mit manueller Programmierung ohne Expertenhilfe mindestens die Waage hält. Ich empfehle Ihnen den manuellen Weg, den ich am Beispiel der Tabelle von ArTouro Admin, welche die Sehenswürdigkeiten und Suchergebnisse anzeigen wird, kurz darstellen möchte.

Die DataExpress-Komponenten, die Sie auf der Komponentenpalette am oberen Rand des UI-Designers finden, sind sämtlich von Swing abgeleitet und mit Datenbankfunktionalität angereichert. Wenn Sie sie verwenden, gehen Datenbankprogrammierung und GUI-Programmierung Hand in Hand. Deswegen müssen wir wieder kurz zur GUI-Programmierung zurückkehren, bevor wir uns der eigentlichen Datenbankprogrammierung zuwenden können.

12.5.1 Aufbau des Hauptfensters

Ich möchte Ihnen an der nachfolgenden Abbildung kurz den Aufbau des Hauptfensters der Anwendung Admin demonstrieren. Das Hauptfenster besteht aus zwei Java-Dateien, `AppWnd.java` und `SightUIBean.java`. Das AppWnd stammt von der Swing-Klasse JFrame ab und dient als Container für das Menü und die *SightUIBean*. Navigationsbaum und UI-Tabelle sitzen auf einem Fenstersplitter der Klasse *JSplitPane*. Die *SightUIBean* ist eine echte JavaBean und nimmt als Java-Komponente die Symbolleiste, die UI-Tabelle, Splitter sowie den Navigationsbaum auf.

Diese Bean ist es auch, die mit dem Datenmodul ArtSight verknüpft werden muss. Jede der UI-Komponenten wie zum Beispiel die Tabelle *JdbTable* bekommt ihre Informationen über ein *QueryDataSet*. Werfen wir kurz einen Blick in den Quelltext des Datenmoduls (→ Listing 12.1).

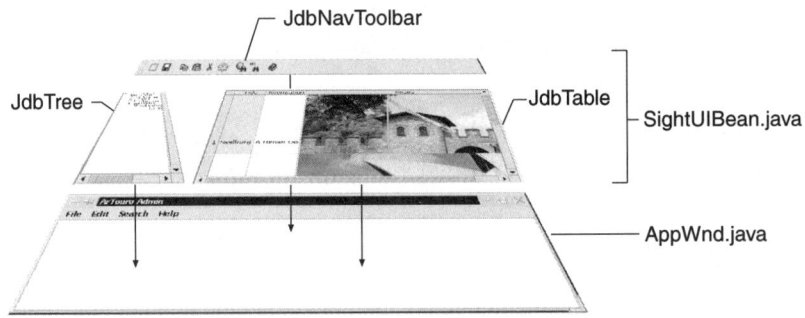

Abbildung 12.7: Das Schichtendesign des Fensters »AppWnd«

```
public class ArtSight implements DataModule {
  private static ArtSight myDM;
  Database artSightDB = new Database();
  QueryDataSet sightQDS = new QueryDataSet();
  public static ArtSight getDataModule() {
    if (myDM == null) {
      myDM = new ArtSight();
    }
    return myDM;
  }
public ArtSight() {
...
  }
  private void jbInit() throws Exception {
    sightQDS.setQuery(new
      com.borland.dx.sql.dataset.QueryDescriptor(artSightDB,"SELECT
      \"Sight\".\"Sight\",\"Sight\".\"Information\",\"Sight\".\"Image\"
      FROM\"Sight\"", null, true, Load.ALL));
    artSightDB.setConnection(new
    com.borland.dx.sql.dataset.ConnectionDescriptor
    ("jdbc:borland:dslocal:/usr/share/db/artsight/artsight.jds",
      "steppan", "artouro", false,
      "com.borland.datastore.jdbc.DataStoreDriver"));
  }
  public Database getArtSightDB() {
    return artSightDB;
  }
  public QueryDataSet getSightQDS() {
    return sightQDS;
  }
}
```

Listing 12.1: Das Datenmodul ArtSight

Die Klasse *ArtSight* implementiert die Schnittstelle DataModul des Packages *com.borland.dx.dataset*. Sie verfügt über die vom UI-Bean und seinen Komponenten benötigte Methode *getSightQDS*, von der die persistenten Daten geliefert werden (*DataSet*). Um zu verstehen, wie diese mit den Komponenten gekoppelt werden, werfen wir einen Blick in den Quelltext der Klasse *SightUIBean*.

12.5.2 Aufbau der UI-Bean

Die Klasse *SightUIBean* ist eine JavaBean-Komponente, als solche von JPanel abgeleitet und mit einem Standardkonstruktor ausgestattet. Das Datenmodul definiert für diese Bean eine Datenbankabfrage (Query), die sie über die Methode *getSightQDS* an die UI-Komponenten der *SightUIBean* weitergibt (→ Listing 12.2).

```
public class SightUIBean extends javax.swing.JPanel {
  StorageDataSet dataSet;
  de.steppan.app.artouro.model.ArtSight module;
  com.borland.dbswing.JdbNavToolBar tbAdmin =
  new com.borland.dbswing.JdbNavToolBar();
  com.borland.dbswing.JdbStatusLabel sbAdmin =
  new com.borland.dbswing.JdbStatusLabel();
  JdbTable tblArtSight = new JdbTable();
  JdbTree trAdmin = new JdbTree();
public SightUIBean() {
  }
public void setModule(de.steppan.app.artouro.model.ArtSight module) {
    this.module = module;
    try  {
      jbInit();
    }
    catch (Exception e) {
      e.printStackTrace();
    }
  }

  private void jbInit() throws Exception{
    dataSet = module.getSightQDS();
    tbAdmin.setDataSet(dataSet);
    tblArtSight.setDataSet(dataSet);
    trAdmin.setDataSet(dataSet);
  ...
  }
```

Listing 12.2: Verbindung der UI-Komponenten mit dem QueryDataSet von ArtSight

Jede der Oberflächenkomponenten *tbAdmin*, *tblArtSight* und *trAdmin* verfügt über eine Methode *setDataSet*, mit der die persistenten Daten aus der Datenbank übermittelt werden.

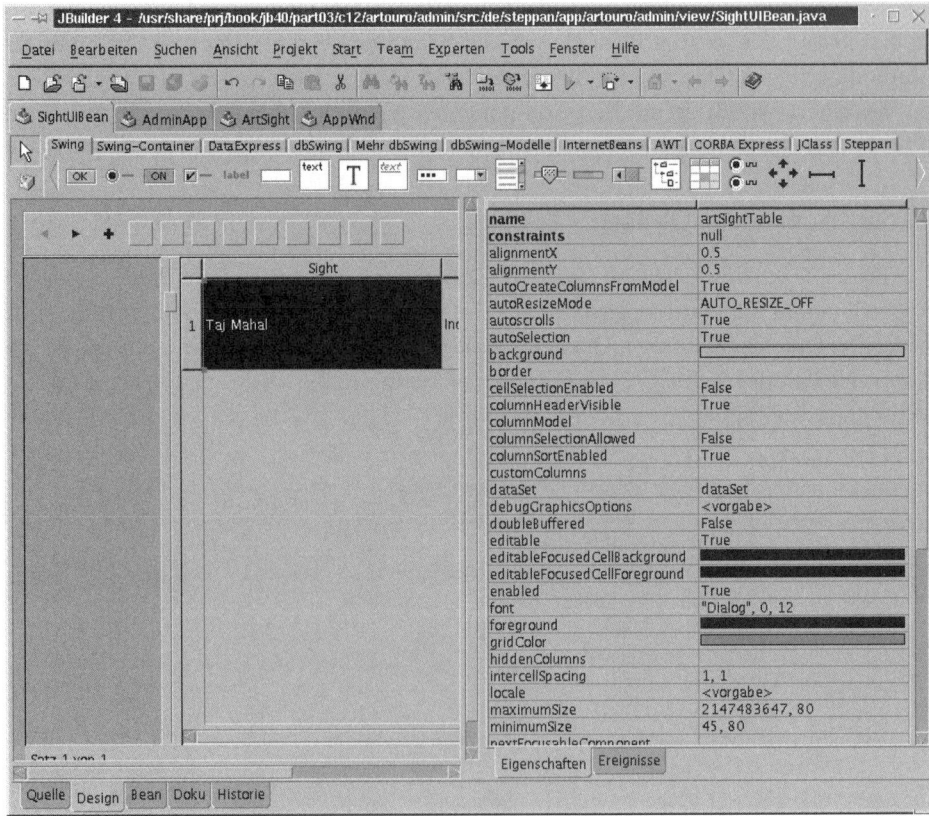

Abbildung 12.8: Die JdbTable des Hauptfensters im UI-Designer

Auf diese Art und Weise lassen sich verschiedene Queries für die Oberflächenkompo-
nente SightUIBean in einem oder mehreren Datenmodulen definieren und so eine vielfältige Persistenzschicht aufbauen.

Diese Schicht lässt sich mit beliebigen Datenbankkomponenten der DataExpress-Bibliothek visuell im UI-Designer verbinden (→ Abbildung 12.8). Dazu verfügt jede dieser
dbSwing-Komponenten einen Inspektoreintrag namens *dataset*, der nicht anderes
bewirkt, als die Methode *setDataSet* zu erzeugen und mit dem entsprechenden Parameter auszustatten.

12.6   ArTouro Web

Was für Java-Oberflächen gilt, lässt sich – mittlerweile – auch für Weboberflächen realisieren. An einem Ausschnitt aus *Artouro Web* möchte ich Ihnen zeigen, wie man mit
Hilfe der im JBuilder 4 neu hinzugekommenen Bibliothek *InternetBeans* ein ähnlich

schnelles Arbeitstempo bei der Entwicklung von Webseiten mit Datenbankanbindung erzielen kann, wie mit *dbSwing* für Java-Oberflächen.

Die Bibliothek *InternetBeans Express* ist eine Komponentensammlung, welche die Oberfläche einer Webanwendung erzeugen, beziehungsweise auf die Anforderung von Clients reagieren kann. Die Komponenten enthalten Schnittstellen, durch die eine einfache Verknüpfung mit Datenbanken realisiert werden kann. Sie erlauben aber auch eine klare Aufgabentrennung zwischen der Gestaltung der Präsentationsschicht (View), dem Datenzugriff (Model) und der Dialogsteuerung (Controller).

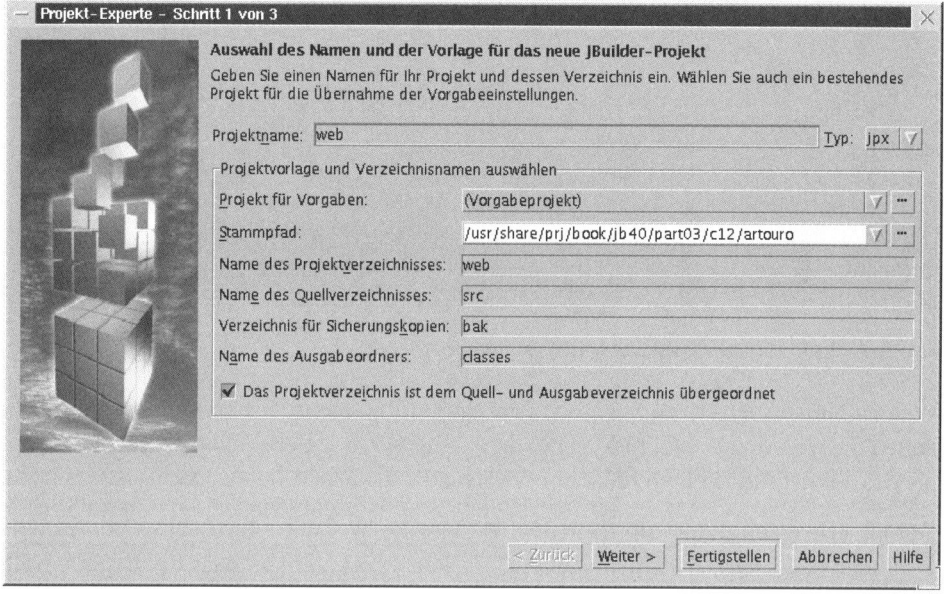

Abbildung 12.9: Das neue Webprojekt

12.6.1 Dynamisches ResultSet

An einem sehr einfachen Beispiel, dem *ResultSet* aus *ArTouro Web,* will ich Ihnen die Anwendung der Komponentenbibliothek *InternetBeans* für die Datenbankprogrammierung demonstrieren. Dazu müssen wir zuerst ein Servlet erzeugen, dass als Dialogsteuerung der statischen HTML-Seite `Resultset.html` fungieren soll.

12.6.2 Servlet erzeugen

Starten Sie den JBuilder und schliessen Sie alle Projekte, falls er automatisch Projekte geladen haben sollte. Öffnen Sie danach den Servlet-Experten über die Objektgalerie (DATEI | NEU | SERVLET). Der Servlet-Experte registriert, dass noch kein Projekt aktiv ist und ruft daraufhin erst einmal den Anwendungsexperten auf (→ Abbildung 12.9).

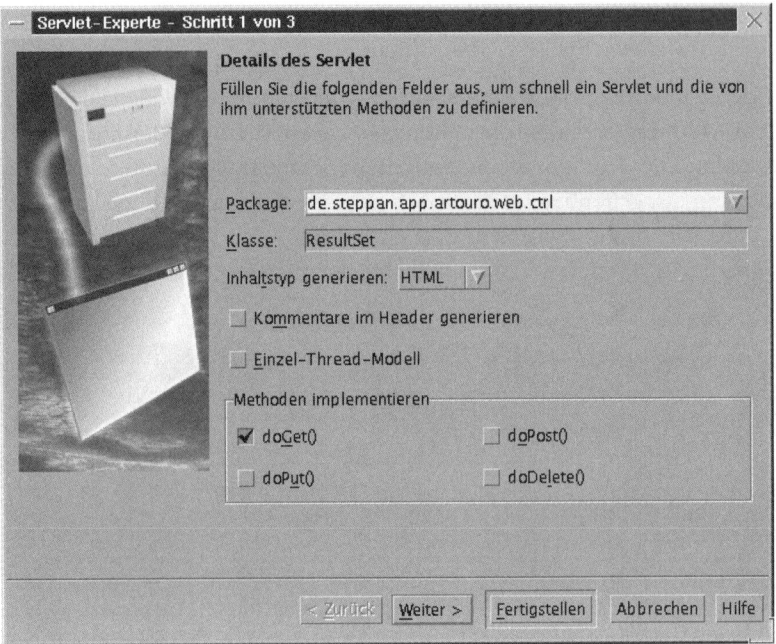

Abbildung 12.10: Das neue Servlet erzeugt das »ResultSet«

Wählen Sie auf der ersten Seite das Package und Namen der Servlet-Klasse aus und lassen Sie eine doGet-Methode generieren, eine SHTML-Seite jedoch nicht. Erzeugen Sie das Servlet durch einen Klick auf die Schaltfläche FERTIGGSTELLEN.

Der Experte erzeugt daraufhin ein Servlet, dass Sie im Controller-Teil des Projekt wiederfinden (*de.steppan.app.artouro.web.ctrl*). Es kann vorkommen, dass der Experte nach der Generierung keinen korrekten Package-Pfad im Projektfenster anzeigt. In diesem Fall sollten Sie den JBuilder nochmals starten.

12.6.3 Webseite anpassen

Die von einem Designer gelieferte Webseite mit einer HTML-Tabelle befindet sich normalerweise noch nicht in dem Zustand, dass sie von unserem Servlet verwendet werden kann. Zwar enthält der Webprototyp aus → Kapitel 10 schon eine Vorlage für das *ResultSet*, aber es muss noch eine Kennung für die Tabelle eingefügt werden, ohne die die Tabellenkomponente der InternetBeans-Bibliothek keine Verbindung zur Webseite herstellen kann.

12.6.4 Import des Datenmoduls und der Designvorlage

Um als Abschluss der Datenbankanbindung wieder eine klare Schichtentrennung wie bei ArTouro Admin zu erzielen, importieren wir das Datenmodul *ArtSight* schon zu diesem Zeitpunkt in das Projekt. Das kann auf zweierlei Arten geschehen: Entweder Sie kopieren es einfach in den richtigen Pfad des Webprojekts (schlechte Methode) oder sie erzeugen aus dem Modul eine kleinen Bibliothek, wie ich das bei der Bibliothek *Dialogs* ($\rightarrow$ Kapitel 11, Abschnitt 11.1.8 Dialoge) demonstriert habe (bevorzugte Methode).

Importieren Sie im Anschluss daran die Designvorlage ResultSet.html in Ihr Projekt und verändern Sie das Table-Tag am Anfang dieser HTML-Datei wie folgt:

```
<p><tt><table id="resultset" border="0"
cellpadding="2" cellspacing="8" width="569"
height="211" bgcolor="white">
```
Listing 12.3: Einfügen der Tabellenkennung

12.6.5 Datenbankkomponenten hinzufügen

Für einen ersten Test kann man nun mit dem UI-Designer die erforderlichen Datenbankkomponenten hinzufügen. Das hat den Vorteil, dass der UI-Designer Quelltext erzeugt, den wir bei der Anbindung des Datenmoduls später nutzen können. Um die Komponenten hinzuzufügen, klicken Sie im Projektfenster auf ResultSet.java und wechseln von der Quelltext- in die Designansicht.

Ziehen Sie sich von der DataExpress-Seite der Komponentenpalette ein Objekt der Klasse *com.borland.dx.sql.dataset.Database* auf das Dateistrukturfenster des Servlets *ResultSet*. Anschließend müssen Sie noch eine Datenbankabfrage *com.borland.dx.sql. dataset.QueryDataSet* in der gleichen Art und Weise auf das Strukturfenster ziehen.

Datenbankverbindung wählen

Wählen Sie im Strukturfenster die neue Database-Komponente mit einem Mausklick aus und wechseln Sie zum Inspektor. Dort sehen Sie die Komponenteneigenschaft *connection*. Hier muss die URL der bestehenden ArtSight-Datenbank und der JDataStore-Datenbanktreiber eingetragen werden. In dem Dialog CONNECTION , der durch einen Mausklick auf ... erscheint, tragen Sie diese Daten ein und testen im Anschluss die Verbindung.

Nun können Sie wieder in die Strukturfenster wechseln und die neue QueryDataSet-Komponente auswählen. Diese verfügt über die Eigenschaft query. Ebenfalls durch einen Mausklick auf ... erscheint der Dialog QUERY, in dem Sie die neue Datenbankverbindung eingeben, auf welche die Abfrage abgesetzt werden soll.

SQL-Abfragen mit SQL-Builder zusammenstellen

Nun muss nur noch eine geeignete Abfrage zusammengestellt werden, wobei der SQL-Builder behilflich ist, der durch einen Klick auf die Schaltfläche SQL-BUILDER erscheint. Wir wählen die beiden Spalten *Sight* und *Information* aus der Tabelle *Sight* aus, führen eine Testabfrage aus und beenden den Dialog mit OK, falls diese erfolgreich verlaufen ist. Nun sollten Sie das Ergebnis mit DATEI | ALLES SPEICHERN festhalten.

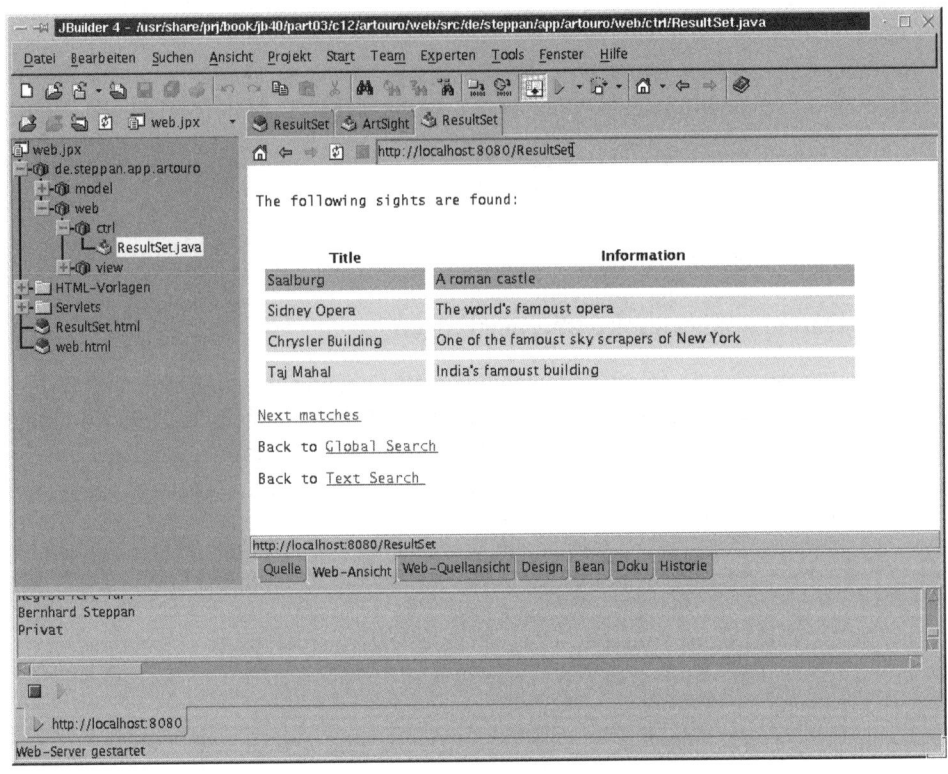

Abbildung 12.11: Das ResultSet während der Ausführung im JBuilder

12.6.6   InternetBeans-Komponenten hinzufügen

Wählen Sie nun ResultSet.java im Projektstrukturfenster aus, und wechseln Sie zur Designansicht des Inhaltsfensters. Wählen Sie das Symbol IXPAGEPRODUCER der Komponentenpalette aus und ziehen die Komponente entweder auf das Inhaltsfenster oder auf die Dateistrukturansicht.

Setzen Sie die Eigenschaft *htmlfile* auf die entsprechende HTML-Seite `ResultSet.html`, die sich im View-Teil des Projekts befinden sollte. Wählen Sie anschließend eine Tabellenkomponente der Klasse *IxTable* aus der Komponentenpalette und ziehen Sie sie in der gleichen Art und Weise wie zuvor auf den UI-Designer. Hier setzen Sie die Eigenschaft *pageProducer* auf *ixPageProducer1* und die Eigenschaft *elementId* auf *resultset*.

12.6.7 doGet-Methode modifizieren

Danach muss nur der anfangs vom Experten erzeugte Kode für die doGet-Methode verändert werden. Sie geben hier einfach die Anweisung `ixPageProducer1.servlet-Get(this, request, response)` ein.

Bevor Sie das Servlet ausführen, sollten sie zunächst einen Alias hierfür vergeben. Damit kann das Servlet einerseits vom Webroot-Verzeichnis ausgeführt werden, zum anderen ist den Anwendern nicht klar, von welcher tatsächlichen URL aus das Servlet gestartet wird.

12.6.8 Ausführung des Servlets

Dazu führen Sie einen Rechtsklick auf ResultSet.java aus, wählen Eigenschaften und geben in dem Dialog EIGENSCHAFTEN *ResultSet* als Alias ein. Danach können Sie das Servlet mit dem Befehl Web-Ausführung des Kontextmenüs des Servlets starten. Der JBuilder startet nun den eingebauten Webserver mit der Servlet-Erweiterung Tomcat. Sofern Sie keine anderen Einstellungen vorgenommen haben, läuft das Servlet auf Port 8080 und baut unmittelbar eine Datenbankverbindung auf (→ Abbildung 12.11).

Test im Internetbrowser

Sie können das Servlet auf der angegebenen URL auch in einem regulären Internetbrowser testen, wie die → Abbildung 12.12 zeigt. Nach diesem Testdurchlauf müssen nur die Datenbank-Komponenten durch die Einbindung des Datenmoduls *ArtSight* analog der UI-Bean von *ArTouro Admin* ausgetauscht werden, damit beide Programme auf der selben Persistenzschicht aufsetzen (→ 12.5.2 Aufbau der UI-Bean).

12.7 Literatur & Links

12.7.1 Artikel

Ebert, Heinz: Scharfer Datenmix: c't 9/1993

Steppan, Bernhard: OOracle, Java Magazin 2/1999

12.7.2 Bücher

Matthiesen/Unterstein: Relationale Datenbanken und SQL, Addison-Wesley 1997

Sauer, Hermann: Relationale Datenbanken, Addison-Wesley 1998

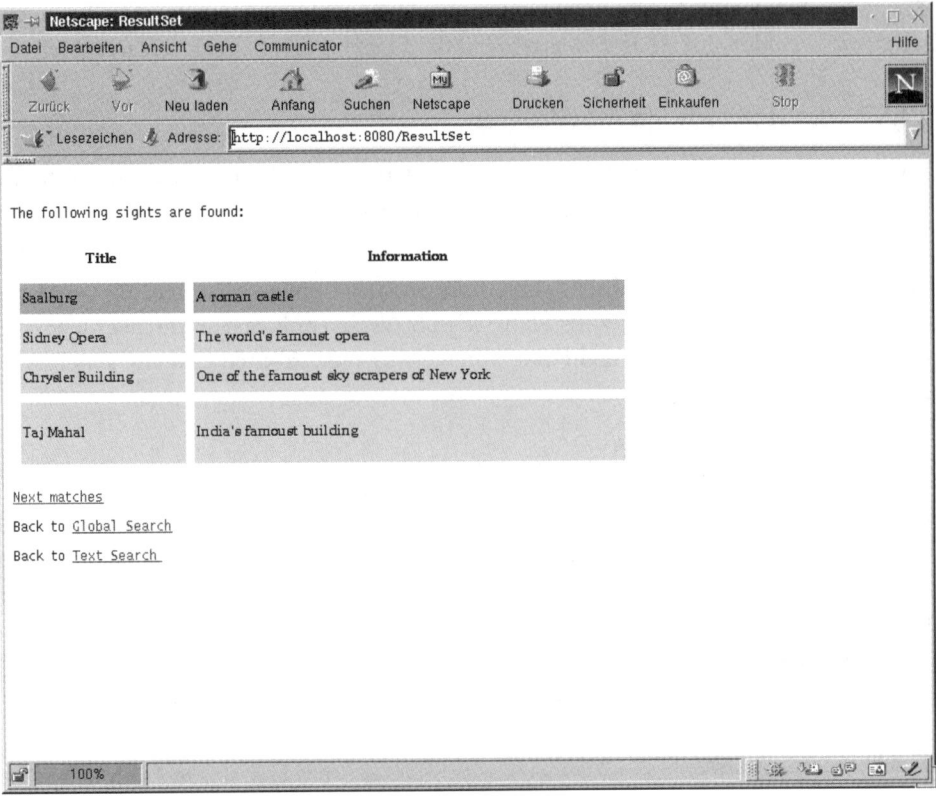

The following sights are found:

Title	Information
Saalburg	A roman castle
Sidney Opera	The world's famoust opera
Chrysler Building	One of the famoust sky scrapers of New York
Taj Mahal	India's famoust building

Next matches

Back to Global Search

Back to Text Search

Abbildung 12.12: Auch im Internetbrowser lassen sich dynamische Websites testen

13 Anwendungslogik

In diesem Teil zeige ich Ihnen einige wichtige Funktionen von *ArTouro*, zum Beispiel die Programmierung der Bibliothek *Utilities*, in der sich eine Klasse zur Speicherung der Programmkonfiguration befindet.

Dieses Kapitel ist für alle *JBuilder Editionen* geeignet. Speziell die Einstellungen für die Datenbankverbindungen von ArTouro Admin und Web mit JDataStore sind nur mit der Professional und Enterprise Edition nachvollziehbar. Folgende Themen werden behandelt:

▷ Die gemeinsam genutzte Bibliothek »Utilities«

▷ Klasse »Config«

▷ ArTouro Admin (Dialogsteuerung, Aufruf des Dialogs »ConfigDlg«, Funktionalität des Dialogs »ConfigDlg«, Hilfesystem)

▷ ArTouro Web (Anbindung der Bibliothek Utilities an das Datenmodell, Hilfesystem)

13.1 Bibliothek »Utilities«

Wie bei der Programmierung der Oberfläche mit der Bibliothek *Dialogs*, möchte ich auch gleich zu Anfang beginnen, die Basisfunktionalität des Programms *ArTouro* in einer Bibliothek wiederverwendbar für andere Programme auszulagern. Durch dieses Konzept kann die Bibliothek sowohl vom Admin- als auch vom Web-Teil verwendet werden.

Bei der geplanten Bibliothek dreht es sich um Funktionen, Properties-Dateien einfach zu erzeugen und lesen zu können. Die Programme *Admin* und *Web* werden diese Bibliothek beim Startvorgang benötigen, um die Datenbankverbindung über das Modul »ArtSight« zu ermitteln. Das Verwaltungsprogramm *Admin* wird darüber hinaus das Erscheinungsbild aus einer Properties-Datei lesen und anschließend setzen. Hier kurz das Konzept für die Bibliothek *Utilities*:

▶ *ArTouro Admin* und *Web* müssen gleichermaßen konfigurierbar sein

▶ Eine Bibliothek gibt beiden Programmen Zugriff auf identischen Kode (leichtere Versionskontrolle)

▶ Die Arbeit der Entwicklung und Wartung ist nur einmal zu leisten

▶ Eine Bibliothek ist einer Serveranwendung (CORBA, RMI) vorzuziehen, da der Aufwand für eine Bibliothek um ein Vielfaches geringer ist

▶ Eine Bibliothek ist in der Regel robuster als eine Serverkomponente

▶ Eine Bibliothek kann leichter getestet werden

Ich greife beispielhaft aus der Bibliothek *Utilities* im folgenden die Klasse *Config* heraus und zeige deren Programmierung.

13.1.1 Klasse »Config«

Das Projekt *Utilities* erzeugen Sie analog dem Projekt *Dialogs* mit dem Projektexperten. Im Anschluss daran verwenden wir wieder den Klassen-Experten, um die Klasse *Config* zu erzeugen (→ Abbildung 13.1). Hier ist es notwendig, als Basis die Klasse *java.util.Properties* anzugeben, die bereits viel Funktionalität für das Schreiben und Lesen von Properties-Dateien enthält. Diese Funktionalität bohren wir nachfolgend etwas auf und ändern sie in unserem Sinne.

Web-/Admin-Properties

Bevor ich zur Programmierung komme, einige Vorbemerkungen zu Properties-Dateien. Jedes Programm muss gewisse Informationen dauerhaft (persistent) sichern. Dabei ist es für kleine Einstellungen sinnvoll, diese Werte statt in einer Datenbank lieber in einer kleinen Konfigurationsdatei zu halten.

Insbesondere bei den Einstellungen *Datenbank-URL* und *Datenbanktreiber* ist es natürlich völlig unsinnig, diese in einer Datenbank abzulegen, da die Datenbankadresse und der Datenbanktreiber vor dem Zugriff auf die Datenbank vorliegen müssen, um die Verbindung zu initialisieren.

ArTouro verwendet zwei Konfigurationsdateien, eine Datei für den Web- und eine für den Admin-Teil. Der Aufbau dieser Dateien ist einfach und besteht aus fünf variablen Einträgen, für die wir im Anschluss an diesen Abschnitt Zugriffsmethoden programmieren werden:

▶ DatabaseDriver

▶ DatabaseURL

▶ HelpFile

▷ HelpViewer (verwendet nur Admin)

▷ LookAndFeel (verwendet nur Admin)

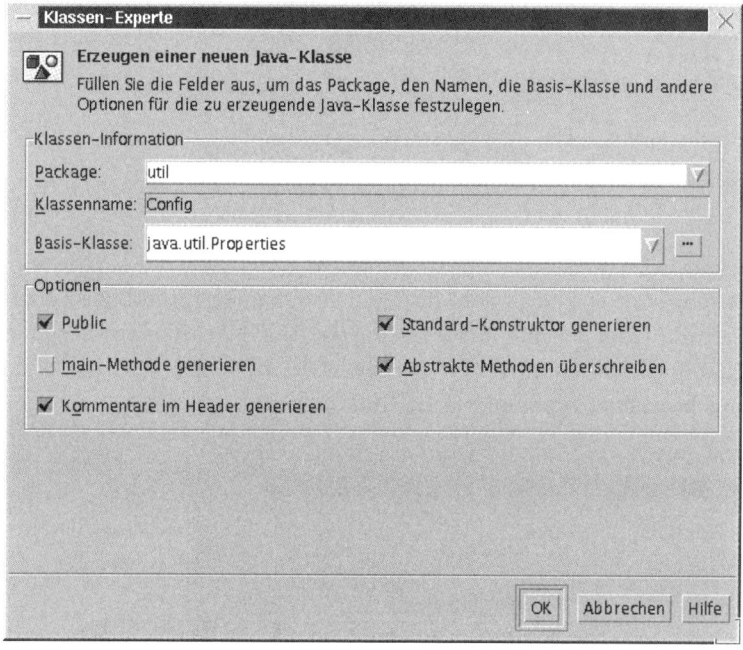

Abbildung 13.1: Der Klassenexperte erzeugt das Grundgerüst der Config-Klasse

In → Listing 13.1 ist ein Originalauszug der Datei abgedruckt. Aus diesem können Sie erkennen, dass noch eine Copyrightmeldung eingefügt und das Datum ausgegeben wurde, an dem der letzte Schreibzugriff stattgefunden hat.

```
#Written by Configurator, (c) 2000, 2001 by Bernhard Steppan
#Fri Feb 02 23:52:15 GMT+01:00 2001
HelpFile=\ /usr/share/prj/app/artouro/admin/hlp/index.html
DatabaseURL=jdbc\:borland\:dsremote\://silux.terralith.de/usr/share/prj/db/
artsight/artsight.jds
LookAndFeel=javax.swing.plaf.metal.MetalLookAndFeel
HelpViewer=netscape
DatabaseDriver=com.borland.datastore.jdbc.DataStoreDriver
```

Listing 13.1: Auszug aus den Admin-Properties

Importanweisungen

Wir benötigen für die Realisierung dieser Bibliothek sowohl Zugriff auf das java.util-Paket als auch auf das java.io-Paket (Lese- sowie Schreiboperationen). Folgende Importanweisungen sind am Anfang der Klasse *Config* enthalten:

```
import java.util.Properties;
import java.io.BufferedInputStream;
import java.io.FileInputStream;
import java.io.FileOutputStream;
```

Listing 13.2: Importanweisungen der Klasse Config

Konstruktor

Der Konstruktur ist sehr einfach und besteht nur aus Anweisungen zum Laden einer Properties-Datei über die Instanz *config* der Klasse *Properties*. Nach diesem Vorgang befindet sich die gesamte Datei gepuffert im Speicher und kann von dort aus ohne weiteren Datenzugriff bearbeitet werden (Stream-Funktionalität).

Abbildung 13.2: Variables Erscheinungsbild durch die Verwendung der Bibliothek Utilities

```
public Config(String props) {
    configFile = props;
    try {
      config.load(new BufferedInputStream(new
                  FileInputStream(configFile)));
    }
    catch (java.io.IOException configException) {
    /* ... */
    }
}
```

Listing 13.3: Der Konstruktor der Klasse Config

Die Anweisung ist in einen Try-Catch-Block eingebettet. Das Abfangen von Exceptions ist hier zwingend, da Lese-/Schreiboperationen aus vielen Gründen scheitern und unbehandelt Programmabstürze verursachen können. Stellvertretend für alle vier Methodenpaare greife ich die Getter- und Setter-Methoden *LookAndFeel* heraus, um zu zeigen, wie man Zugriffsmethoden für Properties-Dateien programmiert.

Methodenpaar »LookAndFeel«

Das Methodenpaar (Getter- und Setter-Methoden) *LookAndFeel* dient dazu, dem Programm Funktionen zur Verfügung zu stellen, die es dem Benutzer frei stellen, für welches Erscheinungsbild des Java-Programms er sich entscheidet.

```
/** Ermitteln des Look & Feels */
public String getLookAndFeel() {
  return config.getProperty("LookAndFeel");
}
/** Setzen des Look & Feels */
public void setLookAndFeel(String plaf) {
  config.setProperty("LookAndFeel", plaf);
  try {
    config.store(new FileOutputStream(configFile),
    "Written by Configurator,
    (c) 2000, 2001 by Bernhard Steppan");
  }
  catch (java.io.IOException configException) {
    /* ... /
  };
}
```

Listing 13.4: Getter- und Setter-Methode für das Java-Look & Feel

Im Prinzip delegiert die Setter-Methode die Sicherung der Einstellungen an die Instanz *config* der Klasse *Properties*. Dazu verwendet sie die Methode *setProperty* aus der Basisklasse *Properties*. Dem *FileOutputStream* wird noch die Copyright-Meldung mitgegeben, die er in den Dateikopf schreibt. Auch hier ist es wieder zwingend, eine eventuelle Exception abzufangen.

Alle weiteren Methoden können analog entwickelt werden. Damit ist jeder der beiden ArTouro-Teile in der Lage, flexibel auf geänderte Installationspfade und Anwenderwünsche zu reagieren.

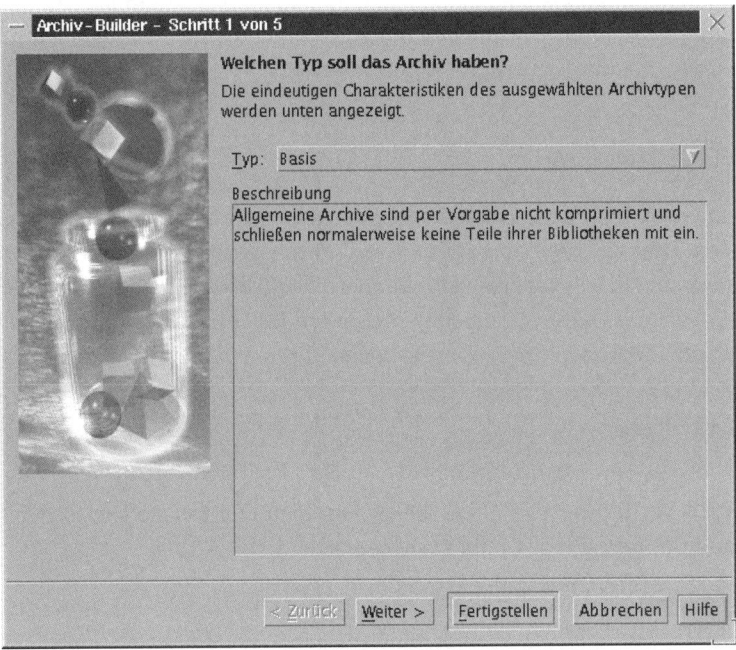

Abbildung 13.3: Die Bibliothek »Utilities« wird als Basistyp archiviert

Archivierung der Bibliothek

Damit *ArTouro Admin* und *Web* zur Übersetzungszeit Zugriff auf die Bibliothek bekommen, ist es sinnvoll, die Klassen zu archivieren. Dazu rufen wir den Archiv-Experten über TOOLS | ARCHIV-BUILDER auf und legen auf der ersten Dialogseite (→ Abbildung 13.3) Basis als Archivtyp fest.

Auf der zweiten Seite geben Sie den Namen der Bibliothek, den Pfad und den Namen der Archivdatei sowie den Erzeugungsmodus an. Diese Option »Beim Erstellen des Projekts immer ein Archiv erzeugen« ist missverständlich.

Wie schon im → Kapitel 6, Abschnitt 6.3 erwähnt, legen Sie damit fest, dass die Bibliothek immer dann aktualisiert werden soll, wenn auch das Projekt aktualisiert wird. Bei kleineren Projekten, bei denen noch Änderungen auftreten, ist das sinnvoll. Wenn das Archiv sehr groß wird, kann sich ein Build des Programms allerdings erheblich verschleppen, wenn Sie diese Option aktiveren.

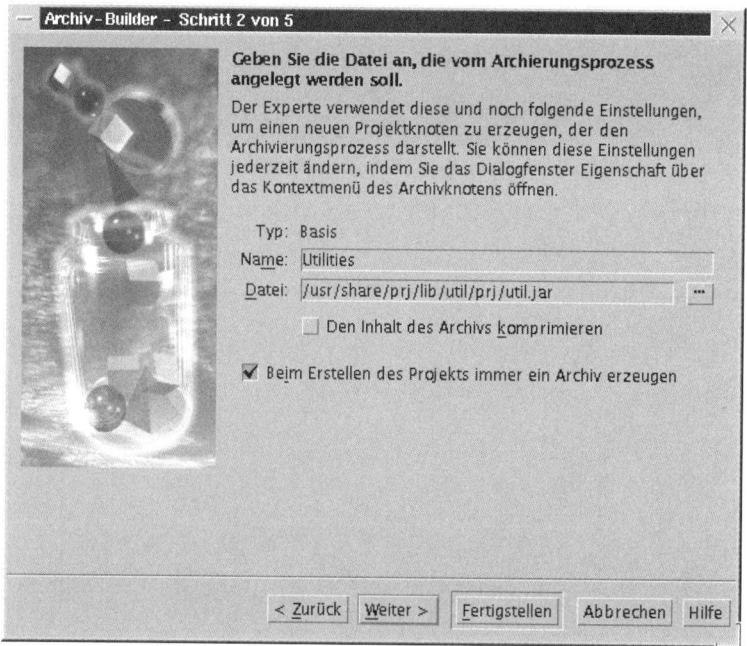

Abbildung 13.4: Einstellung des Namens, des Pfads und der Erzeugungsart

Auf der Seite SCHRITT 3 VON 3 des Experten wählen Sie »Immer mit allen Klassen und Ressourcen«. Die nachfolgenden zwei Seiten können Sie überspringen und mit FERTIG-STELLEN ein Archiv erzeugen lassen. Dieses muss für beide Projekte konfiguriert werden.

Konfiguration der Bibliothek

Um das Archiv zu konfigurieren, wählen Sie TOOLS | BIBLIOTHEKEN KONFIGURIEREN. Legen Sie auf der rechten Seite des Dialogs eine neue Bibliothek mit dem Namen UTILI-TIES an und wählen Sie mit HINZUFÜGEN die Archivdatei aus.

Nachdem das erfolgt ist, befindet sich die neue Bibliothek im Klassenpfad des Projekts. Auf der Registerseite QUELLE geben Sie den Basispfad zum Quelltext an und auf der Registerseite DOKUMENTATION den Basispfad zur Dokumentation (JavaDoc, Together-Modelle).

Die Bibliothek kann nun eingesetzt und parallel zum Admin- und Web-Projekt weiter bearbeitet werden. Sie kann übrigens permanent als Projekt im JBuilder verbleiben. Das hat den Vorteil, dass Sie Fehler unmittelbar beheben und das Archiv neu aufbauen können. Dabei können Sie über die Projektliste des Projektfensters zwischen diesen beiden (oder mehreren) Projekten wechseln.

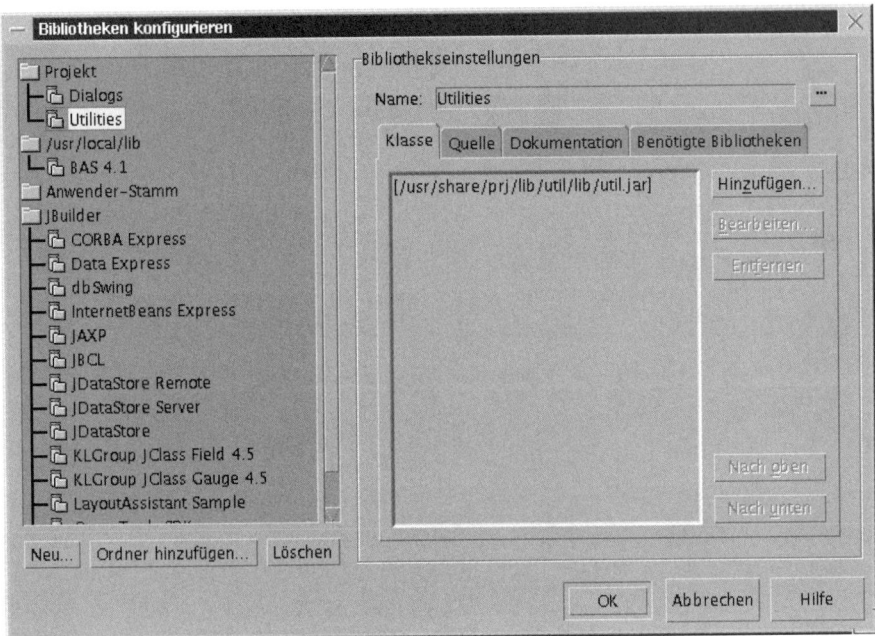

Abbildung 13.5: Die neue Bibliothek wird für das Projekt konfiguriert

Die Bibliothek steht somit den anderen Projekten, an denen Sie arbeiten, immer up-to-
date zur Verfügung. Nun haben Sie erfahren, wie man die Bibliothek programmiert,
archiviert und konfiguriert. Der nächste Abschnitt zeigt, wie die Bibliothek in *ArTouro
Admin* und *Web* eingesetzt wird.

13.2 ArTouro Admin

Bei der Dialogsteuerung und Funktionalität möchte ich den Konfigurations-Dialog aus
ArTouro Admin stellvertretend für die restlichen Programmfunktionen herausgreifen.

13.2.1 Dialogsteuerung

Die Dialogsteuerung des Programms *Admin* geht von den Menüs und der Symbolleiste
aus, die beide auf die gleichen Handler referenzieren. Das → Listing 13.5 zeigt, wie der
Menüeintrag *Edit | Config* dem entsprechenden Handler zugeordnet wird.

```
JMenuItem mniEditConfig = new JMenuItem(); // Neuen Eintrag
...
mniEditConfig.setIcon(imgEditConfig); // Symbol zuordnen
mniEditConfig.setText("Config ..."); // Text und Ellipse
mniEditConfig.setAccelerator(
```

```
        javax.swing.KeyStroke.getKeyStroke(67,
        java.awt.event.KeyEvent.CTRL_MASK |
        java.awt.event.KeyEvent.ALT_MASK, false)); //Ctrl + Alt + C
    mniEditConfig.addActionListener(new
      java.awt.event.ActionListener() {
      public void actionPerformed(ActionEvent e) {
        cmdEditConfig(e); // Handler
      }
    });
```

Listing 13.5: Zuordnung des Handlers cmdEditConfig zum Menü Edit | Config

Dies geschieht über die Methode *addActionListener* der Klasse *JMenuItem*. Analog verläuft auch die Zuordnung der korrespondierenden Schaltfläche *Edit | Config,* wie Sie dem → Listing 13.6 entnehmen können.

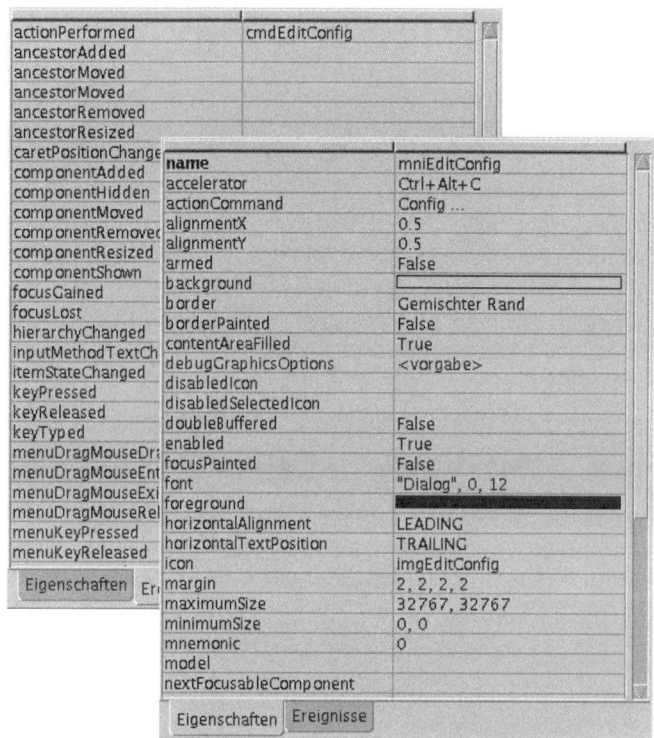

Abbildung 13.6: Der Menüeintrag Config lässt sich mit dem Inspektor zentral verwalten

```
    JButton btnEditConfig = new JButton(); // Neue Schaltfläche
    ...
    btnEditConfig.setIcon(imgEditConfig); // Symbol zuordnen
    btnEditConfig.addActionListener(new
            java.awt.event.ActionListener() {
```

```
      public void actionPerformed(ActionEvent e) {
        cmdEditConfig(e); // Handler
      }
   });
```

Listing 13.6: Zuordnung des Handlers cmdEditConfig zur Schaltfläche Edit | Config

Natürlich können Sie diese Steuerung manuell im Editor des JBuilders programmieren (ich bevorzuge diesen Weg fast immer). Aber für die Verknüpfung von Ereignissen bietet sich natürlich auch der Inspektor des AppBrowsers an (→ Abbildung 13.6).

Der Handler lässt sich im JBuilder einfach mit den Schaltflächen beziehungsweise Menüs verknüpfen, indem man das Inspektor-Fenster für den Menüeintrag und für die Schaltfläche verwendet. In beiden Fällen trägt man bei dem Ereignis *actionPerformed* den Handler *cmdEditConfig* ein. Ein Doppelklick auf diesen Eintrag bewirkt, dass der Editor den Cursor auf die erste Zeile nach der Signatur der Methode setzt. Dieser Methode *cmdEditConfig* wollen wir uns zuwenden, denn sie zeigt die Anbindung der Bibliothek *Dialogs*.

13.2.2 Aufruf des Dialogs »ConfigDlg«

Der Dialog *ConfigDlg* wird von der Klasse *BasicDlg* der Bibliothek *Dialogs* abgeleitet. Damit er zentriert auf dem Bildschirm erscheint, verwenden wir die Methode *setAlignment* der Basisklasse. Als Parameter übergeben wir der Methode den Aufzählungstyp *Alignment* aus der Bibliothek (aus diesem Grund ist die Importanweisung am Anfang des Listings notwendig).

```
import de.steppan.lib.dlg.Alignment;
...
void cmdEditConfig(ActionEvent e) {
    ConfigDlg configDlg = new ConfigDlg(this, "Config", true);
    Alignment centerOnParent = Alignment.centerOnParent;
    configDlg.setAlignment(centerOnParent);
    // Show dialog
    configDlg.setModal(true);
    configDlg.show();
  }
}
```

Listing 13.7: Aufruf des Dialogs ConfigDlg

Der Dialog wird durch die Methode *setModal(true)* programmmodal und durch die Methode *show* am Bildschirm sichtbar (→ Listing 13.7).

13.2.3 Funktionalität des Dialogs »ConfigDlg«

Der Dialog der Klasse *ConfigDlg* ist ein Kernbaustein, um das Programm *Admin* flexibel zu halten. Am Beispiel der Funktionen zum Setzen des Erscheinungsbilds (Look & Feel) und des Hilfebetrachters wird dies deutlich.

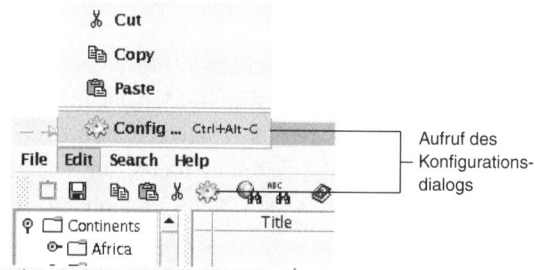

Abbildung 13.7: Der Konfigurationsdialog kann sowohl vom Menü als auch von der Symbolleiste aufgerufen werden

Ermittlung der installierten Look & Feels

Zu Beginn der Methode *jbInit* ermittelt das Programm die auf dem Computer installierten Erscheinungsbilder (Look & Feels) und füllt das Kombinationsfeld *cbLookAndFeel* mit den entsprechenden Strings. Dazu konstruiert die Methode ein eindimensionales Array, das die Methode *getInstalledLookAndFeels* des UI-Managers zurückliefert.

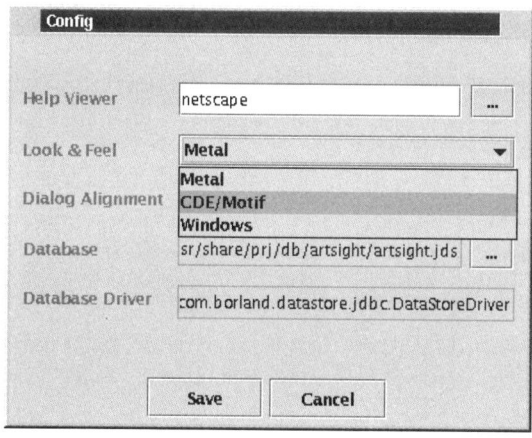

Abbildung 13.8: Der Konfigurationsdialog mit gefülltem Kombinationsfeld

```
/** Ermittle alle installierten Look & Feels */
lookAndFeels = UIManager.getInstalledLookAndFeels();
for (int intLAF = 0; intLAF != lookAndFeels.length; intLAF++) {
  cbLookAndFeel.addItem(lookAndFeels[intLAF].getName());
}
```

Listing 13.8: Ermittlung der installierten Look & Feels (aus jbInit)

Ermitteln der Restkonfiguration

Nachdem das Erscheinungsbild ermittelt ist, werden die restlichen Einstellungen von der Bibliothek *Utilities* abgefragt. Da hier *Strings* zurückgeliefert werden, ist es nicht so aufwändig, die Textfelder zu füllen (→ Listing 13.9). Aus Sicherheitsgründen sind die Textfelder für die Datenbankadresse und den Datenbanktreiber nicht freigeschaltet (Methode *setEditable (false)*), damit hier nicht irgendwelcher Unsinn eingegeben werden kann, der zum Programmabbruch führen muss.

```
// Hilfebetrachter ermitteln
    tfHelpViewer.setText(adminCfg.getHelpViewer());
    // Keine Edit-Modus!
    tfDatabaseURL.setEditable(false);
    tfDatabaseURL.setText(adminCfg.getDatabaseURL());
    // Keine Edit-Modus!
    tfDatabaseDriver.setEditable(false);
    tfDatabaseDriver.setText(adminCfg.getDatabaseDriver());
```

Listing 13.9: Ermittlung der Konfiguration aus der Properties-Datei

Setzen der Handler für die Schaltflächen

Im Anschluss daran setzt die Methode den Handler für die Schaltfläche SAVE. und die beiden Schaltflächen mit den Ellipsen (→ Listing 13.10).

```
    // Handler für Schaltflächen setzen
    btnSave.addActionListener(new java.awt.event.ActionListener() {
      public void actionPerformed(ActionEvent e) {
        setConfiguration(e);
      }
});
btnHelpViewer.addActionListener(new
  java.awt.event.ActionListener() {
  public void actionPerformed(ActionEvent e) {
    configHelpViewer(e);
  }
});
btnDatabaseURL.addActionListener(new
  java.awt.event.ActionListener() {
  public void actionPerformed(ActionEvent e) {
    configDatabaseURL(e);
  }
});
```

Listing 13.10: Verknüpfung der Handler

Sichern der Konfiguration

Wenn der Anwender auf die Schaltfläche Save klickt, sichert der Dialog über die Bibliotheksfunktionen die aktuelle Konfiguration. Beim Ermitteln des ausgewählten Eintrags des Kombinationsfelds wird auf die Methode *getSelectedIndex* zurückgegriffen.

Beachten Sie, dass der Dialog nicht genügend Eigenintelligenz besitzt, einem überflüssigen Speichervorgang aus dem Weg zu gehen, falls der Anwender keine Auswahl getroffen hat. Außerdem ist er nicht in der Lage, verbotene Look & Feels zu filtern (das wäre ebenfalls eine Verbesserungsidee!).

```
/**Konfiguration setzen*/
  void setConfiguration(ActionEvent e) {
    // Look & Feel sichern
    int i = cbLookAndFeel.getSelectedIndex();
    try {
      if (UIManager.getLookAndFeel().getName() !=
        lookAndFeels[i].getClassName()) {
        UIManager.setLookAndFeel(lookAndFeels[i].getClassName());
        // Komponenten aktualisieren
        SwingUtilities.updateComponentTreeUI(getParent());
        adminCfg.setLookAndFeel(lookAndFeels[i].getClassName());
      }
    }
    catch(Exception configException) {
      JOptionPane.showConfirmDialog(null, lookAndFeels[i].getName() +
      "-Look & Feel not supported on "+ System.getProperty("os.name")
      + " " + System.getProperty("os.version"), "Config Error",
      JOptionPane.DEFAULT_OPTION,
      JOptionPane.WARNING_MESSAGE);
      System.out.println("Admin logging: Look and Feel Error,
      Description: " + configException);
    }
    ...
  }
```

Listing 13.11: Ausschnitt aus dem Sichern des Erscheinungsbild von ArTouro Admin

Aufgrund der Einschränkung, dass verbotene Look & Feels nicht gefiltert werden, kann es passieren, dass ein unerlaubtes Look & Feel ausgewählt wird. Dadurch tritt eine Exception auf (*configException*), die im letzten Teil der Methode abgefangen wird (→ Listing 13.11). Interessant ist dabei, dass die Meldung über Systemeinstellungen zusammengesetzt wird und so für eine relativ aussagekräftige Fehlermeldung sorgt (→ Abbildung 13.9).

Abbildung 13.9: Ein Konfigurationsfehler ist aufgetreten

Konfigurieren der Datenbankverbindung

Das Konfigurieren der Datenbankverbindung ist für beide Programme Admin und Web von großer Wichtigkeit. Damit werden beide Programme unabhängig von den physikalischen Gegebenheiten des Netzwerks. Sie lassen sich leicht installieren und zu Testzwecken mit beliebigen Datenbanken der gleichen Struktur wie *ArtSight* verbinden.

Zur Auswahl der Datenbankverbindung über den Endanwender habe ich den Dateiauswahldialog von Swing verwendet und um einen Filter der Klasse *ExtendedFilter* bereichert, der dafür sorgt, dass nur JDataStores ausgewählt werden können. Die Klasse ExtendedFilter finden Sie in der Bibliothek *Dialogs* auf der Begleit-CD des Buchs.

```
void setDatabaseURL(ActionEvent e) {
  JFileChooser importDlg = new JFileChooser();
  /** Modus 'files only'
      um die Auswahl von
      Verzeichnissen zu verhindern
   */
  importDlg.setFileSelectionMode(importDlg.FILES_ONLY);
  ExtendedFilter filter = new
      ExtendedFilter(new String("jds"), "JDataStore ");
  importDlg.addChoosableFileFilter(filter);
  Dimension dlgSize = importDlg.getPreferredSize();
  Dimension frmSize = getSize();
  Point loc = getLocation();
  importDlg.setLocation((frmSize.width  -
                  dlgSize.width) /
                  2 + loc.x,
                  (frmSize.height -
                  dlgSize.height) /
                  2 + loc.y);
  // Titel setzen
  importDlg.setDialogTitle("Select Database");
  // Dialog anzeigen
  int iResult = importDlg.showOpenDialog(this);
  if (iResult == importDlg.APPROVE_OPTION) {
    String DatabaseURL =
    importDlg.getSelectedFile().getAbsolutePath();
    tfDatabaseURL.setText(DatabaseURL);
    JOptionPane.showConfirmDialog(this,
    "Database configuration changed: "+
    "Please restart ArTouro Admin now", "Configuration",
```

```
        JOptionPane.DEFAULT_OPTION, JOptionPane.WARNING_MESSAGE);
      }
    }
  }
```

Listing 13.12: Durch diese Methode lässt sich die Datenbankverbindung konfigurieren

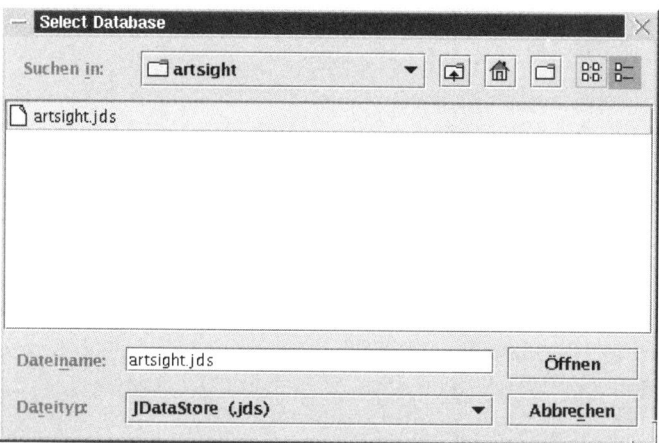

Abbildung 13.10: Der Dateiauswahldialog mit der Filterauswahl für JDataStore-Datenbanken

Wichtig ist noch, dass die Datenbankverbindung nicht unmittelbar wirksam wird. Die Änderung der URL wird zwar in die Properties-Datei geschrieben, tritt aber erst beim Neustart des Programms in Kraft.

Der Anwender bekommt einen Hinweis, dass sich das Programm in dieser Weise verhält. Um das zu realisieren, fängt die Methode den Rückgabewert des Dateiauswahldialogs ab und gibt im Fall einer Auswahl einen Hinweis mit einem Meldungsfenster der Klasse *JOptionPane* aus.

Auswahl des Hilfebetrachters

Die letzte Methode aus dem Fundus des Konfigurationsdialogs, auf die ich hier eingehen möchte, ist die Methode zur Auswahl des Hilfebetrachters. Sie ist ganz ähnlich aufgebaut, wie die gerade besprochene Methode zur Datenbankauswahl und verwendet ebenfalls den Dateiauswahldialog, jedoch ohne einen Filter zu setzen.

Das hat den Grund, dass Programmtypen unter Unix verschiedene Dateiendungen besitzen können und deshalb nicht pauschal ein Filter wie `*.exe` gesetzt werden kann. Genau das ist natürlich auch eine Schwäche der Realisierung, denn so kann es passieren, dass ein Anwender eine Datei auswählt, die nicht ausgeführt werden kann. Diese Exception muss vom Programm abgefangen werden.

```
void setHelpViewer(ActionEvent e) {
    JFileChooser importDlg = new JFileChooser();
    /** Modus 'files only'
        um die Auswahl von
        Verzeichnissen zu verhindern
     */
    importDlg.setFileSelectionMode(importDlg.FILES_ONLY);
    Dimension dlgSize = importDlg.getPreferredSize();
    Dimension frmSize = getSize();
    Point loc = getLocation();
    importDlg.setLocation((frmSize.width -
                          dlgSize.width) /
                          2 + loc.x,
                          (frmSize.height -
                          dlgSize.height) /
                          2 + loc.y);
    // Titel setzen
    importDlg.setDialogTitle("Select Help Viewer");
    // Show dialog
    int iResult = importDlg.showOpenDialog(this);
    if (iResult == importDlg.APPROVE_OPTION) {
      String helpViewerPath =
        importDlg.getSelectedFile().getAbsolutePath();
      tfHelpViewer.setText(helpViewerPath);
    }
  }
}
```

Listing 13.13: Den Hilfebetrachter wird mit dieser Methode ausgewählt

Mit der Funktionalität des Hilfebetrachters möchte ich zum Hilfesystem von *ArTouro Admin* beziehungsweise *Web* überleiten. Beide verwenden eine ähnliches Hilfesystem, nur dass *ArTouro Admin* dafür einen eigenen Hilfebetrachter benötigt (dessen Konfiguration wir gerade betrachtet haben). ArTouro Web wird ohnehin durch einen Internetbrowser als Laufzeitumgebung ausgeführt, weswegen hier keine besonderen Vorkehrungen zu treffen sind (mehr dazu im Abschnitt → 13.3.2 Hilfesystem auf Seite 525).

13.2.4 Hilfesystem

Die Forderung unseres Auftraggebers nach einem Hilfesystem kann man auf verschiedene Arten und Weisen lösen:

▶ Proprietäres Hilfesystem

▶ Hilfegenerator

▶ Java Help

▶ Aufruf eines Internetbrowsers mit HTML-Hilfeseiten

Ein *proprietäres Hilfesystem* wäre ein System, für das Sie einen eigenen Hilfebrowser, eine eigene Logik und Hilfeseiten entwickeln müssten. Wenn Sie diesen Weg gehen wollen, finden Sie mit dem HTML-Viewer unter den JBuilder-Beispielprogrammen (`<jbuilder4>/samples/dbSwing/HtmlViewer.jpr`) eine gute Vorlage.

Hilfegeneratoren

Sie können sich auch für einen Hilfegenerator wie Doc-to-Help oder RoboHelp entscheiden. Diese Generatoren funktionieren so, dass Sie auf Basis einer Textverarbeitung wie Word für Windows Hilfeseiten verfassen und diese mit Kennungen (IDs) versehen. Ihr Programm startet diesen Betrachter mit der kontextbezogenen Kennung. Auf diese Weise lassen sich Hilfesysteme erzeugen, die dem hohen Niveau von Windows-Programmen entsprechen. Die Einarbeitung in die Generatoren ist aber meist aufwändig, die Abhängigkeit von WinWord ist unschön.

Java Help

Java Help ist eine weitere Alternative. Hier werden die Hilfeseiten in HTML kodiert und im Anschluss daran komprimiert. Das Verfahren hat nur den Nachteil, dass der Hilfebetrachter nicht alle HMTL-Tags kennt. Deswegen bleibt für die Gestaltung des Hilfesystems nicht so viel Spielraum, wie bei der Verwendung eines Internetbrowsers als Hilfebetrachter.

Ich habe mich bei der Konzeption des Programms gegen alle vorher genannten Möglichkeiten und für den Aufruf eines Internetbrowsers entschieden. Das hatte folgende Gründe:

▷ Ein solcher Browser ist auf fast jedem Computer schon installiert ($\Rightarrow$ keine Verteilung).

▷ Die etablierten Browser von Netscape, Microsoft und Opera Software sind viel leistungsfähiger und fehlerfreier als jeder selbst entwickelte HTML-Betrachter.

▷ Die etablierten Browser unterstützen JavaScript und relativ neue HTML-Versionen.

▷ Die Hilfeseiten können analog dem Webprototyp von ArTouro entwickelt werden.

Der Controller im Paket *de.steppan.artouro.admin.ctrl* enthält die Methode *cmdHelpIndex*, die dafür sorgt, dass der Internetbrowser aufgerufen wird, den die Bibliothek *Utilities* ermittelt (→Listing 13.14).

Aufruf des Hilfebetrachters

Der Aufbau der Methode ist durch die Verwendung der Utilities-Bibliothek sehr einfach. Zu Anfang wird eine Instanz der Klasse *Config* erzeugt, wobei dem Konstruktor der Pfad zur Datei übergeben wird. Im Anschluss daran, wird ein nativer Prozess zur Ausführung eines (beliebigen) Programms erzeugt, dem der Name des Programms und die Hilfedatei übergeben werden.

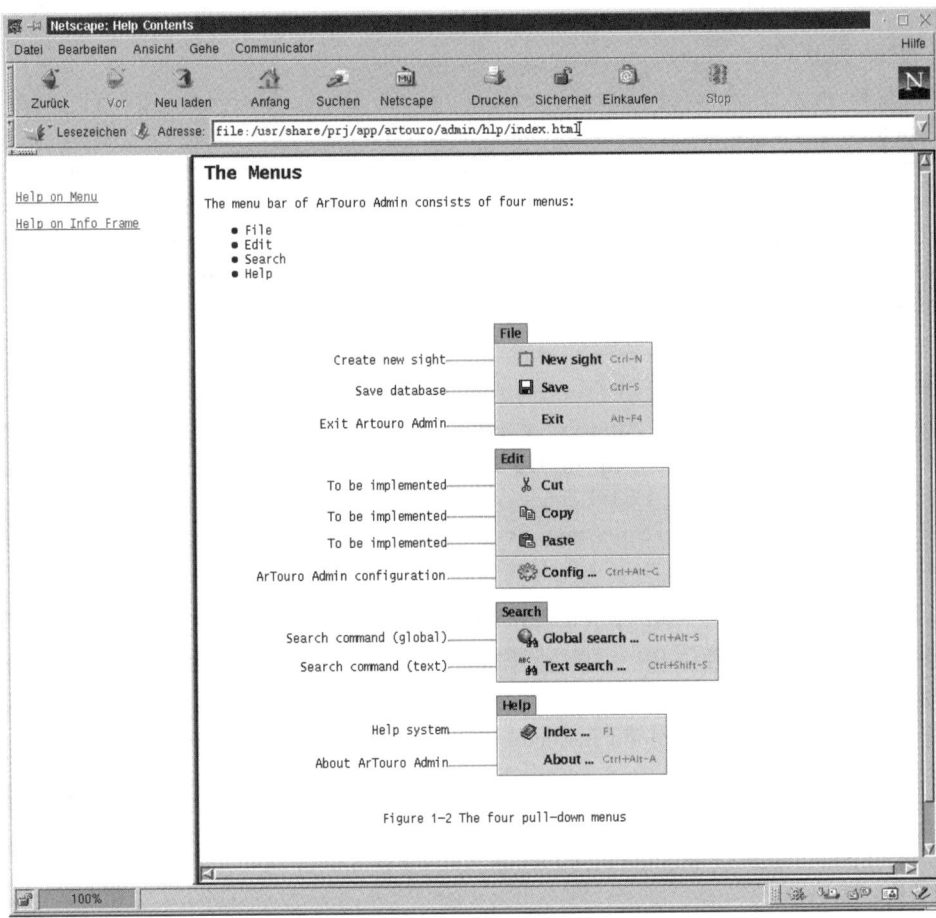

Abbildung 13.11: Die Startseite des Hilfesystems in Netscapes Navigator

Den Namen des Programms ermittelt die Methode *cmdHelpIndex* über die Bibliotheksmethode *getHelpViewer*, die Hilfedatei über *getHelpFile*. Auf diese Weise ließe sich auch eine kontextbezogene Hilfe realisieren.

Exception Handling

Ein Wort zum Exception-Handling: Der Aufruf des Konstruktors der Klasse *Config* müsste aus Sicherheitsgründen in einen Try-Catch-Block gelegt werden, wie er für die

Erzeugung des Prozesses vorhanden ist. Dort wird mit einem Ausnahmezustand wieder mit dem bewährten Dialog der Klasse *JOptionPane* reagiert.

```
void cmdHelpIndex(ActionEvent e) {
    Config config = new Config("../prp/admin.properties");
    java.lang.Process HelpProcess = null;
    java.lang.Runtime HelpViewer = java.lang.Runtime.getRuntime();
    try {
      HelpProcess = HelpViewer.exec(config.getHelpViewer() +
                                    config.getHelpFile());
    }
    catch(Throwable adminException) {
        JOptionPane.showConfirmDialog(this, "Help Viewer not found: "+
        adminException, "Configuration Error",
          JOptionPane.DEFAULT_OPTION, JOptionPane.WARNING_MESSAGE);
    };
  } // cmdHelpIndex
```

Listing 13.14: Aufruf eines Hilfebetrachters zur Anzeige des Hilfesystems

13.3   ArTouro Web

Bei der Funktionalität von *ArTouro Web* möchte ich zum Schluss dieses Kapitels das in vorgestellte Datenmodul *ArtSight* aus stellvertretend für die restliche Programmfunktionen herausgreifen.

13.3.1 Anbindung der Bibliothek Utilities

Wie Sie aus → Kapitel 12 wissen, stellt das Datenmodul *ArtSight* die Persistenzschicht für die beiden Anwendungen *ArTouro Web* und *Admin* bereit. Da die Bibliothek Utilities in → Kapitel 12 noch nicht eingeführt war, habe ich dort darauf verzichtet, den Quelltext des Moduls in seiner endgültigen Form unter Einbeziehung des Utilities-Methoden abdrucken zu lassen (→ Listing 13.15).

```
private void jbInit() throws Exception {
    sightQDS.setQuery(new
      com.borland.dx.sql.dataset.QueryDescriptor(artSightDB,
      "SELECT \"Sight\".\"Sight\",\"Sight\".\"Information\",
      \"Sight\".\"Image\" FROM\"Sight\"",
      null, true, Load.ALL));
    artSightDB.setConnection(new
      com.borland.dx.sql.dataset.ConnectionDescriptor("
      jdbc:borland:dslocal:/
      usr/share/db/artsight/artsight.jds",
      "steppan", "artouro", false,
      "com.borland.datastore.jdbc.DataStoreDriver"));
    }
```

Listing 13.15: Die jbInit-Methode des Datenmoduls ArtSight aus Kapitel 12

Nun möchte ich nochmals den Ausschnitt aus dem Modul *ArtSight* mit Hilfe der Bibliotheksmethoden umgestalten. *ArtSight* verwendet eine Datenbankkomponente der Klasse *com.borland.dx.sql.dataset.Database*, welche über die Methode *setConnection* die URL der Datenbank und der Name des Datenbanktreibers übergeben werden muss.

Methodenquartett »Database«

Auf genau diese beiden Anforderungen sind die Methoden der Klasse *Config* aus der Bibliothek *Utilities* zugeschnitten. Die Methoden *setDatabaseDriver* und *setDatabaseURL* werden allerdings nur im Admin-Teil verwendet, da niemand aus dem Internet natürlich die Erlaubnis bekommen soll, Datenbankverbindungen zu ändern.

```
/** Ermittelt Datenbank und URL */
  public String getDatabaseURL() {
    return config.getProperty("DatabaseURL");
  }

/** Speichere Datenbank und URL */
  public void setDatabaseURL(String databaseURL) {
    config.setProperty("DatabaseURL", databaseURL);
    try {
      config.store(new FileOutputStream(configFile),
        "Written by Configurator, (c) 2000, 2001 by Bernhard Steppan");
    }
    catch (java.io.IOException configException) {
      ...
    };
  }

/** Ermittle den Datenbanktreiber */
  public String getDatabaseDriver() {
    return config.getProperty("DatabaseDriver");
  }

/** Speichere den Datenbanktreiber */
  public void setDatabaseDriver(String databaseDriver) {
    config.setProperty("DatabaseDriver", databaseDriver);
    try {
      config.store(new FileOutputStream(configFile),
        "Written by Configurator, (c) 2000, 2001 by Bernhard Steppan");
    }
    catch (java.io.IOException configException) {
      ...
    };
  }
```

Listing 13.16: Die vier Methoden zur Konfiguration von Datenbanken aus der Klasse Config

Der Aufbau der Get-Methoden verläuft analog den anderen Get-Methoden der Klasse *Config*. Sie ermitteln über die Methode *getProperty* der Basisklasse den Inhalt des entsprechenden Felds der Property-Datei von *ArTouro Admin*. Auch die Setter-Methoden sind identisch in der Anlage.

Austausch des DBMS

Zusammen setzt das Methodenquartett den Anwender der beiden Programme in die Lage, ArTouro beispielsweise auch mit einer Oracle- oder InterBase-Datenbank zu verbinden, wenn diese in der Struktur dem JDataStore *ArtSight* gleicht und somit zur Persistenzschicht kompatibel ist.

```
    Config adminCfg = new Config("../prp/web.properties");
    ...
private void jbInit() throws Exception {
    sightQDS.setQuery(new
      com.borland.dx.sql.dataset.QueryDescriptor(artSightDB,
        "SELECT \"Sight\".\"Sight\",\"Sight\".\"Information\",
        \"Sight\".\"Image\" FROM\"Sight\"",
        null, true, Load.ALL));
    artSightDB.setConnection(new
      com.borland.dx.sql.dataset.ConnectionDescriptor(
        adminCfg.getDatabaseURL(), "", "", false,
        adminCfg.getDatabaseDriver())));
}
  public Database getArtSightDB() {
    return artSightDB;
  }
  public QueryDataSet getSightQDS() {
    return sightQDS;
  }
}
```

Listing 13.17: Das jbInit-Methode des Datenmodul ArtSight mit den Methoden aus Utilities

Zu beachten ist hier noch, dass es zwei verschiedene Möglichkeiten gibt, sich mit einer JDataStore-Datenbank zu verbinden. Die bisher gezeigte ist der Einzelanwendermodus. Wollte man tatsächlich JDataStore für eine Webanwendung nutzen, müsste man folgende URL in die Properties-Datei eintragen `jdbc:borland:dsremote://<Servername>/<Pfad>/artsight.jds`.

13.3.2 Hilfesystem

Das Hilfesystem von ArTouro Web ist nicht so schwierig an das Programm anzubinden, wie bei die Admin-Anwendung mit ihrer Swing-Oberfläche. Sie wird nahtlos im Inhaltsfenster der Website dargestellt und ist mit statischen Links vom Navigationsbaum in der rechten Seite des Hauptfensters verbunden. Somit benötigt *ArTouro Web* auch keine Konfiguration, wie Sie für den Admin-Teil nötig ist.

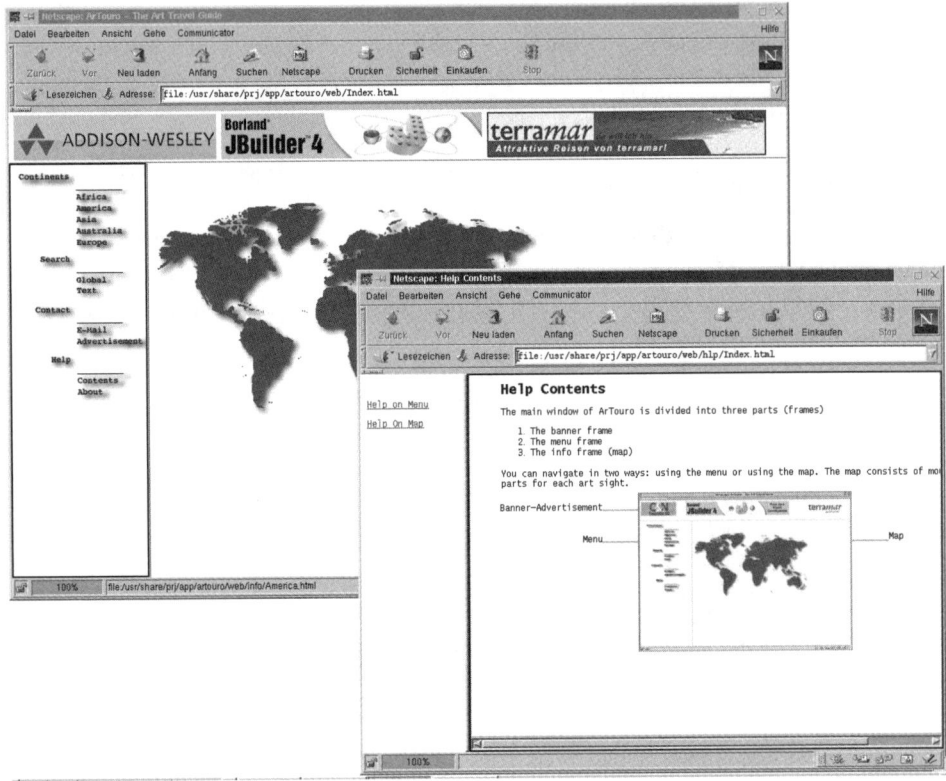

Abbildung 13.12: ArTouro Web mit Hilfesystem

13.4   Literatur & Links

13.4.1 Bücher

Eckel, Bruce: Thinking in Java, New Jersey: Prentice Hall 1998

Krüger, Guido: Go To Java 2, 2. Auflage, Handbuch der Java-Programmierung, München: Addison-Wesley 2000

13.4.2 Links

Java Help

14 Verteilte Anwendungen

Unter verteilten Anwendungen versteht man Programme, deren Teile auf verschiedenen Computern ausgeführt werden, aber logisch eine Einheit bilden. Kehren wir kurz zu unserer Beispielprojekt *ArTouro* zurück, das ich mit Ihnen Stück für Stück von Kapitel 10 bis zum Kapitel 13 entwickelt habe. Ich habe Ihnen auf verschiedene Arten gezeigt, wie die Anwendung mit einer Java-Oberfläche (mit Hilfe von Swing) und mit einer HTML-Oberfläche (mit Hilfe von InternetBeans-Express) ausgestattet werden kann.

Außerdem haben Sie erfahren, wie man den Zugriff auf Datenbanken programmiert und das Programm um Funktionalität mit Hilfe von wiederverwendbaren Bibliotheken erweitert. Die Wiederverwendung ist aber beim Modul *ArtSight* nicht optimal. Was bei der Persistenzschicht zu einer professionellen Internet-/Intranet-und Extranet-Anwendung fehlt, ist eine leistungsfähige, überwachbare Serverkomponente und die Verteilung auf mehrere physisch getrennten Computer.

ArTouro lief bisher immer in einem Prozessraum ab. Für eine Servlet-Architektur ist das nicht unüblich, aber für Internet- und Intranet-Anwendungen, die auf Basis von Applets und Applications entstanden sind, lässt sich das aus verschiedenen Gründen in der Regel nicht realisieren. Wir bräuchten also eine andere technologische Architektur.

Hierfür stehen in Java verschiedene Spielarten zur Verfügung. Auf den nächsten Seiten gebe ich Ihnen eine Einführung in die Verwendung dieser Technologien als Abschluss dieses Buchs über die Java-Programmierung mit dem JBuilder.

Das Kapitel behandelt folgende Themen:

▷ Neues CORBA-Projekt einrichten und anlegen

▷ CORBA-Schnittstellen entwerfen

▷ Stubs und Servants erzeugen

▷ Implementierung des Clients

▷ Implementieren eines CORBA-Servers

▷ Neues EJB-Projekt einrichten und erzeugen

▷ EJB-Gruppe anlegen

▷ Neue Entity-Bean generieren lassen

▷ Testclient erzeugen und die

▷ Verteilung von EJBeans

14.1   CORBA-Programmierung

Für diesen Abschnitt benötigen Sie die *Enterprise Edition* des JBuilders. Ausserdem müssen Sie den *JBuilder Enterprise* so einzustellen, dass er eine CORBA-Anwendung erzeugen kann (→ Kapitel 4, Abschnit 4.4.4).

14.1.1   Neues Projekt erzeugen

Mit dem Projekt-Experten erzeugen Sie ein neues Projekt. Achten Sie darauf, dass die VisiBroker-Bibliotheken mit einbezogen werden (→ Abbildung 14.1), sofern Sie nur mit dem VisiBroker arbeiten. Falls Sie mit dem Inprise oder Borland Application Server arbeiten, müssen Sie eine der AppServer-Bibliotheken einbinden (IAS oder BAS). Sollten sich die Bibliotheken nicht in einem Archiv auf Ihrem Rechner befinden, legen Sie sie einfach analog der Bibliothek *Utilities* an (→ Kapitel 13).

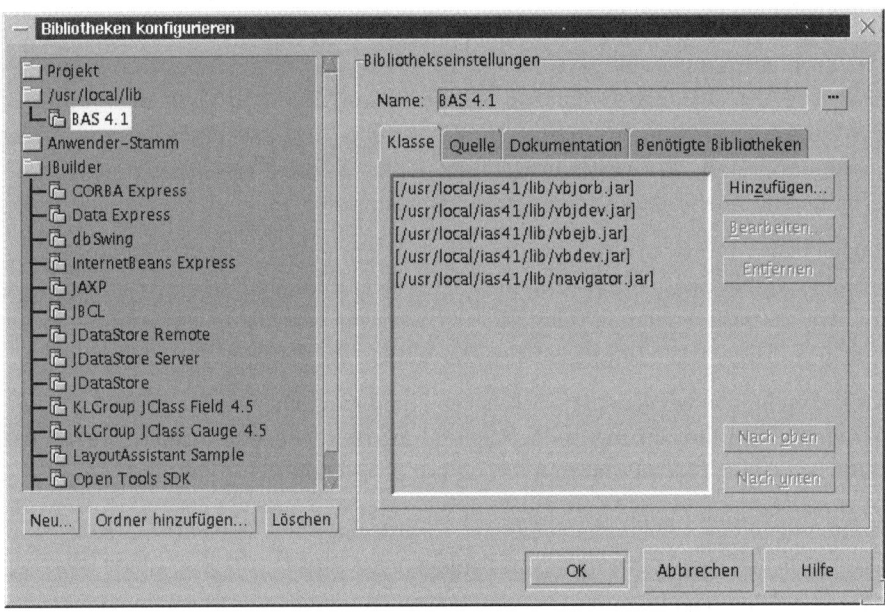

Abbildung 14.1: Die VisiBroker-Bibliotheken des Borland Application Servers

Ansonsten verfahren Sie mit dem Projekt-Experten wie gewohnt. Starten Sie im Anschluss an die Projekterzeugung den EXPERTEN FÜR BEISPIEL-IDL und lassen sich ein Grundgerüst einer IDL erzeugen. Dann überschreiben Sie das Generat mit dem Quelltext des → Listing 14.1 oder schreiben Sie die im Listing abgedruckte Schnittstelle der Einfachheit halber ab und speichern sie unter dem Namen ArtSight.idl.

Diese IDL-Datei ist eine Schlüsselfunktion bei der Zusammenarbeit zwischen Client und Server. Sie beschreibt die Schnittstelle eines CORBA-Servers in einer Syntax, die unabhängig von der implementierenden Programmiersprache ist. Die Sprachunabhängigkeit ist einer der wesentlichen Merkmale und einer der Hauptvorzüge von CORBA.

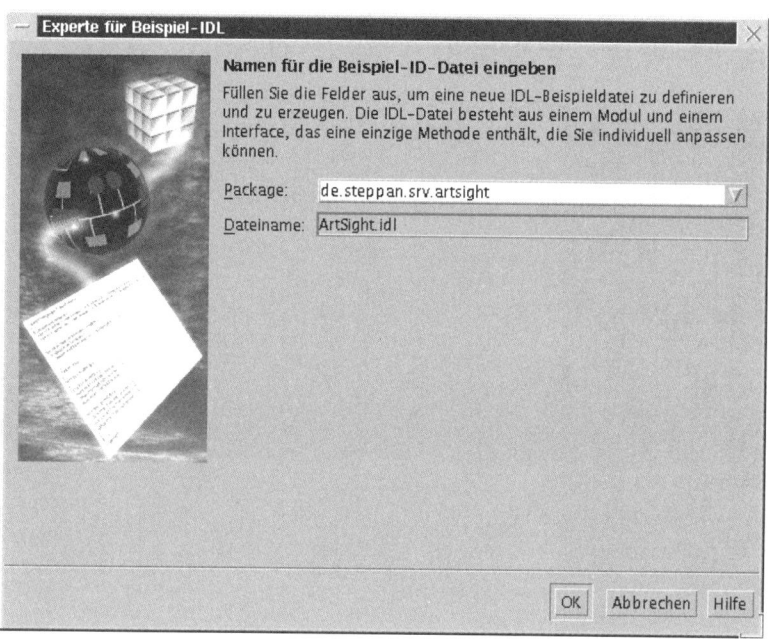

Abbildung 14.2: Der Experte für Beispiel-IDL erzeugt eine Vorlage der IDL

14.1.2 CORBA-Schnittstelle entwerfen

Das einfache Modul *artsight* verfügt über zwei Schnittstellen für die Übergabe von Sehenswürdigkeiten (→ Listing 14.1).

```
module artsight {
  interface SightHome {
    Sight findByPrimaryKey (in long long arg0);
  }
  interface Sight {
    string getTitle();
  }
}
```

Listing 14.1: Der erste Entwurf einer IDL-Datei mit der Schnittstelle des Servers

Nachdem Sie die Änderungen an der Vorlage des Experten durchgeführt haben, müssen Sie die IDL-Datei speichern, bevor sie kompiliert wird. Zur Übersetzung von IDL-Dateien besitzt der JBuilder einen speziellen Compiler, den so genannten IDL-Compiler.

14.1.3 Stubs und Servants erzeugen

Der VisiBroker-IDL-Compiler *idl2java* erzeugt die Stub-Routinen und den Servant-Code aus der IDL-Spezifikation. Die Stub-Routinen wird der Client verwenden, um Methoden aufzurufen, während der Servant-Code dazu dient (wie der Name andeutet), einen Server zu entwickeln. Ist der Server fertiggestellt, kann daraus eine Java-Anwendung oder ein Applet erzeugt werden.

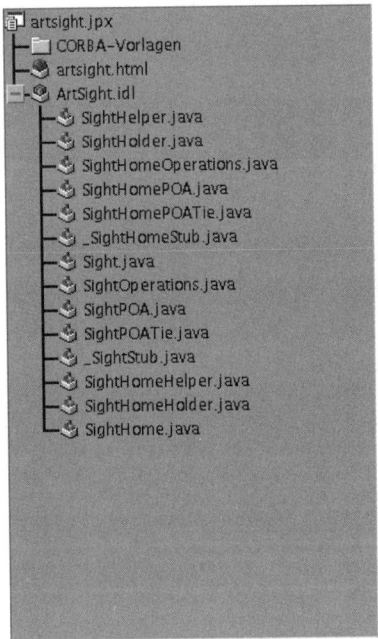

Abbildung 14.3: Der Projektstrukturbaum nach der Generierung der Dateien

Führen Sie nun einen Rechtsklick auf die neue IDL-Datei aus und wählen Sie AKTUALISIEREN. Dadurch, dass die IDE so eingestellt ist, dass IDL-Dateien mit dem entsprechenden idl2java-Compiler verknüpft sind, erzeugt dieser automatisch die notwendigen Dateien.

Generierte Dateien

Da es in Java nicht gestattet ist, mehr als eine Public-Schnittstelle pro Datei zu definieren, musste der IDL-Compiler aus den Informationen der IDL-Datei eine Vielzahl von Java-Dateien erzeugen, die die Schnittstellen abbilden. Die Dateiliste finden Sie in der → Tabelle 14.1.

Datei	Bedeutung
SightHelper.java	SightHelper-Klasse mit wichtigen Hilfsfunktionen
SightHolder.java	Deklaration eines Holders für die Übergabe von Sight-Objekten
SightHomeOperations.java	Deklariert die in ArtSight.idl definierten Methodensignaturen des SightHome-Interfaces
SightHomePOA.java	POA-Servant-Kode für die Implementierung des SightHome-Objekts des Servers
SightHomePOATie.java	Klasse, die zur Implementierung des SightHome-Objekts den Tie-Ansatz benutzt.
_SightHomeStub.java	Stub-Kode für das SightHome-Objekt des Clients
Sight.java	Deklaration des Sight-Interfaces
SightOperations.java	Deklariert die in ArtSight.idl definierten Methodensignaturen des Sight-Interfaces
SightPOA.java	POA-Servant-Kode für die Implementierung des Account-Objekts des Servers
SightPOATie.java	Klasse, die den Tie-Ansatz verwendet, um das Account-Objekt auf dem Server zu implementieren
_SightStub.java	Stub-Kode für das Sight-Objekt des Clients
SightHomeHelper.java	Deklariert die gleichnamige Klasse mit Hilfsfunktionen
SightHomeHolder.java	Deklariert die gleichnamige Klasse für die Übergabe von SightHome-Objekten
SightHome.java	Deklariert das SightHome-Interface

Tabelle 14.1: Die generierten Dateien und ihre Bedeutungen

14.1.4 Vorlage für den Client erzeugen

Als Vorlage für den Client können wir *ArTouro Admin* aus → Kapitel 12 verwenden. Starten Sie das Projekt und rufen Sie den Experten für ein CORBA-Interface auf (EXPERTEN | CORBA-INTERFACE VERWENDEN). Überspringen Sie die erste Seite und klicken Sie auf WEITER, um zur zweiten Seite zu gelangen.

Geben Sie dort die in → Abbildung 14.4 aufgeführten Angaben mit der IDL-Datei Art-Sight.idl ein und blättern Sie mit WEITER auf die nächste Seite, wo Sie den Vorschlag für den Feldnamen akzeptieren können. Beenden Sie den Dialog mit FERTIGSTELLEN.

Da die IDL-Datei über zwei Interfaces verfügt, müssen Sie den Vorgang nun für das Interface *Sight* wiederholen. Speichern Sie im Anschluss daran alle vorgenommenen Änderungen (DATEI | ALLES SPEICHERN).

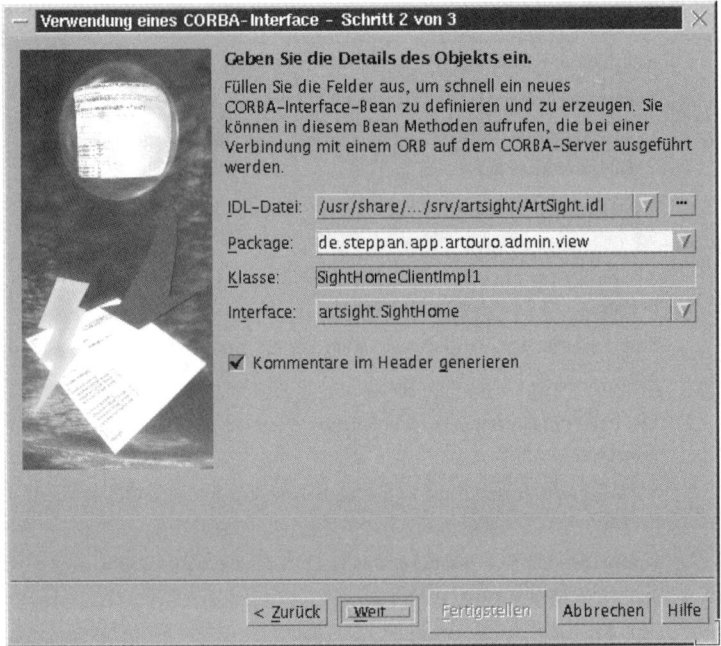

Abbildung 14.4: Der Experte erzeugt ein Client-Interface-Objekt aus der IDL-Datei

14.1.5 Implementierung des Clients

Im nächsten Schritt werden wir die Home-Schnittstelle mit dem ORB verbinden. Wählen Sie dazu die Datei AdminApp.java aus. Sie enthält die grafische Oberfläche aus → Kapitel 11. Wechseln Sie die Ansicht des AppBrowsers auf DESIGN und starten Sie somit den UI-Designer. Um eine Verbindung zum ORB zu programmieren, reicht es aus, sich eines OrbConnect-Beans zu bedienen, das Sie auf der CORBA-Registerseite der Komponentenpalette finden. Ziehen Sie es auf das Dateistrukturfenster.

Wählen Sie das mySightHome-Objekt im Dateistrukturfenster aus und wählen Sie *orbConnect1* als ORBConnect-Eigenschaft im Inspektor aus. Im Anschluss daran, setzen Sie die Eigenschaft *initialize* auf *true* und speichern alle bisherigen Änderungen.

Gestaltung einer minimalen Oberfläche

Die Tabellenkomponente aus → Kapitel 13 ist denkbar ungeeignet, eine Verbindung zwischen einem CORBA-Client und einem Server zu demonstrieren. Um die Kernfunktionen einer CORBA-Anbindung zu zeigen, verwende ich deshalb hier eine minimale Oberfläche in Form eines Textfelds und einer Schaltfläche. Damit die Oberfläche des Clients diese Komponenten nicht auf maximale Größe expandiert, müssen Sie den Layout-Manager wechseln. Dazu setzen Sie die Eigenschaft von *BorderLayout* auf *XYLayout*.

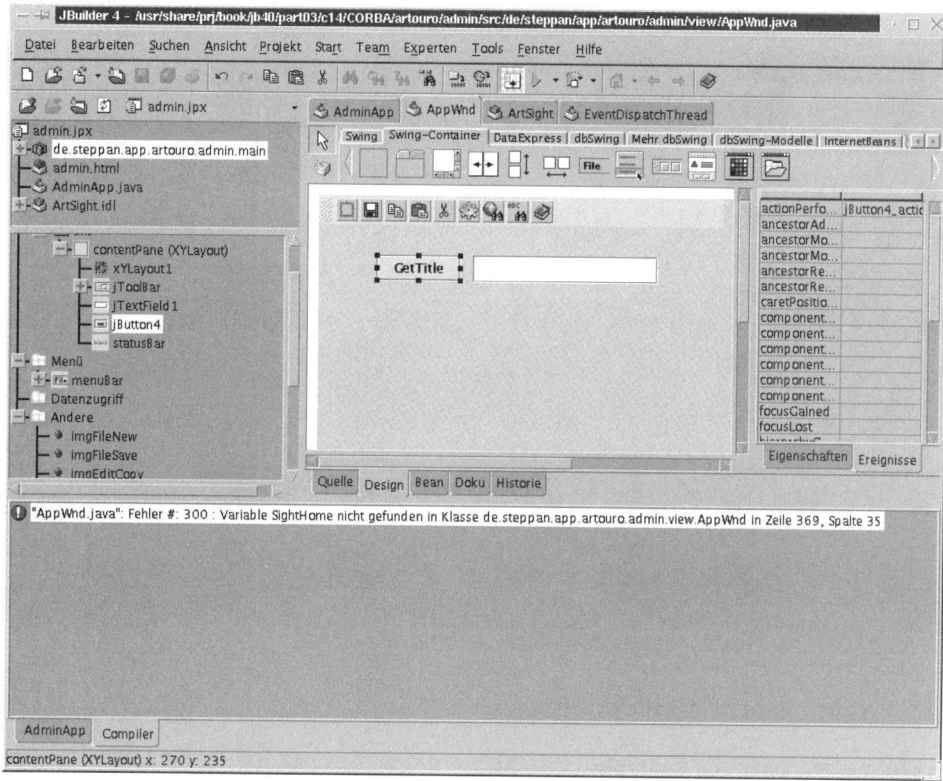

Abbildung 14.5: Der ArTouro-Client mit abgespeckter Oberfläche

Wählen Sie danach eine Schaltfläche der Klasse *JButton* und ziehen diese auf die Fens-
termitte. Verfahren Sie mit einem Textfeld analog. Ein Doppelklick auf das Ereignis
actionPerformed der Schaltfläche erzeugt einen neuen Handler, schaltet die IDE vom
Design- in die Editor-Ansicht um und positioniert den Cursor in den Methodenrumpf
des Handlers. Dort geben Sie folgendes ein:

```
// ...
// Find by PrimaryKey in Anlehnung an EJB
// ID statisch, nur als Demo!
mySight.setCorbaInterface(mySightHome.findByPrimaryKey(10));
// Hole den Titel der Sehenswürdigkeit:
jTextField1.setText(mySight.getTitle());
// ...
```

Listing 14.2: Eingabe des Handlers für die Schaltfläche

Wählen Sie im Anschluss daran DATEI | ALLES SPEICHERN. Der neue Client müsste jetzt
in etwa so aussehen wie in → Abbildung 14.5 abgedruckt.

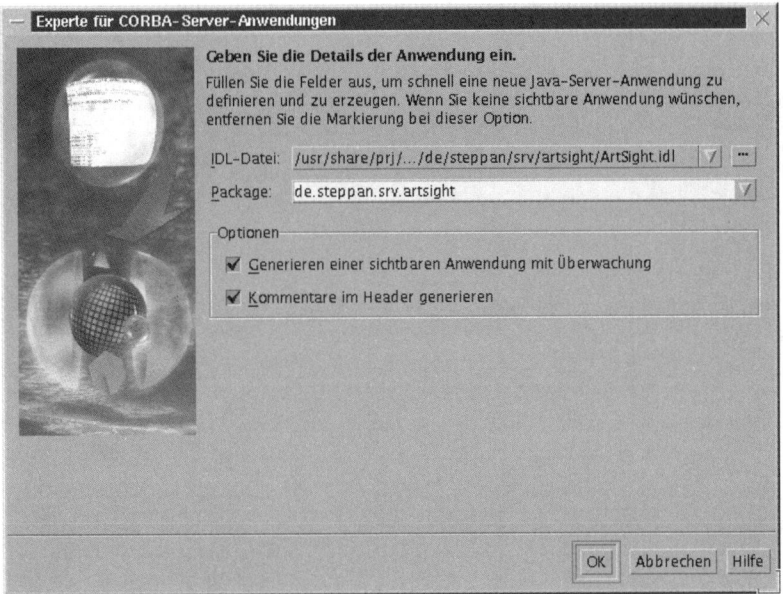

Abbildung 14.6: Der Experte erzeugt aus der IDL eine neue Serveranwendung

14.1.6 Implementieren des Servers

Wählen Sie DATEI | NEU und führen Sie einen Doppelklick auf CORBA-Server-Anwendung aus. Der Experte (→ Abbildung 14.6) hat bereits die Verwendung der ArtSight.idl erkannt und bietet diese als Vorlage an. Wählen Sie die Option »Generieren einer sichtbaren Anwendung mit Überwachung«, um Kontrolle darüber zu bekommen, was während der Ausführung passiert. Danach können Sie den Experten mit OK beenden.

14.1.7 Anwendung kompilieren

Um den neuen Server zu kompilieren, wählen Sie PROJEKT ADMIN.JPX AKTUALISIEREN. Sofern kein Übersetzungsfehler aufgetreten ist, können Sie die Serveranwendung sofort ausführen.

14.1.8 Server-Anwendung starten

Da der Experte, der die Serveranwendung erzeugte, in den Projekteigenschaften die neue Serverklasse eingetragen hat, reicht es aus, den Server mit F9 zu starten. Den gleichen Effekt hat eine Rechtsklick auf die Datei artsightServerApp.java und die Auswahl des Befehls START. Im Anschluss daran können Sie den Client ausführen.

14.1.9 ArTouro-Client ausführen

Den Client *müssen* Sie wegen der veränderten Projekteinstellungen über das Kontext-menü starten. Ist dies erfolgreich verlaufen, müsste sich ein Bild ergeben, wie es → Abbildung 14.7 zeigt.

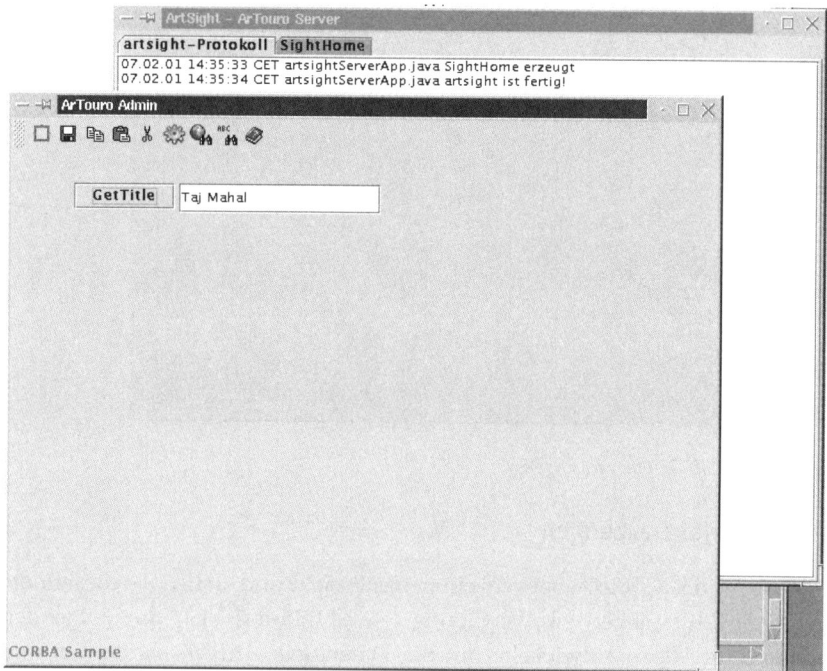

Abbildung 14.7: Client und Server im Zusammenspiel

Wie üblich, erzeugen die Experten des JBuilders nur ein Grundgerüst, dass dem Entwickler hilft, die ersten Hürden zu nehmen. Am Beispiel dieser CORBA-Anwendung sieht man, dass der Umbau des Programms *ArTouro Admin* von einer zweischichtigen DataExpress- zu einer mehrschichtigen CORBA-Anwendung nur durch viele manuelle Eingriffe in das Design möglich wäre. Ähnlich sieht es auch bei der EJB-Programmierung aus, wenngleich die Datenbankanbindung einfacher zu lösen ist, wie der nächste Abschnitt zeigt.

14.2 EJB-Programmierung

Auch für diesen Abschnitt ist die *Enterprise Edition* des JBuilders erforderlich. Sie müssen die IDE über das Enterprise-Setup so einstellen, dass ein EJB-Container bereitsteht (→ Kapitel 4, Abschnitt 4.4.5).

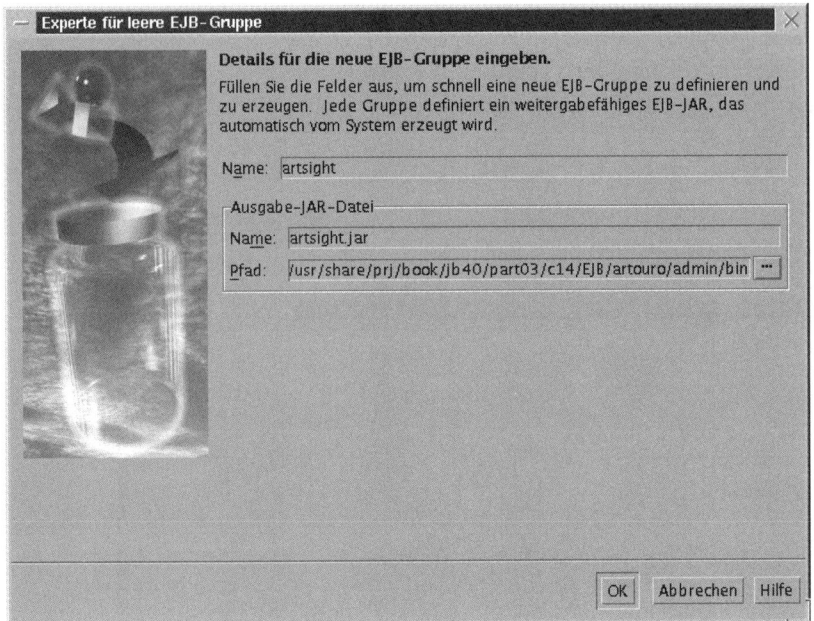

Abbildung 14.8: Eine leere EJB-Gruppe wird angelegt

14.2.1   Neues Projekt erzeugen

Erzeugen Sie wie für das CORBA-Beispiel ein neues Projekt und stellen Sie diesem die Application-Server-Bibliotheken zur Verfügung (→ Abbildung 14.1). Im Folgenden möchte ich eine Entity-Bean entwickeln, mit der Datenbank *ArtSight* verbinden und einen Testclient erzeugen lassen.

14.2.2   EJB-Gruppe anlegen

Um die EJBeans später in den Container verteilen zu können, ist es erforderlich, eine neue EJB-Gruppe anzulegen. Diese Gruppe ist nichts anderes als ein EJB-Archiv. Der EXPERTE FÜR LEERE EJB-GRUPPE erledigt dies für uns. Sie starten ihn über die Objektgalerie (DATEI | NEU).

14.2.3   Neue Entity-Bean

Im Anschluss daran rufen Sie den EJB-Entity-Bean-Modeler auf, dem leistungsfähigsten aller JBuilder-Experten. Sie starten Ihn ebenfalls über die Objektgalerie. Wählen Sie auf der ersten Seite die gerade angelegte Gruppe aus und wechseln Sie zur nächsten Seite, bei der Sie die Datenbankverbindung festlegen.

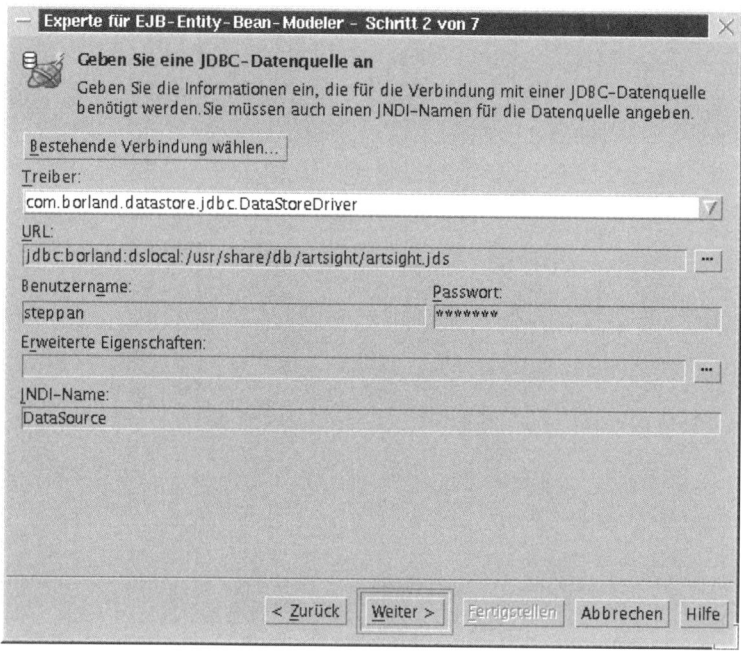

Abbildung 14.9: Die Datenbankverbindung wird festgelegt

Geben Sie hier den JDataStore-Treiber und die ArtSight-Datenbank an – Passwort und Benutzername sind wahlfrei. Wenn Sie auf WEITER klicken, versucht der Experte eine Testverbindung aufzubauen. Nur wenn dieser Vorgang erfolgreich verläuft, können Sie die Erzeugung der EJBean fortsetzen. Im anderen Fall müssen Sie erst die Fehlerquellen eingrenzen und den Experten erneut starten.

Auf der nächsten Seite zeigt der Experte die verfügbaren Tabellen an. Wählen Sie bitte nur die Tabelle *Sight* aus, denn für jede Tabelle erzeugt der Experte ein Entity-Bean. Durch diese Eingrenzung reduziert sich die Auswahl für die nächste Seite, denn Verknüpfungen lassen sich nur zwischen mehreren Tabellen bilden.

Die nächste Aufgabe besteht darin, einen Primärschlüssel für die Tabelle zu wählen, den in unserem Fall die Spalte *Sight* übernimmt. Auf der nächsten Seite wählen Sie die Package-Pfade und Klassennamen der generierten Klassen aus. Damit bleiben zum Schluss nur noch, den Typ des EJBean als CMP (Container managed Persistence) zu bestimmen und eine findAll-Methode generieren zu lassen. Beenden Sie den Dialog mit FERTIGSTELLEN und sichern Sie alles mit DATEN | ALLES SPEICHERN. Im Anschluss daran, können wir einen Testclient erzeugen.

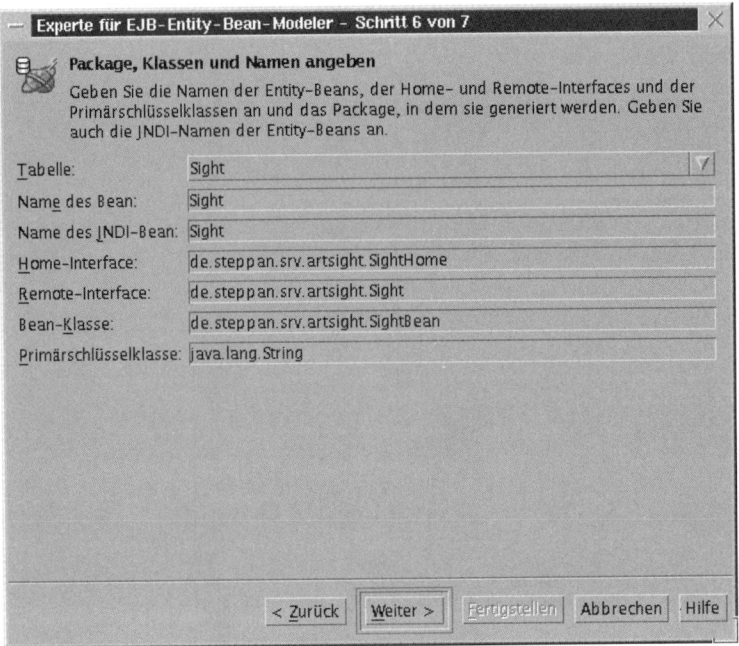

Abbildung 14.10: Die Packages und Klassennamen werden bestimmt

14.3   Testclient erzeugen

Um einen Testclient für die neue EJBean zu erzeugen, können Sie den EXPERTEN FÜR EJB-TEST-CLIENT verwenden, den Sie wieder auf der Registerseite ENTERPRISE der Objektgalerie finden. Wählen Sie als Basisklasse *javax.swing.JFrame*, wenn Sie (später) diesen Testclient mit eine grafischer Oberfläche ausstatten wollen.

Jetzt müssen Sie nur noch die Optionen PROTOKOLLMELDUNGEN sowie MAIN-FUNKTION GENERIEREN aktvieren und den Dialog mit OK beenden. Danach erzeugt der Experte eine einzelne Klasse, in der Sie sehr viele Logging-Ausgaben bemerken werden. Sie dienen dazu, zu überwachen, ob die Ausführung der EJBean erfolgreich verlaufen ist.

Speichern Sie nun alle Ergebnisse und klicken Sie die Datei SightHome.java (das Home-Interface) im Projektstrukturbaum an, führen Sie einen Rechtsklick darauf aus, und wählen Sie den Befehl EIGENSCHAFTEN. Wechseln Sie in diesem Dialog auf das Registerseite ERZEUGEN und danach auf die Unterregisterseite VISIBROKER.

Die Option IIOP GENERIEREN muss hier aktiviert sein, da der Client eine Kommunikation mittels RMI über IIOP voraussetzt und entsprechende Stubs benötigt, um auf diese Weise kommunizieren zu können.

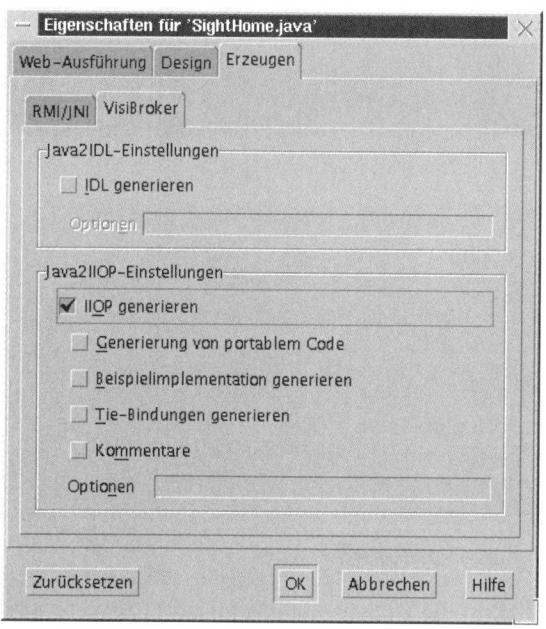

Abbildung 14.11: Vor dem Ausführen der neuen EJB muss »IIOP generieren« aktiviert werden

14.3.1 Verteilung des EJBeans

Nach diesem Vorgang sollten Sie alle Änderungen abermals sichern und können dann das EJBean auf den Application Server verteilen. Verwenden Sie dazu den Deployment-Experten des Application Servers, der in das Menü TOOLS integriert ist.

Auswahl des Containers

Auf der ersten Seite legen Sie den Container fest. Überlicherweise ist der Deployment-Experte so eingestellt, dass er versucht, EJB-Server selbstständig zu finden. Damit er jedoch überhaupt einen Container erkennen kann, muss ein Application Server im Hintergrund gestartet sein. Dieser kann auf einer anderen Maschine im Netzwerk oder als lokale Testumgebung laufen.

Auswahl der Verteilungsart

Hat der Dialog den Container erkannt, können Sie nächstes die Verteilungsart festlegen. Ich empfehle Ihnen an dieser Stelle ein Quick-Deployment. Im Anschluss daran, wechseln Sie auf die zweite Seite des Dialogs, auf der Sie den Verteilungsfortschritt verfolgen können. Ist alles erfolgreich verlaufen, erscheint in der Statuszeile in grüner Schrift SUCCEEDED.

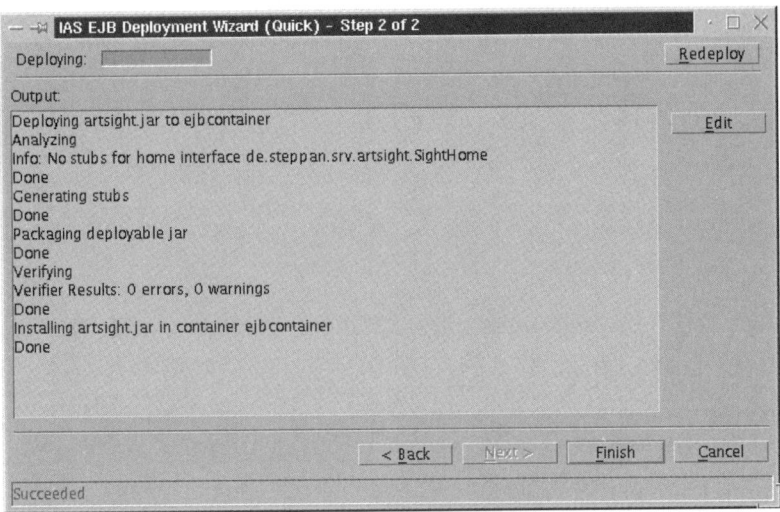

Abbildung 14.12: Das EJBean wird in den Container des Application Servers verteilt

Sie sollten nun zur Kontrolle einen Blick in die Konsole des Application Servers werfen, ob sich das Archiv auch wirklich dort in einwandfreiem Zustand befindet. Starten Sie also die Konsole und klappen Sie die Baumansicht auf der linken Seite des Fensters auf. Dort sehen Sie einen Knoten APPLICATION SERVERS, unter dem sich auch der Application Server befinden muss, den Sie gerade das neue EJBean gesandt haben.

Kontrolle durch die Konsole

In dem Container sollte sich das Archiv befinden, das Sie verteilt haben. Ist alles in Ordnung, können Sie das Test-Programm ausführen. Sollte die Initialisierung erfolgreich verlaufen sein, sehen Sie in der Konsole des JBuilders entsprechende Log-Meldungen. Auf Basis dieses Testclients können Sie nun einen eigenen Client mit grafischer Oberfläche entwickeln, der die Daten des JDataStores visualisiert.

14.4   Literatur & Links

14.4.1   CORBA

Orfali/Harkey/Edward: Instant CORBA, Addison-Wesley 1988

Vogel/Duddy: Java Programming with CORBA, Wiley & Sons 1998

14.4.2   EJB

Denninger/Peters: Enterprise JavaBeans, Addison-Wesley 2000

Valesky, Tom: Enterprise JavaBeans, Addison-Wesley 1999

Teil IV: Anhang

Im Anhang finden Sie Tipps und Tricks zum JBuilder 4, einen Überblick über die Modellierungssprache UML, das Inhaltsverzeichnis der beiliegenden CD, Programmierkonventionen und ein ausführliches Glossar der verwendeten Fachbegriffe.

Hier alle Kapitel dieses vierten Teils nochmals im Überblick:

▷ Anhang A: Tipps und Tricks

▷ Anhang B: Unified Modeling Language

▷ Anhang C: Inhaltsverzeichnis der CD

▷ Anhang D: Programmierkonventionen

▷ Anhang E: Glossar

A Tipps und Tricks

A.1 JBuilder über die Konsole starten

Es hat einige Vorteile, wenn Sie JBuilder unter Linux, Solaris oder Windows nicht direkt über das Symbol starten, das das Installationsprogramm angelegt hat, sondern über eine Konsole (Terminal, DOS-Box). Sie können dadurch den Startvorgang besser verfolgen und wissen, wenn Exceptions innerhalb der Entwicklungsumgebung oder der Java-VM aufgetreten sind.

Im Fall eines Absturzes der IDE können Sie diese über eine Konsole mit einem Mausklick beenden. Das ist viel praktischer, als viele Prozesse zum Beispiel über das Terminal oder den Taskmanager zu beenden. Das Verfahren empfiehlt sich für viele Java-Programme – die Einrichtung ist beim JBuilder mit ein paar Mausklicks erledigt. Im Folgenden beschreibe ich das Verfahren für Linux und Windows.

A.1.1 Linux

Unter Linux gehen Sie dabei folgendermaßen vor.

Schritt 1: Neues Programm erzeugen

Legen Sie mit dem KDE ein neues Programm an und gebenSie ihm einen Namen wie zum Beispiel JBUILDER 4.

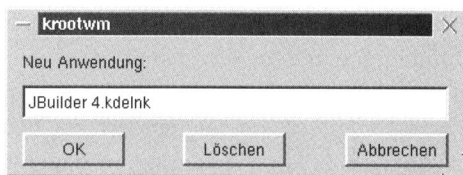

Abbildung A.1: Erzeugen einer neuen Anwendung für den KDE

Schritt 2: Setzen der Einstellungen

Setzen Sie in den Einstellungen des neuen Programms den Pfad zum JBuilder-Shell-skript (→ Abbildung A.2). Dieses Skript finden Sie im Unterverzeichnis `bin`. Es heißt wie das Werkzeug einfach `jbuilder`.

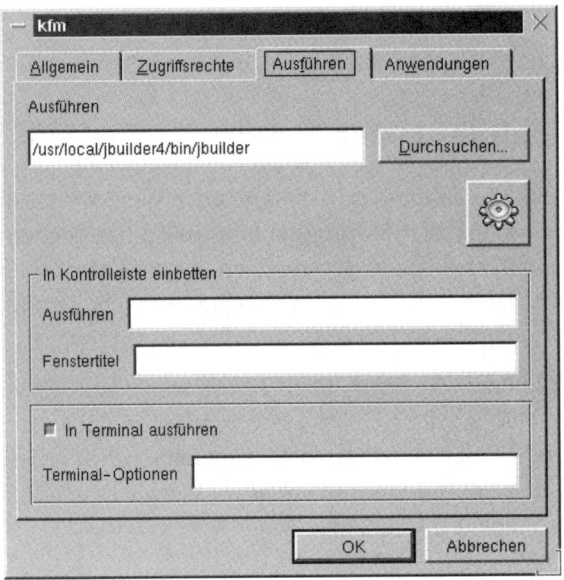

Abbildung A.2: Setzen der Einstellungen der neuen Verknüpfung

Schritt 3: Ausgabe auf Terminal umleiten

Danach aktivieren Sie die Einstellung IN TERMINAL AUSFÜHREN (→ Abbildung A.2) im unteren Bereich des KFM-Dialogs.

Schritt 4: Symbole festlegen

Wenn Sie nicht das Standardsymbol verwenden möchten, können Sie jetzt ein neues Symbol zuweisen. Auf der beiliegenden CD finden Sie in dem Verzeichnis `icons` eine Reihe von JBuilder-Symbolen für Linux und Windows, die ich zu diesem Zweck entworfen habe. Die Symbole `jbuilder35.xpm` und `jbuilder4.xpm` eignen sich für den JBuilder/Linux und müssen lediglich in ein Verzeichnis kopiert werden, in dem Sie Schreibrechte besitzen.

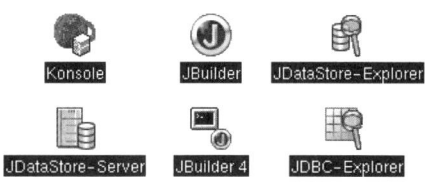

Abbildung A.3: Das neue Symbol »JBuilder 4« für den Konsolenstart

Schritt 5: Parameter der virtuellen Maschine setzen

Nun kommt der wesentliche Schritt: Sie müssen die Konsole zum Sprechen bringen, das heißt die Ausgaben, die die Java-VM produziert, auf die Konsole lenken. Im ersten Kapitel habe ich unter dem Abschnitt → 1.2.7 beschrieben, dass die Java-VM über diverse Parameter gestartet werden kann. Einer davon ist verbose und diesen müssen Sie eintragen.

Dazu wechseln Sie in das Unterverzeichnis bin Ihrer JBuilder-Installation. Dort finden Sie eine Datei mit dem Namen jdk.config und die Datei JBuilder.config. In beiden Dateien befinden sich Instruktionen für die virtuelle Maschine, die mit vmparam beginnen. Sie können eine der beiden Dateien mit einem weiteren Parameter verbose ergänzen (→ Listing A.1, Zeile 007).

```
001 # Lesen der gemeinsamen JDK-Konfiguration
002 include ./jdk.config
003 # Die VM "tunen" für mehr Leistung bei der Arbeit mit
004 # grossen Anwendungen
005 vmparam -Xms8m
006 vmparam -Xmx128m
007 vmparam -verbose
```

Listing A.1: Ausschnitt aus JBuilder.config mit eingefügtem Verbose-Parameter

Nach diesem Schritt lässt sich der JBuilder über die Konsole durch einen Mausklick auf das neue Symbol starten. Er sollte jetzt alle Meldungen ausgeben. Auf die gleich Art und Weise können Sie übrigens die mitgelieferte Java-VM tunen und ihren Speicherbedarf bei sehr großen Anwendungen vergrößern (→ A.2 JBuilder läuft zu langsam).

A.1.2 Windows

Unter Windows ist es erheblich einfacher, den JBuilder so einzurichten, dass er über eine Konsole gestartet wird und dabei alle Meldungen ausgibt. Dies geschieht folgendermaßen:

Schritt 1: Referenz anlegen

Unter Windows existiert keine Batchdatei zum Start des JBuilders, sondern zwei verschiedene ausführbare Programme (→ Abbildung A.4). Das eine startet den JBuilder in gewohnter Weise, das andere mit Hilfe einer DOS-Konsole. Legen Sie von letzterem Programm namens JBuilder.exe eine Referenz zum Beispiel auf die Arbeitsoberfläche oder in das Startmenü.

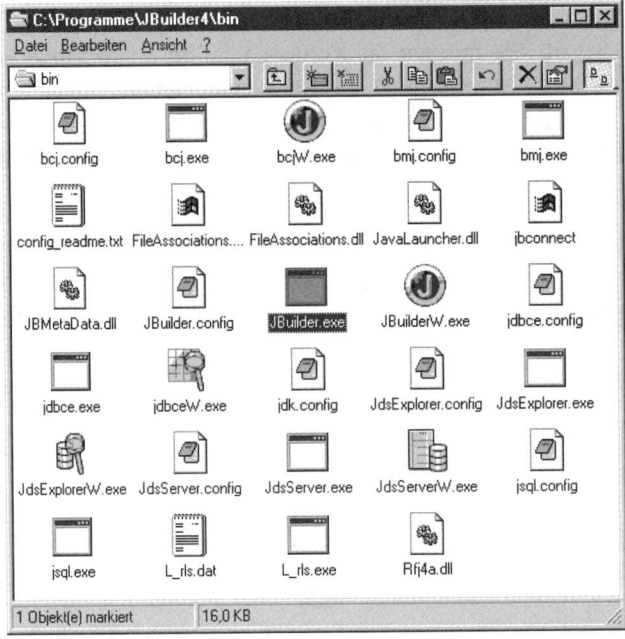

Abbildung A.4: Unter Windows existieren zwei Programme zum Start des JBuilders

Schritt 2: Neues Symbol zuweisen

Wie schon für Linux beschrieben, finden Sie auf der beiliegenden CD in dem Verzeichnis icons neben JBuilder-Symboldateien für Linux auch ein Symbol für Windows (JBuilder4.ico). Dieses können Sie auf Ihre Festplatte speichern und der neuen Referenz zuweisen (→ Abbildung A.5).

Schritt 3: Parameter der virtuellen Maschine setzen

Wie schon unter Linux gerade beschrieben, müssen Sie jetzt nur noch die Konsole »zum Sprechen bringen«. Dazu wechseln Sie in das Unterverzeichnis bin Ihrer JBuilder-Installation und ergänzen in der Datei JBuilder.config den Parameter verbose für die virtuelle Maschine (→ Listing A.1). Danach lässt sich der JBuilder über die Konsole durch einen Mausklick auf das neue Symbol starten. Er wird nun alle Meldungen auf die Konsole ausgeben.

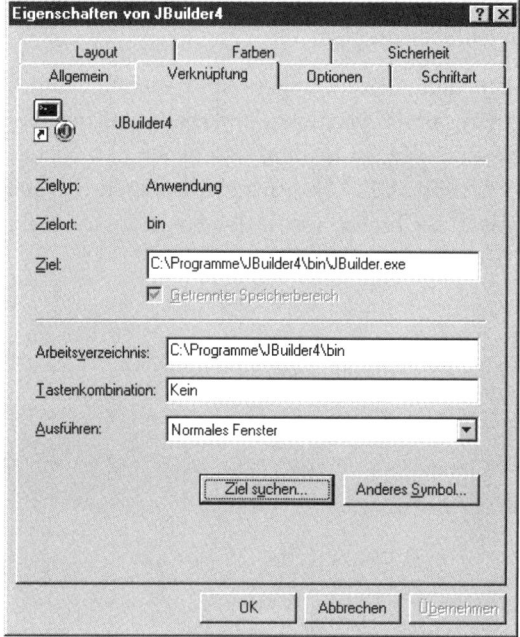

Abbildung A.5: Das Konsolenfenster mit neuem Symbol

A.2 JBuilder läuft zu langsam

Sollte der JBuilder zu langsam laufen oder zu langsam starten, können mehrere Gründe die Ursache sein:

1. Systemvoraussetzungen werden nicht erfüllt

2. Unter Linux: Das System nutzt nicht den gesamten freien Speicherplatz

3. Zu viele Programme sind aktiv

4. Das Projekt ist sehr groß

5. Langsamer Start: HTML-Datei in der Anzeige des Inhaltsfensters

Fall 1: Systemvoraussetzungen werden nicht erfüllt

Bitte prüfen Sie die genannten Systemvoraussetzungen für den JBuilder (→ Kapitel 4, Abschnitt 4.1 Voraussetzungen). In den meisten Fällen, in denen der JBuilder zu langsam ist, herrscht Speicherplatzmangel: empfehlenswerte Größe des Hauptspeichers mindestens 256 MByte. Bei der Arbeit mit dem Borland Application Server 4.1.1 rate ich zu 384 MByte Arbeitsspeicher.

Fall 2: Linux nutzt nicht den gesamten freien Speicherplatz

Ältere Versionen des Linux-Kernels sollen den Anwendungen bei manchen Motherboards mit einem älteren BIOS nicht den gesamten verfügbaren Arbeitsspeicher melden. Ob das bei Ihnen der Fall ist, können Sie leicht prüfen, indem Sie cat /proc/ meminfo in einer Konsole eingeben (→ Listing A.2). Als Ausgabe erhalten Sie eine Menge an Informationen, wovon der Wert, der hinter Mem in der Spalte total steht, relevant für den gesamten Speicher ist, der Programmen gemeldet wird.

```
[steppan@silux steppan]$ cat /proc/meminfo
        total:     used:    free:  shared: buffers:  cached:
Mem:  264187904 231284736 32903168 60022784 20164608 64765952
Swap:  73986048    524288 73461760
MemTotal:     257996 kB
MemFree:       32132 kB
MemShared:     58616 kB
Buffers:       19692 kB
Cached:        63248 kB
SwapTotal:     72252 kB
SwapFree:      71740 kB
```

Listing A.2: Ausgabe des zur Verfügung stehenden Speichers während der Arbeit mit JBuilder

Sollte der Wert für den Gesamtspeicher unterhalb des Werts für den physikalisch vorhandenen Speicher liegen, müssen Sie das System manuell tunen. Nähere Informationen finden Sie unter [Kof99].

Fall 3: Langsamer Start des JBuilders

Fügen Sie Xverify:none zu Ihrem Startskript JBuilder.config (→ Listing A.1). hinzu. Dadurch reduziert sich die Ladezeit der Unix-Ausgabe des JBuilders etwas. Weiterhin können Sie den VM-Stack und -Heap verändern. Die Standardwerte in der Datei JBuilder.config sind 8 MByte Stack und 128 MByte Heap. Versuchen Sie den Stack und Heap zu vergrößern und beobachten Sie die Veränderungen.

A.3   Stabilitätsprobleme

Unter Linux gab es während des Betatests diverse Probleme mit dem IBM JDK 1.3, das sich im Lieferumfang des JBuilders 4 befindet (<Installationsverzeichnis>/jdk1.3). Und auch unter Windows kann es mit dem JDK 1.3 unter Umständen Probleme mit dem Debugging geben. Ich kann Ihnen deshalb nur empfehlen, das mitgelieferte JDK sofort durch die neueste Version von IBM oder Sun zu ersetzen, wenn Sie auf die genannten Fehler stoßen sollten. Wie funktioniert der Austausch des JDKs?

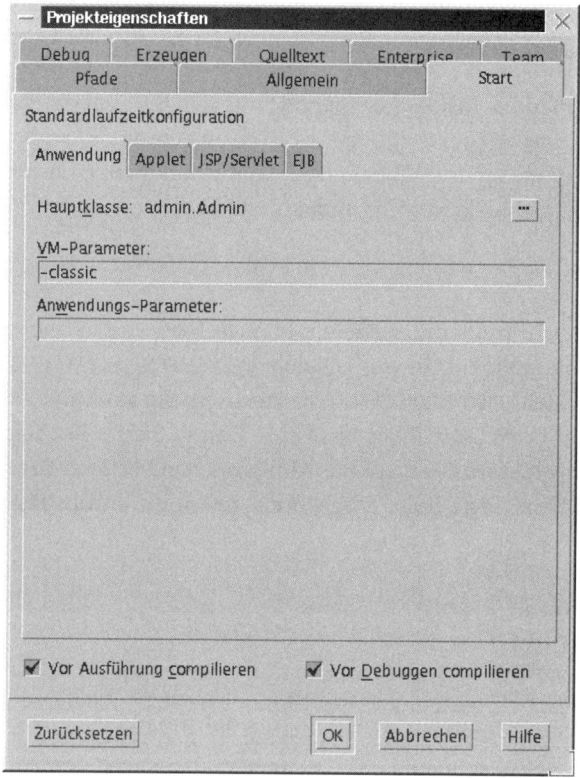

Abbildung A.6: In den Projekteigenschaften legen Sie VM-Parameter fest

Schritt 1: JDK installieren

Dazu installieren Sie zunächst ein neues JDK in dem gewünschten Verzeichnis, das sich vom JBuilder-JDK-Verzeichnis unterscheidet. Das alte JDK können Sie eventuell noch verwenden, wenn das neue nicht den erwünschten Effekt erzielen sollte. Ein neues JDK bekommen Sie beispielsweise unter *http://www.javasoft.com/j2se/1.3*.

Schritt 2: Konfigurationsdateien anpassen

Öffnen Sie nach der Installation die Datei `jdk.config`. Sie befindet sich im Unterverzeichnis `<Installationsverzeichnis>/bin`. In der zweiten Zeile der Originaldatei befindet sich die Referenz auf das JDK. Kopieren Sie diesen Pfad, setzen Sie ihn erneut ein und tragen Sie nun den Installationspfad zum neu installierten JDK ein (→ Listing A.3, Zeile 005).

```
001 # Setzen des Pfades fuer das JDK
002 # IBM JDK:
003 # javapath /usr/local/jbuilder4/jdk1.3/bin/java
004 # Sun JDK:
005 javapath /usr/local/jdk1.3/bin/java
```

Listing A.3: Ausschnitt aus der Konfigurationsdatei jdk.config

Dadurch, dass Sie einen anderen Pfad als Installationsverzeichnis des JDK verwendet haben, können Sie jederzeit bei Bedarf wieder zwischen den JDKs wechseln. Beachten Sie aber, dass der JBuilder 4 ein JDK ab Version 1.3 benötigt. Experimente mit früheren Versionen werden meines Wissens von Borland nicht unterstützt.

Schritt 3: VM-Parameter »classic«

Sollten beim Debugging immer noch Probleme auftreten, können Sie den Parameter classic der VM verwenden. Dazu öffnen Sie den Dialog PROJEKTEIGENSCHAFTEN (→ Abbildung A.6) über PROJEKT | PROJEKTEIGENSCHAFTEN. Wechseln Sie zur Laufzeitkonfiguration durch einen Mausklick auf das Register Start. Tragen Sie im Textfeld VM-PARAMETER classic ein und vergessen Sie nicht das Minuszeichen vor dem Parameter, sonst wird eine Exception beim Start Ihres Programms geworfen und es lässt sich nicht mehr ausführen.

A.4   Leerzeichen vermeiden

Im Kapitel 4 unter den Installationsvoraussetzungen des JBuilder (→ 4.1.1 Allgemein) hatte ich kurz erwähnt, dass Leerzeichen im Installationspfad nicht angegeben werden dürfen. Diese Empfehlung gilt auch für Projektpfade und Verzeichnisse sowie Dateinamen. Grund für diese Maßnahme ist, dass durch Leerzeichen im Pfad verschiedene JBuilder-Werkzeuge nicht korrekt arbeiten, Kommandos wie jbuilder -build schlagen fehl.

A.5   IDE und die Anzeige komplexer HTML-Dateien

Es kann bei der Anzeige von komplexen HTML-Dateien (JSPs und statische HTML-Dateien) in der IDE passieren, dass der AppBrowser minutenlang nicht reagiert. Verlässt man den AppBrowser so, dass die HTML- oder JSP-Datei im Inhaltsfenster auf der obersten Ebene angezeigt bleibt, startet die IDE sogar unter Umständen nicht wieder.

Die Gründe für dieses Verhalten sind noch nicht vollständig geklärt. Es hängt wahrscheinlich mit dem eingebauten ICE-Browser zusammen (Klassen im Archiv Help.jar). Möglicherweise kann dieser Browser komplexere HTML-Dokumente nicht anzeigen. Eine andere Vermutung ist, dass der Browser versucht, eine Internetverbindung aufzubauen. Auf Computern, die keine eingerichtete Standleitung oder Wählverbindung besitzen, würde dies natürlich fehlschlagen.

Sollte die IDE nicht mehr starten, müssen Sie die Projektdatei so anpassen, dass keine HTML- oder JSP-Datei auf der obersten Ebene des Inhaltsfenster angezeigt wird. Das funktioniert folgendermaßen:

Schritt 1: Lokale Projektdatei öffnen

Egal welches Projektdateiformat (JPX oder JPR) Sie verwenden, zur Projektdatei gibt es eine korrespondierende Datei mit der Endung `local`. Beenden Sie den JBuilder, falls er gestartet wurde, und laden Sie diese Projektdatei in einen ASCII-Editor.

Schritt 2: Löschen der aktuellen Webansicht

Die Datei, die sich aktuell im Editor auf oberster Ebene befindet, trägt die Bezeichnung `history.files.open.1[0]`. Löschen Sie diesen Eintrag.

Schritt 3: Neunummerierung

Nummerieren Sie nun die darunter liegende Liste neu, so dass wieder an erster Stelle eine Datei `history.files.open.1[0]` steht. Vergewissern Sie sich, dass diese Datei keine komplexe Webansicht besitzt. Danach können Sie den JBuilder wieder starten. Er sollte jetzt unmittelbar erscheinen.

A.6 Hilfedokumentation im Internetbrowser

Sie können die gesamte Hilfedokumentation auch alternativ zur IDE im Internetbrowser betrachten. Der Vorteil ist der, dass die Internetbrowser wesentlich performanter sind als der Hilfebrowser. Allerdings kann der Index nicht konvertiert werden, so dass Sie auf andere Art und Weise in der Dokumentation suchen müssen.

Schritt 1: Entpacken der Jar-Archive

Entpacken Sie die Jar-Archive, die sich im Ordner `<Installationsverzeichnis>/doc` befinden, in dasselbe Verzeichnis. Sollten Sie kein Archivprogramm besitzen, das die Jar-Endung unterstützt, benennen Sie die Dateiendung einfach in `Zip` um. Die Archive sind weitgehend kompatibel zum weit verbreiteten Zip-Format.

Schritt 2: Neuen Menübefehl hinzufügen

Rufen Sie den Dialog TOOLS KONFIGURIEREN über den Befehl TOOLS | TOOLS KONFIGU-
RIEREN auf.

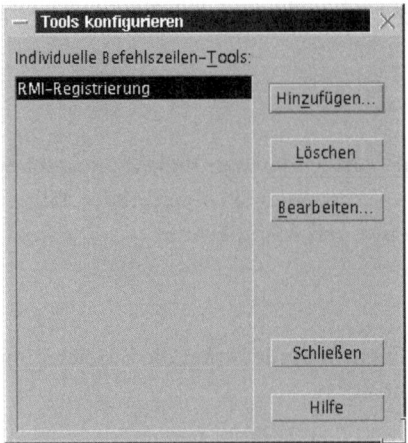

Abbildung A.7: Über diesen Dialog lassen sich neue Werkzeuge in die IDE integrieren

Fügen Sie ein neues Werkzeug in die Liste der Werkzeuge über einen Mausklick auf
die Schaltfläche HINZUFÜGEN ein.

Schritt 3: Internetbrowser konfigurieren

Nach diesem Vorgang erscheint der Dialog TOOL BEARBEITEN auf dem Bildschirm.

Geben Sie im ersten Feld ÜBERSCHRIFT den Namen der Hilfeseite ein, der im Menü
TOOLS später erscheinen soll. Danach tragen Sie im Feld Programm den Pfad zum
Internetbrowser und den Namen des Programms ein.

Parameter angeben

Schließen Sie den Vorgang ab: Übergeben Sie dem Browser noch den Namen und den
Pfad der HTML-Datei, indem Sie sie als Parameter im gleichnamigen Feld eintragen.
Schließen Sie diesen Dialog und den Dialog TOOLS KONFIGURIEREN. Danach ist der neue
Menübefehl im Menü TOOLS vorhanden, über den Sie die Hilfeseite aufrufen können.

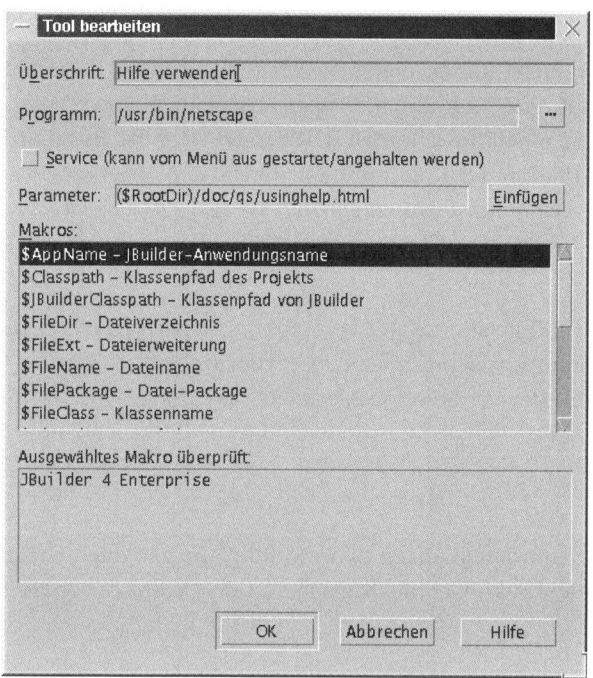

Abbildung A.8: Im letzten Schritt geben Sie den Internetbrowser und die Parameter an

A.7 Installationsprobleme

A.7.1 Unix

Keine Installation als Root

Die *Enterprise Edition* ist unter Unix nicht unbedingt leicht zu installieren. Wichtig ist, dass Sie nicht unter *Root* installieren. Sollte dies doch erfolgt sein, müssen Sie die Rechte der AppServer-Installation verändern, wenn Sie den AppServer unter einem anderen Benutzer verwenden. Ein Skript namens `iaschangeowner`, das sich im Bin-Verzeichnis des BAS[1] befindet, hilft hierbei. Das Skript hat nur zwei Parameter r und o, den Installationspfad des AppServer (r: root path) und den Namen des künftigen Benutzers (o: owner). Beispiel: `iaschangeowner -r home/steppan/bas -o steppan`.

---

1. Der Inprise Application Server (IAS) wurde in Borland Application Server (BAS) umbenannt

AppServer startet unter Linux nicht

Sollte der AppServer unter Linux nicht starten, versuchen Sie ihn über ein Terminal auszuführen. Sollte das Shellskript eine Meldung wie folgt ausgeben, haben Sie vor der Installation keinen Suchpfad zu einem installierten JDK gesetzt oder das Installationsprogramm hat einen falschen Pfad in der Konfigurationsdatei des AppServers eingetragen: »*Warning: no Java 2 JVM in /mnt/cdrom/setup/jre/linux – ignoring this location. Unable to find a JDK or JRE version 1.2.2 or later. Check your installation and use -javahome to specify the JDK or JRE location*«.

In diesem Fall hilft nur, die Java-Konfigurationsdatei `java.options` des AppServers zu bearbeiten. Sie befindet sich im Unterverzeichnis des AppServers `properties/server/<Servername>`. Ändern Sie den Wert der Variablen `javahome` auf den Pfad zu Ihren JDK 1.2.2.

Verschiedene Shells notwendig

Damit der BAS korrekt ausgeführt werden kann, ist es notwendig, die gängigen Shells installiert zu haben, da die Skripte davon Gebrauch machen. Der *VisiBroker* benötigt zum Beispiel die Korn-Shell.

A.7.2   Windows

Auch wenn der JBuilder ein reines Java-Programm ist, wird von der Windows-Registry (Registrierdatenbank) Gebrauch gemacht. Deshalb sollten Sie vor der Installation sicherstellen, dass sich nicht noch Einträge alter JBuilder-Versionen in der Registry befinden.

Besonders bei einer vorhandenen Installation eines JDKs kann es Probleme geben, weil die Laufzeitumgebung des JBuilder, das JDK, ebenfalls in der Registry eingetragen wird

A.8   Deinstallationsprobleme

A.8.1   Linux

Die Deinstallation des AppServers mit der `uninstall.class`, die sich im Installationsverzeichnis befindet, funktioniert nicht. Löschen Sie statt dessen das gesamte Verzeichnis, um den BAS zu deinstallieren.

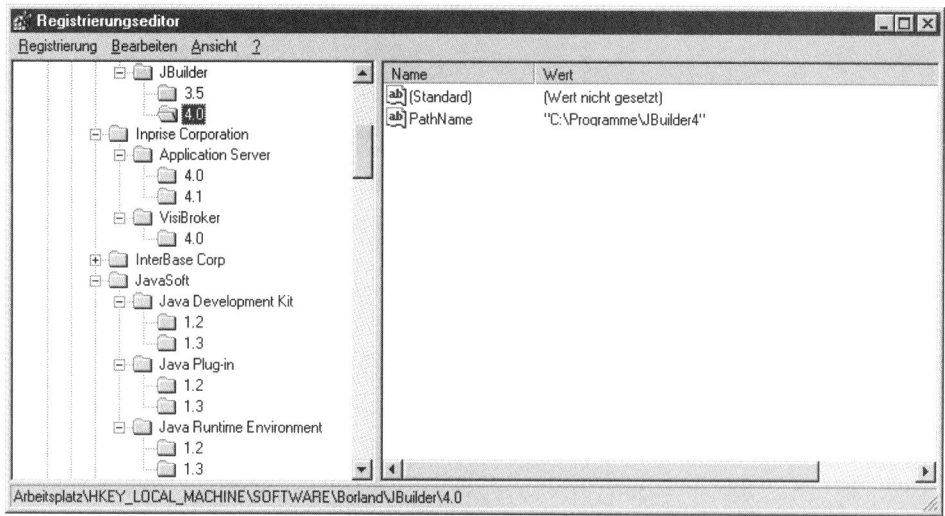

Abbildung A.9: Die Borland-Installationen hinterlassen Spuren in der Registry

A.8.2 Windows

Obwohl in der Dokumentation so beschrieben, ist es unter Windows schon eine Holz-hammermethode, das JBuilder-Verzeichnis einfach zu löschen. Aber nicht die brachiale Art stört hauptsächlich. Schlimmer ist, dass durch dieses Verfahren Einträge in der Windows-Registry zurückbleiben, die bei der nächsten Installation für Probleme sorgen können.

Mit anderen Worten: Windows-Benutzer sollten ein Werkzeug wie *RegClean* nach einer Deinstallation benutzen, um nicht benutzte Einträge wieder zu entfernen. Das gilt auch für die Installation des AppServers (*Enterprise Edition*).

A.9 Probleme mit CORBA-Clients

Wenn man versucht, einen CORBA-Client unter Verwendung von *VisiBroker* auszuführen, tritt unter einigen Betriebssystemen der Fehler `org.omg.CORBA.OBJECT_NOT_EXIST` auf. Das lässt sich durch Angabe der JVM-System-Eigenschaft `vbroker.orb.procId` abstellen.

A.10 Kein Austausch über die Zwischenablage

Unter Linux ist es im Gegensatz zu Windows nicht direkt möglich, zwischen KDE-Programmen und dem JBuilder oder anderen Java-Anwendungen Inhalte über die Zwischenablage auszutauschen. Wenn Sie beispielsweise einen Teil eines Quelltextes im JBuilder kopieren (BEARBEITEN | KOPIEREN) oder ausschneiden (BEARBEITEN | AUSSCHNEIDEN) und danach den KDE-Texteditor aufrufen, um den Inhalt der Zwischenablage einzufügen, werden Sie feststellen, dass das nicht funktioniert. Damit ist natürlich auch der umgekehrte Vorgang, kopieren aus einem KDE-Programm in den Editor des JBuilders, versperrt. Abhilfe schafft man zum Beispiel über eine gemeinsame Textdatei:

Schritt 1: Textdatei anlegen

Legen Sie mit einem KDE-Texteditor eine Textdatei, zum Beispiel `Clipboard.txt`, an (reiner ASCII-Text).

Schritt 2: Textdatei mit JBuilder öffnen

Öffnen Sie diese Datei mit dem JBuilder und benutzen Sie sie als Zwischenablage.

Der Vorteil dieses Verfahrens ist der, dass der JBuilder die geladene Datei automatisch aktualisiert, wenn sie von einem anderen Programm verändert wurde.

A.11 Literatur & Links

Zu der Konfiguration des JBuilders gibt es praktisch keine Literatur, wohl aber zur Konfiguration von Linux. Hier zwei Quellen:

A.11.1 Literatur

[Kof99] Kofler, Michael: Linux; Installation, Konfiguration, Anwendung, Addison-Wesley: München 1999

A.11.2 Links

Speicherkonfiguration:
http://www.redhat.com/support/docs/faqs/rhl_general_faq/FAQ-7.html

B Unified Modeling Language

Die Unified Modeling Language (UML) ist eine Modellierungssprache für die Analyse, das Design, die Konstruktion und Dokumentation von Softwaresystemen. Die häufig zu lesende vereinfachende Bezeichnung Objektmodellierungssprache ist also zu unpräzis, denn die UML umfasst einerseits nicht nur diesen kleinen Teil der Aufgabe, Software zu modellieren. Die UML ist andererseits auch geeignet, nicht-objektorientierte Software darzustellen – wenngleich ich keinen Hersteller entsprechender Werkzeuge kenne, der dies direkt unterstützt.

B.1 Historie

Die UML tritt die Nachfolge der Methoden von Grady Booch, James Rumbaugh, Ivar Jacobsen, Sally Shlaer und Steve Mellor sowie Peter Coad und Ed Yourdon an. Sie wurde nach jahrelangen ermüdenden Methodenstreitereien 1997 von der Object Management Group (OMG) standardisiert, nachdem drei der wichtigsten Methodenvertreter, Booch, Jacobson und Rumbaugh, ihre Methoden bei Rational Software zusammengeführt hatten (→ Abbildung B.1).

Zurzeit ist die UML in der Version 1.3 standardisiert. Die Version 1.4 ist in Vorbereitung und sogar an der Version 2.0 wird schon gearbeitet. Das UML-Werkzeug *Together*, das diesem Buch auf der Begleit-CD beiliegt, unterstützt die aktuelle Version 1.3.

B.2 Diagrammarten

Die UML begleitet den gesamten Prozess der Softwareentwicklung, angefangen von der Anforderungsanalyse über Analyse und Design, Implementierung bis zum Test der Software.

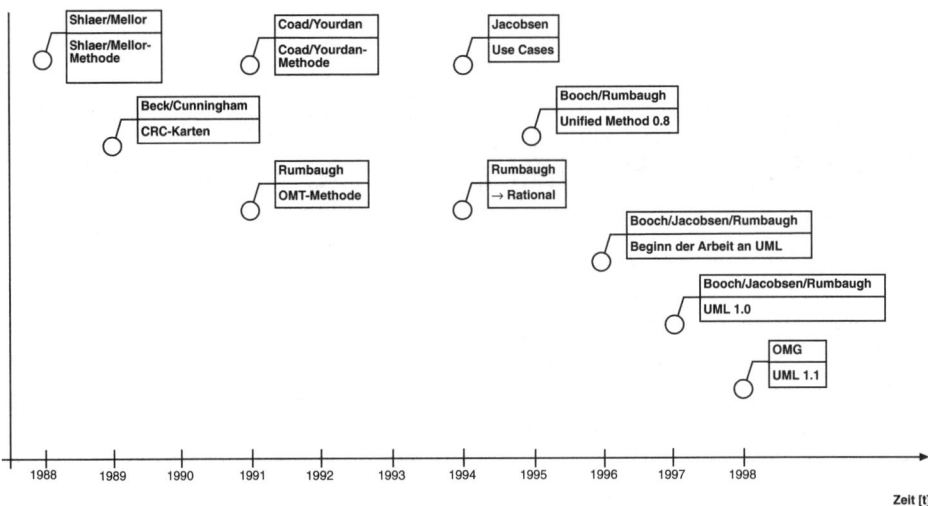

Abbildung B.1: Überblick über die Historie der Modellierungssprachen und Methoden

Diagrammart	Englischer Fachbegriff
Anwendungsfalldiagramm	Use Case Diagram
Aktivitätsdiagramm	Activity Diagram
Sequenzdiagramm	Sequence Diagram
Kollaborationsdiagramm	Collaboration Diagram
Zustandsdiagramm	State Diagram
Klassendiagramm	Class Diagram
Paketdiagramm	Package Diagram
Komponentendiagramm	Component Diagram
Verteilungsdiagramm	Deployment Diagram

Tabelle B.1: UML-Diagrammarten und ihre englischen Begriffe

Die Diagrammarten können den verschiedenen Phasen und den verschiedenen Modellen (Architektursichten) zugeordnet werden. Ein Übersicht dazu zeigt → Abbildung B.2.

Diesen Prozess (Vorgehensmodell) habe ich ausführlich in Kapitel 9 beschrieben und will hier nicht nochmals darauf eingehen, sondern mich gleich den einzelnen Diagrammarten widmen.

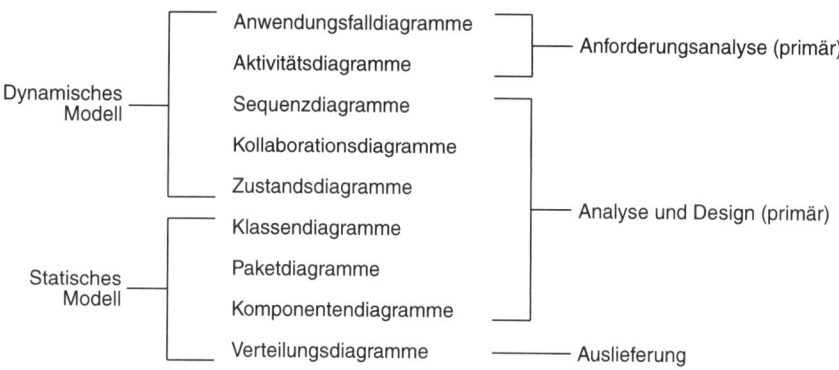

Abbildung B.2: Verwendung der UML-Diagrammarten

B.2.1 Anwendungsfalldiagramm

Das Anwendungsfalldiagramm ist die Keimzelle bei der Entwicklung einer Anwendung mit der UML. Mit Hilfe dieser Diagrammart, die von Jacobsen eingeführt wurde, erfasst der Softwareentwickler

▷ einen für den Anwender sichtbaren Geschäftsprozess

▷ ein für den Anwender abgrenzbares Ziel

Anwendungsfälle dienen dazu, die Beziehungen zwischen Personen und einem (Computer-) System oder zwischen Systemen untereinander zu beschreiben.

Die Tabelle B.1 beschreibt die Elemente eines Anwendungsfalldiagramms.

Element	Darstellung	Bedeutung
Akteur	Strichmännchen	Personen, Systeme
Anwendungsfall	Ellipse	Aktivität, Objekt
Beziehung	Pfeil	Beziehung zwischen Personen, Systemen

Tabelle B.2: Elemente des Anwendungsfalldiagramms und ihre Bedeutung

Hat man für ein Szenario wie die Volltextsuche den Anwendungsfall beschrieben, ist der nächste Schritt im Prozess, diese sehr grobe Analyse mit Leben zu erfüllen. Dazu bringt sie der Entwickler in einen Programmablauf und legt Aktivitäten sowie Fallunterscheidungen in Zusammenarbeit mit den Anwendern fest – kurz: Er stellt ein Aktivitätsdiagramm auf.

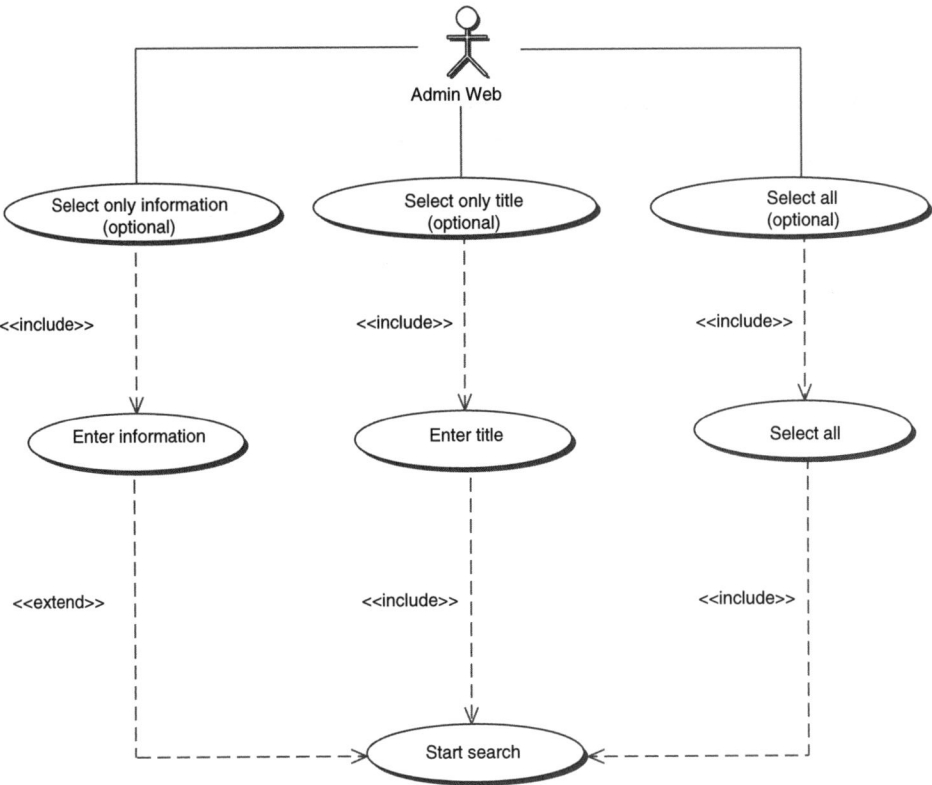

Abbildung B.3: Das Anwendungsfalldiagramm »Volltextsuche« aus ArTouro Web

B.2.2 Aktivitätsdiagramm

Aktivitätsdiagramme wurden aus Flussdiagrammen entwickelt und beschreiben den
fachlichen Ereignisfluss (Workflow) eines Ablaufs aus der Sicht der Endanwender. Sie
sind deshalb auch für die Anforderungsanalyse gedacht und sollten für den Endanwender von der Notation (halbwegs) verständlich sein. Dieser relativ neue UML-Dia-
grammtyp besteht aus den in Tabelle B.3 aufgeführten Hauptelementen.

Element	Darstellung	Bedeutung
Startpunkt	Ausgefüllter Kreis	Beginn einer Ablaufs
Aktivität	Abgerundetes Rechteck	Aktivität als Teil eines Ablaufs
Zustand	Rechteck mit horizontaler Teilung	Programmzustand
Entscheidung	Raute	Entscheidung im Programm

Tabelle B.3: Elemente des Aktivitätsdiagramms und ihre Bedeutung

Element	Darstellung	Bedeutung
Kommentar	Rechteck mit abgeknickter Ecke	Kommentar für ein Element
Zuständigkeiten	Horizontale oder vertikale Linien	Aktivitäten Personen zuordnen
Endpunkt	Zwei konzentrische Kreise	Ende eines Ablaufs

Tabelle B.3: Elemente des Aktivitätsdiagramms und ihre Bedeutung (Fortsetzung)

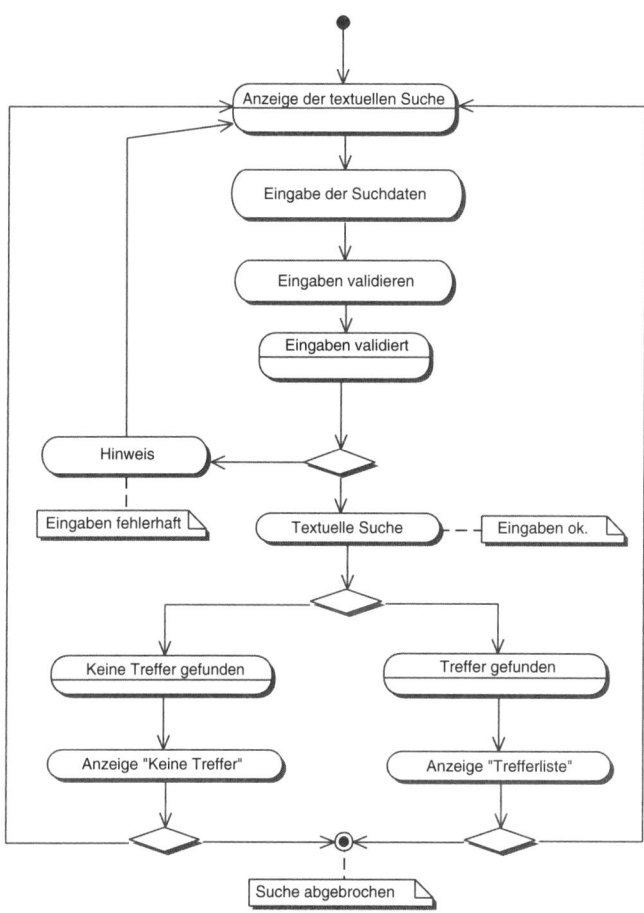

Abbildung B.4: Das Aktivitätsdiagramm »Textsuche« aus ArTouro Admin

B.2.3 Paketdiagramm

Paketdiagramme dienen dazu, ein System grob zu strukturieren. Pakete finden in den Java-Packages ihre Entsprechung. Bitte werfen Sie einen Blick in den → Anhang D (Abschnitt D.1.1). Hier sind die Strukturkonventionen des Beispielprojekts abgebildet. Wie das in Paketdiagrammen aussicht, können Sie der → Abbildung B.5 entnehmen.

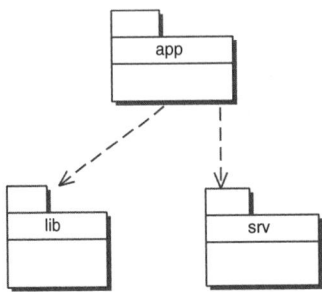

Abbildung B.5: Ein simples Paketdiagramm aus ArTouro Admin

Element	Darstellung	Bedeutung
Paket	Ordnersymbol	Zusammenfassung eines oder mehrerer Module
Abhängigkeiten	Gestrichelter Pfeil	Abhängigkeit zwischen Paketen

Tabelle B.4: Elemente des Paketdiagramms und ihre Bedeutung

B.2.4 Klassendiagramm

Während die Paketdiagramme die Grobstruktur eines Programms festlegen, verwendet man Klassendiagramme um die Feinheiten zu modellieren. Klassendiagramme sind der wichtigste Teil der UML und werden für den Ausschnitt des statischen Modells benötigt, der die Beziehungen zwischen Klassen abbildet.

Die Tabelle B.5 beschreibt die Elemente des Klassendiagramms und deren Bedeutung.

Element	Darstellung	Bedeutung
Klasse	Rechteck	Datentyp Klasse
Generalisierung	Linie mit Dreieck	Vererbungsbeziehung
Assoziation	Einfache Linie	Verknüpfung
Aggregation	Linie mit Raute	Zusammenlagerung
Komposition	Linie mit gefüllter Raute	Zusammensetzung
Kardinalitäten	Beschriftungen an Beziehungen	Anzahl der Elemente

Tabelle B.5: Elemente des Klassendiagramms und ihre Bedeutung

B.2.5 Interaktionsdiagramme

Interaktionsdiagramme gehören zum dynamischen Modell der Software. In der UML gibt es zwei Typen, das häufig verwendete Sequenzdiagramm und das eher selten abgebildete Kollaborationsdiagramme. Beide können prinzipiell den gleichen Programmteil abbilden.

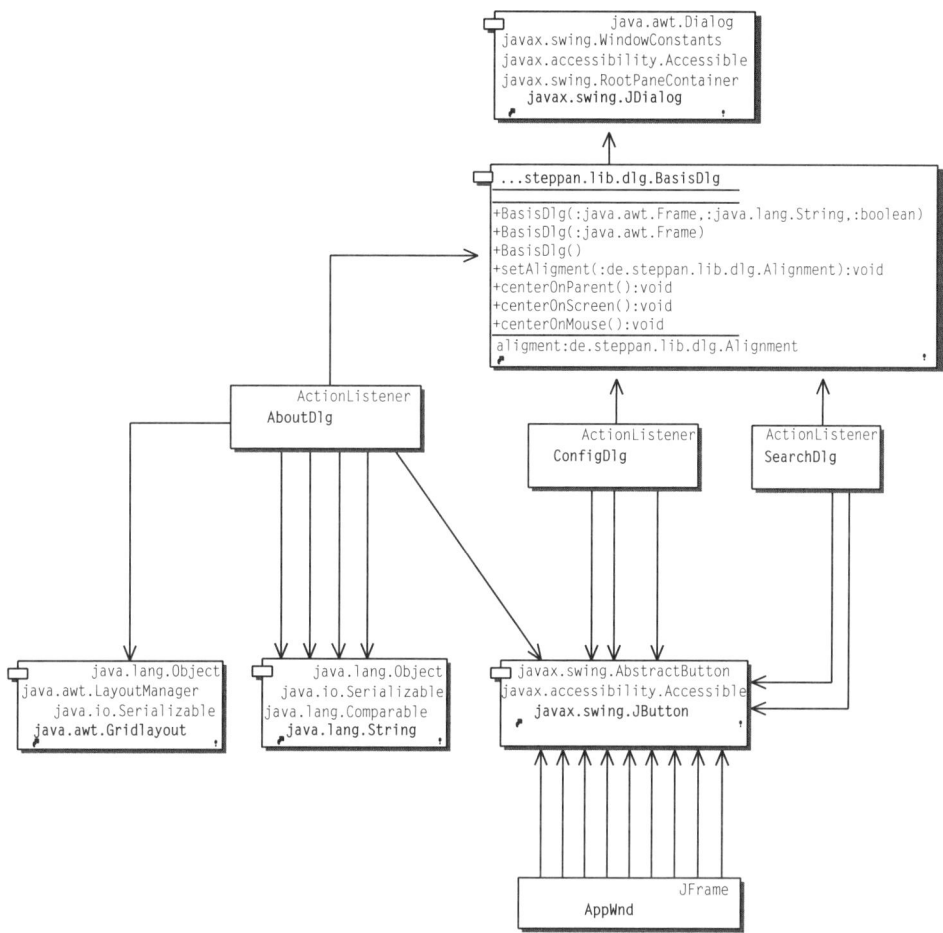

Abbildung B.6: Das Klassendiagramm des Packages »View« aus ArTouro Admin

In dem Modellierungswerkzeug *Together*, das diesem Buch auf der CD beiliegt, können Sie ein Sequenzdiagramm mit einem Mausklick in ein Kollaborationsdiagramm umwandeln.

Sequenzdiagramme

Diese Diagrammart wird dann verwendet, wenn ein dynamischer Teil der Software modelliert werden soll und der zeitliche Abschnitt nicht zu groß ist. Dadurch, dass sich ein Sequenzdiagramm proportional zu der Anzahl der Instanzen von links nach rechts ausdehnt, ist der Platzbedarf im Vergleich zu Kollaborationsdiagrammen recht groß.

In der → Abbildung B.7 sehen Sie den Vorgang bei der Initialisierung der Klasse
SearchDlg aus *ArTouro Admin*. Eine Instanz dieser Klasse wird immer dann angelegt,
wenn ein Anwender die Suche startet. Bei jedem Sequenzdiagramm verläuft die Zeit-
achse von oben nach unten. Ein Objekt wird oben erzeugt und irgendwann im unteren
Bereich zerstört.

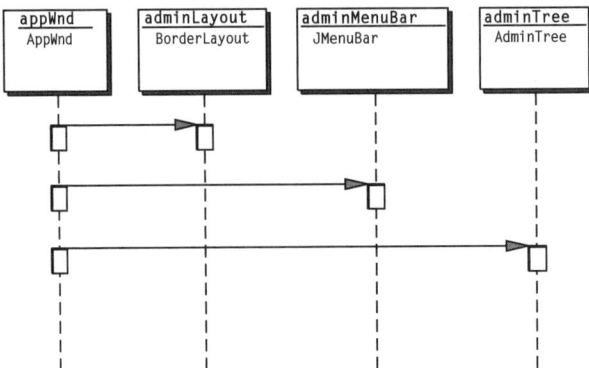

Abbildung B.7: Das Sequenzdiagramm »AppWnd« aus ArTouro Admin

Die verwendeten Elemente und deren Bedeutung können Sie der → Tabelle B.6 entnehmen.

Element	Darstellung	Bedeutung
Instanz	Rechteck	Objekt
Lebenslinie	Gestrichelte Linie	Aktivität als Teil eines Ablaufs
Aktiver Zeitraum	Lang gezogenes Rechteck	Aktivität einer Objekts
Methode	Pfeil	Verschicken einer Botschaft

Tabelle B.6: Elemente des Sequenzdiagramms und ihre Bedeutung

Kollaborationsdiagramme

Wie schon erwähnt, ist die Darstellung von Kollaborationsdiagrammen sehr platzspa-
rend, wenn viele Instanzen modelliert werden müssen. Dies würde ein Sequenzdiagramm sehr in die Breite ziehen, was sich irgendwann nicht mehr auf einem Monitor
darstellen lässt. Sind wenige Instanzen vorhanden, aber viele Nachrichten, ist ein Kollaborationsdiagramm wesentlich unübersichtlicher als ein Sequenzdiagramm.

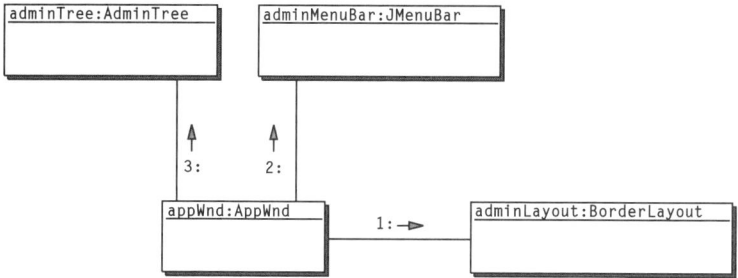

Abbildung B.8: Das Kollaborationsdiagramm »AppWnd« aus ArTouro Admin

Element	Darstellung	Bedeutung
Instanz	Rechteck	Objekt
Methode	Linie	Verschicken einer Botschaft

Tabelle B.7: Elemente des Kollaborationsdiagramms und ihre Bedeutung

B.2.6 Zustandsdiagramme

Zustandsdiagramme sind der nächste Schritt in der Prozesskette nach den Interaktionsdiagrammen. Sie sind dazu geeignet, zum Beispiel den Zustand eines Dialogs beim Prüfen von Eingaben darzustellen. Ein Beispiel aus *ArTouro* finden Sie in → Abbildung B.9.

Dieser Diagrammtyp beinhaltet nur wenige Elemente, deren Auflistung Sie der → Tabelle B.8 entnehmen können.

Element	Darstellung	Bedeutung
Startpunkt	Ausgefüllter Kreis	Beginn eines Ablaufs
Zustand	Abgerundetes Rechteck	Programmzustand
Ereignis	Pfeil	Programmereignis
Endpunkt	Zwei konzentrische Kreise	Ende eines Ablaufs

Tabelle B.8: Elemente des Zustandsdiagramms und ihre Bedeutung

B.2.7 Komponentendiagramme

Ein Komponentendiagramm stellt ein oder mehrere Komponenten in Relation zueinander. Diese Darstellungsform gewinnt seit der weiten Verbreitung der Komponentenarchitekturen *JavaBeans* und besonders seit *Enterprise JavaBeans* immer weiter an Bedeutung.

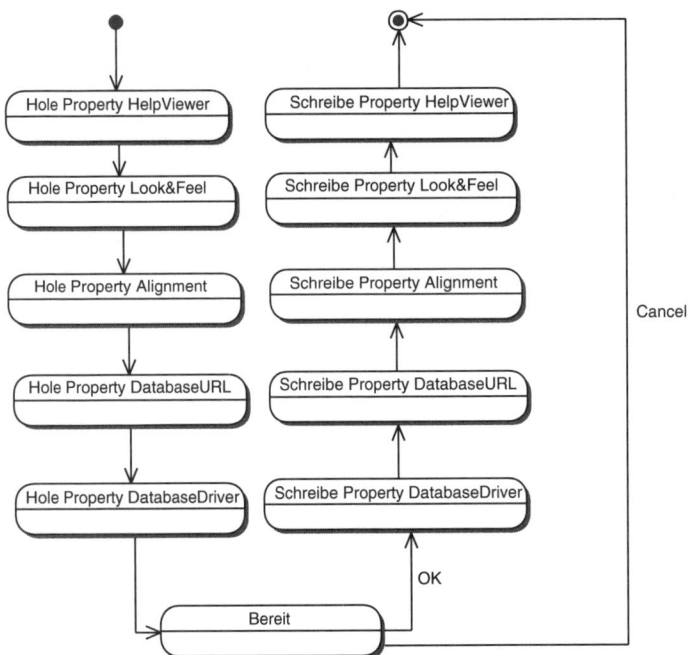

Abbildung B.9: Das Zustandsdiagramm »Globalsuche« aus ArTouro Admin

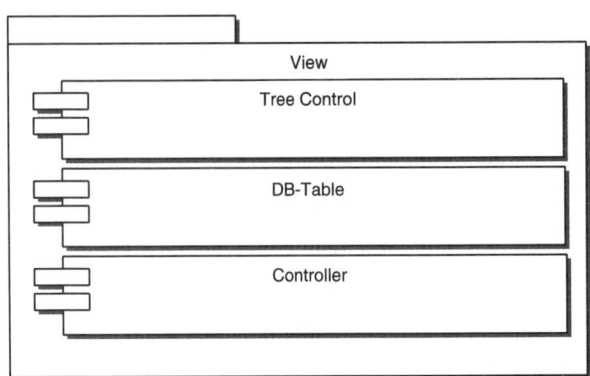

Abbildung B.10: Ein Komponentendiagramm aus ArTouro Admin

Komponentendiagramme sind extrem einfach aufgebaut (→ Tabelle B.9) und mit den nachfolgend geschilderten Verteilungsdiagrammen eng verwandt.

Element	Darstellung	Bedeutung
Komponente	Rechteck	Black-Box-Modul
Schnittstelle	Kreis	Schnittstelle der Komponenten
Beziehung	Gestrichelter Pfeil	Beziehung zwischen Komponenten

Tabelle B.9: Elemente des Komponentendiagramms und ihre Bedeutung

B.2.8 Verteilungsdiagramme

Verteilungsdiagramme dienen dazu, die Verteilung der Software auf Computersysteme zu dokumentieren. Je komplizierter sich die Verteilung einer Software darstellt, je anspruchsvoller die Architektur der Anwendung ist, umso interessanter werden Verteilungsdiagramme. Gerade im Zusammenhang mit N-Tier-Anwendungen ist diese Diagrammart sehr nützlich, während sie für monolithisch aufgebaute Software völlig überflüssig ist.

Nur einige wenige Elemente prägen diesen Diagrammtypus. Elemente, Darstellung und Bedeutung entnehmen Sie bitte der Tabelle B.10.

Element	Darstellung	Bedeutung
Hardware	Räumlich dargestellter Quader	Computer etc.
Komponenten	Rechteck	Black-Box-Modul
Verbindung	Linie	Netzwerkkabel etc.

Tabelle B.10: Elemente des Verteilungsdiagramms und ihre Bedeutung

B.3 Literatur und Links

Artikel

Wahl, Günter: UML kompakt, Object Spektrum 2/1998

Bücher

Fowler/Scott: UML konzentriert, Bonn: Addison-Wesley Verlag 1998

Jacobsen/Booch/Rumbaugh: The Unified Software Development Process, Bonn: Addison-Wesley Verlag, 1999

Oesterreich, Bernd: Objektorientierte Softwareentwicklung mit der Unified Modeling Language, München/Wien: Oldenbourg Verlag, 1998

Links

Object Management Group: *http://www.omg.org/uml*

Celigent.com: *http://www.celigent.com/uml*

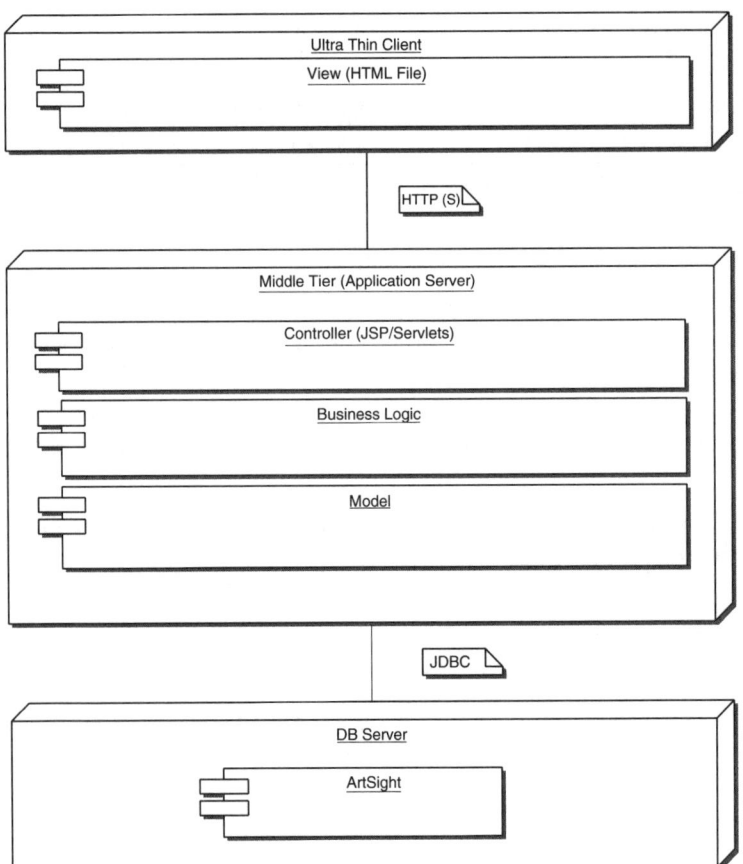

Abbildung B.11: Das Verteilungsdiagramm aus ArTouro Admin

C Inhaltsverzeichnis der CD

Die diesem Buch beiliegende CD enthält Demonstrationssoftware, Softwarevollversionen sowie Beispielprogramme und UML-Modelle.

icons
jbuilder
    ias
    linux_sol
    setup
    unix_ext
    windows
together
    docu
    EvaluationGuide
    help
    linux
    solaris
    unix
    windows
samples
    c11
    c12
    c13
    c14
    db
    lib
    artouro

Abbildung C.1: Struktur der CD

Im Folgenden gehe ich kurz auf den Inhalt und die Installation ein.

C.1   Verzeichnis icons

C.1.1   Inhalt

Im Verzeichnis icons finden Sie folgende Symbole:

▶ console41.xpm (Symbol für die Linux-Konsole des Borland Application Server 4.1)

▶ bas41.xpm (Symbol für die Linux-Version des Borland Application Server 4.1)

▶ jbuilder35.xpm (Symbol für den Konsolenstart der Linux-Version des JBuilder 3.5)

▶ jbuilder4.xpm (Symbol für den Konsolenstart der Linux-Version des JBuilder 4)

▶ jbuilder4.ico (Symbol für den Konsolenstart der Windows-Version des JBuilder 4)

▶ together41.xpm (Symbol für den Start der Linux-Version von Together 4.1)

C.1.2   Installation

Hinweise zur »Installation«, das heisst zur Verwendung finden Sie im → Anhang A, Abschnitt A.1 und in diesem Kapitel unter → C.3.2 Installation (von Together).

C.2   Verzeichnis jbuilder

C.2.1   Inhalt

In diesem Verzeichnis befinden sich die Trial-Versionen folgender Produkte (US-Versionen):

▶ JBuilder 4 Enterprise Edition

▶ JDataStore 4.0

▶ VisiBroker 4.1 für Java

▶ Borland Application Server 4.1

Ausserdem ist folgende kostenlose Vollversionen enthalten:

▶ JBuilder 4 Foundation Edition (US-Version)

C.2.2   Installation

Zur Installation des JBuilders wählen Sie je nach Betriebssystem das entsprechende Setup:

▶ Linux: install_linux

▶ Solaris: install_solaris

▶ Windows: install_windows.exe

Danach sollte das entsprechende Installationsprogramm erscheinen (→ Abbildung C.2). Sie können jeweils zwei Produkte in Varianten auswählen. Beginnen wir mit der Enterprise-Trial.

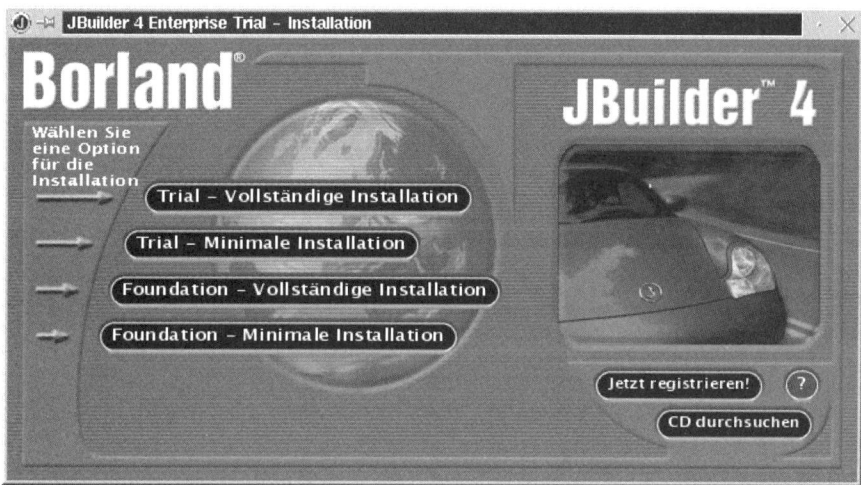

Abbildung C.2: Installation des JBuilder 4

Enterprise-Trial

Für die 60 Tage gültige *Enterprise-Trial* wählen Sie entweder VOLLSTÄNDIGE INSTALLA-TION oder MINIMALE INSTALLATION.

Bei der VOLLSTÄNDIGEN INSTALLATION (→ Abbildung C.3) wird der gesamte Lieferumfang installiert. Bei der MINIMALEN INSTALLATION nur die wichtigsten Komponenten (→ Abbildung C.4) unter Verzicht auf die Dokumentation und die zusätzlichen Beispielprogramme. Die Installation beider Varianten läuft wie im zweiten Teil des Buchs ausführlich beschrieben ab (→ Kapitel 4). Abweichend davon ist es allerdings erforderlich, dass Sie die Seriennummer und den Lizenzschlüssel unter der Webadresse *http://www.borland.com/jbuilder/v4trial* anfordern.

Sollte es Schwierigkeiten bei der Installation geben, empfehle ich Ihnen, einen Blick in den → Anhang A zu werfen. Dort habe ich einige Tipps & Tricks zu Installation aufgenommen.

Abbildung C.3: Vollständige Installation der JBuilder-Trial

Abbildung C.4: Minimale Installation der JBuilder-Trial

Foundation

Wie bei der *Enterprise-Trial* haben Sie auch bei der Installation der *Foundation Edition* zwei Installationsvarianten: VOLLSTÄNDIGE INSTALLATION und MINIMALE INSTALLATION.

Bei der vollständigen Installation wird neben der *Foundation Edition* noch die Dokumentation installiert, die bei der minimalen Installation entfällt. Vor dem ersten Start müssen Sie noch die Seriennummer und den Lizenzschlüssel wie bei der *Enterprise-Trial* anfordern. Sie erhalten beides unter der Adresse *http://www.borland.com/jbuilder/foundation/download*. Die *Foundation Edition* dieser Begleit-CD wird durch die Eingabe dieses Produktschlüssels im Gegensatz zur *Enterprise-Trial* zu einer unbegrenzt gültigen Vollversion.

Abbildung C.5: Vollständige Installation des JBuilder 4 Foundation

C.3 Verzeichnis »together«

C.3.1 Inhalt

In diesem Verzeichnis befindet sich die *Together Whiteboard Edition 4.1*, einer der besten derzeit erhältlichen UML-Modellierungswerkzeuge. Die *Whiteboard Edition* von Together ist mit der *Foundation Edition* des JBuilders vergleichbar: Sie ist ebenfalls kostenlos erhältlich, ist ein reines Java-Programm und liegt hier als Vollversion vor. Im Gegensatz zum JBuilder benötigt die Whiteboard Edition aber keine spezielle Registrierung.

C.3.2 Installation

Die Installation von Together 4.1 variiert von Betriebssystem zu Betriebssystem:

Linux

Wechseln Sie in das Unterverzeichnis `linux` (→ Abbildung C.1) und dekomprimieren Sie das darin enthaltene Archiv. Wenn Sie das Archiv in einem allgemein zugänglichen Verzeichnis entpacken wollen, benötigen Sie selbstverständlich dort entsprechende Rechte, die Sie sich vorher beim Administrator (Root) verschaffen müssen.

Im nächsten Schritt bearbeiten Sie das Shellskript `Together.sh` im Bin-Verzeichnis so, dass Sie einen Suchpfad zu einem installierten JDK eingetragen (zum Beispiel dem beim JBuilder mitgelieferten). Zum Schluss können Sie eine Referenz auf der Arbeitsoberfläche anlegen und mit einem individuellen Symbol zum Beispiel von dieser CD versehen (→ C.1 Verzeichnis `icons`).

Solaris

Die Installation unter Solaris läuft analog zu der unter Linux ab. Individuelle Symbole sind auf dieser CD dazu allerdings nicht verfügbar.

Windows

Die Windows-Installation starten Sie mit einem Doppelklick auf `Together_1023.exe`. Dieses Setup installiert alle Komponenten inklusive des JDK 1.3 in das von Ihnen gewünschte Verzeichnis und legt eine Startgruppe an.

Die *Whiteboard Edition* von Together kann für einen begrenzten Zeitraum auf Wunsch zu einer Enterprise-Version freigeschaltet werden. Lesen Sie dazu die Begleit-Dokumentation oder wenden sich an den deutschen Vertrieb über deren Website *http://www.tiscon.de*.

C.4 Verzeichnis samples

C.4.1 Inhalt

An dieser Stelle finden Sie die zur Drucklegung verfügbaren Beispielprogramme und Modelle sowie den Prototypen der Webanwendung *ArTouro* in dem damaligen Versionsstand. Wie schon im Vorwort bemerkt, entwickle ich die Beispielprogramme für die nächste Buchauflage weiter, so dass Sie unter *http://www.steppan.de* stets die aktuelleren Versionen finden.

C.4.2 Installation

In dieser Auflage war es aus Zeitgründen leider nicht möglich, ein spezielles Installationsprogramm zu entwickelt. Die Installation der Beispiele ist aber denkbar einfach, denn Sie können sie einfach auf Ihre Festplatte kopieren. Markieren Sie dazu einfach das Verzeichnis `samples` und ziehen es mit einem Dateimanager auf den gewünschten Ort Ihre Festplatte.

C.5 Verzeichnis db

C.5.1 Inhalt

An dieser Stelle befindet sich die JDataStore-Datenbank *ArtSight* in dem damaligen Versionsstand. Sollten Sie neuere Beispielprogramme von meiner Website herunterladen, benötigen Sie in der Regel auch eine neuere Datenbank. Näheres unter *http://www.steppan.de*.

D Programmierkonventionen

Der JBuilder erleichtert es, komplexe Benutzerschnittstellen und Komponenten zu entwickeln. Der daraus resultierende Quelltext ist häufig jedoch unübersichtlich. Neben einer sauberen Architektur (→ Kapitel 2) sind einheitliche Programmierkonventionen unabdingbar, um die Übersichtlichkeit des Programms zu wahren. Wenn man – wie im Falle dieses Buchs – die Quelltexte auch noch veröffentlichen muss, ist die Verwendung von Programmierkonventionen zusätzlich aus didaktischen Gründen empfehlenswert. Sie finden deshalb an dieser Stelle (→ D.1 Konventionen dieses Buchs) meine Programmierkonventionen und eine Anleitung (→ D.2 Einrichtung des JBuilders), wie Sie den JBuilder so anpassen, dass er Ihren Konventionen folgt.

D.1 Konventionen dieses Buchs

D.1.1 Sprache

Ich verwende hier im Buch ausschließlich englischsprachige Begriffe für die UML-Modelle und im Programmquelltext, um Methoden, Instanzen, Klassen etc. zu benennen.

D.1.2 Blöcke

Beim Setzen der Anweisungsebenen durch geschweifte Klammern folge ich den C-Konventionen (in der Java-Welt gemeinhin akzeptiert). Beispiel:

```
class MyClass extends Object {
// ...
}
```

Listing D.1: Geschweifte Klammern folgen der C-Konvention

D.1.3 Camelback

Methoden- und Klassenbezeichnungen folgen der Camelback-Konvention (auch Camelcase genannt). Die beiden treffenden Bezeichnungen beschreiben die Konvention, nach der Komposita aus Worten und Wortteilen durch Großbuchstaben und nicht durch Unterstriche getrennt werden. Beispiel:

```
public void cmdFileNew(ActionEvent event) {
// ...
} // cmdFileNew
```

Listing D.2: Geschweifte Klammern folgen der C-Konvention

Die Konventionen, denen dieses Buch folgt, setzen sich aus Struktur- und Namenskonventionen zusammen. Mehr darüber im Einzelnen:

D.1.4 Strukturkonventionen

Packages

Die Packages der Beispielprogramme dieses Buchs folgen streng den Java-Konventionen. Das bedeutet, dass alle Package-Namen kleingeschrieben werden und dem Schema folgen: Länderkode – Firma – Anwendung – Anwendungsteile. Das genaue Schema entnehmen Sie bitte der → Tabelle D.1.

Länderkode	Autor/Firma	Projekttyp	Anwendung	Teilanwendung	Teilsystem
de	steppan	app[a]	artouro	admin	ui[b]
					...
				web	ui[2]
					...
		srv[c]	artsight	...	...
		lib[d]	dialogs	...	...

Tabelle D.1: Die Package-Struktur der Beispielprogramme

a. `app`: Anwendung (**App**likation: Application, Applet oder Servlet / JSP)
b. `ui`: Benutzerschnittstelle (**U**ser **I**nterface)
c. `srv`: **S**erveranwendung
d. `lib`: Bibliothek (**Lib**rary)

Beim Anwendungstyp `app` ist zu beachten, dass jede Client / Server-Anwendung der Definition gemäß natürlich aus einem Client- und einem Serveranteil besteht. Der Serveranteil der Anwendung ist aber nicht unbedingt generisch, also so allgemein gehalten, dass er in anderen Projekten verwendet werden kann. Er dient ja primär dazu, die Verbindung zum UI-Client herzustellen.

Im Gegensatz dazu sind die Anwendungstypen `srv` und `lib` generisch zu verstehen, das heißt sie sind so konzipiert, dass sie in vielen Projekten zum Beispiel von anderen Anwendungsservern benutzt werden können – also nicht nur im Beispielprojekt *ArTouro*.

D.1.5 Namenskonventionen

Instanzen-Präfixverzeichnis

Zur besseren Unterscheidung verwende ich bei der Bezeichnung der Instanzen von GUI-Controls einen kurzen Präfix, der es auch ohne Entwicklungsumgebung erlaubt, die Klasse zu identifizieren, von der das Element abgeleitet wurde. Das ist besonders beim Lesen von Ausdrucken praktisch. Das alphabetisch sortierte Präfixverzeichnis, das den Quelltexten zu Grunde liegt, finden Sie in Tabelle D.2.

Präfix	Bedeutung
btg	Button Group
btn	Button
cbb	Combobox
chb	Checkbox
img	ImageIcon
pl	Panel
rb	Radiobutton
tf	Textfield

Tabelle D.2: Die wichtigsten Präfixe des Projekts ArTouro im Überblick

Handler-Präfixverzeichnis

Zur besseren Unterscheidung von Menühandlern verwende ich hierfür das Präfix cmd (Command). Menü-Handler sind spezielle Java-Methoden, die ein Ereignis behandeln, das von einem Menü ausgelöst wird (engl. to handle: behandeln).

D.2 Einrichtung des JBuilders

Sie können die Kodegenerierung des JBuilders, besonders der *Professional* und *Enterprise Edition*, in gewissem Rahmen beeinflussen. Das heißt der JBuilder erzeugt zum Beispiel beim Anlegen von Kontrollstrukturen nahezu den Quelltext, den Sie erwarten. Damit erübrigt sich für viele generierten Teile die Notwendigkeit, den Kode immer wieder manuell anzupassen.

Um in den Genuss des Komforts zu kommen, müssen Sie die Editor-Optionen ändern. Rufen Sie dazu den Dialog EDITOR-OPTIONEN durch TOOLS | EDITOR-OPTIONEN auf. Der Dialog besteht aus eine Reihe von Registerseiten (→ Abbildung D.1). Durch einen Mausklick auf den Reiter VORLAGEN gelangen Sie an die Registerkarte mit den Kodevorlagen.

Die Seite ist in drei Teile gegliedert. Oben sehen Sie eine zweispaltige Tabelle mit den Namen der Kodevorlagen und deren Beschreibung, im mittleren Teil finden Sie die Schaltflächen HINZUFÜGEN, BEARBEITEN und LÖSCHEN, während der untere Teil der Seite den zur Vorlage gehörenden Quelltext anzeigt.

Beim *JBuilder Professional* und *Enterprise* können Sie nun Vorlagen ändern, indem Sie eine Vorlage auswählen und im unteren Bereich anpassen. Dazu klicken Sie entweder gleich auf den angezeigten Quelltext oder aktivieren den Editormodus durch einen Klick auf die Schaltfläche BEARBEITEN. Beim Editieren ist Vorsicht geboten: Wenn Sie nicht sicher sind, dass Sie die Änderungen durchführen wollen, sollten Sie die Änderungen mit ZURÜCKSETZEN verwerfen. Die gleiche Wirkung hat übrigens ⌨Strg ⌨Z.

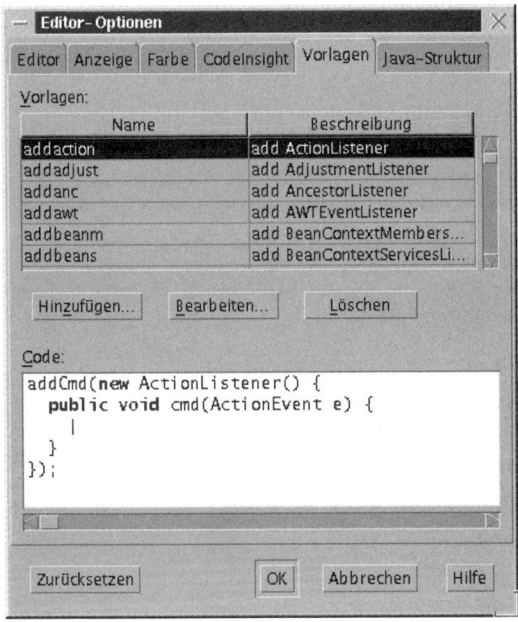

Abbildung D.1: Über Vorlagen lässt sich die Kodegenerierung des JBuilders beeinflussen

Warum ist bei Änderungen Vorsicht geboten? – Meines Wissens gibt es keine Dokumentation darüber, wo die Codevorlagen gespeichert sind und in welchem Format. Auch ist nicht geklärt, wo sie verbleiben, wenn Sie den JBuilder deinstallieren oder durch eine neue Version ersetzen. Sie können die Fragmente lediglich durch ⌨Strg ⌨C innerhalb des JBuilder-Editors in die Zwischenablage kopieren und in eine Datei einfügen.

E Glossar

A

Acceleratoren

Acceleratoren (auch Short-Cuts oder Tastaturkombinationen genannt) sind systemtypische Kombinationen aus einer Sonder- und einer Alphataste.

American National Standards Institut

American National Standards Institut ist schlichtweg *das* Normungsinstitut in den Vereinigten Staaten.

American Standard Code for Information Interchange

American Standard Code for Information Interchange ist eine Norm für eine systemübergreifende Darstellung von Zeichen. Jedes ASCII-Zeichen besitzt einen eindeutigen Zahlencode.

ANSI

Abkürzung für → American National Standards Institut. Es ist schlichtweg *das* Normungsinstitut in den Vereinigten Staaten.

API

Abkürzung für → Application Programming Interface

APL

APL steht für »A Programming Language« und ist eine Programmiersprache mit stark mathematischer Ausrichtung.

Application Programming Interface

Application Programming Interface ist die Bezeichnung für Programmschnittstelle. Das kann zum Beispiel das API von einem Betriebssystem oder einer Klassenbibliothek sein.

ASCII

Abkürzung für → American Standard Code for Information Interchange

Abstrakte Klasse

Von einer abstrakten Klasse können keine Instanzen erzeugt werden. Sie ist bewusst unvollständig und bildet die Basis für weitere konkrete Unterklassen.

Abstrakte Methode

Eine abstrakte Methode ist eine unvollständige Methode, für die nur eine Signatur, jedoch keine Anweisungsfolge definiert ist. Einer abstrakten Methode fehlt die Implementierung.

ACID

Abkürzung für die vier Schlagworte bei Transaktionen: Atomicity, Consistency, Isolation und Durability.

Anwendungsarchitektur

Die fachliche und technische Architektur einer Anwendung, die die Zusammenhänge zwischen verschiedenen Schichten (z.B. Client-/Server-/Host- u.a. Schichten) und die Verteilung und Kommunikation der Komponenten darauf beschreibt.

Anwendungsfall

Ein Anwendungsfall ist eine für einen Benutzer sichtbare Aktion oder ein abgegrenztes Ziel.

Architektur

Architektur ist die Spezifikation der grundlegenden Struktur eines Systems.

AppBrowser

Der AppBrowser ist ein Teil der IDE des JBuilders, mit dem sich das Projekt bearbeiten und verwalten lässt.

AWT

AWT bedeutet Abstract Windowing Toolkit und ist die ältere der beiden GUI-Biblio-
theken der Sprache Java.

B

Bean managed Persistence

Bean managed Persistence bezeichnet den EJB-Begriff für ein Verfahren, bei dem jedes
Entity Bean selbst (durch JDBC- oder SQL-Befehle zum Beispiel) für seine Persistenz
sorgt.

BMP

In diesem Buch steht die Abkürzung für → Bean managed Persistence

Banner

Werbefläche einer Internet-Seite, die meistens einen Link zu einer anderen Site enthält.

Basisklasse

Synonym für → Oberklasse, Superklasse

Bildlauffeld

Das Bildlauffeld ist ein Schieber, der die momentan abgebildete Stelle eines Doku-
ments innerhalb einer Datei kennzeichnet.

Bildlaufleiste

Die Bildlaufleiste (auch Scroll Bar) dient dazu, innerhalb eines dargestellten Doku-
ments vor- oder zurückzublättern. Dazu besitzt die Leiste ein Bildlauffeld und Schaltflächen, die die Form von Pfeilen besitzen.

Button

Synonym für → Schaltfläche

Behälterklasse

Synonym für Sammlung oder Container-Klasse

C

CASE

Abkürzung für → Computer Aided Software Engineering

CGI

Abkürzung für → Common Gateway Interface

CGI-Programm

Dies ist ein Programm, das von der Serversoftware gestartet wird, zum Beispiel zur Darstellung eines Formulars und Weitergabe der so erhaltenen Daten.

Cookies

Cookies bedeutet »Kekse« und sind Textdateien, die beim Aufruf von manchen Internet-Seiten generiert werden. In dieser Textdatei können persönliche Einstellungen gespeichert werden. Sie dienen zum Beispiel als Warenkorb. Cookies gelten als Sicherheitsrisiko.

Combo Box

Synonym für → Kombinationsfeld

Common Gateway Interface

Das Common Gateway Interface ist eine allgemein verfügbare Schnittstelle eines Webservers für CGI-Programme.

Common Object Request Broker Architecture

Von der → Object Management Group verabschiedete Architektur für Objekttechnologien.

Computer Aided Software Engineering

Computer Aided Software Engineering ist ein Sammelbegriff für Softwarewerkzeuge, die den Entwurf und die Programmierung von Software automatisieren oder unterstützen sollen.

Container-Klasse

Synonym für → Behälterklasse

CORBA

Abkürzung für → Common Object Request Broker Architecture

CRC-Karten

Karteikarten, auf denen der Name der Klasse (Class), ihre Aufgaben (Responsibilities) und ihre Beziehungen (Collaborations) beschrieben werden.

Credentials

Wörtlich übersetzt »Beglaubigungsschreiben«, ein Begriff der zum Beispiel in der CORBA-Welt benutzt wird, um die Echtheit eines Anmeldenden zu verifizieren.

CSS

CSS steht für Cascading Style Sheets, was so viel wie hierarchische Formatvorlagen bedeutet. Sie erlauben es, Dokumente wie Web-Seiten einheitlicher aufzubauen.

D

Datenbank-Managementsystem

Ein Datenbank-Managementsystem ist ein Programm oder eine Schicht, die zwischen dem aufrufenden Programm und einer Datenbank vermittelt.

DBMS

Abkürzung für → Datenbank-Managementsystem

DDE

Abkürzung für → Dynamic Data Exchange

Dialogfenster

Das Dialogfenster (oder Dialogfeld bzw. einfach nur Dialog) ist in der Regel ein → nichtmodales Fenster, das dazu dient, Programmeinstellungen vorzunehmen oder eine Mitteilung einzublenden.

Distributed Debugging

Distributed Debugging: Technik der Fehlersuche eines Programms, das auf einer anderen als der Testmaschine ausgeführt wird.

DD

Abkürzung für → Deployment Descriptor

Deployment Descriptor

Der Deployment Descriptor ist ein serialisiertes Java-Objekt oder eine XML-Datei, die Informationen über die Verteilung von EJBs enthält.

DHTML

Verbindung von → HTML, → JavaScript und → CSS zu dynamischen HTML (DHTML)

Domain

Synonym für → Domain-Name

Domain-Name

Der zu einer Web-Site gehörende Name. Das Suffix am Namensende identifiziert die Art der dargestellten Inhalte oder der verantwortlichen Organisation (z.B. »com« für Firmen (commercial), »edu« für Lehreinrichtungen (education), »gov« für US-Regierungsbehörden (government), »org« für nicht-kommerzielle Organisationen etc.), aber auch das jeweilige Herkunftsland (z.B. »de« für Deutschland).

DNS

Domain Name Service: der Namensdienst, der symbolische Namen in konkrete numerische IP-Adressen überträgt (z.B. *www.steppan.de* = 212.162.34.1).

E

Einfachvererbung

Bei der Einfachvererbung stammt jede Unterklasse nur von einer direkten Oberklasse ab.

Entwurfsmuster

Vorlagen für das Softwaredesign, die helfen, ein architektonisches Problem zu lösen. Man unterscheidet Erzeugungs-, Struktur- und Verhaltensmuster.

Enumeration

Enumerationen sind Aufzählungstypen wie zum Beispiel Woche = (Sonntag, Montag, Dienstag, Mittwoch, Donnerstag, Freitag, Samstag).

ER-Modell

Entity-Relationsship-Modell, eine Darstellungsart, die die Beziehungen von Datenbank-Entities ($\approx$ eine oder mehrere Tabellen) zeigt.

Ereignis

Spezielle Klasse, die zum Beispiel dann verschickt wird, wenn der Anwender einen Mausklick durchführt.

Exemplar

Synonym für $\rightarrow$ Objekt

Extensible Markup Language

Extensible Markup Language (XML) ist eine Erweiterung von $\rightarrow$ HTML, bei der eigene $\rightarrow$ Tags definiert werden können.

Extranet

Eine als Netzwerk verbundene Ansammlung von Webservern und -Seiten, außerhalb einer Firma, aber nicht zugänglich für Internet-Benutzer.

F

Fachliche Architektur

Ein Modell, das die grundsätzlichen fachlichen Zusammenhänge eines Anwendungsbereiches repräsentiert.

Fassade

Struktur-Entwurfsmuster, das eine einheitliche Schnittstelle zu einer Menge von Schnittstellen untergeordneter Systeme bietet.

Firewall

Eine Firewall ist ein Mechanismus, der den Datentransfer zwischen zwei Netzwerken kontrolliert. Dahinter verbirgt sich meistens ein ganzes Bündel von Maßnahmen und Techniken. Firewalls kontrollieren den Datenfluss zwischen einem privaten Netzwerk (z.B. Firmennetz) und einem ungeschützten Netzwerk (z.B. Internet). Sie schirmen ein internes Netz vor Angriffen aus dem Internet ab, indem nur Daten bzw. Protokolle für bestimmte Dienste durchgelassen werden.

Frame

Internetseiten können aus mehreren Frames bestehen (→ Frameset). Sie dienen als Gestaltungsmittel und trennen verschiedenartige Inhalte.

Frameset

Fachbegriff aus der HTML-Programmierung: Gruppe von → Frames

FTP

Abkürzung für File Transport Protocol, ein 1971 standardisiertes Internetprotokoll für die Dateiübertragung zwischen Computern.

Floating Window

Synonym für → schwimmende Palette

Fokus

Bei der Programmierung von Fenstersystemen wird der Begriff Fokus immer in Verbindung mit Eingaben von Tastatur und Maus verwendet. »Ein Fenster besitzt den Fokus« bedeutet, dass das Fenster die Eingaben von Tastatur und Maus, die im System kursieren, mit höchster Priorität entgegennimmt. Dieses Fenster ist für den Anwender sichtbar als aktiv hervorgehoben; kein anderes Fenster hat zu der gleichen Zeit ebenfalls den Fokus.

Funktionsleiste

Abkürzung für → Symbolleiste

Fachliches Klassenmodell

Ein vollständiges oder Teilklassenmodell, das aus der direkten Überführung von fachlichen Diagrammen (Anwendungsfällen, Aktivitätsdiagrammen) entstanden ist. Es enthält ausschließlich oder vorwiegend fachliche Klassen und ist eine Momentaufnahme in der Analysephase eines Softwaresystems.

Forward-Engineering

Dieser Begriff beschreibt die Überführung eines Modells in eine Implementierung.

Framework

Anderer Ausdruck für → Rahmenwerk, eine große Klassenbibliothek, deren Programmierstil fortgesetzt werden muss (Rahmen für ein Programm).

G

Gast

Jeder, der sich ohne Angabe eines Benutzernamens bei einem Server anmeldet. Der Gast besitzt aus Sicherheitsgründen sehr eingeschränkte Rechte.

Generalisierung

Synonym für → Vererbung

Generisches Design

Allgemein gehaltenes Design, für die Wiederverwendung besonders von Serverkomponenten und Bibliotheken wichtig.

Geschäftsvorfall

Ein Geschäftsvorfall ist ein fachliches Ereignis, wie zum Beispiel das Buchen einer Reise.

Graphical User Interface

Graphical User Interface (GUI) ist die englische Bezeichnung einer grafischen Bedieneroberfläche (auch grafische Oberfläche) eines Programms.

Group Box

Synonym für → Gruppenfeld

Gruppenfeld

Ein Gruppenfeld fasst logisch zueinander gehörende GUI-Elemente optisch mit einem Rahmen und einem Titel zusammen.

GUI

Abkürzung für → Graphical User Interface, grafische Benutzeroberfläche

H

Homepage

Synonym für → Startseite (einer Website)

HTML

Abkürzung für Hypertext Markup Language. Eine textbasierte Methode zur Darstellung von Text, Grafik und Hyperlinks im World Wide Web.

HTTP

Abkürzung für → Hypertext Transport Protocol

HTTP-Tunneling

Um eine → Firewall passieren zu können, müssen manche Protokolle wie → IIOP »getunnelt« werden, das heißt sie werden mit einer Hülle umgeben, die die Firewall akzeptiert.

Hyperlink

Unterstrichener, in den Standardeinstellungen blau markierter Text, der zu einer anderen (Internet-)Seite führt.

Hypertext Transport Protocol

Über das Hypertext Transport Protocol wird die Kommunikation zwischen Webbrowser und Webserver abgewickelt.

I

IDL

Interface Definition Language, die CORBA-Sprache zur Beschreibung von Schnittstellen.

IIOP

Internet Inter Orb Protocol, mit CORBA 2.0 eingeführtes Protokoll, das im Wesentlichen aus → TCP/IP besteht und das als Standard-ORB-Protokoll dient.

Instanz

Synonym → Objekt, Exemplar

Instanzmethode

Wichtige Unterscheidung zur → Klassenmethode. Eine Instanzmethode ist eine Methode, die *nur* für die jeweilige Instanz verfügbar ist.

Instanzvariable

Wichtige Unterscheidung zur → Klassenvariable. Instanzvariable ist eine Variable, die *nur* für die jeweilige Instanz sichtbar ist.

Internet

Das weltumspannende Netzwerk aus Computern und Kommunikationshard- und -software, in dem World Wide Web Sites und andere Dienste miteinander verknüpft sind, z.B. E-Mail, Newsgroups und FTP-Server. Das Internet ist aus dem 1969 entstandenen Forschungsprojekt ARPANET (Advanced Research Projects Agency Network) des amerikanischen Verteidigungsministeriums hervorgegangen.

Intranet

Eine als Netzwerk verbundene Ansammlung von Webservern und -Seiten, normalerweise innerhalb einer Firma oder einer anderen Organisation.

IP-Adresse

Abkürzung für »Internet Protocol«, ein Regelsatz zur Datenübertragung zwischen Netzwerken. Die IP-Adresse, die einen bestimmten Computer identifiziert, besteht aus einer vier- bis zwölfstelligen Nummer, die durch Punkte in vier Abschnitte unterteilt ist (z.B. 212.162.34.1).

Instanziierung

Instanziierung ist das Erzeugen einer Instanz, das heißt eines Objekts (Exemplars) einer Klasse.

J

Java

Aus dem gescheiterten Projekt »Oak« der Firma Sun hervorgegangene, objektorientierte Programmiersprache.

Java Remote Method Protocol

Java Remote Method Protocol: Java-Protokoll, das alternativ zu IIOP der Kommunikation entfernter Objekte dienen kann.

JavaScript

Von Netscape entwickelte Sprache zur Dynamisierung von statischem HTML. JavaScript ist syntaktisch mit Java verwandt, aber prozedural geprägt und wird nicht kompiliert.

Jingles

Kurzes Musikstück, das zum Beispiel für die Animation einer Webseite verwendet wird.

JRMP

Abkürzung für → Java Remote Method Protocol

JScript

Microsoft-Derivat von → JavaScript

K

Kardinalität

Bezeichnung für die Anzahl der Elemente

Klasse

Bauanleitung für Objekte

Klassenattribut

Synonym für → Klassenvariable

Klassenbibliothek

Klassenbibliothek ist die Bezeichnung für eine Sammlung von Klassen.

Klassenkarte

Synonym für → CRC-Karte

Klassenmethode

Im Gegensatz zur → Instanzmethode ist die Klassenmethode für alle → Exemplare einer Klasse gültig. Klassenmethoden werden durch das Schlüsselwort `static` deklariert.

Klassenoperation

Synonym für → Klassenmethode

Klassenvariable

Im Gegensatz zur → Instanzvariable ist die Klassenvariable für alle → Exemplare einer Klasse gültig. Klassenvariablen werden durch das Schlüsselwort `static` deklariert.

Kontrollfeld

Ein Kontrollfeld dient zur Auswahl und Anzeige von booleschen Werten. Das sind Variablen, die nur zwei Zustände besitzen.

Konstruktor

Eine auf das Erzeugen von Objekten spezialisierte und automatisch aufgerufene Methode.

Konkrete Klasse

Eine Klasse, von der man Objekte ableiten kann.

Konkretisierung

Synonym für → Spezialisierung

L

Legacy-System

Synonym für ein System, das ein Vermächtnis, unter Umständen eine Altlast, darstellt.

Layer

Synonym für → Schicht

M

Mehrfachvererbung

Synonym für → multiple Vererbung

Middleware

Softwareschicht, die den Mittler zwischen Präsentation der Daten (UI) und der Daten-zugriffsschicht bildet.

MIME-Typ

Abkürzung für »Multipurpose Internet Mail Extensions«. Der zu einer Datei gehö-rende MIME-Typ gibt dem Webbrowser des Besuchers und dem Server an, um wel-chen Dateityp es sich handelt und mit welchem Programm oder Plug-In die Datei geöffnet werden kann.

Mnemonics

Mnemonics (lat. so viel wie Stütze für das Gedächtnis) sind Buchstaben, die in den Menüeinträgen unterstrichen sind und darauf hinweisen, dass man dieses Menü auch durch eine Kombination aus der Alt- und einer Alphataste öffnen kann.

Model View Controller

Ein Entwurfsmuster für die Trennung von Präsentation und Daten.

Modales Dialogfenster

Diese Dialoge müssen erst beendet werden, bevor das Programm fortgesetzt werden kann. Es existieren zwei verschiedene Dialogarten:

▷ anwendungsmodale Dialoge

▷ systemmodale Dialoge

Anwendungsmodale Dialoge lassen nicht zu, mit dem Programm weiterzuarbeiten, von dem sie eingeblendet wurden, bis der Dialog geschlossen wird. Das Betriebssystem wird durch sie hingegen nicht lahmgelegt. Im Gegensatz dazu kann nach der Ausgabe eines systemmodalen Dialogs im gesamten Betriebssystem so lange nicht weitergearbeitet werden, bis der Dialog geschlossen wird.

Multiple Vererbung

Synonym für → Mehrfachvererbung

MVC

Abkürzung für → Model View Controller

N

Nachbedingung

Eine Nachbedingung ist der Zustand, der nach Abschluss einer Methode vorliegen muss.

Nativ

Eine nativ kompilierte Anwendung ist speziell für diesen Computer sowie sein Betriebssystem entwickelt worden und läuft nur auf diesem oder auf einer kompatiblen Emulation (Englisch: native = gebürtig).

Netzwerk

Eine Gruppe von Computern, die mit Hilfe spezieller Software- und Hardware miteinander verbunden ist und Daten und Geräte gemeinsam nutzen kann.

Nichtmodale Dialogfenster

Dialogfenster dieser Art müssen nicht geschlossen werden, um die Arbeit mit dem Programm fortsetzen zu können.

O

Objekt

Ein spezieller Datentyp, der Daten und Methoden kapselt.

Objektvariable

Synonym für → Instanzvariable

ORB

Abkürzung für → Object Request Broker

Object Management Group

Die OMG ist ein Standardisierungskonsortium der Computerindustrie für OO-Techno-logien.

Object Modeling Technique

Die Object Modelling Technique (OMT) ist ein Vorläufer zur UML und wie diese eine Sprache, mit der man Software grafisch entwerfen kann.

Object Request Broker

Der Object Request Broker ist ein Teil der CORBA-Spezifikationen der → OMG. Er erlaubt es, auf Objekte zuzugreifen, die sich auf entfernten Rechnern befinden.

OMG

Abkürzung für → Object Management Group

OMT

Abkürzung für → Object Modeling Technique

OQL

Die Object Query Language ist eine genormte Sprache für die Abfrage objektorien-tierter Datenbanken.

Optionsfeld

Synonym für → Radioschalter

Oberklasse

Synonym für → Basis-, Superklasse

Objektidentität

Objektidentität ist die Objekteigenschaft, die es von allen anderen Objekten unterscheidet.

Objektorientierte Programmiersprache

Programmiersprache, die die Basisvoraussetzungen der Objektorientierung umsetzen.

OO

Abkürzung für → Objektorientierung

P

Port

Die Adresse des Servers auf Ihrem Computer; ein Webbrowser verwendet die Portnummer, um den Server zu finden. Webbrowser suchen Webserver normalerweise bei Port 80.

Proxy-Server

Proxies sind »Stellvertreter« für andere Server und haben die Aufgabe, Datenpakete, die ins Internet geschickt oder von dort empfangen werden, abzufangen und auszuwerten. Ergibt die Auswertung, daß sich die Daten seit dem letzten Zugriff nicht geändert haben, schickt der Proxy Daten, die er im Cache gehalten hat und beschleunigt somit den Datenzugriff erheblich.

Persistentes Objekt

Persistente Objekte (persistent: lat. »anhaltend«) sind solche, deren Lebensdauer über die Laufzeit einer Programmsitzung hinausreicht. Die Objekte werden hierzu auf nichtflüchtigen Speichermedien (zum Beispiel Datenbanken) gehalten.

Polymorphismus

Polymorphismus (Vielgestaltigkeit) heißt, dass gleich lautende Methoden ein unterschiedliches Verhalten bewirken. Beim dynamischen Polymorphismus wird eine Nachricht nicht zur Entwicklungszeit, sondern erst beim Empfang zur Programmlaufzeit einer konkreten Methode zugeordnet.

R

Radio Button

Synonym für → Radioschalter

Radioschalter

Ein Radioschalter funktioniert wie ein Wechselschalter. Bei einer Gruppe von Radio-schaltern ist normalerweise stets nur einer aktiv.

Rapid Application Development

Rapid Application Development ist eine Entwicklungsmethode, bei der der Schwer-punkt auf der schnellen Entwicklung von Software und nicht auf dem architektonisch sauberen Entwurf liegt.

Rapid Prototyping

Rapid Prototyping ist eine Technik, schnell einen Programmrohbau zu erzeugen und dadurch in der Lage zu sein, frühzeitig zusammen mit dem späteren Anwender Miss-verständnisse über die grafische Oberfläche auszuräumen.

Rational Unified Process

Ein objektorientiertes Vorgehensmodell, das von Rational Software entwickelt wurde.

Remote Method Invocation

Remote Method Invocation ist die Java-API für die Kommunikation zwischen Java-Objekten auf unterschiedlichen Computern und Prozessen.

Reverse-Engineering

Roundtrip-Engineering ist der Vorgang, bei dem aus dem Quelltext ein Modell erzeugt wird.

Roundtrip-Engineering

Roundtrip-Engineering ist der Vorgang, der Quelltext und (UML-)Modell konsistent hält. Dies geschieht durch wechselseitiges Forward- und Reverse-Engineering.

RMI

Abkürzung für → Remote Method Invocation

S

Server-Side Profiling

Server-Side Profiling ist eine Debugging-Technik, bei der das Programm auf einer anderen als der Testmaschine ausgeführt wird.

Shell

Bezeichnung für die (textorientierte) Unix-Benutzerschnittstelle.

Shellskript

Unix-Programm, einem Windows-Batch-Programm vergleichbar, das von der → Shell ausgeführt wird.

Singleton

Erzeugungsmuster, das sicherstellt, dass eine → Klasse nur jeweils genau ein → Exemplar besitzt.

SQL

Abkürzung für → Structured Query Language

Static

Schlüsselwort, um → Klassenvariable und → Klassenmethode zu kennzeichnen

Startseite

Das HTML-Dokument, das automatisch angezeigt wird, wenn ein Besucher eine Verbindung zum Server herstellt (auch als »Homepage« bekannt). Die meisten Server unterstützen Dateien mit den Namen `index.html`, `index.htm`, `start.html`, `start.htm`.

Schaltfläche

Die Schaltfläche funktioniert bei grafischen Oberflächen entweder als Taster oder als Schalter. Im ersten Fall löst ein aktivierter Taster das Ereignis aus und kehrt wieder in die Ausgangsposition zurück. Die zweite Kategorie signalisiert, dass sie aktiviert wurde, indem der Zustand des hineingedrückten Schalters beibehalten wird.

Short-Cuts

→ Acceleratoren

SQL

Abkürzung für → Structured Query Language

Spin Button

Synonym für → Drehknopf

Structured Query Language

Die Structured Query Language ist eine von der IBM entwickelte Datenbank-Abfragesprache, die eine relativ komfortable Kommunikation mit einer (relationalen) Datenbank erlaubt.

Symbolleiste

Eine Symbolleiste ist programmiertechnisch gesehen ein einfaches Fenster, das normalerweise direkt unter der Menüleiste platziert wird.

Signatur

Die Signatur einer Methode setzt sich aus dem Namen der Methode, ihrer Parameterliste und der Angabe eines eventuellen Rückgabetyps zusammen.

Subklasse

Synonym für → Unterklasse, abgeleitete Klasse.

super

Das Schlüsselwort super bewirkt, dass die Nachricht an den Vorgänger (nächsthöhere Klasse, Superklasse, daher der Begriff) geht, der über die genannte Methode verfügt. Beispiel ist der explizite Aufruf eines anderen Konstruktors.

Superklasse

Synonym für → Oberklasse, Vorgänger

Schwimmende Palette

Eine schwimmende Palette liegt stets auf der obersten Fensterebene, es sei denn, man schiebt eine andere schwimmende Palette darüber.

Systemarchitektur

Architektur für die IT-Infrastruktur

T

Tags

Tags sind Auszeichnungen in einem HTML-Quelltext, zum Beispiel um die Größe einer Schrift festzulegen.

TCP

Abkürzung für → Transfer Control Protocol

Tastaturkombinationen

Synonym für → Acceleratoren

Tool Bar

Synonym für → Symbolleiste

Technische Architektur

Im Gegensatz zur → fachlichen Architektur stellt die technische Architektur die fertige Implementierung des Programms dar.

this

`this` ist ein Java-Schlüsselwort, das benutzt wird, wenn ein Objekt sich selbst eine Nachricht senden soll. Das heißt es ruft eine seiner eigenen Methoden auf.

Transfer Control Protocol

Dieses Protokoll beinhaltet einen Regelsatz für die Datenübertragung im Internet.

Transientes Objekt

Ein Objekt, das nur während der Laufzeit eines Prozesses existiert.

U

Uniplexed Information and Computing System

Uniplexed Information and Computing System wurde 1969 von der amerikanischen Telefongesellschaft AT&T in den Bell Laboratories entwickelt. Es gibt heute verschiedene UNIX-Derivate wie zum Beispiel Linux oder Solaris.

UNIX

Abkürzung für → Uniplexed Information and Computing System

Uniform Resource Locator

Der Uniform Resource Locator ist die »Adresse« bzw. der Speicherort einer Website.

URL

Abkürzung für → Uniform Resource Locator

Unified Software Development Process

Vorgehensmodell von I. Jacobson, G. Booch, J. Rumbaugh.

Unterklasse

Eine Unterklasse ist die Spezialisierung einer Oberklasse und erbt alle Eigenschaften der Oberklasse.

USDP

Abkürzung für → Unified Software Development Process

User Interface

User Interface bedeutet Benutzerschnittstelle

UI

Abkürzung für → User Interface

V

V-Modell

Das V-Modell ist ein bei Behörden verbreitetes Vorgehensmodell. Meistens wird damit das erstmalig 1992 in Form des »Softwareentwicklungsstandards der Bundeswehr« veröffentlichte Vorgehensmodell bezeichnet.

Vererbung

Vererbung ist die Bezeichnung für eine Beziehung zwischen einer Ober- und einer Unterklasse oder zwischen zwei Anwendungsfällen.

Verifizierung

Überprüfung der Wahrheit eines Ausdrucks.

Vorbedingung

Eine Vorbedingung ist ein Zustand, der vor dem Ablauf einer Methode erreicht sein *muss*, damit diese erfolgreich durchgeführt werden kann.

W

What you see is what you get

»What you see is what you get« bezeichnet ein Verhalten eines Editors, bei dem die Vorschau exakt das anzeigt, was später im Ausdruck oder im fertigen Programm zu sehen ist.

Webbrowser

Ein Webbrowser ist ein Programm, das HTML-Seiten darstellen kann, zum Beispiel Microsoft Explorer und Netscape Navigator (manchmal auch »Navigationsprogramm« oder »Webclient« genannt).

Webseite

Jedes HTML-Dokument, das durch einen Webserver veröffentlicht wird.

Webserver

Ein Computer, auf dem Software installiert ist, mit der HTML-Dateien und andere Inhalte über das Internet (oder ein Intranet) gemeinsam genutzt werden können. Häufig wird auch die Serversoftware als Webserver bezeichnet.

Website

Eine Ansammlung von HTML-Dateien und anderen Inhalten. Der Zugriff auf die Website erfolgt über eine → URL.

World Wide Web

Das World Wide Web wurde als Erweiterung des Internets 1993 am europäischen Forschungsinstitut für Kernphysik (CERN) entwickelt und erlaubt den Zugriff auf Dokumente, die auf Servern weltweit verfügbar sind.

Workflow

Workflow bedeutet Arbeitsfluss. Eine gute Geschäftsprozessmodellierung versucht, ein Programm so abzubilden, dass der Arbeitsfluss eines Geschäftsprozesses unterstützt beziehungsweise nachgebildet wird.

WWW

Abkürzung für → World Wide Web

WYSIWYG

Abkürzung für → What you see is what you get

X

XML

Abkürzung für → Extensible Markup Language

Z

Zwischenablage

Die Zwischenablage nennt man den Speicherbereich, den Programme verwenden können, um mit anderen auf einfachste Art Daten auszutauschen.

Index

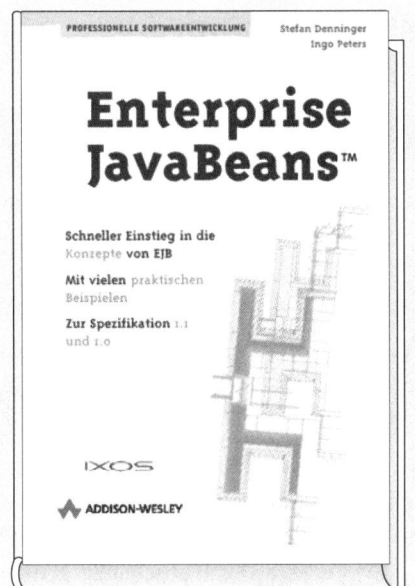
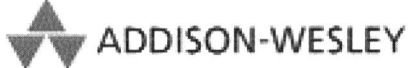